ndelssohn
1786
Gugenheim
1812

Joseph
1770-1848
⚭ Henriette Meyer
1776-1862

Recha
1767-1831
⚭ Mendel Meyer

Dorothea (Brendel)
1764-1839
⚭ 1. Simon Veit
1754-1891
⚭ 2. Friedrich v. Schlegel
1772-1829

Benjamin
1794-1874
⚭ Rosamunde Richter
1804-1883

Philipp Veit
1793-1877

Johannes Veit
1790-1854

Rebecka (Betty)
1793-1850
⚭ Heinrich Beer

Felix Mendelssohn Bartholdy
1809-1847
⚭ Cécilie Jeanrenaud

Fanny Mendelssohn Bartholdy
1805-1847
⚭ Wilhelm Hensel
1794-1861

Lili
845-1910

Felix
1843-1851

Paul
1841-1880

Marie
1839-1897

Carl
1838-1897

Sebastian
1830-1898

Françoise Tillard
Die verkannte Schwester

Françoise Tillard

Die verkannte Schwester

Die späte Entdeckung der Komponistin
Fanny Mendelssohn Bartholdy

Aus dem Französischen von Ralf Stamm

verlegt bei Kindler

Titel der Originalausgabe: Fanny Mendelssohn
Originalverlag: Belfond, Paris

Die Deutsche Bibliothek – CIP-Einheitsaufnahme

Tillard, Françoise:
Die verkannte Schwester: die späte Entdeckung der Komponistin
Fanny Mendelssohn Bartholdy / Françoise Tillard.
Aus dem Franz. von Ralf Stamm. – München: Kindler 1994
Einheitssacht.: Fanny Mendelssohn <dt.>
ISBN 3-463-40245-9

Die Folie des Schutzumschlags sowie die Einschweißfolie
sind PE-Folien und biologisch abbaubar. Diese Buch
wurde auf chlor- und säurefreiem Papier gedruckt.

Umschlaggestaltung: Graupner & Partner, München
Umschlagabbildung: Zeichnung von
Wilhelm Hensel, Kupferstichkabinett/Staatliche
Museen zu Berlin, Preußischer Kulturbesitz
Satz: Ventura Publisher im Verlag
Druck und Bindearbeiten: Franz Spiegel Buch GmbH, Ulm
Printed in Germany
ISBN 3-463-40245-9

5 4 3 2 1

Besonders herzlichen Dank für ihr Entgegenkommen und ihre Unterstützung meiner Arbeit möchte ich Frau Dr. Cécile Lowenthal-Hensel und Monsieur Dominique Bourel sagen.
Auch Herrn Dr. Hans-Günter Klein von der Staatsbibliothek Preußischer Kulturbesitz und Herrn Dr. Rudolf Elvers schulde ich aufrichtigen Dank. F. T.

Der Kindler Verlag dankt dem Mendelssohn-Archiv, dem Geheimen Staatsarchiv, und dem Kupferstichkabinett der Staatsbibliothek Preußischer Kulturbesitz in Berlin sowie dem Märkischen Museum Berlin für die freundliche Genehmigung des Abdrucks der Illustrationen.

Für Liouba
meine Urgroßmutter, die 1905 ihr Musikstudium am Konservatorium in Leipzig mit Auszeichnung abgeschlossen hat

Inhalt

Einleitung

In *Ein eigenes Zimmer* fragt sich Virginia Woolf, was wohl aus einer Schwester Shakespeares geworden wäre, wenn er eine gehabt hätte. Wahrscheinlich hätten sich zahllose Schwierigkeiten unüberwindbar vor ihr aufgetürmt, und am Ende hätte sie sich aus Verzweiflung umgebracht.[1] Nicht ohne Humor setzt sich die Romanschriftstellerin mit der Frage der weiblichen Kreativität auseinander, einer Frage, auf die manche sich nicht scheuen zu antworten: »Frauen sind grundsätzlich nicht genial.« Zum Glück kennen wir das Leben der Fanny Hensel. Es bestätigt weder Virginia Woolfs pessimistische Spekulation noch die verbreitete männliche Herablassung: Die Schwester von Felix Mendelssohn Bartholdy hat sich nicht umgebracht, sie war glücklich, und sie hat sehr viel komponiert.

Fanny wurde 1805 in Hamburg geboren und starb 1847 in Berlin. Sie war um vier Jahre älter als der Komponist Felix Mendelssohn Bartholdy. Die beiden Geschwister hatten gemeinsam Musikunterricht, und ihrer Umgebung galten sie als »gleichbegabt«. Dennoch bezeichnete sich Fanny niemals offiziell als Komponistin oder Berufsmusikerin. Die Laufbahn, mit der sie sich zu begnügen hatte, hieß Haus und Familie. Das ist kein besonders neues Phänomen und wäre kaum der Erwähnung wert, zumal Fanny Hensel sich gar nicht gegen diese Rolle sträubte und sie anscheinend gerne erfüllte. Interessant ist für uns vielmehr, daß sich Fanny zeitlebens von der Musik nicht abbringen ließ. Sie hatte gewiß Glück, daß sie materielle Probleme nicht kannte und daß sie einen Mann heiratete, der sie, obwohl selbst unmusikalisch, zu schöpferischem Ausdruck drängte. Jedoch schwebte über ihr der vom Vater verhängte und von den Brüdern Felix und Paul bestätigte Bann: Eine anständige Frau tritt nicht öffentlich auf. Also trat Fanny privat auf. Der öffentlichen Karriere des Bruders entsprach bei ihr eine private Karriere, in ihrem Salon veranstaltete sie mit glänzend eingesetzten »Hausmitteln« fabelhafte Konzerte. Und es genügte ihr nicht, daß sie sich dabei als fähige Organisatorin, Pianistin, Orchester- und Chordirigentin erwies, die in allen diesen Sparten ihrem Bruder kaum nachstand. Während das Leben ihr nahelegte zu verstummen und niemand sich ernsthaft für ihr musikalisches Schaffen interessierte – Felix am wenigsten –, fuhr sie fort zu komponieren, Jahr um Jahr.

Wir verdanken ihr beinahe vierhundert Werke. Die meisten sind ungedruckt und werden in der Berliner Staatsbibliothek Preußischer Kulturbesitz respektvoll aufbewahrt. Fanny wagte erst mit Ende dreißig den Schritt aus der privaten in die öffentliche Sphäre und ließ einige Hefte mit Klavierstücken sowie ein paar Lieder erscheinen. Nach ihrem Tod brachte Felix zwei weitere solcher Hefte heraus und fügte ein Klaviertrio hinzu, womit die Opuszahl 11 erreicht wurde. Seit 1980 werden diese Hefte neu herausgegeben, und gleichzeitig befreit man nach und nach vom Staub des Vergessens, was noch in den Archiven des deutschen Staates oder in den Privatarchiven der Mendelssohn-Nachfahren schlummert.

Natürlich hätte die Verfasserin mit der Arbeit an diesem Buch niemals begonnen, wenn sie von Fanny Hensels Musik nicht sehr angetan wäre. Für sie ging es jedoch nicht an, Fanny als verkanntes Genie zu behandeln. Erstens weil Fanny Hensel dadurch, daß sie sich auf das Leben nicht kämpferisch einließ, auch ihr Potential nicht ausgeschöpft und ihr Werk nicht vollendet hat, zweitens und vor allem, weil der Begriff »Genie« einer männlichen Welt zugehört, und zwar einer Gegenwelt zur Kreativität der Frauen. Beim Wort *génie* registriert das maßgebliche französische Wörterbuch, der *Robert*, den entscheidenden Bedeutungswandel vom 17. zum 18. Jahrhundert: Aus den »angeborenen Fähigkeiten, natürlichen Anlagen« wird die »höhere geistige Fähigkeit, die einen Mann über seinesgleichen hinaushebt und ihn in die Lage versetzt, Schöpfungen, Erfindungen, Unternehmungen zu realisieren, die den Mitmenschen außergewöhnlich beziehungsweise übermenschlich erscheinen«. Einen Mann, wohlgemerkt und selbstverständlich, denn über die Lesart des Wortes *homme** in dieser Definition kann kein Zweifel bestehen. Im Fortgang des 18. Jahrhunderts wuchs das Bedürfnis nach einer Bezeichnung, welche die Arbeit des Künstlers mit einer magischen Aura umgab. (Dies entspricht in etwa jenem Taschenspielertrick, durch den der Mann zum Hauptakteur der Fortpflanzung avanciert.[2]) Aus symbolischen wie praktischen Gründen ist es anscheinend wichtig, daß die Frau im Haus gehalten und die patrilineare Abstammungsordnung geschützt wird. Hier nun, im frühen 19. Jahrhundert, haben wir es mit zwei gleichbegabten Kindern zu tun, deren eines die Erlaubnis hat, der Welt als schöpferisches Individuum entgegenzutreten, während das andere angehalten ist zu schweigen oder zumindest sehr leise zu sprechen, gleichgültig, was seine Fähigkeiten und seine Wünsche sind. Eine Frau, die sich offen zu

* Anm. d. Ü.: Frz. »un homme« kann bekanntlich als »ein Mann« oder als »ein Mensch« gelesen werden.

ihrem schöpferischen Talent bekennen würde – welche Gefahr für die Gesellschaft!

Komponieren – der Bezug der Frauen zu dieser Tätigkeit wandelt sich mit den Epochen und ist abhängig davon, wie hoch der Begriff des musikalischen Schaffens jeweils angesetzt wird. Solange die Musik spontanen Charakter hat und mit dem Ende des Stücks gewissermaßen verweht, solange schriftliche Überlieferung also relativ selten ist, sind Komponieren und Musizieren nicht wirklich voneinander zu trennen. Da wo das Komponieren zur Bildung gehört und es folglich darum geht, überhaupt Zugang zu dieser Bildung zu bekommen, da finden wir »gebildete« Menschen, und zwar Männer wie Frauen, die etwa Madrigale nach Gelegenheitsgedichten komponieren oder besser: verfertigen. Die nötige Technik ist nicht sehr kompliziert, man hat sie schnell heraus, und großer Inspiration bedarf es auch nicht. Unser Begriff »Komposition« ist solch spontanen und wenig ausgearbeiteten Stücken nicht recht angemessen. Das italienische Barock hat der Improvisation eine bevorzugte Stellung eingeräumt: Darf man sagen, daß eine Kadenz »komponiert« wird? Eigentlich nicht: sie wird gesungen, sie wird gespielt, sie wird improvisiert. Dabei waren die italienischen Gesangsvirtuosinnen, eine Francesca Caccini, eine Barbara Strozzi und andere, durchaus erfinderisch, so wie ihre Aufgabe es von ihnen verlangte; es hat allezeit Frauen gegeben, die musizierend Musik geschaffen haben! Wir neigen nur dazu, unsere Überzeugungen in die Geschichte zu projizieren: Frauen sind nicht schöpferisch, also sind sie es nie gewesen. Dem widerspricht nicht nur die Wiederentdeckung einer Elisabeth Jacquet de la Guerre, und wer weiß, ob man nicht, wie Virginia Woolf sagt, noch darauf kommen wird, daß Anonymus eigentlich eine Anonyma[3] war?

Das Problem tritt auf, sobald Komponieren Schreiben heißt. Am Ende des 18. Jahrhunderts, als das Verlagswesen bereits in Blüte steht, wird dieses Schreiben definitiv zur gedanklichen Arbeit, und das Werk gehört von nun an einem Schöpfer, der ihm seinen Namen anheftet. Komponistinnen aber gelten als eine Art Zirkuswunder.

Fanny ist weder ein Genius noch eine Genia, sie ist im Sinne des 19. Jahrhunderts kein Genie. Felix, der seiner Schwester sehr zugetan war, fand sich bereit, einige ihrer Werke unter seinem Namen erscheinen zu lassen. Er machte daraus kein Hehl, und alle fanden es ziemlich normal.

Felix und Fanny: *F in Dur und F in Moll*.[4] Der Dualismus Dur – Moll stammt vom Beginn unserer rationalen, cartesianischen Neuzeit. Die Verschiedenheit der Tonarten oder zumindest die Durchlässigkeit der Regeln macht einer einzigen Alternative Platz: dem »männlichen« Dur und dem »weiblichen« Moll, von denen letzteres gewissermaßen einen Stock braucht, um seine Tonika zu stützen. Dem Tongeschlecht Dur kommen Klarheit und Regelmäßigkeit zu, während ins Moll sämtliche aus der

mittelalterlichen Teufelsfurcht ererbten Zwielichtigkeiten – große Sext aufwärts, kleine abwärts – verwiesen werden: drei Halbtöne statt zwei, welches Ungleichgewicht, welche Perversion, welche gefährliche Sinnlichkeit! Vergessen wir nicht, daß im 14. Jahrhundert Guillaume de Machaut wegen mißbräuchlicher Verwendung des Halbtons exkommuniziert worden ist.
Die Unterscheidung Dur – Moll, hell – dunkel überschattet das Leben der beiden Mendelssohns in allen seinen entscheidenden Phasen. Es ist ein Zwillingsleben, den vier Jahren Altersunterschied zum Trotz. Aber Felix ist schön und Fanny häßlich, Felix reist, und Fanny sitzt zu Hause, Felix wird zur öffentlichen Gestalt, und Fanny bleibt auf ihre Privatexistenz beschränkt.
So soll es sein, jedenfalls nach dem Geschmack der preußischen Gesellschaft, wie sie sich in den Jahren nach 1810 entwickelt. Nach der Napoleonischen Invasion, dem Zusammenbruch des preußischen Staates und der Auflösung des Heiligen Römischen Reiches Deutscher Nation stand der große Neuaufbau an, und der sollte möglichst in allem den Gegensatz zur vorangegangenen Epoche betonen. Die Bewunderung für die Französische Revolution wird ersetzt durch den Haß auf die Franzosen, auf die Vernunftreligion folgt die des Gefühls, der Universalismus weicht der nationalen Bewegung. Geistesfreiheit und eine relative sexuelle Freiheit räumen das Feld gleich mit, Prüderie und ein die brave Häuslichkeit betonender Familiensinn halten Einzug. Das Königspaar Friedrich Wilhelm III. und Luise findet die Bewunderung der Romantiker, unter ihnen Novalis und Kleist. Als die Königin stirbt, entsteht ein Kult, der ebenso den Kampf gegen Napoleon beinhaltet wie die Achtung vor der Familie und die Aufwertung der Gattenliebe (von der es in Beethovens *Fidelio* heißt, sie sei der erste Schritt zur Eroberung der Freiheitsrechte). Das Vorbild der königlichen Familie wirkt bis zu den untersten Stufen der sozialen Hierarchie hinab. Es gibt keine Politik mehr, es gibt nur noch das Leben in der Familie – gleichsam ein Ausdruck untertäniger Huldigung an das Königtum. Mit anderen Worten, in Preußen passiert nichts, der Atem der Geschichte streift andere Länder: Frankreich, England … Selbst wenn etwas passierte, man könnte es nicht aussprechen: Weder Pressefreiheit noch Verfassung sind vorhanden. Die ersten Seiten von Fannys Tagebuch, 1829 geschrieben, geben das Gefühl, in stickiger Luft zu leben, eindringlich wieder: Man ist eingeschlossen in seinem Preußen, und draußen, da ist die Welt. Wie weit sind doch die Berliner Salons der Aufklärung*, in denen die Gesellschaft sich munter vermischte, Adel und Juden voran, und wo über alles debattiert wurde! Dem Biedermeiersalon

* die im Unterschied zum französischen »siècle des Lumières« nur ein paar Jahre dauerte

des 19. Jahrhunderts gehört das Verdienst, daß er hervorragende Musik zur Aufführung brachte, und die seichte Idyllenpoesie muß man ihm verzeihen, war sie doch die einzige erlaubte Sprache. Es ist kein Zufall, daß der größte deutsche Lyriker der Zeit, Heinrich Heine, sich nach Paris absetzte!

Welche Gründe aber bringen eine hochbegabte Frau dazu, zu Hause zu bleiben? Ganz sicher gehorcht sie dem Druck der Gesellschaft. In der Zivilisation muß jeder die Rolle übernehmen, die ihm die Identifikation mit seiner unmittelbaren Umwelt ermöglicht, und die Frauen lebten im 19. Jahrhundert nicht als Einzelwesen, genausowenig wie sie allein auf Reisen gingen (es sei denn, sie waren dazu unausweichlich gezwungen). Und diese Situation wird bis zum Ersten Weltkrieg andauern. Ungeachtet ihres Talents fügte Fanny sich dieser allgemeinen Regel, die allerdings in ihrem Fall zahlreiche Vorteile bot: In der Familie Mendelssohn erfuhr die Rolle der Hausfrau höchste Achtung, die Mutter wurde abgöttisch verehrt. Es gab auch noch persönliche Gründe, sie hängen mit den sehr spezifischen Vorschriften zusammen, denen sich die Mendelssohnsippe unterwarf.

Ein Großvater von Fanny, der deutsche jüdische Philosoph Moses Mendelssohn, hatte als Knabe das Ghetto verlassen, hatte sich trotz bitterster Armut und gegen scharfe Mißbilligung seitens der jüdischen wie der christlichen Gemeinde den Zugang zum Wissen erzwungen. Der Abglanz des Namens, den er sich gemacht hatte, lag auf jedem seiner Nachfahren, aber dieser Name bedeutete auch moralische Verpflichtung. Die wurde erst recht unentrinnbar, als der gesellschaftliche Druck ein Mitglied der Familie nach dem anderen zwang, zum Christentum überzutreten. Wenn ein Jude schon jeden Moment seine Rechtschaffenheit beweisen muß, dann gilt das doppelt für einen getauften Juden. Fannys Vater Abraham zog sich zum selben Zeitpunkt aus der Bank zurück, zu dem er Christ wurde. Felix komponierte kein Bühnenwerk und setzte so nie einen Fuß in die von Geld und Kompromissen regierte Opernwelt. Was Fanny anging, so war sie eine vorbildliche Gattin und Mutter, mit Eifer erfüllte sie ihre Familienpflichten, und die waren nicht knapp bemessen in einer Zeit der grassierenden Krankheiten und der vorwiegend häuslichen Krankenpflege. Der Intellekt aber, und das ist wirklich eine Besonderheit, war im Hause Mendelssohn nicht geschlechtsspezifisch reserviert. Fanny und ihre Schwester Rebecka durften sich ein Wissen und eine Bildung aneignen, wie sie es sich nicht freier hätten wünschen können. Darin waren sie wahrhaft privilegiert. Wenn sie irgend etwas in Angriff nahmen, dann wurde das Ergebnis objektiv und nicht unter dem Vorbehalt »weiblich« beurteilt. Wenn Fanny komponierte, dann war wichtig, daß sie *gut* komponierte. Jedoch sollte sie nicht Komponistin sein, die Musik durfte sie nicht von ihren eigentlichen Pflichten ablenken. Als kleines Mädchen

und als Heranwachsende legte sie all ihre Energie in die Musik, so daß Felix geradezu einen Komplex und einen lebenslang anhaltenden Abscheu vor jeglichem Wettbewerb entwickelte. Dann wurde ihr der Wind aus den Segeln genommen, sie mußte Felix definitiv den Vortritt lassen und dafür lernen, ein Haus zu führen. Es war ihr möglich, ihren Mann, den Maler Wilhelm Hensel, selbst zu wählen. Zu ihrem Glück – sie hatte Angst, die Hochzeit würde einen dramatischen Bruch in ihrem Leben bedeuten – komplimentierte er sie am Tag nach der großen Feier an ihr Klavier und legte ein Blatt Notenpapier vor sie hin. Sie bekam ein Kind, Sebastian, das zwischen den Pinseln des [von Berufs wegen] malenden Vaters und den Partituren der musizierenden Mutter aufwuchs. Sebastian machte es sich zur Aufgabe, die Erinnerungen der Familie Mendelssohn festzuhalten, und ohne sein Werk gäbe es wohl keine biographischen Studien über all diese ganz außergewöhnlichen Menschen. Das Pflichtenpensum hinderte Fanny nicht, ihre Sonntagskonzerte zu organisieren und die Proben zu leiten, sie komponierte, und sie schrieb Briefe an ihren Bruder und an ihre Freunde. Die Summe aller innerhalb der Großfamilie gewechselten Briefe ist kolossal. Zählt man nur die Briefe, die Felix an seine Angehörigen schrieb, kommt man schon auf über neunhundert.[5]
Vielleicht beeinflußt von dieser Umgebung, in der pausenlos gezeichnet, gemalt und korrespondiert wird, nehmen Fannys Kompositionen oft den Charakter von Skizzen an, erscheinen sie wie Blätter eines musikalischen Tagebuchs. Kurzformen (»Lieder ohne Worte« für Klavier, Etüden, Lieder für Singstimme, vokale Duette, Terzette, Quartette) sind in ihren Manuskriptheften überreichlich vertreten. Längere Formen (Sonaten oder Kantaten) sind selten, und sie schrieb ein einziges reines Orchesterwerk. Fanny hatte einen sehr weiblichen, sorgfältig anerzogenen und gepflegten Fehler: Sie hatte kein Selbstvertrauen. Man braucht schon eine gewisse Selbstsicherheit, um sich eine Arbeit vorzunehmen, die auch tagelange Geduldsproben bedeutet, und um über den zwangsläufigen Wechsel von schöpferischer Arbeitswut und Verzagtheit hinwegzukommen. Vom Ende des 20. Jahrhunderts aus gesehen, sind Skizzen genauso reizvoll wie die im 19. Jahrhundert so beliebten bombastischen Werke, und Wilhelm Hensels Nachruhm beruht auf seinen rasch hingeworfenen Bleistiftporträts, nicht auf seinen Ölgemälden.[6] Es ist auch gewiß eine sympathische Vorstellung, wie die beiden dasaßen und Stift oder Feder gleichzeitig über das Papier flogen, aber man kann es doch bedauern, daß Fanny sich nicht schon von ihrer Jugend an rückhaltlos in der Musik engagiert hat. Das wenige Monate vor ihrem Tod geschriebene d-Moll-Trio, ihr reifstes Werk, bezeugt, wozu sie fähig gewesen wäre. Wie schade, daß sie sich nicht früher ein Herz gefaßt hat!
Nichtsdestoweniger ist das Œuvre, das sie hinterließ, ein persönliches und eindrucksvolles. Fanny komponierte rasch, und ihre »Skizzen«, wie wir

sie gerade genannt haben, sind voller Leben und Phantasie. Fanny wußte, wie sie auf wenigen Seiten, ohne trockenen Akademismus, ohne selbstgefällige vordergründige Technik, immer in den Grenzen eines geselligen Improvisationsstils ihre Stimme zu Gehör bringen konnte. Die Begegnung mit den Künstlern der Villa Medici in Rom bedeutete die stärkste Ermutigung, die ihr je zuteil wurde. 1839 unternahmen Hensels eine Reise, die Fannys Lebenstraum gewesen war, und verbrachten drei Monate in Rom, von Februar bis Mai 1840. Die damals dort residierenden Künstler, darunter die Musiker Gounod und Bousquet, der Maler Dugasseau und ihr Direktor Dominique Ingres gerieten über Fannys Können in Verzückung, Gounod ganz besonders. Sie brachte ihnen eine Seite der deutschen Musik nahe, die ihnen unbekannt gewesen war. Aus dem Gedächtnis – das immer phänomenal gewesen war – spielte sie ihnen alles von Bach, alles von Beethoven und auch alles von Felix Mendelssohn. Auch die eigenen Werke spielte sie ihnen vor, und die Bewunderung ihrer Zuhörer kannte keine Grenzen. Zum erstenmal sah Fanny sich gefeiert, wie sie es verdiente. Neue Kompositionen flossen ihr wie von selbst aus der Feder, ein Versiegen der Inspiration wurde geradezu undenkbar. Wie hart aber war dann die Rückkehr nach Berlin! Erst mehrere Jahre später, als ein junger Freund, Robert von Keudell, ihr neuen Mut zusprach und die Verlagshäuser Bote & Bock und Schlesinger sie bedrängten, rang sie sich zur Veröffentlichung einiger Werke durch und erntete prompt auch bei der Kritik Ermutigung. Sie war mit ihrem Leben mehr als zufrieden, es machte sie glücklich und erlaubte ihr, andere glücklich zu machen, da starb sie ganz plötzlich am 14. Mai 1847 mitten in der Probe zu einem Sonntagskonzert. Als könnte er das Leben ohne sie nicht ertragen, starb Felix Mendelssohn genauso jäh, am 4. November desselben Jahres.

Die Biographie einer einzigen oder eines einzigen Mendelssohn schreiben zu wollen ist ein gewagtes Unterfangen. Nicht nur läßt sich der Forscher oder die Forscherin der Reihe nach von jeder Einzelpersönlichkeit fesseln – und sie bilden eine ziemlich weitläufige Familie –, nein, auch sie selbst konnten sich ohne einander nicht vorstellen. Wir wollen von Fanny Hensel sprechen und sie zum Leben erwecken, aber es ist uns keine bessere Methode eingefallen, als von den Menschen zu sprechen, die ihr lieb und teuer waren, und als diese ganze kleine Welt vor ihrem Hintergrund zu erfassen. Die Mendelssohns sind vor allem ein Clan, ein Kreis, und Fanny wurde nach und nach zu dessen Herz und Mitte. Mit ihrem Tod brach er auseinander.

Moses Mendelssohn

Moses Mendelssohn (1729–1786), zentrale Gestalt der Berliner Aufklärung, machte nicht nur aus eigener Kraft seinen Weg, er machte sich in jedem Sinn des Wortes einen Namen. Bei seiner Geburt am 6. September 1729 hieß Fannys Großvater zunächst Moses, Sohn des Mendel Dessau, womit angegeben war, daß die Familie in der Kleinstadt Dessau ansässig war. Mendel war Lehrer an der rabbinischen Elementarschule, und trotz größter Armut legte er Wert darauf, sein gesamtes Wissen an seinen Sohn weiterzugeben. Vielleicht war dieses Wissen eher dürftig, vielleicht zeigte Moses eine exzeptionelle Auffassungsgabe, jedenfalls berichtet die Familienlegende, der Fünfjährige habe schon genausoviel gewußt wie sein Vater.[1] Der vertraute ihn denn auch dem Rabbiner Fränkel an, welcher durch relative Geistesfreiheit und durch Kenntnisse aus der jüdischen Gemeinde herausragte. Die trostlosen sozialen Umstände bestimmten den jungen Moses zu einem Dasein als Hausierer, der mit der Ware auf dem Rücken die Dörfer abwandert. Doch als Fränkel zum Oberrabbiner in Berlin ernannt wurde, faßte der Vierzehnjährige den Entschluß, ihm zu folgen: Mit Fränkel, das war ihm klar, ging seine einzige Hoffnung auf Bildung und Erkenntnis. Durch das den Juden vorbehaltene Rosenthaler Tor[2] gelangte er in die Stadt Berlin, wobei er auf die obligate Frage: »Was will Er in der Stadt?« geantwortet haben soll: »Lernen«. Die Seelenstärke des Jungen, der da mittellos und ohne jegliche Beziehungen einen solchen Entschluß faßte, kann gar nicht überschätzt werden. Um die physische Stärke war es hingegen schlecht bestellt: Er war klein, bucklig und wahrscheinlich rachitisch. Sieben Jahre lang lebte er in tiefster Armut. Fränkel verschaffte ihm kümmerliche Kopistenaufträge, über Wasser aber konnte er sich nur deshalb halten, weil einige bessergestellte Glaubensgenossen ihn ab und zu an ihrem Tisch mitessen ließen. Auch um seine seelisch-geistige Lage war er nicht zu beneiden. Die Juden waren in Berlin nur gegen klingende Münze geduldet, ihre Gemeinde konnte folglich nur eine begrenzte Anzahl armer Leute verkraften. Diese Gemeinde wurde von polnischen Rabbinern geführt, die als Sprachen nur das Hebräische und das Jiddische zuließen; Deutsch war strengstens verboten. So sicherten sie ihre persönliche Machtstellung ab. Nun führte aber nicht nur der Weg aus dem Ghetto über die deutsche Sprache, für Moses war sie der Zugang zu Wissenschaft und Erkenntnis, darunter nicht zuletzt zur Philosophie. So lernte er vom Tag seiner Ankunft an heimlich Deutsch. Wäre er ertappt worden, so hätten ihn die Rabbiner aus Berlin ausweisen lassen. Als echter Autodidakt verschlang er alles Gedruckte, was ihm in die Hände fiel: Mathematik, tote wie lebende Sprachen und vor allem Philosophie. Nur Geschichte langweilte ihn: Hätte er als Nichtbürger sich angesprochen fühlen sollen? Erst 1750 waren für ihn die Elendsjahre vorüber. Mit einundzwanzig Jahren erhielt er bei dem Seidenfabrikanten Bernhard zunächst eine Anstellung als Hauslehrer, dann als Buchhalter. Sein Arbeitgeber machte ihn kurz vor seinem Tod zum Teilhaber. Damit hatte Moses die Unabhängigkeit erlangt, nach der er immer gestrebt hatte und die ihm gestattete, sowohl seine Familie zu ernähren als auch sich dem Lesen und Schreiben zu widmen. Die Jugend, die er hinter sich hatte, wies ihm zwingend seinen Lebenssinn. Er mußte seinen Glaubensgenossen aus ihrem materiellen wie geistigen Elend heraushelfen, als Deutsche sollten sie sich in die deutsche Kultur integrieren. In der Tat erhob Moses als erster Anspruch auf diese doppelte Identität, als erster bezeichnete er sich als deutschen Juden. Die Rückkehr nach Palästina schien ihm nicht durchführbar, dafür sollte die deutsche Kultur zum Gelobten Land der Juden werden. Aus dem Hebräischen übersetzte er die fünf Bücher Moses, die Psalmen und das Hohelied. Er wollte den Juden das Deutsche zugänglich machen und den Deutschen einen von überflüssigem Mystizismus und tendenziösem Ballast befreiten dichterischen Text wiedergeben. Sein Plan, das gesamte Alte Testament zu übersetzen, konnte er aus Zeitmangel nicht verwirklichen.

Mendelssohn nahm gleichzeitig mit seinem Freund, dem Dramatiker Gotthold Ephraim Lessing (1729–1781), und dem Buchhändler und Verleger Friedrich Nicolai (1733–1811) bestimmenden Einfluß auf die deutsche Literatur. Noch bevor Lessing die Kapitel der *Hamburgischen Dramaturgie* (1768) veröffentlichte, in denen Shakespeare gerühmt und die französischen Vorbilder für abgesetzt erklärt werden, suchten die von den beiden Freunden herausgegebenen *Literaturbriefe* die deutschen Schriftsteller von der für lächerlich befundenen Nachahmung Frankreichs abzubringen. Moses ging so weit, Friedrich II. seine auf französisch verfaßten *Poésies diverses* zum Vorwurf zu machen. Das war für einen Mann in ungesicherter gesellschaftlicher Stellung ausgesprochen mutig, genauso wie es für einen Juden ungewöhnlich war, daß er die deutsche Kultur verteidigte.

Natürlich provozierte er damit bei den Fanatikern beider Religionslager erbitterte Fehden, aber er entfachte auch enorme Begeisterung in philosophischen und ganz allgemein in aufgeklärten Kreisen. Mirabeau schrieb über ihn: »Ein von der Natur in eine primitive Horde geworfener, völlig mittellos geborener Mann ist unter die größten Schriftsteller aufgestiegen, die das Jahrhundert in Deutschland erlebt hat.«[3] Bei Robert Badinter ist nachzulesen, wie seine Ideen die Verfassunggebende Versammlung 1791 beeinflußten, als sie über Befreiung und künftigen Bürgerstatus der französischen Juden debattierte.[4] Moses Mendelssohn war zum großen Vorkämpfer der Integration der Juden und der entsprechenden Bürgerrechte geworden.

Mit seiner Intelligenz und seiner Gesprächskunst gewann er genauso viele Freunde wie durch seine Schriften. Seine Lust an der vorurteilsfreien Diskussion spiegelt sich in seinem *Phaedon*, einem Buch, das ihm den Beinamen eines »Sokrates der Aufklärung«[5] eintrug, wider. Einer seiner Bewunderer, Lavater, nötigte ihm eine unerquickliche öffentliche Polemik auf. Johann Kaspar Lavater (1741–1801), der Schweizer protestantische Theologe und Schöpfer der »Physiognomik«, meinte aus den Gesichtszügen eines Menschen unfehlbar auf den Charakter schließen zu können. Da seiner Auffassung nach die Güte im Gesicht von Moses sich nur in den Zügen eines Christen abzeichnen konnte, forderte er Moses öffentlich und ultimativ auf, entweder seine Gründe offenzulegen, warum er Jude sei, oder zum Christentum überzutreten. Dem einfältigen Eiferer war nicht bewußt, daß er Moses' Aufenthaltsrecht für Berlin in Gefahr brachte. Der Philosoph Moses war nicht geneigt einzuräumen, daß eine bestimmte Religion einen universellen Wahrheitsanspruch erheben könnte. Sein Freund Lessing läßt uns mit dem Schauspiel *Nathan der Weise* (1779) ahnen, wie Moses Mendelssohns Replik hätte ausfallen können. In diesem Stück verlangt Sultan Saladin von Nathan – für den Moses das Vorbild abgab –, er solle ihm enthüllen, welche der drei großen Offenbarungsreligionen die wahre Religion sei. In einer ähnlich heiklen Situation wie Moses, erzählt Nathan dem Sultan die berühmte Ringparabel: Ein wunderkräftiger Ring, der seinem Inhaber die Achtung und Zuneigung aller Menschen verschaffte, wurde vom Vater auf den Sohn vererbt. Nun kam es, daß ein Vater sich zwischen seinen drei ihm gleich lieben Söhnen nicht entscheiden konnte. Schließlich sorgte er dafür, daß die Söhne drei völlig gleiche Ringe erben würden. Als er starb, kam es zum Streit. Der angerufene Richter fällte den Spruch, daß keiner der drei Ringe der echte sei, da keiner der Brüder die Zuneigung der beiden anderen habe. Dafür sollte jeder seinem Ring, so wie die Liebe des Vaters ihn ihm hinterlassen habe, treu bleiben. Der echte Ring sei vermutlich verlorengegangen. Vielleicht war der Vater der Tyrannei einer einzigen Wahrheit überdrüssig geworden?[6]

Nathan-Moses trug einen ehrenvollen Sieg davon und bewies dabei noch Humor. Als ein anderer Bekehrer namens Teller den folgenden Vierzeiler an ihn richtete:

»An Gott den Vater glaubt ihr schon,
So glaubt doch auch an seinen Sohn.
Ihr pflegt doch sonst bei Vaters Leben
Dem Sohne gern Kredit zu geben.«

replizierte Moses:

»Wie könnten wir Kredit ihm geben?
Der Vater wird ja ewig leben.«

Mendelssohn war vor allem tolerant und verfocht deswegen auch die Trennung von Kirche und Staat. Erst 1763 erlangte er den »Schutzbrief«, der sein dauerndes Aufenthaltsrecht für Berlin verbürgte. Der Marquis d'Argens hatte den Antrag mit folgenden Worten bei Friedrich II. unterstützt: »Ein Philosoph und schlechter Katholik bittet untertänigst einen Philosophen und schlechten Protestanten, einem Philosophen und schlechten Juden ein Privileg zu gewähren. Es liegt zuviel Philosophie in alldem, als daß die Vernunft nicht auf Seiten des Antrags stünde.«* Mendelssohn gab dem Wunsch Ausdruck, das Privileg möge auf seine Nachkommen ausgedehnt werden, aber erst 1787 bewilligte es Friedrich Wilhelm II. der Witwe und den Kindern.[7]

All diese Informationen finden wir in dem Buch *Die Familie Mendelssohn*, einem wahren Monument, das Fannys Sohn Sebastian Hensel zum Andenken an seine Eltern 1879 errichtete. Heute bemüht sich die Forschung, Sebastian im einen oder anderen Punkt Ungenauigkeit nachzuweisen. Möglich, daß die Spezialisten recht haben, aber uns betrifft es wenig. Sebastian hat seinen Urgroßvater Moses nicht gekannt, und als seine Großeltern starben, war er noch zu klein. Mit der Familienlegende machte ihn also hauptsächlich seine Mutter bekannt, und das ist es, was uns interessiert. Natürlich besaß er eine beneidenswerte Sammlung von Originaldokumenten und sonstigen Unterlagen. Nichtsdestoweniger war es Fanny, von der er seine Bewunderung für den herausragenden Vorfahren übernommen hatte, Fanny, die ihrerseits in der Hochachtung vor dem gescheiten und couragierten Mann erzogen worden war. Dessen Religion war auf Vernunft, Toleranz, Treue zu sich selbst und zu denen, die er liebte, gegründet. Nicht zuletzt der ästhetische Sinn der Mendelssohns bleibt geprägt von diesen Grundwerten: Fannys wie Felix' musikalische Erziehung wurde bestimmt von herber Strenge, vom Studium der

* Anm. d. Ü.: Der Originalantrag lautete französisch: »Un Philosophe mauvais catholique supplie un Philosophe mauvais protestant de donner un privilège à un Philosophe mauvais juif. Il y a trop de philosophie dans tout ceci pour que la raison ne soit pas du côté de la demande.«

klassischen Vorväter und vor allem der deutschen Musiker Bach, Händel, Gluck. Dabei durfte der gelehrte Kunstverstand das Eingängige, Fließende der musikalischen Sprache nicht beeinträchtigen, diese hatte allzeit elegant und unmittelbar verständlich zu sein wie das Gespräch eines wohlerzogenen Menschen. Unzweifelhaft hatte Moses einen mehr intellektuellen als musikalischen Einfluß auf seine Nachfahren, obwohl seine Neigung zur Mathematik und zum Schachspiel durchaus nicht ohne Bezug zur Musik zu sehen ist. Der Stolz auf den Namen Mendelssohn ging mit der Überzeugung einher, daß dem Denken, der Vernunft und dem Wissen absolute Macht zukommt. In seinem Versepos *Atta Troll* dichtete Heinrich Heine (1797–1856) mit seiner üblichen Ironie die folgende Strophe:

»Hört es, hört, ich bin ein Bär,
Nimmer schäm' ich mich des Ursprungs,
Und bin stolz darauf, als stammt' ich
Ab von Moses Mendelssohn!«[8]

Fanny konnte leider sicher sein, daß sie von Moses abstammte: auch sie war etwas verwachsen. Die meisten von Moses' unmittelbaren Nachkommen starben wie er rasch und ohne viel zu leiden. Der Tod ereilte ihn am 4. Januar 1786.

Fanny Mendelssohns Verwandtschaft

Die Töchter des Moses Mendelssohn

Mit seiner Frau Fromet Gugenheim, der Tochter eines Hamburger Kaufmanns, hatte Moses drei Mädchen und drei Jungen: Brendel, Recha, Joseph, Henriette, Abraham und Nathan. Bei der Erziehung seiner Kinder ließ er größte Sorgfalt walten, sagt Sebastian, worunter bei diesem zu verstehen ist: Bei der Erziehung seiner Söhne ließ er größte Sorgfalt walten. Warum hätte er sich auch intelligenter als Rousseau zeigen sollen? Bei Rousseau darf Sophie nur insoweit etwas lernen, als dies Emile* gefallen, zur Erbauung gereichen und nützen kann. So will es das Gesetz des Universums, so will es die Ordnung der Natur, die man genausowenig in Frage stellt wie etwa die Grundregeln der Musik. Moll ist Dur untergeordnet, das Mündel dem Vormund und das Mädchen dem Mann, das wissen sogar die Wilden! Die Mendelssohn-Söhne – insbesondere Joseph, die beiden anderen sind noch klein, als Moses stirbt – werden vom Vater in philosophischen Lehren und in Bibelkunde unterrichtet, außerdem haben sie einen Hauslehrer, Herz Homberg, und lernen bei ihm Hebräisch, Latein, Deutsch, Physik und Mathematik. Die Töchter erhalten die Erziehung einer Sophie auf einer nicht gänzlich unintellektuellen Stufe: Hauswirtschaft, Musik, Zeichnen, moderne Fremdsprachen, nicht zu vergessen Deutsch. Der Vater verfügt über seine Töchter mit despotischer Gewalt. Seine fortschrittlichen Ideen hindern ihn nicht daran, Recha ebenso wie die gerade dreizehn Jahre alte Brendel zu verloben, ohne sie um ihre Meinung zu fragen. Beide lassen sich später scheiden. Henriette bleibt ledig.

Das zu Ende gehende 18. Jahrhundert ist eine Epoche der Diskussion und der Lernbegier, und beides ist einer gewissen Emanzipation eher günstig. In Berlin entsteht in den achtziger Jahren eine literarische Bewegung, die ihre entscheidenden Impulse den Salons der »schönen Juden-Töchter« wie Henriette Herz und Rahel Levin (der späteren Rahel Varnhagen) verdankt. Beide waren mit Brendel Mendelssohn eng befreundet. Auch Henriette de Lemos war mit fünfzehn Jahren verheiratet worden. Ihr Mann war der berühmte Arzt Markus Herz, aber während dieser sich mit

* Anm. d. Ü.: *Emile oder Über die Erziehung*, Roman (1762).

Naturforschern umgab, versammelte die schöne Henriette einen Freundeskreis, in dem man unter anderen Schleiermacher und den Brüdern Humboldt begegnen konnte und wo über Literatur und die Gefühle des Herzens gesprochen wurde. Hier lernte die mit Simon Veit verheiratete Brendel Friedrich Schlegel (1772–1829) kennen, für den sie Ehemann, Familie und Vaterland verlassen sollte. Rahel Levin, weniger hübsch als Henriette, war eine gute Zuhörerin und setzte viel daran, die Freunde, die zu ihr zum Tee kamen, psychologisch zu verstehen. In der Mansarde, wo sie ihren Salon hielt, begegneten einander Prinz Louis-Ferdinand und Pauline Wiesel. Es sieht ganz so aus, als habe Berlin, die mächtig aufstrebende Stadt in einem verdämmernden Heiligen Römischen Reich Deutscher Nation, gesellschaftliche Ventile, eine Art Freiraum nötig gehabt, und da in den jüdischen Salons Standesdünkel von vornherein nicht gegeben war, mischten sich hier auch Vertreter des Adels unter die Bürger und die Juden. Gemeinsamer Nenner war die Lust am geistvollen Salongespräch. In dieser relativ freizügigen Atmosphäre gingen die Frauen so weit, etwas in Deutschland vollständig Neues zu fordern: die Freiheit, zu lieben, wen sie wollten, die Freiheit, ihren Lebensgefährten zu wählen.

Brendel Mendelssohn (1764–1839) hatte, wie vom Vater vorgesehen, den Bankier Simon Veit geheiratet. Sie gab sich nicht nur einen neuen Namen, Dorothea, sondern zeigte sich konsequent bis zum Skandal. Etwa die Hälfte der Jüdinnen besserer Kreise ließen sich von ihren Zwangsehegatten scheiden, aber im Hintergrund gab es weiterhin ihre reiche Familie, und so heirateten sie im allgemeinen ein zweites Mal und dann innerhalb des verarmten preußischen Adels.[1] Dorothea hingegen beschloß, das Schicksal eines stellungslosen Literaten zu teilen. Simon Veit nahm die Sache mit einem gewissen Anstand und ließ ihr eine Pension, dazu das Sorgerecht für den jüngeren der beiden Söhne, Philipp. Beides sollte allerdings nur gelten, solange sie nicht wieder heiratete. Dorothea und Friedrich verbrachten ihr Leben damit, Freunde und beiderseitige Familien um Geld beziehungsweise um eine Anstellung anzugehen. Dorothea fertigte Übersetzungen[2] an und schrieb einen Roman, *Florentin*. Friedrich Schlegel, der bedeutende Literaturkritiker,[3] lief dem Geld und dem Erfolg hinterher. In der Hoffnung, beides zu erlangen, veröffentlichte er *Lucinde*, die Geschichte ihrer Liebe. Er schilderte darin seine Leidenschaft für Dorothea und das gemeinsame amouröse Treiben mit für die Zeit sehr gewagter Deutlichkeit. An zerrissenen Kleidern, erregenden Reizen und wilden Umarmungen ließ er es nicht fehlen, aber darüber hinaus wagte Lucinde es, ihr Begehren zu zeigen, ja die Liebe in sämtlichen Stellungen zu fordern und zu praktizieren. Die zeitgenössischen Medizinbücher rieten diesbezüglich ab, aber Friedrich und Dorothea hatten sie entweder nicht gelesen, oder sie waren ihnen gleichgültig.

Die damalige Gesellschaft war außerstande, die beiden zu verstehen. Ihre engsten Freunde, mit Ausnahme von Schleiermacher, zeigten sich schockiert. Die Tochter des Mannes, dem *Nathan der Weise* nachgedichtet worden war, als Heldin eines pornographischen Romans, das war schlichtweg unvorstellbar. Ferner war sie Jüdin, häßlich und zehn Jahre älter als ihr Freund, so daß der Skandal wirklich perfekt war. Leider erwies sich der Roman als finanzieller Fehlschlag, alle sprachen davon, aber keiner hatte ihn gelesen oder gekauft.

Dorothea trat zum Protestantismus über und heiratete Friedrich Schlegel am 6. April 1804 in Paris. Nach einem Leben der ständigen Reisen sowie der materiellen Unsicherheit und nach einer zweiten Konversion verbrachte sie ihre letzten Jahre bei ihrem Sohn, dem Maler Philipp Veit, als mehr oder weniger frömmelnde Katholikin.

Moses verheiratete seine zweite Tochter Recha (1767–1831) mit Mendel Meyer, dem Sohn des Bankiers und Mecklenburg-Strelitzschen »Hofjuden« Nathan Meyer. Auch sie ließ sich scheiden, wonach sie ein Mädchenpensionat in Altona[4] leitete. Später lebte sie bis zu ihrem Tode in Berlin, wo sie als geistvolle, aber gesundheitlich anfällige Frau bekannt war.

Die Lage der jüngsten, unverheiratet gebliebenen Mendelssohn-Schwester Henriette (1775–1831) gestaltete sich genauso schwierig, wie ihr Vater es befürchtet haben mochte. Er hinterließ seiner Familie nur wenig, seine Witwe fristete ein kümmerliches Dasein und war schließlich gezwungen, Berlin zu verlassen und zu ihrer Familie nach Hamburg zurückzukehren. Henriette blieb eine Weile bei ihrer Mutter, dann beschloß sie, sich wohl oder übel auf eigene Füße zu stellen. Sie wurde Erzieherin und ging nach Wien. Laut Jean-Jacques Anstett[5] hatte sie dort die Aufgabe, Henrietta, der Tochter Fanny von Arnsteins (1758–1818)[6], den letzten Schliff zu geben. Henriette verweilte nur zwei Jahre in Wien, wo ihr die konservative Grundstimmung mißfiel. Im Jahre 1801 traf sie in Paris ein und sah dort ihren Bruder Abraham wieder, der als Angestellter des Bankiers Fould arbeitete. Der Bankier überließ oder vermietete ihr ein kleines, an sein Gebäude in der Rue Bergère anstoßendes Haus, worin sie ein Mädchenpensionat einrichtete. Sie nahm Kinder ab sieben Jahren auf, die nicht unbedingt jüdischer Konfession sein mußten, da eine Mitarbeiterin den katholischen Unterricht übernahm.[7]

1812 wurde Henriette wieder Erzieherin und kümmerte sich bis 1825 um Fanny Sebastiani, die Tochter des Grafen Horace Sebastiani, eines Napoleonischen Generals. Dieser sehr geschickte Mann betrieb in der Restauration zielbewußt seine Karriere weiter, brachte es zum Abgeordneten und Minister und darüber hinaus zum Marschallsrang. Henriette lebte so auf einer sehr gehobenen gesellschaftlichen Ebene, was ihr selbst aber wenig Eindruck machte. Vergeblich bemühte sie sich, bei ihrem

Zögling die gleichen positiven Resultate zu erzielen wie in Berlin ihre Schwägerin bei unserer Fanny. Die kleine Pariserin war zwar artig, aber schon ein Gesellschaftsdämchen, das einer mondänen Heirat entgegenträumte. Fanny Sebastiani sollte im gleichen Jahr 1847 wie Fanny Hensel, aber unter erheblich anderen Umständen sterben: Sie wurde von ihrem Gatten, dem Herzog von Choiseul-Praslin, einem Pair de France, ermordet. Dieser beging in der Gefängniszelle Selbstmord, um sich dem Schwurgericht zu entziehen. Der Skandal schlug hohe Wellen, von denen die Regierung des Königs Louis-Philippe erfaßt wurde: Man beschuldigte sie, dem Selbstmord Vorschub geleistet zu haben. Louis-Philippe geriet dadurch noch tiefer in Mißkredit. Erziehung vermag eben nicht alles. Henriette erlebte das tragische Ende ihrer Schülerin nicht mit, denn 1825, nach Fanny Sebastianis Heirat, kehrte sie nach Berlin zurück. Der General setzte ihr eine jährliche Pension von 3000 Francs aus.[8] Am 9. November 1831 starb sie, nachdem auch sie noch zur frommen Katholikin geworden war.
Konnten diese beiden Frauen, Dorothea und Henriette, für ihre Nichte Fanny Mendelssohn Vorbilder sein? Dreißig beziehungsweise vierzig Jahre betrug der Generationsunterschied, und eigentlich hätte man hoffen dürfen, daß in dieser Zeit die Emanzipation Fortschritte gemacht hatte. Konnten nicht inzwischen die sexuelle Befreiung der einen und die finanzielle Selbständigkeit der anderen für Fanny Beispiel und Ansporn sein? Aber als sie ihren Tanten begegnet, sind es charmante, gebildete, interessante alte Damen, sie führen ein bieder-anständiges Leben und haben in der katholischen Religion den Trost gefunden, der ihnen immer gefehlt hatte. Man ist inzwischen im 19. Jahrhundert, und ein entschieden konservativer Zeitgeist hat sich durchgesetzt.

Fannys Eltern

Henriette stand ihrem ein Jahr jüngeren Bruder Abraham, der, wie erwähnt, im Kontor des Bankiers Fould angestellt war, sehr nahe. Sie hatte eine Freundin, die ihr viel bedeutete, Lea Salomon, und nach kurzer Zeit hatte ihr Bruder sich überzeugen lassen, wer seine künftige Gattin sein sollte. Als Enkelin des Hofjuden Daniel Itzig (1723–1799) gehörte Lea zu einer der privilegiertesten jüdischen Familien der Stadt Berlin.
Die Politik der Hohenzollern gegenüber den Juden war wie überall interessenbestimmt. Die Mark Brandenburg war für die Juden seit 1573 verschlossenes Territorium, das heißt seit dem Tag, an dem der Hofjude

Lippold, der Direktor der Münze Joachims II. (1505–1571), angeklagt worden war, seinen Kurfürsten vergiftet und dessen Mätresse Anna Sydow verführt zu haben. Lippold wurde gefoltert, aufs Rad geflochten und gevierteilt, und sämtliche Juden wurden aus dem Lande gejagt. Posthum wurde er zwar rehabilitiert, aber die Juden erlangten ihre Rechte nicht wieder.[9] Ein Jahrhundert später sah der Große Kurfürst Friedrich Wilhelm (1620–1688) die Notwendigkeit, ein durch den Dreißigjährigen Krieg entvölkertes Land (Brandenburg hatte zwei Drittel seiner Einwohner verloren) neu zu besiedeln. 1670 entschloß er sich, fünfzig jüdische Familien, welche die spanische Gemahlin des Kaisers Leopold I. (1640 bis 1705) in jesuitischem Eifer aus Wien hatte ausweisen lassen[10], nach Berlin zu holen. Allerdings ließ der Große Kurfürst damit nicht irgendwelche Familien ins Land, er machte ein Vermögen von mindestens 10 000 Talern zur Bedingung. Sein Geldbedarf war groß, es galt den Handel neu zu beleben und die eigenen Kriege zu finanzieren.[11] Die Einwanderer erhielten einen sogenannten Schutzbrief, der sie ermächtigte, sich niederzulassen und Handelsgeschäfte zu betreiben, hauptsächlich auf dem Sektor Textilien und Bekleidung. Ab 1700 war der jüdischen Gemeinde eine kollektive Abgabe auferlegt, welche die Vorsteher (acht Parnassim) beizutreiben hatten. Selbstverständlich bestand ein gewaltiges soziales Gefälle zwischen den Wiener Juden sowie jenen, die sonst einen Schutzbrief erlangt hatten, und sämtlichen anderen. Erstere begannen bald, mit dem christlichen Adel Umgang zu pflegen, ihren jüdischen Bräuchen und Gepflogenheiten zu entsagen und sich gesellschaftlich zu assimilieren. Trotzdem blieb der Zusammenhalt der jüdischen Gemeinde bestehen; die Kontakte zu den Religionsgenossen in anderen Städten erwiesen sich in kommerzieller und finanzieller Hinsicht als sehr fruchtbringend und ließen den Status eines Juden bis zu einem gewissen Grad als vorteilhaft erscheinen.

Das Edikt von 1731[12] schränkte die Handelsfreiheit erheblich ein. Die im Lande neugegründeten Manufakturen sollten durch das Vorrecht, die Rohstoffe zu verarbeiten, geschützt werden. Die Juden sahen sich auf einige wenige Handelsgeschäfte zurückgedrängt: Schmuck, ein bestimmter Typ von Stoff (Kattun), einige Felle und Häute (Schaf, Kalb), Tee und Kaffee. Den Ärmsten blieben der Trödel, die Altkleider, der Geldwechsel und die Pferde.

Gewiß sollte die Reglementierung die traditionellen Zünfte schützen, aber sie war auch als Anreiz für die reichen Juden gedacht, in die Manufakturen und ins Kreditgeschäft zu investieren. Die armen Juden konnten sehen, wo sie blieben, notfalls sollten sie eben auswandern. Im Jahr 1737 wurde die Zahl der in Berlin amtlich geduldeten jüdischen Familien auf einhundertzwanzig festgesetzt. Wie bereits gesagt, mußte jede neuankommende Familie ein Vermögen von 10 000 Talern nachweisen, andererseits durfte ein Vater zwei seiner Söhne in seinen Schutzbrief einschließen, wobei jedoch der erste für sich 1000 Taler und der zweite 2000 Taler nachweisen mußte. Die Töchter blieben unberücksichtigt.

Im Jahre 1750 untersagte der »aufgeklärte« Herrscher Friedrich II. (der bei seiner Thronbesteigung 1740 verfügt hatte, auf seinem Staatsgebiet dürfe »jeder nach seiner Fasson selich werden«) in einem Erlaß den Juden jegliche gewerblich-handwerkliche Betätigung, die durch Konkurrenz die Einkünfte der »Bürger« zu schmälern geeignet war. »Ein Gesetz, würdig eines Kannibalen«, urteilte Mirabeau in seiner 1787 erschienenen Schrift *De la monarchie prussienne sous Frédéric le Grand.*[13]

Ab jetzt wurde in krasser Weise unterschieden zwischen dem »ordentlichen Schutzjuden«, dessen Privileg sich auf die Kinder erstreckte, und dem »außerordentlichen Schutzjuden«, dessen Kindern nicht viel anderes übrigblieb, als das Land zu verlassen – es sei denn, sie vermochten sich der Protektion eines Schutzjuden zu versichern. Moses Mendelssohn, der bei dem Schutzjuden Bernhard unterkam, war einer dieser Glücklichen.

Ganz offenkundig bediente sich Friedrich II. der Juden, um seine Kassen aufzufüllen. Er ließ das Mindestvermögen auf 15 000, später auf 20 000 Taler anheben, und am Ende »verhökerte« er das Privileg des zweiten Kindes für die Pauschalsumme von 70 000 Talern.

Andererseits brauchte Friedrich die reichsten, die Hofjuden, viel zu sehr, um sie nicht von der Regelung auszunehmen. Indem sie Münzen prägten, ein Privileg, das den Bankiers Gumpertz, Itzig, Isaak und Ephraim vorbehalten war, und diverse Manufakturen finanzierten, erwiesen sie dem preußischen Königtum Dienste, die nach Belohnung riefen. Diese wurden meist in Form von gesellschaftlichem Aufstieg gewährt. 1761 erhielten Ephraim, Itzig und Abraham Marcuse für sich selbst und für ihre Kinder ein allgemeines Privileg, das ihnen die Rechte der christlichen Kaufleute zuerkannte. Im Jahr 1791 schließlich erhielt Daniel Itzig als erster preußischer Jude ein Einbürgerungspatent, das ihn, seine gesamte Familie und seine Nachkommen auf eine Stufe mit den Bürgern des Staates Seiner Majestät stellte.[14]

Man ist zu der Feststellung gezwungen, daß Friedrich II. in diesen Hofjuden die einzigen Partner fand, die ihn in seinen finanziellen Plänen verstanden und zu unterstützen gewillt waren. Nach 1753 trat der Herrscher an die Berliner Kaufleute heran, die ihm jedoch die Unterstützung verweigerten – ob aus Klugheit oder Phantasielosigkeit, sei dahingestellt. Vielleicht hatte das Bürgertum einer so kleinen Stadt wie Berlin ganz einfach nicht den Horizont, den das Bürgertum einer Hansestadt wie Hamburg oder einer Stadt mit ausgeprägter Handelstradition wie Leipzig hatte. Friedrich II. berief daraufhin Ausländer, aber weder der Italiener

Calzabigi noch der Holländer Clement war Bankier.[15] Am Ende wandte er sich den jüdischen Bankiers von Berlin zu. Das alteingesessene Bürgertum, das sich seine Ängstlichkeit meinte leisten zu können, besaß weder deren Kontakte noch deren Unternehmungsgeist.

Daniel Itzig und Moses Mendelssohn gehen zwei sehr verschiedene Wege, das Bürgerrecht zu erwerben. Daniel Itzig hatte fünf Söhne und elf Töchter aus seiner Ehe mit Miriam Wulff, was für Lea Mendelssohn eine beträchtliche Verwandtschaft bedeutete. Seine Kinder erhielten eine Erziehung, die bewies, daß Geld für ihn keine Rolle spielte. Eine seiner Töchter, Fanny (Franziska, 1758–1818), heiratete den Bankier Nathan Arnstein, siedelte mit ihm nach Wien über und knüpfte dort in glanzvollem Stil an die Berliner Salontradition an; eine weitere Tochter, Sara (1761–1854), heiratete ebenfalls einen Bankier, Samuel Levy, hatte in Berlin ihren eigenen Salon und war eine wohlbekannte Cembalistin, die bei den Konzerten der Singakademie mitwirkte; was Bella (auch genannt Babette, 1749–1824) anging, so heiratete sie Levin Jacob Salomon und ging dadurch in die Musikgeschichte ein, daß sie ihrem Enkelsohn Felix am Weihnachtsabend 1823 eine vollständige Abschrift von Bachs *Matthäuspassion* schenkte. Die Itzigs waren große Bewunderer dieses Komponisten. Sie schätzten ebenso seine Söhne, förderten die Aufführung von deren Werken und unterstützten sie in finanziellen Notlagen.

Als Moses Mendelssohn starb, war die wirtschaftliche Lage seiner Kinder alles andere als rosig. Die Jungen sahen sich alle drei nach einer Anstellung um. Wie wir bereits wissen, ging Abraham 1797 nach Paris zum Bankhaus Fould in der Rue Bergère. Seine Schwester Henriette, die in der Rue Richer lebte und unterrichtete, besuchte er oft. Abraham wurde schnell zum frankophilen Pariser, und er schwor, niemals wieder nach Berlin, dieser verstaubten Provinzstadt, zurückzukehren. Henriette hingegen war von der beruflichen Situation ihres Bruders wenig begeistert, sie sah ihn allzusehr den Launen seines Brotherrn ausgeliefert. Sie dachte, daß nicht zuletzt aus politischen Gründen seine Karriere in Paris jederzeit ein rasches Ende finden konnte. So fädelte sie die Begegnung mit ihrer Freundin Lea Salomon, diesem in jeder Hinsicht vollkommenen Mädchen, ein: Lea war nicht einfach intelligent, sie war hochintelligent, und sie war sehr, sehr gut erzogen. Sie sprach und schrieb Französisch, Englisch und Italienisch; wie ihre gesamte Familie war sie ausgesprochen musikalisch, sie spielte Klavier und sang. Geist und gesellschaftliches Talent äußerten sich in stets schlagfertigen, aber nie verletzenden Antworten. Sie war keine wirkliche Schönheit, aber sie besaß schwarze, ausdrucksvolle Augen, war schlank und grazil, trat sanft und bescheiden auf. Sie las Homer im Urtext, suchte aber niemanden damit zu beeindrucken. Sie zeichnete sehr hübsch, zeigte in der Haushaltsführung verblüffendes Talent, und außerdem war sie reich![16] Als wohlmeinende

Schwester muß Henriette sie ins rechte Licht gestellt haben, was nicht allzu schwer war. Abraham begegnete Lea in Berlin, machte einen günstigen Eindruck auf sie und wußte sogar die Mutter für sich einzunehmen, die sich an den Gedanken, daß ihre Tochter einen Bankgehilfen heiraten sollte, allerdings erst gewöhnen mußte. Jahre später sollte Lea an ihren künftigen Schwiegersohn schreiben: »Schelten Sie mich vorzüglich nicht als eigennützig und geizig, lieber gelinder Wütikus! Sonst muß ich Sie erinnern, daß ich meinen Mann geheiratet habe, ehe er einen Pfennig besaß. Aber er hatte ein sicheres, obwohl sehr mäßiges Einkommen bei Fould in Paris, und ich wußte, daß er mein ihm zugebrachtes Vermögen würde geltend machen können. Der Ehrgeiz meiner Mutter war aber nicht zufrieden, daß ich die Frau eines Kommis werden sollte, und Mendelssohn mußte deshalb Associé seines Bruder werden, von welcher Epoche sich gottlob! beider Prosperität herschreibt.« In Lea Salomons Familie heiratete man Bankiers, nicht deren Kommis. Mit ihrer Mitgift hätte Lea sogar daran denken können, wie viele ihrer Cousinen in den preußischen Adel einzuheiraten. Daß sie solchen Gedanken nicht nachhing, hat sie gezeigt. Wie dem auch sei, Abraham sah sich in die Lage versetzt, mit einem auf seinen Namen lautenden, wenn auch von seiner Frau stammenden Kapital einen geschäftlichen Start zu wagen, und er wurde zum Partner seines Bruders Joseph.

Abrahams älterer Bruder Joseph Mendelssohn (1770–1848) ist sicherlich der finanzielle Kopf der Familie.[17] Moses hatte noch Zeit gehabt, seine Erziehung zu überwachen, der Sohn war sechzehn, als der Vater starb. Seinen Beruf konnte er nicht wirklich frei wählen. Wahrscheinlich hätte er sich am liebsten den Naturwissenschaften gewidmet, aber dieser Weg war den Juden damals versperrt. In den Jahren nach dem Tod seines Vaters arbeitete er als Buchhalter im Bankhaus Itzig, bis dieses 1796 Konkurs anmelden mußte. Daneben gründete Joseph 1795 in Berlin in der Spandauer Straße seine eigene Bank. Dieses Unternehmen, das er zusammen mit Moses Friedländer, Berlins erstem jüdischem Stadtrat,[18] betrieb, hielt sich in bescheidenen Grenzen. Die Partnerschaft wurde 1803 aufgehoben, als Joseph seinen Bruder Abraham in die Bank hereinnahm. Abraham verzichtete auf Paris, um Lea zu heiraten, eine Wahl, die zahlreiche Vorteile brachte. Im folgenden Jahr gründeten die beiden Brüder in Hamburg eine weitere Bank unter dem Namen Gebrüder Mendelssohn & Co. und siedelten in die Hansestadt über, ohne jedoch das Berliner Kontor zu schließen.[19] Dieses blieb in der Familie Mendelssohn, bis es die Nazis 1938 auflösten.

Die angesehene Bank Itzig geht in Konkurs, die jungen Gebrüder Mendelssohn eröffnen eine Bank: Zeichen bewegter, veränderungsträchtiger Zeitläufe. Das ausgehende 18. Jahrhundert erlebte in der Tat in Deutschland das Aufblühen privater Banken, während die alten Hofbanken in

den Hintergrund traten. Von 1790 bis zum Ende der Napoleonischen Ära vollzog sich aus einsichtigen politischen, wirtschaftlichen und gesellschaftlichen Gründen eine Umgestaltung des Wirtschaftssystems, die zwangsläufig auch nach einem neuen Bankwesen rief.[20]
In Köln, Düsseldorf, Krefeld, Elberfeld, Berlin, Hamburg und andernorts verabschiedeten sich jüdische wie christliche Kaufleute vom Warenhandel, vom Gütertransport und vom Pfandleihgeschäft, um sich auf das Bankgeschäft zu spezialisieren. Vom Beginn der Revolutionskriege bis zu den Freiheitskriegen (1813–1815) bedeutete die französische Besatzung nicht nur Freiheit oder Unterdrückung, sondern auch einen Bedarf an Kapital und flüssigen Mitteln. Oppenheim in Köln und Warburg in Hamburg begründeten damals den Aufstieg ihres Hauses, und in den gleichen Jahren wuchs das Bankhaus Mendelssohn.[21]

Abraham Mendelssohn, der achtundzwanzigjährige Bankier, heiratet also am 28. Dezember 1804 Lea Salomon und läßt sich in Hamburg nieder, der Freien Stadt, dem wichtigsten Hafen Deutschlands und zweitbedeutendsten Europas. Die Ehe beginnt sehr glücklich. Das junge Paar richtet sich ein, was nicht ohne das übliche Quantum Improvisation abgeht. Auf Verlangen Henriettes, der geliebten »Schwester«, gibt Lea eine erste Wohnungsbeschreibung: »Rasend liederlich, à dire le vrai, wie bei dem tollsten Studenten ... an keine Berliner Bequemlichkeit ist hier zu denken, und wenn ich mein remue-ménage betrachte, habe ich Mühe zu glauben, daß ich wirklich verheiratet bin, welche Standesänderung einen gewöhnlich in Besitz einer Welt von Töpfen, Schüsseln, Lustres und Mahagonis zaubert, deren reizenden Anblick ich in meinem chez moi bis jetzt entbehren muß ... Das Chaos wird erst geordnet, wenn wir das Land beziehen, wozu uns schon ein hübsches, an der Elbe dicht bei Neumühlen gelegenes und mit einem Balkon verziertes Landhaus vorgeschlagen worden ...«[22]
In diesem Haus, das den Namen Martens Mühle trug, schenkte Lea ihren ersten drei Kindern das Leben: Fanny Caecilia wurde am 14. November 1805 geboren, Felix am 3. Februar 1809 und Rebecka am 11. April 1811. Als Fanny auf die Welt kam, galt Leas erster Blick den Händchen, und sie erklärte entzückt, das Kind habe »Bachsche Fugenfinger«.[23] Abrahams Geschäfte gingen bestens. Die von Napoleon im Jahre 1806 verhängte Kontinentalsperre untersagte die Einfuhr der englischen Fabrikwaren. Auch Kolonialwaren wie Zucker, Kaffee, Kakao, Färbeholz und Baumwolle sollten nicht mehr auf das Festland gelangen, England umgekehrt abgeschnitten werden von Öl, Wein und Wolle aus Südeuropa und von Getreide und Holz, die es über die Ostseehäfen bezog. Dementsprechend kam es in Hamburg zum Aufbau eines großangelegten Schmuggelsystems, von dem die Gebrüder Mendelssohn ausgiebig profitierten, eben-

so wie übrigens die geflissentlich »entschädigten« französischen Besatzungsbehörden. Im Januar 1812 traf jedoch ein neuer französischer Gouverneur ein, die Brüder Mendelssohn sahen sich vor der Aufdeckung ihrer Geschäfte und flohen bei Nacht und Nebel verkleidet nach Berlin zurück.[24] Vielleicht konnte dort Lea ihre Beziehung zum französischen Botschafter aktivieren.[25] Man lächelt heute, wenn man liest, wie diese beiden reichen Bankiers mitsamt ihren ehrbaren Gattinnen und den Kindern wie Diebe flüchteten. Dabei kamen Josephs Söhne Benjamin und Alexander, die damals siebzehn und fünfzehn Jahre alt waren, mit der Situation wohl einigermaßen zurecht, aber die Kleinen, die sechsjährige Fanny, der fast dreijährige Felix und die nur wenige Monate alte Rebecka bedeuteten wahrscheinlich ein Problem. Wie sie verkleidet waren, ist nicht überliefert, und man mag sich wundern, daß über dieses Abenteuer so wenig bekanntgeworden ist. Natürlich verbot die Zensur, daß man sich in Briefen der gelungenen Flucht rühmte, aber nach 1815 hätten eigentlich die Zungen sich lösen und die Federn freier schreiben können ... Vielleicht fürchteten die Mendelssohns den Geruch der Unseriosität oder ungebührliche Neugier, was den Ursprung ihres Reichtums betraf.

Berlin

Zurück zu den Wurzeln

Ich weiß nicht, wer die Parole ausgegeben hat, hier eine Stadt in den Sand zu setzen; wie es heißt, zählt sie jetzt 159 000 Einwohner.«[1] Stendhals 1806 niedergeschriebener Satz spiegelt bis heute die Meinung aller wider, die Berlin auf der Durchreise kennenlernen: so erstaunlich karg ist der Boden der Mark Brandenburg. Berlin ist vor allem das Resultat eines politischen Willens. Um ihrer Stadt europäische Geltung zu verschaffen, taten die Hohenzollern im 17. und 18. Jahrhundert alles in ihrer Macht Stehende, um jene qualifizierten Arbeitskräfte anzulokken, die als Religionsflüchtlinge Frankreich oder Böhmen verlassen mußten. Nach dem Dreißigjährigen Krieg wurden die Vorstädte, die man zwecks rationellerer Verteidigung der eigentlichen Stadt niedergebrannt hatte, in planmäßiger Form neu aufgebaut. Die Prachtstraße Unter den Linden wurde 1647 nach einem Entwurf des Baumeisters Memhardt (gestorben gegen 1678) begonnen. 1685 wurden 14 000 Hugenotten in Brandenburg aufgenommen, davon 6 000 in Berlin selbst. Sie ließen sich in den gerade angelegten Stadtteilen Friedrichswerder, Dorotheenstadt und zuletzt Friedrichstadt nieder. Der Zustrom der Hugenotten hielt an, womit auch erklärt ist, daß es in Berlin eine Französische Straße gibt. Die Stadtentwicklung nahm einen für das Herrscherhaus sehr günstigen, sprich einträglichen Verlauf: Die Hohenzollern kontrollierten Mieten und Zuzug, betrieben eine Wohnraumpolitik, überwachten das Vertriebs- und das Verkehrswesen usw. Die Stadt Berlin wuchs, neue Vorstädte griffen nach außen in die Mark: Spandauer Vorstadt, Königsstadt, Stralauer Vorstadt, Köpenicker Vorstadt und Sebastianskirche (nach 1801 eingemeindet in die Luisenstadt). Gleichzeitig errichtete man überall Kirchen.[2] Als der Kaiser den Kurfürsten von Brandenburg Friedrich III. unter dem Namen Friedrich I. zum »König in Preußen« machte, wurden die ausgedehnten Territorien, von denen Brandenburg mit seiner Hauptstadt Berlin nur einen Teil darstellte, unter dem Namen »Preußen«[3] zusammengefaßt. Das Königshaus gab Bauten, die seiner neuen Würde entsprachen, in Auftrag: eine Akademie der Schönen Künste (1696), eine Akademie der Wissenschaften (1700) und das Zeughaus (1696). Die Königliche Bibliothek sowie das Schloß wurden umgestaltet. 1695 nahm

der Architekt Nering in Lietzow ein zweites Schloß in Angriff, dem die Königin Sophie Charlotte ihren bald das ganze Viertel bezeichnenden Namen gab: Charlottenburg. Unter Friedrich Wilhelm I., dem Soldatenkönig, entwickelte Berlin sich in zumeist geplanter Form weiter, und drei große Plätze wurden als Endpunkte der wichtigsten neuen Straßen angelegt: Unter den Linden mündete in das Quadrat, die Leipziger Straße fand ihr Ende im Achteck, und das Rondell markierte das Südende der Friedrichstraße.[4]
Friedrich II. verfügte keine einschneidenden Veränderungen des Stadtbildes, aber als er 1786 starb, war die Einwohnerzahl von 90 000 im Jahr 1740 auf 150 000 gestiegen, die Garnison mitgerechnet. Sein Ansehen als kulturinteressierter Monarch mehrte Friedrich II. durch den Bau eines prachtvollen, 1742 eröffneten Opernhauses und den einer gegenüber plazierten Königlichen Bibliothek (1775–1780). Der Gendarmenmarkt, der repräsentativste Platz dieses neuen Berlin, entstand als architektonisches Ensemble, worin das Französische Theater zwischen Französischem Dom und Deutschem Dom den ersten Rang behaupten sollte. Friedrichs Neffe und Nachfolger Friedrich Wilhelm II. regierte elf Jahre, genug, um das berühmte Brandenburger Tor (1788–1791) errichten zu lassen. Ab 1789 versah man die Straßen mit Schildern, die Häuser mit Nummern und die wichtigsten Straßen mit einer Beleuchtung.[5]
Sein Sohn Friedrich Wilhelm III., der 1797 König wurde, hatte das Pech, Napoleons Invasion zu erleben. Nach den Schlachten von Jena und Auerstedt (14. Oktober 1806) zogen Napoleon und seine Truppen am 27. Oktober in Berlin ein; die Besetzung sollte bis zum Dezember 1808 dauern. Der Hof floh nach Königsberg, von wo er erst 1809 zurückkehrte. Der am 8. Juli 1807 geschlossene Frieden von Tilsit zerstückelte Preußen und machte es zu einem Vasallenstaat Frankreichs. Das Elend der folgenden Jahre war schrecklich: Die Besatzungsarmee hielt sich an dem Lande schadlos, Krankheiten und Hunger wüteten. Die frankreichfreundliche Einstellung der gehobenen Schichten nahm schwersten Schaden, und bei vielen Gebildeten schlug die Begeisterung für die Französische Revolution in pauschale und umfassende Ablehnung all dessen um, was Frankreich möglicherweise eingebracht hätte, Bürgerrecht und Meinungsfreiheit eingeschlossen. Dem trostlos heruntergekommenen Heiligen Römischen Reich Deutscher Nation mußte man nicht unbedingt Tränen nachweinen, aber Napoleon, der dieses Reich mit seinen Reformschüben liquidierte, zeigte die Neigung, das Kind mit dem Bade auszuschütten. Er bewirkte eine Verbitterung und ein antifranzösisches Ressentiment, in denen die deutsche Nationalbewegung Wurzeln schlagen konnte. Das Berlin der Aufklärung mit seiner besonderen Atmosphäre war kaum mehr wiederzuerkennen. Der poetisch gesinnte Kronprinz Louis-Ferdinand, der selbst musizierte, Beethoven

bewunderte und den jüdischen Salons seine Reverenz erwies, das Vorbild für den »Prinzen von Homburg«, fiel in der Schlacht von Saalfeld. Mit ihm starb eine Symbolfigur, er hatte bis zu einem gewissen Grade die Aufhebung der Standesunterschiede im Namen der Ideen und der Künste verkörpert. Nun scharte sich die Nation in neuer Hoffnung um das königliche Paar, Friedrich Wilhelm III. und Luise, jene glühende Patriotin, die 1810 aus Kummer über die Niederlage sterben sollte. Das preußische Volk strebte mit Macht nach erneuter nationaler Identität, aber dieser Kampf wurde nun überlagert von einem Konservatismus, der den begonnenen Reformen den durchschlagenden Erfolg verwehren sollte. Die Staatskatastrophe hatte zunächst eine energische Reaktion bewirkt. Es gelang den führenden Ministern, zuerst Stein, dann Hardenberg,[6] Preußen ein modernes Gesicht zu geben. Die Leibeigenschaft wurde aufgehoben, ebenso die Feudalabgaben sowie die Frondienste. Die Grundherren behielten jedoch ihren Besitz und das Privileg der Rechtsprechung: Preußens Junker gingen wieder auf Distanz zu den sozialen Vorstößen der Aufklärung. Aber Bürger und Bauern hatten jetzt das Recht, Land zu besitzen, und das Monopol der Zünfte wurde abgeschafft. Den Generälen Scharnhorst und Gneisenau gelang die Aufstellung eines neuen Heeres. Aus dem Plan einer Volksvertretung wurde nichts, aber immerhin konnte in den Städten jetzt ein Stadtrat gewählt werden.

Berlin wurde in einhundertzwei Bezirke eingeteilt,[7] deren Vertreter sich einen obersten Magistrat wählten. Den letzten großen Reformschritt vollzog Wilhelm von Humboldt 1810 mit der Gründung der Friedrich-Wilhelm-Universität. Ihr Domizil wurde das Palais des Prinzen Heinrich am Opernplatz. Diese Universität wurde zum kulturellen Mittelpunkt Deutschlands, dank der Lehrtätigkeit des Historikers Niebuhr, des Juristen Savigny und des Philosophen Fichte, dessen *Reden an die deutsche Nation* (1807–1808) das Fundament des deutschen Nationalismus legten. Die Rückkehr der Mendelssohns nach Berlin vollzog sich in dieser Atmosphäre einer Kulturrevolution, die nur schwer einzuordnen ist: War sie fortschrittlich, der Vergangenheit verhaftet oder beides zugleich? Die Mendelssohns waren Juden – hatten sie überhaupt das Recht, ihren Wohnsitz in Berlin zu nehmen? Lea als Enkelin von Daniel Itzig besaß das ausdrückliche »Privileg«, aber wie stand es um die Rechte ihrer Kinder? Was würde aus diesen »Privilegien« werden, nachdem Napoleon dagewesen war? Und überhaupt, wie stand es um die Juden und ihre »Assimilation«?

In seinem leidenschaftlichen Bestreben, Preußen zu modernisieren, erließ Staatskanzler Hardenberg am 11. März 1812 ein Dekret, das die Emanzipation der Juden in Preußen zum Inhalt hatte: »Die in unseren Staaten jetzt wohnhaften, mit General-Privilegien, Naturalisations-Paten-

ten, Schutzbriefen und Konzessionen versehenen Juden und deren Familien sind für Einländer und Preußische Staatsbürger zu achten.«[8]
Das Edikt enthielt keine Beschränkungen, besser gesagt, es reglementierte weder den Zugang zu Staatsämtern noch den zum Militärdienst. Die Aufhebung des Zunftzwangs gestattete grundsätzlich auch den Juden, einen beliebigen Handwerksberuf auszuüben.
1812 ist auch das Geburtsjahr des vierten und letzten der Mendelssohn-Kinder, Paul.
Im Hinblick auf die Judenemanzipation des Jahres 1791 in Frankreich ist der wesentliche Unterschied zwischen einem im Namen der Nation beschlossenen Gesetz und einem obrigkeitlichen Edikt nicht zu verkennen. Konsequenterweise wurde die Emanzipation der Juden in Preußen mit der französischen Besatzungsmacht und mit einem despotischen Regime in Zusammenhang gebracht – schließlich war Preußen um diese Zeit ein Vasallenstaat Frankreichs. Es ist bedauerlich, aber vielleicht unter einem bestimmten Aspekt doch wieder erklärbar, daß die preußische Befreiungsbewegung sich zuweilen radikal antijüdisch artikuliert hat. Die 1811 gegründete *Christlich-deutsche Tischgesellschaft* – die doch Mitglieder versammelte, welche wir heute als Intellektuelle bezeichnen würden: Heinrich von Kleist, Clemens Brentano, Friedrich Karl von Savigny, Johann Gottlieb Fichte, um nur einige zu nennen – blieb folgenden Kategorien von Menschen verschlossen: Franzosen, Juden, Frauen und »Philistern«. Zugunsten dieser Sozietät kann man vorbringen, daß sie sich 1813 mit der Begründung, ihre Ziele seien erreicht, selbst auflöste.
Die rassistisch getönten Reden, die von derart hochgebildeten Männern geschwungen wurden, können nur verblüffen und muten regelrecht pathologisch an, und erklären kann man sie nur damit, daß diese Männer sich als Opfer einer Aggression fühlten. Die entschlossen adlige, preußische und romantische Christlich-deutsche Tischgesellschaft verwirft das 18. Jahrhundert in Bausch und Bogen. Zuerst die Franzosen, was aus politischen Gründen einleuchtet; dann die »Philister«, das heißt die zu vermeintlich klassischen Gesetzmäßigkeiten verpflichteten Rationalisten, die, wie Brentano es ausdrückt, »alte Volksfeste, Sagen und was an einsamen Stellen vor moderner Frechheit gesichert, im Alter ergraut ist, verachten«;[9] drittens die Juden, »die Stützen der Aufklärung«, die ihre Emanzipation den Franzosen verdankten.[10] Schlußendlich sahen sich die Frauen, denen das Aufklärungszeitalter doch eine gewisse Befreiung gebracht hatte, aus dieser Tischgesellschaft ausgeschlossen. Hannah Arendt betont, daß sogar die Versammlungszeit, das Mittagessen, gegen die Teestunde der jüdischen Salons angesetzt war. Frauen und Juden wurden gemeinsam zurückgewiesen. Den Juden warf man auch ihr Weltbürgertum vor, das als eine der Ursachen der preußischen Niederlage betrachtet wurde.

Immerhin funktionierte diese Tischgesellschaft nach bemerkenswerten Prinzipien: Jedes Zusammentreffen stand unter einem patriotischen Thema, und das Mitglied, das den einschlägigen Kurzvortrag hielt, mußte dies doppelt tun: zuerst im ernsten, anschließend im ironischen Ton. Dieses durchaus selbstkritische, romantisch verstandene Verfahren war bezeichnend, der Kreis fühlte sich auf diese Weise gegen alles Philiströse gefeit: vermittelte die Ratio doch stets nur eine Seite der Dinge, ihre materialistische Version; die romantische Ironie ermöglichte es hingegen, die Dinge tiefer und in all ihren Facetten zu erfassen. Frauen, Juden und Franzosen standen für den Kult der cartesianischen Vernunft, der materiellen Welt und für die triumphierende bürgerliche Ordnung. Man darf nicht vergessen, daß diese preußischen Junker auch ihre Klasse verteidigten, die Klasse der Großgrundbesitzer.
Dennoch bleiben die verbalen »Entgleisungen« der Christlich-deutschen Tischgesellschaft erschreckend. Folgende Äußerung entfloß beispielsweise der Feder des hochsensiblen Lyrikers Brentano: Die Juden seien »von den ägyptischen Plagen übriggebliebene Fliegen«. Und Fichte schrieb 1793, man müsse »allen Juden in einer Nacht den Kopf abschneiden und andre aufsetzen, in denen auch nicht eine jüdische Idee ist. Um uns vor ihnen zu schützen, dazu sehe ich wieder kein anderes Mittel, als ihr Gelobtes Land zu erobern und sie alle dorthin zu schicken.«[11]
Solche »antijüdischen« Bemerkungen finden ein promptes Echo in dem, was bestimmte Juden selbst verlauten lassen. So schrieb etwa Rahel Varnhagen an ihren Bruder: »Der Jude muß aus uns ausgerottet werden, das ist heilig wahr, und sollte das Leben mitgehen.«[12]
Eine kleine Minderheit innerhalb der jüdischen Gemeinschaft versuchte den Anstoß für Veränderungen zu geben. David Friedländer[13] veröffentlichte 1799 anonym eine Schrift, worin er vorschlug, an den jüdischen Schulen das Hebräische durch das Deutsche zu ersetzen und in den Gebetbüchern jeden Wunsch einer Rückkehr nach Palästina zu tilgen.
Auf der Gegenseite verstärkte sich die Furcht, die jüdische Identität einzubüßen, und so gründeten Eduard Gans (ein enger Freund der Mendelssohn Bartholdys), Moses Moser und Leopold Zunz den *Verein für Kultur und Wissenschaft der Juden.* Ziel war es, das Judentum neu zu durchdenken, es mit der modernen Welt vereinbar zu machen, ohne es von seinen Wurzeln abzuschneiden. Der Verein existierte nur bis 1824.[14]
Der größte Teil der jüdischen Gemeinde hielt fest an den überlieferten Formen des religiösen wie des beruflichen Lebens und war für andere Gedanken nicht zugänglich. Zu dieser Gemeinde gehörten die Mendelssohns wahrlich nicht mehr. Als ein Mann, der sich die Ideen der Französischen Revolution angeeignet hatte, dachte Abraham möglicherweise mit Johann Jacoby (1805–1841), daß sich die Befreiung der Juden nur in einem Rechtsstaat vollziehen könne. Vielleicht meinte er sogar wie

Gabriel Riesser (1806–1865), daß die Demokratisierung Deutschlands, die Emanzipation der Juden und die nationale Einheit einander in ein und demselben Ideal ergänzten und bedingten.
Von Moses Mendelssohns sechs Kindern blieben zwei bei ihrer jüdischen Konfession, zwei bekehrten sich zum Protestantismus, und zwei wurden katholisch. Joseph Mendelssohn und seine Frau Henriette[15] lehnten den Gedanken einer einzigen Wahrheit und einer einzigen gültigen Religion ab und blieben bei ihrem Judentum, wobei Überzeugung, Treue und geistige Unabhängigkeit[16] gleichermaßen eine Rolle spielten. Genauso hielt es Recha, die wahrscheinlich durch eine Konversion nichts zu gewinnen hatte. Henriette und Dorothea mit ihrer genuin romantischen Gemütslage wählten den Katholizismus, während die dem preußischen Staat nahestehenden Brüder Abraham und Nathan sich dem evangelischen Bekenntnis anschlossen – gewiß aus Überzeugung, aber auch aus dem Wunsch nach Assimilation und aufgrund ihrer pragmatischen Einstellung ...
Ob getauft oder nicht, 1813 konnten die Juden noch an die Möglichkeit einer echten Assimilation glauben. Dank den preußischen Befreiungskriegen kam nämlich die Gelegenheit, seine vaterländische Gesinnung zu beweisen. So gut wie jeder im wehrfähigen Alter stehende preußische Untertan meldete sich zur von Grund auf erneuerten preußischen Armee. Die Mendelssohns standen mitnichten zurück. Moses' jüngster Sohn Nathan (1782–1852) und Josephs ältester Sohn Benjamin (1794 bis 1874) nahmen an den Kämpfen teil.
Dorothea griff das mütterliche Erbe (Fromet Gugenheim war 1812 gestorben) an, um ihren Sohn Philipp Veit[17] auszurüsten, und ihre beiden Brüder, die normalerweise verhinderten, daß sie ihr kleines Kapital antastete, machten in diesem Fall keine Schwierigkeiten. Auch Friedrich Schlegel, Dorotheas Mann, und Wilhelm Hensel, der künftige Gatte Fannys, setzten ihr Leben für ihr Land aufs Spiel. Abraham Mendelssohn finanzierte zwei Bataillone, was ihm die Ernennung zum Berliner Stadtrat einbrachte. Juden wie Christen hatten nur eine Seele, und die fühlte deutsch. Im vaterländischen Krieg mitgekämpft zu haben war eine auf Jahrzehnte gültige Auszeichnung für den einzelnen wie für eine Familie. Allerdings, die Mendelssohn-Bank profitierte gewaltig vom Krieg, und entsprechend fiel die steuerliche Veranlagung durch die Hardenbergsche Staatskanzlei aus. 1812 überwiesen die Mendelssohns, die zu den zwanzig bedeutendsten Berliner Häusern zählten, anläßlich einer ersten Zwangsanleihe 15 000 Taler. Die Bankgeschäfte betrafen vor allem den Verkauf von Waffen. 1813 ließen sie innerhalb von neun oder zehn Monaten 40 000 Gewehre aus Österreich kommen, das Stück zu 8 Talern. Das verschaffte ihnen die Mittel, um sich großzügig und patriotisch zeigen zu können. 1815 siedelte die Mendelssohn-Bank, die unter die sechs oder

acht führenden Bankhäuser Berlins aufgestiegen war, aus der Poststraße in die Jägerstraße um. Damit lag sie noch ein paar Schritte vom eindrucksvollen Gendarmenmarkt entfernt mitten in der prestigeträchtigen Friedrichstadt. Die Adresse wird sich nicht mehr ändern: Das Bankhaus Mendelssohn wird in der Jägerstraße Nr. 51 bleiben bis zur »Arisierung« im Jahre 1938.[18]

Der Religionsübertritt

Wo lebte Abraham Mendelssohns Familie während der ersten Berliner Jahre? Zwei Adressen sind uns bekannt, wobei jedoch Ungewißheit über die Daten besteht. Eine Zeitlang wohnten sie in der Markgrafenstraße 48 (heute Wilhelm-Külz-Straße 40) unweit vom Gendarmenmarkt, im Haus des Geistlichen Johann Jakob Stägemann. Dieses Domizil verließen sie spätestens 1820, nachdem der Priester, mit dem sie auch befreundet waren, am 20. März gestorben war. Vielleicht hatten sie gleich nach ihrer Ankunft im Haus von Leas Mutter Bella Salomon, Neue Promenade Nr. 7, also in der Spandauer Vorstadt nahe bei den Befestigungen und gegenüber der Garnisonskirche, Zuflucht gefunden, auf jeden Fall waren sie hier ab 1820 untergebracht. Beleg ist ein Brief Henriette Mendelssohns an ihre Nichte Fanny vom 15. Oktober 1820. »Es mag wohl ein wenig anstrengend werden für Deinen Vater, wenn er sich zweimal am Tag zur Jägerstraße begeben muß, aber vielleicht ist es eigentlich gut für seine Gesundheit.« Abraham entschied sich also für eine Wohnung, die recht weit von seiner Arbeitsstätte entfernt lag – angesichts der fehlenden Brücken hatte er eine halbe Stunde Fußweg in Kauf zu nehmen.[19] Die Wohnung selbst bot wenig Raum. Nach Manfred Kliem lebte die Großmutter Salomon im Erdgeschoß, und da der zweite Stock mit Mietern belegt war, blieb der Familie Mendelssohn nur die sogenannte Beletage. Die fünfzehn Meter Fassadenlänge lassen vermuten, daß die Wohnung der Mendelssohns nur vier Zimmer umfaßte, was bei einer Familie mit vier Kindern und standesgemäßem Personal wenig ist. Manfred Kliem meint, vom gesellschaftlichen Umfeld her habe die Straße assimilierten oder getauften Juden, zu denen die Mendelssohns ja gehörten, besonders zugesagt. Die Neue Promenade war keinesfalls repräsentativ für die Berliner Gesellschaft der Zeit: Man fand hier nur wenige Offiziere und wenige Beamte. Dafür gab es kaum ein Haus, in dem nicht wenigstens ein Jude wohnte. Von fünfzehn Kaufmannsfamilien waren acht christlich und sieben jüdisch. Vor dem Hintergrund des wachsenden Berliner Antisemitismus muß dieses Viertel eine Art

Toleranzbezirk dargestellt haben, wo man sich als Nachbarn kannte und akzeptierte, wo die Kinder auf der Straße miteinander spielten und wo die verschiedenen Schichten in ständigem Kontakt miteinander lebten. Die Generation von Abraham und Lea Mendelssohn fühlte sich, was den Glaubenswechsel anging, in einem kaum aufhebbaren Zwiespalt. Aus dem Ghetto hatten sie sich vor langer Zeit schon gelöst, und über die Sprache, die Lebensgewohnheiten, die Musik und die Literatur war ebensolange schon eine kulturelle Assimilation an die Christen gegeben. Mit der jüdischen Gemeinde, die ihrer Überlieferung und ihrer Sprache verhaftet blieb, fühlten sie sich in keiner Weise mehr solidarisch, im Gegenteil, wie Rahel schämten sie sich eher für diese scheinbaren Glaubensgenossen, was zum Beispiel durch einen Brief Leas an ihren Freund Merkel vom 26. August 1799 bestätigt wird:[20]

> ... Itzig hat seine Studien in Wittenberg beendet und ist seit einigen Wochen hier. Was werden Sie aber sagen, wenn ich Sie mit seinem Übergang zur christlichen Religion bekannt mache? Luthers Geburtsort und die heilige Stätte seiner Lehren hat auf ihn gewirkt, er konnte der Begierde, unter dem Bilde dieses grossen Mannes getauft und gleichsam dadurch von ihm beschützt zu werden, nicht widerstehen, und hat vermittelst dieses Schrittes zum Seelenheil dann nebenher den weltlichen Vorteil erlangt, nächstens in seinem Fache angestellt zu werden. Leider erhält er aber wahrscheinlich eine Stelle in Polen und ich zweifle beinahe, ob eine beschwerliche Amtsführung in diesem Lande ihm Beharrlichkeit und Geduld genug lassen wird, dem erwählten Stande treu zu bleiben. Wie sehr ich dies wünsche, kann ich Ihnen nicht beschreiben: die meisten Abtrünnigen haben bisher durch schlechtes, oder doch inkonsequentes Betragen eine Art von Verächtlichkeit auf diesen Schritt geworfen, der auch die Besseren brandmarkt. Träte jemand auf, der durch untadelhaften Character, durch Ausdauer in seinen Vorsätzen und Weltklugheit im Benehmen (nach welcher die meisten Urteile ja, traurig genug, gefällt werden) ein achtungswertes Muster darstellte, so würde ein grosser Teil dieser nur zu begründeten Behauptung verschwinden. Erfreulich wärs, wenn man dieser Heuchelei entbehren könnte; aber der Drang nach höherem Wirken, als dem eines Kaufmanns, oder tausend zarte Verhältnisse, in denen der nahe Umgang mit anderen Religionsverwandten junge Gemüter verwickeln kann, lassen doch in der Tat keinen anderen Ausweg.

Lea stellte die erste Konversion in ihrer Familie fest: Es handelte sich um ihren Cousin Isaak Elias (1780–1849), einen Sohn von Elias Daniel Itzig

(1772–1818) und Marianne Leffmann. Isaak Elias konvertierte unmittelbar nach dem Tod seines Großvaters Daniel Itzig 1799 und nahm die christlicheren Vornamen Julius Eduard[21] an. Er wurde Direktor der Kriminalpolizei und freundete sich mit den Dichtern Zacharias Werner, E.T.A. Hoffmann und Adalbert von Chamisso an. Letzterer nahm ihn in einigen Zügen zum Vorbild für seinen Peter Schlemihl. Auch stand er den Männern und den Auffassungen der Christlich-deutschen Tischgesellschaft sehr nahe. Er wurde zum Eiferer seiner neuen Religion und schrieb sich ab 1818 mit dem Anfangsbuchstaben H – nach Heinrich Heines ironischer Interpretation, weil Hitzig »heiliger« klang als Itzig. Auch Julius Eduards Schwestern traten am Beginn des 19. Jahrhunderts zum Christentum über. Eine von ihnen, Henriette (1781–1845), heiratete Nathan Mendelssohn, Abrahams jüngsten Bruder, was den Gedanken nahelegt, daß die Möglichkeiten, in diesem Milieu der assimilierten Juden einen Ehepartner zu finden, recht eingeschränkt waren.

Julius Eduard sollte sich alle erdenkliche Mühe geben, seine Umgebung von der Aufrichtigkeit des Übertritts zu überzeugen, aber bei seiner Cousine Lea hatte er anscheinend keinen Erfolg. Sie jedenfalls heiratete keinen getauften Juden, das wäre zu einfach gewesen. Wie hätte sie auch einen solchen Schritt vor sich selbst rechtfertigen können? Sie heiratete einen Mann, der ihre Gesinnung und ihr Empfinden teilte. Abraham und Lea konnten so lange nicht konvertieren, wie die »öffentliche Meinung« glauben konnte, dahinter stehe ein gesellschaftliches Kalkül. Aber was war mit ihren Kindern? Welche Religion sollten sie ihnen mitgeben?

Eine neue Figur in dieser Konversionsgeschichte ist Leas Bruder Jacob Salomon, der sich 1805 taufen ließ und den Namen eines Landbesitzes, des unweit der Spree gelegenen Bartholdy, annahm. Jacob Bartholdy (1779–1825) war der Sohn von Levin Jacob Salomon und von Bella, der Tochter des Bankiers Daniel Itzig, der 1779 in der Gegend, die bald als Luisenstadt zu Berlin gehören sollte, den Pachthof Bartholdy erworben hatte. Jacob studierte in Halle und Berlin, lebte mehrere Jahre in Paris und unternahm Reisen nach Italien und Griechenland. 1809 kämpfte er in der österreichischen Armee gegen Napoleon, und 1813 nahm er eine Stellung in Hardenbergs Staatskanzlei an. Er begleitete Hardenberg nach Paris, nach London und zum Wiener Kongreß. 1815 wurde er zum Generalkonsul in Rom und 1818 zum preußischen Handelsattaché am Toskanischen Hof ernannt. Als großer Mäzen unterstützte er ebensosehr Künstler wie Gelehrte. Unter anderem ließ er einen Salon seiner römischen Villa, der Casa Bartholdy, von den Malern Peter Cornelius, Wilhelm Schadow, Friedrich Overbeck und Philipp Veit[22] (einem Neffen Abrahams) mit Fresken ausgestalten. 1822, als der Preußenkönig Friedrich Wilhelm III. Rom besuchte, organisierte er in der Casa Bartholdy eine Gemäldeausstellung.[23]

Jacob hatte wie Abraham einen Teil seiner Jugend in Paris verbracht. Von dort hatte er etliche liberale Ideen mitgebracht, zum Beispiel die, daß Religion für ihn wenig mit formalen Riten, aber viel mit Ethik zu tun hatte. Entsprechend unzweideutig war seine Meinung bezüglich der Erziehung seiner Neffen und Nichten und deren Religion, wie folgender Brief an Abraham bezeugt:[24]

> Du sagst, Du seiest es dem Andenken Deines Vaters schuldig – glaubst Du denn etwas Übles getan zu haben, Deinen Kindern diejenige Religion zu geben, die Du für sie für die bessere hältst? Es ist geradezu eine Huldigung, die Du und wir alle den Bemühungen Deines Vaters um die wahre Aufklärung im allgemeinen zollen, und er hätte wie Du für Deine Kinder, vielleicht wie ich für meine Person gehandelt. Man kann einer gedrückten, verfolgten Religion getreu bleiben; man kann sie seinen Kindern als eine Anwartschaft auf ein sich das Leben hindurch verlängerndes Märtyrertum aufzwingen – solange man sie für die alleinseligmachende hält. Aber sowie man dies nicht mehr glaubt, ist es eine Barbarei. – Ich würde raten, daß Du den Namen Mendelssohn Bartholdy zur Unterscheidung von den übrigen Mendelssohns annimmst, welches mir um so angenehmer sein wird, da es die Art ist, auch mein Andenken bei ihnen zu erhalten, und worüber ich mich herzlich freue. So erreichst Du Deinen Zweck, ohne etwas Ungewöhnliches zu tun – denn in Frankreich und überall ist's Brauch, den Namen der Verwandten der Frau dem seinigen als Unterscheidung beizufügen.

Der Kosmopolit Jacob Bartholdy hat wenig Hemmungen, Moses Mendelssohn Auffassungen zu unterstellen, die dieser lebenslang heftig zurückgewiesen hatte. Dabei weiß Jacob genau, daß er mit seiner Konversion bei einem Teil seiner Familie in dauerhafte Ungnade gefallen ist. Seine Mutter ging so weit, ihn zu verleugnen, und verzieh ihm erst, als ihre Lieblingsenkelin Fanny Mendelssohn sich für ihn verwendete. Jedoch nahm Bella im Jahre 1812 ebenfalls den Namen Bartholdy an; anläßlich des Emanzipationserlasses war von den Juden gefordert worden, daß sie sich einen Familiennamen zulegten. Sie sollten sich zum Beispiel nicht mehr Moses, Sohn des Mendel nennen, sondern Moses Mendelssohn. Also beschloß Bella, offiziell den Namen ihres Sohnes, Bartholdy, anzunehmen, ohne jedoch ihre Religion aufzugeben.
Abraham und Lea ließen ihre Kinder nicht gleich nach der Geburt taufen. Möglicherweise waren sie nicht völlig überzeugt von der Notwendigkeit des Schrittes. Wer weiß, vielleicht würde sich die Gesellschaft ändern? War es nicht möglich, daß die von den Juden in den Freiheitskriegen bewie-

sene Vaterlandsliebe die Vorurteile besiegen würde, daß ihnen endlich sämtliche Berufe ohne Einschränkung offenstehen würden? Wer weiß, vielleicht würde »Jude« irgendwann kein Schimpfwort mehr sein.

Leider sollte die Realität sie unsanft zur Ordnung rufen, etwa in Gestalt des folgenden »Votums« des preußischen Finanzministeriums von 1816:[25] »Es wäre zu wünschen, wir hätten gar keine Juden im Lande. Die wir einmal haben, müssen wir dulden, aber unablässig bemüht sein, sie möglichst unschädlich zu machen. Der Übertritt der Juden zur christlichen Religion muß erleichtert werden, und mit dem sind alle staatsbürgerlichen Rechte verknüpft. Solange der Jude aber Jude bleibt, kann er keine Stellung im Staate einnehmen.«

Die Frage löste sich von selbst. 1816 wohnten die Mendelssohns bei Pastor Stägemann, der in aller Heimlichkeit am 21. März die vier Kinder taufte. Ort war die Jerusalemskirche, wo er bestallt war. Selbstverständlich wagte niemand, die Großmutter zu informieren, die aber doch irgendwann Kenntnis von der Sache erhielt, wie ihr Testament belegen sollte. Was Abraham und Lea betraf, so nutzten sie eine Reise nach Frankfurt im Oktober 1822, um fern aller indiskreten Zeugen den Übertritt zu vollziehen. Ganz nach dem Wunsch des Bruders Jacob fügten sie dem Familiennamen das Bartholdy hinzu, und zwar bewußt ohne Bindestrich: Abraham wünschte, daß der erzjüdische Name Mendelssohn mit der nächsten Generation verschwinden und seine Familie definitiv und ohne sichtbaren Hinweis auf ihre Herkunft christianisiert sein sollte. Seine Kinder leisteten ihm in diesem Punkt keine Gefolgschaft. Abraham hatte sich 1821 aus der Mendelssohn-Bank zurückgezogen. Möglicherweise hatte er diesen Schritt schon im Auge, als er an der Neuen Promenade Zuflucht suchte. Die Beziehungen zu seinem Bruder Joseph gestalteten sich auf einmal schwierig, entweder weil besagter Rückzug geschäftliche Probleme aufwarf oder weil Religions- und Namenswechsel eine Barriere zwischen ihnen aufrichteten, oder auch, und das ist sogar wahrscheinlicher, weil mit Abraham schwer zusammenzuarbeiten und auszukommen war, weil er als Bankier rechthaberisch, kleinlich und sehr oft auch noch ungeschickt war. Wie dem auch sei, offiziell zog er sich aus der Bank zurück, um sich ganz der Erziehung seiner Kinder widmen zu können.

Ob die Konversion insgesamt ein Erfolg werden würde, hing nämlich von diesen Kindern, insbesondere den beiden Ältesten, Fanny und Felix, ab. Als Fanny 1819 konfirmiert wurde, sandte ihr Abraham von Paris aus diesen Brief:[26]

Paris.

> Du hast, meine liebe Tochter, einen wichtigen Schritt in's Leben gethan, und indem ich Dir dazu und zu Deinem ferneren Lebenslauf mit väterlichem Herzen Glück wünsche, fühle ich mich ge-

drungen, über Manches, was bis jetzt zwischen uns nicht zur Sprache gekommen, ernsthaft zu reden:
Ob Gott ist? Was Gott sei? Ob ein Theil unserer Selbst, ewig sei und, nachdem der andere Theil vergangen fortlebe? und wo? und wie? – Alles das weiss ich nicht und habe Dich deswegen nie etwas darüber gelehrt. Allein ich weiss, dass es in mir und in Dir und in allen Menschen einen ewigen Hang zu allem Guten, Wahren und Rechten und ein Gewissen giebt, welches uns mahnt und leitet, wenn wir uns davon entfernen. Ich weiss es, glaube daran, lebe in diesem Glauben und er ist meine Religion. Die konnte ich Dich nicht lehren und es kann sie Niemand erlernen, es hat sie ein Jeder, der sie nicht absichtlich und wissentlich verläugnet; und dass Du das nicht würdest, dafür bürgte mir das Beispiel Deiner Mutter, dieser edelsten, würdigsten Mutter, deren ganzes Leben Pflichterfüllung, Liebe, Wohlthun ist, dieser Religion in Menschengestalt. Du wuchsest heran unter ihrem Schutz, in stetem Anschauen und unbewusster Nachahmung und Gewohnheit dessen, was dem Menschen einen Werth giebt. Deine Mutter war und ist, und mein Herz sagt mir, sie wird noch lange bleiben Deine und Deiner Geschwister und unser Aller Vorsehung und Leitstern auf unserem Lebenspfade. Wenn Du sie betrachtest, wenn Du das unermessliche Gute, das sie Dir, solange du lebst, mit steter Aufopferung und Hingebung erwiesen, erwägst und dann in Dankbarkeit, Liebe und Ehrfurcht Dir das Herz auf- und die Augen übergehen, so fühlst Du Gott und bist fromm.
Dies ist Alles, was ich Dir über Religion sagen kann, alles, was ich davon weiss; aber das wird wahr bleiben, solange ein Mensch in der Schöpfung existirt, wie es wahr gewesen, seitdem der erste erschaffen worden.
Die Form, unter der es Dir Dein Religionslehrer gesagt, ist geschichtlich und wie alle Menschensatzungen veränderlich. Vor einigen tausend Jahren war die jüdische Form die herrschende, dann die heidnische, jetzt ist es die christliche. Wir, Deine Mutter und ich, sind von meinen Eltern im Judenthum geboren und erzogen worden und haben, ohne diese Form verändern zu müssen, dem Gott in uns und unserem Gewissen zu folgen gewusst. Wir haben Euch, Dich und Deine Geschwister im Christenthum erzogen, weil es die Glaubensform der meisten gesitteten Menschen ist, und nichts enthält, was Euch vom Guten ableitet, vielmehr Manches, was Euch zur Liebe, zum Gehorsam, zur Duldung und zur Resignation hinweist, sei es auch nur das Beispiel des Urhebers, von so Wenigen erkannt, und noch Wenigeren befolgt. – Du hast durch Ablegung Deines Glaubensbekenntnisses erfüllt, was die

Gesellschaft von Dir fordert, und heissest eine Christin. Jetzt aber sei, was Deine Menschenpflicht von Dir fordert, sei wahr, treu, gut, Deiner Mutter, und ich darf wohl auch fordern, Deinem Vater bis in den Tod gehorsam und ergeben, unausgesetzt aufmerksam auf die Stimme Deines Gewissens, das sich betäuben aber nicht berücken lässt, und so wirst Du Dir das höchste Glück erwerben, das Dir auf Erden zu Theil werden kann, Einigkeit und Zufriedenheit mit Dir selbst.

Hiermit drücke ich Dich mit väterlicher Innigkeit an mein Herz und hoffe stets in Dir die würdige Tochter Deiner, unsrer Mutter zu finden. Leb wohl und meiner Worte eingedenk.

Fanny muß von diesem Brief aufgewühlt und erschüttert gewesen sein. Mit Sicherheit haben diese Zeilen sie auf Dauer beeinflußt, ja geprägt! Gott, die Religion, der Glaube sind »in uns«, und die Mutter trägt sie in sich wie ein Kind. Abraham macht also die Mutter zum Inbegriff und Vorbild aller Menschlichkeit und weiht ihr einen Kult, der für einen Christen etwas ungewöhnlich anmutet. Fanny hat die Pflicht, diesem Vorbild zu folgen und die weibliche Ausgabe jenes »untadelhaften« sowie durch »Ausdauer in seinen Vorsätzen« ausgezeichneten Charakters zu werden, von dem ihre Mutter 1799 sprach. Felix wird sich als die männliche Variante zu erweisen haben. Zwei untadelige Konvertiten schwebten den Eltern vor. Und sie handelten, wie sie es für richtig hielten.

Im Jahr, in dem dieser Brief geschrieben wurde, 1819, kam es in Deutschland zu einer als »Judensturm« bekannten Welle von Pogromen. In Berlin manifestierte sich dieser »Sturm« in Plünderungen und groben Beleidigungen in der Öffentlichkeit. Varnhagen von Ense berichtet von einer Königlichen Hoheit, die dem jungen Felix im Schloß begegnete und die ihm nichts Zartfühlenderes entgegenzurufen hatte als: »Hepp, Hepp, Judenjunge!«, den traditionellen Aufruf zu Ausschreitungen gegenüber Juden.[27] Die Mendelssohn-Kinder hatten allesamt semitische Gesichtszüge. In einer gesunden Gesellschaft hätten sie ihre Abstammung vielleicht vergessen können. Im damaligen Preußen aber rief man sie ihnen so oft ins Gedächtnis, daß sie selbst sie niemals verleugneten.

Die Erziehung

Fanny, am 14. November 1805 in Hamburg geboren, war also das älteste der Kinder, die den Namen Mendelssohn Bartholdy tragen sollten. Die ersten vier Jahre ihres Lebens hatte sie die Liebe der Eltern ganz für sich allein. Besonders Lea widmete sich der Erziehung ihrer Kinder mit Hingabe. Schon ganz früh setzte sie sie ans Klavier. Zuerst nicht mehr als fünf Minuten, dann immer länger, in dem Maß, wie das Kind damit einverstanden war. Als sie ihr zweites Kind, Felix, an die Musik heranführte, besaß Fanny bereits einen ansehnlichen Vorsprung, den sie über Jahre hinweg bewahrte. Fanny und Felix, zwei Wunderkinder hintereinander! Lea konnte sich einiges auf ihre Unterrichtsmethode einbilden. Auch die beiden letztgeborenen Kinder, Rebecka und Paul, zeigten sich musikalisch begabt, auch wenn sie nicht die außergewöhnlichen Anlagen der älteren offenbarten. Deren Niveau erreichten sie nie, wobei frühe Entmutigung eine Rolle gespielt haben mag. Wie dem auch sei, Fanny fühlte sich für die kleine Geschwisterschar verantwortlich, und an der musikalischen Ausbildung ihres Bruders Felix hatte sie einen nicht zu unterschätzenden Anteil.

Die ersten Klavierstunden außer Haus bekamen Fanny und Felix 1816 in Paris bei Marie Bigot. Staatskanzler Hardenberg hatte die Bankiers Mendelssohn damit beauftragt, die Kriegsentschädigung, welche Frankreich Preußen schuldete, einzufordern. Die Mendelssohns engagierten für ihre Kinder grundsätzlich nur die besten Lehrer: Marie Bigot (1786–1820) war eine berühmte Pianistin, die lange in Wien gelebt hatte. Angeblich hatte Joseph Haydn zu ihr gesagt, sie spiele seine Musik so, als hätte sie sie selbst komponiert, und Beethoven soll von ihrer Vom-Blatt-Interpretation der *Appassionata* so beeindruckt gewesen sein, daß er ihr später das Autograph schenkte.[1] Nachdem sie endgültig nach Paris zurückgekehrt war, widmete sie sich der Unterrichtstätigkeit. Madame Bigot mußte für den eigenen Unterhalt und für den ihres Gatten aufkommen, da dieser nach der Napoleonischen Invasion seinen Posten als Bibliothekar beim Grafen Rasumowsky verloren hatte. Französische Staatsbürger wurden in Wien nicht mehr geduldet. Die zerbrechlich wirkende Frau schonte sich so wenig, daß die Mendelssohns ihrem Erstaunen darüber mehrfach

Ausdruck gaben.[2] Als sie starb, schrieb Henriette Mendelssohn aus Viry am 15. Oktober 1820:[3] »Sie war eine Frau von echter Geistesbildung und seltenen Fähigkeiten, und leider nur zu großer Festigkeit des Willens. Denn ihre sehr anstrengende, sehr mühsame Lebensweise, die sie mit solcher Beharrlichkeit trieb, haben ihr Dasein wohl verkürzt.« Als Frau, die von ihrer Kunst lebte, kann sie für die heranwachsende Fanny kein sehr ermutigendes Beispiel abgegeben haben. Ihre pianistisch-pädagogische Laufbahn und die Art, wie sie ihre finanzielle Unabhängigkeit zu sichern hatte, müssen Fanny – falls sie nicht zu sehr Kind war, um sich für derlei Fragen zu interessieren – zu denken gegeben haben. Offenbar lauerten Depression und Krankheit auf Frauen, die einen Beruf ergriffen. Im übrigen hatten Felix und Fanny später keine weiblichen Lehrer mehr.

Die Stellung, die Henriette bei dem General Sebastiani innehatte, mochte beneidenswerter erscheinen, aber sie selbst sprach immer nur von einem goldenen Käfig. Zwar hatte Henriette Kutschen und Lakaien zu ihrer persönlichen Verfügung, aber sie blieb eine Fremde, und die meiste Zeit war sie zusammengesperrt mit einem unbegabten Mädchen. Daß sie es war, die ihre Freundin Lea beneidete, muß einem so gescheiten Kind wie Fanny schon damals klargeworden sein.

Abraham ging seine Familie über alles. Er trennte sich äußerst ungern von ihr, und nichts war ihm zu gut und zu teuer für sie. Dabei war das Reisen mit Kindern alles andere als einfach. So wurde auf der Rückreise der jüngste Sohn Paul, der damals gerade vier Jahre zählte, bei einer Poststation vergessen und nachher mitten auf der Fahrstraße wiedergefunden. Ein aufregendes Erlebnis für die ganze Familie! Felix schrieb seiner Tante: »Wenn es nicht geregnet hätte, hätten wir unseren Paul nicht mehr.«[4] Aus der Familienkorrespondenz wissen wir, daß Lea den häuslichen Bezirk so gut wie nie verließ. Das mag verständlich sein, aber es bleibt festzustellen, daß ihre Töchter so um die Gelegenheit gebracht wurden, ihren Horizont zu erweitern. Deshalb war die Reise nach Paris eine außerordentliche Chance für Fanny und für Rebecka.

Der Rückweg nach Berlin führte die Mendelssohns über Frankfurt, wo die Kinder ihre Tante Dorothea Schlegel kennenlernten. Bis zum Tod der Mutter Fromet im Jahr 1812 hatten die Geschwister, die durch Dorotheas skandalösen Lebenswandel, ihre maßlosen Anschauungen und die unaufhörlichen Geldforderungen verärgert waren, eher gespannte Beziehungen zu ihr unterhalten, aber vermutlich hatten die Freiheitskriege eine Wiederannäherung gebracht. Jetzt hörte die sehr musikalische Dorothea ihrer Nichte Fanny und ihrem Neffen Felix zu, die ihr Bach und Händel, ihre Lieblingskomponisten, vorspielten. In ihrem musikalischen Geschmack war Dorothea Berlinerin geblieben. Mit großer Bewunderung sprach sie vom Spiel der beiden Kinder, das »Kraft,

Fertigkeit, Präzision und Ausdruck« in unglaublichem Grade aufweise – »Felix mit einer Genialität und Fanny mit einer Virtuosität, daß einem völlig der Verstand dabei stillsteht«.[5] Die Kinder begegneten Dorothea, als sie ihre Irrungen und Wirrungen bereits hinter sich hatte und als fromme, sanfte Dame in den Schoß der Familie zurückgekehrt war. Die Familie ist der einzig mögliche Ort für eine Frau, Dorothea wie Henriette lieferten den Beweis.

Nach der Heimkehr nahmen Fanny und Felix Unterricht bei dem Pianisten Ludwig Berger (1777–1839). Dieser hervorragende Berliner Musiker, ein Schüler Clementis und Cramers, gab zahlreiche Konzerte in ganz Europa (St. Petersburg, Stockholm, London), bevor er sich erneut in Berlin niederließ. Natürlich besaß er die Virtuosität seiner Lehrer, aber unter dem Einfluß von John Field wurde sein Anschlag um eine Nuance gefühlvoller, wenn nicht sentimentaler, was bereits den romantischen Klavierstil der Chopin-Ära ankündigte. Seine Kompositionen gingen über den engen Rahmen der Clementi-Schule weit hinaus. Er komponierte Lieder, darunter *Die schöne Müllerin* nach Gedichten von Wilhelm Müller, Etüden, welche Fanny wie Felix in ihren eigenen Klavierkompositionen sicherlich beeinflußt haben, Sonaten und ein Klavierkonzert. Von 1815 bis zu seinem Tod 1839 lebte er in Berlin. Aufgrund einer Nervenentzündung im Arm verzichtete er nach 1817 auf öffentliches Auftreten.[6]

Die pianistische Ausbildung der beiden Kinder ging nicht von einer technisch-virtuosen Auffassung des Instruments aus, sie gründete auf dem Studium der großen Meister der Vergangenheit. Bach, Haydn, Mozart, Beethoven, ein solideres Grundrepertoire ist nicht denkbar. Aber auch Clementi und Cramer gehörten zum täglichen Brot. 1820 beklagte sich Fanny darüber, daß es zuwenig Übungsmaterial für den vierten und fünften Finger gebe, worauf der Vater, der damals in Paris weilte, ihr von Marie Bigot ausrichten ließ, sie werde alles, was sie diesbezüglich brauche, bei Cramer finden. »Die Bigot meint, es läge keineswegs am Mangel an Übungsstücken, sondern am Mangel an ernster Übung, wenn bei Dir, wie bei allen Menschen, diese Finger den anderen nicht nachwollten. Du müßtest jeden Tag einen Teil Deiner Übungszeit darauf verwenden, ohne Rücksicht auf die Musik, Ausdruck oder sonst etwas, ganz mechanisch bloß die Finger zu beobachten und fest aufzusetzen; es gäbe im Cramer genug Stücke, die auf diese beiden Finger berechnet wären, und es käme darauf an, diese langsam und mit steter Beobachtung des festen Aufsetzens der beiden Schwächlinge anhaltend durchzuspielen. Auf diese Weise und durch unermüdliche Geduldung habe sie es erlangt, und sei es möglich zu erlangen, daß alle Finger gleich stark werden. Ich teile Dir dieses zur Beherzigung mit.«[7]

Ludwig Berger, der Freund Clementis und Cramers, behauptete gewiß nicht das Gegenteil. Der gutwillige Felix schrieb ihr noch eigens Übungsstücke. Man sieht, wie ernst Fannys Klavierausbildung damals genommen wurde. Das Mädchen spielte schon sehr gut, aber im Hause Mendelssohn war man erst zufrieden, wenn die Kinder mehr boten als virtuose Fingerfertigkeit. Fanny zeigte ein fabelhaftes musikalisches Gedächtnis, und mit dreizehn Jahren bereitete sie ihrem Vater eine spezielle Überraschung: Sie spielte ihm auswendig die vierundzwanzig Präludien aus dem ersten Teil des *Wohltemperierten Klaviers*[8] vor. Henriette, die stets gegenwärtig blieb, auch wenn sie in Paris wohnte, geriet in eine durch Vorbehalte nuancierte Verzückung:[9]

> Fannys Meisterstück, 24 Präludien auswendig zu lernen, und Ihre Beharrlichkeit, liebste Lea, sie einstudieren zu lassen, haben mich starr und stumm vor Erstaunen gemacht, und ich habe nur die Sprache wiedergefunden, um allen Menschen dies große Gelingen mitzuteilen. Nachdem ich aber Ihnen und Fanny meine ungeteilte Bewunderung zuerkannt, muß ich doch gestehen, daß ich das Unternehmen strafbar finde; die Anstrengung ist zu groß, sie hätte leicht schädlich werden können, man sollte das außerordentliche Talent Ihrer Kinder bloß leiten, nicht treiben. Papa Abraham ist aber ungenügsam, das Beste ist ihm eben gut genug. Mich dünkt, ich sehe ihn, während Fanny spielt, in der Seele vergnügt und zufrieden, und doch wenig äußernd. Die Kinder werden's ihm aber bald abmerken, daß sie sein Stolz und seine Freude sind, und sich die stoischen Mienen nicht zu sehr zu Herzen nehmen.

Vielleicht macht sich Henriette in diesem Brief nicht recht klar, daß eine Begabung wie die der Mendelssohn-Kinder ihrerseits den Lehrer beeinflußt, der es durchaus nicht nötig hat, hier noch zu drängen oder zu zwingen. Ihrer Fanny Sebastiani jedenfalls konnte die arme Frau nicht einen Bruchteil der Konzentration zumuten, die hier gefordert war. Andererseits hätte Lea trotz allen pädagogischen Talents ihre Tochter nicht zu dieser Leistung treiben können, Fanny hatte von selbst den Wunsch und die Kraft dazu gezeigt.

Fanny mit ihren »Bachschen Fugenfingern« erhält so bereits in früher Kindheit die musikalische Taufe im Zeichen Luthers. Über Lea und deren Familie stammen Fanny und Felix Mendelssohn vom geistigen Vater der deutschen Musik ab, als den man Johann Sebastian Bach bezeichnen muß. Bei einem solchen Vorfahren klingt die Frage, ob man jüdisch oder christlich ist, beinahe albern: Fanny wie Felix Mendelssohn halten den Faden der abendländischen Überlieferung in ihrer Hand. Die Cembalistin Sara Levy, ihre Großtante, verwirft den Gedanken einer Konversion mit einem geringschätzigen »Wozu?«, und nur äußerst wider-

willig werden die Mendelssohn-Kinder sich bereit erklären, den Namen Bartholdy zu führen.
Mehr noch als Felix war Fanny zu jenem Zeitpunkt das Wunderkind. Ihre Mutter gab ihr Klavierunterricht, der Vater setzte sich hin und hörte zu, wenn sie spielte, und beide zeigten sich um so anspruchsvoller, als das Kind ihren Erwartungen voll entsprach. Von solcher Art Liebe umhegt, konnte Fanny in der Illusion aufwachsen, sie erfülle eine Bestimmung und für die Familie sei es wirklich wichtig, daß sie ihr Potential ausschöpfe und sich das Äußerste abverlange. Von 1816/1817 an stand sie mit ihrer Tante Henriette Mendelssohn, die immer noch in Paris lebte, und mit ihrem in Rom wohnenden Onkel Jacob Bartholdy in hochernstem Briefwechsel.[10] Die beiden gescheiten, gebildeten Erwachsenen schickten ihr Briefe, aus denen ihre Wertschätzung spricht. Besonders für Jacob Bartholdy war sie mehr als die artige kleine Nichte, denn immerhin hatte sie ihm die Verzeihung seiner Mutter erwirkt. Schon als kleines Mädchen ertrug Fanny nicht, wenn in ihrer Umgebung gestritten wurde. Eines Tages, als sie besonders schön Klavier gespielt hatte, fragte Bella Salomon, welche Belohnung sie sich denn wünsche, und Fanny antwortete: Verzeih dem Onkel Bartholdy.
Man muß sich das einmal vorstellen, dieses Kind von kaum zwölf Jahren, das da über Religion und Toleranz nachdenkt und bereit ist, den Zornesausbruch der Großmutter über sich ergehen zu lassen. Wir wissen nicht, ob Fanny zu dem Zeitpunkt, als sie Vergebung für Jacob forderte, selbst schon protestantisch getauft war oder nicht. Sollte die Begebenheit nach 1816 stattgefunden haben, dann hatte Fanny eigentlich für sich selbst um Verzeihung gebeten. Wie dem auch sei, die Kleine zeigte jedenfalls ihr ernsthaftes Wesen. Nicht allen konnte sie es damit recht machen. Ihre Cousine Rebecka Meyer schrieb an die Freundin und Verwandte Rosa Herz* am 2. März 1818:[11]

> Abraham ... ist hier und hat himmlische Kinder, besonders die drei jüngsten. Fanny, die einzige, wie mich dünkt, die Du kennst, ist die wenigst hübsche und für diesen Augenblick etwas stark altklug, kann aber, wenn sie in ihr Wesen hineinwächst, recht liebenswürdig werden, denn sie hat sehr viel Verstand; Felix ist engelschön und ein wahrhaftes Genie in der Musik; Beckchen sieht aus wie Marianne Saaling und spricht wunderniedlich, und Paul, der Jüngste, ist das Schönste, Schelmischste und Durchtriebenste, was ich mir denken kann.

* Betty Meyer war die Tochter von Recha, Abrahams älterer Schwester, und Rosa Herz war die Enkelin von Abraham Gugenheim, dem Vater von Fromet, der Frau von Moses Mendelssohn.

Es sieht so aus, als hätten die charmante und etwas oberflächliche Betty Meyer und die ernsthafte, gesetzte Fanny Mendelssohn nicht allzuviel füreinander übriggehabt. Die Mendelssohns waren generell keine problemlos umgänglichen Menschen. Abraham konnte sich geradezu bärbeißig zeigen. Am 30. Dezember 1821 schrieb Henriette an ihre Nichte und entschuldigte sich für die unverdienten Vorwürfe, die sie ihr im vorhergehenden Brief gemacht hatte:[12] »Ich erinnere mich zwar nicht, was ich Dir eigentlich geschrieben habe, aber ich weiß, was *Mendelssohns* in übler Laune leisten können, oder vielmehr wie unfähig sie sind, ihr zu widerstehen. – Leidest Du auch an dieser Erbsünde? Ich hoffe nein!«

Fanny sollte zwar, wie Betty Meyer es ihr wünschte, durch Intelligenz anziehend wirken, aber anmutig oder hübsch sollte sie niemals sein. Die, die ihr nahestanden, hinderte das nicht daran, sie so zu mögen, wie sie war, nämlich »schroff«, um Clara Schumanns späteres Urteil zu zitieren, das heißt sehr direkt im Ausdruck, manchmal zu direkt. Fanny war zwar in manchem die Tochter ihres Vaters, sollte aber ihre Angehörigen niemals durch schlechte Laune belasten. Wohl war sie überaus ernst, aber auch sehr aktiv, voller Schwung, Energie und Ideen, woraus ihre unverkennbare Lebensfreude herrührte. Nein, Fanny Mendelssohn lastete nicht auf den anderen, sie riß sie im Gegenteil mit.

Unbeschwertheit und Leichtsinn gehörten nicht zum Lebensmotto der Mendelssohn-Kinder. Ihre religiöse Erziehung fußte auf dem Kult der Vernunft, und der ging nahtlos über in den Kult des Wissens. In Sachen Bildung überließen die Eltern nichts dem Zufall. Im März 1819 wurden der junge Philologe Karl Heyse (1797–1855) als Hauslehrer für die allgemeinen Fächer einschließlich der Naturwissenschaften und der Musiker Friedrich Zelter als Kompositionslehrer für Fanny und Felix engagiert. Zusammen mit Berger ergab das ein eindrucksvolles Trio. Heutzutage würde das bedeuten, daß die Eltern zum Beispiel Michel Serres, Pierre Boulez und Radu Lupu* für ihre Kinder engagieren! Der Geiger Henning kam ins Haus und gab Felix Stunden, und Professor Rösel brachte den Kindern das Landschaftszeichnen bei, eine Disziplin, in der Felix eine gewisse Meisterschaft entwickelte. Aus geschwisterlicher Zuneigung zu Felix erlernte Rebecka das Griechische – Felix konnte mit dieser Sprache wenig anfangen und war froh über die Gesellschaft seiner Schwester. Die meist Beckchen genannte Rebecka entpuppte sich als sprachbegabteste der vier Geschwister, zugleich als die Sängerin, denn sie verfügte über eine sehr schöne Stimme. Der Schauspieler Eduard Devrient schrieb in seinen Erinnerungen über Felix:[13]

* Anm. d. Ü.: In Deutschland hieße das etwa: Walter Jens, Hans-Werner Henze und Alfred Brendel.

Die Mutter, eine ebenso verstandesscharfe und feingebildete als haushälterisch fleißige Frau, die man stets beschäftigt fand, sei es mit Lektüre oder wirtschaftlicher Handarbeit, hielt die Kinder mit unerbittlichem Nachdruck zum Fleiße an. Daß die Tätigkeit für Felix zu einem Gewohnheitsbedürfnis wurde, kam wohl daher. Wenig anmutende Arbeiten mußte er wohl in der Mutter Zimmer zu ihren Füßen an Rebeckas Kindertischchen machen. Wenn ich zum Vormittagsbesuch bei der Mutter war und er mit seinem Butterbrote – das ihm das Recht gab, von der Arbeit zu gehen – ins Vorderzimmer kam und länger mit mir plauderte, als das Butterbrot reichte, so scheuchte ihn gewiß sehr bald der Mutter kurzab hingeworfene Äußerung: ›Felix, tust du nichts?‹ wieder ins Hinterzimmer.

Wahrlich keine harmlose Mutter! Untadelig sollten ihre Kinder sein, gefeit gegen jeden Vorwurf des Abfalls vom Glauben. Felix blieb von dieser Erziehung sein ganzes Leben lang geprägt. Allen, die ihm nahestanden, fiel seine Unruhe, seine unbeherrschbare Nervosität auf. Die Mendelssohn-Geschwister lebten geistig unter einem Druck und in einem Tempo, welche weniger begabte Kinder niemals ausgehalten hätten.
Mit elf Jahren schrieb Felix ein parodistisches kleines Epos in drei Gesängen nach dem Vorbild von Goethes 1808 erschienenem Fragment *Achilleis*. Felix nannte sein episches Gedicht *Paphleis* und erzählte darin die auf der Straße verübten Heldentaten seines Brüderchens Paul, das als Paphlos, Held der Neuen Promenade, erscheint. Hier ein Ausschnitt, worin Paphlos den Waffengefährten seinen Tagesablauf schildert:[14]

Früh um fünf erwach' ich, u. richte mich auf in dem Bette
Um zu sehen ob Felix bereits aus dem Schlafe geweckt ist.
Ist er es nicht, so befehl' ich ihn gleich mit Wasser zu spritzen,
Und die Decken ihm auch, die wärmenden, schnell zu entziehen.
Will er noch nicht aufstehn, so ruf ich ermunternde Worte,
Und dann erwacht er, und zieht sich an, in möglichster Eile.
Doch ich bleib in dem Bett noch bis Herr Heyse mich wecket.
Denn was soll ich so früh aufstehen? Der Schlaf ist gesund mir.
Nun müßt wissen ihr auch: ich habe 'ne reizende Stimme.
Darum sing ich, sobald Herr Heyse mit Rufen mich wecket
Gleich ein Morgenlied, von mir selbst componieret, mit fünfzehn
Been vorgezeichnet, u. Ä kommt öfters darin vor.
Doch es ist schwer zu pausiren, drum schlägt mir Herr Heyse den Takt oft.

Und dann stehe ich auf, und habe Lateinische Stunde.
Pah! Bagatell, Bagatell! Um Acht Uhr kommet nun Caesar
Der giebt Stunde mir dann in Kalokagathiatugraphein.
(Caesar? murmelte Pinne, ich denke der lehrt
Schönschreiben?)
Neun Uhr nehm ich das Frühstück ein mit gehöriger Salbung
Ochse Lateinisch ein bischen, und lerne dabei viel Griechisch.
Doch um zehn bratäpfelbekränze geschickt ich den Ofen,
Rechne danach bei dem Vater,
das kostet mir viel Kopfbrechen
Aber um elf Uhr spiel ich das Cello, mit mächtigem Bogen.
Und dann gibt es zuweilen erschreckliche Katzenmusiken.
Mamsell Benicke spielt das Clavier, Flix kratzet die Geige,
Und ich spiele das Cello; doch oftmals kommt noch ein vierter
Stellt auf den Hof sich hin, und spielt die Guitarr' u. die Pfeife.
Alle die Nachbarn hören nun auf, doch hören wir nicht auf;
Daß wir nicht ein Jota von unsern Rechten vergeben.

Der Tag geht weiter mit Geschichte, Erdkunde, Deutsch, griechischer Mythologie, Französisch ... Zwar bekommen die Söhne auch Turnunterricht, aber die Folge eines solchen Stundenplans ist, daß der fröhliche siebenjährige Knabe, der hier als Paphlos verewigt wird, ein schwieriger Heranwachsender und ein verschlossener Erwachsener werden wird.
Zum Glück waren die Kinder zu viert und mußten nicht allein dieses intensive »Training« absolvieren. Fanny genoß eine gewisse Autorität, sie war zuerst mit den elterlichen Ansprüchen konfrontiert worden, sie hatte als erste mit gespürt, welche Ängste der Religionswechsel den Eltern verursachte. Es kann nicht verwundern, daß diese Kinder einander sehr verbunden waren. Für das Mädchen Fanny muß es eine große Freude gewesen sein, den kleinen Felix neben sich aufwachsen zu sehen, diesen Knaben, der sie in allem verstand, mit dem sie ihre Liebe zur Musik teilen, den sie bemuttern und als Klavierlehrerin anleiten durfte. Ihre eigene Rolle war anfangs nicht beeinträchtigt: sie blieb das Mädchen, das hochbegabt Klavier spielte und damit zum willigen Vorbild für den Bruder wurde. Daß ein Junge grundsätzlich zu einer bedeutenderen Rolle in der Gesellschaft berufen ist, machte sich in einer Familie, in der die Mutter eine derartige Machtstellung innehatte, noch nicht deutlich bemerkbar. Einstweilen half die Gemeinsamkeit, die schwer lastende elterliche Liebe zu ertragen.
Die Liedtexte, die Fanny in ihrer Kindheit vertonte, lassen vermuten, daß sie Französisch, Italienisch und Spanisch lernte. Alle ihre geistlichen Kompositionen sind auf deutsche Texte gegründet, was nahelegt, daß sie kein Latein gelernt hatte.[15] Sie hielt sich im übrigen selbst für wenig

sprachbegabt,[16] dieses Gebiet sah sie ihrer jüngeren Schwester Rebecka vorbehalten. Scheinbar war ihr eigenes schulisches Programm weniger dichtgedrängt als das des Bruders Felix, auch wenn man sich darauf verlassen kann, daß Lea keinem ihrer Kinder jemals »Nichtstun« gestattet hat. Fanny mußte genauso wie Rebecka lernen, einen Haushalt zu führen, zu nähen und zu sticken, und zwar auf Mendelssohnschem Leistungsniveau. Nicht ohne Neid kommentierte Henriette aus der Ferne diese Erziehung: Sie selbst erzielte auch weiterhin keine befriedigenden Resultate bei ihrem Zögling Fanny Sebastiani. Begabung hin oder her, die Erzieherin Henriette konnte eine gewisse Kränkung nicht verleugnen:[17]

> Ich habe vor wenigen Tagen Deine wunderschöne Börse u. gleich darauf Deinen u. Deiner lieben Mutter Brief erhalten. Für beide danke ich Dir gleich herzlich. Die Arbeit ist außerordentlich schön, so wie die Wahl der Farben. Ich begreife nicht wie Du liebes Kind, bei so ernsten vielfachen Studien u. Beschäftigungen, noch Zeit behältst so mühsame Handarbeiten zu unternehmen, u. sie so sauber auszuführen. Das dankst Du Deiner Mutter! So war sie von jeher, u. so bist Du durch sie geworden! Ach wenn doch Fanny S. auch nur den kleinsten Theil Deines Fleißes u. Deiner Geschicklichkeiten hätte! Freilich fehlt mir aber so viel ein so gutes Vorbild wie Deine Mutter zu sein, als ihr fehlt Dir zu gleichen! Du hast Dich mit Recht gewundert liebe Fanny das ihre Wahl eines Gedichts auf etwas so moralisierendes u. kaltvernünftiges gefallen ist. Ich ließ sie aber gehn, weil sie sich so viel Vergnügen davon versprach Dir dies Gedicht zu schicken. Was aber Musick betrifft, ist ein mit sieben Siegeln verschloßnes Buch für Sie!

Die Mendelssohn-Kinder erhielten ihre Bildung in der Familie, sie besuchten keine Schule. Die Knaben wurden mit anderem Ziel erzogen als die Mädchen, aber der Leistungsanspruch war für alle derselbe, was auf den ersten Blick nach Gleichbehandlung aussieht. Die Mutter spielte eine so überragende Rolle, daß ihre Lebenssituation den Töchtern beneidens- und begehrenswert erscheinen mußte. Fanny und Rebecka konnten nicht abschätzen, was auf sie wartete: Als Eingesperrte würden sie sich ihrem Heim zu widmen haben, und ihre persönliche Entwicklung würde mit dem Ende der Jugendjahre zum Stillstand gebracht werden.

Zelter. Die Singakademie

Ab 1818 erhielten Fanny und Felix Kompositionsunterricht bei dem berühmten Berliner Musiker und Komponisten Karl Friedrich Zelter (1758–1832), womit sie sich noch eindeutiger dem Ahnherrn Johann Sebastian Bach unterstellten. Zelter nahm die beiden in die Singakademie auf und erschloß ihnen damit einen Hort der Tradition. Die Singakademie, diese weithin bekannte Berliner Institution, spielte im Leben von Felix und Fanny eine so bedeutende Rolle, daß es unumgänglich ist, ihr enormes kulturelles Gewicht zu würdigen.

Zelter, der Sohn eines Maurers aus der Gegend von Dresden, erlernte selbst dieses Handwerk, legte die Meisterprüfung ab und übernahm nach dem Tod seines Vaters 1787 den Betrieb. Erst 1815 verließ er die Berliner Maurerinnung. Ein Haus, das er gebaut hat, besteht noch heute, es ist die Nummer 13 in der Brüderstraße. Aber es gelang ihm, seinen Brotberuf mit der Musik zu vereinbaren. Er erhielt zunächst eine Ausbildung zum Geiger bei den Lehrern Märker, L. George und J. Chr. Schultze,[1] gehörte im Jahr 1779 zum Orchester von Doebbelins Theater, wo er unter anderem bei mehreren Opern des Komponisten Benda mitspielte, und im Jahr 1786 saß er in einer Aufführung von Händels *Messias* unter der Leitung von J. A. Hiller am ersten Geigenpult. Obwohl ein erster Kompositionsversuch zwiespältig aufgenommen worden war – Marpurg hatte sich lobend, aber Kirnberger sehr zurückhaltend geäußert –, verlor Zelter nicht den Mut. Er drängte vielmehr den Kirchenmusiker C. Fr. Fasch so lange, ihm Kompositionsunterricht zu geben, bis dieser schließlich einwilligte. So folgten dann zwischen 1784 und 1786 einhundertachtundsechzig Unterrichtsstunden aufeinander. In der 1791 gegründeten Singakademie, die der großen Musik der Vergangenheit mehr Geltung verschaffen sollte, war er vom ersten Tag an aktives Mitglied.

Es ist bei den Musikwissenschaftlern Tradition zu versichern, daß Johann Sebastian Bach zwischen seinem Tod und seiner angeblichen Wiederentdeckung um die Mitte des 19. Jahrhunderts für fast hundert Jahre in Vergessenheit geraten war. Was Berlin anbelangt, so ist dies eine haltlose Behauptung. Gewiß, die À-la-mode-Musik, die man im 18. Jahrhundert komponierte, entsprach nicht den Kriterien der Vergangenheit, aber es gab doch eine ganze Reihe von Komponisten, die die Bachsche Tradition in ihrem Herzen und in ihren Kompositionen lebendig bewahrten. Als erste sind Bachs eigene Söhne zu nennen, so Carl Philipp Emanuel (1714–1788), der lange in Berlin weilte, und Wilhelm Friedemann (1710–1784), der älteste und am meisten vom Vater beeinflußte Sohn, der von 1774 bis zu seinem Lebensende ebenfalls in Berlin lebte und wirkte. Er galt als bedeutendster Organist Deutschlands, der als einziger die Familientradition fortführte. Zu seinen Schülern gehörte die Cembalistin Sara Levy, Fanny und Felix Mendelssohns Großtante. Carl Philipp Emanuel,[2] Bachs fünfter und später berühmtester Sohn, wurde nach einem soliden Rechtsstudium 1738 Cembalist des preußischen Kronprinzen, des späteren Friedrich II. Er blieb im Dienst des Königs bis 1768, als er in Hamburg die Nachfolge seines Paten Telemann antrat. Bis zu seinem Tod 1788 versah er dort die Stelle des Musikdirektors. Die Söhne sind es, durch die uns die meisten Manuskripte Johann Sebastian Bachs überkommen sind, aber auch manche Schüler, denen der Leipziger Kantor sein Wissen und Können weitergegeben hatte, wurden für die Überlieferung wichtig. Der berühmteste, Johann Philipp Kirnberger (1721–1783), studierte von 1739 bis 1741 bei Bach.[3] Anschließend hatte er bis 1750 verschiedene Stellungen als Musiklehrer und Musikdirektor inne. 1752 trat er als Geiger in die Königliche Kapelle Berlin ein und wirkte ab 1754 als Kompositionslehrer und Kapellmeister der Prinzessin Amalie von Preußen,[4] die selbst komponierte und eine respektable Instrumentalistin war. Aus seinen zahlreichen theoretischen Arbeiten können wir eine sehr konkrete Vorstellung davon gewinnen, wie Johann Sebastian Bachs Musikunterricht ausgesehen haben mag. Genannt sei hier nur die *Kunst des reinen Satzes* (1774–1779). Zu unserem Glück hatte Kirnberger auch eine Abschrift der *Matthäuspassion* angefertigt, die sonst für uns verloren wäre. Keiner bewunderte den Leipziger Meister rückhaltloser als dieser kritische und arbeitsame Musiker.

Sein Kollege Johann Friedrich Agricola (1720–1774), der zuerst als Organist, dann als königlicher Kapellmeister sowie als Komponist in Berlin wirkte, hatte ebenfalls bei Johann Sebastian Bach Unterricht genommen, und zwar in Cembalo, Orgel und Komposition. Allerdings interessierte er sich mehr für die Oper als für die Kirchenmusik. Mit den Namen Fasch und Zelter soll die Liste ein vorläufiges Ende finden, es dürfte erwiesen sein, daß man im Berlin des letzten Jahrhundertdrittels eine außergewöhnlich große Kolonie von Bach-Anhängern zählte.

Für die Fortführung dieser Tradition spielte Friedrich Carl Fasch (1736 bis 1800) eine herausragende Rolle. Der Sohn eines Kapellmeisters aus Zerbst lernte zunächst bei seinem Vater Violine, Orgel, Harmonielehre und Kontrapunkt. Franz Benda empfahl ihn 1756 König Friedrich II., dessen offizieller Begleiter Carl Philipp Emanuel Bach sich einen Assistenten wünschte.[5] Friedrich II. spielte nämlich jeden Tag Flötenkonzerte und andere Solostücke für Flöte, zumindest bis die Widrigkeiten des Siebenjährigen Krieges (1756–1763) ihn von der Musikausübung fernhielten. Fasch brauchte seiner Vorliebe für Kirchenmusik nicht wirklich Gewalt anzutun, denn er erhielt eine Gehaltserhöhung, und das stark reduzierte Pflichtpensum ließ ihm viel Zeit, sich mit den alten Meistern zu beschäftigen. Beim Kopieren einer sechzehnstimmigen Messe von Orazio Benevoli (1605–1762),[6] die Johann Friedrich Reichardt aus Italien mitgebracht hatte, kam er auf die Idee, es dem Komponisten nachzutun. Wo aber sollte er für dieses Projekt die Sänger auftreiben?

Auch wenn er sich auf Bach berufen und auf den Beifall der gerade erwähnten Kollegen zählen konnte, als Kirchenmusiker vertrat Fasch eine Musikauffassung, die aus der Mode gekommen war. Kirchenmusik existiert nicht um ihrer selbst willen, sie hat eine eindeutige, moralisch bestimmte Aufgabe. Kirnberger protestiert gegen den »sinnfälligen Ausdruck nackter Natürlichkeit in der Kunst«,[7] während das Singspiel oder das Berliner Lied genau wie die Opéra Comique im Gegenteil dazu tendieren, menschliches Empfinden so »naturgetreu« beziehungsweise »eingängig« wiederzugeben wie möglich. Zwei einander diametral entgegengesetzte Auffassungen, über deren Berechtigung hier nicht zu entscheiden ist – wir dürfen aber davon ausgehen, daß ein Sänger, der dazu ausgebildet war, kleine Arien mit »eingängiger« Melodie zu interpretieren, sich angesichts einer zweiten oder dritten Chorstimme eines Johann Sebastian Bach oder eines anderen Barockkomponisten verloren vorkam. Fasch fand also weder in Berlin noch in Potsdam, weder unter den königlichen Sängern noch in Schulchören die Leute, die er suchte. Also beschloß er, sich seine Schüler selbst heranzubilden. Er begann mit zwölf Sängern, zunächst im Haus des Geheimrats Milow in der Leipziger Straße, dann ab April 1791 bei der Frau des Geheimrats Pappritz und ab dem 24. Mai 1791 bei Madame Voitus im Haus Unter den Linden Nr. 42, wo auch erstmals eine Anwesenheitsliste geführt wurde. Sie umfaßte siebenundzwanzig Namen, und der 24. Mai wurde später als das Gründungsdatum der Singakademie betrachtet. Nach zwei Jahren schon wurden die Örtlichkeiten zu klein, und die Singakademie durfte in der Akademie der Künste Quartier nehmen, wo die Proben ab dem 5. November 1793 stattfanden.

Im September 1791 sang der Chor zum erstenmal öffentlich in der Marienkirche, und zum erstenmal vernahm man einen Chor aus Männer- und Frauenstimmen, aber ohne Knabensänger. Die Singakademie wurde von Fasch gewissermaßen aus Bedarfsgründen ins Leben gerufen, aber wie sie sich weiterentwickelte, hatte ganz wesentlich mit der Gesellschaftsstruktur zu tun. Wenn wir Nägeli folgen, dann ist die Chorerziehung eines Volkes der erste Schritt zu seiner Bewußtwerdung, da nämlich das Chorsingen eben diesem Volk vor Augen führt, wie wirksam sich individuelle und kollektive Aktion vereinen können.[8] Was sei schöner als der Ausdruck der Nächstenliebe in all diesen sich verströmenden Singstimmen? Mit einer Hundertschaft gut ausgebildeter Sänger, so Nägeli weiter, die mit mittleren Stimmen, wie die Natur sie ihnen verliehen hat, ausgestattet sind, erhält man einen durchaus brauchbaren Chor, und man hat den symbolischen Ausdruck der Majestät des Volkes. Daß die Knabenstimmen durch Männer- und Frauenstimmen ersetzt wurden, hatte Folgen: Dem Chor wuchs eine soziale Aufgabe zu. Natürlich war damit auch der Vorteil verbunden, daß man nicht mehr jahrelang Knabenstimmen ausbildete, die dann in einer Nacht durch den Stimmbruch unbrauchbar wurden, aber eine solche rationalistische Interpretation greift zu kurz. Bedeutsamer ist die verborgene Kraft, die in der Sphäre der Religion und damit im Kernbereich der Kultur nach ihrem Ausdruck sucht. Daß Frauen bei diesem Chor mitwirkten und daß mit Madame Voitus, Madame Sebald und Madame Dietrich auch unter den Gründungsmitgliedern Frauen waren, zeugt von deren maßgeblicher Rolle im Kulturleben am Ende des 18. Jahrhunderts. Der gemischte Chor, der hier zusammentrat, gewann an gesellschaftlicher Repräsentanz, spiegelte damit aber auch jene »natürlichere« Kunstauffassung wider, die von Fasch oder Kirnberger gerade abgelehnt wurde. Auch im Musikleben gilt, daß man sich nicht gegen sämtliche Tendenzen seiner Zeit stellen kann.

Die Proben waren im Prinzip nicht öffentlich, aber am 8. April 1794 erzwang die Neugier ein erstes sogenanntes »Auditorium«, zu dem auch Prinz Louis-Ferdinand mit mehreren Begleitern vom Königlichen Hof erschien. Wir finden hier wieder den zwanglosen Umgang der verschiedenen Stände miteinander, wie er für diese Epoche mit ihrem aufrichtigen Respekt vor der Kunst charakteristisch war. Am 21. Juni 1796 stattete auch Beethoven der Singakademie einen Besuch ab.

Fasch widmete sich seinem Chor mit furioser Arbeitsenergie. Er trug das Notenmaterial zusammen, schrieb die einzelnen Stimmen aus und leitete sämtliche Proben.[9] Ab 1794 nahm die Singakademie nicht nur die Motetten von Bach in Angriff, sondern probte auch die *Mendelssohniana*, das heißt den von Moses Mendelssohn übersetzten und von Fasch vertonten 30. Psalm, dazu die *Davidiana* nach der Übersetzung von Luther. Auch Händel gehörte zum Programm.

Der Chor zeichnete sich noch durch eine andere für die Zeit erstaunliche Besonderheit aus: Er sang und probte *a cappella*, das heißt ohne jede instrumentale Unterstützung. Ein Beobachter notierte:[10] »Bei schon angeübten Sätzen pflegte der Direktor den Chor ganz sich selbst zu überlassen und die Freiheit, mit welcher er sich dann in den künstlerischen Verzögerungen und Beschleunigungen des Zeitmaßes, in der wechselnden Kraft und Weiche des Ausdrucks, ohne alle Lenkungen, wie beseelt von der Empfindung eines Einzelwesens bewegte, war es hauptsächlich, welche diesem Institut schon so bald nach seiner Gründung die Bewunderung der tiefsten Kenner wie der unkundigsten Laien zuwege brachte.«

1799, ein Jahr vor Faschs Tod, umfaßte die Singakademie vierundneunzig Mitglieder.[11] Karl Friedrich Zelter, Gründungsmitglied und mit ganzem Herzen engagierter Mitwirkender, hatte in den letzten Jahren seinen alten, kränkelnden Lehrer schon öfters vertreten. Als Fasch dann starb, übernahm er wie selbstverständlich die Leitung des Chors; so dirigierte er am 8. Oktober 1800 zum Andenken des verstorbenen Meisters die Berliner Erstaufführung von Mozarts *Requiem*. Zwar hatte die Singakademie von Anfang an zum Berliner Musikleben gehört und auch auf Zeitereignisse wie etwa den Tod des Königs Friedrich Wilhelm II. im Jahre 1797 reagiert, aber erst Zelter machte sie zur wahrhaften Institution, die man schließlich in ganz Deutschland zum Vorbild nahm. Der Chor wuchs rasch auf einhundertzwanzig Sänger und Sängerinnen an, und Zelter nahm niemanden mehr ohne Empfehlung und eine strenge Prüfung auf. Es war eine Ehre für Fanny und Felix, daß sie trotz ihres jugendlichen Alters im Jahr 1820 aufgenommen wurden.

Grundrepertoire blieben die Werke von Fasch, Lotti, Naumann, Reichardt, Schultz, Durante, Händel, Palestrina usw., aber immer und vor allen anderen die Motetten von Bach, die Zelter, genau wie vor ihm Fasch, unermüdlich beibrachte, abschrieb – und vorsichtig dem Zeitgeschmack anpaßte. Ab dem 10. April 1807 versammelte Zelter freitags bei sich zu Hause Instrumentalisten, meist Laien und eigene Schüler, die sich im Bachstil zu üben wünschten. Hier wurden zahlreiche Fugen aus dem *Wohltemperierten Klavier* für Streichquartett eingerichtet. Sara Levy, die Schwester der Mutter von Lea Mendelssohn, wirkte bei diesen Abenden des öfteren mit. Das Archiv der Singakademie nennt für den 31. Dezember 1807 das Konzert in d-Moll und für den 19. Februar 1808 das *Fünfte Brandenburgische Konzert* in einer Einrichtung für Klavier, Flöte und Violine, wobei Sara Levy den Klavierpart versah.

Zwischen 1813 und 1815 probte Zelter, ohne sich von Anfangsschwierigkeiten beirren zu lassen, die *h-Moll-Messe*. 1815 dann folgte die *Johannespassion*,[12] dazu kamen einige Passagen aus der *Matthäuspassion*.

Zelter zögerte nicht, Passagen Bachs, die ihm zu schwierig für die Sänger und Instrumentalisten seiner Zeit erschienen, umzuarbeiten. Auf seine Weise förderte er so die Musik der Vergangenheit, und daneben schrieb er Lieder, die er so einfach wie möglich hielt, um weder den Text zu verfälschen noch das Gedächtnis des Sängers vor Probleme zu stellen. Hier tat er es seinen älteren Berliner Kollegen nach, den Kirchenmusikern, welche die gelehrte Musik Johann Sebastian Bachs verehrten, aber selbst schlichte Lieder komponierten: Carl Philipp Emanuel Bach, Kirnberger, danach Fasch, Reichardt ...[13] Als energiegeladener Mensch gründete Zelter 1808 die *Liedertafel*, die einmal im Monat fünfundzwanzig Mitglieder der Singakademie vereinte: Man saß zu Tisch zusammen, man aß, und dazwischen sang man selbstkomponierte Lieder. »Nicht leicht sehen wir eine Tischgesellschaft, die des Gesanges entbehren kann, wenn eine fröhliche gesellige Stimmung allgemein werden soll. Nur durch des Liedes Wort und Melodie kann Herz und Gemüt zu einem gemeinsamen Annäherungspunkt hingeführt werden. Mag die Klage oder die Freude vorherrschen im Gesange, immer werden die Herzen sich finden, und ausströmen wird ein gemeinschaftliches gleiches Gefühl, Geselligkeit zu erwecken«,[14] schrieb Zelter 1808. Man könnte, wenn man wollte, einen Widerspruch in dieser Suche nach dem Affektgehalt in der Musik einerseits und dem Kult des Kontrapunkts andererseits sehen, aber Zelter verstand es nicht so. Er war der gesellschaftlichen Aufgabe der Musik verhaftet und sah in Bach vor allem den geistlichen Musiker, der sich an die Gemeinde wendet. Felix und Fanny Mendelssohn nahmen diese Lehre in sich auf. Zeitlebens war ihnen Musik die gemeinschaftsfördernde, Verbundenheit schaffende Kunst.

Zelter wollte zur nationalen Geschmacksbildung beitragen, aber der Geschmack seiner Zeit beeinflußte ihn umgekehrt ganz genauso. Er gab vor, niemandem außer Bach persönlich Rechenschaft schuldig zu sein, was seine Eingriffe in die Partituren anging, und er dachte gewiß, daß er ihm doch den Dienst erwies, seine Werke bekanntzumachen. Und wer sonst kannte diese Werke so gut und liebte sie so wie er, Zelter? Da durfte er sich schon einiges zutrauen. Nun, bestimmte musikalische Passagen, die Zelter energisch vereinfachte, stellen heutzutage keinerlei musikalisches Problem mehr dar, so daß uns der Wandel des musikalischen Zeitgeschmacks nachdenklich machen kann. Die Überzeugung, daß es gestattet ist, die Gedanken eines Autors zu verändern, um ihn dem Publikum näherzubringen, zeigt, wie sehr man damals bis in den musikalischen Bereich hinein der öffentlichen Meinung Bedeutung beimaß. Im ganzen 19. Jahrhundert wird die Auffassung, daß die Zeit automatisch einen ästhetischen Fortschritt mit sich bringt, die »Verbesserung« künstlerischer Werke rechtfertigen.

Die Singakademie wurde zur musikalischen Bildung einer bestimmten Gesellschaftsschicht gegründet. Aus den bereits dargelegten Gründen musikalischer Natur war Zelter sehr stark in dieser Richtung motiviert. Er wußte jedoch, daß er handfestere Gründe würde vorbringen müssen, wollte er eine Unterstützung seitens des Staates erreichen. Zelter hatte miterlebt, wie mit den *Kurrenden* und *Stadtpfeifereien* eine bestimmte Form von städtischem Musikleben nach und nach verschwand. Er selbst war gezwungen, seinen Bauunternehmerberuf weiterhin auszuüben, denn der Posten eines Direktors der Singakademie war ein Ehrenamt und brachte nur hundertfünfzig Taler pro Jahr (zweihundert Taler ab 1811), eine Summe, die absolut nicht ausreichte, um ihn und seine vielköpfige Familie zu ernähren. Seit 1803 stand er in einem ständigen Schriftwechsel mit der Regierung, dessen Zweck es war, eine Übernahme der musikalischen Bildung und Ausbildung durch den Staat zu erreichen. Dabei hob er nicht etwa die künstlerische Notwendigkeit hervor, sondern sprach vom wohltätigen Einfluß auf »Religion und Sitten«. Ergebnisse zeitigte sein Bemühen erst ab 1809. Nachdem die Franzosen Preußen besetzt hatten, umgab sich Kanzler Hardenberg mit Männern, die auf eine Modernisierung des Staatswesens hinarbeiteten. Unter ihnen war Wilhelm von Humboldt. Auf Veranlassung Goethes ließ er Zelter zum Musikprofessor an der Akademie der Künste ernennen, was diesem später erlaubte, musikalische Bildungsinstitutionen – sowohl im Bereich der Kirchenmusik als auch in dem der weltlichen Musik – in Königsberg (1814), Breslau (1815) und Berlin (1822) zu eröffnen. Zelter erlangte auf diese Weise die Kontrolle über die musikalische Ausbildung in ganz Preußen, und er schrieb zahlreiche Lieder und Chöre für schulische Zwecke.

Seinen Nachruhm verdankt er in erster Linie der Freundschaft mit Johann Wolfgang von Goethe. Sie dauerte von 1799 bis zu beider Lebensende 1832. Zelter überlebte seinen Freund um nur wenige Monate. Als einziger durfte er ihn mit dem vertraulichen Du anreden. Man klagt ihn gemeinhin an, er habe dafür gesorgt, daß Goethe der Musik eines Beethoven und Schubert eher fremd gegenüberstand. Es ist jedoch ziemlich sicher, daß der Dichter von sich aus eine Musik bevorzugte, die dem Wort und seiner Botschaft den unbedingten Vorrang überließ. Ihr Briefwechsel wurde schon 1833/1834 veröffentlicht, und die gute Gesellschaft erfuhr Wahrheiten, die beträchtlich schockierten, allen voran die namentlich genannten Herren und Damen.

Gebrochene Schwingen

Felix und Fanny nahmen Kompositionsunterricht bei Zelter, der seine Methode ganz aus der Tradition der Altmeister Bach, Kirnberger und Fasch ableitete. Von Anfang an herrschte strenge musikalische Zucht, Ausgangspunkt waren Musterbeispiele der jeweiligen Gattung, und die Hausaufgaben bestanden vorzugsweise aus Kontrapunkt- und Generalbaßübungen. Fanny kam gewiß schneller voran; der »Gleichbegabten«, um Goethes Wort zu zitieren, gereichten die vier Jahre Altersvorsprung einstweilen noch zum Vorteil. Zelter hatte es nicht mit einem Wunderkind zu tun, sondern mit zweien. Nicht daß Fanny ihr Wissen gehütet hätte, im Gegenteil, trotzdem handelte es sich um eine Wettbewerbssituation, und sie hinterließ Felix, der hier noch nicht die Oberhand hatte, ein lebenslang unangenehmes Gefühl. Eine Art Komplex entwikkelte sich, der Komponist wird Wettbewerben systematisch ausweichen, wie der Brief vom 7. April 1838 an den Verleger Alfred Novello bezeugen kann:[1] »Ich würde Ihnen ja gern die gewünschte Komposition auf den Text, den Sie mir haben zukommen lassen, schicken, aber es ist mir absolut unmöglich, irgend etwas unter dem Druck eines Wettbewerbs hervorzubringen. Ich kann das einfach nicht, auch wenn ich mich dazu zwingen wollte, und wenn ich als Kind mit meiner Schwester und Mitschülerin in Konkurrenz treten mußte, dann waren die Ergebnisse wahre Wunder an Dummheit – sie waren nicht ein Zehntel dessen wert, was ich sonst leistete.«
Der sympathische, bescheidene Ton zeigt erstens, daß Felix sehr sensibel war, zweitens aber, daß er an seinen Fähigkeiten oft gezweifelt hatte und besonders dann, wenn er sich mit Fanny vergleichen mußte. Dennoch gewöhnte er sich daran, ihr alles vorzulegen, was er musikalisch produzierte. Jahre später dann sollte Fanny ihn flehentlich bitten, doch auch ihre Kompositionen zur Kenntnis zu nehmen und ihr Mut zuzusprechen. Es dauerte nicht allzulange, dann kam in der Beziehung der beiden Kinder der Wendepunkt. Fanny, die energische Ältere, der »Kantor«, zeigte zunächst ihrem kleinen Bruder, was sie alles konnte: Zugleich mütterlich und lehrerinnenhaft machte sie klar, wer hier schon zur Virtuosität gelangt war. Sie hatte alles, und alles flog ihr zu; offenbar

wurde ihr jeder Wunsch erfüllt. Aber er wuchs heran, und bald fiel es nicht mehr schwer zu erkennen, daß ihm noch mehr gegönnt werden würde. Zwar durfte auch sie bei Zelter Komposition lernen, aber erst ab dem Zeitpunkt, da Felix alt genug war für die schwierige Materie. Und damit wird ihre Jugendgeschichte zur Geschichte eines Talents, das unter dem Scheffel zu bleiben hat, weil ein anderes Talent da ist.
Ihre erste uns bekannte Komposition, *Ihr Töne, schwingt euch fröhlich!* [2], wurde für den dreiundvierzigsten Geburtstag des Vaters, den 11. Dezember 1819, geschrieben: eine anmutige Melodie aus der Feder eines hochbegabten vierzehnjährigen Mädchens, das genau begriffen hat, was seine Lehrer ihm beibringen wollten. Singstimme und Begleitung mit lockeren Alberti-Bässen bleiben treu am Text und unterstreichen ihn, wobei Chromatik und Modulation gerade ausreichen, um das musikalische Interesse wachzuhalten. Dafür findet sich bereits jene lebhafte, spontane melodische Inspiration, die Fannys Stil bis zuletzt prägen sollte.
Die beiden Kinder schrieben in Hefte und sollten dies ihr Leben lang so halten. Fannys Hefte werden zum größten Teil in Berlin in der Staatsbibliothek Preußischer Kulturbesitz aufbewahrt, das allererste jedoch gehört zu einer schwer zugänglichen Privatsammlung. Es entstand 1820/1821 und umfaßt achtunddreißig Lieder und Arietten nach französischen Texten (sechs davon unvollendet), ein Arioso mit Rezitativ, zwei Arien, einen Chor, vier vierstimmige Choralbearbeitungen, elf Klavierstücke und die nach einem Klavierauszug instrumentierte Arie der Colette, »J'ai perdu tout mon bonheur«, aus Jean-Jacques Rosseaus *Le Devin de Village.* Alle diese Versuche beweisen, daß das fünfzehnjährige Mädchen unter der strengen Aufsicht Zelters, dessen Korrekturen sich durch das Heft ziehen, sehr ernsthaft arbeitete.
Höchste Zeit also, ihr klarzumachen, was ihre wahre Pflicht ist. Abraham, der sich 1819/1820 ein Jahr lang in Paris aufhält, scheut denn auch keine schriftliche Mühe, um ihr die Flügel zu stutzen. Denn leicht ist es nicht, ihren Überschwang zu dämpfen, das weiß er. In seinen Briefen hat Abraham der Tochter mindestens zwei wesentliche und einander ergänzende Dinge mitzuteilen: Da Fanny demnächst konfirmiert werden soll, ist sein erstes Thema die Religion, und da diese für ihn vor allem moralisches Handeln ist, spricht er zu ihr von ihrer künftigen Lebensweise. Im Namen der Religion, die er für sie ausgesucht hat, hat Fanny sich mit Leib und Seele ihrem Haus, ihrer Familie, ihrer Mutterrolle zu verschreiben. Eine berufliche Tätigkeit darf unter keinen Umständen ins Auge gefaßt werden. Das soll um Gottes willen nicht heißen, daß ihre Begabung nichts wert wäre, aber es gehört sich nun einmal nicht anders, es ist eine Sache der Moral.
Hier dieser Brief eines preußischen Vaters an sein ihm allzeit teures Kind:[3]

Paris, den 16. Juli 1820

… Deine letzten Lieder sind in Viry, von wo ich sie morgen zurückbringe und dann Jemand suchen werde, der sie mir leidlich vorsingt. Felix' letzte Fuge hat mir Herr Leo sehr unvollkommen vorgespielt, er findet sie sehr gut und in ächtem Styl, aber schwer. Mir hat sie wohl gefallen; es ist viel und ich hätte ihm kaum zugetraut, dass er sich sobald darin finden würde, ernsthaft zu arbeiten, denn zu einer solchen Fuge gehört denn doch gewiss Ueberlegung und Beharrlichkeit. Was Du mir über Dein musikalisches Treiben im Verhältnis zu Felix in einem Deiner früheren Briefe geschrieben, war eben so wohl gedacht als ausgedrückt. Die Musik wird für ihn vielleicht Beruf, während sie für Dich stets nur Zierde, niemals Grundbass Deines Seins und Thuns werden kann und soll; ihm ist daher Ehrgeiz, Begierde, sich geltend zu machen in einer Angelegenheit, die ihm sehr wichtig vorkommt, weil er sich dazu berufen fühlt, eher nachzusehn, während es Dich nicht weniger ehrt, dass Du von jeher Dich in diesen Fällen gutmüthig und vernünftig bezeugt und durch Deine Freude an dem Beifall, den er sich erworben, bewiesen hast, dass Du ihn Dir an seiner Stelle auch würdest verdienen können. Beharre in dieser Gesinnung und diesem Betragen, sie sind weiblich, und nur das Weibliche ziert die Frauen …

Dienstag. Sie haben gestern in Viry Deine Romanzen durchgenommen, es wird Dich freuen, zu wissen, dass Fanny Sebastiani mir die *Les soins de mon troupeau* recht niedlich und rein vorgesungen hat und vielen Geschmack daran findet. Ich gestehe Dir, dass dieses Lied mir das liebste ist, soweit ich nämlich die anderen, die sehr unvollkommen vorgetragen wurden, beurtheilen kann. Es ist heiter, fliessend, natürlich, Eigenschaften, die den meisten andern abgehn, die zum Theil zu weit sind für die Worte. Jenes Lied gefällt mir so wohl, dass ich mir es seit gestern sehr oft vorgesungen, während ich von den andern nichts behalten habe, und Fasslichkeit scheint mir eines der wichtigsten Erfordernisse eines Liedes; dabei ist es nichts weniger als trivial, und die Wendung ›*si j'ai trouvé pour eux une fontaine claire*‹ sehr glücklich sogar, nur scheint sie mir den Satz, der sich in den Versen an ›*s'ils sont heureux*‹ unmittelbar anschliesst, zu bestimmt zu enden. Ich rathe Dir sehr, Dich möglichst an diese Natürlichkeit und Leichtigkeit in Deinen ferneren Kompositionen zu halten …

Dein Vater.

Tante Jette lässt Dich gelegentlich um einige Deiner deutschen Lieder bitten.

Tante Jette ist natürlich Henriette Mendelssohn, die immer noch den Auftrag hat, Fanny Sebastianis leichtfertigem Köpfchen Rudimente von Wissen einzutrichtern. Jette wurde sie genannt, um Verwechslungen mit Joseph Mendelssohns Gattin Henriette Meyer auszuschließen, die ihrerseits Hinni genannt wurde. Die Großfamilie freut sich aufrichtig über Fannys Begabung, und die kritische Sorgfalt, mit der Abraham sich zu ihren ersten Arbeiten äußert, zeigt, daß er diese Begabung nicht herunterspielen wollte. Seine vier Kinder sind sein ein und alles, er ist über alle Maßen stolz auf sie und läßt sich diesen Stolz bei mancherlei Gelegenheit anmerken. Man kann nicht sagen, daß Abraham Fanny zum Verzicht auf den Musikerberuf bewegen will, dafür enthält der Begriff Verzicht eine zu aktive Komponente. In Wirklichkeit kommt überhaupt kein Beruf in Frage – für eine Frau gibt es keine andere Bestimmung als die, Frau zu sein.

Was nun die Moral angeht, die er lehrte, so war Abraham auch Opfer seiner Zeit, Opfer der herrschenden Doppeldeutigkeiten und verborgenen Widersprüche. Als Erbe des französischen 18. Jahrhunderts, aber auch als Anhänger des Kantianischen Systems hatte Abraham den universalen Geltungsanspruch der öffentlichen Meinung verinnerlicht. Danach ist vermutlich oder angeblich die »natürliche Ordnung« die Grundlage der gesetzlichen Ordnung.

Die »Glaubensform der meisten gesitteten Menschen« kommt sicherlich dem nahe, was Naturreligion oder Universalreligion heißen könnte. Universalität, in diesem Begriff lag für Abraham eine unwiderstehliche Versuchung. Er erlag ihr, indem er sich ein geistiges Kartenhaus oder besser Kartenschloß erbaute, zu dessen tragenden Pfeilern er seine Kinder ausersah. Die Schwierigkeit einer solchen Lebensdoktrin liegt allerdings darin, daß sich die sogenannte Natürlichkeit selten anders als durch Tautologien dartun läßt. Warum kann eine Frau keinen Beruf ausüben? Die Natur will es nicht. Aha, so ist das also. Mäßig belustigt stellen wir fest, daß Abraham für Fanny einschlägigen Rat auch in Sachen Musik bereithält: bleibe »natürlich«. Nun ist die Musik eine ebenso hochentwickelte Disziplin wie etwa die Sittenlehre, aber ein solcher Gedanke hätte sämtliche bürgerlichen Überzeugungen Abrahams zum Einsturz gebracht. Man darf annehmen, daß er den 1788 in Paris erschienenen *Calendrier musical universel* gelesen hatte:[4] »Die Musik ist eine natürliche, prinzipiell jeder Konventionalität bare Sprache. Diese Sprache ist universal, sie ist auf der ganzen Welt die gleiche. Der Neger Afrikas, der Wilde Amerikas, der Asiate, sie alle singen wie wir. Das heißt, daß das, was für jene Völker Gesang ist, auch für uns Gesang ist, und daß ihre Lieder, die sie nicht weiter mit einer Baßstimme grundieren oder harmonisch ausgestalten, genauso grundsätzlich harmonisch sind wie unsere Gesänge, weil sie aus den gleichen Beziehungen zwischen den Tönen abgeleitet sind, Bezie-

hungen, die von der Natur vorgegeben sind und die der Mensch nicht verändern kann.«
Wendet man die Aussage »prinzipiell jeder Konventionalität bar« auf Religion und Ethik an, dann ist man nicht mehr erstaunt, daß Menschen sich immer wieder im Namen einer angeblichen Natur in Zwangslagen festgehalten sehen. Abraham ließ seine Kinder taufen, war er doch überzeugt, daß die von der öffentlichen Meinung getragene Konfession eine universal gültige Wahrheit beinhaltete. Diese universale Naturreligion oder natürliche Universalreligion nimmt am überzeugendsten Gestalt an in einer Frau, welche die ihr von der »Natur« vorgeschriebene Rolle, die Mutterrolle, wahrnimmt und erfüllt. Wenn diese Mutter auch noch auf dem Klavier (diesem wahren Naturinstrument!) Naturmelodien spielt, dann ist die Welt wahrhaft in Ordnung und ihre Natürlichkeit gewährleistet durch die guten Wilden des *Universalen Musikkalenders.* Die öffentliche Meinung, jene gewaltige Grundwelle, die das Feudalsystem hinweggespült hatte, erhob wie selbstverständlich universellen Geltungsanspruch und ging schließlich in jene bürgerliche Moral über, welche die Frauen ins Haus verbannte.
Ein weiterer Widerspruch besteht darin, daß man in der gesamtgesellschaftlich verbindlichen Wahrheit leben wollte, dabei aber den Blick starr nach innen, auf die Familie, auf die Privatsphäre gerichtet hielt. Und schließlich kann man sich fragen, inwieweit dieser sehr jüdische Kult um die Muttergestalt und Vatergewalt noch etwas mit Assimilation an die christliche Welt zu tun hatte. Nein, Abrahams »Universalismus« lief darauf hinaus, daß er sich gegen die Außenwelt abschottete und damit gegen die antijüdischen Tendenzen, die auch für seine Luftschlösser Gefahr bedeuteten. Nach seiner Rückkehr aus Paris zog die Familie in die Spandauer Vorstadt, 1821 zog sich Abraham aus dem Geschäftsleben zurück, und 1822 nahm er seine Familie auf eine große Schweizreise mit. 1825 schließlich fanden die Mendelssohns in der Leipziger Straße Nr. 3, in einem herrschaftlichen Haus mit verwunschenem, parkartigem Garten ihre endgültige Zuflucht. Abgeschirmt gegen Vulgarität und antisemitische Äußerungen, konnte die Familie Mendelssohn ihrem elitären Anspruch leben, eingekapselt in einen Mikrokosmos, der doch an Universalität und Offenheit seinesgleichen nicht hatte.
Aber nicht nur im Gesellschaftsbereich ist der Kontrast zwischen der verlockenden Schlichtheit des »Natürlichen« und der vielschichtigen, ja hochkomplizierten Realität interessant, auch in der Musik findet sich der Widerspruch. In seinem Brief vom 16. Juni 1820 preist Abraham Fanny gegenüber den Zauber einer fließenden und eingängigen Melodie, während am 1. Oktober desselben Jahres Fanny und Felix der Singakademie beitraten, um dort eine kontrapunktisch bestimmte, intellektuelle Musik zu singen, die schwer zu behalten ist und deren Ästhetik, wie bereits

gesagt, sich dem »sinnfälligen Ausdruck nackter Natürlichkeit in der Kunst« radikal widersetzt. Zwischen diesen beiden Welten eingekeilt, konnten die Mendelssohn-Kinder nur hoffen, daß ihr Gehör und ihr Temperament ihnen den Ausweg wiesen. Da, wo Zelter Rossini – den in ganz Europa beliebtesten Komponisten, dessen Melodien das Natürlichkeitsideal verkörperten – respektierte, da taxierten seine hellsichtigeren (oder schärfer hinhörenden) Lieblingsschüler ihn als Scharlatan. Und wenn es unmöglich war, sich dem Einfluß der *Singspiele* und *Tafellieder* zu entziehen, sich der romantischen Suche nach der Volksseele, welche sich in Liedern ausspricht, zu verschließen und etwa Clemens Brentanos und Achim von Arnims Sammlung *Des Knaben Wunderhorn* zu ignorieren, so nahmen sich Fanny und Felix trotzdem die Freiheit heraus, von der schroffen, kompromißlosen Musik eines Ludwig van Beethoven begeistert zu sein (den Zelter nur mit Maßen schätzte). Und mit schwärmerischem Jubel begrüßten sie den *Freischütz*, als er am 16. Juni 1821 im Schauspielhaus am Gendarmenmarkt uraufgeführt wurde. Im selben Jahr errang Spontini, der Direktor der Hofoper, mit seiner *Olympia* einen großen Erfolg, aber weder der Prunk der französischen Opern noch die einschmeichelnde Melodik der Italiener vermochten die beiden jugendlichen Mendelssohns dauerhaft zu betören und in ihrem letztlich streng deutschen Geschmack zu beirren. Bei Mozart und Haydn, über Singspiel und Lied hatten sie alles gelernt, was es in puncto Leichtigkeit und Melodiefluß zu lernen gab, und eine Musik, die die Regeln des kontrapunktischen Spiels nicht kannte oder mißachtete, konnten sie nicht akzeptieren. Sie liebten Bach, sie liebten Beethoven, dessen *Fidelio* 1815 in Berlin aufgeführt wurde, und sie traten frühzeitig zum Schulterschluß mit der gesamten protestantischen Musiktradition an, jener Tradition, die, versetzt mit den aufkeimenden deutschnationalen Gefühlen und volksnaher Liedromantik, in Weber ihren vorläufigen Höhepunkt erreichte.

Fanny und Felix Mendelssohn erfuhren also die Ehre, mit dem Prädikat »brauchbar« zur Singakademie zugelassen zu werden. Felix sang zuerst Sopran, dann Tenor, Fanny von Anfang an Alt, also die Chorstimme, der seit jeher die spektakulären Patzer vorbehalten sind. Die Singakademie verfügte damals über erstrangige Solisten. Sie kamen vom Königlichen Schauspielhaus, dessen Intendant Graf Karl von Brühl (1772–1837) die besten Sänger der Zeit nach Berlin geholt hatte: Anna Milder-Hauptmann, Heinrich Stümer, Heinrich Blume, Johanna Eunicke, Joseph Fischer, Carl Bader ...[5] Alle waren Spezialisten für die deutsche Oper von *Fidelio* bis *Euryanthe*, und alle sangen sie auch in der Singakademie, die dem Höhepunkt ihres Wirkens entgegenging. Fanny und Felix waren sicher keine herausragenden Sänger. Auch wenn Felix später eine schöne Tenorstimme bekam, ein Solosänger war er nicht. Über Fannys Stimme

ist uns kein Lob überliefert, was schon einiges besagt. Zelter übertrug ihnen oft auch die Klavierbegleitung seiner Proben und holte sie zu seinen *Freitagsmusiken*. Er muß sie sehr hoch eingeschätzt haben, wenn er ihnen in so jungen Jahren solche verantwortungsvollen Aufgaben anvertraute. In seinen *Erinnerungen an Felix Mendelssohn Bartholdy* berichtet der Sänger Eduard Devrient, ab 1822 sei dieser Vorzugsplatz bei Zelter »Felix gänzlich eingeräumt«[6] gewesen. Abraham war also nicht allein schuld, jedermann fand es normal, daß Fanny in ihrem Elan gehemmt wurde. Zelter sah hier genausowenig ein Problem wie Devrient, obwohl der doch in dem eben zitierten Buch später schrieb: »Sein Clavierspiel fand ich von erstaunlicher Fertigkeit und musikalischer Sicherheit, aber es stand dem seiner älteren Schwester Fanny jetzt noch nach.« Die Beobachtung selbst geht auf das Jahr 1820 zurück. Zwei Jahre später sollten die Rollen gewechselt haben. Hatte Fannys Klavierspiel nachgelassen, hatte man ihr ihren Platz gestohlen, oder war sie inzwischen einverstanden damit, im Schatten des Bruders zu stehen? Alle hatten brav mitgeholfen, daß ihr der Wechsel in den endgültigen Zustand nicht zu schwerfiel. All jene, die ihre Erinnerungen an den jungen Felix Mendelssohn Bartholdy niedergeschrieben haben, gebrauchen die gleichen Formulierungen: Devrient, Hiller, Moscheles, Marx ... Immer wieder liest man: Fanny, die Älteste, bewies ein genauso hervorragendes Talent wie ihr Bruder, und als die Ältere spielte sie auch noch besser als er. Im nächsten Absatz steht dann, daß Felix' Begabung gefördert und nach außen gerühmt wurde. Und da dies der Normalität entsprach, suchen wir auch vergeblich nach einem Wort der Erklärung oder gar Entschuldigung.
In der Tat geht es ab jetzt um den Schicksalsweg des Bruders und nur um den seinen. Ohnehin hätte Fanny, wäre sie auch das einzige Wunderkind gewesen, deswegen nicht das Recht gehabt, eine berufliche Laufbahn einzuschlagen. Den Zugang zu einer erstklassigen musikalischen Ausbildung erhielt sie über Felix, und von einer Karriere, die durchaus die ihrige hätte sein können, blieben für sie, man gestatte den Ausdruck, die Krümel. Zuzugeben ist allerdings, daß die Eltern Mendelssohn, indem sie Felix Musiker werden ließen, bereits eine beachtliche Aufgeschlossenheit bewiesen. Wie man in ihren Kreisen dazu dachte, belegt die Stellungnahme des Onkels Jacob Bartholdy:

> Ich bin nicht ganz einverstanden, dass Du Felix keine positive Bestimmung giebst. Dies würde und könnte seiner Anlage zur Musik, über die nur eine Stimme ist, keinen Eintrag thun. – Ein Musikus[7] von Profession will mir nicht in den Kopf. – Das ist keine Carrière, kein Leben, kein Ziel; man ist zu Anfang so weit als am Ende und weiss es; ja, in der Regel ist man am Anfang besser daran. – Lasse den Buben ordentlich studiren, dann auf der Universität

die Rechte absolviren und dann in eine Staats-Carrière treten. Die Kunst bleibt ihm als Freundin und Gespielin zur Seite. So wie ich den Gang der Dinge erkenne, bedürfen wir der Leute, die ein Studium gemacht haben, bald mehr als je. Soll er aber ein Kaufmann werden, so gieb ihn früh in ein Comptoir.[8]

Wäre gewissenhaft auf die Stimme der bürgerlichen Moral gehört worden, dann hätte es Felix nicht viel leichter gehabt als seine Schwester. Der Satz »Die Kunst bleibt ihm als Freundin und Gespielin zur Seite« erinnert daran, daß ein »ehrbarer« Mann nicht seine Geliebte heiratet. Damit sind wir bei einem weiteren Aspekt der Mentalität von Abraham und Lea Mendelssohn, vielleicht dem Schlußstein ihres bürgerlichen Moralgewölbes. Gemeint ist ihre Beziehung zum Geld.
Kaum hatte Abraham den Taufschein, zog er sich von den Geschäften zurück. Böse Zungen versicherten, er habe wenig Befähigung bewiesen, außerdem warfen sie ihm Jähzorn und anmaßendes Gebaren vor. Was immer daran richtig gewesen sein mag, er mußte mit dem Zorn seines Bruders fertig werden. Ob dieser mehr über den Rückzug aus der Bank oder über die Konversion verstimmt war, ist nicht mehr recht ersichtlich. Abraham jedenfalls benahm sich in allem, als wollte er seinen Glaubenswechsel schnellstens vergessen machen, zumindest sollte nie jemand an der Aufrichtigkeit seines Entschlusses zweifeln können. Dazu paßt, daß er sich so prompt vom Gelderwerb distanzierte. Eröffnete doch das Talent des Sohnes Felix die unvergleichliche Chance, der Welt seine unwiderlegliche Integrität zu offenbaren und zu demonstrieren, wie man »durch untadelhaften Charakter, durch Ausdauer in seinen Vorsätzen und Weltklugheit im Benehmen ... ein achtungswertes Muster darstellen«[9] konnte.
Die kulturelle Integration konnte nicht vollständiger sein. Man war der Sohn eines Juden, aber man gab der Kunst den Vorzug vor dem Geld und war damit heraus aus dem traditionellen jüdischen Berufsmilieu, entzog sich so vielleicht den antijüdischen Klischees. Felix wird sich mit dem Geld nicht abgeben: Mochte sein Flirt mit der Oper auch Jahre andauern, seine Meisterwerke sollte er in der Gattung Oratorium schaffen, er sollte letztlich nein sagen zur Opernwelt des unbekehrten Juden Meyerbeer, der Welt des Mammons und der schnöden Kompromisse.
Einen nicht unähnlichen Weg sollte Benny, der ältere Sohn von Joseph und Hinni Mendelssohn, gehen. Seine Neigung gehörte nicht der Bank, er interessierte sich für Geographie und brachte es in diesem Fach bis zum Universitätsprofessor in Bonn. Auch er trat zum Christentum über, aber ob nun seine Herkunft schuld war oder seine Wohlhabenheit – daß er auf Hörgelder seiner Studenten verzichtete, erregte Neid –, er wurde von seinen Standesgenossen nie wirklich akzeptiert. Als er zum Ordina-

rius ernannt werden sollte, verweigerten sie die Zustimmung mit dem Hinweis, er habe nicht genügend publiziert. Sein jüngerer Bruder Alexander übernahm die Geschäftsnachfolge, so wie auch Felix' jüngerer Bruder Paul in das Bankhaus Mendelssohn eintrat. Ob getauft oder nicht getauft, die Mendelssohn-Cousins blieben einander über Lebensart und mancherlei Interessen allzeit eng verbunden. Alexander heiratete mit Marianne Seeligmann nicht nur die Tochter einer Schwester von Lea, sondern auch eine lebenslange, enge Freundin von Fanny. Sie war die letzte jüdische Mendelssohn. Als sie beerdigt wurde, wohnten die meisten Mitglieder der Großfamilie zum erstenmal in ihrem Leben einem jüdischen Gottesdienst bei.[10]

Joseph wie Abraham erklärten sich einverstanden damit, daß ihre ältesten Söhne die Gelehrten- beziehungsweise Künstlerlaufbahn einschlugen.[11] Die beiden Brüder waren selbst zu intellektuell und zu sehr kulturell interessiert, um nicht stolz darauf zu sein. Merkwürdig mag erscheinen, daß gerade der Mäzen Jacob Bartholdy anders dachte. Er gehörte schon zum »realistischen«, mit seiner künftigen Einheit beschäftigten Deutschland.

Felix und Fanny wurden also nach Grundsätzen erzogen, die sowohl der Kunst als auch einer streng moralischen Lebensführung Vorrang einräumen. Ihre Eltern waren reich, legten aber Wert auf schlichten Lebensstil. Über die Wohnung an der Neuen Promenade schreibt Devrient: »Bei dem Reichtum, den man Felix' Vater zuschrieb, mußte die Einrichtung der Wohnung fast gesucht einfach erscheinen. Tapeten und Möbel waren sehr bescheiden, aber die Wände des Salons waren mit den Kupferstichen der Raffaelschen Logen bedeckt.«[12] Ihrer Moral entsprach die Hochachtung vor Intelligenz und vor künstlerischer Schönheit, beides rechtfertigte in ihren Augen auch die größten Ausgaben. Luxuriöser Komfort hingegen erschien ihnen tadelnswert. In einem Brief an ihren künftigen Schwiegersohn Wilhelm Hensel betont Lea: »Ich strebte bei Erziehung meiner Kinder freilich dahin, sie einfach und prunklos zu gewöhnen, um sie nicht zu zwingen, reich heiraten zu müssen.« Eine romantische Sicht der Dinge, da die objektiven Besitzverhältnisse für die Wahl des Ehepartners wenig Spielraum ließen. Ein kurzer Gesprächsausschnitt aus Jane Austens Roman *Stolz und Vorurteil*[13] mag dies zusätzlich belegen. Oberst Fitzwilliam ist der jüngere Sproß eines Grafen. Die Heldin Elizabeth Bennett mokiert sich über seinen Hang zum Luxus, und als er klagt: »Zweite Söhne können nicht heiraten, wie es ihnen gefällt«, hat sie eine spitze Antwort: »Außer, wenn sie Frauen mit Vermögen lieben, was sie, wie ich annehme, häufig tun.« Worauf sich Fitzwilliam verteidigt: »Unsere kostspieligen Gewohnheiten machen uns zu abhängig, und es gibt nicht viele in meiner Lebenslage, die es sich leisten können zu heiraten, ohne auf Geld zu achten.«

Im Hause Mendelssohn hätte diese Szene nicht stattfinden können. Fanny konnte von vier Gewißheiten ausgehen:

1. Ihre Bestimmung war die Ehe, keinesfalls die Musik.
2. Eine Geldheirat war zu vermeiden.
3. Der Mann ihres Herzens mußte Protestant sein.
4. Dieser Protestant mußte liberal genug sein, eine getaufte Jüdin zu heiraten – was nicht von jedermann zu erwarten war.[14]

Denkt man an die Künstleraura, die den Bruder Felix umgab, dann kann Fannys Wahl nicht überraschen: Ihr Kandidat war der Maler Wilhelm Hensel.

Wilhelm Hensel

Für den Besuch des russischen Thronfolgerpaares, des Großfürsten Nikolaus und seiner Gemahlin, einer preußischen Prinzessin, hatte der König von Preußen zahlreiche Festlichkeiten vorbereiten lassen, darunter sogenannte Lebende Bilder nach Thomas Moores Orientalischer Romanze *Lalla Rookh.* Diese Dichtung besteht aus einer Rahmenhandlung und vier Verserzählungen, welche der junge Feramors der Prinzessin Lalla Rookh, der Verlobten des Prinzen Aliris, vorträgt: *Der verschleierte Prophet von Khorasan, Das Paradies und die Peri, Die Geschichte der Ghebern* und *Nurmahal und Dschehangir.* Es stellt sich heraus, daß Feramors kein anderer ist als der Prinz Aliris selbst, und alles nimmt ein sehr gutes Ende. Der Orient berechtigte zu prunkvollem Aufwand, und der Hof sorgte dafür, daß das Ereignis jedermann im Gedächtnis blieb. Die Kulissen wurden von dem Maler Schinkel[1] angefertigt, die Kostüme von Forbes und Elphinstone, die Musik stammte aus der Feder Spontinis. Was die Lebenden Bilder anging, so wurden sie von dem jungen Maler Wilhelm Hensel arrangiert. Die Darsteller waren nach Schönheit oder Rang ausgewählt worden, und es ergab sich eine einmalige Gelegenheit, Perlen, Juwelen und edle Waffen in verschwenderischer Fülle zur Schau zu stellen. Sebastian Hensel berichtet, am Ende des großen Spektakels habe die Großfürstin, die selbst als Darstellerin beteiligt war, angeblich ausgerufen: »Sollte es wirklich zu Ende sein? Dürfen denn künftige Zeiten sich keinerlei Erinnerung an diesen glücklichen Abend bewahren?« Der König vernahm den frommen Wunsch der Großfürstin, gedachte ihn zu erhören, und derjenige, der so geschickt die hochgeborenen Persönlichkeiten in Szene zu setzen gewußt hatte, wurde dazu ausersehen, ihre Porträts anzufertigen, wobei Kostümprunk und Situation der Lebenden Bilder getreulich festzuhalten waren. Wilhelm erwarb sich hier die königliche Anerkennung. Das Versprechen eines Italien-Stipendiums fand sich bekräftigt, und später erhielt er auch noch den Auftrag, eine Kopie von Raffaels *Verklärung* im Originalformat zu malen.[2]

Die beiden bereits zitierten Quellen, Sebastian Hensel und Theodor Fontane, sind sich uneinig, was den Ort der Begegnung zwischen Wilhelm und Fanny anbelangt. Laut Fontane gehörten Fanny und ihre Familie zu den etwa viertausend Gästen des königlichen Festes, und hier sei sie dann Wilhelm begegnet. Laut Sebastian lernten sie einander kennen, als Wilhelm seine Bilder, die nach Sankt Petersburg gehen sollten, noch für einige Tage ausstellte. Selbst wenn Fanny in Begleitung ihrer Familie die Hofveranstaltung miterlebt und einen flüchtigen Eindruck von Wilhelm mitgenommen hat, so scheint doch ein Maleratelier der günstigere Ort für eine Begegnung als ein Königsschloß. Wie dem auch sei, durch sein Talent verschaffte sich Wilhelm den Zugang zum Hause Mendelssohn, und wenige Monate später hielt er um Fannys Hand an.

Zu Recht betont Sebastian Hensel das Überraschende einer solchen Begegnung, die schließlich zur Verbindung zweier Menschen führen sollte, deren Verschiedenheit sowohl charakterlich als auch nach Herkunft und Bildungsgang nicht größer hätte sein können. Fanny, die Jüdin, hatte eine behütete Kindheit voll der geistigen Anregungen verbracht. Sie war in ständigem Kontakt mit der Welt gewesen, und sei es auch nur durch den Briefwechsel mit Henriette in Paris und mit ihrem Onkel Jacob in Rom. Wilhelm hingegen repräsentierte den »christlich-germanischen«[3] Typus. Er war Sohn eines Pastors aus der Mark Brandenburg, der so arm war wie sein Land und wie die Kleinstädte, in denen er nacheinander seines Amtes waltete, Trebbin zuerst, dann Linum. Wilhelm war für die Bergakademie bestimmt, aber, wie er selbst später schrieb, er »zeichnete, noch bevor er sprechen konnte«,[4] und trotz des Widerstands seiner Eltern hatte er nie etwas anderes im Kopf als die Beschaffung von Farben und Malzeug. Er selbst brachte sich seine Kunst bei, von den hochrenommierten Mendelssohnschen Hauslehrern hätte er nicht einmal träumen können. 1811, als er nach Berlin gehen sollte, um dort sein Bergingenieursstudium zu Ende zu bringen, starb plötzlich sein Vater. Seine Mutter erlaubte ihm daraufhin, an die Kunstakademie zu gehen, wo er jedoch in Benehmen und Unabhängigkeitsdrang der typische Autodidakt blieb. Dann kam der Ausbruch der Freiheitskriege. Sofort meldete sich der Achtzehnjährige freiwillig, und die nächsten drei Jahre verbrachte er im preußischen Heer. Er war tapfer, ja schneidig und wurde mehrmals verwundet. »Um ein Haar« hätte er das Eiserne Kreuz erhalten, die höchste Auszeichnung für alle, die an diesem Krieg teilgenommen hatten.[5] Nach Unterzeichnung des Friedensvertrags blieb er einige Zeit in Paris, um dort die Museen zu besuchen.

Er kehrte nach Berlin zurück, und nach einer Weile spürte er den Wunsch, Dichter zu werden. Es war unklar, was aus seiner Malerei werden sollte, aber ebenso ungewiß war die Zukunft der deutschen Malerei im allgemeinen. Wirtschaftlich ging es Preußen sehr schlecht, und in Deutschland hatte die Malkunst nicht das moralische Fundament aufzuweisen, das der Musik zuerkannt wurde und das in den Augen des Staates eine Subventionierung aus gesellschaftspolitischen Gründen gerechtfertigt hätte. Das Risiko eines jungen Künstlers, der von der Malerei zu leben gedachte, war entsprechend hoch. Die Malkunst ist von ihrem Wesen her und trotz der akademischen Ateliers individualistischer ausgerichtet als die Musik. Zu jener Zeit orientierten sich sämtliche Künste am Geniekult, was die Malerei noch mehr zum einsamen Geschäft zu machen drohte: Ganz im Geist der Metternichschen Reaktion, für die Kunst ein stabilisierender Faktor der monarchischen Ordnung zu sein hatte, mißtraute überall der Staat den Künstlern, die sich am Rande der Gesellschaft ansiedelten und zwangsläufig diese öffentliche Aufgabe in Frage stellten.

Von Rom aus beklagte sich Jacob Bartholdy, er sei seines Wissens der einzige Mäzen, der junge preußische Künstler unterstütze und ihnen Gelegenheit verschaffe, ihr Können zu zeigen und sich zu einer Malerschule zusammenzuschließen. In den Jahren 1816 und 1817 gab er ihnen den Auftrag, einen Raum seiner Villa auf dem Monte Pincio, der Casa Bartholdy, mit Wandfresken auszumalen. Die preußischen Künstler in Rom hatten nicht wie die Franzosen eine Villa Medici als komfortable Unterkunft zur Verfügung. Jedoch lebten sie alle beieinander im Künstlerviertel, dem Monte Pincio, und alle vereinte dasselbe Ideal. So fanden sie sich denn tatsächlich zur Schule zusammen. Sie nannten sich Nazarener, was auf den Mittelscheitel und die das Gesicht umrahmenden Locken zurückgeht, die ihnen eine gewisse Ähnlichkeit mit Christus und den Bewohnern des biblischen Nazareth verliehen.[6] Die Religion sollte die Kunst neu beleben, so etwa lautete ihr Hauptanliegen, aber da sie nicht in der Lage waren, wie ein Turner oder Goya als große einzelne in der Gesellschaft ihren Platz zu beanspruchen, setzten sie auf die Gemeinschaftsidee. Johann Friedrich Overbeck (1789–1869) übernahm die Führung, die Brüder Johannes und Philipp Veit (Söhne von Dorothea Schlegel und damit Neffen von Abraham Mendelssohn Bartholdy), Wilhelm Schadow (Sohn des Bildhauers der Quadriga auf dem Brandenburger Tor), Julius Schnorr von Carolsfeld, Peter Cornelius schlossen sich an. In ihrer Kunst kamen ein anmaßender »Post-Raffaelismus« und ein kämpferischer Katholizismus zur Geltung, und Andersdenkende taten sich schwer, manche ihrer Werke zu verstehen.

In der Tat gehörten sie alle der katholischen Strömung der deutschen Romantik an. Wahrscheinlich war es so, daß der Katholizismus mit seiner betonten Irrationalität ihnen geeigneter als der Protestantismus erschien, ihrer Ablehnung des Vernunft- und Aufklärungskults symbolischen Ausdruck zu verleihen. Die Nazarener sind grundsätzlich Konvertiten, mit Ausnahme von Peter Cornelius, der als Katholik geboren war und sich folglich als der toleranteste von allen erwies. Auch hat die katholische Religion eine gewisse malerische Seite, wozu noch, wie etwa in den Schriften Clemens Brentanos, eine altdeutsche Färbung kommen kann.

Dahinter mag dann eine Art Heimweh nach der Universalreligion des Mittelalters stehen, die selbst einst ihre Riten dem heidnischen Vorbild nachgeformt hatte. Das religiöse Naturgefühl, wie es der Fahrende Schüler oder Eichendorffs Taugenichts verkörpern, ist nicht generell als typisch katholisch zu bezeichnen, gehört aber ganz wesentlich zum romantischen Katholizismus in Deutschland, und man kann verstehen, daß davon gerade die Maler sich angezogen fühlten.[7]
Der Protestant Wilhelm Hensel ist dieser Strömung ohne jede Einschränkung zuzurechnen. Seine Freunde Clemens Brentano – den ein heftiges Liebeserlebnis mit Luise, der Schwester des Malers, verband –, Adalbert von Chamisso, Achim von Arnim und Ludwig Tieck[8] wollten ihn nicht nur dazu bringen, sich ganz der Dichtung zu weihen, die drei erstgenannten wollten ihn auch von der Notwendigkeit überzeugen, zum Katholizismus überzutreten. Luise Hensel tat diesen Schritt, und sie schrieb in der Folge einige der schönsten religiösen Gedichte deutscher Sprache. Wilhelm konnte sich nicht so schnell entscheiden. Dafür blieb er trotz der abschreckenden Schwierigkeiten seiner Kunst treu und verdiente den Lebensunterhalt für sich, seine Mutter und seine Schwestern durch allerlei Gelegenheitsaufträge wie Kalender, Radierungen oder Porträtzeichnungen. Nachts setzte er sein Selbststudium fort und versuchte, den künstlerischen Rückstand aufzuholen, den die Freiheitskriege verursacht hatten.
Die Begegnung mit Fanny Mendelssohn brachte zunächst einmal seine religiösen Überzeugungen durcheinander. In dem Brief, den er am 1. Dezember 1823 von Rom aus an seine Schwester Luise richtete, kommen sein Streben, seine Widersprüche und seine heikle, schwierige Stellung den Mendelssohns gegenüber derart deutlich zum Ausdruck, daß er hier in voller Länge abgedruckt werden soll.[9]

G.S.J.C.[10] *Rom, den 1. Dezember 1823*

In dem Gefühl, daß ich eine recht große Schuld abzutragen, setz ich mich, liebe Schwester, Dir zu schreiben. Unterwegs, mit Männern reisend, deren unangemessenen Späßen sich der Heimschreibende aussetzt, nachts kein eigenes Zimmer habend, kam ich zu nichts, hier angekommen ebensowenig, besonders weil ich eben auch im Anfang mit jemandem zusammensein mußte. Dabei wollten Landsleute Nachrichten von den ihrigen, dem Ansehn ihrer Werke konnt' ich mich auch nicht entziehn, sowie von der andren Seite Rom mit seinen Festen und Altertümern lockte. So ging die Zeit hin bis heut, umso mehr als ich auch gleich anfangen mußte zu arbeiten, indem jeder bayerische und jeder preußische Künstler sich verpflichtet, zu der Vermählung unsres Kronprinzen mit der bayerischen Prinzeß eine Zeichnung als Huldigungsgabe

zu machen, welchem ich mich wohl ohne Vorwurf der Undankbarkeit am wenigsten entziehen konnte. Ich habe die Hochzeit von Cana gewählt und entziehe mich heut mit Gewalt derselben, um nicht noch einen Posttag vorüberzulassen. Ich hätte das freilich schon früher tun sollen, glaube, daß ich es mir selbst sage und mich nicht vor Dir rechtfertigen will, da ich mich nicht vor dem eigenen Richterstuhl rechtfertigen kann. Ich hatte aber zugleich eine eigne Scheu vor diesem Briefe, weil ich mir vorgenommen, recht offen mit Dir zu sein und Dir mein ganzes Herz, meine ganze Lage zu entdecken. Früher hatte ich das auf mündliches Besprechen verschoben, weil sich da etwas vielmehr klar und völlig tun läßt, und in einem Briefe aus Prag, der zu sehr das Gepräge der Eile und Aufregung tragen mußte, war es zu gewagt, die tiefsten Saiten des Herzens zu berühren. Doch bis zu meiner Rückkunft will ich kein Geheimnis vor Dir haben, und so höre denn, daß – ich liebe.
Das klingt nun ganz herkömmlich, und Du wirst nicht gleich begreifen, warum etwas so Natürliches und Gewöhnliches Dir nicht längst gesagt sei, allein, die ganze Lage der Umstände ist so ungewöhnlich, die Verwicklungen sind so mannigfach, daß ich fast daran verzweifle, Dir mit einemmale einen klaren Begriff davon zu geben, was ich doch so gern möchte, damit Du mich und niemanden darin verkennen könntest. Das Mädchen würdest Du gewiß gern, wenn Du sie kenntest, als Schwester anerkennen, so wie sie Dich längst aus meinen andren Schilderungen geliebt. Nicht so billigen würdest Du den Kreis, der sie umgibt, und die Ansichten, welche in demselben herrschen. Sie ist die Tochter kaum erst Christen gewordener Eltern, und wenn auch selbst schon als Kind getauft, doch sehr in protestantischem Sinne erzogen, hatte viel gegen die Kirche reden hören und so natürlich die herkömmlichen Vorurteile gegen dieselben teilen müssen. Durch mich hörte sie zuerst Wahreres über die Lehren der Kirche und war williger, das derselben getane Unrecht anzuerkennen, als ich bloß meiner Wirkung zuschreiben kann. Dennoch wehrt' ich mich gegen meine immer wachsende Neigung, da ich mir nicht verhehlen konnte, wie schwer es sein würde, alle äußern Hindernisse des Besitzes zu beseitigen, wenn ich mich nicht in die Ansichten der Ihrigen fügen wollte. Ich sagte dem Mädchen meine ganze Religionsüberzeugung und daß diese natürlich auch zu öffentlichem Bekenntnis führen müßte. So konnte sie sich wenigstens selbst sagen, warum ich von meiner Empfindung für sie schwiege. Später aber entriß mir doch ein unbewachter Moment das Geständnis, und sie sagte, ich möchte mit ihren Eltern sprechen. Mit welchem Zagen ich das tat, kannst Du denken; ich mußte fürchten, nun freiwillig das Glück

meines irdischen Lebens zu opfern; denn daß die Religion zur Sprache kommen würde, glaubte ich sicher und hatte mich mit aller Kraft gewaffnet zum Streit für den Herrn. Aber siehe da, alles kam anders, die Eltern berührten den Glaubenspunkt gar nicht, und ich, dies natürlich für Toleranz haltend, war froh, ihn nicht berühren zu dürfen, da ich nun hoffen durfte, daß Gott mit dem Willen meines Opfers zufrieden sei. Die Eltern verlangten nur, daß die Sache noch aller Welt ein Geheimnis bleibe, da die Großmutter des Mädchens noch gar nicht wisse, daß diese wirklich Christin sei und man die alte 80-jährige Frau, eine orthodoxe Jüdin, nicht wolle mit Leid in die Grube fahren lassen, die schon ihren Sohn verstoßen hatte, weil er Christ geworden (auch daß ihre Tochter Christin sei, wußte sie nicht). Daß man nun die Enkelin nicht als erklärte Braut eines Christen hinstellen konnte, war natürlich, und so mußt' ich mich dieser Bedingung fügen.
Einige Zeit ging in ungestörtem Glücke hin; aber mit einemmale, als ich spätabends nur noch mit den Eltern und Fanny saß, fragte mich die Mutter unerwartet, wie es mit meiner Religionsansicht stände und ob es denn wahr sei, was man sage, daß ich nämlich zur katholischen Kirche übergehen wolle. Ich erwiderte, das wisse sie ja wohl längst, da ich es ihrer Tochter früher gesagt als ein Wort meiner Liebe, und nun erklärte es sich, daß diese, um die Eltern nicht gegen mich zu stimmen und ein stilleres Nähere der Zeit zu überlassen, nicht gewagt, dies derselben zu sagen. Nun kehrte sich der Zorn der Mutter gegen die Tochter, und sie erklärte, daß, wenn sie dies gewußt, sie nie ihre Einwilligung gegeben haben würde, da es mit ihren Ansichten durchaus nicht stimme, einen katholischen Schwiegersohn zu haben, da Katholizismus allemal zu Fanatismus und Kopfhängerei führe. Denke Dir nun meinen Zustand. Ich bat Gott im Stillen und stellte der Mutter die gerade Frage: ob mein Übertritt den Widerruf ihres Jawortes zur Folge haben würde? Sei das der Fall, so möchte es lieber gleich geschehn. Diese Festigkeit erschütterte sie, Fanny war weinend ins finstere Nebenzimmer gegangen. Der Vater trat, obgleich die Ansicht seiner Frau teilend, doch begütigend dazwischen, und so erklärte diese: tyrannisch wolle sie nicht sein, und wenn die Tochter einst in ihrem Gefühl beharre, so wolle sie uns nicht mit Gewalt trennen, doch sage sie mir frei heraus, daß sie alles anwenden würde, um ihrer Tochter, wenn ich wirklich überträte, die Verbindung zu widerraten, und daß sie vorläufig mir jedes längere Alleinsein und jeden Briefwechsel mit derselben untersagen müßte, wenn ich mich nicht verpflichtete, der protestantischen Kirche treu zu bleiben. Ich erklärte fest, meinem Gewissen keine Fessel anlegen zu können; das Einzige,

was ich versprach, war den Schritt nicht ohne nochmalige Überlegung zu tun, und sei es geschehn, es ihnen gewissenhaft zu sagen. So blieb die Sache stehn, als ich gegen Morgen wegging. Welchen Schrecken hatte ich, als die Mutter in Folge des heftigen Gespräches und der Aufregung neunstündiges Nasenbluten am andern Tage hatte, und rührend war es doch, wie sie gewollt, daß es mir verheimlicht würde, und wie ich es nur durch einen Zufall erfuhr. Natürlich wurde in den ersten Tagen die wunde Stelle gar nicht berührt, und die Mutter schnitt mir nur still die Gelegenheit ab, Fanny allein zu sprechen.

Endlich konnt' ich's nicht mehr ertragen, ich sagt' es der Tochter. Diese sagte, ich möchte die Mutter bitten, eine Unterredung zu erlauben, da sie nicht gegen ihre Kindespflicht handeln wolle, indem sie mich ohne Wissen der Eltern spräche, und ich möchte daraus sehn, wie sie einst auch andre Pflichten erfüllen würde. Ich wagte in Gegenwart der Tochter die Bitte an die Mutter, und diese schlug sie ab. Da sagte die Tochter mit einer wilden Festigkeit, deren Ton ich noch heut höre: Mutter, ich werde ihn sprechen. Diese Worte sind der Fels, auf den ich das Haus meiner Zukunft baue! Ich denke, Du wirst mit mir ein Wesen ehren, welches zweifache Pflichten so zu vereinigen wußte. Die Mutter, wie erschreckend vor der Festigkeit des Kindes, ging still hinaus, und ich hatte eine lange ernste Unterredung mit der Tochter, worin ich sie aufs Gewissen fragte, ob ich ihrer gewiß sein könnte in jedem Fall. Sie bejahte es feierlich und versprach mir auch, sich Kenntnis von der Kirche zu verschaffen, soviel Eltern und Umstände es irgend zuließen. So gingen nun die letzten Tage meines heimischen Aufenthaltes, wenn auch unter manchen Entbehrungen, doch unter festem Vertrauen auf die Geliebte hin, und bis jetzt hat es mich nicht verlassen. Dabei hat der Vater mich besonders lieb, und ich rechne sehr auf ihn in der Stunde des Kampfes, er ist eine wackre Natur, der nichts fehlt als das Eine. Die Mutter, eine sonst treffliche und geistreiche Frau, sieht nebenbei doch wohl auf Ehre und Namen vor der Welt und legt ihr Vermögen auch wohl in die Schale. Beide Eltern haben mir fleißig und aufs freundlichste geschrieben, es aber der Tochter noch nicht erlauben wollen, da ich auf meiner Seite nicht nachlasse in meiner Ansicht. So stehn die Dinge, Du weißt nun in der Hauptsache alles. Sage mir offen und frei Deine Meinung, und in allem Fall bete für mich. –

Doch habe ich Dich wohl genug von Dingen unterhalten, die Dich der Welt so ganz Valet Sagende wohl kaum noch berühren. Du bist die Maria, die das beste Teil erwählt. Meine Seele ist der geschäftigen Martha ähnlicher, aber auch sie liebt den Herrn, nur auf ihre

Weise, und soll die Maria, die erhöht ist, weil sie sich erniedrigt, nicht schelten. Ich denke, Du wirst aus dem Vorigen gesehn haben, daß ich der Welt den Herrn nicht opfere, sie mögen bieten, was sie wolln, aber das fühl ich auch immer mehr, zu einem bloß stillen beschaulichen Leben werd' ich's nicht bringen können. Ich muß wirken und schaffen im Leben und wuchern mit dem Pfunde, das mir der Herr vertraut, auf meine Weise. Du tust es auf deine Weise, und ich will es gern glauben, daß Du die Weisere bist, aber ich kann einmal nicht anders, ob ich auch wollte. Gott gebe uns beiden seinen Segen! Daß Du mit Deiner jetzigen Lage zufrieden scheinst, ist mir ein wahrer Trost, so wie es mich freut, daß Du auf die hülflose Jugend wirkst.[11] Was ich tun kann Dich sorgenfrei hinzustellen, soll gewiß geschehn, sage mir nur auch ehrlich jedes Bedürfnis, ich werde dann schon Rat zu schaffen suchen, wie's geht. – Daß Du einen wahren Geistlichen gefunden, ist eine große Sache, empfiehl mich seinem Gebet und ihm. Möge Rudolph recht gedeihen unter Eurer Leitung. Grüß den lieben Jungen! Auch wenn Du Ida schreibst, grüße sie. Veits grüßen Dich, ich bin mehr mit ihnen als mit andern, aber viel mit niemandem. Mein Weg geht zwischendurch. Ich kann frommer auf meinem Zimmer sein als mit den Frommsten, wenn's nicht in der Kirche ist. Christian Brentano hab' ich mehrmal gesprochen, doch vermeide ich ein Näherkommen. Du weißt, die Brentanos waren mir immer unbequem als Extremergreifende und dazu Treibende. So ist Christian auch hier aufgetreten, und selbst Overbeck und die Veits, die doch gewiß fromm und katholisch fromm sind, mögen nicht viel mit ihm zu tun haben. Er hat übrigens Deiner mit großem Interesse gedacht und mir aufgetragen, Dich sehr von ihm zu grüßen, was ich sehr gern tue, da ich sein Streben gewiß achte und ihn, ebenso Clemens. Indem ich nun den Brief schließen will, hab' ich die Sorge, daß Du wohl manches drin nicht verstehn könntest oder doch nicht verstehst. Es ist so schwer, Jahre, ihre Gefühle und Erfahrungen, auf eilige Blätter zu schreiben und mögliche Fragen schon im voraus zu beantworten. Ich lese lieber den Brief nicht mehr durch, um ihn nicht vielleicht zurückzubehalten. Sage mir lieber frei, wo ich dunkel blieb, und vergib mir, wo ich nach Deiner Meinung fehlte. An Liebe für Dich hat mir's gewiß nicht gefehlt, und sie wird nicht fehlen – nimmer. –

Gott mit Dir! Dein treuer Bruder Wilhelm

Laß die Geschichte meiner Liebe ein strenges Geheimnis sein, ich bitte Dich herzlich darum. Leb wohl.

Meine Adresse ist: Al Signor Guglielmo Hensel, pittore prussiano, *Roma*, Trinità dei Monti, Via Sistina Nr. 68, Secondo piano.

Wilhelm wird nicht konvertieren. Allerlei Vermutungen betreffend seine Gründe können geäußert werden. Einer ist sehr materiell und praktisch: Wilhelm bezog ein Stipendium des preußischen Staates, und als Hofmaler konnte er es sich nicht erlauben, sich zu einer anderen Religion als der seines Brotgebers zu bekennen. Die Konfession des Fürsten ist die Konfession seiner Untertanen, das war in Deutschland die anerkannte Regel. Wilhelm hatte allzulange in Armut gelebt, er hatte zu sehr kämpfen müssen, um für sich und seine Familie aufzukommen, als daß er den Verlust seines Broterwerbs auf die leichte Schulter genommen hätte. Wenn darüber hinaus eine Konversion auch noch die Verbindung mit der geliebten Frau in Frage stellte, dann verlangte man wahrlich zu viel von ihm. Paris war eine Messe wert gewesen, Fanny war es wert, daß man der Messe entsagte. Wilhelms Brief an Luise ist ein Entschuldigungsbrief: Der Einfluß seiner Schwester hatte dem Einfluß einer anderen Frau Platz gemacht.

Leas Verärgerung wiederum kann man verstehen, wenn man sich in Erinnerung ruft, daß ihr eigener Religionsübertritt erst wenige Monate her war. Fanny und Wilhelm waren einander im Januar 1821 begegnet. Wilhelm lebte erst seit kurzer Zeit in Rom, als er im Dezember 1823 besagten Brief an seine Schwester schrieb. Abraham und Lea waren im Oktober 1822 nach ihrer Rückkehr aus der Schweiz zum protestantischen Bekenntnis übergetreten. Demnach stellte Wilhelm seinen Heiratsantrag in der Zeit zwischen diesem Datum und seiner Abreise nach Italien. Denkbar ist auch, daß die Eltern Mendelssohn, die im Begriff waren, den Religionswechsel zu vollziehen, vorgaben, das sei bereits geschehen. Für seine eigenen, schwankenden Konversionsabsichten hatte sich Wilhelm jedenfalls einen sehr schlechten Zeitpunkt ausgesucht. Nachdem sie selbst so viele Jahre gewartet hatten, um das Image moralisch »untadelhafter« Neuchristen aufzubauen und zu pflegen, fühlten sie sich durch Wilhelms Pläne der Lächerlichkeit preisgegeben. Für Lea und Abraham, die Anhänger einer Vernunftreligion, die alles, was mit dem Glauben zu tun hatte, als reines Verstandesproblem angingen, war der Gedanke, in mystischem Irrationalismus aufwachsende Enkelkinder um sich zu sehen, vermutlich unerträglich. Im Tonfall spiegelt Wilhelms Brief Manier und Vokabular der romantischen Katholiken. »Gelobt sei Jesus Christus«, »die Lehre der Kirche«, »Für den Herrgott kämpfen«, »sich für ihn aufopfern« usw., all das findet man auch in den schriftlichen Zeugnissen der intoleranten Nazarener oder der ebenso intoleranten Dorothea Schlegel. Leas Vorwürfe waren nicht unbegründet: Die katholischen Romantiker trugen ihre Weltanschauung demonstrativ zur Schau (was Lea ihre Frömmelei nannte), und sie zeigten sich als unangenehme Eiferer und »Fanatiker«. Dorothea wie Henriette beteten dafür, daß ihre Brüder und Schwestern sich dem »einzigen wahren Glauben«, der »einzigen geoffenbarten Wahrheit« zuwenden sollten, was jene in ihrer Verwandtschaft aufs höchste verärgerte, die dem jüdischen Glauben treu geblieben waren, und vielleicht noch mehr jene anderen, die zum Protestantismus übergetreten waren. Dorothea gab keine Ruhe, bis sie ihre beiden Söhne Johannes und Philipp Veit dem katholischen Glauben zugeführt hatte, womit sie deren Vater Simon gewaltigen Kummer zufügte – dieser blieb nichtsdestoweniger in seinem Verhalten seiner Exfrau und seinen Söhnen gegenüber sehr korrekt und legte so für seine Religion und für seine frühere Freundschaft mit Moses Mendelssohn ein eindrucksvolles Zeugnis ab. Das romantische Schwärmertum dieser Neukatholiken, ihre Ablehnung aller Rationalität, ihr Sichhinwegsetzen über Familienbande, ihr einseitiges Streben nach mystischer Ekstase, all das machte sie zu Feinden der Toleranzidee.

Nun, da Wilhelm auf dem Weg nach Rom war, befürchteten die Eltern Mendelssohn mit einigem Recht das Schlimmste. Die Romantiker fühlten sich nicht zuletzt durch den Prunk der katholischen Kirche von Italien angezogen, und für sie bestand ein ursächlicher Zusammenhang zwischen den pomphaften Zeremonien in der Peterskirche und den im dunklen Laub glühenden Goldorangen Goethes.[12] »Alles, was nach Rom geht, kommt katholisch zurück«, so hieß es damals, so daß der preußische Diplomat Niebuhr für Rom einen protestantischen Prediger anforderte, um dem Strom der Konversionen Einhalt zu gebieten:[13] Es wäre nicht weiter erstaunlich gewesen, wenn Wilhelm sich von der Begeisterung hätte anstecken lassen. Aber letztlich entsprach das Katholische doch nicht seinem Geschmack. Wie er selbst sagt, war er zu aktiv und auch zu sehr genußfähig, um sich in einem Kreis von Mystikern wirklich wohl zu fühlen. Dafür zeichneten ihn bis zu seinem Tod tatkräftige Güte, Treue und ein gutmütiger, zuweilen kalauernder Humor aus. Die lyrische Kunst zog ihn nicht zuletzt deswegen an, weil ihm das Reimeschmieden in unglaublichem Grade leichtfiel. Theodor Fontane weiß zu diesem Punkt zu berichten:[14]

> Er war heiter und gesprächig ..., die Anekdote, der Toast, der Versebrief, das Gelegenheitsgedicht – alles war ihm untertan. Seine eigentlichste Meisterschaft aber, zugleich seine vollste Eigenart, zeigte er auf dem Gebiet des Impromptu. Hier feierte er seine größten Triumphe. Das geschickte Operieren mit einem Reim-Einfall, einem epigrammatisch zugespitzten Calembour, verstand er besser als einer. Er war kein Dichter, aber man hätte ihn »Wilhelm den Reimer« nennen können. Eine Sammlung dieser »geflügelten Worte«, wenn es möglich gewesen wäre, eine solche noch nachträglich zu veranstalten, würde ein Witz- und Anekdotenbuch, zugleich eine Personen- und Charakterschilderung aus

dem zweiten Viertel dieses Jahrhunderts sein. Eine Auswahl zu treffen ist schwer!

Ein in Wortspiele vernarrter Maler bei den Nazarenern, das konnte nicht gutgehen. Es muß wohl so gewesen sein, daß Wilhelm sich nach kürzester Zeit mit seinen Reimereien in diesem Kreis unbehaglich fühlte und seine Kunst, egal was seine Überzeugungen waren, lieber für sich behielt. Wilhelm, so dürfen wir zusammenfassend annehmen, trug sich mit Konversionsabsichten, solange der maßgebliche Einfluß seiner Schwester auf ihn wirkte. Aber hier in der Ferne reichte auch der Prunk der römisch-katholischen Kirche nicht aus, um ihn zu diesem Schritt zu bewegen, der ihn von Fanny entfernt und seine Aussichten auf ein auskömmliches Malerleben reduziert hätte.
Fannys Reaktion muß uns überraschen, so wie sie damals Lea und Wilhelm überrascht hat. Wie nur konnte sich dieses Kind, das da in der strengen protestantischen Moral und im Kult der Vernunft und des Bildungswesens erzogen worden war, bereit finden, die töchterliche Pflicht hintanzusetzen und in die Nebel einer mystischen Welt einzutauchen? Das war eine Ohrfeige für die Eltern Mendelssohn, denen ihre Kinder der Reihe nach zu verstehen gaben, daß der Glaubenswechsel nicht ihr Problem war und daß sie sich niemals Bartholdy nennen würden. Wenn Wilhelm sich bekehrt hätte, wäre Fanny ihm vielleicht nachgefolgt ... Wer sagt, daß sie diesen Wunsch nicht in sich trug? Natürlich ist es kein besonders direkter Weg zur Irrationalität, wenn man, statt auf eine himmlische Offenbarung zu warten, »sich erst einmal Informationen über die katholische Kirche verschaffen« möchte. Fanny beschritt den Pfad des blinden Glaubens allzu zögernd, dennoch erwies sie sich als der romantischen Generation zugehörig, und in romantischem Licht erschien sie auch ihrem Wilhelm: als sanftes, braves Mädchen, das dennoch für seine Liebe zu allem entschlossen ist, und koste es den Tod ... Daß sie noch so jung war, trug zur Romantik natürlich bei: War nicht Novalis für seine erste Verlobte Sophie von Kühn in Liebe erglüht, als diese erst zwölf Jahre alt war? Sophie starb mit fünfzehn. So weit sollte Fanny die Romantik nun doch nicht treiben. Aber sie war eine Klaviervirtuosin und damit von jener magischen Aura umgeben, die dem musikhörenden 19. Jahrhundert immer wichtiger werden sollte. Außerdem war sie ein Wunderkind gewesen, und das Wort allein berauscht eine romantische Seele. Schließlich war sie unglaublich gescheit und gebildet. Es ist sogar möglich, daß ihre Häßlichkeit sie in ein tragisch-interessantes Licht tauchte, hatte sie doch sehr große, schöne Augen, was angeblich den Malern sehr wichtig ist.
Andererseits muß Fanny damals gefühlt haben, daß sie an einem Scheideweg stand. Mit fünfzehn Jahren gelangt eine Musikerin ihres Niveaus

an einen Punkt, wo sie eine Karriere ins Auge fassen oder Stillstand, wenn nicht Rückschritt, in Kauf nehmen muß. Das Milieu, in dem sie lebte, bestimmte sie zur Ehe, und immer deutlicher wurde gleichzeitig, daß man ihren Bruder und sie verschieden behandelte. Eine einzige Freiheit, auch wenn es keine souveräne Freiheit war, blieb ihr: die Wahl des Ehegatten. So wählte sie den Mann, der mit ihrem Milieu und nicht zuletzt mit Felix am schroffsten kontrastierte. Wilhelm und Fanny unterschieden sich in fast sämtlichen Punkten. Noch als er die Familienerinnerungen der Mendelssohns aufzeichnete, gab sich ihr Sohn Sebastian verblüfft darüber, daß er der Sproß einer solchen Verbindung war. Nun, Fanny hatte bereits ein Identifikationserlebnis hinter sich, sie war in ihrem Bruder aufgegangen, und sie wußte, daß nicht der Mann, sondern die Frau dabei verliert. So könnte sie den Wunsch verspürt haben, die Liebe mit einem wirklich verschiedenen Partner zu erleben: Wilhelm war unfähig, eine Dur-Terz von einer Moll-Terz zu unterscheiden, und er hätte auch dann keinen richtigen Ton gesungen, wenn es um sein Leben gegangen wäre; er besaß gewiß ein empfängliches Gemüt, nicht jedoch ein musikalisches Ohr.

Wilhelm Hensels Selbstporträts[15] zeigen uns einen stattlichen, blonden jungen Mann mit hellen Augen. Auf einem ist er mit einem martialischen Schnurrbart zu sehen. Auch der physische Gegensatz zu Fanny war also kraß. Theodor Fontane sagt dazu:[16]

> Wilhelm Hensel gehörte ganz zu jener Gruppe märkischer Männer, an deren Spitze, als ausgeprägteste Type, der alte Schadow stand. Naturen, die man als doppellebig, als eine Verquickung von Derbheit und Schönheit, von Gamasche und Toga, von preußischem Militarismus und klassischem Idealismus ansehen kann. Die Seele griechisch, der Geist altenfritzig,[17] der Charakter märkisch; – dem Charakter entsprach denn meist auch die äußere Erscheinung ... Bei Hensel blieb alles in Balance, keines dieser heterogenen Elemente drückte oder beherrschte das andere, und die Neu-Uniformirung eines Garde-Regiments, oder ein Witzwort des Professor Gans interessierten ihn ebenso lebhaft wie der Ankauf eines Rafael.

Diese Beschreibung stammt aus dem Jahre 1872, entstand also nach dem 1861 erfolgten Tod des Malers, und noch viel größer ist der Abstand zur Zeit der Verlobung. Nun gehört aber Wilhelm zu den Persönlichkeiten, die sich im Laufe der Zeit nicht sehr ändern, denn gerade die Treue war einer seiner dominierenden Charakterzüge. Fanny heiratete also den Prototyp jener Deutschen, die man später als »Arier« bezeichnete, einen Pastorensohn, einen Helden der Befreiungskriege, einen tüchtigen, energischen Mann, einen Autodidakten, der wohl kaum irgendeinen Zweifel an seiner Zugehörigkeit zur deutsch-christlichen Welt hegen konnte. Fannys Legitimität, an der sie ebensowenig zu zweifeln brauchte, war dem Intellekt einer außergewöhnlichen Familie zu verdanken. Alles in allem ein Fall von polarer Anziehung: Zwei Menschen begegneten sich, um einander zu ergänzen. Mit einer Vernunftehe zwischen zwei bürgerlichen Standespersonen von ähnlicher Herkunft, ähnlichem Vermögen, Charakter, Bildungshintergrund und Geschmack hatte das nichts zu tun. Fanny und Wilhelm gehören dem romantischen 19. Jahrhundert an, in dem die Ästhetik der Widersprüche und Kontraste eine größere Rolle spielte als im vorangegangenen Jahrhundert der Vernunft.

Später dürften sich Wilhelm und Fanny mit gemischten Gefühlen an die Episode ihrer Verlobung erinnert haben. Das mindeste, was man sagen kann, ist, daß Lea nicht um jeden Preis ihre Tochter unter die Haube zu bringen suchte und daß Wilhelm sich als standhafter Brautwerber erwies. Zeugnis dafür ist jener Brief, den Lea unter dem Datum des 25. Dezember 1822 an Wilhelm geschrieben hat:[18]

> Ich wollte die Freude des gestrigen Abends nicht durch die Bemerkung stören, daß ich es nicht passend fände, wenn ein junger Mann einem jungen Mädchen sein Bildnis schenkt, es sei in welcher Einkleidung es wolle. Verzeihen Sie, der zarte, ehrfurchtsvolle Ritter der Damen, diese vielleicht allzu matronenhafte Mütterlichkeit. Ich sende Ihnen die Gedichte Ihres Freundes zurück, damit Fanny sie, jenes Schmuckes beraubt, gern und frei von Ihnen wieder empfangen möge.

Es ging hier um ein Gedichtbändchen von Wilhelm Müller (1794–1827), den Wilhelm Hensel bei einem Mitarbeiter des Fürsten Hardenberg, dem Staatsrat Friedrich von Staegemann (1763–1840),[19] kennengelernt hatte. Um ihn, seine Frau und seine Tochter, die künftige Hedwig von Olfers, versammelte sich ein Freundeskreis, zu dem Wilhelm und Luise Hensel gehörten, Clemens Brentano und andere. Hier entstand der lyrische Zyklus *Die schöne Müllerin*, zunächst in Form einer Salonkomödie, in der Wilhelm die Rolle des Müllers übernahm. Die gesellige Unterhaltung, die Ausflüge ins Politische – also Kritische – nicht erlaubte, wandte sich automatisch der ländlichen Idylle zu.

Der Fanny überreichte kleine Band enthielt Wilhelm Müllers *Waldhornistenlieder*. Auf der Titelseite hatte Wilhelm Hensel unter dem Porträt des Dichters sein eigenes Porträt gezeichnet, und unter den Titel 77 *Gedichte* hatte der Maler ein weiteres Gedicht geschrieben, *An Fanny*:

Sei Dir denn zugeeignet
Was es enthält in sich.
Und zum Beweis hab' ich
Mich selber unterzeichnet.

Wilhelm, der große Spezialist des Wortspiels in Versen, konnte sich auch hier nicht beherrschen. Mit dem doppelsinnigen »unterzeichnet« macht er sich die Botschaft der Liebesgedichte zu eigen. Lea war nie begriffsstutzig gewesen und durchschaute die Absicht sofort. Wir wissen nicht, ob die Szene, die Wilhelm in seinem Brief an Luise berichtet, bereits stattgefunden hatte, aber man darf annehmen, daß der junge Mann um Fannys Hand gebeten hatte, bevor er ihr diese Gedichte schenkte. Er hätte sonst heftigen Anstoß erregt. Ein Porträt zu akzeptieren kam einer verbindlichen Liebeserklärung gleich. Nun konnten aber irgendwelche Fremde diesen Gedichtband in die Hand bekommen, öffnen und Rückschlüsse auf die Verlobung ziehen oder zumindest sich entrüstete Gedanken machen.

Fanny spielte hier eine Schlüsselrolle. Man ließ sie nicht in Ruhe, alle projizierten ihre Wünsche auf sie, alle erheischten ihre Liebe, und dann waren Lea wie Wilhelm baß erstaunt, wenn sie ihr Bedürfnis, zum eigenen Ausdruck zu finden, herausschrie. Glücklicherweise blieb ihr ihre Musik. Sie komponierte mehrere Lieder nach Texten von Wilhelm Müller, was nichts Anstößiges darstellte. Wilhelm zeichnete, und Fanny komponierte: Die verbale Kommunikation hingegen wurde ihnen nur sparsam gestattet.

Es galt als ausgemacht, daß Fanny auf keine Geldheirat einzugehen brauchte. Dieselbe Logik erforderte, daß Wilhelm seinen Lebensunterhalt verdiente, um die Mittel für eine allfällige gemeinsame Haushaltsführung aufzubringen, einerseits, weil das im bürgerlichen Milieu bereits die Regel darstellte, andererseits, weil so Wilhelm vor allerlei Unterstellungen bewahrt blieb. Die Eltern Mendelssohn selbst verdächtigten Wilhelm in keinem Moment irgendwelcher ökonomischer Interessen, aber sie fürchteten die Meinung der Leute – besonders Lea, wie ihr künftiger Schwiegersohn betont. Jedenfalls wollten sie, da Fanny nun einmal nicht als hübsches Mädchen bekannt war, mit gutem Gewissen sagen können, daß Wilhelm sie nicht wegen des materiellen Komforts, den sie in die Ehe einbringen würde, zur Frau nahm. Dabei waren Lea Salomons Kinder schon nicht mehr reich genug, um ausschließlich von Kapitaleinkünften zu leben; jedenfalls schrieb sie das später an den bereits in Italien weilenden Wilhelm.[20]

Denn Wilhelm ging tatsächlich doch noch nach Italien. Ein Reisestipendium war ihm bereits 1820 vom preußischen Minister für Unterricht und Kultus von Altenstein gewährt worden, der ihm auch die Aufgabe über-

trug, Kunstwerke zu kopieren, die an der Kunstakademie als Anschauungsmaterial dienen sollten. Die Begegnung mit Fanny verzögerte diese Reise, genauso wie sie die Konversionspläne erschütterte. Schließlich siegte die Notwendigkeit. Wilhelm brach im Herbst 1823 auf, nahm einen Umweg über Wien und langte schließlich in Rom an.[21] Wahrscheinlich im Herbst 1824, bei einem Besuch Schinkels in Rom – Schinkel hatte Wilhelm bereits zum Wiederaufbau des Schauspielhauses als Mitarbeiter herangezogen –, erhielt der junge Maler offiziell den Auftrag, eine Kopie von Raffaels *Verklärung* anzufertigen. Laut Schinkels an Minister von Altenstein gesandtem Bericht »wird Wilhelm hier ein anderer Mensch; seine Arbeiten gewinnen an Stil, und alles Süßliche und Frömmelnde verschwindet aus seiner Malerei«. Anscheinend kam Wilhelm die Berliner Spielart des Katholizismus nur noch gekünstelt vor, als er erst einmal in einem wirklich katholischen Land angekommen war.
Als Jacob Bartholdy 1825 starb, kümmerte sich Wilhelm um die Nachlaßverwaltung, womit er den Mendelssohns einen gewaltigen Dienst erwies. Sie überwiesen ihm denn auch zusätzlich zu der finanziellen Unterstützung, die sie ihm gewährten, ein spezielles Honorar. Er schlug ihnen sogar vor, die nazarenischen Fresken aus der Casa Bartholdy in das neue Domizil der Mendelssohns in der Leipziger Straße Nr. 3 transferieren zu lassen. Aber die Mendelssohns befanden diese Aktion für zu kostspielig und auch für letzten Endes zu großtuerisch. Der Briefwechsel war intensiv, er wurde vor allem von Lea geführt, aber niemals (soweit sich das von heute aus sagen läßt) kam es zu einem Briefaustausch zwischen Fanny und Wilhelm. Wilhelm machte das wütend und aufsässig, bis sich Lea verpflichtet fühlte, ihm direkt zu antworten:[22]

> ... Im Ernst, lieber Herr Hensel, können Sie mir wirklich nicht böse sein, weil ich keinen Briefwechsel zwischen Ihnen und Fanny gestatten will. Haben Sie nur die Billigkeit, sich einen Moment an die Stelle einer Mutter zu setzen und Ihr Interesse gegen das meine zu tauschen, dann wird Ihnen meine Weigerung natürlich, billig und vernünftig erscheinen, statt daß Sie sie in Ihrer Heftigkeit mit den allerbarbarischsten Namen belegen. Aus demselben Grunde, der kein Versprechen zuließ, erkläre ich mich fest und bestimmt gegen jede Korrespondenz. Daß ich Sie wahrhaft schätze, Ihnen sogar herzlich gut bin, wissen Sie; ebenso daß ich gegen Ihre Person nichts einwende: meine Gründe, mich bis jetzt nicht für Sie bestimmen zu können, sind: die Ungleichheit des Alters und das Ungewisse Ihrer Lage. Ein Mann darf nicht daran denken, sich zu verheiraten, bis seine Verhältnisse einigermaßen gesichert sind, wenigstens darf er die Eltern des Mädchens nicht schelten, welche, da sie Erfahrung, Vernunft und kaltes Blut haben, für ihn und sie

zu überlegen von der Natur bestimmt sind. Der isolierte Künstler ist ein glückliches Wesen, alle Zirkel stehn ihm offen, Hofgunst ermuntert ihn, die kleinen Sorgen des mühseligen Lebens schwinden ... Sobald Familien- und Brotsorgen sich seiner bemächtigen, schwindet all' der magische Zauber; er muß arbeiten, um die Seinigen zu erhalten; das ganze liebliche Colorit ist farblos geworden! – Ich strebte bei Erziehung meiner Kinder freilich dahin, sie einfach und prunklos zu gewöhnen, um sie nicht zu zwingen, reich heiraten zu müssen, aber eine gesicherte Existenz, ein mäßiges, doch festes Einkommen sind in den Augen der Eltern unerläßliche Bedingung zum sorglosen Leben, und wenn mein Mann auch jedem seiner Kinder eine hübsche Beisteuer geben kann, so ist er nicht reich genug, das ganze Schicksal eines jeden von ihnen festzustellen. – Sie beginnen Ihre Laufbahn, und zwar unter schönen Aussichten; lassen Sie diese verwirklicht werden, benutzen Sie Zeit und Gunst möglichst und seien Sie versichert, daß wir Ihnen nicht entgegen sein werden, sobald Sie uns nach beendeten Studien über Ihre äußere Lage beruhigen und sich genügend ausweisen können. Schelten Sie mich vorzüglich nicht als eigennützig und geizig, lieber gelinder Wütikus! Sonst muß ich Sie erinnern, daß ich meinen Mann geheiratet habe, ehe er einen Pfennig besaß. Aber er hatte ein sicheres, obwohl sehr mäßiges Einkommen bei Fould in Paris, und ich wußte, daß er mein ihm zugebrachtes Vermögen würde geltend machen können. Der Ehrgeiz meiner Mutter war aber nicht zufrieden, daß ich die Frau eines Kommis werden sollte, und Mendelssohn mußte deshalb Associé seines Bruders werden, von welcher Epoche sich gottlob! beider Prosperität herschreibt. – Fanny ist sehr jung und, dem Himmel sei Dank!, bis jetzt völlig harmlos und ohne Leidenschaft. Sie sollen sie durchaus nicht in jene verzehrende Empfindung reißen wollen und sie durch verliebte Briefe in eine Stimmung schrauben, die ihr ganz fremd ist und die sie auf mehrere Jahre sehnsüchtig schmachtend, verzehrend machen würde, indes sie jetzt blühend, gesund, heiter und frei vor mir steht.

Frei? Alles ist relativ. Fanny ist gewiß nicht frei, ihre Gefühle zum Ausdruck zu bringen. Und Lea kann man den Vorwurf der Selbstgefälligkeit nicht ersparen. Aus ihrem Brief scheint indirekt die Überzeugung der Eltern Mendelssohn zu sprechen, Wilhelm werde nicht konvertieren ... Vielleicht hat ein entsprechender Bericht Schinkels ihnen diese Gewißheit gegeben? Oder Wilhelm hat es sie direkt wissen lassen? Lea jedenfalls kann ihm eine leichte »Korrektur« ihrer Versprechen zukommen lassen: Künftig ist einzig die finanzielle Situation noch als Hindernis zu betrachten. Lea will nicht, daß Fanny sich als verliebtes Huhn gebärdet, in ihrer handfesten elterlichen Unterweisung ist sie da nur konsequent; eine in verliebte Träumereien abgleitende Fanny würde sich selbst aus dem Familienzirkel ausschließen. Das ehrt Lea und zeigt, wie sehr Fanny doch im Vergleich zu den zeitgenössischen Mädchen privilegiert war.[23] Die Eltern Mendelssohn stehen dem romantischen Kult des irrationalen Liebesgefühls fremd gegenüber, ihr Verstand funktioniert noch nach den Regeln der Aufklärung. Sie sind Erben des 18. Jahrhunderts. Und doch verraten ihre Moralbegriffe und ihre Angst vor der Meinung anderer Leute ihre Zugehörigkeit zum 19. Jahrhundert.

In dieser ganzen Geschichte sagt Fanny nur wenig, aber das, was sie sagt, wirkt. Und am Ende ist sie es, die gewinnt. Wilhelm zeigt sich nicht weniger hartnäckig. Wenn er nicht schreiben darf, dann kann er ja immer noch zeichnen. Er hütete sich, Fanny sein Selbstporträt zukommen zu lassen, aber er schickt der ganzen Familie Porträts einer idealisierten Fanny und Porträts der drei anderen Mendelssohn-Kinder, und Lea zeigt sich denn auch entzückt. Komplimente macht sie ihm auch wegen seiner Bewunderung für Raffael, der für die Familie Mendelssohn den Inbegriff aller Malerei darstellt.

Goethe

Fanny begegnete Wilhelm Hensel im Januar 1821, als sie gerade fünfzehn Jahre alt geworden war. Wenn sie sich – gleich oder nach einiger Zeit – für ihn entschied, dann auch deswegen, weil ihr das Leben keine andere Aussicht als die Ehe bot. Im Gegensatz zu Clara Wieck, deren Vater eine Heirat mißbilligte, sah sie sich im Familienkreis dazu bestimmt und gedrängt. Abrahams Briefe zeigen, wie bewußt er die Aufgabe anging, ihr die musikalischen Flügel zu stutzen. Leas Einstellung war differenzierter. Ihre Tochter sollte nicht »weiblicher« Empfindsamkeit und Empfindelei anheimfallen, sondern sich geistige Unabhängigkeit bewahren. Die Entmutigungsbriefe des Vaters waren deutlich genug, aber eindringlicher als alle Worte machte ihr die Felix zuteil werdende Vorzugsbehandlung bewußt, daß sie nur ein Mädchen war.

Felix' Lebensbahn war inzwischen ahnbar, und im gleichen Maße verblaßten die Vorteile der Erstgeburt. 1821 war der Junge zwölf Jahre alt, zeigte in allem und jedem außergewöhnliche Anlagen, hatte sich Charme und Locken der Kindheit bewahrt und spielte so gut, daß sein Lehrer Zelter beschloß, ihn Gottes Stellvertreter auf Erden, seinem Freund, dem Dichter Goethe, vorzustellen.

Nicht ohne erhebliches Zögern faßten die Eltern Mendelssohn für ihren Sohn Felix die musikalische Laufbahn ins Auge. Wäre er ein bißchen weniger genial gewesen, sie hätten ihn in einem Kontor oder in den Hörsälen der Universität plaziert. Am heftigsten gegen einen künstlerischen Beruf sprach sich Jacob Bartholdy aus, aber auch sie selbst waren sich mehr oder weniger unsicher, was den künftigen gesellschaftlichen Status ihres Kindes anging.

In der vornapoleonischen Zeit, d. h. vor 1806, als die preußische Gesellschaft sich noch als Feudalgesellschaft hätte bezeichnen dürfen, besagte die Unterscheidung zwischen Berufsmusiker und Laienmusiker nichts über das künstlerische Niveau. Es gab noch nicht den Konzertbetrieb im heutigen Sinne, die Beziehung zwischen konzertierendem Musiker und Hörer war die zwischen Lehrer und Schüler. Falls der Schüler einer privilegierten Gesellschaftsschicht angehörte, konnte er ein ernstzunehmender und sogar schöpferisch tätiger Musiker werden, wie die Beispiele

Sara Levy, Friedrich II., Prinzessin Amalie oder Prinz Louis-Ferdinand von Preußen zeigen. Seiner gesellschaftlichen Rangstellung tat dies keinerlei Abbruch, wobei hinzuzufügen ist, daß auf dieser Ebene zwischen den Geschlechtern nicht unterschieden wurde. Er oder sie konnte vor Publikum auftreten, nicht jedoch Musikunterricht erteilen, denn das hätte Geldverdienen bedeutet. Nun verdiente der Berufsmusiker, der meist aus einer Musikerfamilie (Bach und Couperin sind Beispiele) stammte, bei einem Konzert nur wenig oder gar kein Geld. Solche Auftritte gehörten zu seinen Aufgaben, und so muß man es sehen, wenn Carl Philipp Emanuel Bach Friedrich II. begleitete und der bei der Stadt Leipzig angestellte Johann Sebastian Bach in der Thomaskirche die Orgel spielte.

Die Abschaffung der feudalen Privilegien veränderte den Status des Musikers, der nun seltener als musikalischer Prinzenerzieher Verwendung fand. Ab jetzt mußte er sein Können und Wissen einer breiteren Schülerschaft weitergeben, es entstanden schulische Einrichtungen wie etwa 1795 das Pariser Konservatorium. In Preußen arbeitete Zelter an der Erneuerung des musikalischen Unterrichtswesens[1] und gründete Musikschulen in Königsberg, in Breslau und in Berlin. Musikunterricht zu geben wurde nach und nach zum bürgerlichen Beruf, in dem sich auch Konzertsolisten, soweit sie bescheidener Herkunft waren, betätigten. Wie aber hielten es die Mendelssohns?

Daß Abraham seinem ältesten Sohn die Musikerlaufbahn gestattete, ja ihn schließlich dazu ermutigte, verriet eine für sein Milieu ungewöhnliche Aufgeschlossenheit oder ebenso ungewöhnliche Ambitionen. Hector Berlioz etwa hatte mit seinem Vater in dieser Hinsicht weniger Glück. Dem Musiker Felix Mendelssohn verzieh die Nachwelt niemals seinen gesellschaftlichen Hintergrund und sein Geld, und sie sah ihn ungerechterweise als eine Art Gentlemanmusiker. Dabei bezeichnete sein Wirken den Beginn einer neuen Epoche. Berufsmusiker gehören seit dem 19. Jahrhundert in sämtlichen Ländern vornehmlich zum Bürgertum.

Nichtsdestoweniger zauderte Abraham anfangs, und um sicherzugehen, daß die »öffentliche Meinung« auf seiner Seite war, befragte er ohne lange Umwege die »Kulturpäpste« seiner Zeit. Johann Sebastian Bach war als Gewährsmann für Felix' Talent leider nicht mehr greifbar, also wandte man sich an den anderen, den lebenden Übervater der deutschen Kultur, Johann Wolfgang von Goethe (1749–1832). Goethe hielt sich mehr und mehr für einen Gott, jedenfalls hütete er sich, irgend etwas gegen den Kult, der um ihn getrieben wurde, zu unternehmen. Hannah Arendt berichtet, wie Rahel Varnhagen, die mehr als jede andere unter ihrer jüdischen Herkunft und ihrer Konversion litt, sich an die Rolle einer Goethe-Priesterin klammerte, um so ihre deutsche kulturelle Identität zu verteidigen. In dieser Hinsicht waren die Mendelssohns durch ihr Vermögen und durch die Aura, die ihren Namen bereits umgab, besser geschützt. Sie verlangten von Goethe nichts weiter als seine Meinung zu Felix' Talent.

Der Besuch bei dem Dichter stellte das erste außergewöhnliche Ereignis im Leben des Knaben Felix dar, in Weimar erfuhr er die erste nachhaltige Ermutigung. Ihm allein bot Zelter diese Chance und dieses Privileg ... Erstmals sah das Mädchen sich offen diskriminiert, erlebte es schreiende Ungerechtigkeit. Zelter nahm auch seine Tochter Doris mit nach Weimar, von Fanny jedoch war von vornherein nicht die Rede. Sie dachte im übrigen nicht daran, etwas für sich zu fordern, und bezeigte keinerlei Eifersucht. Sie ist erst sechzehn Jahre alt, aber Abraham hat es praktisch schon geschafft, sie in ihre weiblichen Schranken zu weisen und ihr den unerwünschten Elan zu nehmen.

Die Reise aber brachte zwischen Fanny und Felix eine Korrespondenz in Gang, die ihr ganzes Leben lang nicht mehr versiegen sollte. Marcia Citron verzeichnet zweihundertneunundsiebzig Briefe Fannys an Felix, während Rudolf Elvers mehr als neunhundert Briefe von Felix an die Familie zählt.[2] Die beiden jungen Menschen gewöhnten sich sehr früh an diese Form des Gedankenaustauschs, für die sie aufgrund ihrer literarischen Bildung prädestiniert waren. Auf seine Briefe hatte man damals Sorgfalt zu verwenden, gingen sie doch von Hand zu Hand, und Schreiber oder Schreiberin wußten, daß mit jeder gelungenen Formulierung ihr Leserkreis sich erweitern würde, oft weit über die Familie hinaus. Dies gilt vor allem für Felix, dessen Leben wie unter dem Vergrößerungsglas stattfindet, so sehr interessiert sich ein Kreis von Angehörigen für ihn. Fannys Briefe können sich eine gewisse Ungezwungenheit erlauben, sie werden nicht ganz so kritisch gelesen. Außerdem hat Fanny wie auf musikalischem Gebiet auch auf dem der Briefstellerei einen kleinen Vorsprung: Sie hat, als im Jahr zuvor ihr Vater aus Paris gediegenen Briefstil anmahnte, ihre Feuerprobe schon bestanden, korrespondiert auch regelmäßig mit Onkeln und Tanten.[3]

Kaum ist Felix nach Weimar unterwegs, wird sie – wie zufällig – krank und greift zur Feder:[4]

Berlin, den 29.10.1821

> ... Du fehlst einem spät u. früh, lieber Sohn! u. die Musik besonders will gar nicht rutschen ohne Dich. Doppelt und dreifach danke ich es nun Freund Begas,[5] daß er uns die liebe Fratze so natürlich auf die Leinwand gepinselt, als stünde sie lebendig vor uns.
>
> Es ist ordentlich, als sollte ich keinen Akademietag vor Dir voraus haben, denn seit gestern bin ich so unwohl, daß ich nicht an Singen denken kann, ich huste wie eine alte Spittalfrau. Mutter ist auch

nicht ganz wohl heut, sie ist ein bischen erkältet, aber ganz unbedeutend.
Wie ist Deine jetzige Minerva, Prof. Mentor mit Dir zufrieden? ich hoffe, (um recht hofmeisterlich zu werden) daß Du Dich recht *vernünftig* aufführst, u. der Erziehung Deiner Hausmeisterin[6] Ehre machst. Wenn Du zu Goethe kömmst, sperre Augen u. Ohren auf, ich rathe es Dir, u. kannst Du bei Deiner Rückkehr mir nicht jedes Wort aus seinem Munde wieder erzählen, so sind wir Freunde gewesen. Bitte, vergiß nicht, sein Haus zu zeichnen, es wird mir Freude machen. Wenn es ähnlich und hübsch wird, mußt Du es mir recht sauber in mein musikalisches Stammbuch kopiren. H. Berger war gestern Abend hier, ich habe ihn aber nicht gesehn, weil ich mich schon um 7 legen mußte. – Von Lipinskis Conzert, u. dem Schicksale des Stralauer Fischzuges bist Du durch Vater unterrichtet. Ich weiß nicht ob er dir geschrieben hat, daß er heut eine Viertelstunde lang aus war. – Vom Freischützen ist noch nichts zu sehn u. zu hören, vielleicht kommt er morgen in die Zeitung.
Heut stehn zwei ellenlange Rezensionen des Fischzuges in der Zeitung, Vater vermuthet, die eine sei von Casper, mir ist es auch sehr wahrscheinlich; daß er nie lernen kann, die Dinte halten! ...
Du schreibst uns nicht, was Goethe für ein Instrument hat. Merke Dir sein Zimmer recht, Du mußt mir eine genaue Beschreibung davon machen. – Der liebe treffliche Rösel ist zurückgekommen, u. hat sich durch ein allerliebstes, sehr komisches Billett gemeldet, das mit den Worten anfängt: Petz ist wieder da! Sonderbar genug, daß Koreff, der vor einigen Tagen hereintrat, denselben Scherz machte. – Des Abends, wenn um die Thee-Stunde die Treppenthüre geöffnet wird, rufen wir oft wie aus einem Munde: das klingt, als ob Felix käme. Bleibe aber immer noch eine Zeitlang weg, es ist besser wir entbehren Dich etwas länger, u. Du sammelst Dir in dieser Zeit die schönsten Erinnerungen für Dein künftiges Leben. Dienstag kommt wieder ein Brief, die Zeit bis dahin scheint mir so ungeheuer lang, als ob ein Monat dazwischen läge. ...
Ich werde wohl während Deiner ganzen Abwesenheit nicht auf die Academie kommen, denn trotz meines Pochens hält mich der Doktor noch immer zu Hause. Meine Freunde oben werden glauben, ich sei incognito mitgereist, u. Fanny[7] war sogar neulich hier, um sich durch den Augenschein von meiner Anwesenheit zu überzeugen. Adieu, mein Hamletchen! Gedenke meiner, wenn ich 16 Jahr alt werde. Nocheins, Du mußt auf meine Gesundheit ganz im Stillen einen Schluck Wein trinken, das bind ich Dir auf die Seele. Das Kupfer, welches daraus entstehn möchte, übernehme

ich ganz u. gar. Adieu, vergiß nicht, daß Du meine rechte Hand u. mein Augapfel dazu bist, daß es also ohne Dich auf keine Art mit der Musik rutschen will.

Deine treuste, hustendste Fanny.

Da die Briefe nur an den Posttagen abgingen, konnte man sich mit dem Schreiben mehrere Tage Zeit lassen oder sie als Tagebuch-Fortsetzungen konzipieren. Letztere Form wurde bald zu einer Spezialität der Mendelssohn-Familie. Fanny erweist sich in ihrem Brief als überaus liebevolle Schwester, sie meint es vorbehaltlos gut mit dem kleinen Bruder. Sie hat ihm bereits die Vollmacht erteilt, für sie die Welt zu beschauen, für sie Neues aufzunehmen: »Du bist meine rechte Hand und mein Augapfel dazu.« Der Einfluß des *Freischütz* auf diese Generation kommt klar zum Ausdruck; auch wenn Weber für die Mendelssohns nie die Bedeutung eines Bach oder eines Beethoven erlangen wird, eine wichtige Station ihrer Entwicklung stellt er auf jeden Fall dar. Felix wartet gar nicht, bis er den oben zitierten Brief erhält, er beginnt schon am 30. Oktober in Leipzig mit der ausführlichen Berichterstattung:[8]

Wir sind also noch den Montag um 3 nach Kemberg gefahren, nach dem ich an dem Morgen von 7 bis 12 an meiner Oper gearbeitet. Ich bin auch schon beim Finale, liebe Fanni. Um 12 gingen wir auf den Thurm der Stadtkirche und auf der Gallerie oder Brücke, welche die beiden Thürme verbindet ist eine sehr hübsche Aussicht. Um 3 Uhr fuhren wir also nach Kemberg, einen kleinen Flecken, oder Dorf, wo uns Dr. Chladni empfing und uns sagte, wir sollten seine Gäste sein. Wir begaben uns also gleich nach seiner Wohnung, einem einzigen Stübchen, in der seine Instrumente, drei Clavi-Cylinder und ein Euphón steht. (Fragt doch Beckchen, was Euphón heißt.) Diese Stube ist seine Schlafstube, seine Werkstätte, sein Besuchzimmer. All sein Arbeitszeug ist darin, und in einer kleinen Commode ist ein neu angefangenes Euphón. Er hat uns auf allen seinen Instrumenten vorgespielt. Der Ton der Clavier-Cylinder ist wie der einer sehr sanften Oboe. Das Euphón besteht aus Glasstäben, welche naßgemacht und mit naßen Fingern gestrichen werden, es klingt wie wenn man mit genäßten Finger an eine Glasglocke streicht. Du kannst Dir also, liebe Fanni, vom Klange dieses Instruments sehr leicht einen Begriff machen. Wir kamen nun in unsre *Federbetten* und schliefen recht – schlecht. Professor Zelter klagte über Kürze des Bettes, Doris über seine Bevölkerung, und ich über die leidigen Federn. Als der Tag noch nicht angebrochen war, merkte ich daß eine Hand mich leise anfaßte, und meine Decke ein wenig zurückstrich. Es war Herr

Professor. Ich fragte ob er etwas verlangte, ob ich Wasser holen sollte, oder sonst etwas? Er sagte: *Ach nein, ich träumte, du wärest mir gestohlen, und da wollte ich sehen ob du noch da wärest!!! – ?*

Nicht nur Fanny sah in Felix ihren »Augapfel«, den es zu hüten galt ... Aber nur mit Fanny wünschte Felix alles zu teilen, was er sah und hörte. Wie war er doch vom Glück begünstigt, daß er das Zuhause hinter sich lassen und die Welt kennenlernen durfte. In Leipzig wurde er dem alten Professor Schicht (1753–1823) vorgestellt, einem von Johann Sebastian Bachs Nachfolgern auf dem Posten des Thomaskantors. Er spielte ihm seine Kompositionen vor und besichtigte sämtliche Örtlichkeiten, wo die Gottheit Bach geschlafen, komponiert, gelebt hatte. Felix zeigte Schicht eben erst komponierte Motetten, und der alte Musiker schrieb sie eigenhändig ab. Dann führte er sie in der Thomaskirche auf, ein Ereignis, das anderntags in der *Leipziger Zeitung* stand und über das Lea in einem Brief an ihre Cousine Henrietta Pereira berichtete. Felix besuchte ein Konzert des Gewandhausorchesters und hörte dabei erstmals Mozarts *Jupiter-Symphonie*.[9] Was er vom alten Schicht lernte, das konnte er seiner älteren Schwester mehr oder weniger getreu weitergeben, aber das eigentliche Reiseerlebnis ließ sich nicht mitteilen, von ihm blieb Fanny ausgeschlossen. Von jetzt an büßt die Schwester langsam, aber sicher den Vorsprung ein, den die dreieinhalb Jahre Altersunterschied bedeutet hatten. Ihre Lehrerrolle spielt sie jedoch einstweilen noch weiter.[10]

Berlin, den 6.11.1821

Es war mein Vorsatz gewesen, Dir, mein lieber Sohn, heute recht lang u. ausführlich zu schreiben, aber wie Vater gestern sagte, der Mensch denkt u. der Husten lenkt.[11] Dieser unwillkommene Gast hat mich mehrere Tage lang so gequält, daß ich ganz angegriffen davon bin, u. mich gar nicht viel beschäftigen darf. Denke Dir, daß ich sogar in drei Tagen nicht Clavier gespielt habe! Indessen kann ich doch nicht unterlassen, Dich wegen Deiner beiden lieben Briefe recht zu loben. Sie waren eben so hübsch gedacht, als gut ausgedrückt,[12] (das Letztere ist sonst nicht sehr Deine Sache) u. uns daher auf jede Weise willkommen u. angenehm.
Wie gut ist es, daß ihr, statt die Feier in Wittenberg abzuwarten, gleich nach Weimar gegangen seid, diese Zeit ist rein gewonnen, u. Du wirst sie schon zu benutzen wissen. Es freut mich sehr, daß Du mit Deiner Oper so weit vorgerückt bist; schreibe mir doch, ob die mir unbekannten Nummern gut gelungen sind? Vergiß auch nicht, mir jedes mal zu melden, was Du vorgespielt hast, u. was am meisten Beifall gefunden, Du weißt, dergleichen Dinge können nicht zu umständlich erzählt werden, wenn sie an eine *Schwester*

gerichtet sind. Von Hummels Unterricht muß mir auch durch Dich etwas zufließen, aber mündlich, bei Deiner Zurückkunft …
Da aber im Goethe steht, Lob u. Tadel muß ja sein, so kann ich auch nicht umhin, zweierlei an Deinem Briefe auszusetzen, aber sehr unwichtige Sachen. Erstlich, mein lieber Sohn, hättest Du in Deinem Calender nachsehn können, Du hast ihn ja vor der Abreise gestellt, u. da würdest Du gefunden haben, daß es nie einen *32. Okt.* giebt noch gegeben hat, dieses Datum hast Du vor das Ende Deines Briefes gesetzt.
Zweitens mußt Du, bei der Aufschrift Deiner Briefe, den Ort rechts setzen, u. nicht links, wie Du es bis jetzt gethan. Das sind nun an sich sehr unwichtige Bemerkungen, Du wirst sie aber von mir nicht übel aufnehmen, denn Du weißt ja, daß sie wohl gemeint sind.
Als ich neulich eben meinen Brief geschlossen hatte, kam der Freischütz an, worüber ich vor Freude nicht schrie, denn das konnte ich nicht, aber kräthe. Wenn Du da gewesen wärest, hätten wir eine sehr angenehme Stunde gehabt … Die Arie der Seidler habe ich ziemlich rein, sie ist gar schön. Gestern haben sie den Freischützen wieder gegeben, die Vorstellung soll herrlich gewesen sein. Eine funkelnagelneue Nachricht (von Heinrich) ist, daß Spontini seiner Macht wieder beraubt worden, u. Alles in alte Geleis gebracht sei. Man schreibt dem Kronprinzen diese gute Handlung zu …
Ich bin sehr neugierig auf den Text aus Wien, den Dir Mutter ankündigt; eine sentimental-naive Oper wäre so übel nicht, wenn sie sonst nur hübsch gemacht ist. Da giebt es gewiß allerliebste Cavatinen, Chöre mit obligatem Viehgebrüll, u. dergl. Raritäten. Spaß apart, aber ist das eine Art die ich, hübsch bearbeitet, sehr liebe. Schweizerzöpfchen, Milcheimer, Mettenglöckchen, Gletscher in der Abendsonne, Heimweh, alles dieses, sind musikalische, u. gar allerliebste Dinge, u. werden sich gewiß die Hülle u. Fülle in Deinem neuen Texte finden. Und wie hübsch wird Mme. Robert die schmachtende Hirtin singen! Ich sage Dir, ich freue mich unbändig darauf. Rechne dazu, daß Casper, durch Nacheifern angespornt, sich gewiß beeifern wird, Dir auch einen neuen, recht schönen Text zu liefern. Dann bist du für lange Zeit außer Sorgen. Adieu, lieber Bursche, freue Dich daß Du in Weimar bist, u. athme die goethische Luft ein, die um Dich herum weht. Deinem Finale muß man seine Vaterstadt anmerken. Erkenne, wie glücklich Du bist, eine Zeitlang in Goethes Haus zu leben, u. ihn im vertraulichem Umgange mit seinem Freunde zu sehn, grüße diesen u. die gute Doris, u. den gutissimo[13] Hummel, u. behalte lieb Deine Fanny.

Felix wird niemals ein Opernlibretto finden, das ihm wirklich zusagt. Seine jugendlichen Versuche in der Gattung spornen ihn nur mäßig an. In Mode waren eher seichte Texte, und die Theaterzensur machte diese Libretti naturgemäß nicht interessanter, so daß ein Musiker mit elitärem Anspruch sich von der Bühne nicht unbedingt angezogen fühlte. Die Oper, von der Fanny spricht, ist in Wirklichkeit ein Singspiel mit dem Titel *Die beiden Pädagogen.* Fanny von Arnsteins Tochter Henrietta Pereira-Arnstein, die mit ihrer Cousine Lea in ständigem Briefwechsel steht, hat ihrem Neffen zweiten Grades einen vermeintlich reizvollen Text verschafft, für den sich wiederum Fanny nicht erwärmen mag. Der Knabe Felix ist umgeben von gebildeten, außergewöhnlichen Frauen, die ihn hätscheln und ihn von frühester Kindheit an drängen, sein Bestes zu geben, ja über sich hinauszuwachsen. Darin liegt *ihr* Lebenssinn ... Ein Komponist, so scheint es, ist es sich schuldig, früher oder später eine Oper zu schreiben. Und das, obwohl die Welt der Oper niemals besonders sympathisch gewesen ist: Intrigen und Enttäuschungen sind hier an der Tagesordnung. Damals war Gaspare Luigi Spontini (1774–1851)[14] Generalmusikdirektor am Schauspielhaus. Dieser italienische Musiker hatte seit 1803 in Paris gelebt, wo er nur einmal mit einer seiner Opern triumphierte: 1807 mit der *Vestalin.* Diese sah 1814 der »auf Besuch« in Paris weilende König Friedrich Wilhelm III. und war begeistert. Er holte den Komponisten nach Berlin, der entzückt war, auf diese Weise vielfältigen finanziellen Ärger hinter sich zu lassen. Allerdings traf Spontini an seinem neuen Wirkungsort auf einen Gegenspieler von Format, den Grafen Karl Friedrich von Brühl (1772–1837), von 1815 bis 1828 Generalintendant der Berliner Königlichen Theater.[15] In Zusammenarbeit mit Goethe hatte er in Weimar einige Inszenierungen auf den Herzoglichen Bühnen besorgt und war dabei zum Verfechter des Weimarer Klassizismus geworden. Die Reform, die er nach Berlin brachte und die das Theater endlich der Aufklärung würdig machen sollte, betraf in erster Linie Bühnenbild und Kostüme. Sie war ähnlich einschneidend und ähnlich kostspielig wie die eines François Joseph Talma (1763–1826) in Paris. Alles Geschichtliche und insbesondere auch alle volkstümlichen Szenen sollten einem gewissen Realismus verpflichtet sein. Auf dem Posten Spontinis hätte Brühl gerne Carl Maria von Weber (1786–1826) gesehen, und der Triumph des *Freischütz* bei der Uraufführung im Königlichen Schauspielhaus am 18. Juni 1821 schien ihm recht zu geben. Der *Freischütz* ist Inbegriff und Urbild der deutschen Nationaloper, aus diesem Werk sprechen am deutlichsten das erwachende Nationalgefühl und der Idealismus der deutschen Jugend. Es leuchtet ein, daß die jungen Mendelssohns sich dieser Bewegung innerlich anschlossen. Zelter allerdings war weit weniger begeistert, und Spontini blieb bis 1841 in Amt und Würden. Der Kronprinz und künftige König Friedrich Wilhelm IV. war damals der große Hoffnungsträger der deutschen Jugend. Er sollte sie restlos enttäuschen. Noch aber herrschte die Freischütz-Begeisterung. Die von Fanny erwähnten Freischütz-Noten waren Auszüge für Klavier und Gesang, die ein paar Monate nach der Uraufführung herauskamen, und »die Seidler« war die Sängerin Caroline Seidler (1790 bis nach 1860), die 1816 an die Königliche Oper Berlin engagiert wurde, wo sie die Agathe bis zu ihrem Weggang 1836 insgesamt einundneunzigmal sang.

Am 6. November, genau an dem Tag, an dem Fanny in ihrem Brief unbewußt Abraham zitiert, scherzt Felix ebenfalls brieflich über das Sprichwort »Der Mensch denkt, und Gott lenkt«:[16]

Weimar, den 6. November 1821

Der Mensch denkts, die Feder lenkt's. Eben will ich euch schreiben, will euch schelten, daß ihr federfaul seid, sieh, da kommt auch schon ein schöner, schöner Brief, der dem alten *Huhn* sehr viel Freude macht. Paul, dein Gesicht ist sehr schön, und ich könnte dir auch eins von meinen *freudigen* Gesichtern zeichnen, doch ich werde sie dir in Berlin in natura zeigen. Jetzt hört alle, alle zu. Heut ist Dienstag. Sonntag kam die Sonne von Weimar, Göthe an. Am Morgen gingen wir in die Kirche, wo der 100ste Psalm von Händel halb gegeben wurde. Die Orgel ist groß und doch schwach, die Marienorgel ist obwohl kleiner doch viel mächtiger. Die hiesige hat 50 Register, 44 Stimmen, und 1 mal 32 Fuß. Nachher schrieb ich euch den kleinen Brief vom 4ten und ging nach dem Elephanten, wo ich Lucas Cranachs Haus zeichnete. Nach 2 Stunden kam Professor Zelter. Göthe ist da, der alte Herr ist da! Gleich waren wir die Treppe herunter; in Göthens Haus. Er war im Garten, und er kam eben um eine Hecke herum; ist dies nicht sonderbar, lieber Vater, ebenso ging es auch dir. Er ist sehr freundlich, doch alle Bildnisse von ihm finde ich nicht aehnlich. Er sah sich dann seine interessante Sammlung von Versteinerungen an, welche der Sohn geordnet, und sagte immer: Hm, Hm, ich bin recht zufrieden; nachher ging ich noch eine halbe Stunde im Garten mit ihm und Prof. Zelter. Dann zu Tisch. Man hält ihn nicht für einen dreiundsiebziger, sondern für einen fünfziger. Nach Tische bat sich Fräulein Ulrike, die Schwester der Frau von Göthe einen Kuß aus, und ich machte es ebenso. Jeden Morgen erhalte ich vom Autor des Faust und des Werther einen Kuß, und jeden Nachmittag, vom Vater und Freund Göthe zwei Küsse. Bedenkt!! (In Leipzig bin ich einigemal durch Auerbachs merkwürdigen Hof gegangen, ein großer Durchgang, wie es in Leipzig sehr viele giebt, mit Läden und Menschen angefüllt; und von Häusern von 6 bis 7 Stock eingeschlossen. Auf dem Markte steht so gar eines von 9 Stock.) Doch wo verirre ich mich hin! Nachmittag spielte ich Göthen über 2 Stunden vor, theils Fugen von Bach, theils phantasirte ich. Den Abend spielte man Whist, und Prof. Zelter, der zuerst mitspielte, sagte: Whist heißt, du sollst das Maul halten. Ein Kraftausdruck! Den Abend aßen wir alle zusammen, auch sogar Göthe, der sonst niemals zu Abend ißt. Nun meine liebe hustende Fanni! Gestern früh brachte ich deine Lieder der Frau von Göthe, die eine hübsche Stimme hat. Sie wird sie dem alten Herrn vorsingen. Ich sagte es ihm auch schon, daß du sie gemacht hättest, und fragte ob er sie wohl hören wollte. Er sagte ja, ja, sehr gerne. Der Frau von Göthe gefallen sie besonders. Ein gutes Omen. Heute oder Morgen soll er sie hören ...

Felix erweist sich als sehr netter Bruder, indem er Goethe Fannys Lieder zur Kenntnis bringt. Frau von Goethe, die Schwiegertochter des Dichters, sang für ihn unter anderem *Erster Verlust,*[17] und zwar so überzeugend, daß Goethe für Fanny ein Gedicht verfaßte und es Zelter mit den Worten reichte: »Gib das dem lieben Kinde«:[18]

An die Entfernte
Wenn ich mir in stiller Seele
Singe leise Lieder vor:
Wie ich fühle, daß sie fehle,
Die ich einzig auserkor.

Möcht' ich hoffen, daß sie sänge
Was ich ihr so gern vertraut;
Ach! aus dieser Brust und Enge
Drängen frohe Lieder laut.

Bei Sebastian Hensel erscheint das Gedicht als Fußnote zum Text, in dem Felix' Besuch bei Goethe erzählt wird. So ging es Fanny bis in allerjüngste Zeit: Sie wurde in Klammern erwähnt, war Fußnote zu ihrem Bruder. Niemand hielt es für nötig, ihre Reaktionen, ihre Freude oder ihre möglichen Enttäuschungen aufzuzeichnen. Es muß die bare Selbstverständlichkeit gewesen sein, daß sie auf ein besseres Geschick hienieden nicht hoffen konnte. Warum vertonte sie dann nicht sofort das ihr gewidmete Gedicht, sondern komponierte eine zweite Version von *Erster Verlust?*[19] War das ein verschlüsselter Protest?
Währenddessen erlebte der Knabe weitere unvergeßliche Tage:[20]

Weimar, den 10. November

... Montag war ich bei der Frau v. Henkel und auch bei Seiner Königlichen Hoheit dem Erbgroßherzog, dem meine g-Moll-Sonate sehr wohl gefiel. Mittwochabend war Oberon von Wranitzky, eine recht hübsche Oper. Donnerstag früh kamen die Großherzogin und die Großfürstin und der Erbgroßherzog zu uns, denen ich vorspielen mußte. Und nun spielte ich von 11 Uhr mit Unterbrechung von zwei Stunden bis 10 Uhr des Abends, und die Phantasie von Hummel machte den Beschluß. Als ich letzt bei ihm war, spielte ich ihm die Sonate aus g-Moll vor, die ihm sehr wohl gefiel, wie auch das Stück für Begasse und für Dich, liebe Fanny. Ich spiele hier viel mehr als zu Hause, unter vier Stunden selten, zuweilen sechs, ja wohl gar acht Stunden. Alle Nachmittage macht Goethe das Streichersche Instrument mit den Worten auf: ›Ich habe dich heute noch gar nicht gehört, mache mir ein wenig Lärm vor‹, und dann pflegt er sich neben mich zu setzen, und wenn ich fertig bin (ich phantasiere gewöhnlich), so bitte ich mir einen Kuß aus oder nehme mir einen. Von seiner Güte und Freundlichkeit macht Ihr Euch gar keinen Begriff, ebensowenig als von dem Reichtum, den der Polarstern der Poeten an Mineralien, Büsten, Kupferstichen, kleinen Statuen, großen Handzeichnungen usw. usw. hat. Daß seine Figur imposant ist, kann ich nicht finden, er ist eben nicht viel größer als Vater. Doch seine Haltung, seine Sprache, sein Name, die sind imposant. Einen ungeheuren Klang der Stimme hat er, und schreien kann er wie 10 000 Streiter. Sein Haar ist noch nicht weiß, sein Gesang ist fest, seine Rede sanft. Dienstag wollte Professor Zelter mit uns nach Jena und von da aus gleich nach Leipzig. (Bei Schopenhauers sind wir oft, Freitag hörte ich Moltke und Strohmayer daselbst, hier auf dem Theater ist eine 14jährige Sängerin, Fanny, die letzt im Oberon D frei faßte, stark und rein, und F hat.) Sonnabendabend war Adele Schopenhauer (die Tochter) bei uns, und wider Gewohnheit Goethe auch den ganzen Abend. Die Rede kam auf unsere Abreise, und Adele beschloß, daß wir alle hingehen und uns Professor Zelter zu Füßen werfen sollten und um ein paar Tage Zugabe flehen. Er wurde in die Stube geschleppt, und nun brach Goethe mit seiner Donnerstimme los, schalt Professor Zelter, daß er uns mit nach dem alten Nest nehmen wollte, befahl ihm, stillzuschweigen, ohne Widerrede zu gehorchen, uns hier zu lassen, allein nach Jena zu gehen und wiederzukommen, und schloß ihn so von allen Seiten ein, daß er alles nach Goethes Willen tun wird; nun wurde Goethe von allen Seiten bestürmt, man küßte ihm Mund und Hand, und wer da nicht ankommen konnte, der streichelte ihn und küßte ihm die Schul-

tern, und wäre er nicht zu Hause gewesen, ich glaube, wir hätten ihn zum Hause begleitet wie das römische Volk den Cicero nach der ersten Catilinarischen Rede. Übrigens war auch Fräulein Ulrike ihm um den Hals gefallen, und da er ihr die Cour macht (sie ist sehr hübsch), so tat alles dies zusammen die gute Wirkung.
Montag um 11 Uhr war Konzert bei Frau v. Henkel. Nicht wahr, wenn Goethe mir sagt, mein Kleiner, morgen ist Gesellschaft um 11, da mußt auch du uns was spielen, so kann ich nicht sagen ›Nein‹.

Dieser Brief ging bei Freunden und Bekannten herum. Henriette Mendelssohn schickte ihn mit dem Ausdruck grenzenloser Bewunderung zurück. Man ist ungeheuer stolz auf den Künstler, der da im Schoß der Familie heranwächst, und man ist entzückt über die ebenso hochgemute wie anmutige Diktion seiner Briefe. Mit den Goetheschen Weihen versehen, verdrängt Felix nun endgültig die Schwester aus dem Lichtkreis der Aufmerksamkeit.
In Weimar erhielt Felix Unterricht bei dem Hofkapellmeister Johann Nepomuk Hummel (1778–1837), mit dem seine Familie in Berlin Bekanntschaft geschlossen hatte. Hummel fand, er habe seit dem Frühjahr Fortschritte gemacht, und gab ihm jene guten Ratschläge, über die Fanny im Detail unterrichtet werden wollte.[21]
Fanny sollte Goethe im folgenden Jahr begegnen, als die Familie von ihrer großen Schweizreise zurückkehrte. Auch dann sollte nur von Felix die Rede sein, war er doch zum Mittelpunkt des ganzen Kreises geworden. Zudem mußte nun die Entscheidung über sein berufliches Schicksal fallen. Sebastian Hensel berichtet:[22]

Nie ermüdete Göthe, Felix zuzuhören, wenn er am Klavier sass, und mit dem Vater unterhielt er sich fast nur über Felix. Diesem selbst sagte er eines Tages, als er sich über irgend etwas geärgert hatte: ›Ich bin Saul und Du bist mein David, wenn ich traurig und trübe bin, so komm Du zu mir und erheitere mich durch Dein Saitenspiel!‹ – Eines Abends erbat er sich von Felix eine Fuge von Bach, welche die junge Frau v. Göthe ihm bezeichnete. Felix wusste sie nicht auswendig, nur das Thema war ihm bekannt und dies führte er nun in einem langen fugirten Satz durch. Göthe war entzükt, ging zu der Mutter, drückte ihr mit vieler Wärme die Hände und rief aus: ›Es ist ein himmlischer, kostbarer Knabe! Schicken Sie mir ihn recht bald wieder, dass ich mich an ihm erquicke.‹

Über seine Mutter sagt Sebastian kein Wort.

Zum Glück für uns schrieb Lea ihrer Cousine Henrietta Pereira, Goethe sei »auch gegen Fanny ... sehr gütig und herablassend« gewesen. »Sie mußte ihm viel Bach spielen und seine von ihr komponierten Lieder gefielen ihm außerordentlich, so wie ihn überhaupt erfreut, sich in Musik gesetzt zu sehen.«[23] Als Goethe an Felix schrieb, um sich für die Widmung seines *Klavierquartetts in h-Moll* zu bedanken, wählte er die folgende Schlußformel: »Empfiehl mir den würdigen Eltern, der gleichbegabten Schwester und dem vortrefflichen Meister.« Wenn der Dichter sich hier der allgemeinen Meinung anschließt, so ist das indirekt Zeugnis dafür, daß der Gedanke an Auflehnung und das Gefühl der Ungerechtigkeit in Fanny nicht aufkommen, besser gesagt, sich nicht artikulieren konnten: als hätte ihr das Wort dafür gefehlt.

Ein Lob Goethes hatte jedoch niemand von vornherein in der Tasche. So bestand Wilhelm Hensel 1823 vor den Augen des großen Mannes nicht oder mit knapper Not. Zelter hatte ihn mit folgenden Worten empfohlen: »Der junge Mann geht nach Italien und will nicht sein Vaterland verlassen, ohne vorher Dein Angesicht gesehen zu haben.«

Wilhelm versuchte sich am Porträt Goethes, kam aber mit der Aufgabe nicht zu Rande. Wie Felix bemerkt, ist kein einziges der Goethe-Porträts wirklich ähnlich. Wie zur Bestätigung schrieb der Dichter an Schultz:[24]

> Das Verlangen, mein Portrait von des jungen geschickten Malers Hand zu sehen, ward auch von Herrn Wolff ausgesprochen, und ich bereit es zu erfüllen. Leider gelang es nicht, welches ich mir folgendermaßen erkläre. Hensel ist zu sehr gewöhnt, in geselligen Zirkeln Ähnlichkeiten aufzufassen und sie skizzenhaft anmuthig vorzutragen, weswegen er im gegenwärtigen Falle nicht genug Sorgfalt auf den Umriß wendete, wobei mir gleich angst ward. Wie er nun die Ausführung der einzelnen Theile vornahm, erschien ein ganz anderer Mensch, der wenig Ähnlichkeit mit mir hatte. Unglücklicherweise kam die Fürstin Hohenzollern dazu, die ihn durch allerlei Belehrungen und Andeutungen zerstreute, so daß er sein Werk endlich selbst mit Mißvergnügen ansah.

Das vom 1. August 1823 datierte Porträt zeigt Goethe mit den großen Kinderaugen,[25] die es Wilhelm so sehr angetan hatten. Noch strenger äußerte sich der Porträtierte im Briefwechsel mit Zelter:[26]

> Auch er, wie so manche andere, hat ein eingeborenes Talent, was aber daraus werden kann, daß weiß – nicht Gott, der sich um dergleichen schwerlich bekümmert – aber ich weiß es, der diesem Irrsal seit mehr als zwanzig Jahren zusehe. Auch er steckt in dem seichten Dilettantismus der Zeit, der in Altertümelei und Vaterlän-

delei einen falschen Grund, in Frömmelei ein schwächendes Element sucht ...

Glücklicherweise ließ Wilhelm nur so lange den Kopf hängen, bis er in Rom vor der Staffelei saß, und zum Glück sorgte Schinkel mit seinem Urteil für den Ausgleich zu Goethe. In den Augen Goethes scheint Wilhelm eine wesentliche Fähigkeit abzugehen: Er kann die Dinge nicht in ganzheitlicher Schau wiedergeben. Felix hingegen besitzt diese Fähigkeit in höchstem Grade, und Fanny desgleichen, daher Goethes Wohlwollen den beiden gegenüber. Da aber alle bedeutsamen Unternehmungen Fanny nur mit tausenderlei Einschränkungen gestattet waren, wurde vermutlich Wilhelm zum Nutznießer dieser ihrer Grundfähigkeit. Neben dem Kummer, den er über den Tod seiner Frau empfand, war dies möglicherweise einer der Gründe dafür, daß er nach 1847 keine großformatigen Gemälde mehr zustande brachte.

Die Reise in die Schweiz

Mit seinem dreizehnten Geburtstag, am 3. Februar 1822, steht Felix an der äußersten Grenze der Kindheit. Von jetzt an geht es für die Eltern nicht mehr darum, ihn zu prägen und zu formen, nun wollen sie ihm die Welt zeigen. Abraham hat auf eine weitere Tätigkeit in der Bank verzichtet, um sich ganz seinen Kindern widmen zu können. Was Lea angeht, so liegt eine schlimme Prüfung hinter ihr: Im Juli des Vorjahres 1821 hat sie mit vierundvierzig Jahren ein fünftes Kind bei der Geburt verloren. Aus den Briefen ihres Bruders Jacob und aus den besorgten Andeutungen der Familie und Verwandtschaft läßt sich erahnen, wie sehr sie dieses Ereignis mit Kummer erfüllt haben muß. Mit praktischer Klugheit bemerkt Jacob Bartholdy, der Verlust eines Kindes stelle »nur einen Unfall dar, da man ja noch nicht Zeit gehabt hat, eine Anhänglichkeit zu entwickeln«.[1] Lea erholt sich, aber Abraham entscheidet trotzdem, daß seine Familie eine Luftveränderung nötig habe, und so ordnet er für den 6. Juli 1822 den allgemeinen Aufbruch in die Schweiz an.

Die auffälligste Uneinigkeit des Ehepaares Mendelssohn betraf seit jeher das Reisen. Lea verließ nur äußerst ungern ihr Zuhause, und Abraham mußte, wollte er sie überreden, sicherlich das stärkste Geschütz auffahren: die erzieherische Notwendigkeit einer solchen Reise. An sich selbst und ihr Wohlergehen dachte Lea immer erst in zweiter Linie. Aus Interlaken schrieb sie wenig später an ihre Schwägerin, Hinni[2] Mendelssohn[3]: »Ihrer freundlichen Teilnahme will ich aber erzählen, daß mir das Wunderland über allen Ausdruck gefällt, ja daß es mich mit meinem Erbfeinde – und mit der Erbsünde meines Gemahls –, dem Reisen, aussöhnt.« Das besagt einiges über die Dimension dieses Familienausflugs, über Leas Selbstüberwindung und über die Notwendigkeit, sie von Zeit zu Zeit ihrer gewohnten Umgebung zu entreißen. Unternehmungen solcher Art waren damals ganz und gar unüblich, denn Reisen war kostspielig und kompliziert. Aber die Eltern Mendelssohn versäumten nichts, was zur Bildung ihrer Kinder beitragen, sie für das Schöne empfänglich machen und sie zum Nachdenken bringen konnte. Fanny war sechzehn Jahre alt, Felix dreizehn, Rebecka elf und Paul neun.

Der personelle wie der materielle Reiseaufwand war beachtlich. Neben der eigentlichen Familie nahm Abraham den Hauslehrer Karl Heyse, einen gewissen Dr. Neuburg und mehrere Bedienstete mit. In Frankfurt am Main gesellten sich zwei außergewöhnlich charmante junge Damen, Julie und Marianne Saaling, zu der Gruppe. Sebastian Hensel nennt die Anzahl der Kutschen nicht, aber die Mendelssohn Bartholdys konnten es gewiß nicht vermeiden, für reiche Leute gehalten zu werden – unbeschadet der Tatsache, daß Lea versuchte, ihre Kinder in Bescheidenheit aufzuziehen. Staunend gab Henriette Mendelssohn[4] aus Paris ihren Kommentar: »Nicht wie Zigeuner, sondern wie Fürsten, die zugleich Dichter und Künstler wären, reist Ihr!«[5]
Erster größerer Zwischenfall: In Potsdam wurde Felix vergessen, da jeder ihn in der anderen Kutsche glaubte. Sein Fehlen wurde nicht vor Großkreuz, der drei Meilen nach Potsdam gelegenen ersten Station, bemerkt, und Heyse stürzte los, um ihn zu suchen. Jedermann machte sich auf ein langes, womöglich fünf Stunden dauerndes Warten gefaßt und dachte zurück an den Aufbruch aus Paris, als dem vierjährigen Paul ein ähnliches Pech widerfahren war. Reisen mit Kindern war wahrhaftig keine einfache Sache. Aber an diesem Tag herrschte schönes Wetter, und der junge Felix hatte wohlgemut einen langen, staubigen Marsch in Richtung Brandenburg angetreten. Er hatte sogar eine Begleiterin gefunden, ein Bauernmädchen; die beiden Kinder hatten sich Stöcke geschnitten und wanderten auf der Landstraße dahin, als Heyse sie eine Meile vor Großkreuz erblickte. Felix schien nicht im mindesten verzagt, sondern eher romantisch aufgeregt von dem großen Abenteuer eines »fahrenden Gesellen«, als den er sich bereits sah. Eine Einstellung, die bei einem gleichaltrigen Mädchen – Bauernmädchen zählten nicht – Befremden wie Tadel hervorgerufen hätte. Nicht umsonst läßt sich das Wort »Geselle« auf eine Frau nicht anwenden. Nach nur einer Stunde Warten sah die Familie den verlorenen Sohn zurückkommen. Die allgemeine Erleichterung ersparte ihm Vorwürfe.
Die Reise ging nun über Magdeburg, den Harz und Göttingen nach Kassel, wo Felix dank eines von Zelter mitgegebenen Empfehlungsbriefs die Bekanntschaft des Komponisten Louis Spohr (1784–1859) machte. In dessen Haus konnte er sein neues Klavierquartett zur Aufführung bringen.
In Frankfurt zog der Musiker Aloys Schmitt, der bei verschiedenen Besuchen in Berlin den Mendelssohn-Kindern Unterricht erteilt hatte, diese nun zu einer seiner musikalischen Matineen[6] heran. Fanny empfand dabei ein sehr zwiespältiges Vergnügen, für das sie die folgenden Worte fand:[7]

> Mit welcher Sehnsucht dachte ich an Henning, an Rietz, an Kelch, Eysold etc. Du glaubst nicht, wie die lieben Leute uns die Ohren vollgerakelt haben. Da kam zuerst ein Violinspieler aus Paris, Fémy, Schüler von Baillot, der einen grossen Ruf hat. Aufrichtig gesagt, gefiel er mir nicht im geringsten. Alles weich, verschwommen und verwischt, keinen Strich, keinen Ton, keine Kraft. Felix war meiner Meinung. Dann begleiteten sie dem armen Felix sein Quartett. Mein einziges Vergnügen dabei war, Physiognomik zu studiren. Dann musste ich etwas spielen – und nun heiss mich nicht reden, heiss mich schweigen.[8] Das ganze Zimmer voll wildfremder Menschen, Schüler und Freunde von Schmitt, die Begleitung sehr schlecht, ich zitternd an jeder Fiber, warf so komplett um, dass ich vor Aerger mich und die Andern hätte prügeln mögen. Mich vor zwanzig Klavierspielern so zu blamiren! Ich gehe darüber hinweg, sonst erhitze ich mich wieder. Dann spielte Fémy noch ein Quartett und zuletzt Schmitt's jüngerer Bruder Variationen von seiner Komposition. Schmitt hat eine gar nette Baumschule um sich: der jüngere Eliot aus Strelitz war auch hier und Ferdinand Hiller, sein Lieblingsschüler, ein schöner Knabe von 10 Jahren, mit freiem und offenem Aeussern.

Ferdinand Hiller war seinerseits ein Wunderkind und blieb sein ganzes Leben hindurch Felix Mendelssohn Bartholdy als Freund und Kollege verbunden. Zusammen mit Franz Liszt und Felix bestritt er im März 1840 in Leipzig jenes historische Konzert, in dessen Mittelpunkt Bachs Konzert für drei Klaviere stand.[9] Die Matinee bei Aloys Schmitt erwähnte Hiller in seinen Erinnerungen an Felix Mendelssohn Bartholdy:[10] »Viel mehr als Felixens Vortrag eines seiner Quartette (ich glaube, es war das in c-Moll) imponierte mir die Leistung seiner Schwester Fanny, welche das bekannte *Rondeau brillant* in A-Dur von Hummel mit wahrer Virtuosität spielte.« Was beweist, daß Urteile von Künstlern über Künstler mit Vorsicht zu genießen sind. Dafür scheint das künstlerische Urteilsvermögen sowohl bei Fanny als auch bei Felix bereits endgültig ausgeprägt. Die beiden wissen, was sie mögen und was sie nicht mögen: Sie gehören einer Schule an, die sich der Mode und ihren flüchtigen Illusionen entgegenstellt. Der Komponist Felix Mendelssohn entwickelt früh ein musikalisches Bewußtsein, er wird die Meister der Vergangenheit gründlich studieren und sich der abendländischen Tradition gerade dort unterstellen, wo sie am anspruchsvollsten ist und den Kunstverstand herausfordert.[11] Er fühlt sich als Musiker in die Pflicht genommen von den bedeutenden Komponisten, den lebenden wie den toten, und das bedeutet, daß er hart zu kämpfen haben wird. Er wird unter der Mittelmäßigkeit und unter dem von Goethe so bezeichneten »Dilettantismus« seiner Umgebung des öfteren zu leiden haben – so sehr, daß er strikt dagegen sein wird, daß auch seine Schwester diesen Kampf führen und dieses Unangenehme durchmachen soll. Aber jetzt in Frankfurt im Jahr 1822 kennt die Familie Mendelssohn nur eine Meinung und verachtet geschlossen den Pariser Geiger mit seinem gehauchten Salonvibrato und seinem kraftlosen Strich!

Die Reise ging weiter über Darmstadt und Stuttgart nach Schaffhausen. Ab Zürich folgten die Mendelssohns einer willkürlich, wenn nicht launenhaft anmutenden Route, die zumindest verrät, daß Zeit und Geld für eine Vergnügungsreise reichlich eingeplant waren. Von Vevey ging es mit einem Abstecher über Chamonix zum Lago Maggiore, bevor man sich allmählich auf den Rückweg machte. »... sie versichern, daß so noch niemand gereist ist«, schrieb Fanny mit einigem Stolz aus Frankfurt. Die Mendelssohns und ihre Begleitung besuchten den Rigi, das Reußtal, Interlaken, Bern, Vevey und machten Station in Chamonix, worauf sie über den Simplonpaß den Lago Maggiore mit seinen Borromäischen Inseln erreichten. Im Oktober war man dann zurück in Berlin.

Auf der gesamten Reise war Fanny vor Begeisterung nicht zu halten. Sie versäumte keinen Ausflug, und Felix schrieb:[12] »Fanny steigt auch darauf zu, und wo sie mit ihren Füßen nicht ausreicht, sind ihr Pferde- oder Trägerfüße gut genug.« Fanny wie Felix senden lyrisch entflammte Briefe in alle Richtungen, an Zelter, an Marianne Mendelssohn[13] und deren Mutter Hinni in Berlin, an Henriette Mendelssohn in Paris. Man vernimmt in diesen Briefen keinerlei blasierten Tonfall, alles wird gebührend gewürdigt, Täler, Schluchten, Gipfel, Gletscher, Sonnenaufgänge, Alphörner, Kuhglocken genau beschrieben, wie es sich Empfängern gegenüber gehört, die Vergleichbares wahrscheinlich nie erblickt haben und nie erblicken werden. Die Landschaft beeindruckt Fanny auf eine sehr romantische Weise, als fühlte sie sich in ihrem schwärmerischen Wesen bestätigt. Auch in der berühmten »Sehnsucht nach Italien« ist sie den Romantikern nahe. Vom Gotthard schreibt sie an ihre Cousine Marianne:[14]

> Ich habe einen Tag erlebt, Marianne, einen Tag, der ewig unauslöschlich in meinem Innern steht, dessen Andenken für lange hinaus auf mich wirken wird. In Gottes größte Natur bin ich getreten, das Herz hat mir gebebt vor Schauer und Ehrfurcht, und als ich, wieder beruhigt, das menschlich Schönste, das anmutig Lieblichste erblickte, als ich an der Grenze von Italien stehe, da ruft mein Schicksal: bis dahin und nicht weiter. Nie, nie habe ich solche Empfindung gehabt, inniger Dank gegen Gott, der mich diesen Tag hatte erleben lassen, Sehnsucht nach dem, was mir die Berge verhüllten, feste Vorsätze, die ich in meinem Innern faßte,

alle diese Gefühle vereinigt strömten aus in heißen, wohltätigen Tränen. Gestern abend wollte ich nicht an Dich schreiben, Du siehst mich nicht gern allzu heftig gestimmt; ich war exaltiert, aber ich behielt's für mich, ich wollte warten, bis ich ruhiger wäre, aber noch jetzt, bei der Erinnerung an gestern und heute früh, wird mir das Herz weit und groß, verläßt mich alle Ruhe. – Ich will versuchen, Dir in möglichster Ordnung zu erzählen, was ich gesehen, was ich erlebt.

Gestern früh um 7 Uhr fuhren wir bei etwas bewölktem Himmel von Altdorf ab, dem klaren Himmel zu, nach Süden. Bürglen und das Schächental links lassend, kamen wir ins Reußtal, welches hier mit hohen Felsen umschlossen, aber sehr breit und überaus fruchtbar ist. Nußbäume, andre Fruchtbäume und Tannen von außerordentlicher Schönheit. Man fährt an einem Turm Geßlers und der alten Feste Zwing Uri vorbei. Links die Surenengletscher, Windgalle, Bristenstock und andere Schneeberge und Gletscher. Auf den vorderen Bergen herrliche Alpen sichtbar. So, in mannigfaltiger wechselnder Umgebung, gelangt man nach Amstäg, drei Stunden von Altdorf, am Fuß des Gotthard. Hier beginnt die neue Gotthardstraße, welche diesseits zwei Stunden weit bis Wasen fahrbar und auf der Tessiner Seite fertig ist. Die Straße ist bald rechts, bald links von der Reuß in den Felsen gesprengt, trefflich gebaut und durch Mauern gesichert. Über die Abgründe wölben sich kühne Brükkenbogen. Ein Riesenwerk und ewiges Denkmal für die Kantone Uri und Tessin. Es ist erhebend, zu sehen, wie menschliche Beharrlichkeit den Willen der Natur beugen kann. Hinter Wasen hört allmählich die Vegetation auf, das Tal verengt sich mehr und mehr, immer schroffer steigen die Felsen, immer wilder braust die Reuß. Bei Göschenen, dem einzigen Dorf auf dem ganzen Wege, zeigt sich, zur Linken der Reuß, der furchtbare Göschener Alpgletscher; er war der erste, dem wir so nahe traten. – Sobald man die Schöllenen erreicht, verschwindet die letzte Spur von Leben und Nähe der Menschen. Ringsumher siehst Du nichts als himmelhohe Felsen, zwischen denen sich die Reuß ihr furchtbares Bette gebrochen hat. Hier verliert sie ganz das Ansehn eines Stromes, sie bildet einen fortdauernden, wütenden Wassersturz. So steigt das Entsetzen mit jedem Schritt, bis es endlich an der Teufelsbrücke seinen höchsten Gipfel erreicht. Du befindest Dich in einem vollkommen geschlossenen Felskessel, vor Dir, in mehreren Absätzen herunterstürzend, die ungeheure Wassermasse, hoch darüber wegführend die schmale, aber sichere Brücke. Der schneidende Wind, der gegen Abend hier weht und Gletscherwind heißt, die hier und da hervorblickenden Schneespitzen, die Dämmerung, welche in die-

sem Höllental zu herrschen begann, jede Umgebung trug bei, den Schrecken zu mehren. Wenig aufwärts von der Teufelsbrücke ist das Urner Loch, ein Felsendurchgang von etwa 80 Fuß, und am Ausgange dieses Tores blieb ich wie versteinert über das Wunder, welches ich erblickte. Ausgebreitet vor meinen Augen ein liebliches Tal mit den üppigsten Wiesenteppichen, an beiden Seiten eingefaßt von grünen Hügeln, einzelne Hütten darüber hingestreut, im Hintergrund das anmutige Dorf Andermatt und Ursern, auf der Höhe eine Kapelle, aus der mir die stille Abendglocke entgegentönte, rechts der Gotthard, dessen Gipfel sich klar in der blauen Luft zeichnete, links der St.-Annen-Gletscher, grünlich glänzend, mit einer Fortsetzung von Schneebergen. Seitwärts die Furka mit ihrem Gletscher, der Gotthardgletscher und der Crispalt, aus dem der Rhein entspringt. Verschwunden das wilde Tosen des Stromes, der hier schnell, aber ruhig über den Felsenboden gleitet, verschwunden jede Spur des Entsetzens, welches mich noch eben umgab. Rings um mich her Ruhe, tiefer Frieden, welcher nie aus diesem stillen Tal zu weichen scheint. Es war ein unvergeßlicher Eindruck!
Wir gingen noch einige hundert Schritt weit über die Wiesen, um den Annengletscher besser zu betrachten, die Kälte nötigte uns bald zur Rückkehr. Die einzigen Kennzeichen einer höheren Luftregion sind eben diese kalte Luft, die man einatmet, und der Mangel an Vegetation. Weniges Nadelholz steht in der Nähe von Andermatt, sonst ist der Erdboden nur mit üppigen Wiesen bedeckt. Das, was man nicht sieht, wirkt nicht weniger heftig auf das Gemüt als die sichtbaren Umgebungen – die Idee des Landes, welches hinter jenen Gebirgen beginnt, ja selbst die fühlbare Nähe Italiens, der kleine Umstand, daß die Landleute alle in Italien waren, italienisch reden und den Wanderer mit den süßen Lauten der lieblichen Sprache begrüßen, rührte mich unendlich. Wäre ich an diesem Tage ein junger Bursche von 16 Jahren gewesen, bei Gott!, ich hätte zu kämpfen gehabt, um keinen dummen Streich zu begehen. Und wenn mich auf der einen Seite die heftigste Sehnsucht nach Italien trieb, so hatte ich auf der andern den größten Wunsch, über Furka und Grimsel nach dem Haslital zu gehen, eine Reise, die wir leicht hätten machen können, wenn wir uns vorher darauf eingerichtet hätten. Den ganzen Tag hatte ich die Möglichkeit berechnet, noch abends, wenn auch allein mit Dominique* auf den Gotthard zu steigen, es sind nur noch drei Stunden von Urserntal, aber es war nicht möglich, ich mußte mich

* der Bergführer

bescheiden. – Abends, allein auf meinem Zimmer, verlebte ich eine Stunde, die ich nie vergessen werde. – Gestern früh wurde mir der Abschied sehr schwer. Es wollte mir gar nicht in den Sinn, das liebliche, schöne Tal zu verlassen, wieder nördlich zu reisen, wieder in die schreckliche Wildnis zu gehen und das betäubende Geräusch des Stromes zu ertragen. In der Morgenbeleuchtung war das Tal unendlich reizend, die kleine Kapelle Mariahilf war schön beleuchtet, die Matten glänzten im Tau, die Gletscher waren mit grünlichem Licht überstrahlt, der Gotthard erhob sein Haupt in die reine Luft, nichts glich der Ruhe dieser Morgenfeier, ich kann Dir nicht sagen, wie bewegt ich war: und nun all dieser holden Anmut den Rücken wendend, wieder durch die Schauerhöhle, in die wilden Schluchten. Allein auch diese verloren in der Morgenklarheit von ihren Schrecknissen, uns imponierten sie lange nicht so wie am Abend vorher.

Ich ging einen großen Teil des Weges ganz allein, mir still überdenkend, was ich gesehen und was mir das innerste Gemüt so sehr bewegt. – Von fern her vernahm ich die Morgenglocken aus dem Dorfe Göschenen, ihr Klang war gar feierlich und schön und der Gletscher hinter dem Dorf vom hellsten Sonnenlicht beschienen. Ich muß einige wunderschöne Mädchen erwähnen, mit welchen wir uns in Wasen unterhielten. – Wir fuhren über Bürglen nach Hause, wo wir noch einmal Tells Kapelle und den alten, mit Efeu bewachsenen Turm besuchten und uns im frischen Schatten der Nußbäume von der Hitze erholten. Das Tal ist auch ungemein schön und romantisch. Mit Marianne, H. Heyse und Rebecka ging ich dann einen schönen Fußpfad nach Altdorf zurück.

Die Fußwanderung: ein Synonym für Freiheit. In seinem Gedicht *Fußreise* schildert der schwäbische Dichter Eduard Mörike (1804–1875) das Hochgefühl dessen, der da wandert. Der »alte, liebe Adam«, von dem die Rede ist, verkörpert ein ausgesprochen männliches Prinzip, und es ist auch heute noch nicht vorstellbar, Hugo Wolfs grandioses Mörike-Lied von einer Frau gesungen zu hören. Die Freude des einsamen Wanderns ist die des Wanderers, sie war streng den Männern vorbehalten. In *Stolz und Vorurteil* [15] schockiert Elizabeth Bennett die versnobten Damen Bingley und den eingebildeten Darcy dadurch, daß sie zu Fuß schlammiges Ackerland durchquert, um ihre kranke Schwester aufzusuchen. Miß Bingley ruft denn auch aus: »Drei Meilen, oder vier Meilen, oder fünf Meilen, auf die Entfernung kommt es nicht an, laufen, bis über die Knöchel im Schmutz, und allein, ganz allein! Was will sie uns eigentlich damit sagen? Also für mich zeigt das eine schändliche Sorte von anmaßender Unabhängigkeit, eine bäurische Gleichgültigkeit gegenüber den Anstandsregeln!«

Bäuerinnen ist die Fortbewegung zu Fuß in der Tat gestattet. Die Bürger sperren ihre Frauen ein oder lassen sie zumindest nicht unbegleitet aus dem Haus. Selbst George Sand, die ruhmreiche Ausnahme, befand sich zumeist im Sattel, wenn sie ihre ländliche Gegend durchstreifte, und erst mit Simone de Beauvoir wurde weibliches Wandern literarisch geadelt. Für Fanny muß der Wunsch, über den Gotthard zu wandern, ein Traum bleiben: »Wenn ich ein Junge wäre, könnte ich jetzt Dummheiten begehen.« Lea liefert ihrer Schwägerin Hinni gegenüber die briefliche Bestätigung:[16]

»Am besten aber muß dies Land ein junger, rüstiger Mann zu Fuß durchwandern können, und darum beneide ich Benny. Felix ist ganz davon entzückt, und er fliegt im Geiste schon als Infanterist zum zweiten Male darin umher ... Fanny grämt sich trotz aller Entzückungen, daß die köstlichen Speisen die malerische Aussicht, welche hier *nicht* für sie ist, das Magerwerden, verbieten.«

Für Fanny ist schon der Gedanke einer großen Schweizwanderung verbotenes Terrain, sie stürzt sich auf Kuchen und Gebäck. Freßsucht? Fühlt sie sich doch nicht so wohl? Zahlt sie etwa gar den Preis des Wunderkindes, das ganz sachte in den Schatten geschoben wird? Ihre Zimmergenossinnen waren zwei sehr unterhaltsame junge Frauen, Julie und Marianne Saaling, die Töchter von Jacob Salomon, einem Onkel Leas. Die beiden hatten im Jahr 1812 den weniger jüdischen Namen Saling (oder Saaling) angenommen. Nach der Schweizreise verlobte sich Julie (1787–1864), die infolge einer mißglückten Operation als Kind ein Auge verloren hatte, mit dem Hauslehrer Karl Heyse. Sie heirateten 1827, und der 1830 geborene Sohn Paul Heyse sollte 1910 als zweiter Deutscher den Nobelpreis für Literatur erhalten. Die Ältere, Marianne (1786–1868), war für ihre Schönheit berühmt. Nach dem Tode ihres Vaters lebte sie in Wien bei ihrer Tante Fanny von Arnstein (1758–1818), geborene Itzig, die auch die Tante von Lea war. 1815, bei ihrer Verlobung mit dem spanischen Attaché in Wien, dem Grafen Marialva, trat »die schöne Marianne« zum Katholizismus über. Der Graf starb kurz vor der schon festgesetzten Hochzeit, und in den zwanziger Jahren kehrte Marianne nach Berlin zurück.[17]

Die beiden Schwestern waren sehr lustig und nicht zuletzt deswegen bei der Reisegesellschaft äußerst beliebt. Julie war für ihren Humor bekannt, sie schreckte vor keinem Wortspiel zurück: Hieß es von etwas, es sei »an und für sich angenehm«, dann replizierte sie: »Ja, aber nicht an und für mich!« Fanny verfügte nicht über diese Art von Humor, sie war viel zu ernsthaft erzogen worden, und dem Charakter eines »Kantors« sowie der Rolle der großen Schwester entsprachen derlei Lustigkeiten nicht. Ihr eigener Humor wird erst wirklich zutage treten, wenn sie ihre jugendliche Schwärmerei hinter sich gelassen und Abstand zu sich selbst gewonnen hat. Jetzt aber wirkt die Bekanntschaft mit den Saaling-Schwestern erst einmal sehr anregend. Sie ist plötzlich nicht mehr die weise ältere, sondern die kleine Schwester. Unter anderem schreibt sie:[18] »Das Lachen nimmt kein Ende, und namentlich des Abends beim Schlafengehn (ich schlafe immer mit ihnen) sind sie ganz einzig. Marianne hat überall Bekannte und wird, wo sie hinkommt, mit Entzücken aufgenommen ... Wir amüsiren uns über alle Maassen, und wenn ich es Dir so zerstreut und unzusammenhängend schreibe, so beschuldige nicht mich. Es ist ein schrecklicher Spektakel hier im Zimmer.« Fanny, die in keiner Weise dazu erzogen wurde, sich laut zu amüsieren oder gar »Rabatz« zu machen, wird sich bewußt, wie verführerisch zwei brillante und lustige junge Frauen auf ihre Umgebung wirken. Fanny von Arnsteins Wiener Salon, den Marianne gerade zurückgelassen hat, ist aus der Tradition der Berliner Salons hervorgegangen, wo über alles gesprochen wurde und vor allem über Politik. Auch wenn jetzt bei Fanny von Arnstein rauschende Feste die intime Atmosphäre von Rahels Berliner Mansardenwohnung abgelöst hatten, die Politik war nicht verdrängt. Fanny von Arnstein befürwortete die Emanzipation der Juden, forderte die Verteidigung Preußens und verteidigte selbst die nationale Bewegung, sie verbot den Franzosen jeglichen Zugang zu ihrem Salon und machte bei jeder Gelegenheit ihrem Haß auf Napoleon Luft. Die nachfolgende Salongeneration wird mehr den biedermeierlichen Freundschaftszirkel pflegen,[19] sie tendiert mehr zum harmlosen Gesellschaftsspiel als zur Politik. Fanny Mendelssohn trägt zwar den Namen ihrer Großtante, einen Salon im eigentlichen Sinne aber wird sie nicht führen. Sie hat später einen Freundeskreis, bei ihr wird viel musiziert und viel Musik gehört werden, aber die Salonkonversation wird nicht mehr als eigenständige Kunst angesehen werden. Die charmante Ungezwungenheit ihrer Zimmergenossinnen verunsichert Fanny nachhaltig. Sie vertraut sich ihrer Tante Jette an, die mitten in einem Brief an die ganze Familie dazu Stellung nimmt:[20]

> Du, meine liebste Fanny, solltest wohl einen eigenen Brief haben, der Deine hätte es verdient. Du hast aber Besseres zu tun, als mich zu lesen. Wie mußt Du's Deiner lieben Mutter danken, daß sie sich zu dieser Reise entschlossen, und wie den Vater lieben dafür, daß er sie veranstaltet. Sei doch nur recht froh und glücklich, und gelingt es Dir nicht, eigentlich lustig zu sein, so tröste Dich mit Goethes Ausspruch: ›Auch das Leben bedarf dunkler Blätter im Kranz.‹ Genieße recht froh und unbefangen, ohne Dich zu sehr zu quälen, ob Du es auch gehörig benutzest. Bei einem so trefflich vorbereiteten Sinn wie der Deine kommt das eigentliche Resultat

einer Reise später, wie die Wirkung einer Badekur. – Gott erhalte dich gesund und froh.

Wie gerne hätte ich Dir für diese Reise so ein lächerliches Kleid geschickt, wie man es in diesem Sommer in Paris trägt. Es sind sehr weite, faltige Fuhrmannshemden, Bluse genannt, die geradeso wie jene oben am Halse und auf den Schultern mit bunten Stickereien verziert sind und gar keine Form haben, sondern von einem ledernen Gurt unter der Brust festgehalten werden. Du hast Dich mir aber als so korpulent geschildert, daß ich nicht den Mut hatte. Fanny Sebastiani trägt dieses Umstandes wegen auch kein solches Ding, denn bloß Kinder oder Nymphengestalten sehen erträglich darin aus.

Fanny schwankt zwischen Unbehagen und schwärmerischem Hochgefühl. Geistig wie künstlerisch ist sie stets gefördert und genauso gefordert worden, da muß der Widerspruch zu dem glanzlosen Dasein, zu dem sie sich bereits verurteilt fühlt, auf ihrem jugendlichen Gemüt lasten, und es wäre nicht verwunderlich, wenn sie in Tafelfreuden einen Ausgleich suchte. Durch das Ende der Reise wird ihre Begeisterungsfähigkeit noch einmal voll angesprochen: nach dem Genfer See nun auch der Lago Maggiore!

Heut schreibe ich Dir wieder in einer Art von Trunkenheit! Es scheint mir, als habe ich noch nie etwas Schöneres gesehen, als diese Gegend, diesen See. Dazu ist heut das göttlichste Wetter, und wenn es so bleibt, fahren wir übermorgen früh nach den Borromäischen Inseln. Denke Dir! Nach den Borromäischen Inseln! – Ich danke dem Himmel, dass da die Grenze ist, denn gingen wir weiter, ich glaube, ich hielte es nicht aus. Zuviel auf einmal für mein armes Menschenherz. Wenn der Himmel uns ferner gutes Wetter giebt, so machen wir eine Reise![21]

Italien! Der alte deutsche Traum vom Land der blühenden Zitronenbäume wird für Fanny erst siebzehn Jahre später in Erfüllung gehen, während Felix lange vor seiner Volljährigkeit auf Studienreisen nach Paris, London und Rom geschickt wird. Aber Auflehnung gehört nicht zum Wortschatz Fannys, zählt sie doch zu den Auserwählten dieser Erde, zu den privilegiertesten unter allen jungen Mädchen. Ihr bleibt keine andere Wahl, wie Tante Jette zu verstehen gibt, als mit liebendem Herzen dankbar zu sein und Goethes »Kennst du das Land, wo die Zitronen blühn ...«[22] zu vertonen.

Also wird Fanny ihr Sehnen nach einer Lebensbahn, die ihr verwehrt ist, auf ihren jüngeren Bruder projizieren. Wie soll sie auch sonst all die

Komplimente ertragen, einschließlich Goethes Gruß an die »gleichbegabte Schwester«, jene Türen, die sich auftun, nur um sich sogleich wieder zu schließen? Felix wird von nun an das erleben, was zu erleben sie nicht das Recht hat, dafür wird ihr ganzes Interesse sich auf ihn konzentrieren, genauso wie das der Familie und Verwandtschaft. Und Wilhelm? Ihre wechselseitige Zuneigung entstand in jener Zeit, und sie muß Fanny über ihre Jungmädchenprobleme in vielem hinweggeholfen haben. Wilhelm, das war der potentielle große Ausweg, der Weg in die Freiheit, er, der so verschieden von allen Mendelssohns war, wie man es sich nur erträumen konnte. Er ließ sie spüren, daß sie ihren ganz eigenen Charme hatte und ihr ganz eigenes Schicksal. Durch all die Jahre der Trennung, in denen die ungerechte Ungleichbehandlung der beiden Kinder sich verfestigte zum von der Natur gesprochenen Urteil, wußte Fanny, daß da jemand ihr gehörte und daß sie eines Tages würde fliehen können.

Felix und Fanny

Sie sind wirklich eins für das andre eitel und stolz«, sagte Lea bezüglich Fanny und Felix. Sebastian Hensel, der diese Bemerkung überliefert, fügte hinzu: »Die innige, neidlose Freundschaft der beiden Geschwister blieb ungetrübt bis zu ihrem Lebensende.«[1] Gewiß, Felix bewunderte und liebte seine hochtalentierte, hochintelligente Schwester über alles. Darin lag jedoch nicht unbedingt ein Verdienst, schließlich war sie zu allen Opfern für ihn bereit. Zu Fanny kann man sich fragen, ob sich ihr überhaupt eine Alternative zur selbstvergessenen Liebe und zur Identifikation mit dem Bruder bot, es sei denn die, ihn klammheimlich irgendwo zu ersticken oder zu ertränken, was erstens nicht gerade üblich war in der damaligen Zeit und zweitens an ihrem Frausein nichts geändert hätte. Ringsum lebten die Mädchen in Langeweile dahin, da war sie als weibliches Alter Ego eines extrem begabten jungen Mannes doch in einer relativ beneidenswerten Lage.

Also beschloß Fanny im Jahre 1822, zur Biographin ihres Bruders zu werden. Damals schrieb sie: »Bis zu dem jetzigen Zeitpunkt besitze ich sein uneingeschränktes Vertrauen. Ich habe sein Talent sich Schritt vor Schritt entwickeln sehen und selbst gewissermaßen zu seiner Ausbildung beigetragen. Er hat keine musikalischen Ratgeber als mich, auch sendet er nie einen Gedanken aufs Papier, ohne ihn mir vorher zur Prüfung vorgelegt zu haben.

Anschließend legte sie ein Werkverzeichnis für das Jahr 1822 an:

> 1) Der 66. Psalm für 3 Frauenstimmen, 2) Konzert a-moll für Fortepiano, 3) 2 Lieder für Männerstimmen, 4) 3 Lieder, 5) 3 Fugen fürs Klavier, 6) Quartett für Klavier, Geige, Bratsche und Baß, 7) 2 Symphonien für 2 Geigen, Bratsche und Baß, 8) Ein Akt der Oper *Die beiden Neffen*, 9) *Jube Domine* (C-Dur) für den Cäcilienverein von Schelble in Frankfurt/Main, 10) Violinkonzert (für Rietz), 11) Magnifikat mit Instrumenten, 12) Gloria mit Instrumenten.[2]

Aber weder Felix noch ein späterer Biograph erwähnt, daß Fanny 1821 eine Klaviersonate in F-Dur[3] schrieb, im Januar 1822 einen Sonatensatz für Klavier in E-Dur, mindestens ein Dutzend Lieder und zwischen dem 1. und 22. November des gleichen Jahres ihr erstes kammermusikalisches Werk, ein Klavierquartett in As-Dur. Das c-Moll-Quartett von Felix war das erste Werk, das von ihm veröffentlicht wurde (op. 1), aber Fannys Quartett und Sonatensatz mußten bis zum Jahr 1990 warten, bevor sie beim Verlag Furore herauskamen. Sicherlich hätte man vor einer Veröffentlichung die Meinung der Komponistin einholen müssen, die wahrscheinlich auf einer Überarbeitung bestanden hätte. Ihren Bruder drängte Fanny zum Komponieren, sie selbst erfuhr von niemand Zuspruch in dieser Richtung. Mehr zufällig erfahren wir aus einem Brief Zelters an Goethe aus dem Jahre 1824, daß Fanny »soeben ihre 32. Fuge beendet«[4] hatte. 1826 schrieb Zelter, der gerade ein Lied nach einem Text von Voss komponiert hatte, wiederum an Goethe: »Fanny hat es zufällig auch komponiert und da sie in der Tat besser getroffen hat als ich, hab ich es der Witwe gesandt« (Zelter meint die Witwe des Dichters Voss). Wo sind diese Fugen geblieben?

Felix, auf dem die Wünsche der gesamten Familie lasteten, hatte keine Zeit für anderes als seine Arbeit. Wenn er sich entspannen wollte, griff er zum Zeichenblock. Abraham, der den wachsenden Stoß beschriebenen Notenpapiers samt einer so gut wie vollendeten Oper vor Augen hatte, beschloß, in seinem Haus Sonntagsmatineen einzurichten, zu denen sich nach dem Vorbild von Zelters Freitagsmusiken Sänger und Instrumentalisten zusammenfinden sollten. Über die Kosten des Unterfangens geben die Familienpapiere keinen Aufschluß, aber Abraham war, wie die Schweizreise bewies, niemals knausrig, wenn es sich um Bildung und Erziehung handelte. Also holte er Musiker aus der Hofkapelle, damit Felix seine eigenen Kompositionen hören, sich mit den Instrumenten weiter vertraut machen und das Dirigieren erlernen sollte. Mit diesen Musikern spielten Felix und Fanny Konzerte, Trios und ein reichhaltiges Repertoire von Werken für Klavier und diverse Instrumente. Die Sänger kamen vom Theater und betrachteten es als eine Ehre, im Hause Mendelssohn aufzutreten. Insbesondere der Sänger Eduard Devrient (1801 bis 1877), ein Zelter-Schüler, wirkte bei zahlreichen Matineen mit. Er und seine Frau Therese – sie hatte einen schönen Sopran und beteiligte sich ebenfalls an diesen Hauskonzerten – lebten eine Zeitlang im Hause Mendelssohn, und wir verdanken ihnen interessante Informationen über die Jugend von Felix und Fanny. Therese war mit Fanny befreundet und Eduard mit Wilhelm. Also wurden sie zu Vertrauten der jungen Liebesleute, und obwohl von seiten Devrients ein (ziemlich unglaubwürdiges) Dementi[5] vorliegt, hat das Ehepaar möglicherweise Nachrichten zwischen den beiden überbracht, wenn nicht als Poststation gedient in den Jahren der Trennung.

Devrients Bewunderung und Staunen angesichts eines winzigen Felix im Knabenanzug, der selbstsicher die Musiker dirigierte, waren groß, aber das hinderte ihn nicht daran, zu schreiben: »Sein Clavierspiel fand ich von erstaunlicher Fertigkeit und musikalischer Sicherheit, aber es stand dem seiner älteren Schwester Fanny jetzt noch nach.«[6] Bei dieser Bemerkung läßt er es bewenden, genausowenig wie Goethe oder Hiller kommt ihm der Gedanke an Ungerechtigkeit.

Die »Sonntagsmusiken« zogen ein zahlreiches Publikum an, obwohl im Haus an der Neuen Promenade bei Bella Salomon der Platz für Zuhörer beschränkt war. Der berühmte Pianist Kalkbrenner (1788–1849) gehörte zu den Besuchern. Über ihn schrieb Fanny. »Er hat viel von Felixens Sachen gehört, mit Geschmack gelobt und mit Freimütigkeit und Liebenswürdigkeit getadelt. Wir hören ihn oft und suchen von ihm zu lernen.«[7] Felix wie Fanny erwarben sich hier erste Routine im Auftreten vor Publikum, und Felix, der mit seinem Vater Reisen unternehmen durfte (Abraham nahm 1823 seine Söhne nach Schlesien mit), spielte zusätzlich immer öfter außerhalb des elterlichen Hauses. An seinem 15. Geburtstag, dem 3. Februar 1824, begann man mit dem Einstudieren seiner Oper *Die beiden Neffen* (nach einem Libretto des Arztes Casper). Nach dieser ersten Probe nahm Zelter, während einer der Sänger einen Toast auf die Gesundheit von Felix ausbrachte, den Jungen bei der Hand und sagte zu ihm: »Mein teurer Sohn, von heute an bist du nicht mehr Lehrling, sondern Geselle. Hiermit mache ich dich im Namen von Mozart, im Namen von Haydn und im Namen des alten Bach zum Gesellen.«[8] Mit zahlreichen Liedern und »Tafelliedern« wurde der »Ritterschlag« ganz nach Zelters Geschmack gefeiert. Der große Erfolg, den seine Oper im Familienkreis errang, ermutigte Felix, eine zweite Oper in Angriff zu nehmen, *Die Hochzeit des Camacho*, deren Textbuch auf einer Episode aus dem *Don Quichotte* beruhte. Wie gewöhnlich spornte ihn die gesamte Familie bei seiner Arbeit an.

1824 nahmen Fanny und Felix Unterricht bei dem gerade in Berlin weilenden Ignaz Moscheles (1794–1870), der sich des Beinamens »Fürst der Pianisten« rühmen konnte. Gleich zweimal schrieb ihm Lea im November 1824 und bat ihn, sich doch ihrer beiden ältesten Kinder anzunehmen.[9] Moscheles machte die beiden jungen Menschen für den Winter jenes Jahres zu seinen Schülern, er war von der Familienatmosphäre fasziniert und fand Worte der Verblüffung wie der Bewunderung: »Das ist eine Familie, wie ich noch keine gekannt habe … Dieser Felix Mendelssohn ist schon ein reifer Künstler und dabei erst fünfzehn Jahre alt! … Seine ältere Schwester Fanny, auch unendlich begabt, spielte Fugen und Passacaillen von Bach auswendig mit bewundernswerter Genauigkeit; ich glaube, sie ist mit Recht ›ein guter Musiker‹ zu nennen.« Moscheles war bei der Sonntagsmusik vom 28. November 1824 dabei und hat uns deren

Programm überliefert: »Quartett in c-Moll von Felix, Symphonie in D-Dur, Konzert von Bach, Fanny, Duo in d-Moll für zwei Klaviere von Arnold.«[10] Er wohnte auch der Zelterschen Freitagsmusik vom 3. Dezember bei, wo Fanny Johann Sebastian Bachs d-Moll-Konzert spielte, ein Werk, dessen Manuskript ihm der Hausherr anschließend zeigte.

Eine weitere Konzerttournee führte Moscheles im Herbst 1826 nach Berlin zurück. Er war dabei, als Felix und Fanny vierhändig die gerade erst entstandene Ouvertüre zu *Ein Sommernachtstraum* spielten, dazu weitere Werke von Felix, unter anderem eine Sonate in E-Dur und eine Ouvertüre in C-Dur.[11] Zwischen Lehrer und Schüler entstand im Laufe ihres musikalischen Wanderlebens eine verläßliche Freundschaft. 1829, als Felix zum erstenmal nach England kam, war Moscheles in London und konnte ihm mit Rat und Tat zur Seite stehen. Und im November 1847 in Leipzig sollte er am Bett des sterbenden Felix zugegen sein. Der in ihrem Wirkungskreis auf Berlin beschränkten Fanny fehlten die Gründe, um mit dem Klaviervirtuosen in ebenso enger Fühlung zu bleiben.

Lea lud ein zahlreiches Publikum in ihren Salon, was verhindert haben mag, daß sie in allen Fällen auf das Niveau ihrer Gäste achten konnte. Eine gewisse Malla Montgomery-Silfverstolpe (1782–1861), eine in Finnland lebende Schwedin, verbrachte den Winter 1825/1826 in Berlin. Am 21. November 1825 aß sie bei den Mendelssohn Bartholdys zu Abend, und zwar in Gesellschaft Henriette Mendelssohns, Wilhelm von Humboldts und seiner Gattin, der beiden Saaling-Fräuleins, des Turiner Gesandten Chevalier de Brême und, wie sie bemerkt, zahlreicher weiterer Tischgäste. Sie befand das gebotene Essen für sehr gut, die Gastgeber für reich und großzügig und ließ es sich entsprechend schmecken. Sie hatte das Glück, zur Sonntagsmusik am 11. Dezember eingeladen zu werden, und erschien in Begleitung Marianne Mendelssohns. Voller Neugier hörte sie sich eine Ouvertüre von Felix an und fand sie zu laut. Störend fand sie auch die Häßlichkeit Spontinis, der neben ihr saß, also wechselte sie den Platz und erlebte, wie Fanny brillant ein Beethoven-Konzert spielte und danach noch ein Stück von Johann Sebastian Bach. Die Ouvertüre von Felix wurde ein zweites Mal gespielt, sie dachte, es handle sich um den *Sommernachtstraum*, und diesmal gefiel sie ihr sehr, viel mehr als die Ouvertüre zur *Hochzeit des Camacho*, die den nächsten Programmpunkt bildete. Die Leute allerdings gefielen ihr nicht. »Wenn man nur Felix Mendelssohns Kopf sieht, wenn er steht und die Musik so lebendig und aufmerksam dirigiert, ist er wahrhaft schön und sieht aus, als gehörte er zu etwas weit Höherem als der übrigen Familie, aber die Gestalt ist jüdisch und ein wenig kommun, der Kopf sitzt zu tief zwischen den Schultern.«[12] Sie muß eine schreckliche Frau gewesen sein. Glücklicherweise betrat sie das Haus Mendelssohn nie wieder!

Felix unternahm immer neue Reisen, und sein Beispiel zeigt, wie unverzichtbar dieses Reisen zum Weg eines Musikers gehörte. Auf Reisen lernt man, trifft man Kollegen und Lehrer, man knüpft Bekanntschaften, tritt in Gedankenaustausch ein, hat Gelegenheit aufzutreten und sich an anderen zu messen. In jeder neuen Stadt stürzte sich Felix auf das Notenmaterial, das er zu Gesicht bekam, und kämmte die Bibliotheken durch. In ihrem Werk *Felix Mendelssohn Bartholdy und die Musik der Vergangenheit* erzählt Susanna Grossmann-Vendrey, wie der junge Komponist seine bei Zelter erworbenen Kenntnisse zunächst in Leipzig bei Schicht, dann in Heidelberg bei Thibaut und schließlich in London mittels eigener Nachforschungen und Studien vertiefte.[13] Fanny, das muß noch einmal gesagt werden, blieb mit dem, was sie gelernt hatte, in Berlin und nahm an den Reisen ihres Bruders Felix insofern teil, als sie seine Berichte verschlang.

Sie muß das jedoch nicht als ausreichend empfunden haben, und der sehnsüchtige Wunsch, ihren Bruder zu begleiten, der 1825 erneut nach Paris aufbrechen durfte, war ihr deutlich anzumerken. Henriette wünschte nach Berlin zurückzukehren. Sie hatte ihre Aufgabe bei Fanny Sebastiani, die inzwischen zur Herzogin Choiseul-Praslin avanciert war, erfüllt, und Abraham mußte sie in der französischen Hauptstadt abholen. Er nutzte die Gelegenheit, um Felix mitzunehmen und ihn so mit einer anderen musikalischen Welt zu konfrontieren. Gerade hatte Zelter ihn zum Ritter geschlagen bzw. zum »Gesellen« gemacht, es war also an der Zeit, andere, neue Gutachten einzuholen. Was würde zum Beispiel Cherubini (1760–1842), der Schrecken einflößende Direktor des Pariser Konservatoriums, zu den Anlagen und Möglichkeiten des jungen Mannes zu sagen haben? Die Zusammenkunft verlief bestens, und Cherubini ließ sich sogar zu der Äußerung herbei: »Dieser Junge hat reiche Möglichkeiten, er wird seinen Weg machen, ja, er hat schon gezeigt, daß er auf dem Wege ist, nur leider gibt er zuviel Geld aus, seine Kleidung zeugt von Verschwendung.«[14] Unerhörtes Kompliment seitens eines für griesgrämige Krittelei bekannten Mannes. Auch der Komponist Reicha (1770 bis 1836), ein Schüler Haydns und Albrechtsbergers, war von den kontrapunktischen Fähigkeiten des jungen Mannes stark beeindruckt. Abraham konnte beruhigt sein, nach einhelliger Meinung war Felix wirklich hochtalentiert.

Der Jüngling allerdings zeigte sich vom Pariser Musikleben gründlich enttäuscht. Nur schwer konnte er sich daran gewöhnen, daß er außerhalb des Familienkreises nicht überall ähnliche künstlerische Qualitäten antraf. Er stand in täglichem Dialog mit einer Schwester, die »gleichbegabt« war, mit seiner Mutter, seiner Großmutter, seiner Großtante, alles Musikerinnen von hohem Niveau, mit seiner Schwester Rebecka, die sehr gut sang, und mit seinem Bruder, der ein ausgezeichneter Cellist war. Seine ganze Familie wußte, was ernste Arbeit ist, und sie arbeitete gern. Für das

Kind und für den Heranwachsenden müssen diese Einstellung und diese Fähigkeiten wie selbstverständlich zu einem gesunden, ausgeglichenen Leben gehört haben. Paris aber war musikalisch gesehen kaum mehr als ein großes Schaufenster. Kreativität war eher selten zu finden. Dabei waren die großen Namen des Jahres 1825 fast alle dort versammelt. Sebastian nennt Hummel, Moscheles, Kalkbrenner, Pixis, Rode, Baillot, Kreuzer, Cherubini, Rossini, Paer, Meyerbeer, Plantade, Lafont ... Weder Beethoven noch Schubert setzten jemals den Fuß auf Pariser Pflaster. Dafür waren Cliquenwesen, Eifersucht, kleinlicher Neid unter all diesen Leuten, die ihren persönlichen Ruhm und ihre finanziellen Interessen der Musik weit voranstellten, in hohem Maße ausgeprägt. Felix zeigte sich angeekelt von diesem Milieu und verblüfft vom niedrigen Niveau der musikalischen Kenntnisse wie der künstlerischen Ambitionen. Seine Briefe kritisieren mit der mitleidlosen Verve und Selbstsicherheit des Jünglings die Veranstaltungen, an denen er teilnimmt, und die Musiker, deren er ansichtig wird.

Als Fanny diese Briefe erhält, gerät sie in Zorn. Wie kann das sein, daß ihr Bruder, der das Glück hat, in Paris zu sein, jeden Abend auszugehen, die berühmtesten Musiker seiner Zeit zu treffen, alles zu sehen, alles zu hören, wie kann es sein, daß er es wagt, sich noch zu beklagen? Ausgerechnet bei ihr, die hier in Berlin eingesperrt sitzt und die vor Verlangen vergeht, selbst zu überprüfen, was es mit dem berühmten Musikleben von Paris auf sich hat. Der heftige geschwisterliche Disput wird eine ganze Weile anhalten.

In ihren ersten Briefen bombardiert Fanny Felix förmlich mit Fragen. Sie will alles wissen, alles verstehen, alles nacherleben, die Tuilerien, die Museen, die Spaziergänge, die Besuche, die Leute, die Konzerte. Felix hat die Pflicht, ihr alles zu beschreiben. Keine Kleinigkeit angesichts eines mehr als ausgefüllten Tagesplans. Fanny meint auch, er müsse die Gelegenheit nutzen, um seinen Gesprächspartnern Informationen nahezubringen. »Kennt Onslow ... und Schuhu Reicha Beethovens 33 Veränderungen über einen Walzer?« fragt sie ihn am 4. April.[15] »Sonst solltest Du Dir eine Ehre machen, so Du diese Herren allein auf ihrem Studierzimmer triffst, unsern großen Landsmann auch als Gelehrten und Theoretiker bei ihnen einzuführen.« Felix antwortet ihr unter dem Datum des 20. April:[16]

> Du schreibst mir auch, ich soll mich zum Bekehrer aufwerfen und Onslow und Reicha Beethoven und Sebastian Bach lieben lehren. Das tu' ich schon ohne das, soweit es geht. Aber bedenke, liebes Kind, daß die Leute hier keine Note aus *Fidelio* kennen, daß sie Sebastian Bach für eine recht mit Gelehrsamkeit ausgestopfte Perücke halten! Onslow habe ich die *Fidelio-Ouvertüre* auf einem

ganz schlechten Klavier vorgespielt, und er war ganz außer sich, kratzte sich im Kopfe, instrumentierte sie in Gedanken, sang am Ende in der Entzückung mit, kurz, war ganz toll. Neulich spielte ich auf Kalkbrenners Begehr die Präludien aus e- und a-Moll für die Orgel.[17] Die Leute fanden beide ›wunderniedlich‹, und einer bemerkte, der Anfang des a-Moll-Präludiums habe auffallende Ähnlichkeit mit einem beliebten Duett aus einer Oper von Monsigny.[18] Mir wurde grün und blau vor den Augen.

Fanny protestiert erneut am 25. April:[19]

Etsch! Reist nach Paris, u. bekömmst keinen vernünftigen Ton zu hören, oder doch nicht viele, u. wir sind ruhig zu Hause geblieben, u. müssen alle Ohren aufsperren. In einer Woche *Jessonda, Alceste, Samson* u. die Pastoralsymphonie, denn die beiden letzteren Sachen giebt Sapupi übermorgen am Bußtage[20] zu seinem Konzert. Was meinst Du? So viel scheint mir gewiß, daß Deine Anlage zum Schuhuhismus sich glänzend in P. entwickelt. Mein Sohn, Deine Briefe sind ja ganz aus Kritik zusammengenäht. Marx[21] wird Freude an Dir erleben. Ich hoffe, in der Erinnerung wird noch Manches ein rosenfarben Kleidchen anziehen, was jetzt noch vom Staube der Befangenheit u. Vorurtheile graut, denn wenn Alles wirklich so arg wäre, wie Ihr es jetzt anseht, so wäre es ja Schade um die Reise ...
Du armer Tantalus! Rode[22] täglich zu sehn, u. keine Harmonie aus diesen Sphären zu vernehmen! doch muß ich gestehn, finde ich es recht tröstlich, ihn in P. zu wissen, wo doch ein Wiedersehn eher möglich ist, als in dem Winkel Bordeaux. – Ach was habt ihr für schöne Bilder gesehn! Warum schreibst Du davon kein Wort? Nichts von öffentlichen Gärten, der Stadt, den Gebäuden? Es scheint mir fast, als tödtete die leidige Soiréemusik jeden Genuß in Dir. Nun, die unsrige, kräftige, wird Dir schmecken, wenn wir erst in unserm großen, gewölbten Gartensaal Deine Symphonie streichen. Ach wie freue ich mich darauf!

Der Strom der Korrespondenz fließt mit einem Brief vom 30. April aus ihrer Feder weiter:[23]

Ich bin nur froh, daß Du endlich einmal mit vernünftiger Begleitung gespielt hast, bis jetzt hab ich Dich doch darbend gewußt mitten im Lande wo Milch u. Honig fließt. Ehe ich es wieder vergesse, will ich Dir nur gleich eine Frage thun, die mir schon lange auf dem Herzen lag, die ich aber immer vergaß, wenn ich

> die Feder in die Hand nahm, nämlich warum Du auf alle den matinées, diners, soupers, u. was noch für ers sind, noch gar nicht Dein Sextett gespielt hast? Giebt es in Paris in jener Gesellschaft nur Einen, der Bratschenschlüssel liest? Lieber F. ich möchte wol Ihr hättet Eure geliebte Mutter, Frau, Töchter, u. Du Deine vielgeliebte Schwester dort. Wenn ich v. Euren *vernünftigen Plaisirs* lese, läuft mir der Mund von Wasser.

Der junge Felix hat kein Gespür für das Sehnen, das sich zwischen den Zeilen äußert und spätestens aus dem zweideutigen »Armer Tantalus!« herauszuhören wäre. Fast zornig antwortet er am 9. Mai:[24]

> Ueber Deinen vorigen Brief war ich etwas wüthend und beschloss, Dir einige Schelte zu reichen, die Dir auch noch nicht geschenkt sein sollen, aber die Zeit, der wohlthätige Gott, wird sie wohl mildern und Balsam giessen in die Wunden, die mein flammender Zorn Dir schlägt. Du schreibst mir von Vorurtheilen und Befangenheit, von Brummen und Schuhu-ismus, vom Lande, wo Milch und Honig fliesst, wie Du dies Paris nennst? Besinne Dich doch, ich bitte Dich? Bist Du in Paris, oder bin ich es? Da muss ich's doch besser kennen als Du! Ist es meine Art, von Vorurtheilen befangen über Musik zu urtheilen? Wäre sie das aber auch: Ist Rode befangen, wenn er mir sagt: *c'est ici une dégringolade musicale!* Ist Neukomm befangen, der mir sagt: *Ce n'est pas ici le pays des orchestres.* Ist Herz befangen, wenn er sagt: Hier kann das Publikum nur Variationen verstehen und goutiren. Und sind 10 000 Andere befangen, die auf Paris schimpfen! Du, Du bist so befangen, dass Du meinen höchst unpartheiischen Berichten weniger glaubst, als einer lieblichen Vorstellung von Paris, als einem Eldorado, die Du Dir gebildet hast. Nimm den Constitutionnel in die Hand: was giebt man in der italienischen Oper als Rossini? Nimm den Musikcatalog zur Hand: was kommt heraus, was geht ab, als Romanzen und Potpourris? Komme doch nur erst her und höre *Alceste*, höre *Robin des Bois*, höre die Soiréen (die Du mit Salons übrigens verwechselst, denn Soiréen sind Concerte für Geld, und Salons Gesellschaften), höre die Musik in der königlichen Kapelle, und dann urtheile, dann schilt mich, aber nicht jetzt, wo Du von Vorurtheilen befangen und gänzlich verblendet bist!!!

Man kann sicher sein, daß Fanny mit Freuden nach Paris gekommen wäre …
Felix sprach zweifellos die Wahrheit bezüglich des Pariser Musikdilettantismus, und Fanny hätte wahrscheinlich genauso kritisch reagiert wie er,

aber hätte er nicht merken müssen, daß ihn das Glück in ungeheurem Maß begünstigte, daß all diese Reisen seinen musikalischen Geschmack verfeinerten und bereicherten, daß die Schwester, deren Talent er doch als gleichwertig anerkannte, auch gleich starke Wünsche wie er hegte, Wünsche, die vollständig unerfüllt blieben? Auf der Rückreise nach Berlin, auf der sie Henriette wie geplant mitnahmen, machten die Mendelssohns erneut in Weimar bei ihrem Freund Goethe Station. Ein weiteres Erlebnis, auf das Fanny verzichten mußte …

Leipziger Strasse Nr. 3

Bella Salomon starb am 9. März 1824. Ihr Erbe hatte sie dreigeteilt: ein Drittel in Rentenform für ihren Sohn Jacob; ein zweites Drittel war unter den Kindern ihrer Enkelinnen, den Kindern ihrer Tochter Rebecka, Josephine Benedicks und Marianne Mendelssohn, aufzuteilen; was das letzte Drittel anging, so sollte es zwischen den Enkelkindern ihrer Tochter Lea aufgeteilt werden, von denen 1824 allerdings noch gar keines geboren war! Mit einigem Grund schrieb Lea an ihre Cousine Henrietta Pereira, daß sie sich als »vollständig enterbt«[25] betrachte. Dementsprechend verdrießlich standen die Mendelssohn Bartholdys dem Gedanken gegenüber, ein Haus, das ihnen ohne Umstände hätte zufallen müssen, kaufen oder mieten zu sollen.
Der Hauslehrer Karl Heyse berichtet, daß im Sommer jenes Jahres beim Aufenthalt im Ostseebad Doberan Felix und Fanny von Straßenjungen angegriffen und mit dem Ausdruck »Judenkinder« verhöhnt wurden. In der Tat waren sie von semitischem Typus, und Fanny trug noch dazu mit ihrer verkrümmten Schulter, einem Erbe ihres Großvaters Moses, die Zeichen des Ghettos mit sich herum. Der fünfzehnjährige Felix verteidigte sich und seine Schwester wacker, aber sein Gerechtigkeitssinn war aufs empfindlichste verletzt. Heyse schrieb in sein Tagebuch:[26] Felix benahm sich wie ein Mann, aber nach unserer Rückkehr war er außerstande, seine Wut und Indignation über die Demütigung, die ihm widerfahren, zu unterdrücken. Am Abend brach sie in einem Sturm von Tränen und wilden Beschuldigungen allgemeiner Art aus …

Das antiliberale und antijüdische Klima in Preußen veranlaßte die Mendelssohns, im Jahr 1825 eine Rückzugsstätte zu erwerben, wohin sie ihre eigene kleine Welt mitnehmen konnten. Sie fanden sie am äußersten Westende der Friedrichstadt, wenige Schritte vom Leipziger Platz, dem ehemaligen Oktogon, entfernt. »Leipziger Straße 3«, so wissen wir von

Sebastian Hensel, wurde zum Synonym für die gesamte Familie Mendelssohn Bartholdy und ihren Lebensstil.[27] Das Haus, das ehemalige Palais von der Reck, war in einem jammervollen Zustand, aber der zauberhafte Garten verführte die künftigen Bewohner gleich beim ersten Anblick. Phantastische Pläne für einen Ausbau wurden geschmiedet; Abraham wollte das Gebäude um eine dritte Etage aufstocken, aber die vorsichtige Lea setzte durch, daß man es bei einer Sanierung beließ. Ein Teil mußte vermietet werden, es kam nicht in Frage, daß man auf jegliche Rentabilisierung des beträchtlichen Kapitals, das für die herrschaftliche Behausung aufgebracht wurde, verzichtete. Sofort erbot sich der Hannoversche Gesandte von Reden, die Beletage zu mieten, noch bevor die Arbeiten beendet waren. In der Tat fand man nicht oft ein Haus, das sich so gut zu Repräsentationszwecken eignete. Lea beschloß, den größeren Teil der ersten Etage mit der Familie zu bewohnen und den kleineren Teil zu vermieten. So gab es nur zwei Mieter, was einen eventuellen Wiederverkauf erleichtern würde. Der Hannoversche Diplomat Karl Klingemann (1798–1862) zog als Mieter in die Leipziger Straße Nr. 3 und wurde zum engsten Freund der Mendelssohn Bartholdys. Als er 1827 nach London ging, waren sie untröstlich, traten aber in eine äußerst lebhafte Korrespondenz mit ihm ein, aus der wir sehr viel über das beiderseitige Leben erfahren. Felix hatte in ihm bei jedem seiner Englandaufenthalte einen wertvollen Ratgeber und Helfer.

Die imposante Fassade schirmte eine idyllische Gartenwelt. Zunächst betrat man einen Hof mit einem Brunnen, der von Nebengebäuden und Pferdeställen umstanden war, zwischen denen das sogenannte Gartenhaus den Abschluß bildete. Darin verbrachte Lea den Sommer 1825, als sie die Bauarbeiten überwachte, während Abraham in Doberan weilte. Ihrer Cousine Henrietta Pereira gab Lea eine Beschreibung des Gartens. Daß die Familie an diesem Garten hängen wird, als wäre er ein lebendiges Wesen, lassen ihre Zeilen bereits ahnen:[28]

> Mache ich meine Thüre zu, so bin ich vollkommen vom Bau getrennt, und erfreue mich einer so großen Ruhe, daß ich mich durchaus auf dem Lande wähnen kann … Eine ganze Reihe Zimmer geht nach dem Garten, den auch allenthalben Gärten umgeben, so daß man keine Wagen fahren hört, keinen Menschen sieht, ohne allen Staub ist, und sich doch mit wenigen Schritten in den elegantesten, lebhaftesten Strassen Berlins befindet und aller Bequemlichkeit des Stadtlebens teilhaftig wird. In der Mitte des Gartenhauses ist ein selbst für Berlin selten großer Saal, mit einer ovalen imposanten Kuppel, auf Säulen ruhend. Vier Stufen führen in den Garten hinab, von denen man eine Durchsicht von Baumgängen und Gruppen bis ans Ende hat. Ist das Grün wie im

Frühjahr noch nicht so dicht, so hat man eine Mühle außerhalb der Stadt zum Gesichtspunkt, zu der wir uns auch für den Sommer einen Blick aushauen lassen wollen. Alle eigentlichen Gartenzierden müßen wir uns erst schaffen; bis jetzt haben wir nichts als prächtige Linden, Rüstern, Buchen, Kastanien, Akazien; Gebüsche und Grasplätze, ein großes Feld und eine Meierei, wo ein Pächter mit 12 Kühen sein Wesen treibt und uns frische Milch und Butter liefert. Im Herbst wollen wir Anlagen machen laßen, größtenteils aber nur Blumenpflanzungen und Rasen verbeßern, ohne der parkähnlichen ehrwürdigen Altertümlichkeit Schaden zu tun.

Der Garten half ihr darüber hinweg, daß, wie zu erwarten, die Bauarbeiten sich hinzogen und die Kosten immer mehr stiegen. Mit Bedauern verließ Lea schließlich das Gartenhaus, um endgültig den Straßentrakt zu beziehen. Der Blick auf den Hof vermochte sie nicht zu entschädigen. Der Besitz eines solchen Parks wurde in Berlin mehr und mehr zur Ausnahme. Der König hatte sämtliche Häuser mit größerem Garten aufgekauft, außer dem Mendelssohnschen Haus gab es nur noch zwei weitere. Bei der Planung der Stadt Berlin ließ man nicht mehr die Strenge und auch nicht mehr die ästhetischen Gesichtspunkte des 17. und 18. Jahrhunderts walten. Die Politik war inzwischen am Profit orientiert, eine staatliche Kontrolle der Baupreise und Mieten fand nicht statt. Die Bäume fielen, die Stadt wurde immer häßlicher und die Bevölkerung immer ärmer. Die Welt der Mendelssohn Bartholdys blieb bis in die Mitte des 19. Jahrhunderts hinein eine Enklave aus dem 18. Jahrhundert.
Daß das »Gartenhaus« einen großen Saal aufwies, war für Abraham mit Sicherheit ein zusätzlicher Grund dafür, die erheblichen finanziellen Bedenken beiseite zu schieben und den Kauf zu wagen. Welch idealer Ort für die musikalischen Sonntagsmatineen! Sebastian versichert, der zum Garten durch große Glastüren offene und mit Fresken ausgemalte Saal habe mehrere hundert Menschen aufnehmen können. Für den Mendelssohn-Forscher Michael Cullen idealisiert Fannys Sohn hier seine Erinnerungen. Cullen spricht von einem 14 mal 7,5 Meter großen, 8 Meter hohen Raum mit entsprechend geringerem Fassungsvermögen.[29] Dennoch muß es wunderbar gewesen sein, unter solchen räumlichen Voraussetzungen zu musizieren und Musik zu hören. Welch ein Luxus für Fanny wie für Felix, im eigenen Haus nicht nur ein Orchester, sondern auch einen Konzertsaal zur Verfügung zu haben. Allerdings, was für Felix eine Art Übungsinstrument bedeutete, sollte für Fanny zum bestimmenden Lebensumstand, zum musikalischen Schicksal werden. Für die vier Mendelssohn-Kinder wurde der verwunschene Garten zur Stätte glücklichen Heranwachsens. Inzwischen zählten nicht mehr nur die beiden Älteren. Im Jahre 1825 war Rebecka vierzehn Jahre alt und Paul fast dreizehn.

Ihnen war nicht leichtgefallen, im Schatten solcher Geschwister aufzuwachsen. Paul sollte sich davon nie ganz erholen. Dazu die Stimme der Familiensaga, Sebastian, im Jahre 1879:[30]

> Vielleicht war dies die glücklichste Zeit im Leben Grossvaters. Die Existenz gesichert und fixirt in einem der schönsten Grundstücke des damaligen Berlin, an seiner Seite eine innig geliebte, kluge und geistreiche Frau, in langer Ehe ihm treu verbunden, alle Kinder mit schönen Anlagen heranwachsend, Felix über die Zeit des Schwankens hinaus, auf sicherm Wege zum Höchsten, was der Mensch erstreben kann, wohlverdientem Ruhm in der Kunst, Fanny ihm ebenbürtig an Talent und Begabung und doch nichts Anderes begehrend, als bescheiden in den Schranken, die die Natur den Frauen gesetzt, zu verbleiben, Rebecka zu einem schönen klugen Mädchen sich entwickelnd, auch talentvoll und nur in Schatten gestellt durch die hervorragende Begabung der älteren Geschwister, Paul tüchtig und fleissig und ebenfalls sehr musikalisch, alle vier gesund an Körper und Geist und sich mit einer seltenen Liebe zugethan; dazu ein Freundeskreis, Alles, was von bewährten, älteren Männern, bedeutend in vielen Lebenskreisen, Alles, was von hoffnungsvoller, aufstrebender Jugend in Berlin lebte, umfassend, ein Haus besucht, gekannt und geliebt von so Vielen in der ganzen gebildeten Welt, das waren die Verhältnisse Abraham Mendelssohn's im Jahre 1826.

Jeder erfüllte seine Rolle, und alles stand zum besten für die Damen des Hauses Mendelssohn, wenn sie sich damit begnügten, die häusliche Harmonie zu pflegen. Die Kinder waren einander eng verbunden. Aufgrund ihrer Erziehung lebten sie eine Sonderexistenz, und die Solidarität, die zwischen ihnen entstanden war, hielt ihr ganzes Leben lang. Ihre gesamte Kindheit hindurch waren sie um fünf Uhr morgens aufgestanden, um gemeinsam zu lernen. Gemeinsam waren sie dem geistigen Druck seitens der Eltern ausgesetzt gewesen, und sie hatten dieselben Bücher gelesen: Lessing, Schiller, Goethes *Faust* und *Werther* (von denen Fanny sich »geblendet« fühlte), und wie alle ihre Generationsgefährten kannten sie Jean Paul. Die vier waren nun in dem Alter, so sollte Rebecka später schreiben, in dem junge Menschen »sich nicht gerne älter werden sehen und es vorziehen würden, jung zu sterben, unter der Bedingung, daß das nicht allzulange dauert«.[31] Die Saat der Bildung, die ihre Eltern so sorgsam gestreut hatten, ging nun in dem wunderbaren Garten auf und wurde zur Poesie. In den Sommermonaten entfaltete sich die Kreativität der Geschwister und ihrer Freunde in einem unglaublichen Maße. Charaden, Spiele, Gedichte, musikalische Darbietungen und Verkleidungen aller Art wechselten einander ab. Im Garten gab es auch einen kleinen Pavillon, worin ständig Papier und Schreibzeug bereitlagen. So konnte die kleine Gesellschaft sich jederzeit dadurch im schriftlichen Ausdruck üben, daß sie die närrischsten und lustigsten Ideen festhielt. Diese »Gartenzeitung« wurde im Winter zur »Tee- und Schneezeitung«. Die Kinder gaben sich Schriftstellernamen, die ihren phantasievollen Übermut verrieten: Fanny Cäcilia Mendbart, Rehbocka Bart, Paul per procura Bart und Felix Ludwig Jocko Toldy.[32] Rebecka ging so weit, daß sie eine Zeitlang mit dem Namen Rebecka Mendelssohn meden Bartholdy unterzeichnete, wobei *meden* (griechisch) im Deutschen *mitnichten* bedeutet.[33] Stolz notiert Abraham in seinem Tagebuch: »Früher war ich der Sohn eines Vaters, nun bin ich der Vater eines Sohnes.« Die zu Besuch weilenden Erwachsenen, darunter Zelter und Alexander von Humboldt, machen sich einen Spaß daraus, an der kleinen Zeitschrift mitzuwirken.

Vom Garten inspiriert, schrieb Felix eines seiner Meisterwerke, das *Oktett für Streicher in Es-Dur*, op. 20, das für den Geburtstag seines Freundes, des Geigers Eduard Rietz (1802–1832), bestimmt war. Eine Stelle aus *Faust II* hatte das Scherzo inspiriert, »Luft im Laub und Wind im Rohr« sollten sich musikalisch regen, und Fanny, ganz Biographin ihres Bruders, notiert:[34]

> Und es ist wahrlich gelungen. Mir allein sagte er, was ihm vorgeschwebt. Das ganze Stück wird staccato und pianissimo vorgetragen, die einzelnen Tremulando-Schauer, die leicht aufblitzenden Pralltriller, alles ist neu, fremd und doch so ansprechend, so befreundet, man fühlt sich so nahe der Geisterwelt, so leicht in die Lüfte gehoben, ja man möchte selbst einen Besenstiel zur Hand nehmen, der luftigen Schaar besser zu folgen. Am Schlusse flattert die erste Geige federleicht auf – und Alles ist zerstoben.[35]

Ein Autor entsprach dem Geist dieses Gartens kongenial und löste bei den Kindern wilde Begeisterung für das Theaterspielen aus. Shakespeare, der gerade in einer neuen Übersetzung von Tieck und August Wilhelm Schlegel (dem Schwager Dorotheas) erschienen war.

»Hier ist der ideale Ort für unsere Probe. Das Rasenviereck dient uns als Bühne, die Weißdornbüsche sind eine schöne Kulisse, und jetzt spielen wir, wie wir vor dem Herzog spielen werden«, sagt der Zimmermann Quince zum Weber Bottom. Unter allen Komödien ihres Lieblingsdichters ist der *Sommernachtstraum* das Werk, dessen die Kinder niemals müde werden. So schön paßte dieser Text zu der Gartenkulisse, so wunderbar paßte diese Kulisse zum Text!

Nach dem *Oktett* inspirierte der Garten Felix zu der berühmten Ouvertüre zu *Ein Sommernachtstraum*, die er zwanzig Jahre später, als er die Bühnenmusik zu diesem Werk Shakespeares komponierte, noch für so gelungen befand, daß er keine Note änderte. Angeblich hat ein Mitglied des Mendelssohn-Kreises, Adol Bernhard Marx (1795–1866), Komponist und Theoretiker, berühmter Kritiker der *Berliner Allgemeinen Musikalischen Zeitung*, einiges mit der Entstehung zu tun. Marx war ein großer Bewunderer Beethovens und vertrat mit Nachdruck sehr eigenständige Auffassungen von einer neuen, deskriptiven Musik. Er zwang Felix, die eigene geistig-musikalische Position zu klären, und das Ergebnis war ein Meisterwerk. Abraham verabscheute Marx, vermutlich wegen seines nicht immer eindeutigen Charakters und seiner stets zu kurzen Hosen, vor allem aber wegen seines Einflusses auf Felix. Fanny und Felix verdankten ihm jedoch weitere Fortschritte ihrer musikalischen Bildung, insbesondere ihres Beethoven-Verständnisses.

Der musikalische Austausch zwischen den Geschwistern steigerte sich zu raffinierten Spielformen: Der Bruder schob der Schwester eine begonnene Komposition zu, diese vollendete sie, um sich sogleich zu revanchieren. Und als Felix seiner Fanny zu ihrem Geburtstag am 14. November 1825 Beethovens *Sonate op. 106* schenkte, legte er einen Brief bei, der den Wiener Meister bis in die Schrift hinein kopierte. Er zeigte damit nicht nur, wie gut er den alten Beethoven mitsamt seinem gedrechselten Briefstil kannte, sondern enthüllte sein beachtliches Talent zur Clownerie und Persiflage:[36]

> *Wien, den 8. November 1825.*
>
> Mein werthestes Fräulein; Der Ruf ihrer Verdienste um mich ist bis nach Wien gedrungen, – ein dicker Herr mit einem Schnurrbart, und ein dünner mit einem Pariser Accent, deren Namen ich nicht behalten konnte, haben mir berichtet, wie Sie es dahin gebracht haben, daß ein gebildetes Publicum meine Concerte aus Es und G, und mein Trio aus B mit Anstand gehört hat; und daß nur Wenige davon gelaufen sind; so viel Beifall könnte mich beinahe kränken und mich an meinen Werken irre machen, aber der Antheil den Ihr liebenswürdiges Spiel u.s.w. daran haben wird, bringt Alles wieder ins Gleiche. Es ist gar keine Kunst, wenn die Leute meine ersten Trios, meine beiden ersten Sinfonien, und manche von meinen früheren Sonaten goûtieren; so lange wie man Musik macht wie die Andern, und jung dabei ist, also allgemeiner und trivialer, verstehen und kaufen sie einen schon, – ich bin des aber müde geworden und habe Musik gemacht wie der Herr van Beethoven, und dazu fahren mir in meinen Jahren und in meiner Verlassenheit auf meinem öden Zimmer Dinge durch den Kopf, wie sie vielleicht nicht Jedermann angenehm sind. Wenn ich nun

> Personen finde, die dieser meiner Musik und also auch meiner innersten Gemüthslage entgegenkommen, und mich alten einsamen Mann darin freundlich tractiren, so ist dies ein Verdienst und sehr dankenswerth, solche Leute sind meine eigentlichen Freunde und keine anderen habe ich nicht. Von wegen dieser Freundschaft bin ich so frei Ihnen meine Sonate aus B-dur opus 106 zu Ihrem Geburtstage, nebst herzlicher Gratulation zu übersenden, ich habe sie halt nicht des blauen Dunstes willen verfaßt; spielen Sie sie nur wenn Sie mal recht Zeit haben, denn die gehört dazu, denn sie ist nicht von den kürzesten, aber ich hatte auch viel zu sagen. Wo Ihre Freundschaft für mich nicht weiter ausreicht, da fragen Sie nur meinen Kenner Marx, der wird es Ihnen schon auslegen, besonders im Adagio hat er Platz dazu. Übrigens ist es mir noch besonders angenehm, daß ich einer so Deutschen Dame, wie man Sie mir geschildert hat, eine Sonate nicht für das Pianoforte, sondern für Hammerklavier überreichen kann. Schließlich füge ich mein schlechtes Bildniß bei, ich bin so gut ein Potentat wie mancher andere, der sein Bildniß verschenkt, ich halte mich für gar keinen schlechten Kerl. Und somit behalten Sie in gutem Andenken
>
> Ihren ergebensten Beethoven.

Felix wußte, wie man Fanny zum Lachen bringen konnte! Er nahm inzwischen keinen Unterricht mehr bei Zelter, also hatte auch sie keinen Anspruch mehr darauf. Statt dessen trat er mit eigenen Kompositionen an die Öffentlichkeit: drei Klavierquartette, op. 1, 2 und 3, eine Sonate für Violine und Klavier in f-Moll, op. 4, die Klavierstücke op. 5–7 und die Lieder op. 8 und 9. Jeder der beiden letztgenannten Zyklen umfaßte zwölf Lieder, von denen drei von Fanny komponiert waren: *Das Heimweh*, op. 8 Nr. 2, nach einem Gedicht von Friederike Robert, *Italien*, op. 8 Nr. 3, nach einem Gedicht von Grillparzer, *Suleika und Hatem*, Duett op. 8 Nr. 12, nach einem Text von Goethe, sodann *Sehnsucht*, nach einem Text von Droysen, *Verlust*, nach einem Text von Goethe und *Die Nonne*, nach einem Text von Uhland, op. 9, die Nummern 7, 10 und 12. Viele Jahre später, 1842, berichtete Felix, nachdem er im Buckingham-Palast von Königin Victoria empfangen worden war, in einem Brief unter dem Datum des 19. Juli:[37]

> … und während sie sprachen, kramte ich ein wenig unter den Noten und fand mein allererstes Liederheft darunter. Da bat ich nun natürlich, sie möchte lieber was draus wählen als den Gluck, und sie tat es sehr freundlich, und was wählte sie? ›Schöner und schöner‹, sang es ganz allerliebst rein, streng im Takt und recht

> nett im Vortrag; nur wenn es nach ›der Prosa Last und Müh'‹ nach d heruntergeht und harmonisch heraufkommt, geriet sie beide Male nach dis, und weil ich's ihr beide Male angab, nahm sie das letztemal richtig d, wo es freilich dis hätte sein müssen. Aber bis auf dies Versehen war es wirklich allerliebst, und das letzte lange g habe ich von keiner Dilettantin besser und reiner und natürlicher gehört. Nun mußte ich bekennen, daß Fanny das Lied gemacht hatte (eigentlich kam es mir schwer an, aber Hoffart will Zwang leiden), und sie bitten, mir auch eins von den wirklich meinigen zu singen.

Es gab nichts, was normaler gewesen wäre. Sebastian Hensel fügte bei der Erwähnung dieser Episode eine Fußnote hinzu, die sich auf das Lied *Italien* bezieht: »Eines der Lieder meiner Mutter, die unter Felix' Namen erschienen.« Weder eine Erklärung noch eine Entschuldigung werden für nötig erachtet. Hatte nicht auch Dorothea Schlegel unter dem Namen ihres Gatten veröffentlicht? War es nicht im 19. Jahrhundert allgemeine Überzeugung, daß eine Frau im Hause zu bleiben und in der Öffentlichkeit nur in Begleitung, wenn möglich in Begleitung eines Mannes, zu erscheinen hatte? Felix war es ein Anliegen, einige Kompositionen seiner geliebten großen Schwester anderen zu Gehör zu bringen, und ein Vergnügen, sie den seinen einzufügen. Dabei hatte er die Auswahl, denn Fanny hatte zu jener Zeit schon mindestens 100 Lieder komponiert.[38] Lieder waren ihre Domäne, und da, wo Felix, seine Kraft für die Oratorien und großen Orchesterwerke aufsparend, gelegentlich banal wurde, fand sie zu ihrem Stil, in den sogenannten Salonstücken für Klavier mit und ohne Gesangsstimmen, einer Gattung, auf die sie gewissermaßen Anrecht hatte. Möglicherweise waren die *Lieder ohne Worte* ihr Einfall. Für die Geschwister wurden sie zum musikalischen Gespräch. Es kam wie erwähnt vor, daß Felix in spielerischer Anwandlung seiner Schwester ein paar Notenzeilen sandte mit dem Auftrag, das Stück zu Ende zu führen. Genausogut konnte das Gegenteil passieren. Gounod, dem Fanny 1840 in Rom begegnete, behauptet in seinen Memoiren, Felix habe unter eigenem Namen zahlreiche von Fanny komponierte *Lieder ohne Worte* veröffentlicht. Beweise fehlen, und der Komponist Felix war zweifellos auf seine Schwester nicht angewiesen, aber widerlegt wurde Gounod bisher auch nicht.

Die Ouvertüre zum *Sommernachtstraum* war ein kompositorischer Meilenstein gewesen und hatte Felix Anerkennung und Erfolg eingebracht. Er war nach Stettin gereist, wo sie erstmals öffentlich erklang. Anders kam es mit der *Hochzeit des Camacho*.[39] Sie blieb sein einziger Versuch, auf der musikalischen Bühne Fuß zu fassen. Zwar machten die ersten Proben Spaß, aber ziemlich bald fühlte er sich von den kleinlichen Intrigen und dem Mangel an professioneller Gewissenhaftigkeit, die er beim Theater antraf, abgestoßen. Die Uraufführung am 27. April 1827 im Königlichen Schauspielhaus wurde zum Achtungserfolg, womit dem Stolz des jungen Mannes nicht Genüge getan war.[40] Weitere Vorstellungen wurden nicht angesetzt, und Felix sollte keine Oper mehr vollenden. Er hatte einen Rückschlag erlitten, über den er nie hinwegkam. Fanny schrieb am 25. Dezember 1827 an Klingemann: »In letzter Zeit hat er sich jedenfalls der Kirchenmusik zugewandt.«[41] Ihre Ausbildung stellt Felix wie Fanny in die lutheranische Tradition der geistlichen Musik hinein, dort fühlten sie sich moralisch wie musikalisch wohler als auf dem Gebiet der Oper.

Den Schock milderte das jedoch nicht. Vage Andeutungen bei Sebastian Hensel können wir getrost in das Wort Depression übersetzen. Dessen Grundbedeutung hat mit dem plötzlichen Nachlassen von Druck zu tun, und »Druck« ist das Schlüsselwort für Felix' gesamte Erziehung.* Der junge Komponist erholt sich jedoch dank einer weiteren Reise. Die Musik bleibt in Berlin zurück, eine große Wanderung »unter Männern« führt zunächst in den Harz. Anschließend geht es zwischen Bayern und dem Rhein quer durch Deutschland, die Freunde machen Station in Baden, in Heidelberg und Köln. In Horchheim bei Koblenz im Hause von Felix' Onkel Joseph Mendelssohn endet die Reise.

Leider hatten die Frauen zu derlei »Antidepressiva« keinen Zugang.

* Anm. d. Ü: Im französichen Wortpaar »dépression/pression« ist der Bezug evident.

Die Mendelssohns und ihr Freundeskreis

Im Oktober 1827 wurde Felix Student an der Friedrich-Wilhelms-Universität. Damit kam der Unterricht im Hause Mendelssohn zu seinem Ende; soeben war Dr. Heyse auf den Lehrstuhl für Philologie an derselben Universität berufen worden. Obwohl Felix noch sehr jung war, kam er problemlos zurecht; die Bildung, die er genossen hatte, war Rüstzeug genug für die anspruchsvollsten Lehrveranstaltungen. Er belegte Hegels Ästhetik-Vorlesungen, hörte über Geschichte bei Gans und über Geographie bei Ridder. Aber er war so sehr gewohnt, alles mit Fanny zu lernen und zu teilen, daß es ihm schwer wurde, sie zu Hause zurückzulassen. So nahm er sie wenigstens in die Zusatzvorlesungen über Physikalische Geographie mit, die Alexander von Humboldt im Saal der Singakademie hielt.[1]

Der Name Alexander von Humboldt kommt in der Mendelssohn-Forschung derart oft vor, daß man ihn mit Fug und Recht zur Familie zählen könnte. Die beiden Brüder Wilhelm und Alexander hatten früh den Philosophen Moses Mendelssohn kennen- und bewundern gelernt. Laut Sebastian Hensel hatten sie auch an den berühmten »Morgenstunden«, die Moses seinen Söhnen erteilte, teilgenommen.[2]

Wilhelm von Humboldt (1767–1835) und sein Bruder Alexander (1769 bis 1859) gehörten zu einer bedeutenden preußischen Adelsfamilie. Sie studierten in Frankfurt/Oder und Göttingen. Zwar ist nicht gesichert, daß ihre freundschaftliche Einstellung zu den Kindern von Moses Mendelssohn bis in die Zeit besagter Morgenlektionen zurückgeht, wahrscheinlich aber entwickelte sich die Zuneigung im Salon von Henriette Herz, Ende der achtziger Jahre des 18. Jahrhunderts, denn beide Brüder gehörten zum *Tugendbund*, einem Verein ohne festumrissenen Zweck, der von Henriette Herz, Dorothea Veit und Rahel Levin[3] gegründet worden war. Hier begegnete Wilhelm Caroline von Dacheroden, die er dann 1791 heiratete.[4] Die beiden Brüder waren Wissenschaftler, aber Wilhelm trat eindeutiger als Alexander in den Dienst des Staates. Er war einer der Männer, die die Regierung Hardenberg um das Jahr 1810 zu der großen Aufgabe heranzog, Preußen zu reformieren und zu modernisieren. Wilhelm nahm entscheidenden Einfluß auf die Kulturpolitik dieses Jahrzehnts. Er gründete die Friedrich-Wilhelms-Universität, entwarf das Konzept einer humanistischen Bildung und Erziehung und wirkte durch sein Interesse für die Geisteswissenschaften und die Vergleichende Literaturwissenschaft. Der Befürworter einer liberalen preußischen Verfassung geriet 1819 in scharfen Gegensatz zu Metternichs reaktionärer Politik, seine Ideen scheiterten, und er mußte sich in sein Tegeler Schlößchen zurückziehen.

Alexander, der eminente Geograph und ebenso eminente Biologe, blieb nicht in Preußen. Seine Reiseberichte zählen zu den bedeutendsten der Gattung. Schon im Jahre 1799 organisierte er eine Expedition nach Südamerika, bestieg den Chimborazo, besuchte Kuba und die Vereinigten Staaten und kehrte erst 1804 nach Europa zurück. Er lebte sodann hauptsächlich in Paris. Zwischen 1827 und 1828 hielt er Vorlesungen an der Universität Berlin, und wenn er auch 1829 erneut zu einer Expedition aufbrach, die ihn diesmal quer durch Rußland bis zur chinesischen Grenze führte, so war er doch schon 1830 wieder in Paris, wo er am politischen Leben teilnahm.

Alexander von Humboldt war vermögend, verfügte aber nicht über größere Geldmittel, denn sein Grundbesitz warf nur wenig ab. Finanziert wurden seine Expeditionen und Forschungen durch die Mendelssohn-Bank, vom Amerikaunternehmen 1799 bis zu den Arbeiten der vierziger Jahre des 19. Jahrhunderts. Dann allerdings nahm der Preußenkönig Friedrich Wilhelm IV. Anstoß daran, daß ein großer preußischer Wissenschaftler ständig einen jüdischen Bankier in Anspruch nahm. Aber die Bande zwischen Alexander von Humboldt und der Mendelssohn-Bank waren solide geknüpft, sie beruhten auf einer gemeinsamen humanistischen Ethik und auf einer Liebe zu den Wissenschaften, die Moses Mendelssohn und der Aufklärung verpflichtet waren. Joseph Mendelssohn und Alexander vom Humboldt waren Freunde, mit allem, was dieses Wort an Vertrauen und Treue beinhaltet, während der König von Preußen zeitlebens kein Vertrauen verdiente. Eines Morgens im Jahre 1844 erschien Humboldt sehr besorgt bei Joseph Mendelssohn. Das Haus, in dem er Mieter war, sollte verkauft werden, seine botanischen Experimente waren in Gefahr. Noch am selben Nachmittag erhielt er einen Brief, worin Joseph Mendelssohn ihm verkündete, er sei sein neuer Hausbesitzer und sichere ihm hiermit unbegrenzte Mietdauer zu.[5]

Die Berliner Vorlesungen, die er im Saal der Singakademie hielt, hatten enorme Resonanz. Bei der jungen Generation und insbesondere bei den jungen Mendelssohns konnten die Ideen dieses außergewöhnlichen Wissenschaftlers, den die Menschen nicht weniger als die Dinge faszinierten und dessen Forschungsarbeit aus einer humanistischen, hochherzigen Gesinnung erwuchs, nur auf begeistertes Interesse stoßen. Fanny berichtete ihrem Freund Klingemann:[6]

Daß Alexander v. Humboldt ein Kollegium an der Universität liest (physikalische Geographie), ist Ihnen vielleicht bekannt, wissen Sie aber auch, daß er auf Höchstes Begehren einen zweiten Kursus im Saal der Singakademie begonnen hat, an dem alles teilnimmt, was nur einigermaßen auf Bildung und – Mode Anspruch macht, vom König und ganzen Hof, durch alle Minister, Generale, Offiziere, Künstler, Gelehrte, Schriftsteller, schöne und häßliche Geister, Streber, Studenten und Damen bis zu dero unwürdigen Korrespondentin herab? Das Gedränge ist fürchterlich, das Publikum imposant und das Kollegium unendlich interessant. Die Herren mögen spotten, soviel sie wollen, es ist herrlich, daß in unseren Tagen uns die Mittel geboten werden, auch einmal ein gescheites Wort zu hören, wir genießen dies Glück und müssen uns über das Spötteln zu trösten suchen. Um uns nun vollends Ihrem Spotte preiszugeben, muß ich Ihnen bekennen, daß wir noch eine zweite Vorlesung hören, und zwar eine von einem Ausländer gehaltene über Experimnetalphysik. Auch dieser Kurs wird größtenteils von Damen besucht. Holteis Vorlesungen werden dies Jahr außerordentlich stark gehört.

Das Leben in der Leipziger Straße Nr. 3 verlief anregend und angenehm für die vier jungen Menschen und den Freundeskreis, den Felix von der Universität mitbrachte. Es waren witzige und heitere junge Männer, intelligent und gebildet, von der »Natur« und vom Leben verwöhnt ... Felix war der unbestrittene Mittelpunkt, ganz abgesehen davon, daß Eltern und Schwestern ihn rührend umsorgten. Den akademischen Zirkel bereicherte der angehende Historiker Johann Gustav Droysen (1808 bis 1894), damals Hörer der Professoren Boeckh und Hegel. Zunächst als Repetitor für Felix engagiert, fügte er sich mit großer Ungezwungenheit dem Familienkreis ein. Über ihn schrieb Fanny:[7] »Ein neunzehnjähriger Philologe mit aller Frische und lebendigen, tätigen Teilnahme seines Alters, einem Wissen über sein Alter und einem reinen, poetischen Sinn und gesundem, liebenswürdigem Gemüt.« Er etablierte sich bereits 1833 als bedeutender Historiker, als seine *Geschichte Alexanders des Großen* die althistorische Forschung voranbrachte.[8] Er schrieb auch Gedichte, von denen Felix wie Fanny zahlreiche vertonten.

Ebenfalls bei den Mendelssohns und damit bei den »Spielen« all dieser hochbegabten jungen Leute anzutreffen waren der Jurist Ludwig Heydemann (1805–1874) und vor allem sein Bruder, der Historiker Albert Heydemann (1808–1877). Albert hatte auch die große Wanderreise durch Süddeutschland im Sommer 1827 mitgemacht.

Der Dichter Ludwig Robert (1778–1832) und seine ebenfalls Gedichte schreibende Frau Friederike (1795–1832), die in Berlin von 1822 bis

1831 lebten, verkehrten im Hause Mendelssohn und lieferten den beiden Komponisten der Familie zahlreiche Texte.[9] Ludwig Robert, der als Ludwig Levin geboren worden war und aus Überzeugung im Jahre 1819 zum Christentum übertrat, war der Bruder von Rahel Varnhagen (1771 bis 1833), an der er sehr hing. Rahel Levin wurde, wie wir uns erinnern, dank ihrem ersten Salon berühmt, den sie in den neunziger Jahren des 18. Jahrhunderts in ihrer Mansarde führte. Nachdem sie sich zweimal unglücklich verlobt hatte, fand sie in dem Literaten und Diplomaten Karl August Varnhagen von Ense (1785–1858) einen Mann, der sie maßlos bewunderte und anbetete. Sie heiratete ihn 1814, wodurch es ihr möglich wurde, ihren sogenannten »zweiten Salon« zu eröffnen und dort einen Goethekult zu zelebrieren. Sie selbst war die Hohepriesterin, und ihr Gatte lauschte mit gläubiger Andacht ihren Worten. Felix verabscheute dieses Treiben, wie er überhaupt von Bettina von Arnim bis Henriette Herz alle berühmten Frauen verabscheute. Letztere fand aufgrund ihrer karitativen Betätigung teilweise Gnade vor seinen Augen, entsprach sie damit doch dem Rollenbild der gesitteten Frau. Rahel ihrerseits beurteilte Felix mit mehr Sympathie: Für sie tanzte er wie ein »zivilisierter Orkan«. Auf Besuch im Hause Mendelssohn gebärdete Varnhagen sich als Götzendiener, und entsprechend spöttisch betrachteten ihn die jungen Leute. Er ging so weit, ein Notizbuch aus der Tasche zu ziehen und jede beiläufige Bemerkung seiner Rahel festzuhalten. Die respektlose Rebecka sagte eines Tages: »Nun, wenn wir *so viel* sprächen und uns so wenig scheuten, alles auszusprechen, würde auch manch gescheites Wort von uns zu berichten sein.«[10]

In diesem Kreis findet sich kein Geringerer wieder als der Dichter Heinrich Heine (1797–1856), der ja gleichfalls zum Milieu der getauften und akademisch gebildeten Juden gehörte. Als Sproß einer jüdischen Kaufmannsfamilie in Düsseldorf geboren, hatte er von 1821 bis 1823 in Berlin studiert und unter anderem die Vorlesungen von Boeckh, Zeune, Raumer, Hegel und Savigny besucht. Er trat 1825 ohne eine Spur von Überzeugung zum Christentum über: »Der Taufzettel ist das Entreebillet zur europäischen Kultur«, schrieb er, aber er bereute seinen Schritt sehr bald. Schon 1826 informierte er seinen Freund Moses Moser: »Ich bin jetzt bei Christ und Jude verhaßt. Ich bereue sehr, daß ich mich getauft habe.«[11] Nachdem 1817 das Buch *Germanomanie*, dessen Verfasser Saul Ascher gegen die rassistischen Reden der Christlich-deutschen Tischgesellschaft protestierte, verbrannt worden war, schrieb Heine 1820 diese schrecklich prophetischen Verse:[12]

> »Dies war ein Vorspiel nur: Dort wo man Bücher
> verbrennt, verbrennt man auch am Ende Menschen.«

Die Rolle der Kassandra ist eine der undankbarsten. Heine wurde dementsprechend bei den Mendelssohns mit gemischten Gefühlen empfangen. Man bewunderte sein Talent, schätzte jedoch weit weniger sein blasiertes Auftreten. Hatte er nicht die allgemeine Begeisterung für Jean Paul mit den Worten glossiert: »Was ist schon Jean Paul, er hat noch nicht einmal das Meer gesehen.« Worauf Fanny repliziert hatte: »Sicher, er hatte ja auch keinen Onkel Salomon, der ihm das Reisegeld spendiert hätte.« Heinrich Heine lebte in der Tat vom Geld seines Onkels, des Bankiers Salomon Heine, der ihn während seiner »Wanderjahre« 1826–1830 unterstützte. Heinrich Heine sah wie Rahel die Frage der Assimilation mit einer Bitterkeit, die bei den Mendelssohns unbekannt war oder die sie nicht wahrhaben wollten. Heine bewahrte sich dennoch eine positive Erinnerung an seine Besuche und schrieb 1829 an den gemeinsamen Freund Droysen:[13] »... der Stadträtin[14] lasse ich mich ehrfurchtsvoll empfehlen, mit etwas weniger Ehrfurcht grüße ich Fräulein Fannys schöne Augen, die zu den schönsten gehören, die ich jemals gesehen. Die dicke Rebekka, ja, grüßen Sie mir auch diese dicke Person, das liebe Kind, so lieb, so hübsch, so gut, jedes Pfund ein Engel.« Wenn man bedenkt, daß er zu den Verehrern Rebeckas zählte! Nun waren die Damen des Hauses Mendelssohn alles andere als schlank. Fanny reagierte gereizt auf Heine. Immer noch im selben Jahr 1829 schrieb sie an Klingemann:[15]

> ... Heine ist hier und gefällt mir gar nicht; er ziert sich. Wenn er sich gehen ließe, müßte er der liebenswürdigste ungezogene Mensch sein, der je über die Schnur hieb, wenn er sich im Ernst zusammennähme, würde ihm der Ernst auch wohl anstehen, denn er hat ihn, aber ziert sich sentimental, er ziert sich geziert, spricht ewig von sich und sieht dabei die Menschen an, ob sie ihn ansehen. Sind Ihnen aber Heines Reisebilder aus Italien vorgekommen? Darin sind wieder prächtige Sachen. Wenn man ihn auch zehnmal verachten möchte, so zwingt er einen doch zum elftenmal, zu bekennen, er sei ein Dichter, ein Dichter! Wie klingen ihm die Worte, wie spricht ihn die Natur an, wie sie es nur den Dichter tut.

Heine sah die langfristigen Ergebnisse der preußischen Politik zu klar voraus, um die Mendelssohns bezüglich ihrer deutschen Identität nicht zu verunsichern. Er gab vor, nur wegen Rebecka zu kommen, die innerhalb der ganzen Sippe die radikalsten Meinungen von sich gab und der er sich wohl relativ nahe fühlte.

Rebecka hatte Mühe, neben den beiden älteren Geschwistern ihren Platz zu finden, obwohl, wie Sebastian sagt, »die Schärfe ihres Verstandes, ihr

Geist und ihr sprudelnder Witz sie vor allen auszeichneten«.[16] Johanna Kinkel[17] versicherte in ihren Erinnerungen, daß Rebecka eine auffallend begabte Musikerin gewesen sei, aber Rebecka sagte dazu später selbst: »Meine älteren Geschwister haben mir meinen Künstlerruhm weggestohlen. In jeder anderen Familie würde ich als Künstlerin hoch gepriesen worden sein und vielleicht als Dirigentin einen Kreis beherrscht haben. Neben Felix und Fanny konnte ich zu keiner Anerkennung durchdringen.«

Während Felix Vorbereitungen zu seiner Italienreise von 1830 traf, schrieb Droysen, der zu den zahlreichen Verehrern Rebeckas gehörte, an Albert Heydemann: »Rebecka ist am schlimmsten dran; sie ist doppelt arm, wenn Felix nach Italien geht. Hensel versteht sie ja gar nicht, Fanny gehört ihr nicht, die Eltern lieben sie nicht viel ...«[18] Das hinderte Rebecka und Fanny nicht daran, einander ihr Leben lang eng verbunden zu bleiben! Fanny schrieb ihre Lieder zunächst für ihre kleine Schwester, die sehr schön sang, bis zu dem Tag, an dem sie beschloß, nicht weiter an ihrer Stimme zu arbeiten. Auch darin können sich Begabungsunterschiede zeigen, jedenfalls brachte Fanny es nicht fertig, ähnliche Beschlüsse zu fassen, auch nicht als verheiratete Frau. Trotzdem und obwohl sie mit ihr um die Liebe des Bruders konkurrieren mußte, blieb Rebecka ihre engste Freundin. Mochte Rebecka auch seitens der Eltern weniger Aufmerksamkeit bekommen, sie fand ihren Ausgleich in der Zuneigung der beiden älteren Geschwister. Für Paul blieb da nicht mehr viel übrig. Ihn erwähnt Sebastian Hensel, der ängstlich darauf bedacht ist, seine Familie in rosigen Farben zu schildern, stets mit einer gewissen Vorsicht. Der intelligente, musikalische Paul wußte seine Rolle im Quartett zu spielen, nie jedoch spielte er die erste Geige, und vielleicht bekam das seiner Entwicklung nicht besonders gut. Der launische, reizbare Jüngling brachte es nur zum – Bankier.

Wenn wir noch die regelmäßigen Besuche der Sängerin Anna Milder-Hauptmann, des Philosophen Hegel und des Rechtsgelehrten Eduard Gans, dazu den Aufenthalt des Geigenvirtuosen Paganini erwähnen und noch einmal an Alexander von Humboldt erinnern, so bekommen wir eine Vorstellung davon, in welcher kulturgesättigten Atmosphäre die Mendelssohns lebten. Fanny hatte gar keine Zeit sich zu fragen, ob ihr Talent eine ungerechte Behandlung erfuhr, sie lebte unter Menschen, deren Anerkennung künstlerische Erfolge und Auszeichnungen aufwog.

Ausgerechnet jetzt, im Oktober 1828, kehrt Wilhelm Hensel nach fünfjähriger Abwesenheit aus Italien zurück. Er ist vierunddreißig Jahre alt, Fanny fast dreiundzwanzig, und nur schwer läßt sich einschätzen, wer von beiden sich mehr verändert hat. Fanny ist, wie ihre Mutter sie sich wünschte, »frei«, glücklich lebt sie unter außergewöhnlichen Freunden

ihr Leben. Wilhelm sieht sich in ein intellektuelles, liberales Milieu versetzt, das ihm fremd ist. Er hat die Versprechen, die Lea, Abraham und Fanny ihm gegeben haben, nicht vergessen. Er hat hart auf sein Ziel hingearbeitet. Aber die Beziehung kann nicht einfach da anknüpfen, wo sie unterbrochen worden war. Fanny gehört ihrer Familie, ihrer Musik, ihrem Kreis, und dort sieht man gar nicht gern, daß ein Fremder sie mit Beschlag belegen will. Am abweisendsten zeigt sich Felix. Wilhelm reagiert heftig. Er ist eifersüchtig auf jeden, der mit ihr Umgang hat, auf die Geschwister ebenso wie auf die Freunde und Bekannten, und nicht zuletzt auf die Musik. Er versteht den Geist nicht, der in diesem Hause herrscht, und man zahlt ihm seine Gereiztheit heim. Die steigert sich zu Trotz und Empörung. Fanny erkennt den Mann, den sie zu lieben glaubte, nicht wieder. Sie wird schwierig, möchte nicht aus ihrem heiteren, schönen Leben herausgerissen werden.
Abraham ruft ihr in Erinnerung, daß sie keine andere Bestimmung hat als die Ehe und daß sie mit dreiundzwanzig Jahren sich dieser Einsicht nicht mehr verschließen darf. Zu ihrem Geburtstag am 14. November 1828 schreibt er ihr die folgenden Zeilen:[19]

> Wir werden beide mit jedem Jahr 365 Tage älter; wer weiss, wie lange ich Dir noch zu Deinem Geburtstage gratuliren und ein ernstes Wort sagen kann; wer weiss, wie lange Du letzteres noch hören kannst, oder willst.
> So will ich Dir heute sagen, liebe Fanny, dass ich in allen wesentlichsten Punkten, im Wichtigsten, mit Dir so zufrieden bin, dass mir nichts zu wünschen übrig bliebe. Du bist gut in Sinn und Gemüth. Das Wort ist verdammt klein, aber es hat es hinter den Ohren, und ich sage es nicht von einem Jeden.
> Aber Du kannst noch besser werden! Du musst Dich mehr zusammennehmen, mehr sammeln; Du musst Dich ernster und emsiger zu Deinem eigentlichen Beruf, zum einzigen Beruf eines Mädchens, zur Hausfrau, bilden. Die wahre Sparsamkeit ist die wahre Liberalität, wer Geld wegwirft, muss ein Geizhals oder ein Betrüger werden. Der Frauen Beruf ist der schwerste; die unausgesetzte Beschäftigung mit dem Kleinsten, das Auffangen eines jeden Regentropfens, damit er nicht in dem Sande verdunste, sondern zum Bache geleitet, Wohlstand und Segen verbreite, die stete unausgesetzte Beobachtung des Einzelnen, die Wohlthat jedes Augenblicks und die Benutzung jedes Augenblicks zur Wohlthat, das, und Alles, was Du Dir dazu denken wirst, sind die Pflichten, die schweren Pflichten der Frauen.
> Es fehlt Dir wahrlich nicht am Gemüth, noch weniger am Verstande, um sie treu zu erfüllen; aber am ernsten Willen, an der Samm-

lung, an der rechten Wahl und Würdigung Deiner Beschäftigungen wirst Du noch Stoff genug finden, Deine Kraft zu üben. Thue es, so lange Du freiwillig kannst! ehe Du es zu thun gezwungen bist. Uebe Dich, so lange es Dir noch vergönnt ist, mit Deinen Eltern zu leben, Vieles besser zu machen, als diese. Gieb dem Gebäude einen festen Grund, der Zierden wird es nicht ermangeln.
Doch ich will ja nicht predigen und bin noch nicht alt genug, schwatzhaft zu werden. Nimm noch einmal meine väterlichen Wünsche für Dein Wohl und meinen wohlgemeinten Rath zu Herzen.

Dein Vater.

Abraham hat sich nicht geändert. Er weiß, indem er einen solchen Brief zu einem solchen Zeitpunkt schreibt, daß er Fanny Wilhelm in die Arme drängt. Wäre es jedoch nicht vernünftiger, Fanny heiratete jemand aus dem unmittelbaren Kreis oder wenigstens aus dem näheren gesellschaftlichen Umfeld? Aber das würde auch das Risiko bedeuten, daß sie einen Juden oder einen getauften Juden heiratet, also jemanden mit einem Namen, den Abraham vergessen möchte. Da entspricht ein Maler, der Sohn eines Pastors ist und Protestant geblieben ist, schon besser seinen Vorstellungen von Integration. Wilhelm hatte bereits 1823, als er an Luise schrieb, gewußt, daß er Abraham, wenn es darauf ankam, auf seiner Seite finden würde.
Fanny hat die Pflicht zu heiraten. Wilhelm hat nur noch wenig Ähnlichkeit mit dem jungen Mann, den sie einst gekannt hat, und auch sie ist nicht mehr dieselbe. Aber sie weiß, daß sie immer noch auf seine Beständigkeit, auf seine Güte und auf seine grenzenlose Bewunderung zählen kann. Zwar macht Wilhelms Eifersucht die Dinge nicht einfacher, aber Flexibilität ist auch ihre starke Seite nicht. Im Gegenteil, sie wird mit den Jahren im Umgang immer schroffer werden. Sie gehört nicht zu den anmutigen und sanften Mädchen, die so sehr dem Geschmack des 19. Jahrhunderts entsprechen, aber Wilhelm liebt sie so, wie sie ist. Sie wird bekommen, was man ihr versprochen hat, als man ihr den Beruf der Musikerin verweigerte: die häusliche Gewalt und die unumschränkte Möglichkeit, einen Mann sehr glücklich zu machen. Der einzige Mann in ihrer Bekanntschaft, der es an Stärke mit ihr selbst aufnehmen kann, ist Felix. Der Gedanke, sich auf ein Leben mit einem Felix-Verschnitt einzulassen, ist für sie wenig anziehend, und so können wir Fanny verstehen, daß sie auf Abrahams Vorstellungen eingegangen ist und daß sie den Gegentypus zu ihrem Bruder und zu sich selbst gesucht hat.
Von dem Mut, den sie trotz allem braucht, berichtet niemand. Der allzu diskrete Sebastian Hensel weigerte sich, die Briefe, die Fanny damals an Wilhelm sandte, zu veröffentlichen. Die Briefe einer Verlobten gehören

der privaten Sphäre an. Jeden Morgen kam Wilhelms Diener und holte eine neue Epistel ab, worin Fanny sich, ihr Milieu, ihren Freundeskreis verteidigte, und Kompromisse anzubahnen suchte. Wilhelms Eifersucht war nicht unbegründet. Die Umgebung von Fanny war ihm nicht gewogen, seine Wortspiele kamen hier nicht an, und umgekehrt hielt der Sprachgebrauch des Kreises den Fremden auf Abstand. Anfangs flüchtete sich Wilhelm in pauschale Ablehnungen, worauf Fanny Bereitschaft erkennen ließ, ihm zuliebe alles fahrenzulassen, ihre Freunde, sogar ihre Musik, nur nicht den Bruder. Dann zog sie ihn behutsam auf ihre Seite, bevor sie das aufgegebene Terrain unauffällig zurückeroberte.
Man kann sich vorstellen, daß hier einiges überbrückt werden mußte, daß das Bild, das die beiden voneinander bewahrt hatten, und die Realität nicht mehr übereinstimmten. Bei Sebastian, der die Briefe seiner Mutter vor sich liegen hat, finden wir diese vertrauliche Information:[20] »Oft wurde sie durch die Gegenwart gestört, aber sobald sie allein war, in der Stille der Nacht, nur dem ideellen Bild des Geliebten gegenüber, wie sie gewohnt war, es anzuschauen aus den Trennungsjahren her, fand sie sich sofort wieder zurecht, und allmählich gelang es ihr, Bild und Wirklichkeit in einen Gesichtspunkt zu bringen. Jenen Brief ihres Vaters hatte sie fest im Auge, der ihr die Hausfrau als den einzigen Beruf des Mädchens aufgestellt hatte, und sie arbeitete emsig daran, sich mit Hinblick auf den Mann ihrer Wahl dazu zu bilden.«
Arbeit beinhaltet immer Interessantes und Nützliches. Wenn die Ehe schon Pflicht ist, dann soll sie wenigstens beiden Partnern die für den Kompromiß unabdingbare Selbsterkenntnis bringen. Gegensätze ziehen sich an. Das hatte 1821 und 1823 gegolten, es galt auch 1828 noch. Vielleicht aber war es auch nur leichter und weniger schmerzhaft, einem fünf Jahre alten Bild treu zu bleiben und so zu tun als ob, statt mit einer alten Gewohnheit zu brechen. Wir wissen es nicht.
Wilhelms Antwortbriefe an Fanny sind nicht erhalten, aber er verfügte über andere taktische Mittel. Als bewährter Porträtzeichner hatte er Lea von seinem römischen Exil aus für sich eingenommen, nun gewann er auf gleichem Wege die Sympathie von Fannys Kreis. Er begann mit Felix, bei dem Handeln am meisten not tat. Am 10. Januar notierte Fanny im Tagebuch, das sie gerade begonnen hatte: »Mittwoch aß Hensel hier, der die Skizze des Bildes mitbrachte, die sehr hell und schön und prächtig aufgefaßt ist. Felix selbst ist ganz entzückt davon, und ich finde, daß er seit diesem Bilde ganz anders gegen Hensel ist.« Und ein paar Zeilen weiter: »Ich war unendlich glücklich zu hören, daß sich die beiden sehr miteinander gefallen haben.«[21]
Das war anfangs alles andere als selbstverständlich. Felix verstand sich wie Rebecka als Liberaler, ja als Republikaner, genau wie ihr Vater, der »citoyen«, in seiner Jugend, während der erzkonservative Wilhelm sich

als bedingungsloser Loyalist und Bewunderer des Königtums erwies und damit die Tradition der Frühromantik fortsetzte. Immerhin verdankte er dem König von Preußen seinen Lebensunterhalt und sah sich schon deswegen in besonderer Anstandspflicht gegenüber dem Hof. Einmal hielt Felix es nicht mehr aus und rief laut Devrient: »Aber Hensel, nimm doch auf deinen radikalen Schwager etwas mehr Rücksicht!«[22] Erst Jahre später, als der älter gewordene und von den Zeitereignissen beeindruckte Felix sich mehr der Tradition zuwandte, kamen sie einander auch politisch näher. Einstweilen jedoch lag die Würze des Lebens in der scharfen Diskussion. Die wiederum ließ Fanny eher gleichgültig. Liberalismus, politische Meinungen, konservative Ideologie, all das schien die private Welt und die Situation der Frau kaum zu berühren. Ihr konservativ gesinnter Gatte ließ ihr mehr künstlerische Freiheit als ihr Bruder und ihr Vater, die sich sonst so liberal gaben. Fanny interessierte sich zwar sehr für das, was in der Welt vorging, aber sie war in Fragen der Politik und Religion weder fanatisch noch dogmatisch. Ihr Bruder und ihr Mann sollten sich menschlich verstehen, das war alles, was sie wollte. Ohne diese Grundvoraussetzung war ihre Ehe nicht denkbar.

Noch blieb Leas Widerstand zu überwinden. Sie zeigte sich Hensel gegenüber so unangenehm, wie es ihr ihre Erziehung gestattete. Am 22. Januar 1829 erschien jedoch Humboldt mit der frohen Botschaft, daß Wilhelm zum Mitglied der Akademie der Schönen Künste ernannt worden war. Am nächsten Tag um die Mittagszeit bat Wilhelm die Eltern um Fannys Hand. Sie selbst hielt das Ereignis in ihrem Tagebuch fest: »Etwa nach einer halben Stunde kam Hensel herein, und in einigen Minuten waren wir einig. Wir gingen hinein und fanden Mutter überrascht, erschreckt von der Schnelligkeit der Entscheidung und außerstande, ihre Einwilligung zu wiederholen. Vater war gleich sehr froh und zufrieden, Mutter brachten wir *tant bien que mal* in Ordnung, die Geschwister waren glücklich, nach zwei kam Felix nach Haus, auch er war anfangs überrascht, aber nachdem Hensel fort war, nach Tisch, hatte ich ein Gespräch mit ihm, das mich äußerst glücklich machte. Der Engel! Wie er gegen Hensel ist, das kann ich nicht beschreiben.«[23]

Daß Abraham sich nicht erstaunt zeigte und hoch zufrieden war, kann jene nicht überraschen, die seinen Brief vom 27. November 1828 gelesen haben. So weit war Lea noch nicht, sie wünschte sich wahrscheinlich ein ganz anderes Schicksal für ihre Tochter. Aber Fanny hatte mit klarem Bewußtsein ihre Wahl getroffen, und später begriff Lea, daß diese Wahl so schlecht nicht gewesen war.

Das in jenem Jahr begonnene Tagebuch wird Fanny bis zum Ende ihres Lebens führen, das heißt achtzehn Jahre lang. Die Eltern bestimmen weiter mit Nachdruck das Familienleben. Nicht nur muß sie heiraten, es ist auch beschlossene Sache, daß Felix eine große Bildungs- und Ausbildungsreise machen wird, zunächst nach England, danach nach Paris und Rom. So lautet der Wille seines Vaters. Sein Sohn soll sich beizeiten auf das unstete Leben eines Musikers einstellen. Ein Leben, das seinem unruhigen Wesen durchaus entspricht. Auch für eine Stadt, in der er sich niederlassen wird, muß er sich in absehbarer Zeit entscheiden. Der noch nicht siebzehn Jahre alte Paul hingegen muß ins Arbeitsleben eintreten. Sein Platz wird in einem Kontor sein, der Universität, so scheint es, ist er nicht für würdig befunden worden. Für die vier Geschwister verändert sich die Welt, die Jugendjahre sind vorbei. Nur Rebeckas Leben bleibt, wie es ist, aber kaum ist Fannys Verlobung bekanntgegeben, da strömen die Verehrer herbei: Sie ist genauso reich wie ihre Schwester, und dazu viel hübscher und viel lustiger. Auch wenn sich Fanny sicher sein kann, geliebt zu werden, auch wenn sie sehr intelligent ist und sehr schöne Augen besitzt, es muß für sie hart sein, sich neben einer so anziehenden Schwester als häßlich einzustufen. Ihre Erbitterung macht sich in einem Brief an Klingemann Luft:[24]

> Beinahe hätte ich vergessen, Ihnen zu danken, dass Sie erst aus meiner Verlobungskarte geschlossen haben, ich sei ein Weib wie andere, ich meinestheils war darüber längst im Klaren, ist doch ein Bräutigam auch ein Mann wie andre. Dass man übrigens seine elende Weibsnatur jeden Tag, auf jedem Schritt seines Lebens von den Herren der Schöpfung vorgerückt bekommt, ist ein Punkt, der einen in Wuth und somit um die Weiblichkeit bringen könnte, wenn nicht dadurch das Uebel ärger würde. –
> Hensel fängt jetzt ein lebensgrosses Bild, fast ganze Figur, von Gans an, der, überhaupt halb Mensch und halb Kind oder Wilder, eine unendliche Freude hat, sich auf der Leinewand zu sehen. Er kommt viel zu uns und findet grossen Geschmack an Rebecka, der er auch eine griechische Lehrstunde aufgezwungen hat, in der diese beiden gelehrten Personen den Plato lesen. Groteskeres kenne ich nicht. Dass man aus dieser platonischen Verbindung eine reelle macht und sie in der ganzen Stadt versprochen sagt, versteht sich von selbst, es ist aber garnicht daran zu denken.

Daß Fanny eine sehr direkte und manchmal schockierende Ausdrucksweise bevorzugte, das wußten alle, daran war man gewöhnt. Aber in diesem Brief ist mehr zu spüren als nur ein Hauch von Bitterkeit. In den bürgerlichen Familien wartete man ab, bis die älteste Tochter unter der Haube war, dann erst führte man die nächsten Töchter auf den Markt. Für Fanny sicher ein zusätzlicher Grund, die baldige Verheiratung anzustreben, aber dafür durfte man von ihr nicht erwarten, daß sie gerade jetzt nur Nachsicht für ihre jüngere Schwester empfand!

Die Matthäuspassion

Felix im Aufbruch, Paul als Lehrling in der Bank, Fanny in Erwartung ihrer Hochzeit – bald wird die heitere Viererbande versprengt sein und das gesamte Familienleben ein anderes. Bedrückt sieht Fanny der Abreise des Bruders entgegen: Was wird werden aus ihrer Musik? Sie hat Felix die Bahn freigegeben, stellvertretend soll er für sie mitleben. Solange er in ihrer Nähe weilte, war sie glücklich bei dem Gedanken, daß die Jahre des gemeinsamen Lernens in ihm so schöne Früchte zeitigten. Wie aber würde sie mit seiner Abwesenheit zurechtkommen? Sein Englandaufenthalt soll nur ein paar Monate dauern, aber er wird nur der Auftakt sein zu weiteren Reisen, auf denen er endgültig zu seiner Begabung finden und sich für den Ort entscheiden wird, wo dann sein eigentliches Künstlerleben beginnt. Das Berlin von 1829 hat den letzten Glanz der friderizianischen Aufklärung eingebüßt, es ist nur noch eine konservative Provinzstadt, wo nicht allzuviel passiert. Ein Musiker vom Format eines Felix Mendelssohn, so denkt der Vater, braucht eine Hauptstadt mit bedeutenden Theatern und mit Berufsorchestern. Fanny muß dagegen sehen, wie sie mit der Berliner Mittelmäßigkeit zurechtkommt, vielleicht sollte sie sogar die Musik ganz seinlassen? Nein, zunächst einmal wächst die eifersüchtige Neugier, und der Bruder findet Grund, sie zu tadeln: »Man sollte Dir auf die Finger klopfen! ... Du warst in meinem Zimmer? Hast in meinen Sachen geschnüffelt? Nimm Dich in Acht, meine Liebe, nimm Dich in Acht!«[1]

Eigentlich aber müßte sie ganz andere Sorgen haben, denn vor Felix' Abreise steht noch eine große, erregende Aufgabe an. Eine Aufgabe, die ganz allein schon gerechtfertigt hätte, daß der Name Mendelssohn in die Musikgeschichte einging: die Wiederentdeckung von Bachs *Matthäuspassion,* deren erste bekannte Aufführung in der Leipziger Thomaskirche sich gerade zum hundertstenmal jährte. Zu Recht fällt der Ruhm Felix zu, mobilisierte er doch sein ganzes Talent, seine ganze freudige Energie. Trotzdem muß es überraschen, daß Fannys Anteil nie und nirgends hervorgehoben oder überhaupt nur anerkannt wurde. Ihre Briefe aber beweisen, daß sie das Werk Note für Note kannte (eine Matthäuspassion ist nichts, was man sich so nebenbei einprägt) und dazu Felix' Intentio-

nen, als wären es ihre eigenen gewesen. Falls eine Musikerpersönlichkeit vorstellbar ist, die mehr als Felix Mendelssohn von Bachs Musik geprägt und durchdrungen wäre, dann hat man an Fanny Mendelssohn zu denken, die junge Frau, die ihr Bruder seinen »Kantor mit den schwarzen Augenbrauen« nannte. Einer, der Fanny und Felix erlebte, wie sie die Passion am Klavier einstudierten, war Alexander von Humboldt. Er kam täglich mit Professor Encke vorbei, um sein »Magnethäuschen«[2] zu inspizieren (Abraham hatte dieses Gehäuse, das außer ein wenig Kupfer kein Eisenmetall enthielt, in seinem Garten errichten lassen, um Humboldt seine Magnetfeldmessungen[3] zu ermöglichen). Natürlich hatten Fanny und Felix eine lange Praxis des Vierhändigspielens. Lea hatte schon 1823 Amalie Beer gebeten, doch Werke ihres Sohnes Giacomo Meyerbeer zu schicken:[4] »Ouvertüren seiner Opern in Partitur wären sehr willkommen, da Fanny und Felix sehr geübt und gewandt sind, dergleichen vierhändig einzurichten, ohne es erst aufzuschreiben.«
In der gleichen trauten Gemeinsamkeit und mit der gleichen konzentrierten Hingabe studierten sie nun die Passion, machten sie zu ihrem gemeinsamen Besitz. Auf Felix wartete die strahlende Hauptrolle, der Platz zwischen Chor und Orchester,[5] auf Fanny wie gewohnt die Schattenrolle, irgendwo hinten bei den Altstimmen. Beide dienten sie der einen großen Musik, und wenig kam es ihnen darauf an, wer was zu tun hatte, wenn nur zustande kam, was zustande kommen sollte. Für Felix war es der Auftakt zu einer glanzvollen Karriere, für Fanny das Ende einer Zusammenarbeit, die eine Jugend lang gedauert hatte und nun vor Publikum einen letzten Höhepunkt erlebte. Beklommen wartete sie auf die Aufführung.
Sie wurde zum krönenden Abschluß ihrer gemeinsamen musikalischen Erziehung. Und sie wurde zur bedeutendsten, berühmtesten Leistung der Singakademie, in ihr gipfelte die von Fasch 1791 begonnene und von Zelter mit viel Engagement fortgeführte Arbeit. Vieles hatte zum Gelingen dieses Konzerts, mit dem Felix von seiner Jugend wie von seinem Land Abschied nahm, beigetragen: Da war die Partitur der Passion, die sein Freund und Violinlehrer Eduard Rietz abgeschrieben und die die Großmutter Salomon ihrem Enkel zu Weihnachten 1823 geschenkt hatte, da waren die Sonntagsmatineen, bei denen er das Dirigieren von Chor und Orchester gelernt hatte, da war nicht zuletzt der strenge Lehrmeister Zelter.
Fanny erstattete am 22. März dem Freund Klingemann Bericht über das Ereignis:[6]

> Felix und Devrient sprachen schon lange von der Möglichkeit einer Aufführung, aber der Plan hatte nicht Form noch Gestalt, an einem Abend bei uns gewann er Beides und den Tag darauf

wanderten die Zwei in neugekauften gelben Handschuhen (worauf sie sehr viel Gewicht legten) zu den Vorstehern der Akademie. Sie traten leise auf und frugen bescheidentlich, ob man ihnen zu einem wohlthätigen Zweck wohl den Saal überlassen würde? Sie wollten alsdann, da die Musik wahrscheinlich sehr gefallen würde, eine zweite Aufführung zu Gunsten der Akademie veranstalten. Aber die Herren bedankten sich höflich und zogen vor, ein gewisses Honorar von fünfzig Thalern zu nehmen und den Concertgebern die Verfügung über die Einnahmen anheim zu stellen. Beiläufig gesagt, kauen sie noch heute an der Antwort. Zelter hatte nichts dawider einzuwenden und so begannen die Proben am folgenden Freitag. Felix ging die ganze Partitur durch, machte einige wenige zweckmässige Abkürzungen und instrumentirte das einzige Recitativ: »Der Vorhang im Tempel zerriss in zwei Stücke.« – Sonst ward Alles unberührt gelassen. Die Leute staunten, gafften, bewunderten, und als nach einigen Wochen die Proben auf der Akademie selbst begannen, da zogen sie erst die längsten Gesichter vor Staunen, dass solch ein Werk existirte, wovon sie, die Berliner Akademisten, nichts wussten. Als das begriffen war, fingen sie mit wahrem und warmem Interesse an zu studiren. Die Sache selbst, das Neue, Unerhörte der Form interessirte, der Stoff war allgemein ansprechend und verständlich, Devrient trug die Recitative wunderschön vor; wie alle Sänger schon von den ersten Proben an ergriffen waren und mit ganzer Seele an das Werk gingen, wie sich die Liebe und Lust bei jeder Probe steigerte und wie jedes neu hinzutretende Element, Sologesang, dann Orchester, immer von Neuem entzückte und erstaunte, wie herrlich Felix einstudirte und die früheren Proben am Fortepiano von einem Ende zum Andern auswendig akkompagnirte, das sind lauter unvergessliche Momente. Zelter, der in den ersten Proben mitgewirkt hatte, zog sich nach und nach zurück und nahm in den späteren Proben, sowie in den Aufführungen mit musterhafter Resignation seinen Sitz unter den Hörern. Nun verbreitete sich durch die Akademie selbst ein so günstiges Urtheil über die Musik, das Interesse ward in jeder Beziehung und durch alle Stände hindurch so lebhaft angeregt, dass den Tag nach der ersten Ankündigung des Concerts alle Billets vergriffen waren und in den letzten Tagen über tausend Menschen zurückgehen mussten. Mittwoch, den zehnten März war die erste Aufführung, die man, unbedeutende Versehen der Solosänger abgerechnet, durchaus gelungen nennen konnte. Wir waren die Ersten auf dem Orchester; gleich nach Oeffnung der Thüren stürzten die Menschen, die schon lange gewartet hatten, hinein und der Saal war in weniger als einer Viertelstunde voll. Ich sass an der Ecke, dass ich Felix genau sehen konnte und hatte die stärksten Altstimmen neben mich genommen. Die Chöre waren von einem Feuer, einer schlagenden Kraft und wiederum von einer rührenden Zartheit, wie ich sie nie gehört, ausser bei der zweiten Aufführung, wo sie sich selbst noch übertrafen. In der Voraussetzung, dass Ihnen die dramatische Form noch erinnerlich ist, schicke ich Ihnen ein Textbuch mit, wobei ich bemerke, dass Stümer die Erzählung des Evangelisten, Devrient die Worte Jesu, Bader den Petrus, Busolt den Hohenpriester und Pilatus, und Weppler den Judas sang. Die Schätzel, Milder und Türrschmiedt sangen die Sopran- und Altsolos vortrefflich. – Der überfüllte Saal gab einen Anblick wie eine Kirche, die tiefste Stille, die feierlichste Andacht herrschte in der Versammlung, man hörte nur einzelne unwillkürliche Aeusserungen des tief erregten Gefühls; was man so oft mit Unrecht von Unternehmungen dieser Art sagt, kann man hier mit wahrem Recht behaupten, dass ein besonderer Geist, ein allgemeines, höheres Interesse diese Aufführung geleitet habe und dass ein Jeder nach Kräften seine Schuldigkeit, manche aber mehr thaten. So Rietz, der das Ausschreiben aller Instrumentalstimmen mit Hülfe seines Bruders und Schwagers übernommen und denen Dreien man nach beendeter Arbeit kein Honorar aufzudringen vermochte; die meisten Sänger wiesen die ihnen zugedachten Freibillets zurück oder bezahlten sie, sodass im ersten Concert nur sechs Freibillets waren (wovon Spontini zwei hatte), im zweiten garkeins. Noch vor der Aufführung war durch die Vielen, die unberücksichtigt bleiben mussten, das laute Geschrei um eine Wiederholung ertönt und die Erwerbschulen hatten sich als Supplikanten gemeldet, allein diesmal war Spontini erwacht und bemühte sich mit der größten Freundlichkeit, die zweite Aufführung zu hintertreiben. Felix und Devrient schlugen dagegen den geradesten Weg ein und verschafften sich Befehle vom Kronprinzen, der sich von Anfang an sehr für das Werk interessiert hatte, und so ward es Sonnabend, den einundzwanzigsten März, an Bachs Geburtstag, wiederholt; dasselbe Gedränge, noch größere Fülle, denn der Vorsaal sogar war eingerichtet und alle Plätze verkauft, ebenso der kleine Probesaal hinter dem Orchester. Die Chöre waren fast noch vortrefflicher als das erstemal, die Instrumente herrlich, nur ein arger Fehler, den die Milder machte, und kleinere in den Solostimmen verdarben Felix den Humor, im ganzen kann man aber sagen, daß gute Unternehmungen sich keinen erfreulicheren Erfolg wünschen können.

Publikum wie Mitwirkende zeigten durch ihre Reaktion, was diese Auferstehung der *Matthäuspassion* für sie bedeutete. Die Mendelssohns finanzierten sie und mußten dabei erheblich zuschießen, aber wer hätte an Gewinn gedacht bei einem Werk, das in zweifacher Hinsicht geheiligt war: als im Innersten bewegende religiöse Musik und als gemeinschaftsstiftendes, als »deutsches« Kulturereignis. Typisch für die Mendelssohns war es, daß das Geld keine Rolle dabei spielen durfte. Fanny empörte sich denn auch über den Kommerzgeist, den die Leitung der Singakademie an den Tag gelegt und mit dem sie gewissermaßen deren Daseinszweck verleugnet habe. Die Einnahmen des ersten Konzerts kamen dem Verein für die Erziehung verwahrloster Kinder zugute, die des zweiten den Handelsschulen.[7] Indem die Singakademie den großen Saalbau bezog, der dann ihren Namen trug,[8] wandelte sie sich zur Institution und vergaß ihre alte, durchaus moralische Rolle innerhalb des bürgerlichen Standes. Felix jedoch blieb sich weiterhin bewußt, daß sie die Menschen hatte zusammenführen und zu ihrer sittlichen Vervollkommnung hatte beitragen wollen. Devrient[9] erzählt, wie sie beide, ausgestattet mit den berühmten hellgelben Handschuhen,* unterwegs waren, um die Sänger zur Mitwirkung an dem Konzert aufzufordern, und wie Felix auf dem Opernplatz plötzlich stehenblieb und ausrief: »Daß es ein Komödiant und ein Judenjunge sein müssen, die den Leuten die größte christliche Musik wiederbringen!«[10] Felix vergaß nicht, wie prekär ihrer beider sozialer Status immer noch war, für ihn hatte das kommende musikalische Großereignis auch in dieser Hinsicht geschichtliche und nationale Bedeutung: Alle sozialen Schichten würden vertreten sein (das tatkräftige Bürgertum an der Spitze), die verbindende, einigende Kraft des Chorgesangs in der grandiosesten aller Chormusiken offenbar werden.

Fanny spricht von »ein paar nützlichen Streichungen«: Der Chor der Singakademie spielte die Hauptrolle, und zweiundzwanzig Nummern wurden weggelassen, darunter elf Arien mit vier Rezitativen (unter anderem »Buß und Reu« sowie »Ich will dir mein Herze schenken«) und vier Choräle.[11] Das von der Sopranistin Pauline Schätzel gesungene »Erbarme dich« rückte so ins Zentrum, die Bedeutung der Chöre wurde hervorgehoben. Mendelssohn gestattete sich nicht wie Zelter, in einer Partitur, die er verehrte, mit dem Rotstift zu arbeiten, für seine Streichungen

* Die Anekdote sei erzählt: Devrient lieh Felix, der gerade knapp bei Kasse war, einen Taler, damit er sich die hellgelben Wildlederhandschuhe kaufen sollte, welche den Aufzug der beiden Bach-Anhänger komplettierten: blauer Rock, weiße Weste, schwarzes Halstuch, schwarze Pantalons. Lea aber machte Devrient das unbedachte Darlehen zum Vorwurf, indem sie erklärte, Felix müsse lernen, besser mit seinen Mitteln hauszuhalten: »Man darf die mangelnde Sparsamkeit der jungen Leute nicht auch noch ermutigen«, sagte diese aufmerksame Mutter.

begnügte er sich mit Abdeckblättern oder mit behutsamen Bleistiftanmerkungen. Das Problem waren die Rezitative. In unveränderter Form konnten sie aus stilistischen Gründen Sängern wie Publikum damals nicht zugemutet werden, daher setzte Mendelssohn die »Klagen« des Evangelisten, obwohl einem Tenor vorbehalten, eine Oktave tiefer, insbesondere den Satz »Und alsbald krähete der Hahn«. Die Solisten kamen mehrheitlich vom Königlichen Schauspielhaus! Anna Milder-Hauptmann (1785–1838) hatte in der Wiener Uraufführung von *Fidelio* die Leonore und in Berlin in der Uraufführung des *Freischütz* die Agathe gesungen. Busolt sang an der Oper zwischen 1822 und 1831 die Baßrollen und Bader (1789–1870) sowie Stümer (1789–1857) die Tenorpartien. Die Altistin Auguste Türrschmiedt (1800 bis nach 1860) war vor allem Oratoriensängerin. Die Solisten sangen die Chöre mit, auch den Eingangschor. Der Chor umfaßte einhundertachtundfünfzig Mitwirkende,[12] das Orchester war kein Berufsorchester, es bestand aus den Mitgliedern der von Eduard Rietz[13] 1826 gegründeten »Philharmonischen Gesellschaft«. Zur Verstärkung hatte man von der Hofoper einige Instrumentalisten geholt. Sogar Klarinetten waren dabei, was für uns heute befremdlich klingen würde.

Fanny betont jedoch, man habe die Partitur im Grunde nicht angetastet. Zelter dagegen wäre sicherlich seiner Gewohnheit treu geblieben und hätte die Melodik dem Zeitgeschmack und der Berliner Liederschule angepaßt. So ängstlich war Felix Mendelssohn nicht, er ließ Bachs Musik in den Orchesterstimmen unverändert und bearbeitete die Rezitative nur, weil er die religiöse Andacht und erhabene Stimmung nicht zerstören wollte. Was die Komponistin Fanny angeht, so wird sie keine Angst vor Dissonanzen oder vor schwer zu singenden Intervallen gekannt haben.

Nachdem Felix abgereist war, dirigierte Zelter am Karfreitag, den 17. April, eine dritte Aufführung, deren Erlös ihm zugute kam. Fannys Reaktion zeigt, daß sie die Partitur in- und auswendig kannte. Hier ihr Brief an Felix vom 18. April:[14]

> Von den Montags u. Dienstags Proben wollte ich Dir gar nichts schreiben, um nicht den Jammer in Dir zu erwecken, von dem meine Seele voll war. Zelter spielte selbst, u. was er, mit seinen zwei Fingern u. seiner *völligen Unkenntniß* der Partitur, herausbrachte, kannst Du Dir denken. Mißstimmung u. Angst verbreitete sich im ganzen Chor, u. Dein Name ward vielfach genannt. Die Donnerstagsprobe war nicht geeignet, jene Besorgnisse zu vermindern. Z. taktirte nicht bei den accompagnirten Rezit. u. bei den Chören nur, wenn er es nicht vergaß. Stümer that Wunder, u. hielt sich, bei Z.s fast fortwährend falschem e-Accompagnement, stets richtig.

Um einige Einzelheiten zu nennen, so war Devrient so verwirrt, daß er unter andern nur das halbe Abendmahl einsetzte, u. gleich in f dur anfing[15] trinket Alle daraus. Die Milder warf das Duett wie gewöhnl. um, die Schätzel plack(erte) stark in ihrer Arie, die kleinen Chöre: der rufet dem Elias, u. halt laß sehen, ging drunter u. d(rüber), etc. Z. fuhr entsetzlich drein, war sehr böse, verwirrte sich immer beim Umwenden der aus golg. Scene Stücke, wodurch große Pausen entstanden, u. wobei ihn Stümer, mit mehr Discretion u. Haltung, als ich ihm zugetraut hätte, still zurecht wies, Devrient saß da, als ein vollendetes Ecce homo. Um 1/4 5 schloß die Probe, u. außer uns vor Ermüdung, Anstrengung u. Angst kamen wir nach Haus, nachdem ich noch mit Devrient, Ritz u. David[16] einen kleinen Rath gehalten hatte, u. übereingekommen war, daß Ritz ganz durch taktiren, David aber pausiren solle, als hinge sein Leben davon ab, denn der 2te Chor war bei späteren Eintritten ganz auf sich allein angewiesen. Nach diesen Aspekten ging es denn außerordentlich. Deinen Vorschlag mit den 4 Clarinetten hatte Ritz in der Probe versucht, u. ich hatte den Chor angehört, wir fanden es aber nicht zweckmäßig, es klang zu spitz, u. verlor den Orgelcharacter, u. so blieb es beim Alten in der Aufführung.[17] Eda Benda, die ich gesehn habe, sagte, der Choral habe wunderschön geklungen. Der erste Chor ging übrigens gut. Ritz taktirte, u. bei den Worten Jesu kamen die Instrumente fast immer präcis, was sehr zu verwundern. Die Milder sang die Arie sehr schön, schluckte zwar ein ganze Achtel lang, aber die Flöten gaben nach. – Abendmahl sehr schön. ›O Schmerz‹, zu geschwind, u. das pp im Chor verschwunden. »Siehe er ist da, der mich verräth,«[18] sang Devrient laut Befehl. Duett wider Erwarten, vortrefflich, Chor schwach. Daß Z. endlich seine Lust büßte, u. die Fermate durchtaktirte, begreifst Du. Auch kamen sie nicht ganz präcis. Schlußchoral ohne Piano, Flöten vortrefflich. Alt Arie gut unter den Choreintritten, waren durchweg die Tenoren am Schwächsten. Die kleinen Chöre gut. Bei ›Wahrlich du bist auch Einer‹ fehlten zu Anfang die Flöten. Bei ›Erbarme dich‹ machte die Schätzel denselben Fehler wie in der Probe, aber so geschickt, daß es wohl nur wenige gehört haben. ›Was gehet uns das an‹ war der einzige Chor, der anfangs sehr wackelte. ›Der du durch Tempelgottes‹ viel zu geschwind, Ritz hielt an, aber der Anfang war weg. Nun kam der große Scandal, der nicht fehlen kann: ›Ach Golgotha,‹ fing statt auf dem 4, auf dem 8ten Achtel an, u. mit ihrer gewohnten Consequenz blieb die Milder, *durch das ganze Rezit.* ihren halben Takt zurück, obgleich Zelter ihr mit aller Macht des Claviers richtig vorspielte. Ritz ging zu den Bassethörnern hin, u. brachte sie auch

> richtig in Ordnung, aber erst in den letzten Takten, u. solcher Jammer ward selten erhört. Sie hat mit wunderbarer Symmetrie das erstenmal der erste Stück verdorben, das 2temal das 2te, u. gestern das dritte. Als es aus war, umringten mich Viele, u. jammerten nach Dir. Bader u. Stümer an der Spitze. Stümer ward ganz weich und sagte, es muß Ihnen doch heut komisch zu Muth gewesen seyn. Dafür machte ich ihm die größten Komplimente, denn er war wirklich zum Bewundern, da Z. oft so falsch begleitete, so ganz andre Harmonien, daß ich noch nicht begreife, wie er sich hat halten können. Ritz hat auch Wunder gethan, denn Z. taktirte nur wenn es ihm einfiel, konnte er den Taktstock nicht schnell genug fassen, so nahm er die Hand, u. wenn er auch das vergaß, kamen die Chöre von selbst. Im Ganzen genommen, war es für das Publicum eine gute Aufführung, auf dem Orchester aber fühlte ein Jeder wo es fehlte. Mir stand der Kopf den ganzen Abend nach dem Dampfschiff. Es war übrigens sehr voll, der König von Anfang zu Ende da, u. eine ...* Noch muß ich bemerken, daß Devrient die Partitur nach der Probe aufgenommen u. die ausgebliebenen Stücke mit Mundleim sauber verklebt hatte.[19] Er nimmt es wieder fort, u. außerdem ist Deine Partitur durchaus nicht verunreinigt worden. Ritz hat göttlich gespielt. Und nun glaube ich fertig zu seyn ...

Dieser lange Brief, der von Anfang bis Ende den Notizen ähnelt, die ein Assistent dem Dirigenten zukommen läßt, vermittelt eine Vorstellung von der Arbeit, die Fanny leistete. Während sämtlicher von Felix geleiteten Proben hörte sie genauestens zu und hielt fest, was ihr auffiel. Ein Dirigent hört von seinem Standort aus nicht unbedingt alles, was die Ausgewogenheit des Orchesterklangs ausmacht beziehungsweise stört, er braucht einen Hörer, dem er voll vertraut. Was Fanny in bezug auf Zelter äußert, grenzt an Majestätsbeleidigung: Für den Musikwissenschaftler Schünemann ist es undenkbar, daß Zelter sich »resigniert« von den Proben der Matthäuspassion zurückgezogen hätte und daß sein Partiturexemplar nicht allen Aufführungen zugrunde gelegen hätte.[20] Auf die vorsichtige Vermutung, Zelter könnte eventuell das Werk gar nicht durchgearbeitet haben, würde er wohl mit schrillem Protest reagiert haben. Aber die Matthäuspassion ist ein schwieriges Werk, und selbst ein eminenter Bach-Spezialist konnte sie nicht vom Blatt dirigieren. Falls sich der alte Herr die Zeit für ein vertieftes Studium nicht genommen hatte, konnte er sie ganz einfach nicht kennen. Fannys unverblümte Kritik ging natürlich davon aus, daß Felix voll auf ihrer Seite stand. Aus der Sicht

* Briefstelle nicht leserlich

seiner beiden ehemaligen Schüler beging Zelter mit seinen Kürzungen und willkürlichen Eingriffen ein Sakrileg.
Eine Frage ist bis heute nie gestellt worden: Wenn Zelter dazu nicht recht in der Lage war, wer hätte dann Felix besser vertreten können als Fanny, welche die Partitur bis in die letzten Feinheiten kannte? Eine anachronistische, historisch beinahe abwegige Frage, die aber unter musikalischem Aspekt Interesse verdient. Fanny war keineswegs nur Pianistin, sie sollte das sehr bald mit ihren Sonntagsmatineen beweisen. Sie wußte mit Klangmassen, Klanggruppen, Klangfarben differenziert umzugehen, ihr Gehör war unbestechlich, sie hatte die notwendige Autorität, um vor einem Orchester zu stehen, und an Organisationstalent mangelte es der lebenspraktischen jungen Frau am allerwenigsten.

Felix in England. Die erste Trennung

Felix reiste nach England, und dieser Aufbruch fiel mit dem hochbedeutsamen Ereignis der Matthäuspassion zusammen. Beide hatten sie intensiv dafür gearbeitet, und es ist nicht erstaunlich, daß Fanny sich deprimiert fühlte. Das ist nach jeder großen Leistung so, und wenn das Vollbrachte nicht neue Projekte initiiert, dann ist der Stimmungsabfall kraß. Was Felix angeht, so war es an der Zeit, daß er der elterlichen Bevormundung entrann. Das sagten alle, und Zelter schrieb an Goethe:[1] »Der Junge ist mein Trost, und es ist nur gut, daß er jetzt das Haus seiner Eltern verläßt.« Im Zusammenhang mit den hellgelben Handschuhen hatte schon Devrient sein Erstaunen über den Druck und die Kontrolle, unter denen der zwanzigjährige junge Mann lebte, zum Ausdruck gebracht. Dafür wurde die Bevormundung nun zu Fannys Schicksal, und sogar nach ihrer Verheiratung sollte sie mit den Launen ihrer Eltern zurechtkommen müssen.

Die letzten Monate waren wie ein bunter Abschiedsstrauß, der im Haus Mendelssohn gebunden wurde. Hauskonzerte und Empfänge hörten nicht mehr auf. Paganini hatte im März sein Berliner Debüt gegeben und wurde zum Diner in der Leipziger Straße empfangen. Fanny schrieb am 9. März in ihr Tagebuch:[2] »Mittwoch Paganinis erstes Konzert. Ich werde mir Zeit nehmen, mehr über dieses höchst wunderbare, unbegreifliche Talent, über diesen Menschen, der das Aussehen eines wahnsinnigen Mörders und die Bewegungen eines Affen hat, zu schreiben. Ein übernatürliches, wildes Genie. Er ist höchst aufregend und pikant.«

Hensel nutzte die Gelegenheit, sein Porträt anzufertigen, während die Mendelssohns sich bis Mitternacht über ihn stritten, allerdings ohne Felix, der zu Bett ging. Fanny erwähnt das in ihrem Tagebucheintrag vom 19. März, geht aber auf den Grund des Streits nicht ein. Der Mendelssohn-Kreis lebte von seiner Leidenschaft für die Diskussion und den heftigen Wortwechsel. Man huldigte den Ideen, wobei jeder bei aller Wohlerzogenheit eine freimütige Sprache wahrte. Fanny sagt es zwar nicht, aber es ist äußerst wahrscheinlich, daß Wilhelm, der inzwischen als ständiger Gast im Salon Mendelssohn weilte, mit seinen Meinungen regelmäßig aneckte. Paganini, der während seines Berliner Aufenthalts häufig in der Leipziger Straße erschien, konnte mit seiner absolut außergewöhnlichen Persönlichkeit nur kontroverse Reaktionen und Meinungen hervorrufen, stockkonservative ebenso wie verschwärmt romantische. Was ist ein Genie, bis zu welchem Grad muß man ihm ein exzentrisches Gebaren nachsehen, soll man die Symptome mangelnder Erziehung tolerieren oder nicht? Diese Diskussion ging noch lange weiter, ähnliche Fragen stellten sich Fanny und Felix auch in ihrem Briefwechsel. Jetzt allerdings zog sich Felix, wenn ihm die Debatte zu persönlich wurde, in sein Zimmer zurück.

Noch eine Abschiedszeremonie hatte sich Felix ausgedacht: Er gab für seine Familie zwischen dem 1. und 8. April Orgelkonzerte in drei Berliner Kirchen, der Dreifaltigkeitskirche, der Garnisonskirche und der Parochialkirche. Felix wußte genausogut wie Fanny, daß ein Lebensabschnitt und eine bestimmte Art von Sorglosigkeit zu Ende gingen. Den schützenden Kokon, den die Familie bedeutet hatte, würde er wohl nie wiederfinden. Seine Beklemmung ging ein in sein Spiel. »Furchtbareres habe ich nie gehört als den ersten Chor aus der Passion, wie ihn Felix spielte«, schrieb Fanny am 1. April. Das dritte, in der Parochialkirche stattfindende Konzert endete im Dämmerlicht des Abends, und nach einigen Orgelpassagen und Chören aus der *Matthäuspassion* kam Felix mit »Tu es Petrus« zum Schluß. »Es war sehr poetisch«, notierte seine ältere Schwester am 8. April.[3]

Die Abreise wurde auf Freitag, den 10. April festgesetzt. Die Freunde kamen zum Abschiedsbesuch. Heine erschien am Mittwoch zum Mittagessen, danach auch Devrient und Ulrike, eine Freundin. Zusammen verbrachten sie einen langen musikalischen Nachmittag. Am Abend kam auch noch Gans. Am nächsten Tag aßen dann Zelter und Gans in der Leipziger Straße zu Mittag, und am Nachmittag versammelte sich noch einmal der Kreis der jungen Leute. Berger kam und hörte sich an, wie man seine Etüden spielte und seine *Fantasie in e-Moll*, als einen letzten Gruß an seine Jugend. »Es war sehr still, trüb und unangenehm«, schrieb Fanny am 13. April. Am Freitag standen sie um vier Uhr auf, und Fanny blieb bis zur letzten Minute bei ihrem Bruder, half ihm beim Anziehen und beim Packen. Um halb sechs brachen die Reisenden dann auf.[4] Abraham und Rebecka sollten Felix bis Hamburg begleiten.

Um Fanny zu trösten, verschaffte Droysen ihr eilends Arbeit. »Droysen brachte mir ein allerliebstes Gedicht auf Felix, welches mich in die angenehmste Stimmung versetzte, da mir die Melodie gleich einfiel. Ich spielte meine Ostersonate.«[5]

Diese *Ostersonate* stellt die Musikwissenschaft vor Probleme; Fanny erwähnt sie in ihrem Tagebuch, Klingemann in einem Brief vom 19. August 1829:[6]

Basta! Felix beneidet mich jetzt um das elende Fleckchen Platz, was ich noch habe, weil ich nun unter vielen andern pikanten Dingen noch das herausheben kann, wie wir heute an Bord eines amerikanischen Schiffes waren, von New-York, das ›Napoleon‹ heisst, und auf dem sich, ausser allem erdenklichen Mahagonicomfort, auch ein Piano von Broadwood befand, zum Trost für lange See-Augenblicke, und wie er, im Hafen von Liverpool, unfern des Atlantischen, sich hinsetzte und mir aus dem ersten Satz Ihrer *Ostersonate*, o Fräulein Braut, vorspielte, von der wir früher bloss gesprochen, – die kalte Luft wehte dazu von oben herein, und Matrosen sangen von Weitem zur Arbeit ein eintönig Moll-Lied. – Adieu. –

Das Autograph dieser Sonate ist zur Zeit unauffindbar. Dafür hat der französische Pianist Eric Heidsieck 1973 eine angeblich von Felix Mendelssohn Bartholdy[7] stammende *Ostersonate* aufgenommen, deren Autograph allerdings keinerlei Signatur aufweist. Der Eigentümer verwehrt jeglichen Zugang zu diesem Manuskript, und im übrigen wäre selbst dann, wenn man die Hand Felix' oder Fannys erkennen würde, noch nichts bewiesen, denn jederzeit könnte der eine das Werk des anderen abgeschrieben haben. Bemerkenswert ist jedoch, daß diese Sonate, die in keinem Werkverzeichnis oder Katalog figuriert, ohne weitere Umstände Felix zugeschrieben wurde. Die Zukunft wird sicher eine Antwort auf die hier aufgeworfenen Fragen bringen. Zwar hatte Fanny bereits früher eine Klaviersonate geschrieben, im Jahre 1824, als Felix ebenfalls abwesend war (er befand sich auf einer Reise nach Doberan in Begleitung seines Vaters). Aber diese dreisätzige Sonate in c-Moll, deren Manuskript sich im Mendelssohn-Archiv in Berlin befindet, trägt nicht den Titel *Ostersonate* und ist darüber hinaus im Sommer komponiert worden.[8]

Fanny war in dieser Zeit sichtlich durcheinander, die Abreise des Bruders verstörte sie in mancherlei Hinsicht. Wenn sie die Mahlzeit, die sie am 13. April allein mit ihrer Mutter einnahm, als etwas Außergewöhnliches erwähnt, dann sicher deshalb, weil sie ansonsten allezeit von einer Schar von Freunden, Geschwistern, Cousinen und Cousins umgeben war. Nun fühlte sie sich einsam, auch wenn es eine relative Einsamkeit war, und um so mehr Wirkung zeigte die werbende Aufmerksamkeit eines Wilhelm Hensel. Wohl hatte Wilhelm auf Felix, auf die Musik und auf alles, wovon Fanny umgeben war, Eifersucht empfunden, solange er selbst seinen Platz im Familienkreis noch nicht gefunden hatte, aber jetzt stellte sich heraus, daß er, kaum sah er sich akzeptiert, sich besser als jeder andere in sie einzufühlen vermochte. Schließlich hatte auch er eine Schwester, und diese pflegte ihm ihre Gefühle mit solcher Leidenschaft darzutun, daß ihm Fanny in bezug auf Felix vergleichsweise zurückhaltend vorkam.[9]

Und wenn ich sang von Liebesschmerz,
Vom fernen Buhlen mein,
So meinte keinen doch mein Herz,
Den Bruder nur allein.

Ich denke Dein, wie junge Bräute pflegen,
Wenn man den Liebling grausam ihnen nahm.

Man wundert sich nun nicht mehr, daß Wilhelm so viele rhetorische Vorsichtsschnörkel anbrachte, bevor er seiner Schwester seine Liebe für Fanny verkündete und ihr gestand, wer nun Einfluß auf ihn ausübte. Luise Hensel hätte ihrerseits heiraten können, aber sie hielt sich lieber an einen zum Wankelmut unfähigen himmlischen Bräutigam. Ihre Freundin, Hedwig von Olfers, deren Salon sie besuchte, beschreibt sie indessen als ein sehr hübsches Mädchen, das »sanfte Frömmigkeit mit Anmut« vereinte und das zwar sehr ernsthaft war, aber doch auch »für Humor und geistvolle Konversation empfänglich«.[10] Luise Hensel wies die Anträge Clemens Brentanos, Wilhelm Müllers, Ludwig von Gerlachs und Ludwig Bergers zurück und lebte ein Klosterleben, ohne jedoch den Schleier zu nehmen (zu erinnern ist an ihren Übertritt zum Katholizismus im Jahre 1818).
Fanny kann einer solchen intelligenten, äußerst sensiblen und damit auch zu einer pflichtschuldigst kontrollierten Eifersucht neigenden Frau nur im Ton der Aufrichtigkeit und Großherzigkeit schreiben, sie spricht von ihrem eigenen Bruder auf eine Weise, die ihr zu verstehen geben soll, daß sie, Luise, den Bruder keineswegs verloren hat.[11]

Berlin, den 30. März 1829

Erlaube mir, die letzten Minuten dieses Tages zu einem herzlichen Glückwunsch an Dich, liebe Schwester, zu verwenden. Wilhelm hat mir gesagt, daß heut Dein Geburtstag ist, und wenn ich es früher gewußt hätte, würdest Du den Brief am heutigen Tage erhalten haben, stattdessen kann ich ihn jetzt in später Mitternacht nur anfangen.
Was soll ich Dir sagen, liebste Luise? Ich weiß, Wilhelm wird diese Zeilen lesen und schreibe sie doch hin, wie sehr ich ihn liebe, wie ich ganz und gar von dem Wunsch, ihn recht zu beglücken, beseelt bin, wie weh es mir tut, wenn die kleinen, oft wiederkehrenden Entbehrungen, die uns gesellige Verhältnisse auferlegen, ihm so schwerfallen; wie ich hoffe, ihn in unsrer Ehe recht innig zufrieden zu stellen. Ich habe es ihm gesagt und kann es Dir sagen, daß ich selbst noch bei meiner Verlobung nicht *so* glücklich zu werden hoffte, als ich wirklich bin. Und so wie meine Zufriedenheit bis jetzt

immer gewachsen ist, kann ich hoffen, sie noch immer wachsen zu sehn, und indem ich selbst täglich glücklicher werde, auch sein Glück steigen zu sehn. Ich muß dem Himmel doppelt danken, der ihn mir gerade jetzt gegeben hat, wo wir alle uns auf lange Zeit von meinem ältesten Bruder trennen, eine Trennung, die mir schwerer fällt, als ich Dir oder irgend jemand sagen kann, weil es sich eigentlich nicht sagen läßt, und weil nichts so schwer auszusprechen und nachzufühlen ist als ein Schmerz. Ich fürchte aber nicht, ihn deshalb jemals weniger zu lieben, weil ich Wilhelm liebe, ich kann überhaupt diese Enge des Herzens nicht begreifen, worin der Bruder oder die Freundin dem Geliebten erst Platz machen muß, als wär's eine Wohnung mit abgeschlossenen Räumen.
Verzeih mir, wenn ich heut abbreche, ich bin, aufrichtig gesagt, zu sehr durch die lange Trennung von meinem Bruder und eine momentane von meiner Schwester bewegt und zerstreut, um Dir mit Ruhe schreiben zu können; ist er erst fort, bin ich einmal ausführlicher. Für heut mag Wilhelm das Wort nehmen.

Deine Schwester Fanny

Wilhelm kann nur im gleichen schwärmerischen Tonfall fortfahren:

Was, liebe Luise, soll ich Dir aber nach Fannys Worten sagen? Eigentlich hat sie für mich mitgeredet, da alles, was sie von ihrem Bruder und sich sagt, auch auf uns Anwendung findet. Ich kann ihren Schmerz bei der Trennung von Felix recht verstehn, da ich die Entfernung von Dir zu tragen habe, und wohl hat sie recht, daß Geschwisterliebe andrer nicht Platz zu machen braucht, und das ist Beweis, wie in wahrer Liebe schon hier Göttliches, Unbeschränktes, Unendliches ist. So wollen wir sie denn auch als eine Vorbereitung fürs Jenseits betrachten.

Die Liebe als Vorgeschmack des Jenseits: Wilhelms und Fannys Religion hat offensichtlich weniger asketische Züge als die einer Luise. Diese Schwester, die er nur kurz in Bamberg im Jahr 1828 wiedergesehen hat, wird zwischen 1833 und 1838 in der Leipziger Straße Nr. 3 Quartier beziehen, um ihrer Mutter näher zu sein.
Auch wenn die Mendelssohn-Kinder ihre Eltern anbeteten, von Zeit zu Zeit mußten sie kleinere Überlebenskämpfe ausfechten. Hochzeit oder erste berufliche Tätigkeit boten ihnen der Reihe nach Gelegenheit, auf den elterlichen Willen zu totaler Assimilation in persönlicher Weise zu reagieren. In konfessioneller Hinsicht blieben sie allesamt Protestanten, gewiß aus Überzeugung, doch auch aus übergeordneten Gründen. Ein

Preuße, der in Preußen arbeiten wollte, war mehr oder weniger verpflichtet, der Konfession seines Fürsten treu zu bleiben. Anders stand es um den Familiennamen. Die Zugehörigkeit zur Mendelssohn-Sippe wollte man auf keinen Fall vertuschen. Namen wie Itzig oder Salomon konnte man getrost vergessen, aber den großen Vorfahren Moses Mendelssohn zu verleugnen, das kam nicht in Frage.
Abraham hatte den Namen Mendelssohn Bartholdy angenommen, wohlgemerkt ohne Bindestrich. Das spätere Weglassen des Bestandteils »Mendelssohn« war damit gleichsam eingefädelt. Auf offiziellen Schriftstücken erscheint er als »Stadtrat Bartholdy«, und bei ihrer Reise nach Paris im Jahre 1819 trugen die Visitenkarten, die er für seinen Sohn hatte drucken lassen, den Namen »Felix M. Bartholdy«. Es war für ihn ganz klar, daß der Name Mendelssohn mit der nächsten Generation verschwinden sollte. Der offene Konflikt zwischen den Generationen kam mit Felix' Reise nach England, wo der junge Mann zum erstenmal auftreten konnte, wie er selbst es für richtig hielt. Fannys Brief vom 7. Juli 1829 macht klar, daß auch in diesem Punkt die Geschwister zusammenhielten.[12]

> So eben habe ich meinen großen Generalbrief an Dich beendet, lieber Felix, u. muß nun diese kleine Privatdepesche hinzufügen, deren Inhalt folgender ist: Es ist Vater plötzlich aufgefallen, daß in mehreren englischen Blättern Dein Name blos Felix Mendelssohn genannt worden, u. er glaubt eine Absicht darin zu erkennen, u. will Dir heut darüber schreiben, wie uns Mutter gestern sagte, die es ihm auszureden versucht hat. Ob er es nun noch ausführen wird, oder nicht, weiß ich nicht, bin aber gestern Abend mit Hensel überein gekommen, Dir in jedem Fall diesen Brief zu schreiben, ist er unnütz, so schadet es auch nicht, möglicher Weise kann er Dir lieb seyn, u. ist er Dir unangenehm, so vergißt Du ihn mir. – Ich kenne u. billige Deine Absicht, diesen Namen, den wir alle nicht lieben, einst wieder abzulegen, aber jetzt kannst Du es noch nicht, da Du minorenn bist, u. ich habe nicht nöthig, Dich auf die unangenehmen Folgen aufmerksam zu machen, die es für *Dich* haben könnte, es wird Dir genug seyn, zu wissen, daß Du Vater dadurch betrübst. Du kannst es jetzt leicht, auf Befragen, für ein Versehn gelten lassen, u. Deinen Vorsatz zu gelegenerer Zeit ausführen. – Die eigentliche Absicht dieses Briefes ist, Dich einiger Maßen über die Sorge der Zeit u. Entfernung hinwegzuheben, die Dir Vaters Schreiben machen möchte.
> Wie Du selbst noch neulich schriebst, die Buchstaben sind so kalt, u. todt, u. es ist so leicht, den richtigen Vortrag zu verfehlen, Vater namentlich schreibt immer weniger angenehm als er denkt, so daß wir Dir gern über diesen Gegenstand noch einige freundlichere

> Worte wollten zukommen lassen. Es kann seyn, daß es Dich herzlich verdrießt, wenn Du hier zum drittenmal lesen sollst, was der Vater auf eine, u. vielleicht Mutter auf eine andre Weise schreibt, aber dann, wie gesagt, verzeihst Du uns eine übel ausgeführte gute Absicht, wir kennen uns, denk ich, u. Alles bleibt beim Alten. Es macht mir wenig Spaß, daß Du, der Du uns nur Gutes zukommen läßt, so oft von hier aus Unangenehmes zu erfahren hast, u. daß sich Dir gerade in dieser Beziehung das häusliche Leben in der Fremde fortsetzt; ich wollte stark, es wäre Anders, es ist nun aber einmal so, u. Gottlob, es geht in vielem Guten auf.

Wilhelm fügte hinzu:

> Höre, Felix, stehe länger als Cäsar am Rubicon. Thust Du es nicht, würden wir Dich nicht weniger lieben, aber wir würden mit Dir zu leiden haben, denn es müßte Dir selbst leid thun, nachher. Bedenke, daß öffentliche Ablegung eines Namens Critik der Annahme wird, u. daß sie wenn auch nicht bitter gemeint dem Vater vom Sohn doch bitter entgegentreten muß.

Mit anderen Worten, eine schreckliche Strafe erwartet den zwanzigjährigen Sohn, wenn er sich dem Willen des Vaters nicht unterwirft, eine um so abschreckendere Strafe, als sie im Unbestimmten gelassen wird. Enterbung? Soll er aus dem Haus gejagt werden? Das scheint nun doch etwas übertrieben. Aber Fanny sagt sehr klar: »Es reicht, wenn du weißt, daß Vater sehr betrübt ist.« Diese Formulierung können wir auf sämtliche Handlungen im Leben Fannys übertragen und genauso auf das Leben ihres Bruders Felix. Trotz all ihres musikalischen Talents setzte sich Fanny über den Willen ihres Vaters erst nach dessen Tod hinweg. Auch dann tat sie es sehr zaghaft, zumal Felix dadurch, daß er sie zum Publizieren nicht ermutigte, die Rolle ihres Vaters übernommen hatte. Nur solange seine Kinder ihm bedingungslos gehorchten, war für Abraham die Welt in Ordnung. Hier ein Ausschnitt aus dem Brief, den er an Felix schrieb:[13]

> … ich muß vermuthen, daß du dort den von mir angenommenen Familiennamen Bartholdy entweder ganz supprimiert, oder doch wenigstens vernachlässigt und geduldet hast, daß es von andern geschehe, ich finde dich wenigstens sowohl auf dem von dir eingesandten Koncertzettel als in allen Journalartikeln nur als Mendelssohn aufgeführt und kann mir diese Übereinstimmung nur dadurch erklären, daß du sie veranlaßt hast.
> Ich bin nun mit der Sache sehr unzufrieden, und hast du sie veranlaßt, so hast du sehr unrecht gehabt.

> Ein Name ist am Ende nicht mehr und nicht weniger als ein Name, allein, erstlich hast du, bis du der väterlichen Gewalt entlassen bist, die einfache und unumgängliche Verpflichtung dich zu nennen wie dein Vater, und zweitens hast du die nie erlöschende vernünftige Verpflichtung anzunehmen, daß dein Vater, was er thut, nicht ohne ernstliche Überlegung und gute Gründe thut.

Nachdem er noch einmal sämtliche Gründe, die wir bereits kennen, dargelegt hatte, schloß Abraham mit folgender bemerkenswerter Formulierung:

> ... ich wiederhole dir, einen christlichen Mendelssohn giebt es so wenig als einen jüdischen Confucius. Heißt du Mendelssohn so bist du eo ipso ein Jude, und das taugt dir nichts, schon weil es nicht wahr ist.

Felix löste das Problem, indem er den Namen Mendelssohn Bartholdy ohne Bindestrich beibehielt; vermutlich betrachtete er sich bis zum Tode Abrahams, das heißt bis zum Jahre 1835, als der »väterlichen Gewalt« unterworfen. Dann allerdings war seine Karriere schon zu weit gediehen, als daß eine Namensänderung noch in Frage gekommen wäre. Und wie sollte er sich auch dazu entschließen, nach dem Tod eines geliebten Menschen etwas zu tun, was diesem zu seinen Lebzeiten mißfallen hatte, vor allem, wenn es sich nur um ein paar Silben handelte?
Paul, der am wenigsten geliebte und am wenigsten bekannte, aber stolze und der Sippe sehr eng verbundene Bruder wird es halten wie Felix, aber er ist ein Mann von praktischer Gesinnung und setzt den Bindestrich zwischen Mendelssohn und Bartholdy. Was uns heute helfen kann, die Familienzweige auseinanderzuhalten.
Nachdem sie verheiratet waren, hatten die Schwestern natürlich dieses Problem nicht mehr. Aber es kam für sie nicht in Frage, Felix in irgendeinem Punkt zu desavouieren. Wenn Fanny ein Manuskript aus der Hand gab, dann signierte sie es mit Fanny Hensel, geb. Mendelssohn Bartholdy. Keines der Kinder brachte jemals den Mut auf, dem Vater Kummer zuzufügen und den Namen wegzulassen, den er ihnen so dringend anempfohlen hatte.
Der Spielraum, der dem jüngsten Bruder verblieb, erscheint eng wie ein Bleistiftstrich ... Fanny schrieb am 1. Mai 1829 anläßlich der Konfirmation des erst sechzehneinhalb Jahre alten Paul an Felix:[14]

> Ich freue mich Dir sagen zu können, daß wir jetzt Alle ausgezeichnet zufrieden mit Paul sind, die angestrengte Arbeit, u. die gezwungene Entfernung von uns thut ihm sehr wohl, und Abends, wenn

er zu Hause kommt, ist er zwar sehr ermüdet, aber auch so weich u. gut, daß wir uns herzlich darüber freuen. Sein Prinzipal ist sehr mit ihm zufrieden, u. die plötzliche Entfernung eines Commis hat ihm Gelegenheit gegeben, rasch zu avanciren. Da wir neulich in der Kirche so unser letztes Geschwisterchen in die Welt schickten, traten mir die großen Veränderungen des letzten Jahres wieder recht lebendig vor, was sich da Alles auseinander u. zusammen geschoben hat!

Nur sehr indirekt wird hier auf Pauls Charakter eingegangen, was den Gedanken nahelegt, daß es bei den Mendelssohns sehr hart gewesen sein muß für den, der nicht ganz das übliche Familienniveau erreichte oder gar anders sein wollte.
Daß die vier Kinder anscheinend felsenfest zusammenhielten, heißt nicht, daß sie einander so ähnlich waren. Vielmehr mußten sie gemeinsam einer elterlichen Gewalt widerstehen, die auch mit fortschreitendem Alter nicht erlahmen wollte. Lea hatte es die Sprache verschlagen, als ihr die älteste Tochter ihren Heiratsentschluß verkündete, aber sie zahlte ihr diese Unabhängigkeit heim. Fanny notiert in ihrem Tagebuch, daß Wilhelm und sie zum erstenmal am 3. Februar 1829[15] zusammen allein gelassen wurden, und am 9. März vermerkt sie:[16] »Sonntag nachmittag gab es mit Mutter bezüglich unserer Heirat eine sehr unangenehme Szene, nach der ich Hensel gar nicht wieder beruhigen konnte.« Am 19. März dann schreibt sie:[17] »Erst jetzt bin ich wirklich Braut.« Hatte Lea ihren Widerstand endlich aufgegeben? Felix sollte Fanny in ihrer Beziehung zur Mutter fehlen. Die ließ den jungen Mann sicher genauso ungern ziehen, stellte er doch auch ihre wichtigste Verbindung zur Außenwelt dar. Außerdem projizierte sie seit jeher ihren Ehrgeiz in den Sohn. Von Paul war nicht die Rede, er wurde außer Haus geschickt, bevor Felix Berlin verließ. Ab jetzt mußten Fanny und Rebecka die Ventilfunktion übernehmen und damit die Eltern seelisch stützen – Lea und Abraham waren in bestimmter Hinsicht abhängiger von ihren Kindern als umgekehrt.
Wie wichtig Felix für Mutter und Schwester war, geht aus dem Brief vom 27. Mai hervor, worin Fanny mit allem Humor, den sie aufbringen kann, von den Widrigkeiten spricht:[18]

Ueberhaupt geht es mit Kleinigkeiten, wie's gegangen ist. Für mich bin ich wenig reizbar, wie ich aber früher für Dich an solchen Dingen litt, so jetzt für Hensel, den es fast so wie Dich affizirt. Mutter hat noch immer nicht gelernt, zu irgend einer Sache ja zu sagen u. das giebt nach wie vor die unangenehmsten Momente. Noch neulich hatte ich wegen meiner Heirath eine der schlimmsten Szenen mit ihr. Uebersieht man freilich die Sache im Ganzen und Großen, so ist sie schön und gut, nur unverbesserlich, u. die kleinen Ecken u. Flecken fallen weg. Aber so gut u. so klug wie Du ist keiner von uns, u. darum erlangt keiner was von Mutter. Du bist unser Alpha u. Omega, u. alles was dazwischen liegt. Du bist unsre Seele, u. unser Herz, u. der Kopf dazu, der Rest mag sich hängen lassen. Wir sind alle recht gut, so lange Du nicht da bist, aber von da an taugen wir wenig. Du bist eine Gattung Haupthahn, an Dir ist was, an uns schon weniger ... Für mich giebt es eigentlich zwei Gattungen von Menschen, Du, u. dann die Andern. Beckchen wird das lesen, aber das genirt mich wenig, sie weiß doch, daß sie da ist, u. Hensel, u. noch Stücker drei oder vier, u. sie kann es auch schreiben. So, nun habe ich Dir was vorgeklönt, u. Dir vielleicht die Stunde verdorben, in der Du liest, nun bin ich zufrieden.

Fanny und Rebecka wetteiferten um den ersten Platz im Herzen ihres geliebten Felix. Sie schnappten sich die Schreibfeder weg, und manchmal, wenn zwei Federn zur Verfügung standen, dann schrieben sie ihre Briefe auf demselben Papier übereinander, bis sie fast gänzlich unlesbar wurden – außer vielleicht für Felix. Beckchen ist so lustig und drollig, daß Fanny es nicht mehr aushält und im gleichen Brief schreibt:[19] »Das Kind ist so humoristisch, daß der alte Kantor mit seinen schwerfälligen Augenbrauen nicht nachkommt.« Der »bachianische« Scherz verrät, daß die ältere Schwester sowohl moralisch als auch musikalisch immer noch eine Aufsichtsrolle spielte.
Fanny und Wilhelm sollten stets das Äußerste versuchen, um die Gräben, die sie von Natur aus trennten, aufzufüllen. Wilhelm bediente sich erfolgreich seines alten Rezepts, um die Mendelssohns zu besänftigen: Er versorgte sie mit Zeichnungen. Ganz bezaubert beschreibt Fanny das Porträt, das er von Felix vor dessen Abreise zeichnete:[20]

Ein schönes Andenken, was wir von ihm hierbehalten, ist sein Bild von Hensel, Lebensgrösse, Kniestück; die Aehnlichkeit vollkommen, wie man sie nur wünschen kann, ein wirklich erfreuliches, liebenswürdiges Bild. Er sitzt auf einer Gartenbank, (der Hintergrund eine Fliederparthie aus unserm Garten), den rechten Arm über die Lehne gelegt, den linken auf dem Schooss, mit erhobenen Fingern; dem Ausdruck des Gesichts und der Bewegung der Hände zu Folge komponirt er.

Den letzten Rest Mißtrauen dem Eindringling gegenüber, der aus einem so verschiedenen Milieu kam und sich Fannys zu bemächtigen wagte, besiegte Wilhelm mit einem zeichnerischen Coup. Er gab ihm den Titel *Das Rad.* In einem Brief vom 15. August an Felix, für den diese Zeichnung bestimmt war, lieferte Fanny die eingehende Erläuterung gleich mit. Der Brief erreichte ihn, als er gerade Schottland bereiste.[21]

Das Rad.
Was ist das Rad? Es erklärt nur sich selber, versteht auch nur sich allein, und ist eine moralische Person. Beigehendes Aktenstück schrieb es Dir bei einer fröhlichen Zusammenkunft in Charlottenburg, am Johannistage, nur sein Abgang ward verzögert, weil das folgende Aktenstück, eine bildliche Darstellung, an jenem Tage in freien, großen Bleistiftskizzen entworfen worden war, u. nachher theilweis zur Vollendung gedieh.
Bedarf es einer Erklärung? Kennst Du nicht den Jüngling in der Mitte, die Axe des Rades in englischem Frack und schottischem Zubehör? Sieht er nicht hier aus wie ein Regimentshoboist? Aber nach seiner Pfeife tanzt und dreht sich die ganze feine Gesellschaft. Fische schneiden ihn vom Contintent ab, und ein neugieriger Delphin nascht ihm die frischgeschriebene Musik aus der Tasche. Die ihm auf den Kopf tritt, ist unverkennbar die Behörde im blauen Mantel, sie hing ihn um an jenem Tage, obwohl es sehr heiß war, u. die Fausthandschuh schützten ihre Hände gegen die Mücken. Das C über ihrem Kopfe, der Mond mit dem Mann im Monde, wird Dir verrathen, was Du noch nicht weißt. Die zierliche Gestalt neben ihr tanzt Galopp mit Deinen Schatten, da Du nicht bei der Hand bist. Das A stellt einen Fruchtbäumchen dar, an dem ein Männchen auf einer Leiter heranklettert. Das F ist ein Wegeweiser, mit der Inschrift Berlin. Der freundlich Gebückte, der mit der einen Hand den Knäuel der Nachbarin hält, und mit der anderen eine silberne Schüssel präsentirt (klare Poesie) trägt Dir Dein Lieblingsgericht entgegen, einen Mohrenkopf. Einheit der Zeit u. des Orts ist wie Du siehst, nicht beobachtet, denn dieser Handlung nach müßte die Familie Sonntag Abends in der Leipziger Str. seyn, aber nein, das D spielt auf eine Radgeschichte an, in der bekanntlich zwar kein Jude, aber doch ein Oberlehrer ins Wasser fiel. Er steht mit ausgestreckten Armen u. man sieht ihn schreien, während eine Nixe nach seinem Fuße schnappt. Der Knäuel führt uns auf dem nächsten Wege zum Strickstrumpf, u. seiner Herrin. Ich denke Du wirst Nasens Schwester nicht verkennen. Ihr M schreitet als ehrbar Menuett einher. Der sich voll kühnen Schwunges ins Rad wälzt, u. sich zugleich ungerechter Weise als Hemmschuh behandelt hat, denn es ist wahrlich kein Hemmschuh an diesem Rade, der hat keinen Anspruch von mir gelobt, oder nur eingeführt zu werden, denn was geht er mich an? Ich halte zwar die Kette, an der er liegt, in Händen, aber was will das sagen? (Ich wurde auch einmal

angebetet.) Ueber die zwei dummen zusammengewachsenen Fischottern will ich weiter kein Wort verlieren, denn daß das B aus zwei seltsam gruppirten Böckchen besteht, u. das F. durch ein Fernrohr nach London kuckt, kann Dir nicht entgehn. Als es so gezeichnet wurde, war es wahr, u. wenn Du's eröffnest, ist es wieder wahr. Der nun folgende schöne Mann schnitt, als er konterfeyt wurde, gerade Silhouetten aus Lindenblättern und kuckte mit der Nase recht emsig auf sein Geschäft. Das Blättergesicht ist nur zum Silbermond geworden, u. sonst ist es tale quale abgeschrieben. Sein H zeigt Dir zwei moderne Ballettänzer. Das Andre verschweig ich, doch weiß es die Welt. Uebrigens ist diese Ueberschrift auch nicht ohne Beziehung, denn der schöne Mann trug an jenem Tage schwarze Strümpfe u. Schuh mit langen Schleifen zu weißen Unaussprechlichen, was sich absonderlich gut ausnahm. Die kleine Person mit den großen Mameluks, die nun kömmt, knöpft sich den Ermel zu, Du wirst wol noch wissen, warum, (ich aber weiß nicht, warum über ihrem Kopfe sich zwei Personen zu einem freundschaftlichen A die Hände reichen?) Sie hält eine Blume, welche dem Herrn Bruder bis an die Nase wächst, der dankbar einen Thautropfen in den Kelch der Blumen legt. Ich behauptete immer es sey ein Silbergroschen; der kleine Kerl oben bläst ins Alphorn, u. ruft: Hule hule Gänsechen, kommt zu Haus.[22]

Das Rad, das ist das Symbol für den geselligen Kreis, dessen Mittelpunkt Felix war. Die freundschaftliche Erinnerungsgabe bringt Wilhelms Wunsch, dazuzugehören, diskret und originell zum Ausdruck. Selbstverständlich ist Felix die Nabe des Rades, die beiden Schwestern, die er seine »Fischottern« nannte, sind die Zentralfiguren, und Fanny hält die Kette, an deren Ende Wilhelm sich mühsam im Gleichgewicht zu halten versucht, ein Kandidat, der noch im ungewissen schwebt, aber doch schon fähig ist, sein Problem mit Humor zu behandeln.
Fannys Sprache in diesem Brief ist ausgesprochen dunkel, nur wenige Eingeweihte können sie verstehen, was die Verärgerung Wilhelms erklärt, der monatelang mit Rätseln und Scherzen, zu denen ihm der Schlüssel fehlte, konfrontiert war. Als dann Fanny ihm den Schlüssel in die Hand gab, wozu es erheblicher Übersetzungsanstrengungen bedurfte, war der Witz wohl schon schal geworden, falls es Wilhelm überhaupt gelang, die Sache amüsant zu finden! Die maliziöse Rebecka bemerkt noch in einem Brief an Felix vom 17. Juni:[23] »Gestern abend ist Fanny im charmanten Gespräch an der Seite des Heißgeliebten eingeschlafen ... Warum? Weil Du nicht hier bist.« Daher Wilhelms Gefühl, dem Rad nicht zuzugehören. Die freisinnige Rebecka kam ihm natürlich nur zögernd entgegen. Fanny, das sei gesagt, muß nicht eingeschlafen sein, weil sie sich langweilte, es

kann auch sein, daß sie sich außergewöhnlich wohl fühlte ... Aber die Mendelssohns ließen einander nichts durchgehen, und Wilhelm hatte für sie erst noch seine geselligen Talente unter Beweis zu stellen. In einer Zeit, in der das Foto als Souvenir nicht existierte, war Wilhelm mit seinen Porträtzeichnungen einer weitverstreuten Familie von beträchtlichem Nutzen. Felix bedankte sich denn auch sehr artig, als er das *Rad* und dazu ein Porträt Fannys erhielt, aber – der Name Mendelssohn verpflichtet – er enthielt Wilhelm keineswegs seine kritische Meinung vor. Felix zeichnete ebenfalls, auch wenn er keine Porträts fertigte, sondern sich auf Landschaften beschränkte. [24]

> Deine Zeichnung ist ganz himmlisch und macht mir wahre Freude, wenn sie mich anguckt; denn das thut sie; es ist so genial und schön und doch ähnlich und doch komisch und so fort, wo, Teufel, kriegst Du solche Einfälle her? Auch Fanny's grosses Portrait ist schön, aber es gefällt mir nicht. Ich sehe wie herrlich es gezeichnet, wie sprechend ähnlich es ist; aber in der Stellung, Kleidung, im Blick, in der ganzen sybilligen Prophetenhaftigkeit oder schwärmenden Begeisterung ist mein Cantor nicht getroffen! Da liegt die Begeisterung nicht so oben auf, mehr innen drin und zeigt sich nicht in gen Himmel sehn, oder im Ausstrecken des Armes, oder im wilden Blumenkranz, denn alles das sieht einer auf den ersten Blick! Das muss er aber nicht, sondern erst nach und nach draus klug werden. Nimm mir das nicht übel, Hofmaler; aber ich kenne meine Schwester doch länger als Du, habe sie als Kind in meinen Armen getragen (Uebertreibung!) und bin nun mal ein ungeleckter, undankbarer Brummbär, der Dir für die Sonnenstrahlen, die Du mir so von Zeit zu Zeit herüberwirfst, nicht einmal genug danken kann; wenn Du mich sehn könntest, wie ich oft still Deinen Zeichnungen gegenüber sitze und dann in ihrer Gesellschaft bin und nirgends weniger als in London, so wäre das eben der Dank, der Dir gebührte; aber sagen!? Pfui, über die Worte. So nimm denn meine Freude als Dank hin.

Fanny hatte von diesem oder einem ähnlichen Porträt gesagt: »Er hat mich schon wieder mit einem Blütenkranz gezeichnet. Am Ende glauben die Leute, daß ich mit einem solchen Möbel auf dem Kopf zur Welt gekommen bin.«
Während das *Rad* noch auf dem Zeichenblock im Entstehen war, komponierte Fanny einen *Nachtreigen*. Dieser Text war nicht kryptisch-elitär, er stammte vielmehr von Wilhelm. Er ist vom Juni 1829 datiert und könnte damit auf die Johannisnacht bezogen sein, in der ja der Gedanke an das *Rad* geboren wurde. Vielleicht zum erstenmal arbeiteten Wilhelm und

Fanny hier einander zu. Später gehörte dieses Zusammenwirken ganz wesentlich zu ihrer Ehe. Was Wilhelm ihr überreichte, war ein Gedicht zum Ruhm des höchsten Wesens und der Liebe. Fanny machte daraus einen achtstimmigen gemischten A-cappella-Chor. Die Frauen (zweifach besetzter Sopran, zweifach besetzter Alt) beginnen mit einem sanften Gesang auf den Zauber der Natur und das göttliche Geheimnis, danach besingen die Männer (zweifach besetzter Tenor, zweifach besetzter Baß) die Lebensfreude des »der Schranke entronnenen Menschen«. Die Frauen bitten sie, mit ihren Rufen nicht die göttliche Ordnung zu stören und sich schweigend in den Kreis einzufügen. Die Männer willfahren ihnen:

> Ja, wir kommen überwunden
> durch der Rufe heil'ge Macht,
> So bleibt friedlich und verbunden
> Denn euch hat der Gott gebracht ...

Gemeinsam enden alle mit einer achtstimmigen Fuge auf die Worte:

> Und gemeinsam sei empfunden
> Und der Einzelne gedacht.

Das Gedicht erinnert in seiner Gesinnung sehr stark an Schillers *Ode an die Freude*: Freude und Vergnügen vereinen über Standesgrenzen hinweg, und die Liebe läßt wie die Freundschaft das Göttliche ahnen. Die Anspielung auf Beethoven wird im zweiten Einsatz der Frauen noch direkter, dann auch in dem der Männer, denn die Melodieführung erinnert durchaus an Beethovens Thema, auch wenn sie es umkehrt. Diese Melodiebehandlung, genauso wie die folgende Fuge, verrät eine ausgesprochen barocke Inspiration, sie hat nichts Klassisches und ebensowenig etwas Romantisches. Dafür stellen der Kult des höchsten Wesens und der Bezug auf Schiller und Beethoven Fanny und Wilhelm wieder ganz in ihre Epoche: Das Recht auf die eheliche Liebe ist die große Errungenschaft der Zeit und Fidelio das Vorbild aller Gattinnen. Bei Wagner wird Senta, indem sie sich aus Treue den Tod gibt, dem Holländer die Erlösung bringen; Hofmannsthal macht in der *Frau ohne Schatten* aus dem Paar den Hüter des Göttlichen, aber soweit sind Fanny und Wilhelm nun doch noch nicht. Ihnen ist es lediglich gelungen, das zu vereinen, »was die Mode streng geteilt«.[25] Fanny hält sich gewiß nicht für Fidelio, aber ihre Haltung Wilhelm gegenüber ist bewußt beschützend, so wie Leonore sich als Beschützerin Florestans fühlt.

Die Zusammenarbeit zwischen der Musikerin und dem Maler kündigte sich bereits mit dem Zyklus von sechs Liedern nach Gedichten von Droysen an, der am Tag von Felix' Abreise begonnen wurde und den ihm

Fanny nachsandte. Eine von Wilhelm gemalte Vignette ziert nämlich das kleine Werk. Der Zyklus besteht aus fünf bewegenden Liedern für Singstimme und Klavier und endet mit einem A-cappella-Terzett, einem mit unerwartetem Effekt aufwartenden Stück mit dem Titel *Wiedersehen.* Dem gesamten Zyklus gab Fanny die Überschrift »*Liederkreis.* Gewidmet dem in England weilenden Felix, 1829.« Sie fügte folgende Worte hinzu:[26]

> Ich bitte Dich, verfahre damit, nicht als seyen sie aus der Ferne an Dich gerichtet, denn das giebt der Sache nur einen relativen Werth, sondern als hätte ich Lieder mit den u. den Fehlern gemacht, u. bäte Dich um eine kritische Rücksicht darauf. Eins ist darunter, welches ich für eins meiner besten Lieder halte, ich will einmal sehn, ob Du auch der Meinung seyn wirst, Du wirst es sehr schön singen. Und da siehst Du auch, daß Hensel, obwohl der faulste Schreiber, dennoch für Dich u. mit Dir beschäftigt ist.

Dieser Zyklus wird heute in der Bodleian Library[27] aufbewahrt. Die Idee, komponierte Musik und Zeichnungen miteinander zu verbinden, verwandelt den Gebrauchsgegenstand Manuskript in ein Kunstwerk. In diesem Sinne ergänzt Fannys elegante Handschrift die anmutige Vignette. Neu ist die Idee allerdings nicht, eher zeigen sich die Mendelssohns auch hier von ihrer antimodernen Seite. Scheinbar paßt dazu, daß damals in der Baukunst die Schwärmerei für die Gotik um sich griff. Aber was Fanny und Wilhelm hier als gemeinsame Arbeit unternahmen, war nicht von der Mode diktiert, es hatte originellen Charme. Felix zeigte sich entzückt, und die Komposition machte ihm einen so starken Eindruck, daß er noch am 30. Januar 1836 schrieb:[28] »Ich kenne kein besseres Lied von Dir, als das englische in g-Moll oder das Ende des *Liederkreis.*« Inzwischen ist klar, daß die Rollen endgültig vertauscht sind. Felix' Englandreise erwies sich als großer Erfolg. Die Ouvertüre zu *Ein Sommernachtstraum* genauso wie die *Symphonie in c-Moll* op. 11 überzeugten das Publikum der Philharmonischen Konzerte, und ebensoviel Beifall erhielt der Pianist Felix. England entsprach ihm sehr: Auch dort hatte sich die Tradition der Händelschen Oratorien nie ganz verloren. Er studierte sämtliche Partituren alter Musik, die er in den Bibliotheken auffinden konnte – hier in England wie auch überall anderswo –, und er erkannte, wie sehr der solide Unterricht eines Zelter ihm genutzt hatte.[29] Außerdem zeigte er, daß er Geld verdienen konnte. Das Konzert, das er zugunsten der schlesischen Armen gab, brachte 300 Guineen,[30] und mehrere englische Musikverleger machten ihm Angebote. Er ist also dem Stadium des Amateurs entwachsen, will aber auf keinen Fall in die Laufbahn des reisenden Virtuosen abgleiten. Felix will als Komponist und Orchesterdirigent ernst genommen werden.[31]

Für die Familie umgibt ihn von nun an die Aura des Meisters. Fanny jedenfalls erkennt in ihm das, was sie selbst niemals wird sein können – weil er etwas hat, was sie nie gehabt hat: den Zugang zur Welt. Um so mehr rühren sie die Komplimente, die er humorvoll in seinen Reisebericht aus Wales einflicht. Ein Zufallsreisegefährte, mit dem er sich ansonsten gut verstand, hatte sich einen sicherlich unerwarteten Verweis eingehandelt:[32]

> Wir haben uns recht gut vertragen und viel conversirt; hätte er mich nicht einmal, als ich Fanny's erstes Lied ›Stören möcht ich‹ auf der *Stage* sang, beim Aermel gezupft und mir einen Lachsfang gezeigt, wo man die dicksten Lächse fängt, so hätte ich ihn nie angefahren oder angebrummt. Diese Lieder aber sind schöner, als gesagt werden kann. Ich spreche bei Gott als kalter Beurtheiler und finde sie sehr hübsch. Aber es giebt doch wirklich Musik, die ist, als ob die Quintessenz aus der Musik genommen wäre, als ob es die Seele von der Musik wäre. So die Lieder. O Jesus! Besseres kenne ich nicht!

Lobender kann man seine Worte kaum wählen. Er avisierte seiner Familie einen englischen Musikerfreund namens John Thomson und bat, ihn gut zu behandeln:[33]

> Zeigt ihm, was ihn interessiert und was ihm gefallen kann; Fanny mag ihm viel vorspielen, er muß ihre Lieder von Beckchen performed hören, gebt ihm einen guten Begriff von der Musik abroad; Vater tadelte mich einmal in Paris, daß ich gegen Fremde nicht freundlich genug sei, und ich glaube, mit Recht. Aber ich habe den Fehler abgelegt, seit ich von Euch entfernt bin …

Wenig später, am 30. März 1839, erschien in der englischen Zeitschrift *Harmonicon* ein mit J. T. unterzeichneter Artikel unter dem Titel »Notizen eines musikalischen Reisenden«:[34]

> Ich besitze zwölf unter dem Namen von Mr. Mendelssohn veröffentlichte Lieder, die er schrieb, als er fünfzehn Jahre alt war … Aber nicht alle zwölf sind von ihm: drei der besten stammen von seiner Schwester, einer vollendeten jungen Dame von außergewöhnlichem Talent. Ich kann nicht umhin, den Namen von Frl. Mendelssohn im Zusammenhang mit diesen Liedern zu erwähnen, vor allem dann, wenn ich an die vielen Damen denke, die kein Stäubchen Genie besitzen und sich doch mit ihren musikalischen Hervorbringungen dem Publikum aufdrängen, und die ihr Näs-

chen, unter dem Vorwand, daß man sie gedruckt hat, hochtragen, als wären sie anerkannte Komponistinnen. Frl. Mendelssohn ist eine Pianistin von enormer Kraft, wovon Sie sich vielleicht einen Begriff machen können, wenn ich erwähnte, daß sie es sehr wohl versteht, die vielfältigen Schönheiten des außergewöhnlichen B-Dur-Trios von Beethoven[35] zu erfassen und zum Ausdruck zu bringen. Sie hat nicht die wilde Energie ihres Bruders; aber sie besitzt genügend Kraft und genügend Wärme, um Beethovens Musik präzise zu spielen. Sie ist alles andere als eine oberflächliche Komponistin, sie hat diese Wissenschaft sehr gründlich studiert und schreibt mit der Souveränität eines Meisters. Ihre Lieder zeichnen sich durch Zartheit, Wärme und Originalität aus. Ich habe wahrhaft köstliche vernehmen dürfen. Frl. Mendelssohn schreibt auch für großes Orchester und zwar einzig zu dem Zweck, sich zu vervollkommnen und zu üben. Während ich in Berlin war, hatte sie begonnen, eines der Händelschen Oratorien für ein modernes Orchester zu instrumentieren, und sie zeigte mir, wie weit ihr Unterfangen bereits gediehen war!

Ein Glück, daß Leute wie John Thomson bei Leuten Station machen, die selbst zu bescheiden sind, um von sich reden zu machen! Also war es bei all denen, die ihr nahestanden, ein offenes Geheimnis, daß Fanny unter dem Namen ihres Bruders Musikstücke veröffentlicht hatte, und John Thomson war genausowenig schockiert wie alle anderen auch. Im Gegenteil, aus seinem Artikel geht klar hervor, daß eine Frau, die »vor Publikum auftritt«, sich häßliche Kommentare zuzieht. Fanny wird für ihr Talent gelobt, aber ebenso für ihre vornehme Zurückhaltung, und John Thomson ist wahrlich noch nicht so weit, daß er wünscht, sie möge aus ihrer Anonymität hervortreten. Wir fragen uns auch, was aus der Orchestrierung des Händel-Oratoriums wurde. Fanny zeigte sich genauso interessiert am Ergebnis von Felix' Nachforschungen wie etwa Zelter, aber wie immer blieb sie im Schatten.
Die Briefe, die zwischen den Mendelssohns während der ersten längeren Abwesenheit von Felix (ungefähr acht Monate) gewechselt wurden, würden allein einen Band füllen. Sie schrieben einander so gut wie jeden Tag und meistens ausführlich. Die Stunden, die Fanny vor ihrem Sekretär verbrachte, rechtfertigten die Existenz dieses Möbelstücks wahrhaftig. Seine Schwestern vermißte Felix sehr; er hatte eine englische Familie, die Taylors, kennengelernt, deren zwei charmante Töchter ihn lebhaft an seine beiden »Fischottern« erinnerten. Mit ihnen konnte er plaudern und scherzen wie mit Fanny und Beckchen, und er konnte ihnen auch von seinen Schwestern erzählen. Brieflich schmiedet er mit den beiden letzteren zahlreiche Pläne. Zunächst ist da Fannys Hochzeit, die näher

rückt und für die sie von ihm einen »Choral mit Präludium« angefordert hat, ohne ihm allerdings das Datum der Hochzeit näher zu bezeichnen. Das wirft ihr Felix am 11. August vor, aber das Hochzeitsdatum wird dennoch nicht vor dem 2. September festgesetzt.[36] Am 3. Oktober wird es soweit sein. Als nächstes muß die Silberhochzeit der Eltern am 26. Dezember in würdiger Form begangen werden. Und schließlich trägt sich Felix mit dem Vorhaben, die gesamte Familie nach Italien mitzunehmen, und zwar schon im nächsten Jahr; ein Plan, der zwar die junge Generation mit Begeisterung erfüllt, der aber vom Veto Leas, die sich unter keinem Vorwand aus ihrem Garten herauslocken läßt, zu Fall gebracht wird.

Die Hochzeit

Selbstverständlich durfte Fanny nicht heiraten, bevor Felix aus England zurück war. Ein Familienfest, bei dem er nicht dabeigewesen wäre, war undenkbar. Fanny hatte ihn gebeten, ihr eine Hochzeitsmusik zu komponieren, wobei sie schon ihre eigenen Ideen hatte:[1] »Ich habe meinen Orgelausgang schon ziemlich im Kopfe. G-Dur, Pedal fängt an. Überhaupt bin ich recht froh, zu der Überzeugung gelangt zu sein, daß der Brautstand meiner Musik nicht geschadet hat. Habe ich nun erst ein gutes Stück im Ehestande gemacht, dann bin ich durch und glaube an ein ferneres Fortschreiten. Aber, nicht wahr, Besseres als die Lieder für Dich habe ich noch nicht gemacht, und das Stück von und für Hensel ist auch nicht übel.«

Felix sollte in Hamburg mit seinem Vater zusammentreffen und mit ihm noch vor der Rückkehr nach Berlin eine Reise durch Holland unternehmen. Aber am 16. September fiel Felix vom Kutschbock und verletzte sich am Knie; die Wunde war tief und schmerzhaft genug, um ihn zur Verlängerung seines Aufenthalts in England zu zwingen. Er blieb zwei Monate, in denen der Familienfreund Klingemann sich um ihn kümmerte.

Statt bei der Hochzeit dabeizusein, kann Felix der Schwester seine Glückwünsche nur brieflich übermitteln.[2]

London, 25. September 29

Dies ist denn also der letzte Brief, der vor der Hochzeit nach Euch gelangt, und zum letzten Male rede ich Fräulein Fanny Mendelssohn Bartholdy an, und wohl viel hätte ich zu sagen … Daß es nun mit mir dasselbe ist, ob ich's gut oder schlecht sage oder verschweige, das wißt Ihr wohl recht gut; mir aber ist's, als hätte ich ganz und gar die Zügel verloren über das, was ich sonst schon zu bemeistern wußte; und die Gedanken über alles, was sich nun verändern und festsetzen will, die sich mir sonst gleich in einem verschmolzen hätten, wenn ich angefangen hätte, Euch zu schreiben, die fahren mir nun einzeln, unbestimmt und halb wild umher und sind nicht zu ordnen …

Lebt und webt, heiratet Euch und seid glücklich, baut Euch das

Leben zu, auf daß ich es schön und wohnlich finde, wenn ich zu Euch komme (und das geschieht ja nun recht bald), und bleibt *Ihr* dieselben, dann laßt es draußen rütteln, wie's mag; übrigens kenne ich Euch beide ja, und somit gut. Ob ich die Schwester dann Fräulein oder Madame anrede, bedeutet wenig. Der Name bedeutet wenig.

Der äußerst empfindsame Felix hat in der Tat Angst vor der Rückkehr und vor den Veränderungen, mit denen er in Berlin konfrontiert sein wird. Merkwürdig, daß er, der gerade die Kontrolle über sein Pferd verloren hat und vom Wagen gefallen ist, die Formulierung wählt, er habe die Herrschaft über sein Leben verloren. Trotz der mehrfach wiederholten Bitten seiner Schwester ist er unfähig, das bereits versprochene Orgelstück zu komponieren. In seiner Not wendet er sich um so zärtlicher an Beckchen, die ihrerseits sich noch nicht »verändert« hat:[3] »Du hast gar keinen Begriff, wie ich Dich liebe und wie nahe ich mich Dir denken muß, um froh zu sein, und wie jede frohe Stunde Du mir verschaffst, und wie ich in meinem Leben nie anders denken und fühlen werde. Nie!«
Wahrscheinlich um ihren Kummer vor sich selbst zu kaschieren, vermerkt Fanny das Fehlen ihres Bruders im Tagebuch mit möglichst nüchternen Worten:[4] »Diese Woche 2mal Brief von Vater, einmal aus Rotterdam, mit einem herrlichen Brief von Felix, woraus aber leider hervorging, daß sie sich nicht treffen würden und worin Felix bestimmt erklärt, daß er nicht zur Hochzeit kommen wird, gestern Brief aus Amsterdam, der Vaters Abreise auf gestern meldete. Ein wunderschönes Brautkleid hat er mir geschickt.«
Die Vorbereitungen sind in der Tat viel zu weit gediehen, als daß man das Hochzeitsdatum noch verschieben könnte, wozu die Brautleute auch keinerlei Lust verspüren. Fanny hat bereits weitere Geschenke von ihrem Vater erhalten, für die sie ihm in einem Brief vom 19. September gedankt hat.[5]

Die weltberühmte Kiste ist angekommen und ihr Inhalt hat freilich jede Vorstellung übertroffen, Du hast einmal wieder Deinen Geschmack und Deine Pracht sehr glänzend gezeigt und jedes in seiner Art ist das Schönste, was ich gesehen, Stickereien, Stoffe, Muster, alles vollkommen, Nathan der Weise hat gewiss nichts Schöneres von seinen Reisen mitgebracht! Was den wunderschönen Schleier betrifft, so hat er hier die weiblichen Gemüther sehr in Aufregung gebracht; es ist nämlich allein hier nicht Mode, dass Bräute Schleier tragen; ich finde es aber so schön, so passend und es wäre mir besonders meines rothen Halses wegen so vortheilhaft, dass ich die grösste Lust habe, es doch zu thun und die Erste zu sein, da ich gewiss die Letzte nicht wäre; so riethen mir auch Alle hier im Hause, Hensel und viele Andere, dann fürchten wir aber wieder, es würde zu viel Aufsehen machen – kurz, der Prozess schwebt noch. Bänder, Shwals, alles ist von der schönsten Sorte und nochmals schönsten Dank für Alles.

Wir sind jetzt hier sehr beschäftigt und bringen die meisten Vormittage in Läden zu, wobei ich Mutter's Unermüdlichkeit nicht genug bewundern kann. Es ist, als wäre sie nie wohler, nie mehr in ihrem Element, als wenn sie vor Geschäften kaum zu Athem kommen kann. Es ist fast unmöglich, so gradezu zu danken, am allerwenigsten, wenn man eigentlich den ganzen Tag danken müsste, so will ich's denn hier thun, sie wird es lesen, und ich bin Dir doch denselben Dank schuldig, der sich, wenn er auch immer empfunden worden, doch gewiss nie so koncentrirt hat, als in dieser Zeit, wo ich zwar Eure unmittelbare Aufsicht, aber doch, dem Himmel und Euch sei Dank, nicht das väterliche Haus verlasse.

Die finanzielle Seite scheint nicht völlig problemlos gewesen zu sein, jedenfalls ließen die Eltern Mendelssohn das Paar die ungleichen Verhältnisse deutlich spüren. Daß Wilhelm am 21. Februar 1829 in die Akademie der Künste aufgenommen worden war, wurde als unabdingbare Voraussetzung behandelt. Aber daß er nicht in der Lage war, seiner Gattin den gewohnten Lebensstandard zu sichern, verpflichtete von nun an nicht nur Fanny, sondern auch Wilhelm den Eltern. Es wurde beschlossen, daß die Hensels im »Gartenhaus«, das heißt auf der Gartenseite der fürstlichen Behausung, ihre Wohnung beziehen würden.

Die Verlobungsurkunde[6] führt für Fanny ein Vermögen in Höhe von 18 613 Reichstalern und 10 Silbergroschen auf, und »der Herr Stadtrat Mendelssohn Bartholdy«, der Verwalter dieses Vermögens blieb, verpflichtete sich, ihr vierteljährlich fünf Prozent Zinsen zu zahlen und der auflaufenden Summe jährlich 1500 Reichstaler hinzuzufügen, und zwar so lange, wie das Vermögen in seinen Händen blieb. Diese Zusicherung würde hinfällig werden, falls Fanny eines Tages über ihr Geld selbst verfügen wollte. Im übrigen wurde Gütertrennung vereinbart. Fannys Vermögen und etwaiger Zugewinn blieben unter ihrer Kontrolle. Hinzu kam die Klausel, daß sie sich gegebenenfalls um das Haus zu kümmern hatte.

Es mag widersprüchlich erscheinen, daß da jemand so sehr unter der väterlichen Fuchtel steht und so wenig vom eigenen Ehemann abhängt. Abraham hatte die Kontrolle über Leas Vermögen, auch wenn sie nicht in Vergessenheit geraten ließ, woher das Geld kam. Aber Wilhelm war kein Bankier. Angesichts eines solchen Vermögens sind Fannys Pläne für die Haushaltsführung der Beweis dafür, daß Leas Erziehung Erfolg gehabt hatte. Sie hat keine Geldheirat angestrebt, und sie benimmt sich ganz als die Frau eines Malers, die zufrieden ist mit den Mitteln, über die er verfügt. Das Ehepaar Hensel lebte nicht von Fannys Kapital, dies blieb unangetastet und wurde erst von der folgenden Generation verwendet.

Ebensowenig war es Wilhelms Ziel gewesen, eine gute Partie zu machen. Er heiratete über seinem Stand, aber die Rolle des ausgehaltenen Ehemanns hätte ihm nicht gelegen. Statt dessen war er auf der Suche nach einem Atelier und hoffte, im Palais des Prinzen Albrecht, das jenseits des Mendelssohnschen Gartens lag, Räume zu finden.[7]

Die beiden Orgelstücke, die für die Zeremonie benötigt wurden, waren immer noch nicht vorhanden, so daß sich Fanny schließlich selbst half und am 28. September ihr eigenes Orgelpräludium komponierte.[8] Nervosität und fiebrige Erwartung steigerten sich noch, und mehrmals hintereinander hatte Fanny mit heftigen Zahnschmerzen zu kämpfen. Am 23. September notierte sie, daß sie sich einen dritten Zahn hatte ziehen lassen, daß sie sich mit Hensel gestritten und daß Rebecka einen Abszeß an der Nase hatte.[9]

Endlich war der Hochzeitstag da, aber noch am Morgen dieses 3. Oktober nahm sich Fanny die Zeit, ihrem geliebten Bruder einen langen Brief zu schreiben, worin sie ihm sagte, wie sehr sie an ihn denke, so sehr, daß die erste Freude an diesem Tag darin bestehe, einen ruhigen Moment zu finden, um ihm zu schreiben und vor seinem Porträt ein paar Tränen zu vergießen. Erneut versicherte sie ihn ihrer innigen Liebe, von der sie wisse, daß sie niemals eine Kränkung für Wilhelm bedeuten könne, und sie gab ihrer Freude darüber Ausdruck, daß Felix in sechs Wochen ihr Haus sehen und sicher mit allem sehr zufrieden sein werde. Erst dann werde sie wirklich wissen, ob alles gut sei.[10]

> ... so wie meine Stube gestern lebendig wurde, als Bilder hineinkamen, (die Skizze Deines Bildes hängt über meinem Schreibtisch) so werden die Bilder lebendig werden, wenn Du hineinkömmst, und Dich auf dem blauen Sopha ...[11] wälzest, u. Dich sehr kannibalisch wohl fühlst.
>
> Die Scene mußt Du wissen, ich am Schreibtisch, wo es sehr bunt aussieht, und wo Dinte und eau de Cologne in holder Eintracht leben, Beckchen am Fenster, Blumensträußchen für meine Kronenmädchen verfertigend, denn Du weißt doch, daß ich Blumen vertheile, daß in dreien Sträußen sich Myrthe befindet, und daß die Inhaberinnen der Myrthe die nächsten Bräute sind. Das Wetter ist schön, und alle kleinen Zufälligkeiten sind bisher gut gelungen.

Anschließend erzählte sie ihm, wie der Vortag verlaufen war, an dem sie sich zuerst ihr Orgelstück angehört hatte, das unter den Fingern des Freundes Grell[12] »sehr schön klang«, und an dem sie anschließend mit Besorgungen, Besuchen, Geschenken, mit dem Kleid für Hensels Schwester[13], den Zurüstungen in der Wohnung etc. ausreichend beschäftigt gewesen war. Um acht Uhr hatte sich die gesamte Familie versammelt, um »in Frieden« den Polterabend zu begehen, und da man die *Pastorella*, die beim Auszug aus der Kirche gespielt werden sollte, nicht finden konnte, hatte Hensel vorgeschlagen, daß doch Fanny selbst ein anderes Stück komponieren möge.

> Ich hatte die Unverschämtheit noch anzufangen, in Gegenwart sämtlicher Zeugen, und bin um ½ 1 fertig damit geworden, und ich glaube, es ist nicht schlecht ... Es geht aus g dur, das Thema wußte ich schon, weil ich, ehe Du eins zu schicken versprachst, mir schon eins ausgesonnen hatte, aber die Ausführung ist ganz von gestern.
> Nun fängt es an, bunt um mich her zu werden, es ist bald 11, um eins fängt meine Krone an, nach 3 die Trauung. Ich denke fort an Dich, so ruhig wie sonst, Hensel, der eben hier war, läßt Dir Manches sagen, und ich bin über Alles ruhig, weil ich weiß, daß er Dich liebt ...
> Daß Du heut frisch und munter und vergnügt bist, leidet bei mir keinen Zweifel, wie könnte ichs sonst seyn? Nun leb wohl, und bleibe der Alte, hier findest Du Alles beim Alten, auch das Neue.
> Zum Letztenmal
> Fanny Mendelssohn Bartholdy.
> Beckchen grüßt tausendmal, sie hat eine schlimme Nase und einen sehr grotesken Schmerz darüber. Eben kommt mein Kranz, und er ist wunderschön, sehr dick, und sehr frisch und grün, und viele viele Blüten. Beckchen hat ihn mir geschenkt.

Am 14. Oktober dann bestätigt Fanny im Tagebuch den Bericht über ihren großen Tag und schreibt darüber hinaus:[14]

> ... Ich erhielt wunderschöne Geschenke, ich sah gut aus, ... Gegen vier war die Trauung. Wilmsens[15] Rede unbedeutend, die Kirche voll. Ich sprach alle Verwandte und viele Freunde. Nachher fuhren wir einen Augenblick zu Tante Meyer[16], dann zu Haus, aßen um sechs Mittagbrot, dann waren ein paar ängstliche Stunden, und um neun gingen wir auseinander, die Schwestern brachten uns noch herüber, dann schweige ich.
> Sonntag früh einige Besuche, dann mittags und abends drüben,

allein. Montag und Dienstag aßen wir noch drüben, Mittwoch bei Marianne, nachdem wir einen Brief von Felix erhalten hatten, der mir noch jetzt die Tränen in die Augen bringt, wenn ich dran denke. Donnerstag traten wir unsern Hausstand an, abends gehn wir immer hinüber. Sonnabends war viel Volks drüben. Heute haben wir leider vergebens auf einen Brief gehofft.

»Drüben« bedeutet natürlich bei den Eltern. Ein ungetrübtes Vergnügen scheint das Ganze doch nicht gewesen zu sein. Die Hektik und die anfallende Arbeit stellen nichts Außergewöhnliches dar, dafür gibt es wohl wenige Bräute, die sich selbst ihre Orgelstücke schreiben. Interessant ist, bei welchen Veranstaltungen eine Frau sich selbst zu Gehör bringen darf. Die Hochzeit ist trotz halböffentlicher Zeremonie eine sehr private Angelegenheit, folglich sah Abraham kein Problem darin, daß ein Stück von Fanny, ja sogar zwei, aufgeführt wurden. Schmerzlich berühren kann die Tagebuchformulierung »ängstliche Stunden«. Wie traurig, daß eine junge Frau von dreiundzwanzig Jahren auf seltsam öffentliche Weise dieses Warten erdulden muß, bevor sie, beklommen und ängstlich, dem Unbekannten entgegengeht. Alles höchst »normal«, wie man wieder betonen muß, aber zu den üblichen Ängsten einer jungen Braut kam bei Fanny eine geradezu archaische Angst hinzu, ihre Musik, ihre Inspiration, ja ihre Identität einzubüßen. Als wohnte für sie der Jungfräulichkeit eine Macht inne, die der »Frau« (als wäre Fanny nicht als Jungfrau längst Frau gewesen) jäh abhanden kommt. Rührend ihre Worte »Ich sah gut aus«, wenn man weiß, welchen Kummer über ihr Aussehen sie sonst empfand.
Das junge Paar bezog also das »Gartenhaus«. Besonders im Sommer wohnte es sich hier sehr hübsch. Hensels belegten die rechte Hälfte, die andere Wohnung wurde von Devrients gemietet. Dieses Nachbarschaftsverhältnis dauerte zwei Jahre, 1829 und 1830. Es war schick, bei den Mendelssohns zu wohnen, und auch bequem im Hinblick auf die Proben für die Sonntagsmatineen, aber im Winter stieg die Temperatur im Gartenhaus, obwohl es geheizt wurde, kaum je über vierzehn Grad ... Therese Devrient schrieb in ihren Erinnerungen:[17] »Die Wohnung war zu ungesund und unbequem für eine Familie mit vier Kindern. Es war zu ebener Erde, ohne Keller darunter, die Fenster, dicht mit Wein umrankt, ließen keinen Sonnenstrahl ein, und es war uns oft, als ob wir Moderluft atmeten. – Mendelssohns waren verständig genug, alle unsere Gründe einzusehen, und Hensels Geständnis, daß für ihn nichts erwünschter als diese Veränderung kommen könnte, da er vergebens sich um ein passendes Atelier bemüht habe, erleichterte uns den Gedanken des Fortziehens noch mehr.«
Abraham ordnete daraufhin umfangreiche Umbauarbeiten an. Auf der

linken Seite ließ er zwei Wände einreißen, damit Hensels Atelier, wie es sich gehört, von Norden her Licht bekam.[18] Wilhelm verschmähte solch ideale Arbeitsbedingungen keineswegs und fing an, von morgens bis abends zu malen. 1831 öffnete er sein Atelier für Malschüler.[19] Das regelmäßige Zusatzeinkommen war nicht unwichtig, da er ansonsten vom Verkauf seiner Bilder und von fürstlichen Aufträgen abhängig blieb. Im übrigen gab es sowohl im Gartenhaus als auch im Hauptgebäude zu jeder Zeit Mieter. Im Gartenhaus bewohnten sie die Mansarden.
Die Vorstellung, daß eine Bankierstochter sämtliche Winter ihres Lebens in einem schlecht geheizten Hinterhaus verlebte, befremdet, aber sie verträgt sich bestens mit dem Bild, das die Mendelssohns von sich selbst vermitteln wollten. Materieller Komfort bedeutete nichts, die Zurschaustellung von Luxus war albern, einzig die Kunst und ethische Werte verdienten, daß man ihnen sein Leben weihte. Fannys Wesen war längst ausgebildet, und sie blieb von nun an die Frau, als die ihr Sohn sie beschrieb:[20]

> Sie war klein von Gestalt, und hatte – ein Erbtheil von Moses Mendelssohn – eine schiefe Schulter, was aber wenig zu sehen war. Das Schönste an ihr waren die grossen, dunkeln, sehr ausdrucksvollen Augen, denen man die Kurzsichtigkeit nicht ansah. Nase und Mund waren ziemlich stark, sie hatte schöne, weisse Zähne. Der Hand sah man die Ausarbeitung durchs Klavierspiel an. Sie war schnell und decidirt in ihren Bewegungen, das Gesicht war sehr lebendig, alle Stimmungen spiegelten sich auf demselben treu wieder; Verstellung war ihr unmöglich. Es merkte daher Jeder sehr bald, wie er mit ihr stand; denn so sicher sich die Freude über einen lieben, gern gesehenen Menschen sofort zeigte, so unheildrohend lagerten sich auch gewisse Falten um Stirn und Mundwinkel, wenn eine ihr unsympathische Erscheinung sie verstimmte. Wenige können sich so intensiv über alles Schöne: schönes Wetter, schöne Menschen, schöne Talente, schöne Natur, freuen, wie sie es konnte. Frische Luft athmete sie tief und voll ein, und erklärte dies für einen der grössten Genüsse. Ebenso intensiv war allerdings ihr Aerger über alles Hässliche, ihr Zorn über alles Schlechte. Gegen langweilige, fade, eitle und hohle Menschen war sie sehr intolerant, und hatte gewisse *bêtes noires* [21], gegen die sie ihre Antipathie durchaus nicht bemeistern konnte. Ihr Gesicht nahm dann wohl einen Ausdruck so tiefen Unglücks an, dass sie ihre Umgebung häufig dadurch in die grösste Heiterkeit versetzte, wenn die Ursache in so gar keinem Verhältniss zu der in ihr hervorgerufenen Stimmung stand. War diese verflogen, so lachte sie wohl selbst darüber, und war doch das nächste Mal ebensowenig im Stande,

> sich zu bezwingen. Materielle Genüsse waren ihr ziemlich gleichgültig: gut Essen und Trinken, Bequemlichkeiten, Toilette, Luxus aller Art, waren nicht zu ihrem Leben nothwendig; wohl aber Umgang mit gebildeten, klugen Menschen, im kleineren Kreis, und Kunstgenüsse. Ihr Freiheitssinn wurzelte tief in ihrer Natur: gegen den Adel, und alle Prätensionen der Geburt und des Geldbeutels verhielt sie sich sehr zurückhaltend. Besuche und alle sogenannten »geselligen Pflichten« waren ihr sehr lästig, und sie entzog sich denselben soviel als möglich. – Aber sie war die treueste und unerschütterlichste Freundin aller Derer, die sie für werth erachtet hatte, dem näheren Umgang anzugehören, und solchen gegenüber zu jedem Opfer fähig.

Trotz der vielen sympathischen Züge kein Mensch, mit dem leicht auszukommen war. Wir erkennen unschwer den strengen »Kantor« wieder, von dem ihr Bruder so oft sprach. Felix war zwar ein sehr unruhiger Mensch, blieb aber der charmante, angenehme Gesellschafter, der mit seinem heiteren Humor Beckchen näher stand. Paul war ebenfalls mehr ernst, interessierte sich jedoch stärker als seine Geschwister für Geld und Status. Daß Sebastian von Fannys »Freiheitssinn« spricht, zeigt, daß nicht individuelle Freiheit gemeint sein konnte, und dies galt für die Männer kaum weniger als für die Frauen.

Die Silberhochzeit der Eltern

Die silberne Hochzeit der Eltern nahte, und seit Monaten sprudelte Felix von Ideen über, wie das große Fest im Hause Mendelssohn zu gestalten war. Die Knieverletzung hinderte ihn daran, die Hochzeit seiner Schwester mitzuerleben, aber in Gedanken war er bei seiner Familie. Schon am 10. September 1829, nach der Reise durch Wales und Schottland, auf der ihn Freund Klingemann begleitete, schrieb er aus London an Wilhelm Hensel:[1]

> Die Sache ist die – fängt ein junges Frauenzimmer, das wir beide hochachten, lieber Bruder, ihre Berichte gern an, und es folgt dann nichts nach, hier brauch ich's mit dem Unterschiede, dass ich ihr Bruder bin, und dass etwas Wichtiges folgt – die Sache ist also die, dass ein Comitée niedergesetzt werden muss zur Anordnung silberner Feierlichkeiten. Früher hatte ich mir Fanny als Präsident gedacht, sie hat aber bei ihrem ersten Vorschlage soviel auf eine gewisse Familie Rücksicht genommen (z. B. Abends sind wir allein bei Hensel's, Mittag essen wir bei Hensel's etc.), dass ich sie der Partheilichkeit schuldig erkläre, perhorrescire, absetze, und Beckchen muss *Chairman* sein. Du und Fanny und ich, wir sind ordentliche Mitglieder, Droysen ist ein Ehrenmitglied und Klingemann ist auswärtiges Mitglied. Nun geht's los. Ich bitte um's Wort und habe einen Vorschlag zu machen: wie wär's, wenn wir den Polterabend so feierten: drei Liederspiele, jedes in einem Aufzug, mit Kostüm, Gesang etc. ordentlich dargestellt, und ein vollständiges Orchester unten (letzteres will ich übrigens zu allen Hochzeitsfeierlichkeiten aus eigenen Mitteln bestreiten und zu dem Ende hier eine kleine Musikspeculation machen), die Titel folgende: No. 1 Soldatenliebschaft[2], nämlich mein berühmtes Machwerk des Namens, das den Aeltern immer noch lieb ist, gegeben ohne Veränderung einer Note und ganz mit der Besetzung von damals. Was meint Ihr? Ist's nicht luminös?
>
> Dann ein neues Liederspiel von Fanny, das Hensel dichten muss, nett, luftig, lieblich an allen Ecken, sehr zart und schön. Dann eine

Idylle von mir, zu der mir vieles im Kopf herumfährt; es muss hübsch werden, und soll ein gesetztes Ehepaar drin vorkommen, das Ihr beide Hensels agiren müsst, ferner eine Nachbarstochter, ein toller Flurschütz, ein verkleideter Seemann oder Soldat oder was weiss ich? Ein Bauernzug und *a dur* über und über. Dazwischen kann dann Eis und Kuchen, und Allegorie und Pro- und Epilog passend Statt finden; ich denke, es amüsirt die Eltern weit mehr, als ein blosses Instrumentalconcert. Ich denke, es soll nett werden, und Du wirst prächtig eingeführt, Hensel; fürchte Dich nicht vor dem Singen, es ist für Dich gesorgt.

Felix kehrte erst am 8. Dezember nach Berlin zurück. Im Reisekoffer brachte er sein neues Singspiel mit, zu dem Klingemann den Text verfaßt hatte: *Die Heimkehr aus der Fremde.*[3] Schon am 9. las er es seinen entzückten Schwestern und Devrient, der die Rolle des Feldhüters[4] übernehmen sollte, vor. Für den musikalisch tauben Hensel hatte Felix die Gesangsrolle auf eine einzige Note reduziert. Fanny allerdings hat erst einmal die Rückkehr ihres Bruders abgewartet, sie gesteht Klingemann,[5] der Plan zu ihrem *Festspiel* ruhe seit dem Sommer in der Schublade und sie werde es wohl bei der Ausführung nicht weiterbringen als bis zu einer Klavierbegleitung. Durch seine Ankunft beschleunigte Felix dann doch noch den Gang der Dinge: In nur einem Tag schrieb Hensel den Text, und Fanny komponierte in einer knappen Woche die Musik einschließlich Orchestrierung. Die Handlung war ganz auf den Anlaß abgestimmt: Drei Schwestern, welche die grüne Hochzeit, die Silberhochzeit und die goldene Hochzeit darstellen, preisen die eheliche Liebe; sie werden angekündigt von drei Herolden.
Therese Devrient erzählt eine leicht abweichende Version:[6] Fanny habe ihr Festspiel bereits vor Felix' Rückkunft fertiggestellt und ihr als Freundin, die mit den Mendelssohnschen Hauskonzerten bestens vertraut war, »ganz natürlicherweise« die Sopranpartie anvertraut. Sie aber sei durch das »Schwerfällig-Gesuchte« des Werkes überrascht und durch ein angehaltenes hohes B zusätzlich erschreckt gewesen und habe sich geweigert, eine solche Note vor Publikum zu singen. Wie es in ihren Erinnerungen weiter heißt, sei es ihrem Gatten auch lieber gewesen, sie unter den Zuschauern statt auf der Bühne zu wissen. An ihrem Entschluß hielt Therese Devrient zur Verzweiflung Fannys und trotz des Zorns von Rebecka und Wilhelm fest, bis schließlich Felix seinen ganzen Charme aufbot und sie doch noch zu ihrem Auftritt bewegte. Als Dirigent hatte er zusätzlich die Möglichkeit, sie heil durch diese Prüfung zu bringen, die die jungen Dame aus Anstandsgründen so viel Selbstüberwindung kostete. Ob die Mädchenfreundschaft, die Fanny und Therese verband, den Konflikt überlebt hat, steht dahin. Die Daten bezüglich des »Festspiels«,

die Therese angibt, stimmen nicht mit denen überein, die in den Mendelssohnschen Briefen an Klingemann enthalten sind, aber was ihre Weigerung angeht, Fannys Werk zu singen, so sagt Therese gewiß die Wahrheit. Fanny war wohl nicht nur verletzt, sondern auch vom Gedanken verschreckt, daß sie von der Gemütsverfassung einer allzu wohlerzogenen Kleinbürgerin abhängig sein sollte. Hatte sie doch als in die Privatsphäre eingeschlossene Komponistin nur die Möglichkeit, sich an »Freunde« zu wenden, wenn sie ihre Werke aufgeführt sehen wollte. Wahrscheinlich hat sie einige Monate später den Entschluß der Devrients, die Nachbarwohnung aufzugeben, ohne großes Bedauern zur Kenntnis genommen.

Der Zwischenfall mochte für Fanny deprimierend gewesen sein, die Festlichkeiten nahmen nichtsdestoweniger einen grandiosen Verlauf. Lea berichtete an Klingemann,[7] daß die Familie am 24. Dezember morgens warme Kleidung an fünfundzwanzig Personen, Männer, Frauen und Kinder, ausgegeben und sich dann am Abend wie üblich gegenseitig beschenkt habe. Am 25. dann kam Leas Familie zum großen Überraschungsbesuch: ihr Schwager Joseph, ihre Schwägerinnen, »sogar die stolze Tante Jette«, Betty und Heinrich Beer, ihre Neffen Alexander und Marianne und deren Kinder, die Heyses, Marianne Saaling, der Arzt Dr. Becker, Gans, die Heydemanns, Droysen, Marx, die Varnhagens, die Roberts und die Redens (Graf Reden, Hannoverscher Gesandter; diese Gesandtschaft befand sich von 1825 bis 1831 in der ersten Etage der Leipziger Straße Nr. 3). Das Fest begann ohne Verzug mit den von Gans einstudierten Szenen und Beiträgen: Robert rezitierte ein Gedicht, die »Kinder« sangen einen Chor aus Cherubinis *Les deux Journées* [8] und brachten einen Kranz; alle vergossen Tränen, und die »Kinder« spielten einen Satz aus der *Kindersymphonie*, die Felix im Jahr zuvor komponiert hatte. Danach kam das von Gans verfaßte kleine Stück, in dem Betty eine französische Tänzerin spielte, Marianne Mendelssohn einen Studenten, Marianne Saaling eine Berliner Kammerzofe und Friederike Robert schließlich eine Muse: In dieser Rolle hielt sie die Töchterchen von Marianne Mendelssohn, Marie und Margarete, an der Hand, die Lea einen silbernen Kranz und einen Pokal überreichten.

Am nächsten Morgen beim Frühstück nahmen die Eltern das Geschenk ihrer Kinder entgegen, ein Sofa und eine »prachtvolle Vase, die Mendelssohn von einem Manne, der ihm Dank schuldig ist, zum Geschenk erhalten«[9] hatte, wie Lea Klingemann[10] berichtete. »Sie ist so kostbar, wie Monarchen sie sich wohl zu schenken pflegen, und hat einen hohen Kunstwert, da Hensel die kleinste Verzierung daran mit unglaublicher Sorgfalt gezeichnet und die Ausführung in der Porzellanfabrik selbst geleitet hat … Daß es an Schlangen, Sternen, Muscheln, Delphinen,

Sinnbildern aller Art nicht fehlt, dafür bürgt Hensels erfinderische Kunst.«

Dann war es soweit: Die langerwartete Abendgesellschaft konnte beginnen. Sie fand in Leas Zimmer statt, da der Konzertraum im Gartentrakt wegen der winterlichen Kälte kaum benutzbar war. Lea setzte ihre begeisterte Schilderung fort:

> Felix hatte ein förmliches Theater und eine Erhöhung für die Zuschauer erbauen lassen; wir waren mehr als 120 Personen, die meistenteils sitzen konnten. Sein Orchester war erlesen, Rietz und Gans erste Violinen, der andere Gans und Paul, dem er ein Solo gegeben, Cellos. Fannys Festspiel[11] wurde von Busolt, Landsberg und Paul!! und von meinen Töchtern und Therese Devrient gesungen. Paul hat im Terzett gesungen, agiert und sah sehr gut aus. Die 3 Herolde hatten prächtige Kostüme, nämlich von dem Königl. Potsdamer Turnier. Therese als erste Hochzeit, mit Rosen bekränzt, Rebekka als silberne, in reichgesticktem Kleide und Schleier, Diamanten und Myrten im Haar, Fanny als goldene, ebenso geschmückt, aber alles in Gold, waren anmutig zu schauen und machten eine wirklich rührende Wirkung.
>
> Für ihr Liederspiel hatten sie auch ganz artige Kostüme, besonders kleideten die schwarzen, mit Gold besetzten Samtmützchen. Fanny und Rebekka waren so unbefangen und sicher, wie ich's ihnen nie zugetraut hätte, und erstere nahm sich in ihrer Mütterlichkeit und pomadigen Ruhe so wie die andere mit ihrer Fröhlichkeit charakteristisch aus. Der junge, zarte Tenor hat die liebenswürdigste Stimme und Singart, die es gibt und gefiel allgemein; ewig schade, dass Devrient ihm durch unrichtiges Einfallen die Serenade verdarb. Was ist diese Serenade mit Nachtwächter obligé aber für eine köstliche Klingemanniade! ach, wären Sie Felixens Scribe! es kämen ganz andere Dinge wie aus der Pariser Fabrik zustande. Übergangen darf nicht werden, dass Hensel den Schulzen mit etwas Karrikatur, aber sehr ergötzlich gab: Prof. Gans behauptet, wie aus der Schröderschen[12] Schule.

Welcher Aufwand, welche Arbeit, welche Sorgfalt und welch ein Publikum für eine private Einladung ... Ganz offensichtlich ist Lea Mendelssohn Bartholdy über alle Maßen stolz und glücklich. Fanny schreibt in derselben für Klingemann bestimmten Familienchronik ein paar Zeilen weiter unten: »Sie erinnern sich gewiß noch, daß Freude ihr gut steht, und man mag sie wohl selten so vergnügt, das heißt so hübsch gesehen haben wie an jenem Tage.« Angesichts solcher Kinder kann sich Lea sagen, daß ihr das Leben geglückt ist und sie ihre Rolle als Mutter und Erzieherin erfüllt hat.

Sie hat ihren Kindern eine künstlerische Ausbildung gegeben, mit der sie sich unter Berufskünstler mischen können, ohne daß irgend jemand den Unterschied bemerkt. Im Falle von Felix war das seit langem klar. Er war nicht nur der musikalische Programmgestalter, der Dirigent und selbstverständlich auch der Hauptkomponist, sondern er konnte aus eigenen Einkünften die Festausgaben bestreiten. Und Paul, der am wenigsten Geschätzte, behauptete sich im Orchester neben den besten Berufsinstrumentalisten von Berlin, den Geigern Eduard Rietz und Leopold Ganz und dem Cellisten Moritz Ganz[13]! Er zeigte sich fähig, auf der Bühne zu spielen und zu singen, was seine Mutter verblüffte. Mehr verblüfft war sie allerdings über das selbstsichere Auftreten ihrer Töchter. Schon zu Beginn ihres Briefes hatte sie dem Ausdruck gegeben: »Was sagen Sie aber zu Fanny, die ein Festspiel mit Orchester komponiert und selbst darin mit größter Unbefangenheit auftritt?« Die Gewohnheit, im engen Kreis einer souverän elitären und kritischen Familie Auftritte zu absolvieren, macht die Töchter fähig, ein Schauspiel in nur fünf Proben hinzukriegen, sich als selbstbewußte Schauspielerinnen zu produzieren und vollständig zu vergessen, daß eine Frau eigentlich genau das nicht tun soll: vor Publikum auftreten. Die vermeintlich »weiblichere« und aus unserer Sicht ein wenig dümmliche Therese Devrient ist hingegen nicht in der Lage, diese Erwartung an eine Dame zu vergessen. Felix hat die wichtigste Rolle natürlich an Eduard Devrient vergeben, der trotz seiner stimmlichen Probleme, derentwegen er schließlich das Singen aufgab, ein grandioser Schauspieler und ein unvergleichlicher Theatermann war. Der arme Hensel mußte mit dem Vorwurf leben, er habe seine Rolle karikiert, aber was soll man machen, wenn man nur eine einzige Note zu singen hat und auch die nicht voll trifft, obwohl einem sämtliche »Bühnenkollegen« soufflierend helfen wollen?

Der Fall des »jungen, zarten Tenors« verdient noch besondere Erwähnung. Die Mendelssohns suchten verzweifelt nach jemand, der die Rolle des Hermann spielen könnte, weil Felix, der immer noch an seinem Knie laborierte,[14] nicht in Frage kam. Sie hatten von einem jungen Studenten namens Mantius, der laut Rebecka[15] »in den Teezirkeln Berlins Furore machte«, gehört. Zwar waren sie gegenüber allen, die nicht ihrem Kreis angehörten, grundsätzlich mißtrauisch, aber diesmal kannte Not kein Gebot. Eduard Mantius (1806–1874) war Jurastudent und bat laut Therese Devrient[16] ihren Gatten um seine gutachterliche Meinung, ob er genügend Talent zum Sänger habe. Das Singspiel bei den Mendelssohns wurde für ihn zum ersten Schritt seiner Karriere, er wurde wenig später an die Berliner Oper engagiert und sang dort von 1831 bis 1857. Er war auch ein gefragter Oratoriensänger.

Die Distanz zwischen musikalischem Amateur und Berufskünstler schien sehr gering, und Felix Mendelssohn wie Eduard Mantius überwanden sie, ohne sich Gedanken zu machen, die über praktische Aspekte hinausgingen. Die Frauen jedoch sahen sich vor einem unüberbrückbaren Graben, vor allem dann, wenn sie verheiratet waren. Mit der Heirat wurden sie zu Hüterinnen des Hauses und der privaten Sphäre ernannt. Beispielhaft ist die Karriere der Sopranistin Pauline Schätzel (1811–1882), die bei der Matthäuspassion mitgewirkt hatte und große Opernrollen sang, so etwa die Agathe im *Freischütz*. Sie zog sich 1832, als sie den Verleger Rudolf Decker (1804–1877) heiratete, sofort von der Bühne zurück und sang nur noch gelegentlich in Konzerten – was wiederum Fanny gelegen kam, die sie für ihre »Sonntagsmusiken« verpflichtete.

Das Jahr 1829 ging also mit einem großen Erfolg zu Ende. Dennoch blieb die Zukunft ungewiß für Felix, der sein vornehmes Vagabundieren quer durch Europa zunächst fortsetzen würde. Und Fanny? Ihre Zukunft war klar vorgezeichnet, und es sah aus, als wäre über sie von nun an nicht mehr viel zu sagen. Fanny Hensel fand sich dreifach eingesperrt: erstens in die Provinzstadt, die Berlin damals war, zweitens in ihre Ehe und Mutterrolle, und drittens in ihr Haus, das zugleich ein schützender Mikrokosmos war und ein Gefängnis, aus dem sie auch die Ehe nicht befreit hatte.

Fanny nahm jedoch nicht hin, daß die private Sphäre, in die man sie gebannt hatte, ihr Talent erstickte. Durch das Haus, in dem sie lebte, verlief die Scheidelinie zwischen »privat« und »öffentlich«, und in dieser Zwischenwelt begann sie nun doch noch ihre ganz eigene musikalische Laufbahn.

Junge Ehe

Schon 1823 klagte Lea gegenüber Amalie Beer, in Berlin könnten sich weder Komponisten noch sonstige Musiker in ihrer Arbeit ermutigt und inspiriert fühlen:[1] »Leider fehlt es hier noch immer an trefflichen Mustern, und Felix und Fanny müssen in der Hinsicht alles aus sich selbst schöpfen.« Mag sein, daß Lea ein wenig übertrieb, aber Berlin war tatsächlich schon seit längerer Zeit eine triste, geschichtsferne Stadt. Der Geist der Aufklärung hatte die Napoleonische Invasion nicht überlebt, aber die Ereignisse lagen weit zurück, und eigentlich hätte man von den Steinschen und Hardenbergschen Reformen der Jahre nach 1810 einen neuen Anstoß für das kulturelle Leben erwarten dürfen. Dem war aber keineswegs so, und wenig später schrieben die Karlsbader Beschlüsse den reaktionären Konservatismus der Metternich-Politik für ganz Mitteleuropa fest. Die geistige Auseinandersetzung fand sich für lange Jahre gedrosselt, die Presse unnachsichtig gegängelt und zensiert. Von daher erklärt sich die frohe Reisestimmung, die einen Felix Mendelssohn in England, dem Land der traditionell respektierten Rechte des Individuums, überkam – wobei es jedoch ratsam war, den Elendswohnungen von Bethnal Green fernzubleiben: Dort hausten dichtgedrängt die Menschen, welche die 1815 ausgebrochene Krise der Landwirtschaft aus ihren Dörfern vertrieben hatte. Auch Heinrich Heines neubeschwingtes Lebensgefühl in Paris, wo die Literatur einen ungeheuren Aufschwung nahm, läßt sich so besser verstehen. Mit Fug und Recht konnte Heine, den Gérard de Nerval, Théophile Gautier, Dumas und Balzac mit offenen Armen aufgenommen hatten, im Jahre 1832 an Hiller schreiben:[2] »Fragt Sie jemand, wie ich mich hier befinde, so sagen Sie: ›Wie ein Fisch im Wasser‹, oder vielmehr, sagen Sie den Leuten, daß wenn im Meer ein Fisch den andern nach seinem Befinden fragt, so antwortet dieser: ›Ich befinde mich wie Heine in Paris.‹«

Die aufgeklärten Geister männlichen Geschlechts neigten damals eher zur Flucht. Die Frauen jedoch, ob nun aufgeklärt oder nicht, blieben da, wo man ihnen ihren Platz zuwies. Auch Fanny blieb nichts übrig, als die Welt von Berlin aus zu betrachten. So beginnt denn auch ihr Tagebucheintrag vom 4. Januar 1829 mit diesen Worten[3]:

> Dieses Jahr wird einen wichtigen Abschnitt in unserem Familienleben bilden. Felix, unsere Seele, geht fort, mir steht der Anfang meiner zweiten Lebenshälfte bevor. Paul tritt ins Leben. Wie sich bei uns alles rührt und rückt, so auch in den meisten Kreisen unserer Bekannten, so in der Welt. – Griechenland frei, d. h. in der Gewalt der europäischen Mächte, denen es anheim gegeben ist, seine Stellung zu bestimmen! Die Türkei in Waffen; Rußland, nach einem bedeutenden Feldzug, auf dem Rückmarsch zu den Winterquartieren.[4] England in schiefer Stellung gegen Irland, welches mit der Gewalt der Verzweiflung seine Menschen- und Bürgerrechte[5] fordert, in zweideutiger Politik gegen Portugal, als Schützer der Donna Maria Gloria;[6] Frankreich als Vermittler der griechischen Freiheit in Morea (seine Gelehrten in Ägypten, Champollion), im beständigen inneren Kampf gegen Jesuitismus und Ultraismus (Béranger); Spanien durch Faktionen zerrüttet, durch das gelbe Fieber verwüstet; Portugal in dem bedauernswertesten Zustande der Anarchie, Don Miguel krank, vielleicht tot, seine Mutter als seine Feindin, Don Pedro lau und unentschlossen. Ich kehre zurück nach der Leipziger Straße Nr. 3 …

Ein erstaunliches Nachrichtenbulletin. Fannys Sympathien für die Ideen der Völkerfreiheit und der Bürgerrechte kommen sehr klar zum Ausdruck, und kaum weniger eindeutig ist ihr – von sämtlichen Romantikern ihrer Generation geteilter – Standpunkt bezüglich Griechenland und Irland. Bezeichnend an dieser politischen »Bestandsaufnahme« ist das fehlende Interesse für Deutschland, Preußen oder nur Berlin: Vom fernen Portugal kommen wir umweglos in den Garten der Mendelssohns zurück. Dabei hatte Preußen inzwischen eine ansehnliche politische Bedeutung zurückgewonnen: In seiner Angst vor revolutionärem Aufruhr hatte Österreich ihm für seine Mitwirkung an der konservativen Allianz die Hegemonie im Deutschen Bund zugestanden. Außerdem brachte Preußen in den Jahren 1828 bis 1834 eine deutsche Zollunion zustande und übernahm deren Vorsitz. Eine Berlinerin hätte damals durchaus der Meinung sein können, daß sich auch in ihrem Land gewisse Dinge bewegten.

Was aber fehlte, war eine öffentliche Meinung, sie schien nicht mehr zu existieren oder hatte zumindest die Fähigkeit eingebüßt, sich wirksam zu artikulieren. Womöglich war dafür der Zustand der Stadt mitverantwortlich. Der märkische Sand hatte die Bauten Friedrichs II. unansehnlich werden lassen, und für das Problem, wer für die Stadt aufzukommen hatte, der Staat oder der Magistrat, wurde keine zufriedenstellende Lösung gefunden.

Berlin war 1830 eine verhältnismäßig kleine Stadt von 240 000 Einwohnern, die ihre Befestigungsanlagen noch nicht geschleift hatte. Die schmucklosen Häuser waren meistenteils ein- und zweistöckig. Das flache Land begann vor den Stadttoren, ja es lebte innerhalb der Mauern fort: Das südlich des historischen Zentrums und östlich der Friedrichstadt (welche vom 18. Jahrhundert geprägt war und wo die Mendelssohns wohnten) gelegene ehemalige Köpenicker Feld, das ab 1802 zu Ehren der Königin Luise Luisenstadt hieß, blieb eine ausgedehnte Zone der Gärten und Felder. Die Meinungen bezüglich dieser Luisenstadt schwankten damals stark, für manche war sie das ländliche Idyll, ein paar Schritte von der Zivilisation entfernt, das Gefilde für poetische Spaziergänge, aber wer praktischer gesinnt war, verfluchte den Staub im Sommer wie den Schlamm im Winter und warnte vor dem Betreten. Insgesamt jedoch wuchs die Stadt, und dieses Wachstum sollte erst der Anfang sein. Hardenbergs Bauernbefreiung hatte am Ende vor allem die preußischen Junker begünstigt, und Massen von verarmten Landleuten hatten Zuflucht in Berlin gesucht. Diese ruinierten Bauern waren in nichts mit den Franzosen, Tschechen und Juden zu vergleichen, die man in früheren Zeiten herbeigerufen hatte, auf daß sie eine Stadt, in der die Mieten sorgfältiger Kontrolle unterlagen, bevölkerten. An Projekten zur Erschließung und Bebauung des Gebiets Luisenstadt mangelte es nicht.[7] Die Architekten Mandel und Schmidt lieferten 1821 beziehungsweise 1825 Pläne, aus denen aber nichts werden konnte, weil Staat und Stadt sich über die Kostenaufteilung nicht einig wurden. Erst 1842 beschloß König Friedrich Wilhelm IV., die Pläne von Lenné in die Tat umzusetzen. 1845 ließ er dort, wo die Befestigungen verlaufen waren, den Landwehrkanal anlegen, dem 1848 der Luisenkanal folgte. Aber die Zeit war weit fortgeschritten, längst hatten Spekulanten begonnen, ungehemmt und ohne die geringste staatliche Kontrolle sich die Grundstücke anzueignen. Abwasserkanäle waren noch eine seltene Sache, was zu ernsten Problemen in der rasch wachsenden Stadt führte. Es gab kaum Bürgersteige, grob behauener Granit lieferte das holprige Straßenpflaster. Staub und Gerüche wurden im Sommer als unerträglich empfunden, ebenso wie im Winter das schmutziggraue Gras und der Straßenkot. Der allgemeine Schmutz war gewiß mitschuldig an der Choleraepidemie vom Winter 1831, die zahlreichen Berlinern, darunter dem Philosophen Hegel, den Tod brachte. 1841 richtete man ein System von Wasserleitungen ein, die jedoch mangels unterirdischer Kanäle auf die Straßen mündeten, so daß von einer wirklichen Verbesserung nicht die Rede sein konnte.

Im Jahre 1830 jedoch waren die Straßen noch alles andere als belebt. Felix wettete eines Tages, er werde mit einem Kranz aus Rosen auf dem Kopf die Leipziger Straße entlanggehen, von zu Hause bis zum Dönhoffplatz (das heißt durch das ganze Viertel Friedrichstadt bis zur Grenze von Altstadt und Luisenstadt). Er gewann die Wette, denn er begegnete keinem einzigen Menschen. Einige wenige Droschkenfahrer fanden ihr kümmerliches Auskommen. Es gab Straßen, in denen kaum ein Fahrzeug pro Tag auftauchte, und nur wenige Fremde kamen nach Berlin, wo die Post nur zweimal pro Woche eintraf. Nur sehr allmählich hielt die Gasbeleuchtung in den Häusern Einzug. Man war sparsam, der einfache, jedem Glanz abholde Lebensstil entsprach der spröden Tristesse der Mark Brandenburg. So jedenfalls beschrieb Sebastian Hensel die Stadt seiner Kindheit und Jugend.[8]

Im Magistrat schien man sich um Stadt und Land nicht allzusehr zu bekümmern, und dies läßt sich sogar zwischen den Zeilen von Fannys Tagebuch herauslesen. Warum auch sollte das Bürgertum eines Landes ohne Verfassung sich von den öffentlichen Angelegenheiten betroffen fühlen?

Jeder lebte brav für sich zu Hause, wo ist es auch behaglicher als im Familienkreis? Politisches Vorbild war das Königspaar, das selbstverständlich eine untadelige eheliche Gesinnung und ein ebensolches Gebaren zur Schau zu stellen hatte.[9] Sparsamkeit gehörte zum bürgerlichen Anstand, und selbst die reichen Leute hatten etwas gegen ruhestörende Nachtbummler: Um zehn Uhr abends war es still auf den Berliner Straßen.

Aus den hochfliegenden Plänen einer Familienreise nach Italien wurde nichts. Bereits am 21. September 1829 schrieb Fanny an Felix:[10]

> Das Einzige, was uns, Hensels, zurückhalten könnte, wären finanzielle Gründe ... Nun habe ich immer noch die Angst, die ich nicht zu überwinden vermag, erstlich ob wir genug erübrigen, um die Reise zu machen, zweitens, ob die Eltern es nicht vielleicht mit Recht mißbilligen würden, wenn wir, statt uns im Anfang unsrer Verheirathung einzuschränken, u. ruhig zu leben, u. unsre Pflichten hier zu erfüllen, uns gleich ein so kostspieliges Göttervergnügen machten, wobei, im besten Fall, der ganze Erwerb des Jahres darauf ginge. Wollten wir es anders einrichten, wie Du weißt, daß Hensel die Idee hatte, eine Anstellung dort zu suchen, so würde das einen sehr langen Aufenthalt dort zur Folge haben, was wieder seine sehr zu bedenkenden Seiten hat. Kurz, lieber Clown, sage mir mal ein vernünftiges Wort darüber ... Wenn wir uns nun (und Hensel hat gewiß die meiste Lust dazu) auch entschlössen, burschikos zu handeln. ...* verjubeln, u. nachher von vorn angefangen, so fürchte ich doch, die Eltern würden mit einem solchen Plane wenig zufrieden seyn, u. ohne ihre Beistimmung (dies hat gewiß die Deinige), wollen wir beide nichts beschließen.

* Briefstelle unleserlich

Der alte Italientraum ist in Fanny nach wie vor lebendig. Am liebsten hätten die Hensels es gesehen, wenn in Rom eine preußische Villa Medici gegründet worden wäre. Jacob Bartholdy hatte Schritte in dieser Richtung unternommen, ein dauerhafter Erfolg aber war ihm nicht beschieden. Im Heiratsvertrag stand klipp und klar, daß Fanny nicht über ihr Geld verfügen konnte, ohne auf die väterliche Vermögensverwaltung sowie den jährlichen Unterhaltsbeitrag zu verzichten. Das Ehepaar Hensel unterliegt also dem elterlichen Veto, oder besser gesagt, es hat sich stets der Zustimmung dieser Eltern zu versichern, die »so großzügig« sind, daß Fanny ihre Dankbarkeit nur mittels einer verräterischen Negation im Nachsatz ausdrücken kann. Das Eingeständnis ihrer Italiensehnsucht ist hinreichend deutlich, so gern würde sie die klare Luft des südlichen Landes atmen, seinen blauen Himmel genießen und dazu das Gefühl der Freiheit, das sich einstellt, wenn man die enge häusliche Welt hinter sich läßt. Aber es bleibt kluge Zurückhaltung geboten, und außerdem beenden die Eltern auf ihre Weise den Zwiespalt. Sie bieten Wilhelm direkt im Hause ein Atelier an, und einem solchen Angebot kann ein Maler nicht widerstehen.

Das berühmte »Gartenhaus«, das Abraham und Lea ihnen offerierten, war eine höchst unkomfortable Unterkunft, in der es die Devrients zum Beispiel nicht lange aushielten. Ein kellerloses, also feuchtes Haus ohne Doppelfenster, daher eisig im Winter – die Temperatur kam nicht über vierzehn Grad hinaus, und bei den ewig beschlagenen Scheiben kam man mit dem Abwischen nicht mehr nach.[11] Die Zeichnung der von wildem Wein umrankten Fassade, die Sebastian 1851 anfertigte, zeigt hingegen, wie idyllisch sich alles im Sommer ausnahm. Aber welch spartanisches Leben! Noch einmal sei betont, daß in Berlin die Einfachheit zum guten Ton gehörte, sogar bei den wirklich Wohlhabenden. Fanny besaß in ihrem Zimmer nicht einmal einen Teppich.

Das Ehepaar Hensel richtete sich also in der Leipziger Straße ein. Dazu muß gesagt werden, daß schon im März 1830 Felix' verlockende Pläne in Gefahr gerieten, als nämlich Rebecka an Masern erkrankte. Sie war entschieden anfällig in jenen Tagen, da ihr Bruder schon seine Koffer für Italien packte. Er allein sollte erneut zu einer Reise aufbrechen, die zwei Jahre dauern und ihn außer durch Süddeutschland und Italien auch nach Frankreich und England führen würde. Felix beklagte gegenüber Devrient »mit Bräutigamszärtlichkeit«,[12] daß er von seiner leider ansteckenden kleinen Schwester nicht Abschied nehmen könne. Aber da kam ihm der Zufall entgegen: Er holte sich selbst die Masern, und seine Abreise wurde um mehrere Wochen hinausgeschoben. Erst im Mai verließ er Berlin. Auch Paul steckte sich an.

Die Frage, ob sie nicht zugleich mit Felix nach Süden aufbrechen sollten, hatte sich für die Hensels inzwischen erledigt, denn seit März spürte

Fanny, wie das Kind, das sie erwartete, anfing sich zu regen. Zum Glück blieb sie als einzige der vier Geschwister von den Masern verschont. Dennoch mußte sie wegen einer drohenden Fehlgeburt ab dem 24. Mai das Bett hüten, was das Kind nicht daran hinderte, zwei Monate zu früh, am 16. Juni 1830, zur Welt zu kommen. Fanny gab ihm die Vornamen Sebastian Ludwig Felix, womit sie ihre musikalische Vorliebe bekundete: für Bach, für Beethoven und für ihren kleinen Bruder. Sebastian berichtete später, wie sehr ihm der damals ungewöhnliche Vorname in der Schule zu schaffen machte.[13] Dazu kam die geringe Körpergröße sowie seine ebenfalls aus dem Rahmen fallende Kleidung. Jedenfalls mußte er sich ein gewisses Quantum Autorität und Selbstvertrauen zulegen, um heil durchzukommen. Seine Paten waren Zelter und der Bildhauer Rauch.[14] Das Frühgeborene war sehr schwach, seine Überlebenschancen gering, es bedurfte also intensiver Pflege, und damit fanden sich die Italienpläne auf unbestimmte Zeit vertagt. Die Mutter wählte nicht nur den Namen ihres Lieblingskomponisten für ihr Kind, sie begeisterte sich so sehr für die Julirevolution in Paris, daß sie auf die Windeln Kokarden mit den Farben der Trikolore aufnähte.[15] Dazu sah Wilhelm allerdings keinen Anlaß. Er war monarchistischer gesinnt denn je, verabscheute die Franzosen und ebenso Abrahams und Leas großbürgerliche Auffassungen.

Fanny, Felix und Rebecka waren die Liberalen in der Familie. Die Frauen pflegten damals ihre politische Meinung nicht vor Publikum darzutun, was in der Aufklärungszeit ganz anders gewesen war. Erst in den Jahren, die der Revolution von 1848 unmittelbar vorangingen, durften sie sich in den Salons wieder zu Wort melden. Nicht zuletzt aufgrund ihrer geistigen Unabhängigkeit unterschieden sich Fanny und Rebecka von den Bürgerstöchtern mit einem mehr gewöhnlichen Familienhintergrund. Richtig verstanden fühlten sie sich nur zu Hause, was sie noch mehr von bestimmten Kreisen ausschloß. Immerhin blieben sie dadurch, daß sie sich bei den heftigen Disputen zwischen Abraham, Felix und Wilhelm besänftigend und vermittelnd einschalteten,[16] der traditionellen Frauenrolle treu. Solange die stets heitere Rebecka nicht erschien, blieb die Atmosphäre oft geladen, aber auch Fanny ertrug Zerwürfnisse und Zank nicht und tat ihr möglichstes, um die familiäre Harmonie zu wahren. Dazu gehörte, daß Abraham Mendelssohn Bartholdys Kinder mit den beiden Söhnen von Joseph Mendelssohn, Benny und Alexander, vertrauten Umgang pflegten. Fanny und Marianne, die Gattin Alexanders, blieben von ihrer Kindheit bis zu Fannys Tod enge Freundinnen. Dafür gab es immerfort Spannungen zwischen Joseph und Abraham, und Tante Hinni, Josephs Frau, fühlte sich in der Leipziger Straße nie besonders wohl. Es war ihr dort zu zugig,[17] und noch mehr fürchtete sie das geistreiche Geplänkel der Gesellschaftsspiele. Daß es ewig durch die

Ritzen zog, war für Hinni übrigens eine der Ursachen für Fannys jähen Tod.[18]

Aber dieselbe Tante Hinni stellte mit Entzücken fest, daß die Eheleute Hensel in glücklichstem Einvernehmen lebten. Das Atelier, das Abraham bauen ließ, inspirierte Wilhelm zu ernsthaftester Arbeit. Er malte Bild um Bild, ging sogleich nach dem Frühstück hinüber und blieb vor der Staffelei, bis es dunkel war. Die Hauptmahlzeit nahm das Paar gemeinsam um halb fünf Uhr nachmittags ein, danach folgte bei gutem Licht Atelierarbeit, ansonsten erholte er sich noch im Garten, oder aber er machte sich ans Zeichnen, seine eigentliche Leidenschaft. Er hinterließ um die tausend mit Bleistift gezeichnete Porträts und damit eine sehr wertvolle Dokumentation über seine Zeitgenossen. Diese Überfülle steht nicht zuletzt für seine menschliche Güte. Nächstenliebe war vonnöten, wenn man mit so vielen verschiedenen Menschen Umgang pflegen und sich mit allen wohl fühlen wollte, gleichgültig welcher sozialen Herkunft sie waren. Seine Porträts waren zwar ähnlich, aber doch allesamt idealisierend. So gibt es denn ausschließlich schöne Augen in der bedeutenden Sammlung, die sein Vermächtnis war. Fanny, die sich nirgendwo etwas vormachen ließ, spöttelte, Wilhelm zeichne »Großmütter in ihren Windeln«.[19] Nichtsdestoweniger war er in der Lage, Menschen auch nach ihrem Tode noch zu zeichnen: Beweis sind nicht nur die Porträts von Schinkel, Varnhagen von Ense, Friedrich Wilhelm IV., sondern auch später die seiner eigenen Frau und seines Schwagers Felix.[20]

Sein Atelier hatte eine Tür zum Musiksaal, so daß er eigentlich nie von seiner Familie getrennt war. Und Fanny sollte musizieren, sonst, so sagte er, könne er gar nicht malen. So nahm für Fanny ein glückliches, erfülltes Alltagsdasein seinen Lauf. Felix schrieb am 9. April 1830 an seinen Freund Rosen:[21] »Hensel ist ungeheuer fleißig und arbeitet im strengsten Sinn des Wortes den ganzen Tag. Fanny hat sich eine Behaglichkeit, eine Hausmütterlichkeit gewonnen und ist dabei noch immer so innerlich warm und kräftig, daß ich mich nicht genug über sie freuen kann.«

Wilhelm stand Fanny in allen schwierigen und gefährlichen Augenblikken vor und nach der Geburt des kleinen Sebastian zur Seite. Unter solch günstigen Umständen nahm das Kind rasch zu, erreichte sein Normalgewicht, und schon im August sah es so gesund und pummelig aus, wie es die Mutter nur wünschen konnte. Einige Zeit stillte sie es, dann vertraute sie es einer Amme an. Sie war so beschäftigt, daß sie keine Zeit mehr für ihr Tagebuch hatte und nach dem 16. August 1830 eine Lücke entstand. Am 4. März 1831 dann vertraute sie dem Papier wieder ihre familiären Sorgen, aber auch ihr eheliches Glück mit Wilhelm an:[22]

> Was nun endlich unser eigenes Leben und Treiben betrifft, so hat das in der letzten Zeit einige Veränderung erlitten. Den ganzen

Sommer hindurch, seit Sebastians Geburt, hatte Wilhelm in der gelben Stube geschlafen, und ich mit Amme und Kind in der Schlafstube. Wenn ich nun auch ihn in der ersten Zeit häufig abends besuchte und nachher viele Nächte ganz bei ihm blieb, so war es uns doch eine große Entbehrung, nicht immer beisammen zu sein, und wir waren daher herzlich froh, als Wilhelm im Januar sein neugebautes Atelier beziehen, dem Kind sein bisheriges Zimmer abtreten und wieder in seinen alten Platz einrücken konnte. Wir benutzen seit der Zeit immer nur ein Bett. Wilhelm hat sich gewünscht, meinen Kopf in seinem Arm zu halten, und so sind uns die Nächte jetzt lieber fast als die Tage. Es kommt uns immer unmöglich vor, daß Liebe und Zufriedenheit noch steigen könnten, und doch ist es so, mit jedem Tag gewinnen wir uns lieber, und jeden Abend sagen wir uns, wie glücklich wir sind. Unsere Einigkeit und Ruhe tritt um so bemerklicher hervor, als wir, wenn wir allein oder nur zu Hause sind, immer zufrieden und vergnügt sind, und leider von drüben meist verstimmt herüberkommen, so daß es einiger Zeit bedarf, ehe wir uns wiederfinden. Und doch könnten sie drüben auch so glücklich sein. Aber wenige Fehler verdunkeln die Wirkung vieler Tugenden und machen ihnen und den Ihrigen das Leben sauer.

Alles stand gut im Hause Hensel. Wilhelm las den Eintrag in Fannys Tagebuch und zeigte sich amüsiert.[23] Ganz offenkundig blieben die Eltern, wie sie waren, und das bekam jetzt vor allem Rebecka zu spüren. Die Mendelssohn-Kinder mußten sich ihre Ehe regelrecht erkämpfen, und nun war die jüngste Schwester an der Reihe und mußte sich auf die Probe stellen lassen.
An Verehrern mangelte es ihr nicht. Da war zum Beispiel Heinrich Heine, der Poet und Liebhaber par excellence, und da waren andere, weniger frivole Männer, auch wenn sie sich zuweilen wie Knaben aufführten. So wurden Professor Eduard Gans, der mit ihr Platon im Urtext las, und der Mathematiker Dirichlet ihretwegen handgemein. Fanny erwähnt das Vorkommnis in einem Brief an Klingemann:[24] »Gans gegenüber steht der sehr hübsche und liebenswürdige, lebenslustige, studentenhafte, gelehrte Professor der Mathematik Dirichlet, mit dem sich Gans zu prügeln, oder auf gut Deutsch, zu balgen pflegt, wie ein Schuljunge.«
Die Schlacht um Rebeckas schöne Augen gewann schließlich der Mathematiker Gustav Peter Lejeune Dirichlet. Das Mädchen mußte dafür reichlich Neckereien seitens der Geschwister erdulden. Alexander von Humboldt hatte den jungen Naturwissenschaftler ins Haus gebracht, er ließ sich von ihm bei den Magnetfeldmessungen helfen, die er mittels seines »Observatoriums« im Mendelssohnschen Garten durchführte.[25] Dirich-

let war 1805 in Düren zur Welt gekommen und schon als kleiner Junge von der Leidenschaft für die Mathematik ergriffen worden. Mit zwölf Jahren kaufte er sich von seinem Taschengeld Mathematikbücher, die noch zu schwierig für ihn waren, von denen er aber sagte, er werde sie eben so lange lesen, bis er sie begriffen habe.[26] Seine Eltern ließen ihm die bestmögliche Erziehung zukommen, auch wenn der Vater mit seinem Postdirektorssalär noch für zehn weitere Kinder sorgen mußte. Der Siebzehnjährige hatte angesichts seiner herausragenden Begabung damals keine andere Wahl, als 1822 zum Studium nach Paris zu gehen, wo er als Hauslehrer bei dem General Foy unterkam. Fourier wurde auf ihn aufmerksam, als der Student an der Pariser Akademie einen Vortrag über den Fermatschen Lehrsatz hielt. Daraufhin wurde er Alexander von Humboldt vorgestellt, der auch im Salon Foy verkehrte, wo im übrigen die politische Opposition ihren Treffpunkt hatte. Humboldt vermittelte ihm 1828 die Habilitation in Breslau und holte ihn im Jahr darauf nach Berlin, als Dozenten zunächst an der Kriegsschule, danach an der Bauakademie und an der Universität:[27] Der junge Mann war bereits einer der größten Mathematiker seiner Zeit. Sein Forschungsgebiet war die Zahlentheorie. Der sogenannte Dirichlet-Schnitt besagt, daß man eine irrationale (das heißt nicht durch eine Bruchzahl darstellbare) Zahl stets durch rationale Zahlen (welche Bruchzahlen sind) einschließen kann, und zwar so nah wie nur gewünscht. So sind beispielsweise die rationalen Zahlen, die kleiner oder größer als Wurzel aus zwei sind, diejenigen, deren Quadrat kleiner oder größer ist als zwei. Das erscheint ziemlich einleuchtend, aber in Wirklichkeit festigte er damit den Begriff der irrationalen Zahlen und brachte Licht in das mystische Dunkel, das diese seit den Zeiten des Pythagoras umgab.

Als in späteren Jahren Sebastian Hensel ihm gegenüber einmal bemerkte, es müsse schon ein besonderes Gefühl sein, wenn man der Erste auf seinem Fachgebiet sei, da antwortete Dirichlet, so weit sei er nun doch nicht, aber zu den zehn oder zwölf Ersten gehöre er vermutlich. »Wer sind denn die anderen?« fragte Sebastian prompt. Dirichlet wußte nur zu antworten: »Der andere ist Gauss.«[28]

Genausowenig wie Fanny war Rebecka auf eine Geldheirat hin erzogen worden. Die Heirat mit einem genialen Mathematiker erschien dagegen wie ein selbstverständliches Schicksal für eine Frau ihrer Intelligenz und Bildung. Warum widersetzten sich dann die Eltern Mendelssohn dieser Wahl? Gewiß war Dirichlet katholisch, aber da es sich bei ihm weder um Mode noch um Überzeugung, sondern schlicht um die von den Eltern geerbte Konfession handelte, fiel es ihm nicht schwer, zum Protestantismus überzutreten. Wir wissen nicht, bis zu welchem Grade er Freidenker war, aber es steht fest, daß die Dirichlets den linken Flügel der Mendelssohn-Sippe darstellten. Als im Februar 1831 Rebecka ihren Entschluß verkündete, Dirichlet zu heiraten,[29] blieb Lea nicht wie im Januar 1829 entgeistert und sprachlos sitzen, sondern explodierte vor Zorn und malte sogleich die Zukunft ihrer Tochter in düstersten Farben an die Wand, bis das Mädchen »außer sich« zu den Hensels flüchtete. Fanny und Wilhelm machten sich daran zu vermitteln, aber die Verlobung wurde nicht vor November offiziell bekanntgegeben. Die Hochzeit folgte im Mai 1832, und zu Beginn ihrer Ehe wohnten die Dirichlets ebenfalls in der Leipziger Straße Nr. 3.[30]

Leas Reaktion auf die Heiratswünsche ihrer Töchter bleibt ein Rätsel. Wohl war Dirichlet nur ein eher mittelloser Mathematikdozent, aber er hatte immerhin eine respektable Dauerstellung. Außerdem wollte ihn die Pariser Akademie der Wissenschaften zum Mitglied machen. Denkbar ist, daß Lea mehr an Geld und gesellschaftlicher Stellung interessiert war, als sie zugeben wollte, aber der Logik ihres Lebens und ihrer ethischen Ansprüche würde das letztlich doch widersprechen. Eine weitere Hypothese kann vorgebracht werden: Im Gegensatz zu ihrem Gatten habe sie nicht gewünscht, daß ihre Töchter überhaupt heirateten. Sie selbst hatte ihren Kindern alles gegeben, aber wollte sie, daß Fanny und Rebecka ihr darin nachfolgten? Daß sie Fanny später in den Phasen des Selbstzweifels moralisch unterstützte, zeigt, wie wenig sie einverstanden war mit dem Gedanken, das Talent ihrer älteren Tochter könnte verschüttet werden oder verkümmern. Sie dachte wesentlich differenzierter als ihr Mann und war auch fähig, ihre eigene Ehe mit Distanz zu betrachten und sich selbst eine Reihe von Fragen zuzumuten, mit deren Beantwortung sie sich schwertat. Gegenüber ihren Töchtern aber reagierte sie auf eine Weise, die nicht mehr als verstandesmäßig zu bezeichnen ist. Ihr Hauptargument nährte sich aus dem Zweifel an der wechselseitigen Liebe der beiden Verlobungskandidaten. Vielleicht glaubte sie ganz allgemein nicht an die Liebe und insbesondere nicht an die sogenannte schicksalhafte Liebe. Sie hatte nicht gewollt, daß die heranwachsende Fanny je zum verliebten Huhn würde, wobei die Tochter für diesen Zustand ohnehin keine Veranlagung zeigte, aber auch der wirklichen Liebe wollte sie möglichst den Einzug ins Leben ihrer Kinder verwehren.

Möglicherweise war dieser Wesenszug Leas mit im Spiel, als sich Fannys Entschluß herausbildete, an ihrer Musik festzuhalten und in der Ehe nicht so aufzugehen, daß sie ihre Identität aufs Spiel setzte.

Die Zeit nach der Niederkunft ließ jedoch Ängste in ihr wach werden: Sie hatte keine Einfälle mehr, konnte plötzlich nicht mehr komponieren. Sie sprach davon mit jenem Humor und jener Distanz, die sie allen persönlichen Belangen gegenüber walten ließ:[31] »Einstweilen bin ich wieder eine frischekartoffelnessende, abends im Freien bleibende, überhaupt genußfähige und genießende Person, und mein Kleines wird alle Tage größer. Komponiert habe ich noch nicht; als ichs nicht durfte, hatte ich

Ideen genug, jetzt wird wohl wieder die bekannte Dürre eintreten, die ich dem Wetter alle wegnehme.« Der Brief wurde wahrscheinlich Ende Juli 1830 geschrieben, aber die Dürre dauerte bis in den Herbst, und Fanny machte sich allmählich ernsthafte Sorgen. Bei Felix fand sie nur wenig Ermutigung. Er hatte seine Schwester dem Beruf der Mutter geweiht und beglückt festgestellt, daß die Schwangerschaft ihr gut bekam. Von Rom aus bedeutete er ihr in klaren Worten, daß sie nun die vom Vater auferlegte Pflicht erfüllt hatte (»Aber Du kannst noch besser werden!«), daß sie mithin zur fraulichen Vollkommenheit gelangt war und diese als ihre Begrenzung zu bejahen hatte:[32]

> Bleib' froh u. klar u. gesund, verändere Dich nicht bedeutend, viel besser brauchst Du auch nicht zu werden, Dein Glück bleibe Dir treu: das sind denn ungefähr meine Geburtstagswünsche. Denn daß ich Dir auch etwa musikalische Ideen wünschen sollte, ist einem Menschen meines Kalibers wohl nicht zuzumuthen; es ist auch nur Ungenügsamkeit, wenn Du Dich über Mangel daran beklagst; *per bacco* wenn Du Lust hättest, würdest Du schon componieren was das Zeug hält (vgl. Leben eines reisenden Musikanten oder *Felix in Rom*) u. wenn Du nicht Lust hast, warum grämst Du Dich entsetzlich? Wenn ich mein Kind zu päppeln hätte, so wollte ich keine Partitur schreiben, u. da ich *non nobis* [33] componirt habe, so kann ich leider meinen Neffen nicht auf dem Arm herumtragen. Aber im Ernst, das Kind ist noch kein halbes Jahr alt, und Du willst schon andere Ideen haben, als an Sebastian? (nicht Bach.) Freu Du Dich, daß Du es da hast, die Musik bleibt nur aus, wenn sie eben keinen Platz hat, und es nimmt mich nicht wunder, daß Du keine Rabenmutter bist. – Ich wünsche Dir aber doch zu Deinem Geburtstage, was irgend Dein Herz begehrt; ich will Dir also auch ein halb Dutzend Melodien wünschen, es wird aber nichts helfen.

Freundschaftlicher kann man sein mangelndes Mitgefühl nicht ausdrücken. Alles, was Felix zu Papier bringt, ist vermutlich wahrhaftig, aber wenig ermutigend, und es konnte bei Fanny nur ein Gefühl aufkommen lassen, das von Verärgerung bis zu Ersticken reichte. Dabei hegte Felix genügend Bewunderung für seine Schwester, was ihm gewöhnlich dann bewußt wurde, wenn er mit anderen Musikerinnen zusammentraf. Auf der Durchreise in München flirtete er ausgiebig mit der Pianistin Delphine von Schauroth[34], mit der er erfolgreich eine Sonate für Klavier zu vier Händen von Hummel spielte. Seiner Schwester beschrieb er die Episode folgendermaßen:[35]

Aber eigentlich wollte ich ja nur sagen, dass das Mädchen sehr gut spielt und mir, als wir vorgestern zum ersten Mal zusammenspielten (denn das Stück ist schon dreimal gegeben worden), ganz ordentlich imponirte; als ich sie nun gestern früh allein hörte und auch sehr bewunderte, fiel mir plötzlich ein, dass wir im Hinterhause ein Frauenzimmer besässen, das von der Musik doch eine gewisse andere Idee im Kopf hätte, als viele Damen zusammengenommen, und ich dachte, ich wollte ihr diesen Brief schreiben, wollte sie so herzlich grüssen; die Dame bist Du nun freilich, aber ich sage Dir, Fanny, dass ich an gewisse Stücke von Dir nur zu denken brauche, um recht weich und aufrichtig zu werden, obgleich man doch in Süddeutschland viel lügen muss. Du weisst aber wahrhaftig, was sich der liebe Gott bei der Musik gedacht hat, als er sie erfand; da ist es kein Wunder, wenn man sich darüber freut. Kannst auch Klavier spielen und wenn Du einen grösseren Anbeter brauchst, als mich, so kannst Du Dir ihn malen oder Dich von ihm malen lassen.

Ein paar Zeilen weiter erfolgt erneut eine Anspielung auf *Italien*, das spätere Lieblingslied der Königin Victoria:

> Gestern lobte mich eine gnädige Gräfin wegen meiner Lieder und meinte frageweise, ob nicht das von Grillparzer ganz entzückend sei? Ja, sagte ich, und sie hielt mich schon für unbescheiden, als ich Alles erklärte, Dich als Verfasserin nannte und versprach, die Kompositionen, die Du mir nächstens schicken würdest, in Gesellschaften gleich mitzutheilen. Wenn ich das thue, bin ich ein Pfefferkorn, ein Brauerpferd: Du schickst aber am Ende auch keine.

Wie ein paar Monate zuvor Fanny ging Felix, so aufgeklärt er auch sein mochte, anscheinend von der vagen Annahme aus, Mädchen im Stande der Jungfräulichkeit hätten ein schöpferisches Vermögen, das verlorenging, sobald sie in den Hafen der Ehe einliefen. Fanny hatte derlei Ängste gehabt, und es ist vorstellbar, daß altmodische Vorstellungen auch im Kopf ihres Bruders herumspukten. Glücklicherweise kam Wilhelm von anderswoher, und obwohl er wahrhaft konservativ dachte, hatte er keine Angst vor seiner Frau. Die überreiche Hinterlassenschaft seiner Porträts und Miniaturen zeigt, daß er von seiner Neigung her ein Maler beziehungsweise Zeichner der familiären Sphäre, des vertrauten Freundeskreises war. Von Berufs wegen war er zwar Hofmaler, er lebte von Aufträgen für mehr oder weniger monumentale Ölgemälde oder für Kopien der Werke Raffaels, aber Wilhelm war kein reisender Künstler wie Felix, sein

Lebenskreis war der private, wo er alles mit seiner Frau teilte und keinerlei Furcht empfand, sie könnte ihn dominieren. Er brauchte es, daß sie arbeitete wie er und zu den gleichen Stunden wie er. Schon kurz nach ihrer Hochzeit schrieb Fanny an Felix:[36] »Mein Mann hat es mir zur Pflicht gemacht, jeden Morgen gleich nach dem Frühstück ans Clavier zu gehen, weil nachher Störung auf Störung folgt; heute früh kam er und legte mir stillschweigend das Blättchen aufs Clavier, und fünf Minuten darauf rief ich ihn wieder herein und sang es ihm so vor, wie es eine Viertelstunde später hier auf dem Papier stand.«

Es handelte sich dabei nicht um großangelegte Werke, sondern um einen steten Austausch zwischen Malerei und Musik. Für den Geburtstag einer gemeinsamen Freundin dachte sich Wilhelm aus, er könnte ein Kästchen bemalen, auf welchem Fanny ihrerseits eine Melodie aufzeichnen würde. Fanny fand, der Einfall sei für den Anlaß viel zu hübsch, aber der großzügige Wilhelm hielt ihr vor, daß sie ihre Einfälle nicht für sich behalten dürften. Das Kästchen ist unglücklicherweise verschollen, aber in einer Privatsammlung existiert noch ein herzförmiges Notizbuch, das mit den musikalischen und zeichnerischen Kommentaren der Ehegatten angefüllt ist. Von seinem Italienaufenthalt hatte Wilhelm allen vier Geschwistern zu Weihnachten 1828 ein solches Notizbuch mitgebracht. Ausgesprochen schöne Geschenke, wenn man bedenkt, daß Papier in jeglicher Form damals kostspielig und wertvoll war. Rebeckas Büchlein war sternförmig, ist aber nicht erhalten. Pauls Exemplar findet sich nirgends erwähnt, auch wenn es unwahrscheinlich ist, daß er leer ausgegangen wäre. Felix benutzte das seine, um seine Londoner Termine und Treffen zu vermerken. Das herzförmige Büchlein, das Fanny zufiel, war ein niedliches, sechs mal sieben Zentimeter großes Album mit Goldschnitt. Es umfaßte einundvierzig Seiten sehr schöner Papierqualität.[37] Wilhelm und Fanny füllten es zwischen Weihnachten 1828 und August 1833 mit Noten und mit Zeichnungen. Fast möchte man von einem Tagebuch sprechen. Fanny notiert musikalische Entwürfe, Liedthemen etwa, die dann ziemlich unverändert in die Endfassung übernommen wurden, oder ein- bis zweitaktige Überleitungen. Wilhelm schrieb gleich zu Beginn einen Zweizeiler ein:

> Wohl diesem Büchlein gleicht das Herz
> Du schreibst hinein Lust oder Schmerz.

Danach folgen abwechselnd seine und Fannys Skizzen. Zunächst eher abstrakt, werden sie mit Sebastians Geburt allmählich persönlicher. Am 6. März 1830 sehen wir eine Elfe mit einem Schmetterling über einem in einer Blume schlafenden Kind, womit die ersten Bewegungen Sebastians im Mutterleib angezeigt sind: Der Schmetterling symbolisiert die Seele des Kindes. Am 16. Juni 1830 dann verscheucht ein Engel eine Fledermaus – sie steht für einen bösen Geist – von dem Neugeborenen, das auch hier wieder in einer Blüte ruht. Erst zu Weihnachten 1831 nehmen die Eheleute ihr Büchlein wieder her, es verzeichnet ein Gedicht für Sebastian, drei Zeichnungen von Wilhelm und sechs Notenskizzen von Fanny. Es folgt eine sehr traurige Episode: Fannys Skizze zu einem Wiegenlied, das im Oktober 1832 vollendet wurde; danach zeichnet Wilhelm am 1. November erneut die Elfe vom 1. März 1830, aber diesmal hängen ihre Flügel traurig herab, und das Kind liegt jämmerlich hilflos in der Blume: einziger uns erhaltener Hinweis auf eine Fehlgeburt Fannys in dieser Zeit. Wilhelm konnte auch dann malen, wenn er unglücklich war. Dagegen vertraute Fanny ihrem Tagebuch zwischen Juni 1832 und Mai 1833 kein Wort an und schrieb auch nichts mehr in das herzförmige Büchlein. Wilhelm zeichnete noch sechs Skizzen, danach blieben die letzten Seiten leer.

Diese Jahre waren für niemanden leicht. Die Hensels waren ein glückliches Paar, aber das Berliner Leben wurde 1831 und 1832 von einer Choleraepidemie überschattet, die die Bevölkerung in tragischer Weise dezimierte. Fanny steckte sich an, kam aber davon. Als sie am 26. Mai 1833 ihr Tagebuch wieder aufnahm, schritt sie als erstes zu einer Art kollektiver Todesanzeige:[38] »Übersicht der Personen, die wir seit 2 Jahren verloren haben«. Es folgen die Namen von dreizehn Toten, darunter Tante Jette und Hegel mit dem Vermerk November 1831, der mit Felix seit den Zeiten der Matthäuspassion befreundete Geiger Rietz mit dem Vermerk Januar 1832, für Februar wird eine sehr nahe Freundin, Ulrike Peters, aufgeführt, gestorben an »einem Nervenfieber«, im März folgt Goethe, im Mai Zelter, im Juni Ludwig und Friederike Robert, im März 1833 Rahel Varnhagen …

Vor einem solchen Hintergrund kann es nicht verwundern, daß Fanny im Sommer 1832 plötzlich krank wurde und daß sie sogar ein Kind verlor. Felix war in diesem Sommer zurückgekehrt, und um so unglücklicher war Fanny, daß sie aufgrund ihrer Krankheit nur wenig von ihm hatte:[39] »Felix war den ganzen vorigen Sommer hier, und wenn ich nicht fast fortwährend leidend gewesen wäre, hätten wir können sehr schöne Zeit haben.« Vermutlich die letzten für lange Zeit, denn Felix wußte damals schon, daß Berlin ihm keine Zukunft bot. Trotz ihres schlechten Gesundheitszustandes brachte Fanny die Energie auf, um über die Kette von Trauerfällen und über die Komplikationen der Mutterschaft hinwegzukommen. Sie ist schon dabei, ein neues Musikleben in ihrer privaten Sphäre zu organisieren, und dies wird sie daran erinnern, daß sie nicht nur Mutter und Hausfrau ist.

Die »Sonntagsmusiken«

Um sich aus der depressiven Stimmung, wie sie normalerweise einer Niederkunft folgt, zu befreien, beschloß Fanny, die häusliche Tradition der *Sonntagsmusiken* wiederzubeleben, die Abraham 1823 mit Blick auf seine beiden ältesten Kinder, vor allem auf Felix, begründet hatte.
Mit dem Entschluß, sich selbst auf diese Weise einen musikalischen Kreis zu schaffen, ging Fanny nicht vom Punkt Null aus, lancierte sie nicht etwas für Berlin Neues. Der biedermeierliche Berliner Salon nach 1820 ist nämlich – dem Zeitgeschmack entsprechend, aber auch notgedrungen – ein vor allem musikalischer Salon. Die Konversation ist nicht mehr das beherrschende Element, da Redefreiheit nicht besteht und die Damen beim Thema Politik Abstinenz üben. Unterhaltung bietet in Stellvertretung die idyllisch-ländliche Poesie, und die Musik kommt sehr gelegen, verleiht sie doch Worten einen Sinn, die sonst seicht und hohl klingen könnten. Die gesamte Berliner Gesellschaft neigte zur kulturellen Idolatrie, sie begeisterte sich für die Musik, das Theater und die bildenden Künste, an deren einheitsstiftende Kraft in einer von Gegensätzen und Spannungen erfüllten Welt sie glaubte. Die Musik, die nicht zuletzt auch nach dem Willen des Staates allen Schichten zugänglich sein sollte, wurde durch ihre Abstraktheit und Irrationalität zu der Kunst, in der die Deutschen sich wiedererkannten.[1]
Es wurde also viel musiziert in den Berliner Salons zwischen 1815 und 1848, ob nun bei Elisabeth von Staegemann, bei der Fürstin Luise Radziwill, bei Amalie Beer oder bei Lea Mendelssohn Bartholdy. Von den beiden letztgenannten Salons ging am meisten Glanz aus.[2] Amalie Beer, die Mutter des Komponisten Giacomo Meyerbeer, aber auch des Lyrikers Michael Beer, beherrschte ihren Kreis mit ihrer Persönlichkeit und mit ihren schroffen Bemerkungen. Allgemein wurde sie die »Königinmutter« genannt. Bei den Staegemanns und den Radziwills sorgten Musik, Gedichte und Gesellschaftsspiele für ein relativ vielfältiges Programm, während der Beersche Salon ausschließlich der Musik huldigte. Nichtsdestoweniger gaben sich Theaterleute und bekannte Männer der Wissenschaft und Politik die Ehre. Lea Mendelssohn Bartholdy wiederum hielt nicht hof in ihrem Salon, anders als bei den Beers war man bei ihr in einem

privateren, von einer ganzen Familie geführten Salon, in dem gleichwohl die Mutter und die beiden Töchter die maßgebliche Rolle spielten. Lea, so hatte Devrient es verstanden, sorgte dafür, daß ihre Gäste sich wohl fühlten, und überließ das Brillieren Felix und Fanny, während Rebecka heitere Laune verbreitete. Fanny brauchte also nur einen Neuanfang zu wagen und die Arbeit fortzusetzen – allerdings in einem Berlin, dessen Musikleben sich mit den Jahren veränderte.

Als Abraham seine *Sonntagsmusiken* ins Leben rief, war es in Berlin um Konzerte mit Instrumentalmusik nicht gut bestellt. Wohl gab es zwei Orchester, das der Oper und das der Hofkapelle, aber wie und wann Konzerte stattfanden, war nirgends geregelt und blieb der Privatinitiative überlassen.[3] Deshalb war es auch kein Spleen reicher Leute, wenn die Beers oder Mendelssohns Musiker in ihren Salon einluden, sondern entsprach einer musikalischen wie gesellschaftlichen Notwendigkeit. Die Musiker fanden so einen Teil ihres Lebensunterhalts, und die Berliner fanden Gelegenheit, Instrumentalmusik zu erleben. Immerhin mußte sich bei den Bürgern so der Eindruck verstärken, daß sie in einer unbedeutenden Stadt wohnten. Es war ähnlich wie bei der Frage, wer die Stadt regieren und finanzieren sollte: Der Staat weigerte sich, Initiativen zu ergreifen, und auch der Magistrat fühlte sich nicht befugt, in eigener Verantwortung ein Orchester zu unterhalten oder eine Konzertreihe zu organisieren.

Fanny war sich sowohl dieser Gegebenheiten bewußt als auch der Rolle, die sie hätte spielen können, hätte sie statt Röcken Hosen getragen. Schon 1825 entwarf sie den Plan für institutionalisierte Konzerte, die für sie das Gegenstück zur Singakademie bilden sollten.[4]

Berlin, den 17. März 1825

Vorschlag zur Errichtung eines Dilettantenvereins für Instrumentalmusik.

Der gegenwärtige Zustand der Instrumentalmusik in Berlin erheischt die Bestrebungen tüchtiger und sachkundiger Männer, die sinkende Kunst muss mit starker Hand gehoben werden, sonst geht sie ueber in der Geschmacklosigkeit der Zeit, in dem Egoismus der Anführer, in der Verwöhnung des Publicums.

Das einzige klassische Instrumentalinstitut Berlins, die Möserschen Quartette[5], erfreuen sich einer dauernden Theilnahme, obschon der Unternehmer wenig bemüht ist, seine Hörer durch den Reiz der Neuheit und Abwechselung zu fesseln, und obschon man öfters die Vollendung vermisst, welche diese, nur auf innerm Werth beruhende, und aller äussern Mittel entbehrende Gattung erfordert.

Berlin besitzt viel geschickte und kunstliebende Dilettanten, der Mangel eines Vereinnigungspunktes für so viel zerstreutes Talent ist fühlbar, ein jeder Einzelne sucht ihm dadurch abzuhelfen, dass er, wenn es seine Umstände erlauben, ein Quartett, oder eine mehr und minderstimmige Musik bei sich aufführen lässt. Dergleichen Privatversammlungen giebt es Unzählige hier, aber vereinzelt, wirken sie nichts, und verbreiten nur einen der Kunst mehr schädlichen als vortheilhaften Dilettantismus. Wann aber alle diese, an und für sich schwache Strahlen in einen Glanzpunkt vereinigt würden, dann könnten sie ihr Licht weit in die Welt verbreiten, wie dann die Singakademie sich und ihrer Vaterstadt Berlin aus mit segendreichen Früchten über ganz Deutschland verpflanzt hat.
Symphonien sind die grösste Form für diesen grossen Gehalt der Instrumentalmusik. Auf diese müsste unser Verein also sein besonderes Augenmerk richten. Faschs Singacademie könnte, was die äussern Form betrifft, unserm Institute zum Vorbild dienen, ihre Tendenz muss und wird wesentlich verschieden seyn. Die Singacademie, welche sich nur mit heiliger Musik beschäftigt, deren Mitglieder zum grössern Theil aus Frauen u. Mädchen bestehen, muss sich schon aus dem Grunde von aller Oeffentlichkeit möglichst fern halten, weil ernste Musik in die Kirche und nicht in den Konzertsaal passt, und weil Frauen aus dem Privatstande jedes Auftreten vor einem Publicum scheuen.
Ein anders ist es mit unserm Verein. Hier sehn wir lauter Männer, welche zu einem Zwecke versammelt sind, nähmlich grosse Instrumentalkompositionen auf eine würdige Weise darzustellen. Hier neigt Alles zur Oeffentlichkeit. Die rauschende, erregende Musik verlangt ein erregtes Publicum u. lauten Beifall, ein starkbesetztes Orchester erfordert einen gefüllten Saal, sonst übertäubt es sich selbst durch sein Geräusch, ein festlich versammeltes Publicum stimmt eben so wohl zu den weltlich frohen, lebhaft rauschenden Symphonien, als ein kleiner, andächtig stiller Kreis dem religiösen Choral, der strengen Fuge ansteht.
Suchen wir nun einen Weg, um jenes Ziel zu erreichen.
Ein thätiger, sachkundiger, u. für den Zweck begeisterter Mann übernimmt die Stiftung u. die Leitung der Gestifteten. Es wird eine Subscription eröffnet,* jedes Mitglied zahlt 8rt jährlich, u. ausser-

* Jeder Dilettant, der irgend eines Instrumentes kündig ist, findet Zutritt; am liebsten würde man gute Geiger annehmen, jedoch im Anfang ohne Wahl einen Jeden, um die Anstalt möglichst bald in Bewegung zu setzen. Bläser möchte man selten unter Dilettanten finden, doch ist nicht zu bezweifeln, dass sie sich bald der Blasinstrumente befleissigen werden, wann sie diese Gelegenheit zur praktischen Ausübung vor sich sehen.

dem ein Antrittsgeld von 3rt. Die vorher zu berechnenden, u. zu denkenden Kosten dürften folgende seyn:

1. Miethe, Heizung, Erleuchtung eines Locals.
2. Bedienung.
3. Anschaffung v. Pulten, u. andere nothwendige Dingen.
4. Besoldung derjenigen Bläser, die man nicht unter Dilettanten finden dürfte, u. die wol am zweckmässigsten aus den Regimenten zu wählen seyn würden.[6]

Um bei der ersten Einrichtung die Kosten der Musikalien zu sparen, müsste man sich so lange in einer Leihbibliothek abonniren, bis die Gesellschaft reich genug ist, um an eine eigene Bibliothek zu denken.
Sollten diese unumgänglichen Kosten schon durch die erste Subscription gedeckt werden, so könnte die Gesellschaft sich etwa folgendermassen organisiren.
Wöchentlich finden 2 Versammlungen statt, um 7 bis 9.* Hier werden, unter der Leitung des Direktors, der an der ersten Geige steht, u. nach seiner alleinigen Wahl, Symphonien u. andere grosse Instrumentalsätze geübt, der Abwechselung wegen könnten, wenn es der Direktor für gut hält, auch Kompositionen einzelner Mitglieder, desgleichen Konzertsätze u. denselben ausgeführt werden. Ist die Gesellschaft eine gewisse Zeit beisammen gewesen, u. hat sie eine erforderliche Anzahl v. Stücken wohl einstudiert, dann werden 12 Abonnementskonzerte für den Winter zu dem Pränumerationspreise v. 6rt angekündigt. Alle 14 Tagen wird eines gegeben, die drei dazwischen liegenden Versammlungen sind zur Uebung u. Vorbereitung auf den Konzertabend bestimmt. Von dem Ertrage dieser Konzerte wird dem Direktor ein Jahrgehalt ausgesetzt, u. findet sich ein Ueberschuss, so wird daraus ein Fond gebildet, von dem die Gesellschaft in der folge Musikalien u. Instrumente anschaffen kann. Unter den mitwirkenden Abonnenten werden sich Männer finden, welche die ökonomische Leitung u. Verwaltung der Einnahmen übernehmen wollen. Eher dürfte nichts unternommen werden, als bis die Kosten gedeckt sind. Ueber die Organisation des Vereins, die Wahl eines Direktors, im Fall der Stifter sich davon lossagen sollte, die Prüfung der aufzunehmenden Mitglieder, etc,

* Die Zahl der Versammlungen, so wie die zu bestimmenden Spenden, müssen nach dem sich aussprechenden Wunsch u. Bedürfniss der meisten Mitglieder organisiert werden.

etc, wird es Zeit seyn zu reden, wenn das Werk seiner Reife naht.*

Es ist wahrscheinlich, dass eine solche oder ähnliche Stiftung in diesem Augenblicke zeit- u. ortgemäss würde, u. es lässt sich v. dem äusserst musikalischen Berlin voraussetzen, dass es dieselbe auf alle Weise befördern u. aufrecht halten würde. Und welche herrliche Früchte lassen sich erwarten, wenn sich einst unsre Stiftung mit der Singakademie zu grossen musicalischen Aufführungen vereinigt, wenn beide Kräfte nach einem Ziele strebend, die Werke eines Bach, Händel, Haydn, Mozart, Cherubini, Beethoven, in ein gehörter Vollkommenheit darstellen! Möge es uns vergönnt werden, diesem schönen Ziele bald entgegenzugehn u. möge das hiesige Publicum so hülfreich an diesem Werke mitarbeiten, als wir uns bestreben werden, es nach unsern Kräften mit Rath u. That stets auf das Bereitwilligste zu unterstützen!

Aus welchem Anlaß machte Fanny sich die Mühe, diesen Plan niederzuschreiben? Für wen? Wir wissen es nicht. Die Formulierung verrät Sorgfalt, bestimmte Wiederholungen wurden gewissenhaft vermieden. Sollte der Text ausschließlich im Familienkreis gelesen oder vorgetragen werden? Ungenauigkeit, halbe Arbeit oder gar Pfusch waren Lea verhaßt, und neben anderen hausfraulichen Qualitäten hatte sie ihrer Tochter den Sinn für ein Budget sowie eine äußerst praktische, zupackende Art anerzogen und mitgegeben. Auf jeden Fall beweist dieses Projekt, daß sich Fanny leidenschaftlich für Instrumentalmusik interessierte. Berlin hatte nicht die Orchestertradition anderer europäischer Städte, vorherrschend war hier der Chorgesang, und besonders ausgeprägt war die Vorliebe für das Lied. In der Ausbildung von Fanny und Felix aber spielte die Instrumentalmusik eine viel zu große Rolle, als daß sie hier nicht einen Mangel gespürt hätten. Anzumerken ist, daß Fanny zwischen Kammermusik und symphonischer Musik keinen Wesensunterschied, sondern nur einen quantitativen Unterschied machte. Wenn Abraham für seine beiden Kinder ein Orchester einlud, dann, so heißt es bei Devrient, sollten »Konzerte und Trios« gespielt werden. Für den Pianisten sind Schwierigkeitsgrad und Stil gleich.

Fanny betont, daß Liebhabermusikern, die ihre Mitwirkung anbieten, kein Vorspielen zugemutet werden soll. Das zeigt, daß diese Leute normalerweise ihr Instrument sehr gut beherrschten oder daß Fanny weitgehend auf die Probenarbeit vertraute. Ihr stellenweise lyrisch-hochgemu-

* (Prüfungen dürfen wol erst alsdann stattfinden, wenn man, die benötigte Mitgliederzahl beisammen sieht, um anzufangen. Bis dahin müsste ein jeder sich meldende ohne Prüfung u. Wahl aufgenommen werden.)

ter Ton bezeugt aber noch eine andere, beinahe religiöse Dimension ihres Projekts: Ihre Begeisterung, die sie auch den Berliner Laienmusikern unterstellt oder bei ihnen tatsächlich festgestellt hat, weckt Assoziationen an Schiller und Beethoven, an heroisch-schwärmerisches Gemeinschaftsgefühl und den Vers »Alle Menschen werden Brüder ...« Der Konzertsaal soll Ort der Andacht sein, wo weder konfessionelle Unterschiede noch politische Divergenzen eine Rolle spielen dürfen.

Fanny kommt es gar nicht in den Sinn, der Orchestervereinigung beizutreten, sie will nicht mehr, als diese »mit aller Energie zu unterstützen«. Im Gegensatz zu Felix hat sie Violine nicht gelernt. Galt dieses Instrument als weniger »privat« als das Klavier? Sie hat dazu nicht einmal eine Bemerkung übrig, sie stellt nur sachlich fest, daß Frauen automatisch ausgeschlossen sind. Vielleicht denkt sie beim Schreiben an ihren Bruder, an Felix, für dessen Zukunft »seine« sämtlichen Frauen arbeiten. Schon 1826 allerdings gründete Felix' enger Freund Eduard Rietz, der Geiger, den die Mendelssohns ganz besonders liebten, eine Philharmonische Gesellschaft aus Liebhabermusikern. Hat Fanny ihre musikalische Denkschrift für ihn entworfen? Sie hatte mit Sicherheit Anteil an dem Projekt des Freundes.

Die Singakademie weihte im April 1827 ihren neuen, im repräsentativen Zentrum Berlins gelegenen Saal mit Faschs Messe für sechzehn Stimmen ein.[7] Ab 1828 folgten mehrere Aufführungen großer Oratorien von Händel und Graun aufeinander, und Rietz mit seiner gerade aus der Taufe gehobenen Philharmonischen Gesellschaft brachte zusammen mit der Singakademie am 17. Januar 1828 *Judas Makkabäus* heraus. Dasselbe Orchester, verstärkt durch Mitglieder der Hofkapelle, erweckte unter dem Dirigenten Felix die *Matthäuspassion* zu neuem Leben. Wie es auch immer um die Qualität eines Liebhaberensembles bestellt gewesen sein mag, der Elan, mit dem diese Leute sich an derart anspruchsvolle Werke heranwagten, kann nur Staunen erregen. Die weihevoll-religiöse Atmosphäre, in der sich die Aufführungen der Passion vollzogen, hatte viel mit diesem Enthusiasmus zu tun, und kein Zweifel besteht auch daran, daß sich im Gemeinschaftssinn dieser Menschen jenes Nationalgefühl ankündigte, das noch in derselben Generation zum Durchbruch kommen sollte.

Tragischerweise starb Rietz im Januar 1832. Felix nahm kurz darauf endgültig Abschied, und Fanny mit ihrem gerade geborenen Kind im Arm mochte sich zu Recht fragen, wie sie ihrer Leidenschaft denn leben sollte, wie sie, und hier muß es sich nicht um bewußte Gedanken handeln, an der großen Aufbruchsbewegung teilnehmen sollte, sie, der kein Mann den Brückenschlag ins öffentliche Leben ermöglichte? Also beschloß sie, die *Sonntagsmusiken* wiederzubeleben. Und hier muß betont werden, daß die Eltern Mendelssohn, so schwierig sie für ihre Kinder waren, doch stets außergewöhnliche Menschen blieben: Welcher anderen Frau in jener Zeit wurde die Möglichkeit geboten, ihre eigene Konzertreihe zu veranstalten? Man begreift, warum ihre vier Kinder sie bis zum Ende vergötterten.

Felix zeigte sich hocherfreut über die Idee seiner Schwester und schrieb ihr aus Rom:[8] »Ich kann Dir gar nicht sagen, liebe Fanny, wie sehr mir der Plan mit den neuen Sonntagsmusiken gefällt; das ist ein brillanter Einfall, und ich bitte Dich um Gottes willen, laß es nicht wieder einschlafen, sondern gib vielmehr Deinem reisenden Bruder Auftrag, für Euch einiges Neue zu schreiben. Der Mann will das gerne tun, denn er freut sich gar zu sehr über Dich und Deine Ideen.«

Fanny will ihren eigenen Chor gründen, der allerdings nur eine bescheidene Anzahl von Mitgliedern umfassen soll. Bei den Konzerten werden abwechselnd Instrumentalwerke und Vokalmusik zur Aufführung kommen, und dazwischen wird Fanny auch allein am Klavier konzertieren. »Ich dächte, das könnte dir und ihnen nicht schaden«, sagt Felix dazu. Der Gedanke an diese Konzerte hat inzwischen genügt, ihn zur Vertonung von Goethes *Erster Walpurgisnacht* anzuregen. »Nun hat sich das Ding gestaltet, ist aber eine große Kantate mit ganzem Orchester geworden und kann sich ganz lustig machen.« Lebensfreude spricht aus all diesen musikalischen Plänen, so auch aus der *Italienischen Symphonie*: »Sie wird das lustigste Stück, das ich je gemacht habe, namentlich das Finale.« Die *Walpurgisnacht* aber wird für Fanny eines ihrer Lieblingsstücke bleiben, das sie ihr Leben lang auf das Programm ihrer Konzerte setzen wird. Wahrscheinlich war es dieses Stück, das gerade geprobt wurde, als am 14. Mai 1847 der Tod sie hinwegraffte.

Felix ist nicht der einzige, der Kantaten schreibt, Fanny komponierte zwischen Juni 1831 und Januar 1832 deren vier: *Lobgesang* wurde am 14. Juni 1831 zu Sebastians erstem Geburtstag beendet. Formal entspricht das Werk einer Bach-Kantate: eine pastorale Introduktion, ein Chor, ein Rezitativ für Altstimme, eine Sopranarie (»O daß ich tausend Zungen hätte«) und ein Schlußchor. Das Ganze ist als Danksagung für die Geburt des Kindes zu verstehen. Das Bibelzitat des Altrezitativs läßt daran keinen Zweifel:[9] »Ein Weib, wenn sie gebieret, so hat sie Traurigkeit, denn ihre Stunde ist gekommen, wenn aber das Kind geboren ist, denkt sie nicht mehr an die Angst um der Freude willen, daß der Mensch zur Welt geboren ist.« Der kleine Sebastian wird dem großen Paten Bach anempfohlen, was Felix nicht daran hinderte, unverblümt die Instrumentierung des Werkes zu kritisieren. Der entsprechende Brief wurde ein halbes Jahr später geschrieben, als Felix seinen letzten Parisbesuch absolvierte und die Empfängerin bereits ihre nächste Komposition in Angriff genommen hatte.[10]

Das Gewissen schlug mir nämlich, als ich von Deiner neuen Musik las, die Du mit Umsicht zu Vaters Geburtstag dirigiert hast, und als ich mir vorwerfen mußte, Dir noch kein einziges Wort über Deine vorige gesagt zu haben, denn ohne das kommst Du bei mir nicht durch, College! Wie Teufel kannst Du Dich unterfangen, Deine G-Hörner so hoch anzusetzen? Hast Du je ein G-Horn das hohe G nehmen hören, ohne daß es gequackelt hätte? Ich frage nur dies! Und muß bei dem Einsatz der Blasinstrumente, am Ende der Introduktion in selbigen Hörnern nicht offenbar ein tiefes E stehen, und schnarren die tiefen Oboen ebendaselbst nicht alle Schäferlust und alle Blüten weg? Weißt Du nicht, daß man einen Gewerbeschein lösen muß, um das tiefe H in den Oboen zu schreiben, und daß er nur bei besonderen Anlässen erteilt wird, wie zum Beispiel bei Hexen, oder einem großen Schmerz? Hat der Komponist nicht augenscheinlich bei der A-Dur-Arie seine Singstimme mit zu vielen anderen Stimmen zugedeckt, so daß die so zarte Intention und die sonst so liebliche Melodie dieses sonst so gelungenen Tonstücks, bei vielen sonstigen großen Schönheiten, verdunkelt oder doch verkleinert wird? Im Ernst aber: diese Arie ist wunderschön und besonders lieblich. Aber ich habe gegen Deine beiden Chöre etwas zu sagen, was jedoch mehr gegen den Text als gegen Dich gerichtet ist.

Mit den Texten hat Felix viele Probleme, sehr schnell klingen sie für seinen Geschmack zu »materiell« und »nicht originell genug«. Bezüglich der Chöre aus *Lobgesang* beklagt er, »daß die Worte keine Musik notwendig bedingen«, aber er bleibt sich doch immer bewußt, daß er hier sein ureigenstes Problem anspricht und daß man seinen eigenen Liedern vorwerfen kann, sie vertonten das Gefühl des Textes, nicht die Worte, welche denn auch getrost entfallen könnten. Hier liegt die Erklärung dafür, daß er die Rezitative der *Matthäuspassion* teilweise umschrieb. Vorbehaltlos bewundert Felix dafür die musikalische Seite der Kantate: »Was aber Deine Musik und Komposition betrifft, so ist sie sehr gut für meinen Magen; der Frauenzimmerpferdefuß guckt nirgends hervor, und wenn ich einen Kapellmeister kennen würde, der die Musik könnte gemacht haben, so stellte ich den Mann an meinem Hofe an.« Am Schluß seines Briefes erwähnt er das Treffen mit Kalkbrenner,[11] für dessen Wunsch, sich dem Zeitgeschmack anzupassen und als »Romantiker« zu reüssieren, er wenig übrig hatte. Dafür habe der Pianist ausdrücklich nach seinem »lieben Schwesterchen mit dem schönen Talent für Komposition und Spielen, das er so lieb habe«, gefragt.
Bruder und Schwester kämpfen mit denselben Problemen und sind vom selben Streben erfüllt. Beide sind sie protestantische Musiker, die als

Romantiker und Berliner dasselbe zwiespältige Verhältnis zum Text haben. Ein Text, der der Bibel zum Beispiel, ist nicht zwangsläufig gefühlsbetont. Nun hat aber für Felix die Musik immer etwas mit Temperament, Gefühl und Leidenschaft zu tun. Daraus folgt für ihn, daß nicht alle Texte vertont werden können. Die Behauptung gerät allerdings in einen krassen Widerspruch zur von Bach und Kirnberger überkommenen, kontrapunktisch bestimmten musikalischen Ausbildung. Dort ist die Musik eben nicht direkter Gefühlsausdruck, sondern abstrakt und symbolisch, und ihre Aufgabe ist es, der Gemeinde das göttliche Wort zu vermitteln. Zu dieser polaren Spannung tritt ein weiterer Ausspruch: Eine Melodie muß »fließen«, und sie muß eingängig sein. Diesen Grundsatz hatte ihr Vater Abraham formuliert und damit nur die Naturauffassung des späten 18. Jahrhunderts wiederholt. Und genau dieser Regel waren die Berliner »Tafellieder« und sonstigen Lieder verhaftet. Felix fand kein Opernlibretto, das ihm wirklich zusagte, denn seine Forderungen waren widersprüchlich. Fanny ihrerseits kam nicht im Traum auf die Idee, eine Oper zu schreiben. Nicht nur weil die Opernwelt als Inbegriff von Öffentlichkeit ihr versperrt blieb, sondern weil die Oper ganz einfach nicht ihre Welt war! Zu Hause fühlten sich beide Geschwister letztlich nur in der Andachtssphäre des mit religiösem Ernst erlebten Konzerts. In England war Felix bei einer Aufführung des *Messias* vom unbekümmerten Benehmen der Zuhörer schockiert gewesen. Da hatte sich das Berliner Publikum der *Matthäuspassion* doch ganz anders verhalten. So schrieb Felix neben den großartigen Psalmen ebenso grandiose Oratorien: *Paulus* und *Elias* sind seine Meisterwerke. Hier machte er in souveräner Manier aus seinen Widersprüchen eine Tugend und verschmolz Romantik mit Abstraktion.

Unmittelbar nach der ersten Kantate, also noch bevor sie mit Felix' Kritik konfrontiert wurde, schrieb Fanny eine weitere biblische Kantate, diesmal zur Geschichte des Hiob. Für das am 31. Oktober 1831 vollendete Werk verwendet sie ein großes Orchester mit Trompeten und Pauken: Im Gartensaal sollten die Fensterscheiben vibrieren! An die Stelle einer zentralen Arie setzte sie ein Terzett für Sopran, Tenor und Baß. Nach *Hiob* schrieb Fanny zwischen dem 9. Oktober und dem 20. November 1831 eine dritte biblische Komposition mit dem Titel *Oratorio*. Hier liegt keine Geschichte zugrunde, es handelt sich um Bibelstellen, durch die sich das gleiche religiöse Empfinden zieht. Wie in *Nachtreigen* setzt sie einen achtstimmigen gemischten Chor ein und verstärkt ihr Orchester um drei Posaunen. Wir wissen nicht, ob Abrahams Geburtstag, den Felix in einem Brief vom 28. Dezember erwähnt, mit *Hiob* oder mit *Oratorio* begangen wurde.

Die Wahl dieser Texte zeigt vor dem Hintergrund gleicher Ausbildung der Geschwister, daß sich Fanny im Bereich der Abstraktion viel ungezwungener bewegt hätte als Felix. Mit Recht nannte er sie seinen »Kantor«, denn sie war es, die der symbolischen Formensprache Johann Sebastian Bachs näherstand. Leider hegte sie blindes Vertrauen in Felix, und man kann nur mutmaßen, was aus ihrer Musik geworden wäre, hätte sie konsequent Texte ohne Gefühlsgehalt ausgewählt.

Das letzte Werk aus dieser Phase ist keine echte Kantate mehr oder höchstens eine sehr weltliche: Es handelt sich um eine dramatische Szene nach der griechischen Sage von Hero und Leander. Sie entstand, als ihre Freundin Ulrike krank darniederlag. Wilhelm verfaßte den Text, und in knapp drei Wochen, zwischen dem 4. und 21. Januar 1832, wurde das Werk niedergeschrieben. Es stellte Fannys letzten Versuch dar, für Singstimmen und Orchester zu komponieren.

Sollte das Eheleben Fannys Inspiration beeinflußt haben, dann, so zeigt diese gesamte Arbeit, war es ein eher positiver Einfluß. Ihre Werke wurden bei den *Sonntagsmusiken* mit großem Erfolg aufgeführt. Es ist nicht sicher, aber sehr wahrscheinlich, daß das gewohnte Orchester dazu eingeladen war. Fanny hatte damals schon ihren kleinen Chor zusammengestellt. Wie Felix in seinem Brief vom 28. Dezember 1831 bestätigt, leitete Fanny Chor und Orchester mit großem Geschick, was heißen soll, daß sie wie ihr Bruder präzise, energisch und ohne effekthaschende Gesten dirigierte.

Auch ohne Felix hat sich Fanny ein erfülltes, glückliches Leben geschaffen, in dem jedes Ereignis, ob Weihnachten oder Geburtstage, festlich begangen wird. Als Geschenk bringt jeder sein persönliches Talent. Oft sind Wilhelms Schüler anwesend. Eva Weissweiler betont, daß speziell Fannys Weihnachtsfeste harmonisch verliefen und niemanden in seinen religiösen Überzeugungen verletzen konnten: Die Weihnachtstage sind ganz der Geselligkeit geweiht, und alle unterwerfen sich willig dem Brauch der wechselseitigen Geschenke.[12] Immer noch besteht der Mendelssohn-Kreis aus Juden oder getauften Juden, und Wilhelms Schüler und seine Familie können ruhig »andere Formen von Religion« praktizieren, denn Toleranz, Freundschaft und Frieden sind das Fundament von Fannys Glaubensbekenntnis. Wie auch die Auswahl ihrer Kantatentexte beweist, nimmt Fanny Religion und Moral sehr ernst. Nach Weihnachten 1831 schrieb sie bezüglich Wilhelms Studenten in ihr Tagebuch, es freue sie sehr, die jungen Leute bei sich zu sehen und sie in den häuslichen Kreis mit einbeziehen zu können. Denn dann würden sie sich auch am ehesten untereinander befreunden, außerdem habe man sich im Blick und könne »moralisch auf sie wirken«.[13] Religion wird hier in ihrem strengsten Wortsinn als »Bindung« und »Beziehung« verstanden.

Die Gäste des Ehepaars Hensel waren an jenem Weihnachtsabend ihre Eltern, ihre Geschwister, die Malschüler, Ulrike, Gans und Marx. Letzterer hatte sich soeben mit Abraham ausgesöhnt, wobei äußerer Anlaß das

Konzert gewesen war, das Fanny dem Geburtstag ihres Vaters zu Ehren dirigiert hatte. Fanny konnte Zerwürfnisse nicht ertragen und schaltete sich stets als erste vermittelnd ein, wenn es um ihr nahestehende Menschen ging. Abraham mit seinem schwierigen Charakter sorgte dafür, daß sie in dieser Hinsicht einiges zu tun hatte! Einheit, Friede und Glück schienen in der ganzen Familie für absehbare Zeit gesichert, da bewirkte die Rückkehr des Bruders Felix sehr unangenehme Ereignisse.

Moses Mendelssohn wurde auf die Bitte eines Fremden, eines Gastes des Königs, von Friedrich II. nach Potsdam eingeladen. Auf der Vignette ist Mendelssohn zu sehen, wie er das Berliner Tor zu Potsdam passiert. Der König ließ sich jedoch nicht zu einer Begegnung herbei. *(Mendelssohn-Archiv)*

Moses Mendelssohn. Öl auf Holz von Johann Christoph Frisch, 1786. *(Mendelssohn-Archiv)*

Abraham Mendelssohn Bartholdy. Zeichnung von Wilhelm Hensel, 1823. *(Kupferstichkabinett)*

Lea Mendelssohn Bartholdy. Zeichnung von Wilhelm Hensel, wahrscheinlich auch 1823. *(Kupferstichkabinett)*

Fanny Mendelssohn Bartholdy. Zeichnung von Wilhelm Hensel, 1821. *(Kupferstichkabinett)*

Felix Mendelssohn Bartholdy. Zeichnung von Wilhelm Hensel, wahrscheinlich auch 1821. *(Kupferstichkabinett)*

Rebecka Mendelssohn Bartholdy. Zeichnung von Wilhelm Hensel, 1823. *(Kupferstichkabinett)*

Paul Mendelssohn-Bartholdy. Zeichnung von Wilhelm Hensel, 1828. *(Kupferstichkabinett)*

Das herrschaftliche Haus der Familie Mendelssohn in der Leipziger Straße 3 in Berlin, aufgenommen nach 1882. *(Märkisches Museum)*

Das Gartenhaus der Mendelssohnschen Villa, wo Fanny und Wilhelm Hensel wohnten. Aquarell von Wilhelm Hensel, 1851. *(Mendelssohn-Archiv)*

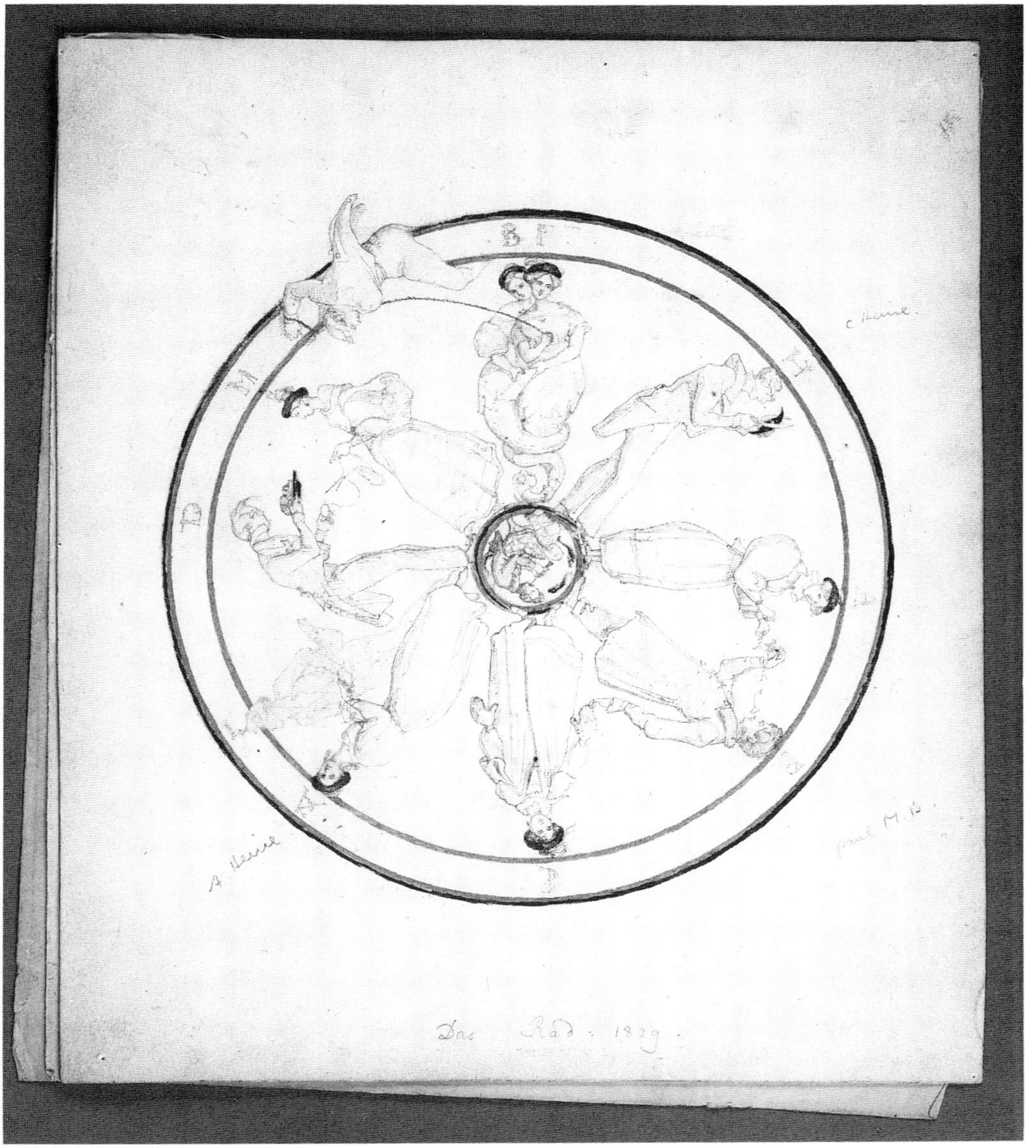

Das Rad, 1829, Zeichnung von Wilhelm Hensel. *(Kupferstichkabinett)*
Der junge Mann in der Mitte: Felix.
Die beiden Nixen bzw. »Fischotter«: Fanny und Rebecka.
Der schöne Mann, der gerade einen Scherenschnitt anfertigt: Albert Heydemann.
Die zierliche Person: Auguste Wilmsen, wahrscheinlich die Tochter des Pfarrers, der Fanny und Wilhelm traute.
»Unser Herr Bruder«: Offensichtlich Paul Mendelssohn-Bartholdy.
Die »große Autorität«: Caroline Heine (1811–1888).
Der zarte Schattenriß: Ihre Schwester Albertine Heine (1814–1879), die künftige Frau von Paul Mendelssohn-Bartholdy, die hier mit dem Schatten von Felix tanzt.
Der freundlich nach vorne geneigte Herr: Droysen.
Die Strickmeisterin: Heydemanns Schwester Minna.
Der Mann, der ungerechterweise als »Bremsklotz« interpretiert wurde: Wilhelm Hensel.

Fanny Mendelssohn Bartholdy. Zeichnung von Wilhelm Hensel, 1829. *(Kupferstichkabinett)*

Rebecka Dirichlet. Zeichnung von Wilhelm Hensel, undatiert, nach 1840. *(Kupferstichkabinett)*

Polterspaß 2. Oktober 1829: Die Beerdigung des Junggesellendaseins.

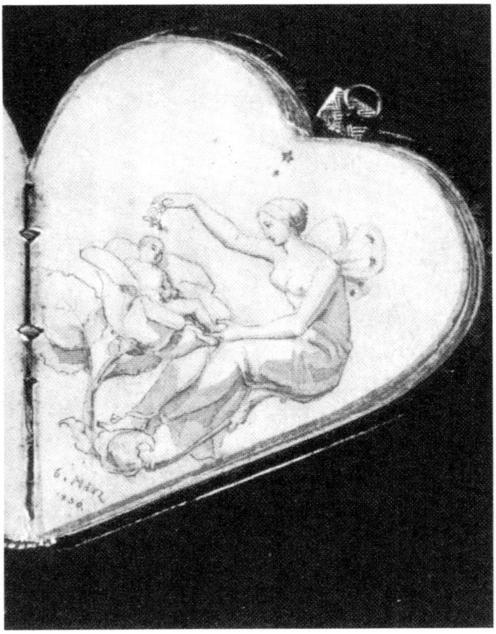

6. März 1830: Sebastian bewegt sich im Bauch seiner Mutter.

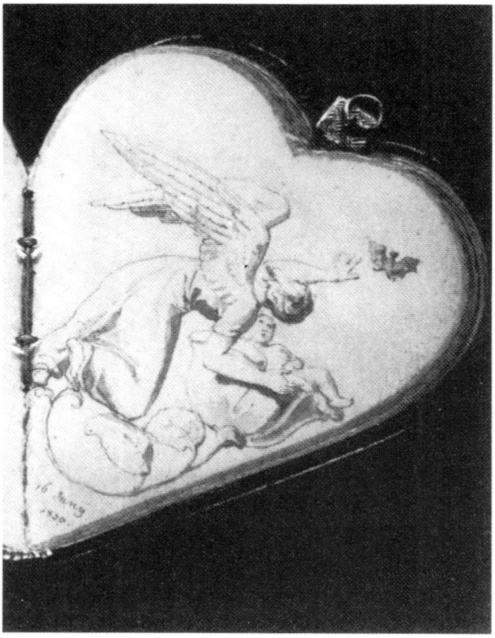

16. Juni 1830: Sebastians Geburt.

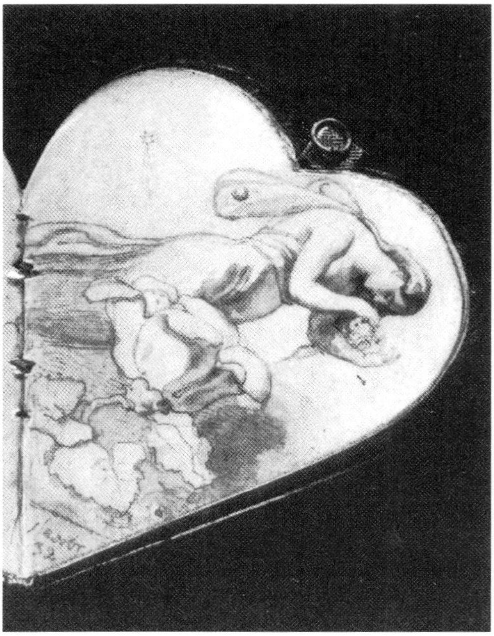

1. November 1832: Fannys Fehlgeburt.

Wilhelm und Fanny Hensel. Radierung von August Weber, Leipzig 1854. *(Kupferstichkabinett)*

An die Ruh, undatiertes Autograph von Fanny Hensel. Das Lied geht auf ein Gedicht von Ludwig Hölty zurück, der dem Göttinger Dichterbund angehörte; die Vignette stammt von Wilhelm Hensel. *(Mendelssohn-Archiv)*

Sebastian Hensel und Walter Lejeune Dirichlet. Zeichnung von Wilhelm Hensel, 1834. *(Kupferstichkabinett)*

Fanny Hensel am Flügel. Zeichnung von August Kaselowsky, einem Schüler Hensels, Rom 1845. Eine Reproduktion der Zeichnung befindet sich in Fanny Hensels *Klavierwerken*, herausgegeben von Fanny Kistner-Hensel (Henle, München). *(Fanny Kistner-Hensel)*

Glückwunschbrief von August Kaselowsky und Julius Moser zum 50. Geburtstag ihres Lehrers Wilhelm Hensel am 6. Juli 1844. Zeichnung von Julius Moser. *(Mendelssohn-Archiv)*

Gounod, Bousquet und Dugasseau. Zeichnung von Wilhelm Hensel, Rom 1840. *(Kupferstichkabinett)*

Der Maiabend, undatiertes Autograph von Fanny Hensel. Das Lied geht auf ein Gedicht von Johann Heinrich Voß, Mitglied des Göttinger Hainbundes und Mitherausgeber des *Göttinger Musenalmanachs* zurück; die Vignette stammt von Wilhelm Hensel. *(Mendelssohn-Archiv)*

Felix und die Singakademie. Das Ende des Traums

Felix kam von seiner Europareise Ende Juni 1832 zurück. Er war gereift und wußte noch viel genauer als früher, was er mochte und was er ganz und gar nicht mochte.[1] Er schwärmte für die Schweizer Landschaften, er liebte Italien, aber nicht das Papsttum, Paris hatte ihn endgültig enttäuscht, hierhin würde er nie mehr einen Fuß setzen. Dabei war die symphonische Musik dank der geistlichen Konzerte im Ancien Régime eine Pariser Tradition. Das von Habeneck[2] geleitete *Orchestre du Conservatoire* vereinigte die besten Instrumentalisten der Stadt und stellte ein unvergleichliches Ensemble dar. Felix war sehr erfolgreich als Solist des *Konzerts G-Dur* von Beethoven, aber die Ouvertüre zum *Sommernachtstraum* wurde mit mäßigem Beifall aufgenommen. Darüber hinaus lehnte das Orchester es ab, seine *Reformationssymphonie* zu spielen, die für »gar zu scholastisch« befunden wurde und in der es angeblich »zu viele Fugatos, zu wenig Melodie«[3] gab. Das war ein schmerzlicher Mißerfolg, über den der junge Komponist nicht so leicht hinwegkam. Er verbrachte seine Zeit in Paris abwechselnd in Museen, in der Abgeordnetenkammer, in den Theatern und in Kammermusikkonzerten, und auf diese Weise versäumte er die sehr hektische, sehr schöpferische Kunstszene der Hauptstadt unmittelbar nach der Revolution von 1830. Eric Werner wirft ihm »kleinbürgerlichen Puritanismus«[4] vor, staunt aber auch darüber, daß ein so junger Künstler, der sich noch nicht voll durchgesetzt hat, in Bausch und Bogen sowohl den Klassizismus eines Cherubini, eines Hummel oder Moscheles und den romantischen Stil eines Chopin, Liszt und Berlioz verwirft. Werner betont, daß Felix wohl nur deshalb die Auseinandersetzung mit dem Pariser Musikleben vermied und nicht wirklich versuchte, zu arrivieren, weil er den Wettbewerb haßte. Kalkbrenner beispielsweise zeigte sich zu allerlei kleinlichen Intrigen gegen ihn bereit,[5] was Felix veranlaßte, ihm aus dem Weg zu gehen. Er war die Großzügigkeit selbst, wenn es darum ging, Kollegen zu helfen, aber er geriet aus den Fugen, sobald er spürte, daß man Vergleiche zog. Der Aufenthalt in Paris, über den er sich nur spärlich äußerte, hinterließ ihm in mehrfacher Hinsicht schlechte Erinnerungen. Zuerst hatte er einen Choleraanfall – auch in der französischen Hauptstadt wütete die Epidemie. Dann wurde ihm die Nachricht vom Tode seines Freundes Rietz und von dem Goethes übermittelt, den, wie er wußte, Zelter nicht überleben würde.[6] Alles zusammen entfremdete den ein wenig verwöhnten jungen Mann einem Ort, an dem er nicht gerade wie der Messias willkommen geheißen worden war.

Da wurde England, wo er stets seine größten Erfolge feierte und wo er auch seinem ihm teuren Freund Klingemann wieder begegnete, zum Erholungsaufenthalt. Selbstvertrauen und gute Laune kehrten zurück. Die große, über zwei Jahre sich erstreckende Reise, auf der er Europa durchstreift hatte, um den ihm gemäßen Platz zu finden, hatte ihn schließlich überzeugt, daß dieser Platz nirgendwo anders war als in Deutschland. Er war sogar in aller Bescheidenheit zu der Auffassung gekommen, daß er eine Mission zu erfüllen hatte. Er wollte seinen Beitrag dazu leisten, daß die deutschen Orchester zu ähnlich festgefügten und ähnlich dynamischen Institutionen würden wie das *Orchestre du Conservatoire*. Gerade über dieses Thema herrschte zwischen Fanny und Felix restlose Übereinstimmung.

Durch den Tod Zelters am 15. Mai 1832 war der Posten des Direktors der Singakademie vakant geworden. Die gesamte Familie drängte Felix, rasch zurückzukommen und die Chance auf eine Dauerstellung in Berlin zu nutzen. Felix wollte nicht. Sämtliche Verleger, denen er begegnete, wünschten dringendst, seine Werke zu erwerben, kaum daß die letzte Note geschrieben war. Er wußte also, daß es ihm gelingen würde, von seiner Musik zu leben, und der »citoyen«, der er geworden war, war nicht mehr bereit, sich den Zwängen einer Kleinstadt zu fügen. Die Revolution war über Europa hingegangen, aber in Berlin hatte sich nichts von der Stelle bewegt. Felix kam mit radikaleren Auffassungen denn je zurück. Er wußte, politische Sympathie und Verständnis würde er bei seinen Schwestern und bei einigen Freunden, Dirichlet zum Beispiel, finden, aber diese Resonanz erschien ihm ein wenig spärlich.

Dennoch gelang es seiner Familie, ihn zur Kandidatur zu überreden. Es gab sonst kaum Möglichkeiten für ihn in Berlin, kein Orchester insbesondere, und die immer noch von Spontini[7] beherrschte Oper bemühte sich erst recht nicht um ihn. Das Verwaltungsgremium der Singakademie hätte den hochbegabten Künstler, den arbeitsamen und gelehrten Komponisten, den Lieblingsschüler Zelters, der seit dem Kindesalter Mitglied war, nicht ungern an der Spitze der Chorgemeinschaft gesehen. Vor allem den glänzenden Dirigenten hätten sie gerne an Berlin gebunden, der mit Erfolg die so schwierige *Matthäuspassion* einstudiert und geleitet hatte, das heiligste aller kirchenmusikalischen Werke der Deutschen, das Herzstück der evangelischen Religion, das Meisterwerk des großen Johann Sebastian Bach. Es gab in der Tat vieles, was diese Nachfolge wünschenswert erscheinen ließ, aber die Singakademie wurde nicht oligarchisch geleitet, man schritt vielmehr zu einer Abstimmung, um Zelters Erben zu bestimmen. Am 22. Januar 1833 entfielen 148 Stimmen auf Rungenhagen, 88 auf Mendelssohn Bartholdy und vier auf Grell, der an Fannys Hochzeit die Orgel gespielt hatte.

Wer weiß heute noch, wer Rungenhagen war? Der Berliner Carl Friedrich Rungenhagen, der 1778 geboren wurde und in seiner Heimatstadt im Jahre 1851 starb, gab seit seinem achtzehnten Lebensjahr Musikunterricht und war als Mitglied der Singakademie Assistent Zelters, bis er schließlich an seine Stelle trat. Er komponierte Opern, Oratorien, Kirchenmusik und als tüchtiger Berliner eine ganze Menge Lieder.[8] Die Mitglieder der Singakademie wählten sich einen Mann, bei dem sie sich gut aufgehoben fühlten, der dreißig Jahre älter war als Felix, einen nicht sehr reiselustigen Musiker, der wenig an dem, was außerhalb Berlins vor sich ging, interessiert war. Sie entschieden sich für das reifere Alter statt für die ungestüme Jugend, für Gesetztheit und Routine, nicht für ein Genie. Warum auch nicht, wenn das wirklich die Gründe waren. Aber hinter vorgehaltener Hand nannte man noch einen anderen Grund: Eine christliche Institution konnte doch nicht einen Judensohn an ihre Spitze stellen.[9]

Für Felix war es eine Ohrfeige. Die Singakademie offerierte ihm den Posten des Stellvertretenden Direktors, wozu er wenig später berichtete, er habe »mit höflichen Ausdrücken (geschrieben), daß sie sich hängen lassen könnten«.[10] Die Familie Mendelssohn hielt mit großem Türenschmettern Auszug aus der Singakademie. Der wachsende Ruhm des Komponisten und Rungenhagens Mittelmäßigkeit sorgten dafür, daß die Entscheidung bald die Dimension eines historischen Fehlers annahm. Vergeblich versuchte die Akademie sich in Wiedergutmachung, indem sie Werke des Abgelehnten sang. Felix blieb für immer auf Distanz.

Spätere Begegnungen mit den Mitgliedern der Singakademie waren für Fanny keine besonders lustige Angelegenheit. Einige Jahre später schrieb sie an ihren Bruder:[11] »Gestern wurde bei der Decker der *Don Juan* gesungen, den ich begleitete. Der Musikdirektor Grell und der Organist Schneider standen zu meinen Seiten und paßten mir auf den Dienst, ich habe Grell aber nicht den Gefallen getan, einen Fehler zu machen. Gerechter Gott, wie sieht der Mensch aus und was für ein Rüpel ist er! Als die Arie der Elvira kam, öffnete er zuerst seinen weiten Mund und sagte zu seinem Nachbar: ›Die Arie hat ein sehr schönes Orschester‹.« (*Sic*, Anspielung auf Grells Aussprache). Am meisten zu bedauern aber war Abraham. Der Kult der Vernunft hatte sein Leben bestimmt, nun aber fühlte er sich hilflos angesichts der massiven Dummheit, von der die Wahl diktiert worden war. Die diversen häßlichen Zwischenfälle und »antisemitischen« Äußerungen hatte er als unbedeutend abtun können, zumal es sich um Straßenjungen gehandelt hatte und die Königliche Hoheit, die seinem Sohn einst »Hepp, hepp, Judenjunge« nachgerufen hatte, ein Schwachkopf war. (Ganz zu schweigen von den Gerüchten, nach denen die Juden die Brunnen vergiftet und so die Choleraepidemie erzeugt hatten: Solcher Unsinn war für ihn nur die letzte Spur finstersten Aberglaubens.)[12] Aber die Singakademie repräsentierte die gebildetsten Kreise von Berlin. Das goldene Zeitalter der Vernunft mußte man wohl auf eine ungewisse Zukunft vertagen, die er, Abraham, gewiß nicht mehr erleben würde. Devrient schrieb, daß Abrahams Reizbarkeit mit dem Alter zunahm. Felix' Vater mußte zugleich mit dem Skandal sich auch mit einer Augenschwäche abfinden, die mit den Jahren zur Blindheit wurde. Trauriges Ende eines Lebens.

Seine Kinder waren weit besser gerüstet, um mit dem Antisemitismus ihrer Umwelt fertig zu werden. Sie lernten zwischen antijüdischer und antisemitischer Einstellung einen Unterschied zu machen. Viel später, im Jahre 1855, schrieb Rebecka bezüglich eines Buches, das sie »zu jüdisch für einen Juden«[13] fand, an ihren Neffen Sebastian: »Außerdem halte ich es für ein verkehrtes Ding, das Leben eines bestußten Schwachmatikus einen dicken Band durch zu beschreiben, der nicht klüger (der Mann nämlich) dadurch wird, daß er mit Moses Mendelssohn und Lessing verkehrt. Doch hat mich's persönlich interessiert, weil ich an viele Erzählungen von Vater und Mutter dabei gedacht habe, namentlich Vaters tiefen Haß gegen das Judentum, der mir oft unangenehm war, wieder verschiedentlich darin erklärt und motiviert gefunden habe.« Rebecka hatte ein großes Stück Weg zurückgelegt seit dem Tag, an dem sie ihrem Bruder anläßlich des Besuchs eines Cousins von Moses Mendelssohn, eines wenig gebildeten Mannes namens Dessauer, geschrieben hatte:[14] »Ich bin kein Juden-Hasser, aber das war zuviel.« Aus London hatte Felix kühl geantwortet: »Was meinst Du, wenn Du sagst, Du seiest kein Juden-Hasser? ... Es ist wirklich sehr nett von Dir, nicht auf Deine Familie herabzusehen. Ich hoffe, Du wirst mir die Dessauer-Geschichte in Deinem nächsten Brief noch näher erklären.« Der Antijudaismus der Eltern, der seine Wurzeln im Rationalismus der Aufklärung hatte, in der Liebe zu den Wissenschaften und im Wunsch nach einer Assimilation, die ihnen sämtliche Türen der zivilisierten Welt aufsperren würde, hatte seinerzeit schon auf die jüngeren Kinder abgefärbt. Der hochempfindliche Felix hatte sich wahrscheinlich niemals ganz von dem unglücklichen Zwischenfall von Doberan erholt, und Fanny hinterließ keine schriftliche Spur ihrer Gedanken zu diesem Thema. Wer sich ernsthaft mit ihr beschäftigt, lernt dieses Schweigen richtig zu deuten: Fanny äußerte sich nicht schriftlich zu unangenehmen oder gar abscheulichen Ereignissen. Die Romanschriftstellerin Fanny Lewald jedoch ließ keinen Zweifel bestehen, was die Ansichten von Frau Hensel, der sie in den vierziger Jahren begegnete, betraf:[15] »Ich war von den beiden Schwestern des Komponisten sehr freundlich begrüßt worden, als wir uns zum ersten Male in einer Gesellschaft bei Fräulein Solmar getroffen hatten. Sie waren auch Jüdinnen, wenn schon an Christen verheiratet, und hatten jene entschiedene Vorliebe für ihre Abstammung bewahrt, welche bei den Juden stets ein Zeichen von Bildung und charaktervoller Selbständigkeit ist ... Es war eine sehr gesunde Seite an Felix Mendelssohn und an seinen beiden Schwestern[16], daß sie Vorliebe für den Volksstamm hatten, dem sie angehörten, und ich erinnere mich mit Vergnügen daran, wie wert sie die Erinnerungen hielten, welche mit der Vergangenheit ihrer Familie in Verbindung standen.«

Die erwachsen gewordenen Mendelssohn-Kinder mußten gewiß auf kulturellem Gebiet nichts und niemand etwas beweisen. Wer hätte Deutschland würdiger vertreten können als sie? Sie waren fähig, sämtliche aus der Ignoranz und aus dem sozialen Elend herrührenden Formen des Antisemitismus mit Verachtung zu übergehen, ohne deswegen ihre eigene Herkunft zu verleugnen. War das nicht das mindeste, was sich direkte Nachfahren eines Moses Mendelssohn schuldig waren?

Die Rolle, die Doris Zelter, die Tochter des alten Lehrers, beim Mißerfolg von Felix' Bewerbung spielte, ist unklar. Sie, die seit jeher wie ein Kind der Familie bei den Mendelssohns empfangen wurde, »mauschelte« hinten den Kulissen und ließ sich in sehr taktloser Weise ihren Einfluß und den Fundus an Partituren, den sie geerbt hatte, entgelten.[17] Sie enttäuschte die Mendelssohns schwer. Wie groß aber war deren Bestürzung erst, als schon 1833 der Briefwechsel zwischen Goethe und Zelter im Buchhandel erschien![18]

Briefe zu veröffentlichen, die doch per definitionem eine private Angelegenheit sind, so etwas gehörte sich nicht, es war ein Widersinn. In *Persuasion*, dem letzten Roman von Jane Austen, errötet die Heldin Anne Elliot darüber, daß sie aus einem Brief, der nicht für sie bestimmt war, eine unschöne Information über ihren Vater erfahren hat:[19] »Anne kam nicht so ohne weiteres über den Schock und die schmerzende Peinlichkeit hinweg, solche Worte auf ihren Vater gemünzt zu finden. Noch bevor sie sich wieder ausreichend gefaßt hatte, um den Brief zurückzugeben, kam ihr die Erinnerung daran, daß das Lesen die Gesetze der Ehre verletzt hatte und keine Privatkorrespondenz den Blick eines Dritten erträgt.«

Man lauschte nicht an Türen und man las nicht die Briefe anderer, das gehörte zum Ehren- und Anstandskodex, zum Respekt für das Individuum, zum Schutz der Privatsphäre. Ein Autor bringt ein Werk zu Papier, das von vornherein zur Veröffentlichung bestimmt ist. Wie aber soll die posthume Veröffentlichung von etwas, was nie ein Werk gewesen ist, gerechtfertigt werden, eines schriftlichen Gesprächs zwischen zwei Privatpersonen? Sind doch darin zwangsläufig dritte Personen genannt und betroffen, die gar nicht erfreut sein dürften über allerlei unerwünschte Bekanntmachungen. Abgesehen davon, ist ein vollständiger Briefwechsel tatsächlich eine so reizvolle Lektüre? Ungesunde Neugier oder ein spezielles Forschungsinteresse, eines von beiden muß man beim Leser unterstellen. Zugegeben, die Korrespondenz der Mendelssohns ist besonders attraktiv, aber »literarische« Korrespondenzen gehen davon aus, daß die Briefe in gemeinschaftlicher Runde gelesen beziehungsweise vorgelesen werden – man denkt an die Briefe der Madame de Sévigné –, sie verlieren damit ihren strikt privaten Charakter und sind genau wie Fannys Konzerte im Grenzgebiet zwischen Öffentlichkeit und Privatsphäre angesiedelt. In diesem Sinne muß man sagen, daß der Briefwechsel zwischen Goethe und Zelter weit unter dem erhofften Niveau blieb.

Dinge, die von allgemeinem Interesse waren, wurden inzwischen im Hause Mendelssohn laut gelesen beziehungsweise vorgelesen, denn Abraham war praktisch erblindet. Zu den Familien Mendelssohn, Dirichlet und Hensel gesellte sich Wilhelms Schwester Luise, sie wohnte bis 1836 in der Leipziger Straße. Keineswegs ein homogener Zirkel, aber über besagten Briefwechsel gab es nur eine Meinung. Für Goethe und Zelter standen die Mendelssohns nicht auf gleicher Stufe, sie behandelten sie mit einer Herablassung, aus der herauszuhören war, daß sie ihnen als Christen zweiter Klasse galten. So sagte Zelter über Abraham:[20] »Er … ist mir sehr gewogen, und ich habe offene Kasse bei ihm, denn er ist in den Zeiten der allgemeinen Not ohne Schaden an seiner Seele reich geworden.« Und so kündigte er Goethe den ersten Besuch des kleinen Felix an: »Er ist zwar ein Judensohn, aber kein Jude. Der Vater hat mit bedeutender Aufopferung die Söhne nicht beschneiden[21] lassen und erzieht sie, wie sich's gehört; es wäre wirklich einmal *eppes Rores*[22], wenn aus einem Judensohn ein Künstler würde.« Lea, Fanny und Rebecka bekamen ebenfalls ihr Teil ab, sie wurden Goethe 1823 als »die jüngsten Großmütter des Alten Testaments« angekündigt.

Fanny vertraute dem Bruder ihre Bestürzung an:[23]

> Eigentlich habe ich heut angefangen Dir zu schreiben, um einmal mein Herz über den Zelterschen Briefwechsel auszuschütten, über den ich in einer fortwährenden stillen Empörung bin. Er wird uns freilich sehr löffelweise eingegeben, denn da Vater jetzt nicht Abends lesen kann, wird er drüben vorgelesen, u. da genießt man das Buch mehr als billig. Vater ist übrigens auch sehr unwillig darüber, u. es tritt hier der seltene Fall ein, daß wir Alle einstimmig derselben Meinung sind, und auch noch nicht einmal über eine einzelne Stelle gestritten haben. Es thut mir wirklich Zelters wegen leid, der sich selbst hier auf eine so schlechte Art auf die Nachwelt bringt. Goethes Ruf kann erstlich schon eher einen Puff vertragen,

u. dann sind seine Briefe unendlich besser als Zelters, obwohl Beide durch diese Veröffentlichung nur verlieren können. Von Zelters Seite herrscht darin eine unangenehme fatale Gesinnung, die wir zwar immer bei ihm vermuthen konnten, die wir uns aber auch immer wegraisonnirt haben, hier ist sie aber unabweislich ausgesprochen. Eigennutz, Selbstsucht, eine ekelhafte Vergötterung Goethes, ohne eigentliche verständige Würdigung, die indiscreteste Blosstellung aller Andern, die zwar in einem vertraulichen Briefwechsel zu entschuldigen ist, aber die Bekanntmachung hätte unmöglich machen müssen, alles dies u. noch manches Andre[24] macht mir dies Buch ordentlich verächtlich. Ein Beispiel unter Vielen von unglaublicher Unwissenheit findet sich auch darin, Zelter fragt Goethe, was Byzanz eigentlich ist, u. erhält von ihm die gewünschte Auskunft. Dazu korrespondirt man mit Goethe! die Leerheit der ganzen Sammlung übertrifft wahrhaftig jede Erwartung. Theatergeschwätz u. Klatschereien sind der einzige Inhalt, u. daß Goethe darauf auch nicht viel Gescheutes antworten kann, liegt im Tage. Pfui baba! Nun hat man hier noch die Freude, es natürlich von Jedem durchsprechen zu hören, der mit Recht beleidigt ist, sich ohne seine Zustimmung darin durchgehechelt zu finden, es giebt Leute, die ordentlich steckbriefmäßig drin geschildert sind. Und nun genug von diesem unsaubern Gegenstande, mir hat dies Buch das Andenken an einen Mann, den ich lieb gehabt habe, u. gern geachtet hätte, ganz u. für immer getrübt.

Er war in der Tat Sebastians Pate. Genausowenig erfreut über die Lektüre war Henriette Mendelssohn, genannt Tante Hinni. Sie schrieb diesbezüglich an ihren Sohn Benny und an ihre Schwiegertochter Rosamunde:[25]

Habt Ihr schon Goethes Briefwechsel mit Zelter? Ihr werdet Euch doch wundern zu sehen, daß die Teltower Rübchen zu sehr der Unsterblichkeit geweiht sind; doch werdet Ihr auch herrliche Worte von Goethe und manches Schöne von Zeltern lesen. Was ich aber Zeltern nicht verzeihen kann, das sind die groben und oft hämischen Äußerungen über Personen, die sich von ihm sehr geehrt glauben mußten. Allenfalls kann man ihm dies und jenes verzeihen wenn man erwägt, daß er, als er die Briefe schrieb, noch nicht an den Druck dachte; doch ist einiges zu grob.
Wie der Herausgeber der Briefe, der Dr. Riemer, es verantworten will, solche rohe Grobheit über August von Schlegel[26] drucken zu lassen begreife ich nicht; auch ist eine Stelle über Abraham Mendelssohn, die ich sehr boshaft finde. Man kann wohl hier sagen, Gott behüte uns vor unsern Freunden. Wer Mendelssohn kennt

> wird wissen, daß er eine reiche Frau hatte, eh der Krieg ausbrach, so wie keiner von ihnen die allgemeine Not zu benutzen brauchte, um gute Geschäfte zu machen, aber das ist doch eine hämische Bemerkung ... Ich weiß gar nicht, wie weit das noch einmal mit dem Drucken-Lassen vertrauter Briefe gehen wird. Am Ende bist Du im Stande, liebe Rosa, und sammelst all meine klecksvollen Briefe, und dann erfährt die Nachwelt noch, was für Heldinnen wir beide waren. Tu es ja nicht.

Rosa sollte Hinnis Briefe veröffentlichen. Henriette Meyer war ganz ähnlich wie Brendel Mendelssohn sehr jung schon einem Mann versprochen worden. Mit dreizehn Jahren war sie die Verlobte des Joseph Mendelssohn. Aber sie gehörte zu den Gewinnern in der Lotterie des Lebens und lebte ein von Anfang bis Ende glückliches, sorgloses Leben mit einem gütigen, gescheiten und großherzigen Mann. Sie war selbst eine charmante, sehr tolerante Frau, die Affronts, die ihr oder den ihr Nahestehenden galten, sehr sensibel registrierte. Das Einvernehmen mit Abraham ließ gelegentlich zu wünschen übrig, aber an ihrer grundsätzlichen Solidarität änderte das nichts. Daß Zelter behauptete, in ihrer Jugend mit ihr geflirtet zu haben, war genauso empörend wie Goethes Auslassungen über ihre Rübenbestellung.[27]
Wir wissen nicht, ob die Mendelssohns sich mehr über Zelters Bosheit entrüsteten oder darüber, daß sie sich ungefragt auf Dutzenden von Buchseiten erwähnt fanden. Zelter schrieb eine Menge Komplimente über Fanny, zu ihren Kompositionen etwa oder zu ihrer Art, Bach zu interpretieren. Aber Fanny zeigte nicht die geringste Dankbarkeit. An Felix schrieb sie:[28]

> Du erhältst nun jetzt den 6ten Band von Goethe Zelter, mit dem die Reihe geschlossen ist. Der Herausgeber hat sich die Mühe gegeben, hinten ein alphabetisches Verzeichniß anzuhängen, in welchem Jeder, der das A b c weiß, ohne Mühe nachsehn kann, wo und wie oft er im ganzen Werk geschimpft oder gelobt (Du bists 58 mal) worden, was hier ziemlich gleich bedeutend ist. Figaro! würdest Du sagen, wenn Du hier wärest, ich kann Dir aber nicht helfen,[29] es beleidigt mich von Anfang bis zum Schluß, daß in einem Lande ohne Preßfreiheit, wo also die zur Oeffentlichkeit bestimmten Personen sich der Oeffentlichkeit entziehn, harmlose Privatpersonen so plötzlich, wie von Räubern aus dem Busch angefallen, u. je nachdem den Herren die Dinte geflossen ist, besprochen u. verlästert, auch mitunter ihnen die Ehre abgeschnitten wird. Von mir steht, ich spiele wie ein Mann, ich habe Gott oder Zelter zu danken, daß da nicht eine Unanständigkeit folgt, mit

> denen das Buch sonst wohl gesegnet ist. Vater wirst Du mehrere Mal hart getadelt finden, daß er Dich nicht nach Sicilien reisen lassen. In England würde ein solches Buch gar nicht gelesen, weil man der Persönlichkeiten gewohnt ist, u. es sonst kein Interesse hat, schön finde ich es aber unter keinen Umständen, u. immer u. ewig unzart, Privatleute zu veröffentlichen.

Wenn man sieht, wie sich hier zwei ganz verschiedene Probleme, der Antisemitismus einerseits und die Veröffentlichung von hochpersönlichen Briefen andererseits, vermischen, dann fragt man sich irgendwann, ob die Unterscheidung zwischen öffentlich und privat nicht eine Illusion ist und etwas, worauf nur naive Menschen bestehen. Die Privatmeinung öffentlicher Personen, welche Goethe und Zelter waren, hatte erhebliche Auswirkungen auf Privatpersonen, die sich plötzlich in die Öffentlichkeit gezerrt fanden.
Fanny und Hinni waren in der Gewißheit erzogen worden, daß eine Frau niemals ins Gerede kommen darf. Sie waren Frauen, sie hüteten die private Sphäre, sie wurden von ihr behütet, dies war ihre Rolle in der Familie. Der Sinn ihres Lebens stand auf dem Spiel, wenn sie sich so bloßgestellt und öffentlich beredet sahen. Dessen ist sich Fanny sehr genau bewußt, sie grollt und schimpft eine ganze Weile. Wenn sie schon auf ein Berufsleben verzichtet hat, dann soll man sie wenigstens in Frieden lassen.
Ebenso kann man sich fragen, ob Religion eine öffentliche oder eine private Angelegenheit ist. In einem laizistischen Staat bleibt sie eine Sache des Gewissens. Aber im Preußen des 19. Jahrhunderts kann man das eine nicht vom andern trennen. Es waren gesellschaftliche Gründe, die Abraham und Lea Mendelssohn veranlaßten, zum Christentum überzutreten und auch ihre Kinder taufen zu lassen. Sie wollten an der Religion der großen Mehrheit teilhaben und ihren Platz im sozialen Gefüge einnehmen. Und dennoch vollzogen sich diese Bekehrungen in der allergrößten Heimlichkeit, als eine strikt persönliche Angelegenheit. Daß ein Zelter die Möglichkeit und das Recht hat, zu diesem Thema seine Meinung von sich zu geben, und daß diese Meinung dann noch in alle Himmelsrichtungen bekannt wird, das verstieß gegen jegliche Idee von Wahlfreiheit. Ein Privatmensch muß das Recht haben, sich der Öffentlichkeit so darzustellen, wie er es wünscht, unter dem Namen und mit der Bezeichnung, die er für sich gewählt hat. Nichts da! Die Mendelssohns können sich taufen lassen, soviel sie wollen, sie mögen ihrer Privatmeinung huldigen, daß sie nichts anderes sind als Christen, diese hat öffentlich keine Geltung, sie sind und bleiben Juden. Ein Rationalist wie Abraham muß verrückt werden, und noch verständlicher ist der Zorn der Kinder.
Auch die Religion erlebt Veränderungen: Der Kult der Familie und der

bedingungslose Respekt vor dem allmächtigen Repräsentanten der Familie, dem Vater, und seinen Entscheidungen, sie büßen an Verbindlichkeit ein. Die Macht des Geldes, die Aussicht auf ein lohnendes Geschäft, setzen sich durch. Fanny durchschaut den Zusammenhang und setzt ihre Hoffnung in einen finanziellen Mißerfolg, der die Verleger von ähnlichen Vorhaben abhalten könnte.[30] »Hoffentlich öffnet Dunckers großer Verlust bei dieser *entreprise* den Buchhändlern die Augen, und wir bleiben vor ähnlichen Gaben sicher, deren sich wieder manche vorbereiten. Unter anderem, freue Dich, Bettina Arnims Korrespondenz mit Goethe.[31] Ich sehe Deine Gesichter von hier. Hegels Tagebuch usw.«
Die Singakademie hat ihre Ursprünge verraten, sie hat die Aufklärung verraten. Sie ist kein Ensemble mehr, in dem sämtliche Stimmen in einem strömenden Atem und in der einen Moral zusammenfinden. Die Mendelssohns treten aus, sie, die Nachfahren und Abkömmlinge der Itzig, einer Sara Levy, eines Moses Mendelssohn, sie, die lange Zeit aus dem Wirken der Akademie nicht wegzudenken waren. Schlimmer noch, dieser Bruch bedeutet das Scheitern des Integrationsgedankens. Felix verläßt Berlin und tritt am 20. Mai 1833 den Posten des Musikdirektors der Stadt Düsseldorf an. Fanny, Privatperson im ursprünglichen* Sinn des Wortes, bleibt selbstverständlich, sie hat nur einen Grund mehr, sich in den Mikrokosmos der Leipziger Straße einzuschließen. Berlin hat Felix nicht gewollt, es beraubt sich damit des Mannes, der sein musikalisches Leben bereichert, der ein großes Orchester geschaffen hätte. Berlin wählt die Provinzialität.

* Anm. d. Ü.: frz. »privé« bedeutet »privat« und »eingeschränkt, bestimmter Dinge beraubt«. Der etymologisch wichtige Doppelsinn wird von der Autorin genutzt.

Fanny Hensels Musik

Glücklicherweise war Fanny nicht auf die Singakademie angewiesen, um sich musikalisch zu verwirklichen. Eher war es umgekehrt so, daß der ehrwürdigen Institution Fannys Talent zum Nutzen gereicht hätte. Das Niveau ihrer *Sonntagsmusiken* jedenfalls war glanzvoller denn je. Am 28. Oktober 1833 vermerkte sie im Tagebuch die Programme der letzten fünf Matineen:[1]

Die erste:
Quartett von Mozart
Konzert von Beethoven G-Dur
Zweites Duett aus *Fidelio.* Devrient und Decker
Konzert in d-Moll von Bach

Die zweite:
Tripelkonzert von Beethoven mit Kins und Ganz
Hero von Decker
Felix spielt sein Konzert und das Konzert in d-Moll von Bach

Die dritte:
Variationen von Felix mit Ganz
Quartett von Weber
Finale des *Oberon.* Decker
Quintett von Spohr
Meergesang aus *Oberon*

Die vierte:
Trio von Beethoven E-Dur
Streichquartett von Felix in a-Moll
Trio von Beethoven D-Dur

Die fünfte:
Trio von Mozart G-Dur
Szene aus dem *Freischütz.* Decker
Trio von Moscheles
Arie aus *Iphigenie*

Rechts neben dieser Liste hielt sie fest, wie oft die einzelnen Komponisten in ihren Konzerten aufgeführt wurden.

6 mal Beethoven
2 mal Bach
2 mal Mozart
4 mal Weber
3 mal Felix
1 mal Gluck
1 mal Spohr
1 mal Moscheles
1 mal ich

Inzwischen ist Pauline Decker zur engen Freundin und zur wertvollen Mitarbeiterin geworden. Sie geizte nicht beim Repertoire und hatte keine Angst vor Bühnenauftritten. Fanny schrieb in diesem Jahr für das Fest der heiligen Caecilie – der Schutzpatronin aller Musiker und Namenspatronin auch von Fanny Caecilie Mendelssohn – eine Partitur, die sich heute unglücklicherweise in einer Privatsammlung[2] befindet. Felix vertraute sie an:[3]

> Ich habe einen Versett aus der Messe der heiligen Cäcilia, von dem Dir Mutter wahrscheinlich ein Textblatt mitschickt, in 2 Tagen componirt, in solcher Eil, daß die Begleitungsstimme bis heut noch nicht aufgeschrieben ist. Das Ganze war als doppelte Ueberraschung eingerichtet, denn erst sah man die Decker, ohne daß sie sang, dann sang sie einige Töne ungesehn, u. zuletzt sang sie als wirklich lebendes Bild, natürlich auswendig, was eine zauberisch schöne Wirkung gemacht haben soll. Soviel ist gewiß, daß sie so weit über ihr gewöhnliches Aussehn hin schön war, daß ich ihr nur eins an die Seite zu setzen weiß, u. das war Röschen Behrend als Engel, die wirklich ohne Uebertreibung himmlisch aussah, einen solchen lebendigen Engelskopf habe ich noch nie gesehn, u. es thut mir nur leid, daß Hensel jetzt keinen Engel zu malen hat, wer sie nur recht träfe, würde den schönsten möglichen Engel malen. Es jammert mich, daß Du sie dies Jahr nicht siehst, wer weiß ob sie übers Jahr noch so schön ist, dazu muß man eigentlich 15 Jahr seyn. Ueberhaupt hätte ich Dir mit Deinem bekannten Lämmersinn gewünscht dies Häufchen Schönheit zu sehn. Die Decker hatte sich ihr Kostüm nach dem der Rafaelschen Cäcilie machen lassen, u. auch ihr Haar so geordnet, was ihr wundervoll stand. Die Engel waren weiß, Röschen Behrend hatte einen Kopfputz aus eignen, hängenden hellblonden Haaren, die ihr in Fülle bis ans

Knie hingen, dazu die feinsten regelmäßigen Züge, u. tiefe dunkle Augen. Flügel, Brillanten auf Stirn u. Schultern u. die vortheilhafte Beleuchtung verdarben auch nichts, – kurz – ich wollte Du wärst dabei gewesen. Du hättest Dich gewiß verliebt, u. irgend ein schönes Quartett gemacht, was uns dann zu Gute gekommen wäre. Clärchen Jacques, ein schönes 8 jähriges, schwarzlockiges Kind, war auch kein übler Engel, u. die kleine Therese Thürrschmidt,[4] obwohl lange nicht so schön als die beiden anderen, machte sich auch an ihrem Platz ganz gut. Daß die beiden größern Mädchen nach Art der älteren Bilderengel ihre Notenblätter in der Hand hielten, machte sich allerliebst. Übrigens war die ganze Aufstellung ohne Hülfe eines einzigen Handwerkers nur durch Wilhelm und seine Schüler geschehn, und die schönste Orgel im Atelier fabriziert worden. Nun will ich dir noch sagen, daß ein Satz in der Musik ist, den ich für gut halte …

Pauline Decker lernte also ihre Noten im Handumdrehen auswendig und trug selbst für ihr Kostüm Sorge, wie es beim Theater üblich war. (Allerdings wurde es nur von jenen erwartet, die Gage bezogen.) Das Arbeitsteam Fanny und Wilhelm erwies sich als unverändert tüchtig: Wilhelm lieferte alles, was gebraucht wurde, nur mit einer Singstimme konnte er nicht dienen. Fanny scheute keine Anstrengung, um ihren Regievorstellungen möglichst nahezukommen, und wenn ihr etwas wirklich gefiel, äußerte sie rückhaltlose Bewunderung. Zum Weitermachen fühlte sie sich in jeder Weise ermutigt. Nicht alle Matineen verliefen problemlos, und das Auf und Ab spiegelt sich auch im Tagebuch wider:[5]

Einmal wurde aus meiner Musik so gut wie gar nichts, es kam niemand außer Kubelius, der mich freundlich nie im Stich läßt. Einmal aber sang die Decker die erste Arie der Königin der Nacht, und was ich spielte, weiß ich nicht mehr. Einmal spielte ich das Quintett von Hummel und das Konzert von Mozart d-moll, und die Decker sang *Fidelio.* Das vorige Mal spielte ich die Sonate A-Dur und das Trio D-Dur von Beethoven … Bei der Decker sind sich bis jetzt die Aufführungen so gefolgt: *Oberon, Semele, Zauberflöte, Opferfest,*[6] *Don Juan, Schöpfung, Iphigenie.* Diese war gestern, siebten Januar, und ging recht gut. Im ganzen machen mir diese Aufführungen und das Akkompagnieren viel Spaß. Es ist ein sehr …* freundlicher Ton, sie singt wunderschön und ist überhaupt meine Passion.

* Stelle unleserlich

Fanny begeisterte sich zu Recht für eine Sopranistin, die *Fidelio* ebenso sang wie die *Königin der Nacht*. Auch wenn oder gerade weil die Zeit noch nicht so auf Spezialisierung ausgerichtet war wie die unsrige, stellte dies eine stimmliche Bravourleistung dar. Felix erfährt von ihrer Freude:[7] »Aber mit der Decker ist prächtig zu musizieren: das ist ein Talent!«, dazu von ihren vielfältigen, beinahe hektischen Aktivitäten, die ihr kaum die Zeit lassen, zur Feder zu greifen, »so vielen Kühen hat man die Schwänze aufzubinden«. Darbietungen zu organisieren, die ihrem eigenen Anspruchsniveau und dem einer Pauline Decker gerecht wurden, verlangten ihr ein hohes Maß an Energie ab.

> Ich habe in dieser Zeit sehr viel einzustudiren u. zu musiciren gehabt, könnte ich nur einmal eine Sache mit so viel Proben einüben, als ich wollte, ich glaube wirklich, ich habe Talent dazu, u. auch es den Leuten deutlich zu machen aber die Dilettanten! Wäre ich Jean Paul, ich schaltete hier ein Extrablatt aber sie ein, an Stoff fehlt es mir nicht.

Sie probte damals mit ihren Leuten kein geringeres Werk als *Fidelio* und schrieb Felix bezüglich der Aufführung:

> *26sten.* Eben ist mein *Fidelio* beendet, u. den Umständen nach, hat er sich sehr wohl befunden, u. das Publicum welches schon wieder so anfängt zu wachsen, wie damals, war entzückt. Die Decker hat wunderschön gesungen, u. alle Dilettanti leidlich. Wenn Du fragst, wer jetzt hier Tenor singt, so ist es H. v. Dachröden, der sich sehr viel Mühe giebt, u. eine hübsche Stimme hat, mit der er singt, u. ein hübsches Gesicht, mit dem er sitzt, nämlich im Attelier. Ferner ein Studentchen von 4 Zoll, Jörg, mit einer sehr hübschen Stimme, die wie eine Parodie von Mantius klingt, der singt Jaquino. Ferner Antonie Nölinchen, Busolt und Riese. Der arme schwerfällige Mann, der ein unglaublicher musikalischer Tölpel ist, hat es durch rührenden Fleiß dahin gebracht, nur die Hälfte der Fehler zu machen, die ich erwartete. Manches hat er sogar recht gut gesungen.

Da müßte schon Schlimmeres kommen, um Fanny zu entmutigen. Einige Monate später schickt sie Felix einen Brief, worin der obligate Bescheidenheitston mit Mühe gewahrt wird:[8]

> Ich muß, obwohl eine beschäftigte Festmutter, mich doch hinsetzen, u. einen Commentar zu dem Schreiben, was Dir Mutter wahrscheinlich in diesem Augenblick erzählt, damit Du nicht

denkest, ich sey in Deiner Abwesenheit ganz dumm, oder eine Närrin geworden. Es ist übrigens eine sehr musikreiche Woche. Also: Mutter hat Dir doch gewiß vom Königstädter[9] Orchester am Sonnabend erzählt, u. daß ich mit dem Stock wie ein Jupiter tonans da gestanden habe. Das ging aber folgendermaßen zu. Lecerf[10] ließ seinen Scholaren spielen, u. zerklopfte sich die Finger dabei, da ging ich heraus, u. holte Dein weißes Stäbchen, u. gabs ihm in die Hand. Nachher ließ ich meine Ouvertüre spielen, u. stellte mich dabei ans Clavier,[11] u. da flüsterte mir der Teufel in Lecerfs Gestalt zu, das Stöckchen in die Hand zu nehmen. Hätte ich mich nicht so entsetzlich geschämt, u. bei jedem Schlage genirt, so hätte ich ganz ordentlich damit dirigiren können. Es amüsirte mich sehr, das Stück nach 2 J. zum erstenmal zu hören, u. ziemlich Alles so zu finden, wie ich es mir gedacht hatte. Den Leuten schien es auch vielen Spaß zu machen, sie waren sehr freundlich, lobten mich, machten mir auch einige(r) Ausstellungen wegen unpraktikabel, u. kommen nächsten Sonnabend wieder. Da ist mir denn mit einem Mal eine ganz unerwartete Freude zu Theil geworden. Morgen läuft Iphigenie vom Stapel, die auch nicht übel besetzt ist.

Zwei Tage danach fügt sie hinzu:

13ten. Mein Briefchen ist vorgestern liegen geblieben, u. da kann ich Dir denn gleich Bericht abstatten über die *Iphigenie*, die sich sehr gut aufgeführt hat. Ich wollte Du wärst dabei gewesen, wie die drei Stimmen geklungen haben, u. wie die drei sich immer einander gesteigert haben, das hört man so leicht nicht wieder, es war wirklich wunderschön.[12] Einen Strom von Klang, wie Bader u. Mantius in dem Duett hab ich nie gehört. Die Decker war auch vortrefflich bei Stimme, u. sang immer schöner bis zum Schluß, aber *Bader* war doch die Krone. Er hatte die Partie nie gesungen, u. kam gestern zur Probe ziemlich maussade[13], meinte auch, es läge ihm doch zu tief. Als er aber nur den ersten Akt gesungen hatte, war er schon ein ganz andrer Mensch, u. gestern hat er sich ein Mal übers andre bei mir bedankt, daß ich ihn zu der Partie veranlaßt hätte. Zu meiner großen Freude habe ich ihn mir auch so gewonnen, daß er sich ein für allemal angeboten hat bei mir zu singen, was ich wollte, wann ich wollte, Chor, Solo, etc. Und er soll singen, bei den Pforten der Hölle ... Uebrigens waren 100 Personen gestern hier, die Eltern hatten Theil an der Fete genommen, u. mehrere Bekannte eingeladen, u. so kams, daß ich die Ehre hatte, den Oberbürgermeister, H. v. Bärensprung, die Familie Ölrichs aus Bremen, etc hier zu sehn. Unserseits waren mehrere

Engländer hier, unter andern Lady Davy, die sehr viel von Dir zu erzählen wußte ...

Nebenbei war mein Chor vortrefflich, 8 Soprane, 4 Alte mit der Thürrschmidt u. der Blano, im Tenor Bader u. Mantius, es war wunderschön, u. einige Sachen haben mich wirklich überrascht. Devrient, der den Thoas übernommen hatte, ließ wie gewöhnlich im letzten Augenblick ohne besonderen Grund, absagen, u. Busolt war so gefällig, für ihn zu singen.[14] Ueber Alles andre, war der Garten wunderschön, die Rosenhecke in voller Blüthe, u. das Lokal im Putz, sucht auch seines Gleichen.

Dazwischen sind nun alle Spuren von gestern weggeräumt, u. es bleibt nichts davon übrig, als einige verirrte Töne, die mir immer noch in den Ohren klingen. Addio, Mutter will auch noch schreiben, u. ich will Stimmen korrigiren, denn morgen rücken meine Königstädter wieder ein.

Am 8. März 1835, also noch einmal acht Monate später, verkündete Fanny ihrem Bruder, sie stehe nun »dem nettesten Chor von 10 Sopranen, 2 Alten, 1 Tenor und 5 Bässen«[15] vor.

Das Niveau dieser Konzerte stieg auch in den folgenden Monaten noch immer weiter an, so daß sich neue, fähige Mitwirkende ebenso einstellten wie ein zahlreiches Publikum. Selbst Abraham war noch überrascht und sprach bewundernd von Höhepunkten, die man wohl nur einmal erreiche.[16]

Im Briefwechsel zwischen Fanny und Felix ist in diesen Jahren noch mehr als sonst von Musik die Rede. Vornehmlich sind es Probleme der Programmgestaltung, die sie beschäftigen, auch wenn der eine Berufsmusiker ist und die andere nicht. Die wichtige Frage der Stimmung wird aufgeworfen, gleich nachdem das Orchester des Königstädter Theaters bei Fanny eingetroffen ist. Felix beauftragt sie, ihm für Düsseldorf eine Stimmgabel zu verschaffen, und die Schwester warnt ihn, wegen Spontini gehe der Berliner Stimmton immer weiter in die Höhe, während sie gehört habe, der Pariser Stimmton sei gerade um einen Halbton heruntergesetzt worden.[17]

Der Austausch beschränkt sich nicht auf Stimmgabeln, auch Noten und Partituren gehen zwischen Berlin und Düsseldorf hin und her: Ständig braucht Felix irgendwelche »zu Hause« zurückgelassenen Stücke und Abschriften, außerdem schickt er seine neuen Kompositionen, nimmt diejenigen Fannys in Empfang, worauf die wechselseitige kritische Begutachtung erfolgt. Im Dezember 1833 hatte Felix mit *Don Giovanni* zum erstenmal eine Oper dirigiert, und jetzt arbeitete er an seinem Oratorium *Paulus*. An Pfingsten 1834 war er in Aachen Chopin begegnet, und auch Fanny bekennt, auf diesen Musiker neugierig zu sein.[18] Dennoch, Felix war in Düsseldorf unglücklich, das Orchester hat ihn durch mangelhaftes Können und den noch geringeren Ehrgeiz schwer enttäuscht. So trat er im November 1834 von seinem Posten zurück. Im Juli 1835 bestritt er sein Abschiedskonzert, nachdem ihm schon im Januar Leipzig die Leitung des Gewandhausorchesters angeboten hatte. Dies war nun eine ideale Stellung. Er würde an die Spitze des besten deutschen Instrumentalensembles treten, und das in einer Stadt der Verleger, Buchhändler und Gelehrten. Zum Komponieren würde ihm reichlich Zeit bleiben. Am 1. Oktober 1835 dirigierte er sein erstes Konzert.

In Düsseldorf wohnte Felix nicht allzu weit von seinem Cousin Benny entfernt, der als Professor in Bonn lehrte, und ebenso unweit von Onkel Joseph und Tante Hinni, die in Horchheim ihren Sommerwohnsitz hatten. So fand er denn bei nahen Verwandten die Familienatmosphäre wieder, die ihm viel bedeutete. Nichtsdestoweniger brauchte er, um sich eine stabile Gemütsverfassung zu bewahren, den brieflichen Umgang mit seiner eigentlichen Familie. Die intime Korrespondenz mit der Schwester zeigt, wie sehr sie in ihrem Verhalten und bis in ihre fachlichen Dispute hinein »Zwillinge« blieben. Zu einer heftigen Auseinandersetzung kam es wegen Paganini und bezüglich des Fortschrittsbegriffes in der Kunst. Fanny behauptete, nach Paganini könne niemand mehr die Geige so spielen oder hören wie vorher, während Felix gegen die französischen Zeitungen wütete, die von einer »révolution du goût«[19], von einer Revolution des Kunstgeschmacks, sprachen. Für ihn blieb gut, was vorher gut gewesen war, und was schlecht war, blieb schlecht. Die Leute mögen Fortschritte machen, die Kunst macht keine. Fanny, die er immer noch als seinen Kantor anredete, auch wenn seit geraumer Zeit diese Bezeichnung kaum mehr angebracht war, antwortete ihm folgendermaßen:[20]

> Je demande la parole[21], die Du mir von Düsseldorf aus gewiß nicht streitig machen wirst.
> Daß die Zeiten sich ändern, und mit den Zeiten auch wir, das läßt sich wohl nicht ganz läugnen. Es giebt gewiß in der Kunst auch ein positives Gutes, und ich hoffe, Du wirst mich niemals für so von Gott verlassen halten, daß ich das, was wir als Höchstes anerkannt haben, und immer anerkennen werden, der Mode unterworfen glauben sollte. Hannchen in den *Jahreszeiten* wird so wenig veralten, als *Alceste*, oder als der Evangelist Matthäus. Nun aber giebt es doch im Guten eine unglaubliche Menge von Schattirungen, u. da sich die Kunst, oder das Schöne, oder der Geschmack, nicht mit 2 mal 2 = 4 demonstriren läßt, so wird es da einen Punkt geben (und der trifft, glaub ich, hauptsächlich die Execution) wo die Außenwelt, oder die Wandelbarkeit der Zeit, oder (schleiche Dich um das Wort herum wie Du willst) die *Mode* ihren Einfluß üben wird. Du erin-

nerst Dich so gut wie ich, daß es eine Zeit gab, wo wir von Spohrs Musik unendlich entzückt waren. Jetzt sind wir es nicht mehr in dem Grade, nun ist aber doch seine Musik stehn geblieben, wir sind eben auch keine andre Menschen geworden, aber unser Verhältniß zu ihm hat sich geändert.

Laß uns noch das einmal angeregte Beispiel von Violinspielern nehmen. Spohr hat gewiß in seinem Spiel unendlich viel positiv Gutes, was nicht vergehn wird, er hat aber auch daneben eine gewisse Süßlichkeit, u. diese Tendenz hat vielleicht in ihrer Zeit viel zu seinem Ruhm beigetragen. Nun kommt Paganini, u. spielt wild, phantastisch, stark, u. alle jungen Geiger bemühen sich, es ihm nachzuthun, u. reißen die g Saite entsetzlich. Darauf höre ich Spohr nach einer Reihe von Jahren wieder, u. unwillkürlich wird mir seine Süßigkeit mehr auffallen, als sonst, wenn sie sich auch an u. für sich nicht vermehrt hätte, weil ich die Ohren von einer entgegengesetzten Richtung voll habe. Diesem Einfluß unterliegt natürlich zunächst das Publicum in Masse, die einzelnen Menschen mehr oder weniger, aber ganz frei glaube ich, kann sich Niemand davon sprechen. Es würde mir gar nicht schwer werden, noch Beispiele in Menge andrer Art anzuführen, wo uns Dinge oder Menschen, die uns vor einiger Zeit gefielen, jetzt fade u. langweilig, oder bizarr u. unerträglich vorkommen. Solcher Wechsel trifft natürlich nie das Höchste und Beste seiner Art; aber daß auch das Gute, je nachdem es der Zeit gegenüber steht, mehr oder weniger gut erscheinen kann, scheint mir entschieden. Antworte hierauf, Clown! Soll ich diese ganze Korrespondenz in mein Streitbuch eintragen?

Felix gab zu, daß er sich in eine Debatte verstrickt hatte, die ihm Spaß machte, wo er aber die Antwort schuldig bleiben mußte.[22] Ist es nicht merkwürdig, wie sehr doch eine religiöse Erziehung das Verhältnis zur Kunst bestimmen kann? Für die Mendelssohns ist Musik Religion, und würde man Fannys Aufführungen ins Religiöse transponieren, so wäre man bei dem Brief, den Abraham ihr zur Konfirmation geschrieben hatte. Die Kunst ist stets eine bestimmte »Form« von Kunst, genauso wie Religion eine bestimmte Form von Religion ist, und selbst wenn ein absolutes Gutes existiert, es nimmt in dieser Welt eine Form an, in der Religion genauso wie in der Kunst. Die Weisheit besteht darin, daß man sich dem Absoluten ebenso unterwirft wie dessen vielen Ausprägungen. Für Fanny Hensel wie für Felix Mendelssohn Bartholdy wird Musik in einem Gefühl des allgemeinen Enthusiasmus erlebt, oder sie wird gar nicht erlebt. Wir hören wieder den Schillerschen Ton des *Nachtreigens*:

»Und gemeinsam sei empfunden
Und der Einzelne gedacht.«

Nur das ist wahr und echt, was von allen erlebt wird. Weder Fanny noch Felix meinten, das absolute Gute oder die höchste Schönheit sei nur wenigen Auserwählten zugänglich. Sie glaubten im Gegenteil, daß diese Werte sinnlos würden, wenn sie nicht auf allgemeine Resonanz stießen. Durch ihre Erziehung unerhört privilegiert, hätten sie durchaus einen elitären Dünkel entwickeln können, das Gegenteil aber war der Fall: Zumindest in ihrer Einstellung und Weltanschauung lebten sie nur für und durch die anderen. Für Felix bedeutete das einen sehr ernüchternden Zusammenprall mit der realen Außenwelt: Berlin, Paris, Düsseldorf ... Nur sehr spärlich war es ihm vergönnt, die hochgemute Arbeitsatmosphäre und die ebenso hochherzige Gesinnung der Leipziger Straße anzutreffen, und er litt bald allzusehr unter dem Kontrast zwischen Ideal und Wirklichkeit, um zu akzeptieren, daß auch seine Schwester sich in die Niederungen begab und sich mit dem Zeitgeschmack herumschlug. Doch gibt es für einen Musiker einen anderen Weg als den, daß er dem Publikum zeigt, was er hervorgebracht hat? Nachdem sie zwischen dem 26. August und dem 23. Oktober 1834 ein Streichquartett geschrieben hatte, wurde Fanny immer lustloser und schwermütiger. Sie brauchte zwei Monate, bis sie es abgeschlossen hatte, was viel ist im Vergleich zur raschen Entstehung etwa der Kantaten, aber ist nicht auch das Streichquartett in den Augen der Komponisten die höchste, anspruchsvollste Form? Wenige Menschen fanden sich in ihrer Nähe, die ein Urteil abgeben konnten. Was auch der Grund gewesen sein mag, ein äußerer oder ein innerer Mangel an Inspiration, sie sollte auf jeden Fall fast zehn Jahre lang kein größeres Werk mehr schreiben. Vier Monate nach Vollendung des Quartetts nimmt sie in einem Brief an den Bruder zu ihrem Problem Stellung, wobei sie diesmal ihrer finsteren Laune freien Lauf läßt und den Adressaten übel zerzaust:[23]

> Die Arie aus wer nur den lieben Gott, bringt mich darauf, Dir zu sagen, daß ich in mehreren Solosachen Deiner kleinen geistlichen Musiken eine Art von Gewohnheit finde, die ich nicht gern Manier nennen möchte, u. nicht recht zu benennen weiß, nämlich etwas übereinfaches, welches mir Dir nicht ganz natürlich zu seyn scheint, eine Art von kurzen Rythmen z. B., die etwas Kindliches, aber auch etwas Kindisches haben, u. mir der ganzen Gattung sowohl, als auch Deiner ernsten Art die Chöre zu behandeln.[24]
> Habe Dank für die ordentliche Critik meines Quartetts. Wirst Du es einmal spielen lassen? Weißt Du, daß ich finde, wir schreiben uns jetzt sehr ordentliche Briefe; vielleicht nicht ganz so lustig, als

da ich mit Beckchen zusammensaß, und eine der andern immer zu tollerem Zeuge die Feder aus der Hand nahm, aber vernünftig über ordentliche Gegenstände. Mir ist es ganz recht, wenn es dabei bleibt.
Die ganze vorige Woche konnte ich Dir nicht schreiben, weil ich sehr fleißig Dein Rondo brillant[25] einstudirt habe. Das ist nun gestern, Sonntag Vormittag, mit doppeltem Quartett u. Contrabaßbegleitung vom Stapel gelaufen, unter allgemeinem Beifall, u. ich war toll genug, es, obgleich sehr unwohl, hustend, u. matt wie eine Fliege, zweimal zu spielen, solche Lust hatte ich daran. Ich habe eine Arie für den Sopran gemacht, die würde Dir in Bezug auf Form u. Modulation besser als mein Quartett gefallen, sie hält sich ziemlich streng, u. zwar hatte ich sie fertig, ehe Du mir darüber schriebst.[26] Ich habe nachgedacht, wie ich eigentlich gar nicht excentrische oder hypersentimentale Person zu der weichlichen Schreibart komme? Ich glaube, es kommt daher, daß wir gerade mit Beethovens letzter Zeit jung waren, u. dessen Art u. Weise, wie billig, sehr in uns aufgenommen haben, u. die ist doch gar zu rührend u. eindringlich. Du hast das durchgelebt u. durchgeschrieben, u. ich bin drin stecken geblieben, aber ohne die Kraft, durch die Weichheit allein bestehn kann u. soll. Daher glaube ich auch, hast Du nicht den rechten Punkt über mich getroffen oder ausgesprochen. Es ist nicht sowohl die Schreibart an der es fehlt, als ein gewisses Lebensprinzip, u. diesem Mangel zufolge sterben meine längern Sachen in ihrer Jugend an Altersschwäche, es fehlt mir die Kraft, die Gedanken gehörig festzuhalten, ihnen die nöthige Consistenz zu geben. Daher gelingen mir am besten Lieder, wozu nur allenfalls ein hübscher Einfall ohne viele Kraft der Durchführung gehört.

Daß Fanny keine Energie haben sollte, fällt schwer zu glauben. Sicher ist dagegen, daß sie sich niemals wirklich auf das Komponieren konzentrieren konnte. Ihre Briefe bezeugen, daß sie ständig durch Besuche gestört wurde oder sich um das Haus, den Gatten, das Kind kümmern mußte. Zwei Monate lang schrieb sie an ihrem Quartett und erledigte nebenbei tausend andere Aufgaben. Nie hatte sie ein halbes oder gar ein ganzes Jahr nur für sich. Zog sie überhaupt in Betracht, wenn sie sich mit Felix verglich, daß sich der junge Mann seit Jahren nur um sich selbst zu kümmern hatte und kümmerte? Niemand auf der Welt besitzt einfach von Geburt an die Kraft, ein schwieriges Projekt, das Beständigkeit und Ausdauer verlangt, zu Ende zu führen, oder genauer gesagt, potentiell besitzen alle diese Kraft. Aber sie muß sich entwickeln, und dazu muß nicht nur ein Wille vorhanden sein, sondern auch Zeit, und wie Virginia

Woolf sagt, ein »eigenes Zimmer«.[27] Fanny, die doch wahrhaft vom Schicksal begünstigte Frau, spürte, daß sie ihr schöpferisches Potential nicht voll entwickelt hatte, sei es nun, daß sie keine Zeit gefunden hatte, oder sei es, daß ihr diese Zeit nicht vergönnt war. Sie hätte die Verhältnisse anklagen können, aber das wäre nur schwer glaubhaft zu formulieren gegenüber einer Umwelt, die doch unverhältnismäßig viel Verständnis aufbrachte, und außerdem ließe man damit Bitterkeit aufkommen. Lieber gab Fanny sich selbst die Schuld an ihren vermeintlichen Mängeln. Jemand, dem sie musikalisch unbedingt vertraute, Felix zum Beispiel, hätte dasein müssen, jemand, der sie beruhigt, unterstützt, zum Komponieren gedrängt hätte. Fanny stand am Anfang einer Depression, die mehrere Jahre dauern und sie unfähig machen sollte, mehr zu komponieren als kurze Klavierstücke und Lieder. Zu diesen Genres allerdings ermutigte sie Felix, er fand sie darin ausgezeichnet. Er hatte gewiß recht, und daß Fanny ihre eigene Begabung heruntersetzte, zeigt, wie deprimiert sie war. Eine Novelle ist kein Roman und erfordert doch nicht weniger Energie, sondern eine andere Form von Energie. »Ein hübscher Einfall« genügt nicht, was man können muß, ist, ihm auf dem Notenpapier bündigen Ausdruck zu verleihen. Fanny blieb, wie man heute sagt, frustriert, weil sie keine Möglichkeit hatte, ihre Begabung wirklich zu pflegen, sie dadurch zu entwickeln, daß sie mit ihr an die Außenwelt herantrat, aber auch dadurch, daß sie etwas für sich selbst tat, sich um sich selbst kümmerte, nach seelischer Bereicherung strebte. Fanny war Opfer einer Ungerechtigkeit, auch wenn ihr diese Ungerechtigkeit nur verschwommen bewußt war.

Fanny Hensels Familie

Fannys Familienleben war ebenso munter wie ausgefüllt. Sie kümmerte sich viel um ihr Kind, aber auf ganz andere Weise, als ihre eigene Mutter es getan hatte: Sebastian war keiner auf die Minute durchgeplanten Erziehung unterworfen, er erlebte sehr freie Kinderjahre zwischen dem Atelier seines Vaters und dem Musiksalon seiner Mutter, wobei er bis zur Geburt seines Cousins Walter fast nur Erwachsene um sich hatte.[1] Walter war Rebeckas Sohn, kam im Juli 1833 zur Welt, und trotz der drei Jahre Altersunterschied hatte Sebastian in ihm bald einen Spielgefährten und mehr oder weniger einen Bruder.
Selbstverständlich hat Fanny ein absolut außergewöhnliches Kind zur Welt gebracht, dessen Zähne und Haare ordnungsgemäß wachsen, Ereignisse, die im Tagebuch festzuhalten sie nicht versäumt:[2] »So klug, so fein, so liebenswürdig habe ich noch kein Kind gesehen.« Felix erstattete sie Bericht, was sie als Mutter an kleinen und größeren Abenteuern erlebte: Da war die Kindergesellschaft, zu der auch die kleinen Heyses eingeladen waren, sie hatte ein Tischchen mit Kindergedecken und kleinen Servietten gedeckt, und Paul Heyse, der künftige Nobelpreisträger, hatte sich nach Kräften vollgefressen. Sebastian und Paul, die knapp Dreijährigen, hatten Toasts ausgebracht, als wären sie beschwipste Erwachsene.[3] Fanny erzählt des weiteren, daß sie ihr Söhnchen jeden Tag spazierenfährt, und seine Fortschritte beim Sprechen begleitet sie mit entzücktem Staunen.[4] Ihre Schwägerin Luise und nach einer gewissen Zeit auch Minna halfen ihr im Haus und bei mancherlei Erziehungspflichten. Minna zog erst 1835 nach dem Tode ihrer Mutter, von deren Seite sie jahrelang nicht gewichen war, zu ihrem Bruder Wilhelm und beteiligte sich von da an ohne Murren an der anfallenden Arbeit. Luise hatte wesentlich mehr Probleme mit Fannys autoritärer Haushaltsführung. Ohnehin empfand sie alles, was sie von ihrer religiösen Meditation fernhielt, als Zumutung. Entsprechend säuerlich kommentierte sie die Hauskonzerte und genauso das Verhätscheln des Kindes. Es leuchtet ein, daß Fanny mit ihren vielen Ideen und Initiativen nur Erfolg haben konnte, wenn sie daneben ihre kleine Welt geschickt und energisch regierte. Luise aber war gleichfalls eine starke Persönlichkeit und begehrte des öfteren auf. Zwar herrschte

im Hause religiöse Toleranz, aber Luises Angst vor der Hölle mußte ihre Angehörigen mit Kummer erfüllen.[5] Sie hätte gern andere Saiten aufgezogen, was die Erziehung Sebastians anging, und mit Vorliebe stutzte sie das Bübchen zurecht, wenn dessen Mutter es wieder einmal zu sehr bewundert hatte. Als das Kind das berühmte Mozartlied nach Goethes Gedicht *Das Veilchen* (»Ein Veilchen auf der Wiese stand«) auswendig gelernt hatte, bekam es von seiner Mutter Lob dafür, daß es den gewaltsamen Tod der Blume unter dem Absatz der Schäferin so sehr mitempfunden hatte. Prompt ging Sebastian zu seiner Tante und rühmte sich selbst deswegen, was diese zu der kühlen Reaktion veranlaßte: »Ja, Kinder weinen manchmal über alles mögliche dumme Zeug.« – »Olle Hexe!« gab das Wunderknäblein gekränkt zurück.[6] Die Anekdote wird nicht von der Mutter, sondern von Sebastian selbst berichtet. Fanny erzählt bezüglich ihres Sohnes nur die hübschen Histörchen:[7]

> Du willst ein Buch Sebastian und ein Buch Walter? Das Buch Walter wird Dir Beckchen schreiben, es wird anfangen: der Zahn, der Zahn ist heraus. Das Buch Sebastian könnte ich sehr lang machen, das Kerlchen ist allerliebst. Gestern hatte er bei Beckchen gegessen und kam wieder herunter, als wir noch bei Tisch waren und Ente und Rüben aßen. Nach verschiedenen mißglückten Versuchen, noch einmal mitzuessen, fing er aufs zärtlichste an zu schmeicheln und sagte: liebste Mutter, tu mir den einzigen Gefallen, gib mir einen kleinen Knochen, wo *gar* nichts dran ist, dann will ich spielen, es wäre was dran. Und als er nun sah, daß wir uns des Lachens nicht enthalten konnten, fuhr er dreister fort: und dann gib mir eine Rübe nach ... Heut früh sagt er: Ich habe Dich am allerliebsten, keinen Fremden habe ich so lieb wie Dich ... Gestern sagt er zum Vater: aber Vater, Du hast immer dieselben Farben und malst doch so verschiedene Bilder: Tante Beckchen, und den Mohr, und die Juden, wie kann das wohl sein? (Seine Redensart) Neulich hatte er mir ein Glas Wasser in meine Pantoffeln geschüttet, und sagte nachher, als ich ihm die gehörige Moral darüber predigte, aber Mutter, Du hast mich doch lieb. Das war ja nur ungeschickt, das war nicht unartig.

Zu seinem vierten Geburtstag schenkte ihm Tante Rebecka ein Lämmchen, das sich aber so wild gebärdete, daß Fanny behauptete, es handle sich um ein »verkleidetes Pferd«.[8] Was die ungewöhnlichen Essenszeiten anging – die Eltern aßen um fünf Uhr zu Mittag, wahrscheinlich deswegen, weil Wilhelm das Tageslicht voll ausnutzen wollte –, so erzählt Sebastian, seine Mutter habe ihn mit dem Essen »sehr knapp gehalten«, weil man damals meinte, das sei »gesund für Kinder«. Also ging er heimlich ins Untergeschoß der Leipziger Straße Nummer 3 und stopfte sich beim Gärtner Clement mit den fettesten Sachen voll, wobei er gleichzeitig bei diesem Abkömmling der Hugenotten ein sehr zweifelhaftes Französisch und eine noch zweifelhaftere Form des Schachspiels erlernte.[9] Ebenso nutzte er die Gelegenheit, um mit gleichaltrigen Kindern zu spielen!

Fannys Gedanken kreisten weiter um Felix, bei den Frauen des Hauses blieb er der Hahn im Korb, und die Sippe sprach scherzhaft von »Felix dem Phönix«. Im Jahre 1833 unternahm er mit seinem Vater erneut eine Reise nach England. Die Rückkehr war für Ende des Sommers vorgesehen, statt dessen kam ein Brief von Abraham. Der avisierte der Familie den Besuch eines Kunstmalers namens Alphonse Lovie, welcher sich auch durch hohe Musikalität auszeichne. Fanny war enttäuscht, daß ihr Bruder nicht so bald zurückkehren würde, und die gesamte Familie war neugierig auf den geheimnisvollen Alphonse Lovie. Und dann stand Felix Mendelssohn in der Tür.[10] Welch freudige Überraschung für die ganze Hausgemeinschaft! Er blieb nur ein paar Tage, beteiligte sich aber an der Sonntagsmusik und spielte hier sein *Klavierkonzert g-Moll* und Bachs *Konzert d-Moll*.[11]

Wilhelm Hensel seinerseits, der schon im Juni 1831 vom König mit dem Titel eines »Professors für Historienmalerei«[12] ausgezeichnet worden war, begann im Juli 1833 mit einem Gemälde, das zu seinem bedeutendsten Werk werden sollte, dem *Christus vor Pilatus*. Es wurde im folgenden Jahr 1834 in der Berliner Akademie ausgestellt. Wilhelm wendete viel Zeit für dieses Bild auf, er skizzierte eine erhebliche Anzahl von Köpfen, unter anderem, wie Adolf Bernhard Marx in seinen Erinnerungen berichtet, »polnische Juden und ausdrucksvolle Frauenköpfe, die er sich in der israelitischen Gemeinde heraussuchte«.[13] Hensel ließ auch seine Frau und seinen Sohn Modell stehen. Die Studie ist im Mendelssohn-Archiv noch vorhanden. Das Gemälde stellt den Augenblick dar, in dem das Volk Pilatus antwortet: »Sein Blut komme über uns und über unsere Kinder«, woraus sich erklärt, daß das Kind Sebastian unter den Figuren zu finden ist. Obwohl König Friedrich Wilhelm III. eigentlich sparen wollte, wurde das Bild 1835 angekauft und über dem Altar der Garnisonskirche aufgehängt. Im Jahre 1908 wurde es beim Brand der Kirche zerstört.

Natürlich mußte Fanny ihren Gatten bei seiner Arbeit unterstützen. Schon das Format machte die Ausführung des Gemäldes schwierig, ja strapaziös.[14] Dazu kamen Wilhelms häufige Probleme mit seinen Zähnen und dem Magen. Bezüglich des Arztes, der ihn behandelte, kam Fanny in jenem Brief, in dem sie Felix gegenüber von Paganini berichtete, zu dem Schluß, daß letzten Endes auch sie nicht an Revolutionen glaube und daß sie es nicht ertragen könne, »wenn so manche homöopathische

Neophyten sich anstellen, als wäre ihnen nun plötzlich das Himmelreich eröffnet und als wäre früher kein Mensch kuriert worden«.[15]
Die häusliche Krankenpflege nahm damals im Leben einer Frau einen bedeutenden Platz ein, vor allem bei den Mendelssohns, die, das sei noch einmal gesagt, gesundheitlich sehr anfällig gewesen zu sein scheinen. Fanny selbst litt ständig unter Kopfschmerzen. Im April 1834 jagte Lea ihnen allen einen Schrecken ein, als sie von plötzlichem Unwohlsein ergriffen wurde, aus dem sich eine schwere Tachykardie entwickelte. Im Krankenbett diktierte sie Fanny einen Brief an Felix, worin sie ihm, der bereits ähnliche Anfälle erlitten hatte, empfahl, auf sich aufzupassen und seinen Arzt zu vorbeugender Behandlung zu drängen. Das Heilmittel von Leas Arzt Stosch war für einen aktiven Mann nicht gerade bequem anzuwenden: Stosch verlangte, daß man sich Eis auf die Brust legte! Fanny sah für die Erkrankung ihrer Mutter zwei Gründe: Erstens war man soeben dahintergekommen, daß Paul sich heimlich mit Albertine Heine verlobt hatte, und zweitens hatte Varnhagen von Ense Marianne Saaling einen Heiratsantrag gemacht. Warum auch Paul um die Frau seiner Wahl kämpfen mußte, ist noch rätselhafter als bei seinen Schwestern. Paul war im Mai 1831 nach London gegangen, um seine Ausbildung zum Bankier abzuschließen. Er trat zu diesem Zweck in die Bank von B. A. Goldschmidt ein, an der Abraham mit einer bedeutenden Einlage beteiligt war. Zum allgemeinen Erstaunen machte Goldschmidt Bankrott, und Paul ging nach Paris zu Leo, dem ehemaligen Repräsentanten der Gebrüder Mendelssohn, der inzwischen seine eigene Bank eröffnet hatte. Jedoch hoffte er auf eine baldige Rückkehr nach Berlin, wo er in der Bank, die sein Cousin Alexander inzwischen leitete, arbeiten wollte und wo er auch das Mädchen wiederfinden wollte, mit dem er sich vor seiner Abreise heimlich verlobt hatte. Aber Abraham, der allmächtige Vater, war dagegen. Dabei war Albertine Heine als Person untadelig und gehörte zu denselben Kreisen wie die Mendelssohns. Sie war die Tochter des Berliner Bankiers Heinrich Carl Heine (1776–1835), der weder mit dem Bankier Friedrichs II., Veitel Ephraim Heine, noch mit dem Dichter Heinrich Heine und dessen Hamburger Familie in irgendeiner Weise verwandt war. Albertine gehörte schon vor 1829 zum engeren Mendelssohn-Kreis und findet sich auch auf dem berühmten *Rad*, das Wilhelm im Jahr seiner Hochzeit gezeichnet hatte. 1825 und damit wie bei all ihren Freunden in früher Jugend hatte ihr Übertritt zum Christentum stattgefunden. Der Haken war, daß Abraham sich mit ihrem Vater gestritten hatte. Der todunglückliche Paul schrieb von Paris aus an Fanny und bat sie um ihre Vermittlung.[16] Wechselseitige Unterstützung war für die Mendelssohn-Kinder seit jeher Pflicht und Gewohnheit. Fanny konnte Streitigkeiten nicht ertragen. Paul kam im Mai 1833 nach Berlin zurück, aber seine Heirat mit Albertine blieb noch eine ganze Weile in der Schwebe. Zu-

nächst trat er in die Mendelssohn-Bank ein, deren Teilhaber er vier Jahre später werden sollte. Später leitete er auch noch seine eigene Firma, das Bankhaus Paul Mendelssohn-Bartholdy in Hamburg. In der Namensfrage hatte er sich für den Bindestrich entschieden. Er heiratete Albertine am 27. Mai 1835, und die Ehe war sehr harmonisch. Eine vernünftigere Liebesgeschichte ist eigentlich kaum denkbar. Unvernünftig aber waren die Eltern Mendelssohn, daß sie einer solch vollkommenen Schwiegertochter Steine in den Weg legten!

Ebenfalls unvernünftig, jedenfalls in den Augen der Berliner Freunde und Bekannten, war das Liebesabenteuer, das die schöne Marianne und Varnhagen sich leisteten. Rahel starb am 7. März 1833, und kaum hatte Varnhagen sich von der Trauer erholt, da suchte er sich – knapp ein Jahr später – Ersatz.[17] Der Kult um Rahel, seine Manier, sie zu behandeln, als wäre sie die wiedergeborene Pythia, erschienen im nachhinein in merkwürdigem Licht. Die Berliner Gesellschaft erging sich denn auch in Klatsch und Häme. Weder der Aufstand der Seidenweber in Lyon noch das Gastspiel der Sängerin Wilhelmine Schroeder-Devrient an der Oper konnten größeres Interesse erregen. Marianne war, wie Varnhagen, neunundvierzig Jahre alt.[18] Lea zeigte sich erschüttert, denn Marianne war ihre Nichte, und sie mochte sie sehr. Fanny schrieb an Felix:[19] »Marianne Saaling ist eben hier angekommen, um während des ganzen Mittagessens zu seufzen, und wir lösen uns mit Albertine ab, damit sie Mutter nicht den Kopf toll macht. Ähnlichen Skandal gab es nie. Halt abers Maul.« Böswilligen Klatsch ertrug Fanny nur schwer: »Ich will meine Hand ins Feuer legen, daß es bloße Verleumdung ist.« Marianne nahm am Ende doch noch Abstand von der Hochzeit, sie konnte sich, wie sie verlauten ließ, zur ehelichen Intimität nicht durchringen.[20] Der Bruch erregte einen genauso großen Skandal wie die Verlobung. Dazu wieder Fanny an ihren Bruder:[21] »Marianne und Varnhagen sind jetzt deklarierte Exbrautleute. Sie in Freienwalde, er sehr lustig. Beide benehmen sich *on ne peut pas plus mal.* [22] Die Geschichte ist so eklig, daß nicht einmal viel davon räsoniert wird …«

Die Gesellschaft des Jahres 1834 ist so tugendhaft verklemmt, daß niemand sagen kann, was eigentlich schockierend sein soll an Mariannes Verhalten. Aber sie bringt sich ins Gerede, und sie versteckt sich sowenig wie Varnhagen zu Hause. Eine aber in der Familie – eine Sache der Generation? – stellt sich vehement vor Marianne. Dorothea Schlegel greift in Frankfurt zur Feder und macht ihrer Nichte Rebecka heftige Vorwürfe, weil sie eine Frau, die doch nur ihren Weg sucht, verurteilt:[23] »Wie kommt es, daß Du gar so unbarmherzig über die arme Marianne herfährst? … Schuld oder nicht schuld, genug, sie entbehrt alles Lebensglück! … Es ist mir unangenehm, daß Du und vielleicht Euer ganzer Kreis so unbarmherzig gegen sie wart.« Dorothea erinnert sich an den Skandal ihrer eigenen Scheidung und hat Mitleid mit Marianne. Aus historischem Abstand verstehen wir nur mühsam, wie dreißig Jahre nach der Aufklärung die Gesellschaft so puritanisch hat werden können, daß sie wegen einer gelösten Verlobung Skandal rufen muß. Dorothea und etliche ihrer Generationsgefährtinnen hatten die Scheidung einreichen und ein wesentlich freieres Leben führen können, als es im Jahre 1839 vorstellbar war. Fanny ist ebenso schockiert wie alle andern, der einzige Unterschied liegt darin, daß sie es haßt, schlecht über andere zu reden. Außerdem ist ihr schon der Gedanke an Skandal zuwider.

Leas Tachykardie verschwand nach einiger Zeit wieder, und Marianne verschrieb sich der Wohltätigkeit.

Nun, es gab auch noch Wilhelms Karriere, und diese mußte durch Reisen gefördert werden. Er hatte selbst dafür zu sorgen, daß er und seine Malerei bekannt würden, er mußte Aufträge hereinholen, von denen er und seine Familie schließlich lebten. Als private Lehranstalt lief sein Atelier hervorragend, er war ein guter Lehrer und bei seinen Schülern sehr beliebt. Für das Frühjahr 1835 plante man eine Englandreise. Mary Alexander, eine Freundin von Felix und Abraham, wurde informiert und gebeten, gegenüber Abraham nichts verlauten zu lassen. Durch das Leben und durch die Briefe der Mendelssohn-Kinder, die inzwischen kaum mehr als Kinder zu bezeichnen waren, zogen sich weiterhin die Zeugnisse der Furcht vor einem Vater, der doch zugleich vergöttert wurde. Mary Alexander hatte Gedichte von Heine ins Englische übersetzt, darunter auch jene drei, die Fanny vertont hatte. Dem Brief, in dem sie ihre englische Freundin unterrichtet, fügte sie diese Lieder, die Wilhelm mit Zeichnungen geschmückt hatte, bei.[24] Die Ankündigung von Fannys Besuch alarmierte Miss Fanny Horsley, eine von Felix' charmanten Verehrerinnen auf englischem Boden:[25] »Herr und Frau Hensel, die Schwester Mendelssohns, kommen in diesem Herbst für einige Monate nach England. Ich bin sicher, sie wird mich mit ihrem durchdringenden Blick und mit ihrer berühmten ›Strenge‹, um die alle, die sie erlebt haben, so ein großes Geheimnis machen, in Schrecken versetzen.«

Eine Frau, die weiß, was sie will, kann nicht darauf hoffen, daß man ihr Umgänglichkeit nachsagt. Aber die Hensels fuhren nicht nach England. Ihre Pläne für 1835 betrafen zunächst einmal Paris, und das Leben im Haus, so wie es organisiert war, gestattete eigentlich eine längere Abwesenheit nicht. Mit Abrahams grauem Star wurde es stetig schlimmer, und Rebecka und Fanny mußten sich beim Vorlesen und beim Schreiben seiner Briefe abwechseln. »Es ist übrigens unbeschreiblich, mit welcher Geduld und Liebenswürdigkeit und Milde er dieses Leiden erträgt und wie überhaupt mit jedem Jahr seine vortrefflichen Eigenschaften mehr hervortreten und sein Charakter sanfter und gütiger wird«, schrieb Fanny am 8. März an Felix.[26] Auch die Anbetung, die Abraham von seinen Kindern entgegengebracht wird, hat etwas Unbeschreibliches. Aber wenn Fanny verreist, dann muß Rebecka zu Hause bleiben. Es ist nicht einfach Unterdrückung, wenn die Frauen ans Haus gefesselt sind, die sachliche Notwendigkeit scheint ebenfalls gegeben. Die fröhliche Rebecka muß eine allmähliche Wandlung durchgemacht haben, jedenfalls sah sie die Pläne des Ehepaares Hensel mit Mißvergnügen. Ihre eigenen Pläne wurden durchkreuzt, denn jemand mußte sich aufopfern und bei den Eltern bleiben.[27]

Eine andere Verpflichtung wurde letztlich wichtiger genommen, das Vorwärtskommen Wilhelms. Auf dem Weg nach Frankreich beschlossen die Hensels, in Köln Station zu machen, wo Felix das Niederrheinische Musikfest leitete. Von Paris aus wollten sie dann über Boulogne und Belgien zurückfahren. Das bedeutete eine lange Reise, und die Familie löste das Problem der Trennung, indem sie bis Köln mitfuhr, nicht zuletzt um Felix am Dirigentenpult zu erleben. Auf dem Programm stand Händels Oratorium *Salomon*. »Es sei bei den Pforten der Hölle, laß mich in den Alt eintragen!« schrieb Fanny an Felix.[28] »... Eins will ich Dir aber sagen: Wenn du einen ungehörigen Lärm von mir machst und die Leute gar auf mein Spiel gespannt werden, so komm ich gar nicht. Ich habe ohnedies eine so unvernünftige Furcht vor Dir (und außerdem vor keinem Menschen weiter, außer ein bißchen vor Vater), daß ich ja eigentlich nie in Deiner Gegenwart ordentlich spiele, und zum Beispiel accompagnieren, was ich wirklich gut machen kann, das weiß ich selber, würde ich nie versuchen, wenn Du da bist. Ich sehe schon jetzt, wie Du mich in Düsseldorf quälst, und wie ich mich ängstige, und wie ich hudle und pfusche und mich ärgere. Da nun vollends, wo sie gewöhnt sind, alles was ich irgend spielen könnte, von Dir zu hören.«

Das Kölner Konzert war ein Erfolg, aber auf dem Rückweg nach Düsseldorf hatte Lea einen kleineren Anfall, und die Hensels fuhren erst dann nach Paris weiter, als die Sorge wieder vorbei war. Felix begleitete seine Eltern nach Berlin zurück, und die Dirichlets brachen nach Ostende auf.[29]

Überall, wo er zu Gast war, rühmte Felix das Klavierspiel seiner Schwester. So kündigte er Madame Kiéné, der Mutter von Marie Bigot, ihr Kommen mit den folgenden Worten an:[30]

> Es wird Ihnen Freude machen meine Schwester wieder kennen zu lernen, denn sie ist eine vortreffliche Frau; ihr ganzes Wesen ist so mild und ruhig und doch so voll Leben und Feurigkeit dass sie Ihnen gewiss lieb werden wird. Dabei ist ihr musikalisches Talent so herrlich, dass wenn Sie überhaupt jetzt Musik hören mögen, Sie sich gewiss oft und gern von ihr vorspielen lassen werden. Mir thut

> es leid, dass sie seit ihrer Verheirathung die Composition nicht mehr so fleissig treiben kann, wie früher, denn sie hat mehrere Sachen, namentlich deutsche Lieder componirt, die zum allerbesten gehören, was wir von Liedern besitzen; doch ist es wieder auf der andern Seite gut, dass sie an ihrem Hauswesen viel Freude findet, denn eine Frau, die es vernachlässigt, sei es nun für Oelfarben, oder für Reime oder für doppelten Contrapunct erinnert mich immer unwillkürlich, an das Grec aus den femmes savantes, und ich habe Furcht davor. Das ist nun also Gottlob nicht der Fall bei meiner Schwester, und doch hat sie, wie gesagt, ihr Clavierspiel noch mit vieler Liebe fortgesetzt und in der letzten Zeit noch viele Fortschritte darin gemacht.

Madame Kiéné hatte Fanny nicht mehr gesehen, seit diese als junges Mädchen im Jahr 1816 in Paris gewesen war. Man fragt sich, warum Felix meint, Fanny habe nach ihrer Hochzeit mit dem Komponieren aufgehört, wo sie ihm doch mindestens drei Kantaten, eine dramatische Szene und ein Streichquartett gesandt hat. Erst seit dem vergangenen Winter hatte sie wirklich die Lust und den Mut verloren, und er, Felix, war dafür zum großen Teil verantwortlich. »Ich habe Angst vor ihnen«, sagt er bezüglich der Frauen, die lieber komponieren als sich dem Haushalt widmen möchten. Sollte er es nötig haben, daß, symbolisch gesprochen, Fanny ihm ihre Begabung endgültig überantwortet? Mehr als eine symbolische Geste braucht er nicht zu beanspruchen, sein eigenes Talent ist schließlich immens. Warum aber hat er dann Angst vor Frauen, die nach fachlicher Anerkennung streben? Und warum lügt er, beziehungsweise belügt er sich selbst, was Fannys Komponieren angeht? Er selbst hätte vielleicht die Antwort liefern können.[31]
Wilhelm erging es wie Felix, die Pariser Gesellschaft verleidete ihm jede Absicht, hier länger zu bleiben. Die französischen Künstler fanden günstige Ausstellungsmöglichkeiten vor, aber dieser Vorteil wog laut Fanny die tausendfachen Intrigen und kleinlichen Widerstände nicht auf.[32]
Wilhelm wurde in der »Société libre des beaux-arts«, der Freien Kunstgesellschaft, empfangen, wo er einen Vortrag über die Majolika-Technik hielt, der anschließend in den Annalen der Gesellschaft abgedruckt wurde.[33] Das Ehepaar Hensel begegnete in Paris Delaroche, Horace Vernet und Gérard, dessen Galerie mit Porträts von Talma, Mademoiselle Marx, dem jungen Napoleon, Humboldt und Canova Fanny begeisterte.[34] Sie blieben nur einen Monat, was viel zuwenig war, um alles zu sehen, zumal Hensel aus gesundheitlichen Gründen gezwungen war, zahlreiche Ruhepausen einzulegen. Auch ein anscheinend unangenehm verlaufender Besuch von Giacomo Meyerbeer wurde ihnen zuteil. Der Berliner

Meyerbeer, der seit längerem in Paris lebte, berichtet über das Zusammentreffen in einem seiner Briefe folgendermaßen:[35]

> Heute habe ich auch die Professorin Hensel (Fanny Mendelssohn) besucht, welche mit ihrem Schaute von Gemahl hier ist. Er war so unartig, mir keine Visite zu machen, und gerade deshalb habe ich sie besucht. Sie waren sehr zerknirscht, aber von einer solchen eisigen Höflichkeit, daß mich trotz des heißen Julitages fror. Fannys Häßlichkeit ist unbeschreiblich. Trotz ihrer permanenten Häßlichkeit erschien sie mir vor zwei Jahren vergleichsweise mit jetzt wie eine Venus.

Die Beziehung zwischen Meyerbeer und Felix Mendelssohn war äußerst schlecht. Spannungen und eine grundsätzliche Rivalität kamen hier zusammen. Meyerbeer wurde in Paris von Heine publizistisch unterstützt, und Mendelssohn genoß in Leipzig die Rückendeckung des jungen Musikkritikers Robert Schumann. Die beiden Fronten repräsentierten die Oper, das Geld und die Kulissenintrige einerseits, das Konzert, das Oratorium und den Puritanismus andererseits. Mag sein, daß Felix Fanny gegenüber hatte verlauten lassen, warum er Meyerbeer nicht ausstehen konnte, und da Fanny unfähig war, ihre Voreingenommenheit zu verbergen, war Meyerbeer bei dem Zusammentreffen sehr schnell pikiert.
Die Zeiten waren bewegt. Während in Berlin ein Volksaufruhr brutal unterdrückt wurde, erlebte Paris im selben Monat Juli das Attentat Fieschis auf Louis-Philippe. Die Hensels, die gerade abreisen wollten, erlebten den allgemeinen Schrecken mit. Die Bombe, die auf dem Weg des Königs explodiert war, hatte Mitglieder der Nationalgarde, Zuschauer am Straßenrand und mehrere Personen aus dem königlichen Gefolge getötet.[36]
Begleitet von Sebastian und Minna, setzten die Hensels ihre Reise fort und erreichten das Seebad Boulogne. Sie hatten größte Mühe, eine Unterkunft zu finden, denn das Städtchen wimmelte von englischen Kurgästen. Sie fanden ein Dach über dem Kopf, aber dieses erwies sich als wenig verläßlich. Nach einem heftigen Regenguß brach es ein, und im Nu stand ihr Zimmer unter Wasser. Fanny litt außerdem an einer Augenentzündung, alles war erschreckend teuer und das Wetter scheußlich, der Postdienst katastrophal! Boulogne behielten sie in schlechter Erinnerung. Dabei trafen sie dort immerhin Heinrich Heine, Sarah Austin, eine mit Felix befreundete englische Schriftstellerin, und schließlich ihren lieben Freund Klingemann, der Wilhelm noch nicht kannte. Sie bekamen das Bonmot Heines mit, den eine Engländerin durch ihr hemmungsloses Geschwätz in einem Lesekabinett gestört hatte: »Madame, wenn mein Lesen Ihre Konversation stört, dann kann ich ja anderswo hingehen.«[37]

Den Rückweg wählten sie über Belgien, wo Brügge, Gent und Antwerpen besucht wurden. Für Fanny waren das die Stadt des 15., die des 16. und die des 17. Jahrhunderts. In Gent bedauerte sie, daß das 19. schon seine sichtbaren Spuren hinterließ, aber auch so bleibe in Gent genügend an Schönem, um zehn Städte wie Berlin anzufüllen ...[38] Sie bewunderten sämtliche frühen Meister, deren sie ansichtig wurden, vor allem Memling und die Brüder Van Eyck, aber sie bewunderten auch Rubens' große Gemälde in Antwerpen, die alten Kirchen und vieles mehr. Zum erstenmal bestiegen sie einen Eisenbahnwaggon, denn soeben war die Linie Brüssel–Mecheln eröffnet worden.[39] Anschließend besuchten sie Löwen mit seinem Rathaus, bevor sie zu den Dirichlets nach Bonn weiterreisten ... Leider vollzog sich diese Rückreise nicht in der gewünschten Muße: Wilhelms Mutter war erkrankt, und als sie am 27. September Berlin erreichten, waren ihre letzten Tage angebrochen. Sie starb am 4. Oktober. »Wir haben heut meine Schwiegermutter begraben. Zum ersten Male in meinem Leben habe ich Sterben und alle die darauf folgenden Prozeduren so in der Nähe gesehen, es ist etwas wunderbar Feierliches darin, ein Leben ausgehn zu sehn und in dem Augenblick den Faden für das Weitere zu verlieren, es war aber in diesem Fall durchaus nichts Widriges oder Schreckliches darin, sie starb bei vollem Bewußtsein, sehr ruhig und mit dem Wunsch der Erlösung. Wie froh bin ich, daß wir noch zur rechten Zeit gekommen sind.«[40]

Nun zog Minna zu den Hensels.[41] Das Ehepaar Dirichlet kam am 14. Oktober nach Berlin zurück, wobei es über Leipzig fuhr und von dort Felix und Moscheles mitnahm. Es folgten einige Tage, die laut Sebastian zu den glücklichsten im Leben seiner Mutter zählten.[42] Der Flügel wurde ins Vorderhaus geschafft, und die Kunde von festlichen Hauskonzerten und geselligem Vergnügen verbreitete sich in Berlin. Freunde und Bekannte strömten herbei, um die beiden musikalischen Stars zu hören. Zum letztenmal hatten Abraham und Lea alle vier Kinder um sich, zum letztenmal war die Familie vollständig versammelt. Felix versprach an Weihnachten wiederzukommen und kehrte nach Leipzig zurück, wo er gerade die Leitung des Gewandhausorchesters übernommen hatte. Sein erstes Konzert mit diesem Orchester hatte er bereits am 1. Oktober 1835 absolviert.

Das häusliche Musikleben kam nach Felix' Abreise keineswegs zum Stillstand. Fanny konnte eine »Neuerwerbung« für ihre Matineen präsentieren: den Bariton Franz Hauser, der für eine Saison in Berlin gastierte und den Felix in den Familienkreis eingeführt hatte. Hausers leidenschaftliche Vorliebe für Johann Sebastian Bach, dessen Partituren er sammelte, hatte wie selbstverständlich den Kontakt zu Fanny ergeben.[43] Fanny gab weitere Sonntagsmusiken, deren Niveau so glänzend war, daß Abraham eine weitere Steigerung nicht mehr für möglich hielt. Zu Ehren Hausers

und auch um seine Anwesenheit zu nutzen, brachte sie zwei Bach-Kantaten zur Aufführung.[44]
Ein weiteres Familienfest war mit Fannys Geburtstag gegeben. Am 18. wurde Abraham von einem leichten Husten geplagt. Er verbrachte eine schlechte Nacht, aber die herbeigerufenen Ärzte beruhigten die Angehörigen. Um 10 Uhr morgens wollte er sich noch einmal ausruhen und starb eine halbe Stunde später im Schlaf. Aus Fannys Bericht:[45] »So schön, so unverändert ruhig war sein Gesicht, daß wir nicht nur ohne Scheu, sondern mit einem wahren Gefühl der Erhebung bei der geliebten Leiche verweilen konnten. Der ganze Ausdruck so ruhig, die Stirn so rein und schön, die Hände so mild; es war das Ende des Gerechten, ein schönes, beneidenswertes Ende und ich bitte Gott um ein gleiches und will mich mein ganzes Leben lang bemühen, es zu verdienen, wie er es verdiente. Er war das versöhnendste, schönste Bild des Todes.«
Auf der Stelle machte sich Wilhelm auf den Weg nach Leipzig, um Felix zu holen. Von allen vier Kindern hing Felix am meisten an seinem Vater, »nahezu fanatisch«, wie Sebastian später sagen sollte.[46] Abraham hatte ihn zuletzt noch sehr gedrängt, sein Oratorium *Paulus* zu schreiben, und Felix fühlte von da an eine Art Pietätsverpflichtung, das Werk zu Ende zu bringen. Die gesamte Familie war wie niedergemäht nach diesem Verlust. Sie schien verwirrt, so als wären ihr zugleich die treibende Kraft, jeglicher Lebenssinn und -zweck und die Erklärung des Daseins entzogen worden. Lea zog zu den Dirichlets, während Paul sich um die ökonomischen Interessen der Familie zu kümmern beschloß. Die Mendelssohn Bartholdys hatten in der Tat ihr Gravitationszentrum verloren. Das allmächtige Familienoberhaupt war nicht mehr, eine neue Rollenverteilung wurde notwendig, und Felix übernahm die Rolle Abrahams gegenüber Fanny.

Die Abfuhr

Hensel arbeitete an seinem neuen großen Bild weiter, das Miriam und den Auszug des jüdischen Volkes aus Ägypten zum Thema hatte und für das auch Fanny, Rebecka und Albertine Modell standen. Fanny aber wurde immer schwermütiger, und von Selbstvertrauen konnte kaum noch die Rede sein. Felix' Kommentare nahmen ihr jeden Mut, sie dachte inzwischen, daß er ihre Musik weder schätzen noch sich dafür interessieren würde. Fast schüchtern fragte sie am 5. Januar 1836 an:[1] »Darum ist es mir auch so leid, wirklich nicht aus Eitelkeit, daß ich Dir schon so lange nichts Musikalisches recht habe zu Dank machen können. Habe ich es denn früher wirklich besser gemacht, oder warst Du nur leichter zu befriedigen?«
Felix protestierte immerhin, am 30. Januar:[2]

> Ich leugne ja das ganze Factum und versichere Dich, daß Du mir alles zu Dank machst. Wenn mir zwei oder drei Sachen nacheinander nicht in ebensolchem Maße zusagten wie andere von Dir, so liegt, scheint mir, der Grund gar nicht tiefer als darin, daß Du jetzt weniger geschrieben hast als in früheren Zeiten, wo ein oder zwei Lieder, die mir nicht recht gefielen, so schnell gemacht und wieder andere so schnell nachgeschrieben wurden, daß wir beide wenig darüber nachdachten, warum sie uns weniger gefielen, sondern eben nur darüber lachten, und damit gut. – … Dann kamen wieder die schönen, und so geht es jetzt auch, nur daß sie nicht so schnell aufeinander folgen können, weil Du jetzt oft andere Gedanken haben mußt als den, schöne Lieder zu machen. – Und das ist wohl ein rechtes Glück. – Wenn Du aber glaubst, daß mir Deine neuren Compositionen irgendwie Deinen früheren nachzustehen scheinen, so irrst Du Dich ganz und gar, und ich kenne kein Lied von Dir als das englische aus g-moll, oder den Schluß des Liederkreises, und so manche aus der neueren Zeit, und Du weißt auch, daß es früher ganze Bücher von Dir gab, die mir weniger lieb waren als andere von Dir, weil ich eben mal meines Zeichens ein Schuhu bin und zur wilden Nation der Brüder gehöre. Wie ich aber *alle* Deine

Sachen liebhabe, und nun gar die, die mir so recht ans Herz gewachsen sind, das weißt Du, und sollst mir umgehend schreiben, daß Du mir unrecht tust, wenn Du mich für einen geschmacklosen Menschen hältst, und daß Du das nicht wieder tun willst.

Anschließend forderte er Fanny und Rebecka auf, ihm ihrerseits ihre kritische Meinung mitzuteilen, nicht nur zu *Paulus*, sondern auch zur Konzertouvertüre zu *Das Märchen von der schönen Melusine*, op. 32. Das war seine Vorstellung davon, wie Fannys Teilhabe am Berufsleben sich zu vollziehen hatte, nämlich als bescheidene, das heißt »weibliche« Zuarbeit zu seiner Karriere.

Die Frage stellt sich, ob Fanny es nötig hat, daß man ihr die bittere Pille versüßt, indem man säuselt, sie schreibe doch recht hübsche Sachen und sei im übrigen besonders dann ein vorbildliches weibliches Wesen, wenn sie es mit dem Komponieren nicht übertreibe, oder ob sie klügeren Zuspruch braucht. Zu einem Zeitpunkt, da Felix sich mit kompromißloser Energie auf das Unternehmen des *Paulus* eingelassen hatte, mußte sie gespürt haben, daß es für sie selbst höchste Zeit war, sich stärker in die musikalische Pflicht zu nehmen. Felix hatte sein großes Oratorium im Juli 1834 in Angriff genommen. Im Frühjahr 1836 war er fertig[3] und bewies damit eine unbeirrbare Arbeitskraft, um die Fanny ihn nur beneiden konnte. Ihr Mann und ihr Bruder schufen monumentale Werke, und sie selbst fühlte sich nicht befugt, es ihnen nachzutun. Dabei war Wilhelm nichts lieber, als sie komponieren zu sehen – aber nicht seine Zustimmung zählte, der Bruder allein konnte ihr das notwendige Selbstvertrauen einflößen. Ohne Selbstvertrauen aber würde sie niemals an ein großes Werk herangehen und erst recht nicht wagen, ein paar der Hausfrauen- und Mutterpflichten, denen sie sich bisher so musterhaft widmete, für eine Weile hintanzustellen. Fanny dachte, es sei ohnehin schon alles zu spät. Die Ermunterung seitens des Bruders hätte sie als spätes Glück, als allerletzte Chance erlebt, die man ergreift, ohne noch recht an sie zu glauben: Man setzt sich nicht eines schönen Tages an den Schreibtisch und komponiert ein Riesenoratorium. Felix hatte Stapel von Partituren komponiert, ausgedehnte Reisen unternommen, seine Persönlichkeit entwickelt. Er hatte an nichts zu denken brauchen als an sich und seine Musik.

Felix hatte viele Aufträge an Kopisten zu vergeben. In einem Brief vom 1. Januar 1836 bat er seine Schwester, den in ihrem Besitz befindlichen Klaviersatz seines *Paulus* abschreiben zu lassen und ihm zu senden.[4] Da sich ihre kleine Familie zufällig bei guter Gesundheit befand, konnte Fanny Ende Januar eine Eskapade nach Leipzig beschließen. Entweder wollte sie ihm selbst die Noten überbringen, oder sie hoffte auf den mündlichen Zuspruch, den sie ihm brieflich nicht entlocken konnte. Die

Hoffnung blieb unerfüllt. Nach Berlin zurückgekehrt, sandte sie ihm eine weitere Bittschrift:[5]

> Nun will ich schließlich noch einmal auf mich zurück kommen, so unangenehm es auch ist, Advokat in seiner eignen Sache zu seyn, wir sind ja gewohnt, rund heraus mit einander zu reden. Du hast in Leipzig gesagt, ich möchte lieber keine geistliche Musik mehr machen, weil mein Talent dazu nicht neigte. Nun habe ich seit meiner Rückkunft, oder vielmehr seit 8 T. mehrere meiner früheren Sachen der Art durchgespielt, u. muß vorausschicken, daß ich der Meinung bin, es gäbe keinen strengeren Beurtheiler, als ein ehrlicher Mensch über seine eignen frühern Sachen ist. Vieles, ja das Meiste hat mich so ennüyirt, daß ich mit Mühe die Geduld aufbringen konnte, es durchzuspielen. Manches aber, z. B. die Arie: o daß ich tausend Zungen hätte, u. einige Chöre u. Rezit. aus der sogenannten Choleramusik,[6] hat mir so gut gefallen, daß ich mich, so närrisch das klingen mag, recht daran erfreut habe, weil ich da ...* für eine Probe halte, wenn Einem die eignen Sachen nach längerer Zeit, u. nachdem man sie ganz in Vergessenheit gerathen lassen, wieder gefallen. Indessen was Du sagst fällt ein bei mir auf einen steinigen Boden, u. ich bin mißtrauisch geworden, wiewol ich im Allgemeinen glaube, es jetzt besser machen zu können, als damals, u. mich schon dran gemacht hätte, Einiges umzuarbeiten, wenn nicht Dein Interdict mich störte.

Bruder wie Schwester reagieren auf eine Weise, die man nur noch als irrational bezeichnen kann. Ein »Interdikt«, ein förmliches Verbot! Wie konnten sie in ihrem Dialog ein solches Wort hinnehmen, und welches Spiel spielten sie da eigentlich? Fast scheint es, als hätte Felix jetzt, da er intensiv an einem kirchenmusikalischen Werk arbeitete, verhindern wollen, daß sie es ihm gleichtat. Selbst die Wahl der Themengestalt ist bezeichnend: War es nicht der Apostel Paulus,[7] der den Frauen verbot, in der Gemeinde das Wort zu ergreifen? Während der Monate, die auf den Tod seines Vaters folgten und in denen sein Oratorium Gestalt annahm, war Felix sicherlich nervöser und reizbarer denn je. Er wußte es selbst und schrieb denn auch an Fanny diese versöhnlichen Dankzeilen:[8] »Hätte ich Dich doch nur den letzten Abend und Morgen nicht so angebrummt! Es ist sonderbar, solange wir zusammen waren, dachte ich kaum daran, aber sowie ich allein im Wagen saß, fiel mir's schwer aufs Herz, und ich hätte mich prügeln mögen. Ich weiß wohl, daß Du mir's

* Briefstelle nicht lesbar

verzeihst, aber ich hab's mir selbst immer noch nicht recht entschuldigen können.«

Sosehr er auch an seiner Familie und an seiner Schwester hing, in dieser Phase seines Lebens wünschte er sich wohl, die eine wie die andere möchten etwas weniger schwer auf ihm lasten. Anders ist seine eher abweisende Laune gegenüber der Schwester kaum zu erklären, gegenüber Fanny, die ihre Erziehung gezwungen hatte, zugunsten des Bruders auf einen Teil ihres Ich zu verzichten. Sie hatte verzichtet, sie hatte darauf geachtet, daß ihr Licht ihm niemals Schatten machte, aber vielleicht war das nicht genug, vielleicht nahm Felix ihr übel, daß sie sich nicht konsequent genug geopfert hatte. Wer ihn kannte, soviel war sicher, fand ihn ausgesprochen schwierig und wünschte in letzter Zeit immer dringender, er möge seine eigene Familie gründen und zu neuer Ausgeglichenheit finden.

Im Juni schloß Fanny sich Paul und Albertine an, gemeinsam wollte man erleben, wie Felix beim Niederrheinischen Musikfest seinen *Paulus* dirigierte. Unterwegs machte sie in Frankfurt Station und besuchte ihre Tante Dorothea, die inzwischen eine alte Dame von zweiundsiebzig Jahren war.[9] In Köln angelangt, beklagte sie sich über ein Alleinsein, das ihr höchst ungewohnt war, so ungewohnt wie allen Frauen der gehobenen Stände. Ganz allein bedeutete damals: ohne ihren Mann und ohne ihr Söhnchen. Dann jedoch, in Düsseldorf bei den Woringens, machte sie die Erfahrung, daß man sich auch fern von zu Haus zu Hause fühlen konnte. Die Proben zum *Paulus* erlebte sie unter den Altstimmen mit, und sie zollte dem Werk uneingeschränkte Bewunderung:[10] »Ich erinnere mich nicht eines ähnlich starken Gefühls von Freude und Traurigkeit zugleich.«[11] Fanny kannte die Partitur bestens: Während des Konzerts kam plötzlich eine der »Falschen Zeuginnen« aus dem Konzept, und Fanny sang ihr totenbleich ihre Noten zu, so daß die Chorsolistin sich tatsächlich wieder fing. Nach der Aufführung scherzte Felix gegenüber Fanny, er könne froh sein, daß eine »falsche Zeugin« falsch gesungen habe. Fanny hörte außerdem eine der *Leonoren-Ouvertüren*, welche nie gespielt wurde, weil sie Beethoven selbst nicht gefiel. »Der Mann hat keinen Geschmack gehabt!« lautete ihre Schlußfolgerung.[12] Ferner hörte sie – unter dem Dirigenten Felix – erstmals eine Aufführung von Beethovens *Neunter Symphonie*. »Diese kolossale 9. Symphonie, die so gross und zum Theil so abscheulich ist, wie nur der grösste Mann sie machen kann, ging wie von Einem executirt: die feinsten Nüancen, die verstecktesten Intentionen kamen an den Tag, die Massen sonderten sich, sie ward verständlich, und ist denn also wirklich zum grössten Theil hinreissend schön. Ein kolossales Trauerspiel, mit einem Schluss, der dithyrambisch sein soll, aber nun auf seiner Höhe umschlägt und in sein Extrem fällt, in's Burleske.« Bisher hatte sie das Werk nur aus der Partitur gekannt und am Klavier gespielt. Wie frustrierend es doch war, in einer Stadt zu leben, die nicht einmal ein Liebhaber-Symphonieorchester aufzuweisen hatte!

Auch wenn sie glücklich war, ihren Bruder wiederzusehen und zwischen den Proben mit ihm zu plaudern, er war nicht mehr der einzige Stern an ihrem Himmel, und ganz offensichtlich hing ihr Lebensglück mehr von Wilhelm und dem kleinen Sebastian ab. Im Tagebuch spricht sie es unzweideutig aus:[13] »Ich fühle wohl, daß es für eine Frau keine Vergnügungsreise ohne Mann und Kind geben kann, und werde mich auch nie ohne Not von einem von ihnen oder beiden trennen.«

Hingegen ist es immer noch Felix, bei dem sie musikalische Anerkennung sucht, und der melancholische Ton will deswegen auch aus ihren Briefen nicht weichen. So schrieb sie an Klingemann:[14]

> ... Ich lege zwei Klavierstücke, die seit Düsseldorf geschrieben, für Sie bei, Sie mögen beurteilen, ob sie sich eignen, meiner unbekannten jungen Freundin in die Hände zu kommen; ich überlasse es ganz Ihnen, kann aber nicht unterlassen zu sagen, wie angenehm es mir ist, in London für meine kleinen Sachen ein Publikum zu finden, das mir hier ganz fehlt. Daß sich jemand hier etwas abschriebe oder nur eine Sache zu hören verlangte, das kommt kaum einmal im Jahr vor, namentlich seit der letzten Zeit, und seit Rebecka nicht mehr singen mag, liegen meine Lieder durchaus ungehört und unbekannt da, und man verliert am Ende selbst mit der Lust an solchen Sachen das Urteil darüber, wenn sich nie ein fremdes Urteil, ein fremdes Wohlwollen entgegenstellt. Felix, dem es ein leichtes wäre, mir mein Publikum zu ersetzen, kann mich auch, da wir nur wenig zusammen sind, nur wenig aufheitern, und so bin ich mit meiner Musik ziemlich allein. Meine eigne und Hensels Freude an der Sache läßt mich indes nicht ganz einschlafen, und daß ich bei so gänzlichem Mangel an Anstoß von außen dabeibleibe, deute ich mir selber wieder als ein Zeichen von Talent. Und nun genug von diesem uninteressanten Gegenstande.

Fanny fühlte sich mit ihrer Musik allein gelassen, denn Rebecka hatte sich inzwischen vom Familienleben mit Beschlag belegen lassen. Obwohl sie eine hübsche Stimme besaß, war sie keine große Sängerin, außerdem zeigte sie sich gesundheitlich zunehmend anfällig. Die Freundin Pauline Decker wiederum hatte schwierige Schwangerschaften hinter sich, in jenem Jahr mußte sie bis in den Oktober hinein musikalisch pausieren. Ihr Fehlen machte sich ernsthaft bemerkbar. So müßig, wie sie es in ihrem Brief vorgab, war Fanny zwar nicht, aber sie überragte die Liebhabergesellschaft, in der sie eingezwängt lebte, so eindeutig, daß sie sich des

öfteren einfach langweilen mußte. Und Hoffnung, daß sich dieser Zustand eines Tages ändern würde, gab es nicht.
Einige Tage nach dem Brief an Klingemann schrieb Fanny an Felix, zunächst um ihn ein wenig auszufragen über die schöne junge Dame, der er in Frankfurt begegnet war, danach um den Ausfall von Pauline Decker zu beklagen, ohne die *Paulus* nicht aufgeführt werden konnte, und schließlich um auf das Berliner Musikleben zu schimpfen:[15]

> Ich habe, da es Hensel wünschte, wieder Sonntags zu spielen angefangen, aber Ganzens sind nicht hier, u. mich von Alevin mit Vergnügen begleiten zu lassen, dazu bin ich wirklich zu verwöhnt. Ich habe, wie der gestrenge Herr befohlen, fortgefahren, Clavierstücke zu machen, u. es ist mir zum ersten Mal gelungen, etwas zu Stande zu bringen, das brillant klingt. Ich weiß zwar nicht genau, was Goethe mit dem dämonischen Einfluß meint, von dem er zuletzt so viel spricht, doch soviel ist klar, daß wenn dergleichen existirt, Du es in Bezug auf mich ausübst. Ich glaube, wenn Du mir im Ernst vorschlügst, ein guter Mathematiker zu werden, so würde ich keine besondre Schwierigkeit dabei finden, eben so wie ich morgen keine Musik mehr würde machen können, wenn Du meintest, ich könne keine machen. Nimm Dich daher mit mir in Acht.

Fanny ist in die Privatsphäre des Lebens eingesperrt, und von Felix will sie die Worte hören, die sie erlösen könnten: »öffentlich« und »veröffentlichen«. Es ist nur zu klar, daß er genau diese Worte nicht aussprechen will, selbst wenn sie sie ihm wie am 28. Oktober desselben Jahres in den Mund legen möchte:[16] »Du fragst, was ich komponiert habe, und ich antworte, Deiner Aufgabe gemäß, ein halbes Dutzend Klavierstücke. Ich werde sie Dir durch Paul schicken, hast Du Zeit, so spiele sie einmal durch, oder laß sie durch einen Deiner Schüler spielen, und laß mir was drüber sagen. Ich habe so viel von der Natur Deines Schülers, daß es mir immer am besten gelingt, wenn Du mir sagst: mache doch das oder das. Ich bin in der letzten Zeit wieder viel angegangen worden, etwas herauszugeben, soll ich's tun?«
Daß der Kantor zum Schüler seines Schülers geworden ist und diesbezüglich die »Natur« bemüht, das besagt einiges über die krisenhafte psychologische Situation, in der Fanny sich befindet. Felix' Antwort fällt negativ aus. Glücklicherweise hat Hensel eine andere Einstellung, er, der doch unmusikalisch ist wie sonst kaum jemand, und so versucht es Fanny noch einmal. Am 22. November, dem Tag der heiligen Caecilie – so heißt nicht nur sie selbst mit ihrem zweiten Taufnamen, so heißt auch die junge Frau aus Frankfurt, mit der sich Felix am 9. September verlobt hat –, schreibt

sie:[17] »Was mein Herausgeben betrifft, so stehe ich dabei wie der Esel zwischen zwei Heubündeln. Ich selbst bin ziemlich neutral dabei, es ist mir aufrichtig gestanden einerlei, Hensel wünscht es, Du bist dagegen. In jeder andern Sache würde ich natürlich dem Wunsch meines Mannes unbedingt Folge leisten, allein hierbei ist es mir doch zu wichtig, Deine Beistimmung zu haben, ohne dieselbe möchte ich nichts der Art unternehmen.«

Aber man soll niemals nie sagen ... Anfang des Jahres 1837 brachte der Musikverleger Schlesinger ein Album mit Liedern verschiedener Komponisten heraus, wie es damals nicht selten geschah, und nahm auch ein Lied von Fanny auf: *Die Schiffende.*

Am 24. Januar 1837 reagierte Felix auf die Neuerscheinung mit einigen sehr artigen Zeilen:[18] »Weißt Du denn, Fenchel, daß Dein A-Dur-Lied in Schlesingers Album Furore hier macht? Daß die ›Neue Musikalische Zeitung‹ (ich meine ihren Redakteur, der in meinem Hotel mit ißt) für Dich schwärmt? Daß alle sagen, es sei das Beste im Album, was ein schlechtes Kompliment ist, denn wo ist sonst was Gutes? Daß sie es aber wirklich goutieren? Bist Du nun ein rechter Autor, und macht Dir das auch Pläsier?« Fanny antwortete am 27. Januar:[19] »Meine Autorschaft, bestehend in einem Liede, hat mir gar keinen Spaß gemacht, lieber Felix, im Gegenteil war mir das Geschrei und Posaunen, das Schlesingers von diesem eigentlich doch ganz erbärmlichen Ding von Album gemacht haben, sehr zuwider.«

Immer sucht Fanny ihre eigene Rolle herunterzuspielen, aber es stimmt, das Lied steht ein bißchen allein auf weiter Flur, wenn man daran denkt, was sie alles schon komponiert hat. Betont muß jedoch werden, daß der Redakteur der *Neuen Musikalischen Zeitung* kein Geringerer war als ihr Begründer, nämlich Robert Schumann. Das Lied wurde Anfang März 1837 in Leipzig gesungen. Felix, der das Konzert leitete, erstattete folgenden Bericht:[20]

> Ich will Dir über Dein Lied gestern schreiben, wie schön es war. Meine Meinung weißt Du zwar schon, doch war ich neugierig, ob mir mein alter Liebling, den ich immer nur im grauen Kupferstichzimmer oder im Gartensaal von Beckchen gesungen und von Dir gespielt kannte, nun auch in dem sehr gefüllten Saal, bei hellem Lampenlicht, nach vieler, lärmender Orchestermusik, die alte Wirkung tun würde. So war es mir ganz kurios, als ich ganz still und allein Deinen netten Wellenschlaf anfing und die Leute mäuschenstill horchten; aber niemals hat mir das Lied besser gefallen als gestern abend, und die Leute begriffen es auch und murmelten jederzeit, wenn das Thema am Ende wieder anfängt mit dem langen e, und klatschten sehr lebendig am Schluß. Zwar sang es

die Grabow lange nicht so gut wie Beckchen, indes war es doch sehr rein, und die letzten Takte sehr hübsch. Bennet, der auf dem Orchester war, läßt Dich vielmals grüßen und Dir über das Lied sagen, was Du schon weißt, und ich meinesteils bedanke mich im Namen des Publikums zu Leipzig und den anderen Orten, daß Du es gegen meinen Wunsch doch herausgegeben hast.

Es war wieder wie in ihrer Kindheit, ihre Persönlichkeit und Begabung wurden von ihren nahen Freunden vorbehaltlos anerkannt. Nur sollte sie sie für sich behalten, wie ein Kind, das nicht zur Welt kommen darf. Liegt hier der Grund für die »Unfälle«, die Felix gegenüber Klingemann erwähnt:[21] »Daß meine ältere Schwester wieder ein so betrüblicher Unfall betroffen hat, wirst Du schon wissen.« Fanny selbst gebrauchte den gleichen Ausdruck:[22] »Der abermalige Unfall hat mich ganz ohne meine Schuld betroffen, und ich befand mich bis zum letzten Augenblick so wohl, daß ich die besten Hoffnungen hegte.« Am 2. Juni freut sie sich, nicht nach Leipzig gefahren zu sein, denn sonst müßte sie sich jetzt schuld an dem »Unfall«[23] fühlen. Fanny sollte nach Sebastian kein weiteres Kind mehr bekommen. Nun wurde sie wirklich depressiv, so daß Lea, die sich genauso Sorgen machte wie Wilhelm, zur Feder griff und Felix anflehte, er möge doch seiner Schwester Mut zusprechen. Leas Initiative zeigt, daß diese intelligente, anspruchsvolle Frau, die wußte, was eine Fehlgeburt bedeutet, ihre Töchter nicht großgezogen hatte, um sie in der Ehe einzusperren. Sie bewahrte sich die Erinnerung an die Salons der Aufklärung und an die Geistesfreiheit, die dort geherrscht hatte. Inzwischen schrieb man das Jahr 1837, die Ideologie des 19. Jahrhunderts mit ihrem Familienkult hatte längst Wurzeln geschlagen, und Fanny bekam sie voll zu spüren. Lea hatte einst das Mädchen Fanny vor pubertärer Liebesschwärmerei, die vermeintlich ihre geistige Entwicklung bedrohte, schützen wollen, nun wollte sie ihr Teil dazu tun, daß die Begabung ihrer Tochter sich endlich nach außen entfaltete. Wilhelm war vollkommen einverstanden. Wenn dieses erste Lied schon einen so erfreulichen Widerhall gefunden hatte, warum dann nicht andere Kompositionen an die Öffentlichkeit geben? Daß es Fanny nicht gelang, weitere Kinder zur Welt zu bringen, konnte letztlich die Argumente der beiden nur verstärken, und erst recht empfanden sie es als dringlich, Fanny endlich aus ihrer Melancholie herauszuhelfen. Felix enttäuschte ihre Erwartungen.
Es gab also Gründe, Felix böse zu sein, und zu diesen gesellte sich ein weiterer: Am 26. März 1837 heiratete er in Frankfurt, ohne daß jemand aus seiner engeren Familie die Braut gekannt hätte. Vielleicht wollte er die Probleme vermeiden, die seine Geschwister gehabt hatten, aber diese hatten für sein Verhalten kein Verständnis. Die einzige bei der Hochzeit anwesende Verwandte war Dorothea Schlegel, die ja in Frankfurt lebte.

Dabei war an der jungen Frau nichts zu bemäkeln: Cécile Jeanrenaud (1817–1853) war die Tochter eines Pastors der französischen kalvinistischen Gemeinde in Frankfurt, ihr Geburtsort war Lyon. Sie war hübsch, wohlerzogen, charmant und sanftmütig, außerdem malte sie sehr schön. Fanny fiel bald auf, daß die Verehelichung ihres Bruders zu der ihren kontrapunktisch war. Cécile sang nicht so katastrophal falsch wie Wilhelm, konnte aber auf dem Feld der Musik genausowenig mit Fanny wetteifern wie Wilhelm mit Felix. Wiederholt äußerte Fanny den Wunsch, die Braut ihres Bruders doch bitte vor der Hochzeit kennenlernen zu dürfen, wobei wohl immer noch die archaische Vorstellung mitspielte, mit dem Verlust der Jungfernschaft verändere sich eine Frau in unwiederbringlicher Weise. Zu Weihnachten 1836 sandte sie Cécile ein Lied, das sie gerade nach einem Gedicht von Goethe geschrieben hatte: *Ach, um deine feuchten Schwingen* (Buch Suleika), dazu die Abschrift eines Duetts Suleika-Hatem, das Felix als ganz junger Komponist veröffentlicht hatte (op. 8 Nr. 12). Beide Lieder hatte Wilhelm mit Vignetten geschmückt.[24] Cécile zeigte sich entzückt. Aber Felix nahm sie nicht mit nach Berlin zu seiner Familie, was zu beträchtlichen Spannungen führte. Vor allem Fanny war verärgert, wie die gewitterschweren, zwischen Berlin und Leipzig am 2. Juni 1837 gewechselten Briefe bezeugen. Fanny schrieb an jenem Tag:[25]

> Wenn Du an die Zeit zurück denkst, wo wir beständig zusammen waren, wo ich jeden Gedanken sogleich erfuhr, der Dir durch den Kopf ging, u. Deine neuen Sachen auswendig wußte, ehe Du sie einmal aufgeschrieben, wenn Du Dich erinnerst, daß unser Verhältniß, schon durch die gemeinsame musikalische Beschäftigung ein gewiß auch unter Geschwistern seltenes war, so wirst Du mir zugeben, daß es grade für mich eine seltsame Entbehrung ist, Dich Jahr und Tag auf eine Weise beglückt zu wissen, wie ich sie immer so lebhaft für Dich gewünscht habe, und Deine Geliebte, Deine Frau gar nicht einmal zu kennen. Alle Beschreibungen helfen nichts, sie machen nur irre. Dazu kommt noch, daß ich auch für die Zukunft wenig Aussicht habe, denn eine Reise im Winter hierher – wie leicht, ja wie wahrscheinlich wird die auf eine oder die andre Weise unausführbar werden, u. so können noch von jetzt an gerechnet, Jahr und Tag drüber hingehn, ehe wir uns sehn. Drei Jahre sind es bereits, seit wir uns nur auf Tage u. in der Hetze begegnet sind. Zum Unglück hat mein Mann eben so wenig in Leipzig zu thun, als Du in Berlin …
>
> Um nun mit einem Mal Alles zu sagen, so kam es mir so vor, als habe diese Entfernung, die an mir gewiß immer spurlos vorübergehn wird, Dich nicht ganz unverändert gelassen, wenn auch nicht

was mich, doch was die Meinigen betrifft. Ich weiß mich der Zeit nicht zu erinnern, daß Du nach Hensels Arbeiten, nach Sebastians Fortschritten gefragt … Sage mir, daß ich mich irre, u. ich will es sehr gern glauben …
Der musikal. spleen, über den Du Dich mokirst, kam ganz natürlich daher, daß ich den Winter wenig Musik gemacht u. gehört habe u. dann drei Virtuosen nacheinander kamen, Döhler, die Wieck, u. Henselt. Du weißt, ich lasse mich überhaupt sehr leicht niederschlagen, hatte damals angegriffene Nerven, u. kam mir unbeschreiblich veraltet vor. Seitdem aber habe ich mich wieder erholt, u. mir Chopins Etüden angeschafft, von denen ich einige fleißig übe.

Die gleiche Stimmung verrät der um Artigkeit bemühte Brief an Cécile selbst:[26] »Ich muss Dir nur sagen, wenn jetzt Jemand kommt und mir von Deiner Schönheit erzählen will und von Deinen Augen, so schnauze ich ihn an! Gehört habe ich genug davon, schöne Augen aber will man nicht hören.«
Felix' Antwortschreiben an seine Mutter war nicht geeignet, die Hoffnungen der Familie zu bestärken:[27]

Du schreibst mir über Fanny's neue Stücke und sagst mir, ich solle ihr zureden, sie herauszugeben. Du lobst mir ihre neuen Kompositionen und das ist wahrhaftig nicht nöthig, damit ich mich von Herzen darauf freue und sie für schön und trefflich halte, denn ich weiss ja von wem sie sind. Auch darüber, hoffe ich, brauche ich nicht ein Wort zu sagen, dass ich, sowie sie sich entschliesst, etwas herauszugeben ihr die Gelegenheit dazu soviel ich kann, verschaffen und ihr alle Mühe dabei, die sich ersparen lässt, ersparen werde. Aber ihr zureden, etwas zu publiciren, kann ich nicht, weil es gegen meine Ansicht und Ueberzeugung ist. Wir haben darüber früher viel gesprochen und ich bin noch immer derselben Meinung – ich halte das Publiciren für etwas Ernsthaftes (es sollte das wenigstens sein) und glaube, man soll es nur thun, wenn man als Autor sein Lebenlang auftreten und dastehen will. Dazu gehört aber eine Reihe von Werken, eins nach dem andern; – von einem oder zweien allein ist nur Verdruss von der Oeffentlichkeit zu erwarten, oder es wird ein sogenanntes Manuscript für Freunde, was ich auch nicht liebe. Und zu einer Autorschaft hat Fanny, wie ich sie kenne, weder Lust noch Beruf – dazu ist sie zu sehr eine Frau wie es recht ist, sorgt für ihr Haus und denkt weder an's Publikum, noch an die musikalische Welt, noch sogar an die Musik, ausser, wenn jener erste Beruf erfüllt ist. Darin würde sie das

> Druckenlassen nur stören und ich kann mich eben einmal nicht befreunden damit. Darum werde ich ihr nicht zureden – verzeih es mir. Wenn sie sich aus eigenem Antrieb, oder Hensel zu Gefallen dazu entschliesst, bin ich, wie gesagt, bereit, ihr behülflich zu sein, soviel ich nur vermag, aber ermuntern zu etwas, das ich nicht für richtig halte, das kann ich nicht.

Felix Mendelssohn Bartholdy muß einigermaßen taub gewesen sein, was seine Schwester anging. Und Fanny hielt ihre Notenblätter zurück. Sie wartete noch neun Jahre, bevor sie sich zu dem entscheidenden Schritt durchrang. Sie konnte nicht, wie ihr Bruder, eine seit früher Jugend nicht abreißende Serie von Werken nachweisen. Sie war mit ihren zweiunddreißig Jahren eine von Fehlgeburten und von der erzwungenen Abtreibung ihres Talents erschöpfte und deprimierte Frau.
Die Familie von Otto Woringen (1760–1838), der die preußische Regierung in den rheinischen Provinzen vertrat, hatte in Düsseldorf mit den Mendelssohns herzliche Freundschaft geschlossen und konnte den Gedanken an Streit und Unfrieden zwischen Berlin und Leipzig nicht ertragen. So kamen Woringens für mehrere Wochen, die trotz einer Choleraepidemie musikalisch heiter vergingen, in die Leipziger Straße, und danach, im November 1837, nahmen sie Fanny nach Leipzig mit. Dort konnte sie endlich mit Cécile Bekanntschaft schließen. An Klingemann schrieb sie:[28]

> Dass ich meine Schwägerin nun kenne, hat mir allerdings einen grossen Stein vom Herzen gewälzt, denn ich kann nicht läugnen, dass Unbehagen und Missstimmung in dieser Beziehung sehr in mir überhand genommen hatte. Sie ist aber ein so liebenswürdiges, kindhaft unbefangenes, frisch erquickliches, immer gleich und heiter gestimmtes Wesen, dass ich Felix nun glücklich preisen kann, sie gefunden zu haben, da sie ihn unaussprechlich liebt, ihn aber dabei nicht allzusehr verzieht und seiner Launenhaftigkeit mit einem Gleichmuth begegnet, der sie ihm am Ende vielleicht gar abgewöhnen wird. Ihre Gegenwart hat etwas von frischer Luft, sie ist so leicht, klar und natürlich.

Wenn man weiß, wie köstlich Fanny es fand, frische Luft zu atmen, dann schätzt man das Kompliment, das sie ihrer Schwägerin machte, richtig ein. Ihre Bitterkeit kommt erst beim Thema Felix zum Ausdruck: er sei nicht gerade unkompliziert im Umgang, und man sei besser nicht von ihm abhängig.[29] Zwar ist alles vergeben und vergessen, zwar lieben einander alle wie in trauter Vergangenheit, aber wenn man objektiv die Zahl der gewechselten Briefe anschaut, dann bemerkt man, daß ab 1837 die Korrespondenz stark zurückgeht. Wenn sie allein im Jahr 1829 sechsundvierzig Briefe an den Bruder geschrieben hat, in den Jahren 1834 bis 1836 durchschnittlich fünfundzwanzig und 1837 immerhin zwanzig, dann sind es ab 1838 nur noch zehn. (Die Jahre, die Felix in Berlin verbrachte, sind selbstverständlich nicht mitzuzählen.) Auch wenn Bruder und Schwester einander noch nahestehen, ihre so unverbrüchlich erscheinende Sonderbeziehung hat das Leben zerbrochen. Zumindest hat Fanny gelernt, daß sie auf ihren Bruder nicht zählen kann. Ob bewußt oder unbewußt, Felix hat tatsächlich gegenüber seiner Schwester die Rolle Abrahams übernommen.

Berliner Leben

Nach wie vor verlangte Felix, daß seine Schwester aktiv an seinen Kompositionen Anteil nahm. Er wollte ihre kritische Meinung hören und sich ihre Erfahrung zunutze machen.
An einer umgekehrten Konstellation war ihm weit weniger gelegen. Fanny bemühte sich sehr, dem Oratorium *Paulus* in ihrem Berliner Kreis die gebührende Aufnahme zu sichern. Mehrmals setzte sie Auszüge auf das Programm ihrer Sonntagsmatineen, die sich entgegen den Befürchtungen Abrahams bestens entwickelten. Längst waren sie zu musikalischen Ereignissen geworden, die über den Familien- und Freundeskreis hinausstrahlten. Zuhörer stellten sich ein, die weder Fanny noch Wilhelm bekannt waren, und in der Wohnung des Ehepaares drängte man sich in einem Grade, daß die Sänger mit Mühe noch Platz fanden.[1] Trotz ihrer depressiven Stimmung bot Fanny weiterhin Musik auf hohem Niveau. Vielleicht war es gerade ihre Angst, die sie trieb, ein Phänomen, das der Psychologie nicht unbekannt ist. Konkurrenz seitens anderer Salons hatte sie allerdings kaum zu befürchten, dazu war das Berliner Konzertleben zu dürftig.
Die Singakademie brachte nicht viel auf die Beine, weder im Bereich der zeitgenössischen noch in dem der alten Musik. Im Februar 1836 beispielsweise war Fanny aus einer Aufführung des Händel-Oratoriums *Israel in Ägypten* [2] betrübt und verärgert über das schwache musikalische Niveau zurückgekommen. Nicht frei von Schuldgefühlen gegenüber Felix, entschlossen sich die erlauchten Vorstände der Akademie im Februar 1838 endlich, seinen *Paulus* einzustudieren, und sie traten an Fanny heran, um sie als musikalische Beraterin zu engagieren. Mitleidig schrieb Felix:[3] »... Während Du indessen zur Strafe verurteilt bist, den Proben der Singakademie beizuwohnen, was allerdings für Dich hart sein muß, da ich aus Erfahrung weiß, welch unsägliches Gefühl das ist, so dazusitzen, Jucken in allen Fingerspitzen zu fühlen, dennoch gar nichts helfen zu können mit den schönsten Worten hinterher, weil nur der Stock hilft (ich meine ja nur den Dirigierstock).« Wieder einmal sollte Fanny einer Aufführung beiwohnen, die wesentlich besser vonstatten ginge, dürfte sie nur selbst zum Dirigentenstab greifen.

Ihr selbst kam dieser Gedanke sicher nicht. Sie begnügte sich damit, das ihr verheißene Kribbeln in den Fingern zu spüren, ihren Bruder zu vermissen und Rungenhagen mit Rat und Tat zu unterstützen. Zum erstenmal seit Zelters Tod weilte Fanny wieder unter den Mitgliedern der Singakademie, und sie begegnete einer Menge »lebendiger oder toter« Gespenster.[4] Sie war bei den Proben anwesend, Rungenhagen befragte sie respektvoll zu jedem einzelnen der Chöre, und sie gab ihm mit gewohnter Offenheit Bescheid. Am darauffolgenden Samstag kam Rungenhagen in die Leipziger Straße, um sich von ihr die Arien der Solisten vorspielen zu lassen. Auch der Konzertmeister Pieter Hubert Ries[5] hatte tausend Fragen, besonders bezüglich der Tuba, die in den Kirchenszenen die Orgel unterstützen sollte.
Ihrem Bruder gegenüber erklärte sie:[6]

> Nun ist besagte Tuba ein Monstrum, welche alle Stellen, zu denen sie gebraucht wird, zu besoffnen Bierbrauern macht. Ich fiel also auf die Knie und bat sie, ihrer selbst zu schonen und die Tuba zu Hausse zu lassen. Rungenhagen hob mich auf und gewährte mir meine Bitte. Gestern war nun die erste große Probe, die weit über meine Erwartung ausfiel. Ich kann Dir zu meiner Freude sagen, daß ich über vieles ganz entzückt war, die Chöre, die nun im richtigen Tempo genommen wurden (einige etwas zu schnell), sangen mit einem Feuer und einer Kraft und auch nuanciert, wie man es nur verlangen kann. Das gute alte Merinohaupt hat sich wirklich die redlichste Mühe gegeben, und alles war erstaunt über seine Lebhaftigkeit. Viele haben gemerkt, aus welcher Ecke der Wind bläst. Ich habe mich aber sehr ruhig verhalten, mich nicht zum Don Quixote des *Paulus* gemacht und mir hoffentlich keine Feinde gemacht, es sei denn der Tubaist. Heut war Ries noch einmal bei mir, ich habe allen guten Rat in diesen Tagen ausgegeben, den ich nur in der Speisekammer hatte, nun bin ich ganz dumm.

Das deutsche Bürgertum trank damals überhaupt kein Bier, welches als ein sehr vulgäres Getränk betrachtet wurde. Eine Einschätzung, der Sebastian Hensel sein ganzes Leben lang treu blieb.[7] Allerdings mußte er mit ansehen, wie seine Kinder und deren Generationsgefährten sich allmählich in Biertrinker verwandelten. Die Tuba paßte genauso schlecht zur Musik Mendelssohns wie etwa das Bier auf seine Tafel. All das trug dazu bei, Felix' Zorn auf die Singakademie noch zu verschärfen. Er machte sich dabei nicht klar, daß seine Bitterkeit, so gerechtfertigt sie auch sein mochte, Fanny einem Ort fernhielt, an dem sie sich hätte zur Geltung bringen können, und sei es auch nur im Hintergrund. Vielleicht hätte sie sich auch nach kurzer Zeit mit Rungenhagen, der sie die meiste Zeit gewaltig irritierte, überworfen. Fest steht, daß sie nur im Namen des Bruders und mit seiner gütigen Erlaubnis aus ihren vier Wänden herauskam. Felix, dem man den Posten des Direktors der Singakademie verweigert hatte, war inzwischen Direktor der Gewandhauskonzerte in Leipzig, so daß man sagen muß, daß letztlich Fanny die ganze Sache ausbadete. Immer noch fürchtete sie ihren Bruder. Beim Lesen der Briefe bemerkt man diese Furcht, sie wird sogar in den Scherzen deutlich: »Ich bin ein sehr schlechter Minister des Auswärtigen gewesen«, entschuldigte sie sich bei besagter Gelegenheit.[8] Fanny vertrat Felix in Berlin musikalisch, so wie sein Bruder ihn geschäftlich vertrat. Fast hatte sie die Rolle einer Geisel angenommen. Viele traten an sie heran, baten sie um Genehmigungen, die allein Felix erteilen konnte: Publikation von Kompositionen oder Gutheißung von Liedtexten beispielsweise. Fanny bedeutete ihnen dann zumeist, daß Felix in Leipzig wohne und daß »ein Brief, frankiert auf die Post gegeben, (ihn) stets den zweiten Tag in erwünschtem Wohlsein«[9] treffe. Aber um ihren Bruder abzuschirmen, fügt sie hinzu, er sei ein »vielbeschäftigter Mann, der Orthographie nicht sehr sicher, und (sein) Sekretär sei krank.« Sie versuchte, ihm den Schutz zu verschaffen, der einem berühmten und umschwärmten Mann gebührt, aber man merkt auch ihre gewaltige Angst, ihm zu mißfallen und seinen Zorn zu erregen.

Über Felix lernte Fanny jene zahlreichen Künstler aus der Nähe kennen, die der inzwischen bekannte Komponist brieflich oder mündlich seiner Familie anempfahl. Auf diese Weise begegnete sie der Sängerin Clara Novello (1818–1908), die ihren Platz in der Musikgeschichte hat, weil sie Robert Schumann zu den acht *Novelletten* genannten Klavierstücken inspirierte. Felix fand sie kalt, wenn auch musikalisch begabt, und er hielt es für richtig, daß sie nur als Konzertsängerin auftrat. Er gab seiner Verwunderung über die Erfolge Ausdruck, die sie in jener Saison in Berlin errang. Von den Mendelssohns wurde sie sehr zuvorkommend empfangen, und sie wirkte bereitwillig bei Fannys Sonntagsmusiken mit. Im Januar sang sie dort an der Seite von Pauline Decker und einer Sopranistin der Königlichen Oper, Auguste von Fassmann, die sich bedingungslos in den Dienst Fannys gestellt hatte, in Mozarts *Titus.*[10] Im Februar erwähnte Fanny eine weitere, »sehr brillante Gesellschaft ..., wo alle Juden und alle Schauspieler waren« und wo ihre Hausfreunde Mantius, Fassmann und Novello mit dem sogenannten Maskenterzett aus *Don Giovanni* auftraten. Sie sagte, sie habe es noch niemals so schön singen hören.[11] Indessen war sich Fanny mit Felix einig darüber, daß Clara Novello über keinerlei Bühnentalent verfügte. Selbst als Konzertsängerin erregte sie durch ihre steife Gestik das Mitleid der Mendelssohns, die sich schließlich etwas einfallen ließen: Rebecka offerierte ihr einen Fächer,

Paul ein Blumenbukett und Fanny einen Kranz. So hatte die Novello etwas zum Festhalten und konnte sich auf ihre Melodie konzentrieren.[12] In diesen Monat Februar fiel auch ein weiteres bedeutsames Ereignis im Leben Fannys: Zum ersten und einzigen Mal in ihrem Leben wirkte sie in einem öffentlichen Konzert mit. Sie schrieb dazu an ihren Freund Klingemann:[13]

> Vorige Woche hat hier in der eleganten Welt ein Concert grosses Aufsehn gemacht. Es ist nämlich, wie es an anderen Orten häufig geschieht, ein Dilettantenconcert zum Besten der Armen mit verdoppeltem Eintrittsgeld gegeben worden, wobei die Chöre fast von lauter Gräfinnen, Gesandtinnen und Offizieren gesungen wurden. Da war ich vornehme Frau denn auch dringend gebeten worden, zu spielen, und habe zum ersten Mal in meinem Leben öffentlich gespielt und zwar Felixens Concert aus g-moll. Ich habe mich garnicht geängstigt, meine Bekannten waren so gütig, es für mich zu thun, und das ganze Concert, so elend das Repertoir auch war, hat so viel Neugier und Interesse erregt, dass die Einnahme 2500 Thaler betrug.

Endlich einmal hatte Fanny die Gelegenheit, ihren »Marktwert« abzuschätzen! Zur Kategorie der Liebhaber und Dilettanten gezählt zu werden, war ihr alles andere als recht, denn das kitschige Salonrepertoire war ihre Sache nicht. Das beweisen allein schon die Programme ihrer eigenen Matineen. Zum Glück wirkte auch Clara Novello bei jenem Konzert mit, und Fanny hielt es für eine »poetische Freiheit«, diese Sängerin »unter die Dilettanten zu rechnen«.[14]
Fanny wunderte sich selbst, daß sie keinerlei Angst empfunden hatte. Daß der Mangel an Selbstvertrauen einer ihrer ausgeprägtesten Charakterzüge war, wissen wir bereits. Dabei war man in Berlin einhellig der Meinung, daß Fanny eine hervorragende Pianistin war. Sie übte gewissenhaft und ausdauernd. Die Salonkonzerte, bei denen sie ihr ganzes Leben hindurch auftrat, waren wegen der fast körperlich zu spürenden Nähe des »Publikums« viel mehr zu fürchten als die offiziellen Konzerte. Aber sie wußte damals nicht, daß es viel leichter ist, auf einer echten Bühne zu spielen, und daß ihre Salonerfahrung sie befähigte, mit jeder Situation fertig zu werden.
»Du spielst ja im Konzert! Bravisississisimo!« schrieb Felix. »Das ist nett und prächtig; könnte ich's hören!«[15] An Bewunderung für ihr Spiel hatte Felix es niemals fehlen lassen. Andere jedoch bedauerten, daß Fanny nicht über ihren bürgerlichen Schatten sprang und den Schritt in eine Konzertkarriere wagte. So zum Beispiel ein gewisser Dr. Reiter, der eines Novemberabends im Jahr 1835 Felix mit einschlägigen Kommentaren

behelligte:[16] »Er sagte, Du solltest eine reisende Künstlerin sein, Du würdest die Andern todtspielen. Ich sagte: *pourquoi?*[17] Denn mich fror sehr, es war auf der Concerttreppe gestern Abend, und er wurde garnicht fertig mit Erzählungen von Eurer Liebenswürdigkeit.« Da war auch noch Wilhelm Hensel. Er hätte es möglicherweise wenig geschätzt, wenn sich seine Ehefrau in eine reisende Künstlerin nach dem Vorbild ihres Bruders verwandelt hätte. Er war zu vielem bereit, um das Glück seiner Frau zu fördern, auf sein Familienleben jedoch hätte er nicht verzichtet.
Der Kritiker der englischen Musikzeitschrift *The Athenaeum* dachte nicht anders:[18] »Wäre Mrs. Hensel die Tochter eines armen Mannes gewesen, sie wäre der ganzen Welt als eine Pianistin höchsten Ranges bekanntgeworden, an der Seite einer Mrs. Schumann und einer Mrs. Pleyel. Wie ihr Bruder hatte sie in ihren Kompositionen etwas von jener südlichen Lebhaftigkeit, die bei den Deutschen so selten ist. Ihr Spiel war weiblicher als das des Bruders, ähnelte jenem aber in seinem Feuer, seiner Deutlichkeit und Solidität. Wie er war sie eine allseitig vollkommene und dazu speziell begabte Persönlichkeit.« Wäre Frau Hensel die Tochter armer Leute gewesen, hätte sie dann überhaupt Klavier gespielt, wäre sie eine »allseitig vollkommene« Persönlichkeit geworden, hätte sie die Chance erhalten, ihre Begabung zu entwickeln? Die Frauen der damaligen Zeit lebten in einem Dilemma: Entweder sie hatten nicht das Geld für eine Ausbildung, oder aber das Geld, das sie nicht selbst zu verdienen brauchten, sorgte dafür, daß sie ihre häuslichen vier Wände nicht verlassen durften. Frau Schumann und Madame Pleyel gehörten Musikerfamilien an, sie stammten bis zu einem gewissen Grade noch aus der Sphäre der Komödianten und Gaukler, welche in der Romantik eine erste Aufwertung erfuhren. Aber sie hatten kein einfaches Leben. Dennoch ist die Vorstellung nicht abwegig, daß die hochprivilegierte Bankierstochter Fanny sich über Verbote hätte hinwegsetzen und öffentlich auftreten können. Schließlich gab es bereits Frauen, die das taten. Fehlte es ihr an Mut, war sie zu brav und angepaßt?
Vielleicht. Vielleicht auch hätte man sie prompt auf ihre jüdische Herkunft festgenagelt, sie hätte feststellen müssen, daß sie noch weniger als andere gegen die Gesellschaftsmoral verstoßen durfte, die nun einmal festlegte, wo der Platz der Frau war. Vielleicht war das Künstlerleben einer Clara Schumann sehr schwierig, und diese hätte ein anderes vorgezogen. Vielleicht schließlich hatte Fanny gar keine große Lust, eine »Pianistin« in dem Sinn zu werden, in dem man dieses Wort zunehmend verstand. Die Technik des Klavierspiels machte damals sogenannte »Fortschritte«. Seit Paganini waren Publikum wie Instrumentalisten fasziniert von der »dämonischen« Macht, mit der ein einzelner Virtuose, der aus seinem Instrument »Funken schlug«, eine Zuhörermenge in Bann hielt. Fanny fühlte sich hier betroffen, hörte sich die Neuheiten auf dem Klaviermarkt

an und kam immer verstörter nach Hause. Im November 1835 erwähnt sie ihre Absicht, ein Konzert von Madame Pleyel zu besuchen:[19] »Ich bin neugierig auf sie als schöne Frau und gute Klavierspielerin. Gute Sitten braucht man ja nicht von ihr zu lernen ...« Camille Pleyel hatte sich soeben scheiden lassen ... Ihr Klavierstil muß wohl noch Fannys Wertschätzung gefunden haben, während sie mit der Thalberg-Schule[20] immer weniger anfangen konnte. Im Dezember 1836 hörte sie sich einen jungen Virtuosen namens Döhler an, von dessen »jüngsten technischen Fortschritten«[21] sie etwas zu lernen wünschte. Was sie zu hören bekam, waren endlose, musikalisch wertlose Variationen. So, wie sich die musikalische Welt entwickelte, war Fanny einer harten Prüfung ausgesetzt: Ihr Geschmack und die offiziell gefeierte Klaviertechnik klafften auseinander. Virtuosen traten auf, für deren musikalisches Niveau sie nicht die geringste Bewunderung aufbrachte, die auf Kosten der künstlerischen Aussage den bravourösen Effekt anstrebten. Klingemann bekam ihr Geständnis vom 3. April 1837 zu lesen:[22] »Ich werde mir wahrscheinlich mein Lebenlang, immer in der Absicht, einen englischen Flügel zu haben, weder den, noch einen andern anschaffen, hab's auch jetzt weniger nöthig als sonst, da ich mir gegen all die modernen Sprühteufel und Tausendsasas in meinem Spiel unbeschreiblich veraltet vorkomme, und mich immer mehr in meinen Käse und mein Nichts zurückziehe.« Das allerdings kann Felix nicht akzeptieren. Am 13. Juli schreibt er an Lea:[23]

> Das ennuyirt mich aber, dass Fanny sagt, die neue Klavierschule wachse ihr über den Kopf. Das ist ja garnicht an dem. Sie spielt wohl alle die kleinen Kerls in den Sack. – Die können ein paar Variationen und Kunstgriffe gut machen: aber all die Fertigkeit und Coquetterie mit Fertigkeit verblendet selbst das Publikum nicht mehr leicht. Es muss Geist sein, wenn es sie Alle fortziehen soll, und darum höre ich vielleicht D. lieber eine Stunde lang, als Fanny eine Stunde lang – aber nach acht Tagen kann ich ihn nicht mehr vor langer Weile anhören, und dann fange ich erst an, mich in das andere Spiel hineinzuhören, und das ist das Rechte. Alles das macht eben nicht mehr, wie Kalkbrenner zu seiner Zeit, und geht noch während ihres Lebens vorüber, wenn nicht etwas Besseres als Finger dabei ist. Das hat aber Fanny, und darum braucht sie sich vor Keinem von allen Denen zu fürchten.

Fanny hatte damals noch nicht den am meisten gefeierten Tastenzauberer gehört: Sigismond Thalberg. Im Januar 1839 kam er nach Berlin. »Euer großes Tier«, schrieb sie an Felix, »ist auch nun hier, er war bei Mutter, die hat ihn aber für sich behalten.«[24] Das Ehepaar Hensel begegnete ihm bei Alexander Mendelssohn, aber in Gesellschaft setzte sich Thalberg niemals ans Klavier. »Diesen Hexenmeister muß man eigentlich spielen sehen, ich werde, um so viel Nutzen als möglich davon zu haben, mir die Sachen, die er spielt, vorher geben lassen, um sie zu kennen. Die Herren machen sich's wirklich unerhört leicht mit ihren Schwierigkeiten, nicht einmal eine Probe brauchen sie, weil sie alles ohne Begleitung spielen, und so ist alles aufs meiste Geld in der kürzesten Zeit berechnet.« Sie kommt zu einem abschätzigen Urteil über Thalberg, dem sie bei einem Tee in der Wohnung ihrer Mutter erneut begegnet: »virtuosig, fürnehm und mit sich selbst zufrieden ...« Als er ein erstes und dann ein zweites Abschiedskonzert ankündigt, findet sie, »daß er kein Virtuosenkünstchen verschmäht«. Gewiß, er ist ein großer Pianist. Sie aber ist keine Pianistin, der es lange Spaß machen würde, »ohne Begleitung zu spielen«. »Mit Begleitung« bedeutet das, was heute Kammermusik heißt. Überrascht sieht Fanny zu, wie die Pianisten mehr und mehr zu bloßen Virtuosen werden. Ganz abgesehen davon, daß die Frauen des gehobenen Bürgerstandes sich der Öffentlichkeit tunlichst nicht präsentieren, zu einem musikalischen Wundertier will sie auf keinen Fall werden. Sie ist froh, daß Felix niemals in Gefahr geraten ist, in diese uninteressante Kategorie von Musikern abzugleiten, die sie als hohl, ignorant, eingebildet und grundsätzlich vulgär empfindet. Mit Recht sieht sie sich selbst als unzeitgemäß. Spielt sie doch Bach, Mozart, Haydn und Mendelssohn beziehungsweise läßt diese »klassischen« Komponisten spielen, mit da und dort einem Abstecher zu Weber, Spohr und Cherubini. Ihr Geschmack ist zugleich altmodisch und zeitlos, weil von der Mode nicht berührt. Mit ihren Auffassungen steht sie in Berlin allein auf weiter Flur: Die Singakademie ergibt sich einem unfruchtbaren Konservatismus, und die durchreisenden »Virtuosen« mit ihrer Effekthascherei huldigen einem ebenso sterilen Modernismus. Fanny begreift, daß sie in der musikalischen Welt allmählich ins Abseits gerät, daß sie sich nicht nur im Grenzbereich zwischen öffentlich und privat, sondern auch zwischen lebendiger Tradition und dem Kult einer abgelebten Vergangenheit bewegt.

Zur gleichen Zeit, im März 1838, dirigierte Felix in Leipzig Franz Schuberts große C-Dur-Symphonie, deren Entdeckung er Robert Schumann verdankte. Felix hatte die Möglichkeit, für seine Ideen zu kämpfen, ihnen lebendigen Ausdruck zu verleihen. Deswegen hielt er nichts davon, sich auf die Rolle des reisenden Klaviervirtuosen zu beschränken. Ebensowenig lockte diese Aussicht Fanny: Wenn etwas sie hätte veranlassen können, doch noch ihrem Hausfrauendasein adieu zu sagen, dann wäre es das Dirigieren gewesen, die Leitung eines Orchesters. Die Geschwister waren auch hier ähnlich veranlagt. Musik sollte Gemeinschaftserlebnis sein, einsamer Musikgenuß bedeutete ihnen wenig, und deshalb waren sie auch bereit, sich organisatorisch zu engagieren. Beweis dafür sind die Sonntagsmatineen, genauso wie der kleine Chor, mit dem Fanny unermüdlich probte. Geringschätzig spricht sie von den technischen »Pirouetten« jener Pianisten, die es sich leichtmachen und keine Lust haben, mit unbekannten Musikern in anstrengende Probenarbeit einzutreten.

Die in Berlin gastierenden Künstler mußten selbst die Kosten ihrer Konzerte, unter anderem die Saalmiete, bestreiten. Um mehr Publikum anzulocken und das Programm des Abends aufzulockern, baten sie üblicherweise Kollegen hinzu und revanchierten sich, indem sie in den Konzerten der anderen auftraten. Franz Liszt allerdings wagte es, zwischen Ende Dezember 1841 und Februar 1842 ganz allein, »ohne Orchesterbegleitung«, wie die *Allgemeine Musikalische Zeitung* [25] vermerkt, elf Konzerte im Saal der Singakademie zu geben. Immerhin trat er auch in einem Konzert des Tenors Pantaleoni auf, dem er damit den Saal füllte, ebenso 1843 in zwei Konzerten des Pianisten Döhler. Die magnetische Anziehungskraft Franz Liszts rechtfertigte seine musikalischen Alleingänge. Er faszinierte sein Publikum in unglaublichem Grade und prägte als erster das Image des Pianisten, den die berühmte »Einsamkeit des Langstreckenläufers« umgibt. Liszt konnte es sich leisten, ein sozusagen uniformes Programm zu bieten. Aber Clara Wieck, die seit 1832 regelmäßig in Berlin spielte, sah sich 1838 dem Vorwurf der *Allgemeinen Musikalischen Zeitung* ausgesetzt, sie habe mit ihrem Konzert im Hôtel de Russie den Berlinern einen »etwas einförmigen Abend«[26] geboten. Dafür wurde sie 1839 belobigt, daß sie bei einem von Zimmermann[27] veranstalteten Konzert, »diskret von den Herren Zimmermann und Lotze begleitet«, Beethovens großes D-Dur-Trio mit souveräner Geläufigkeit und ebensolchem Ausdruck gespielt habe. Im März 1847 endlich saß sie am Klavier, als das Quintett ihres Gatten Robert Schumann aufgeführt wurde. Robert Schumann verteidigte, wie Felix Mendelssohn, vehement die Tradition, und er drängte seine Frau, ihr Repertoire hauptsächlich mit den großen Werken Bachs und Beethovens zu bestreiten und nicht ihre Zeit mit Modekomponisten wie Herz, Henselt und Konsorten zu vergeuden. In diesem Sinn mochte auch Clara Schumann, wie Fanny, das Gefühl haben, den Anschluß verloren zu haben, aber sie war den umgekehrten Weg gegangen: Sie hatte als Virtuosin begonnen, nun war sie unter dem Einfluß Roberts musikalisch immer anspruchsvoller geworden. Auch wenn es noch Musiker gab wie den Geiger Charles de Bériot[28], der im Mai 1838 in Berlin zusammen mit seiner Schwägerin, der Sängerin Pauline Garcia, auftrat, so war doch die Tendenz zum einheitlichen Programm und damit zum glanzvollen Auftritt eines einzelnen Stars übermächtig. Das neunzehnte ist das Jahrhundert, in dem auch in der Musik der Individualismus sich durchsetzte.

Es war eine unerwartete Entwicklung, und für Fanny bedeutete sie, daß ihr eine pianistische Karriere noch schroffer verwehrt sein würde als bisher. Felix versuchte sie zu beruhigen, obwohl auch ihm, wenn auch auf ganz andere Weise, die moderne Welt mit ihrer Entwicklung davoneilte. Auch wenn er aktiv im Musikleben stand und seinen Ideen Ausdruck verleihen konnte, so ließen doch die mit der Industrialisierung, dem Kult des Geldes, der Geschwindigkeit und des Individuums gegebenen gesellschaftlichen Veränderungen jene moralische Gesinnung, die ihm eingeschärft worden war, zunehmend überholt erscheinen, ja sie stellten allmählich den Sinn seines Lebens in Frage.

1838 endlich konnte Felix seine Schwester Fanny persönlich ein wenig aufmuntern, denn im April kamen die »Felizier«, das heißt Felix, seine Frau Cécile und ihr erst am 7. Februar geborener Sohn Carl nach Berlin in die Leipziger Straße Nummer 3, um dort den Sommer über zu bleiben. Natürlich freute sich Fanny und genauso Rebecka! Felix kam mit den Abschriften der Bach-Kantaten aus dem Besitz Hausers im Gepäck, was eine Bereicherung der Sonntagsmusiken bedeuten würde. Fanny beklagte sich, sie habe im gerade vergangenen Winter zwar enorm viel gespielt, aber überhaupt nichts komponiert![29] »... aber wie einem zu Mut ist, der ein Lied machen will, weiß ich gar nicht mehr. Ob das wohl noch wieder kommt, oder ob Abraham alt war? Was ist übrigens daran gelegen? Kräht ja doch kein Hahn danach und tanzt niemand nach meiner Pfeife!«

Felix kam in dem Moment nach Berlin, da Wilhelm sich für eine Englandreise rüstete. Am 27. Mai 1838 wollte er – ohne seine Frau – aufbrechen. Er hatte soeben ein großes Gemälde vollendet, *Jesus in der Wüste*, das gemeinsam mit *Miriam* beim englischen Hof großen Eindruck machen sollte. Wilhelm traf gerade rechtzeitig in London ein, um die Krönung der Königin Victoria mitzuerleben. In der Galerie des Buckingham-Palastes sah er mit einiger Beklemmung, daß seine Bilder neben denen eines Van Dyck, eines Rembrandt und eines Rubens hingen! Nichtsdestotrotz kaufte ihm die Königin das Bild *Miriam* ab. Die Herzogin von Sutherland wollte eine Kopie, aber Hensel lehnte ab, worauf sie bei ihm ein anderes Bild zum gleichen Thema bestellte, *The Sheperdess in the Land of Goshen*. Auch Lord Egerton erteilte einen Auftrag, das Gemälde sollte eine Szene aus dem Leben des Herzogs von Braunschweig darstellen. An die Ausführung der beiden Gemälde machte sich Wilhelm im darauffolgenden Jahr.[30] Begeistert hatte die Königin in ihr Tagebuch geschrieben:[31] »Ich habe mir zwei sehr schöne Gemälde eines deutschen Malers namens Hansel angesehen. Sie sind wirklich sehr schön. Ich habe auch den Maler selbst kennengelernt.« Wilhelm war auf den Gedanken gekommen, er könnte Raffaels Kartons, die im Besitz der englischen Krone waren, kopieren, aber der Vorschlag wurde vom Preußischen Kultusministerium abgelehnt.[32]

Währenddessen blieb Fanny in Berlin und verbrachte mit ihrem Bruder einen glücklichen Sommer. Sie freundete sich mit Cécile an, die sie grundsätzlich nur das »Sonntagskind« nannte. Unglücklicherweise beendete eine Masernepidemie den Aufenthalt der »Felizier«. Wilhelm wurde alarmiert und kehrte überstürzt am 17. September aus London zurück. Felix und seine Angehörigen waren jedoch bereits nach Leipzig zurückgereist. Sowohl Cécile als auch Felix hatten sich angesteckt, ebenso Sebastian und Rebecka. Wilhelms Englandreise war so erfolgreich verlaufen, daß das Ehepaar Hensel beschloß, die lange geplante und für das kommende Jahr angesetzte Italienreise zu verschieben und statt dessen die Saison 1839/1840 in London zu verbringen. Fanny teilte Klingemann ihre Besorgnis mit:[33] »Was das Letztere betrifft, so verhehle ich mir nicht, dass ich einen schweren Stand haben werde, da man in mehr als einer Beziehung Erwartungen von mir hat, denen ich nicht entsprechen kann. Ich verstehe nicht, mir selbst zu schmeicheln, und habe, wenn man mir's auch nicht anmerkt, eine natürliche Blödigkeit, die nicht wenig gesteigert werden wird durch das Bewusstsein, die Freunde meines Mannes erwarten mich als eine Prophetin, eine Heroine, und es kommt ein Knirps.« Die Reise fand dann doch nicht statt, denn Wilhelm brauchte für die beiden Gemäldeaufträge mehr Zeit, als er angenommen hatte.

Unverändert verschlangen die Familienpflichten den wesentlichen Teil von Fannys Leben. Luise Hensel hatte inzwischen das Haus, wo sie seit 1833 gewohnt hatte, verlassen. Sie schied nicht in Unfrieden mit Fanny, denn die beiden verstanden sich als zwei intelligente Frauen, welche die für ein Zusammenwohnen unabdingbaren Kompromisse zu finden wußten. Aber der ganze Lebensstil in der Leipziger Straße Nr. 3 paßte Luise nicht. Mehrmals beklagte sie sich in Briefen an Clemens Brentano über die Arbeit, die ihr Fanny übertrug. Mag nun ihr Anteil an der Haushaltsführung gerecht gewesen sein oder nicht, sicher ist, daß Luise es haßte, durch häusliche Verrichtungen, durch Musik, durch Besucher, durch Sebastian und überhaupt in ihrer religiösen Meditation gestört zu werden. Sie ging nach Heidelberg und zog zu Schlossers, Freunden, die wie sie katholisch waren.[34]

Mit den Jahren waren es, wie Fanny gegenüber Cécile verlauten ließ, siebenundzwanzig Kühe geworden, denen sie »die Schwänze aufzubinden« hatte.[35]

Aber irgendwie schien der Scherz nicht ganz angebracht. Für ihre Schwester Rebecka brach ein schlimmer Krankheitswinter an. Zuerst holte sie sich die Masern, dann litt sie mehrfach hintereinander unter rasenden Zahnschmerzen. Im November dann verlor sie einen gerade dreizehn Monate alten Jungen: Das Kind wurde plötzlich krank und war nach sechsunddreißig Stunden tot. Zu diesem Zeitpunkt hütete Rebecka mit »Nervenschmerzen im Gesicht« das Bett.[36] Handelte es sich um eine

Gesichtsrose oder wirkte die Zahngeschichte nach? Nun kam der Schmerz über den Verlust des Kindes und überlagerte, wie Fanny berichtete, den akuten physischen Schmerz. Wilhelm zeichnete das Kind nach seinem Tod nicht nur zweimal, er fertigte auch ein so ähnliches Ölbild an, daß er damit den unglücklichen Eltern ein wenig Trost spendete. Als man ihm den Tod des kleinen Neffen meldete, kam Felix für fünf Tage nach Berlin, aber Rebecka bekam diesen Besuch kaum mit, sie schien besinnungslos vor Schmerz. Fanny wachte an ihrem Bett, und da zum zweitenmal aus einer Englandreise für sie nichts werden würde, versprach sie ihrer Schwester, sie ins Ostseebad Heringsdorf zur Kur zu begleiten. Je näher aber die Abreise rückte, um so mehr ärgerte sich Fanny bei dem Gedanken, daß sie ihren Mann verlassen mußte, der inzwischen seinerseits auf England hatte verzichten müssen. Was ihr bevorstand, so fürchtete sie, war ein Sommer der Langeweile in einem kleinen, uninteressanten Badeort. Rebecka blieb jedoch so anfällig und depressionsgefährdet, daß Fanny ihr Versprechen nicht rückgängig machen konnte. Einigermaßen gefaßt sah sie dem »Dorf der Heringe« entgegen.
In diesem Jahr waren die Konzerte schwieriger als sonst zu organisieren gewesen. Sie war der Verzweiflung nahe, da sandte Felix eine englische Altistin, Mary Shaw (1814–1876), mit einem Empfehlungsbrief in die Leipziger Straße. Er war ihr in England begegnet und hatte sie für die Saison 1838 der Gewandhauskonzerte nach Leipzig geholt.[37] In Berlin errang sie achtbare Erfolge, die jedoch nicht mit denen Clara Novellos vergleichbar waren. Sie überzeugte besonders in den Oratorien von Händel, so daß die Sopranistin Fassmann sie eilends aufsuchte, um mit ihr am *Messias*[38] zu arbeiten. Sie wirkte bei zwei Sonntagsmatineen mit, insbesondere bei den Ausschnitten aus dem Oratorium *Paulus*, in dem sie auch bei der englischen Erstaufführung gesungen hatte. Felix ließ verlauten, daß er die Shaw und die Novello für die besten derzeit in Deutschland weilenden Konzertsängerinnen hielt, und stiftete damit anhaltende Rivalität zwischen den beiden sowie eine gewisse Verstimmung bei den anderen Sängerinnen. 1839 hatte Mary Shaw ihr Debüt an der Mailänder Scala, aber dann verfiel ihr Gatte, der Maler Albert Shaw, in Schwermut und verhinderte so die Fortsetzung ihrer Karriere. Sie verlegte sich daraufhin auf Gesangsunterricht und heiratete später einen Rechtsanwalt, mit dem sie in Hadleigh Hall lebte.
Ihr Berliner Gastspiel im Jahre 1839 kam Fanny sehr gelegen, da Pauline Decker nicht zur Verfügung stand, was immer einen fatalen Ausfall bedeutete. Auch die andere Lieblingssängerin der Mendelssohns, Auguste von Fassmann, war inzwischen viel zu Gastspielen unterwegs. Fanny ihrerseits wollte ihrem Bruder eine andere junge Sängerin, Hedwig Schulz (1815–1845), für seine Gewandhauskonzerte zuführen, aber diese ließ sich lieber an die Berliner Oper engagieren.[39] Es war großzügig

von seiten Fannys, daß sie eine Sängerin zu entbehren bereit war, die sie als Ersatz für Pauline Decker dringend gebraucht hätte. Die junge Hedwig Schulz schlug das Angebot, mit Felix Mendelssohn Bartholdy zu arbeiten, aus. Auch damals schon zog die Oper die Sänger stärker an als das Konzertpodium.

Dann kam der Sommer, und Rebecka und Fanny brachen mit ihren beiden Söhnchen, Walter und Sebastian, sowie in Begleitung von Minna Hensel[40] in Richtung Ostsee auf. Heringsdorf war noch kein Modebad, besaß aber den Vorteil, daß es von Berlin aus leicht erreichbar war. Das Fischerdorf bot kaum komfortable Unterkunft, so daß Fanny eilends die nächste Kleinstadt, Swinemünde[41], aufsuchte, um die unentbehrlichen Utensilien zu mieten: eine Kommode, Geschirr, sonstige fehlende Haushaltsgegenstände und dazu ein Klavier, an dem, kaum hatte sie die erste Taste angeschlagen, eine Saite zersprang. Der eilends herbeigerufene Klavierstimmer entpuppte sich als Versager, machte zwei weitere Saiten kaputt und stimmte das Instrument um zwei Töne statt um einen tiefer. Die beiden Schwestern wandten sich an einen anderen Fachmann, und endlich konnten sie musizieren. Sie sangen ganze Serien von Duetten. Rebecka, die das Singen nach ihrer Hochzeit aufgegeben hatte, fand damit zu einer alten Gewohnheit zurück. Fanny konnte nicht existieren, ohne kleine Hausmusikfeste zu veranstalten. Um allerdings ihre Wirtsleute nicht zu verschrecken, beschloß sie, wie sie Felix berichtete[42], zahlreiche mitgebrachte Werke aus der Feder ihres Bruders und aus ihrer eigenen umzutaufen und »Thalberg, Herz, Liszt und Bellini« zuzuschreiben, also den populärsten Modekomponisten der Zeit! Womöglich wäre das Heringsdorfer Publikum sonst weggeblieben, klang der Name Mendelssohn doch verdächtig nach strenger, ernster Barocktradition!

Sorgen machte sich Fanny um ihre noch geschwächte Schwester Rebecka, als diese zu ihrem ersten Bad in der Ostsee antreten sollte. Sie vertrug die Prozedur jedoch bestens,[43] und natürlich schloß sich Fanny dieser Kurübung an. Heute fragen wir uns, was es da eigentlich zu vertragen gab. Aber damals war jegliche Betätigung im Freien für eine Frau eine ganz ungewöhnliche Angelegenheit. Die körperliche Ertüchtigung der beiden Mendelssohn-Knaben war nach dem Prinzip *mens sana in corpore sano* ungemein ernst genommen worden, aber das galt selbstverständlich nicht für die Töchter. Bereits Wanderungen galten als selten gewährte Ausnahme und hatten stets in männlicher Begleitung stattzufinden. Laut Yvonne Knibiehler[44] »hat das in Mode gekommene Baden im Meer höchstwahrscheinlich die Befreiung des weiblichen Körpers beschleunigt«. Nur so erklärt sich Fannys Widerstreben angesichts eines unbekannten Phänomens, von dem sie sich vor allem Mißvergnügen erwartete, nur so erklärt sich aber auch ihre Freude, als sie die Wirklichkeit entdeckte. Einer Frau, die sich so gerne im Freien aufhält, mußte das Baden im Meer zur

angenehmen Erfahrung werden. Auch die Kinder fanden großen Spaß daran. Aus Fannys Briefen spricht Ferienlaune, und das Verhältnis der beiden Schwestern konnte nur noch enger werden nach einem gemeinsamen Erlebnis, das etwas Befreiendes gehabt hatte. Unnötig zu erwähnen, daß auch das gemeinsame Frauenschicksal – Geburten, Fehlgeburten, Tod kleiner Kinder – zur Solidarität beigetragen haben wird.
Die russische Fregatte, die in Swinemünde vor Anker lag, mußte natürlich in Briefen nach Hause beschrieben werden. Sie bot Fanny die Gelegenheit zu einem entschlossen pazifistischen Glaubensbekenntnis, selbst wenn der Empfänger, ihr Ehemann, ihr als militärbegeisterter Preuße und Bewunderer Rußlands bekannt war. Noch einmal unterstreicht sie mit artigen Worten den hier bestehenden Meinungsunterschied und verläßt sich dabei darauf, daß seit jeher die Toleranz zu ihrem Leben und zu ihrer Liebe gehört.[45]

> Der erste Anblick, wenn man auf's Verdeck kommt, ist wahrhaft imposant, und wer bloss sieht, ohne sich etwas dabei zu denken, muss sich freuen und lustig werden, wie auch die meisten Leute thun. Wenn man aber überlegt, wieviel Kunst, Gelehrsamkeit, Mühe, Fleiss hier aufgewendet worden, mit welcher weiteren Mühe für Ordnung, Reinlichkeit und Regelmässigkeit auf diesem wahrhaften Kunstwerk gesorgt wird, sodass die Waffenkammer wie ein Schmuckkästchen, jede Kanone wie ein Luxusmöbel aussieht, und wenn man ferner bedenkt, wie hier die edelsten Kräfte des Menschen für einen so mörderischen und kannibalischen Zweck verwendet werden, da könnte man das Gruseln lernen, wenn man's noch nicht kann. Als nun vollends das Abendbrod anfing, wo ihrer etwa ein Dutzend um einen von der Decke herabhängenden Kessel herstehn und mit den stumpfen, slavischen Gesichtern die graue Brühe ansehn, die sie daraus fressen, – ich versichere Dich, da war mir das Weinen näher, als das Lachen! Und das sind noch nicht die Letzten der Menschen! Eine Seeschlacht ist mir immer als der Gipfel der Barbarei erschienen, und seit ich dies Kriegsschiff gesehn habe, bin ich in meiner Meinung nur bestärkt. Hochcivilisirter Barbarismus! Wie werden wir einst von einem kommenden, weiseren Geschlecht gerichtet werden, welches das Faustrecht im Grossen, die Kriege, abgestellt und das Völkertribunal eingeführt hat. Dann werden noch einzelne Kriege übrig bleiben, wie jetzt einzelne Duelle, aber sie werden immer seltener und immer unmöglicher werden, und dann können die Menschen anfangen, vom Christenthum zu reden. Darum ist Ludwig Philipp mein Mann, weil er *le Napoléon de la paix* [46] ist, und weil er die Angelegenheiten der Welt jetzt durch einen europäischen Kongress zu

ordnen versuchen will, was ein grosser Gedanke ist. – Nun lachst Du mich aus mit meiner Friedenspolitik, aber ich habe doch Recht, wie alle Frauen ...

An diesem Brief kann man sehen, daß »große Ideen« des 20. Jahrhunderts uns von denen überkommen sind, die ihrerseits im 19. Jahrhundert die Erben der Aufklärung waren. Noch 1839 zeigte sich Fanny der idealistischen Revolution von 1830 treu und damit dem Traum von der Einheit zwischen Monarchie und Volk. In der Politik wie in ihrer eigenen Familie war sie vor allen anderen Dingen für Frieden, und das Wort schloß für sie Gerechtigkeit und Freiheit ein.
Unmittelbar nach der Rückkehr aus Heringsdorf beschloß das Ehepaar Hensel, endlich Fannys alten Traum zu verwirklichen, und bereits am 27. August 1839 erfolgte der Aufbruch nach Italien. Eine Woche lang machten sie in Leipzig bei Felix und Cécile Station. Felix war damals nicht nur »etabliert«, seine Arbeit machte ihn glücklich, und er durchlebte eine besonders schöpferische Phase:[47] Zwischen 1838 und 1840 vollendete er zwei Streichquartette (Es-Dur und D-Dur, op. 44 Nr. 3 und 1), die Ouvertüre zu *Ruy Blas*, op. 95, die Sonate für Violoncello in B-Dur, op. 45, die *Serenade und Allegro gioioso* für Klavier und Orchester, op. 43, zahlreiche Lieder sowie die *Psalmen 95* und *114*, die in seinem kirchenmusikalischen Werk den Übergang vom *Paulus* zum *Elias* darstellen. Cécile war wieder schwanger, die kleine Marie sollte am 2. Oktober 1839 zur Welt kommen. Fanny fühlte sich in der Familie ihres Bruders so wohl, daß sie erst nach Leipzig – der Aufbruch erfolgte am 4. September – richtig begriff, wohin sie unterwegs war: Die Reise ihrer Träume hatte begonnen, die langersehnte Ferne und Fremde erwarteten sie.

Glückliches Zwischenspiel:

Das Jahr in Italien

Auf Goethes Spuren

Die Reise dauerte ein Jahr, was nicht nur zeitlichen, sondern auch erheblichen finanziellen Aufwand bedeutete. Zweifellos hatten Wilhelms Erfolge in England den Entschluß leichter gemacht, endlich den langgehegten Plan zu verwirklichen. Sebastian war mit von der Partie. Später wird er sich über das widrige Schicksal beschweren, das ihm die weitesten und längsten Reisen beschert hatte, als er gerade fünf respektive neun und vierzehn Jahre zählte.[1] Dem armen Kind gereichten sie nichtsdestoweniger zum Nutzen, sie erweiterten seinen Horizont und brachten ihm auch viele kindliche Freuden, was ihn im nachhinein bedauern ließ, »daß die Perlen Italiens vor solch ein kleines Ferkel geworfen wurden«.
Wieviel Personal mitgenommen wurde, ist nicht mehr zu eruieren, die Köchin Jette aber war auf jeden Fall dabei.
Nach dem Abschied von Leipzig fuhr die Familie Hensel über Bamberg, Nürnberg und Augsburg zunächst nach München.
In Regensburg passierte Wilhelm ein erheiterndes Mißgeschick: Überzeugt davon, daß vom altrömischen Stützpunkt Castra Regina noch irgendwo archäologisch interessante Überreste vorhanden sein mußten, machte er sich mitsamt seiner Familie in Staub und Hitze auf die Suche nach einem antiken Aquädukt, der sich alsbald als moderne, dem Schutz einer Dampfmaschine dienende Konstruktion erwies. Wilhelm hatte die städtische Wasserpumpanlage ausfindig gemacht! Sein schrecklich enttäuschtes Gesicht zwang Mutter und Sohn, sich das Lachen zu verbeißen; danach wurde Sebastian vergattert, Anspielungen auf die »unglücklichen Reste der römischen Kolonie Castra Regina«[2] zu unterlassen. In der Nähe von Regensburg besichtigten sie den im Bau befindlichen Ruhmestempel des deutschen Geistes, die Walhalla, aber dieses pompöse Beispiel klassizistischer Architektur vermochte keine rechte Begeisterung zu wecken.[3]
»Überhaupt ist ganz Bayern ein großer Baukasten!« rief Fanny aus. König Ludwig I. hatte sie mit seinem schöpferischen Bauwillen beeindruckt, auch wenn sie sich kritische Stellungnahmen zum Ergebnis vorbehielt.
München erlebte Fanny auf eine Weise, die sie froh stimmte.[4] »Ich kannte keine Seele hier, u. habe also meinen Kopf nicht wenig voll von neuen

Sachen und Menschen, es ist aber immer angenehm, einmal wieder zu erproben, daß man in der Fremde gern gesehn, u. freundlich aufgenommen wird.« Mit anderen Worten, der »Knirps« weiß durchaus für sich einzunehmen. Das Ehepaar Hensel besuchte eifrig die Museen und begegnete zahlreichen Künstlern. Fanny machte auch die Bekanntschaft der Pianistin Delphine Handley, der Felix begegnet war, als sie noch Delphine von Schauroth hieß. Die beiden Frauen verstanden sich auf Anhieb: Fanny hörte mit großem Vergnügen ihre Interpretation von Felix' erstem Klavierkonzert, und ihr intelligentes Improvisieren gefiel ihr ebenso. »Das findet man so selten bei Frauen«, sagte sie. Daß Felix nur positive Erinnerungen hinterlassen hatte, kam ihr zugute, aber sie hatte darüber hinaus den Eindruck, daß sie dieser selbstsicheren Frau willkommen war und von ihr ohne eine Spur von Herablassung behandelt wurde.

Am 24. September verließen die Hensels München, setzten die Reise über Tirol fort und hatten das Glück, die großartige Gebirgslandschaft bei strahlender Herbstsonne zu erleben. Am Weg lag zunächst Schloß Hohenschwangau, das dem Geschmack des bayrischen Kronprinzen Maximilian entsprechend im neugotischen Stil erbaut worden war. Die mit dem preußischen Klassizismus aufgewachsene Fanny, deren Heimatstadt sich den Beinamen »Spree-Athen« gerne gefallen ließ, schrieb nach Hause:[5] »Überhaupt habt Ihr gar keinen Begriff, wie gotisch es da zugeht!«

In der Tat stand alles »Gotische« bereits hoch im Kurs. Später schrieb Fanny diese Zeilen:[6] »Es ist doch wunderbar mit dem Einfluß der Zeit selbst auf den größten Geist, daß Goethe sich so durchaus nicht in die Schönheit der mittelalterlichen Architektur hat finden können, was doch gewiß nur die Schuld des herrschenden Vorurteils war. Was mögen wir für welche haben, die wir nur nicht kennen, weil wir mittendrin stecken?«

Ihr Sohn Sebastian sollte uns bei der Schilderung seiner Kindheit ergänzend darüber informieren, daß die Hensels, die Mendelssohns und ihre sämtlichen Zeitgenossen das Rokoko in Bausch und Bogen ablehnten. Weder die Baukunst noch die Malerei, noch das Porzellan, noch das Mobiliar fanden Gnade. Charlottenburg wurde für häßlich, Sanssouci für uninteressant befunden, und nur aus historischer Pietät sorgte man für die Instandhaltung der beiden Schlösser. Eine andere Einstellung ließ die mit Macht herrschende Romantik nicht zu. Wie in Gent, Brügge und Antwerpen suchten die Hensels in Italien nichts, was nach dem 17. Jahrhundert entstanden wäre. Das Wort »gotisch« deckte im übrigen ein ästhetisch wie geschichtlich recht weites Vorstellungsfeld ab.

Die Alpendurchquerung ließ bei Fanny die Erinnerungen an die lang zurückliegende Schweizreise wach werden. Am Finstermünzpaß dachte sie zurück an den Gotthard:[7]

Ein schroffes Aufsteigen auf herrlicher Straße, zwischen zwei Reihen Felswänden, zur Seite der Inn, den man immer tiefer unter sich toben hört, und an der Stelle, wo die romantische Schönheit der Gegend den Gipfel erreicht, wendet sich, wie beim Urner Joch, die Straße plötzlich nach innen, anstatt der Teufelsbrücke kommt man an einer Festung vorbei, welche die Österreicher da, wo das Tal am engsten ist, an und in den Felsen bauen, und nun befindet man sich plötzlich in einer stillen grünen Hochebene wie bei Ursern, die Wildheit des Stromes, der kurz vor der Festung noch als Wasserfall stürzt, ist vorbei, und er fließt ruhig dahin, so ruhig, wie es einem Tiroler Fluß überhaupt möglich ist, denn sie scheinen alle aus Champagner statt des Wassers zu bestehen. Als wir eine Weile auf dieser Hochebene fortgerollt waren, tat sich eine gewaltige Masse von Schneebergen vor uns auf, und da wir auf unsere Frage erfuhren, es sei das Stilfser Joch, über das die neue Straße führe, fiel mir, ich muß es gestehen, das Herz ein wenig in die Inexpressibles.

Dann endlich ist man in Italien! Fanny ringt nach Worten, Wilhelm kann sich vor Begeisterung nicht fassen. Alles sieht ja so anders aus, kaum haben sie die Grenze passiert. Nur Sebastian kommt sich betrogen vor, hat er doch gelesen, Hannibal habe beim Alpenübergang seinen erschöpften Truppen »ganz Italien« gezeigt. Der ganze Stiefel also, stellt das Kind sich vor, wird sich bis hinunter nach Sizilien vor ihm erstrecken. Statt dessen folgen den Bergen immer noch Berge. Enttäuschend![8]
Das Stilfser Joch ist Teil der Straße nach Mailand. Auch Como lag am Weg, und dort entdeckte Fanny endlich Italien. Auch wenn sie schon einmal Oliven, Eßkastanien und Maulbeerbäume gesehen hatte, erst jetzt am Ufer des Sees verfiel sie dem Zauber der italienischen Landschaft. In ihrem Enthusiasmus fand sie die Stätte »bewegend« und legte sie Beckchen ans Herz[9]: »Das ist ganz eine Gegend für Dich!« Endlich Zitronen-, Orangen-, Feigenbäume, Rosen- und Aloesträucher... »eine Vegetation wie toll«, und dazu kam die Schönheit der zum Wasser hinunterreichenden Terrassen. Aber nach dieser fast berauschenden Etappe erreichte man Mailand, und der Aufenthalt in dieser Stadt könnte Vorahnungen einer letztlich enttäuschenden Reise wecken. »Es ist *écrit là-haut*, daß wir hier in Mailand keinen Menschen sollen kennen lernen.«[10] Dem Schmutz vermag Fanny eine pittoreske Seite nicht abzugewinnen, und im Schmutz steckt sie angeblich »bis über beide Ohren«! Die Baudenkmäler können ihr nicht Genüge tun, denn »ohne Menschen« ist eine Stadt für sie »ohne Seele«, aber nichtsdestoweniger heißt es: »Dom, Brera und Scala sind von uns bereits verschlungen, denn ein solcher Reisemagen ist wirklich ein wahrer Schlund, ein Abgrund, ein Straußmagen.« Nordita-

liens elender Zustand schlägt sich auf ihre Stimmung. Dabei ist Mailand noch keine Katastrophe, erst in Verona entrüstet sie sich über den allgemeinen Verfall, dem Kunstwerke und -gegenstände preisgegeben sind. In der Arena fragt sie mit nachdenklichem Staunen: »Recht römisch, prächtig, stolz, kalt ... Darin kämpften nun Menschen mit Tieren – und wir Nachwelt bewundern jeden Stein. Sind wir nicht die Narren des Altertums?«[11]
Padua macht ihr »einen widerwärtigen Eindruck von Verwesung«.
Ein von Tizian gemalter heiliger Antonius erzeugt gewisse Sympathien:[12] »Sobald ich katholisch werde, soll er mein Schutzpatron sein. Er erweckt verstorbene Gläser und Teller, das ist so gut in der Wirtschaft zu brauchen.«
Venedig endlich, wo sie am 12. Oktober anlangten, ließ den Schmutz[13] vergessen, obwohl sie sich eigentlich nur noch »tote Herrlichkeit« wie in Padua erwartet hatte. Inzwischen wandelte sie auf den Spuren ihres Bruders wie auf denen Goethes, aus dessen *Italienischer Reise* sie in ihren Briefen ausgiebig zitiert. Sie sah und sie bewunderte, wie eine gründlich vorbereitete Touristin unter der Anleitung eines erfahrenen Fremdenführers, aber sie vergaß nicht, sich die Nase zuzuhalten. In Venedig ließ sie sich von den baulichen Schönheiten gewinnen, darüber hinaus aber auch von dem lebhaften Treiben in den Gassen, von dem »Gewühl wie in Paris, der Masse der Läden und Kaffeehäuser«. Natürlich machte das Ehepaar die Gondelfahrt nach San Giorgio und auf dem Canal Grande, natürlich zeigten sie sich beglückt und beeindruckt von den Tizians und Tintorettos in Santa Maria della Salute und von den Veroneses und Bellinis in der Accademia. Nach zehn Nächten Hotel allerdings war Fanny derart von den Mücken zerstochen, daß sie kaum mehr die Augen aufbekam. Und wenn es wenigstens nur die Mücken gewesen wären! An Rebecka schreibt sie:[14] »Ich sage Dir, ich schreibe ... eine Monographie der Flöhe. Ich weiß ihre Lieblingsplätze, ich kenne ihren Schritt, ihre Lieblingspromenaden, wenn sie satt sind, das ist das Ärgste! und das in Gesellschaft!« Also zog man um in eine Wohnung, die der Bruder des Malers Leopold Robert (1794–1835) großzügig zur Verfügung stellte. Einer ihrer ersten Besuche in Venedig hatte dem Atelier dieses Schweizer Künstlers, eines David-Schülers, gegolten, dessen Gemälde mit italienischen Volksszenen sehr erfolgreich gewesen waren. Die Echtheit seiner Eindrücke konnten sie nun an vielen Stellen ihrer Reise nachvollziehen. Fanny erinnerte sich sehr genau an seinen Selbstmord und den Bericht, der darüber erschienen war, so daß der Besuch an der Stätte seines Lebens und Sterbens viel von einer romantischen Wallfahrt hatte. Das Angebot des Bruders akzeptierte die Familie aber auch deshalb gerne, weil es endlich Schlaf ohne Stechmücken und Flöhe verhieß.
Fanny macht Bekanntschaft mit südländischem Volksleben, und gleich-

zeitig kostet sie die einheimische Küche. Sie lernt Brot und Butter schätzen, *stufati* und *umidi*, den Käse in der überall servierten Suppe: Reissuppe, Nudelsuppe, Gemüsesuppe; auch Birnen, Erdbeeren und der Wein schmecken ihr. Wenn der Kaffee zu stark ist, dann verwandelt sie sich in eine »Schäferin und trinkt Milch«. Gemeinsam mit Sebastian entschließt sie sich, etwas Wein in ihr Wasser zu gießen, denn beide haben sie sich eine Darmverstimmung geholt, und das rötlich gefärbte Wasser wird als Medizin gegen diese Reiseunpäßlichkeit betrachtet.

Trinkwasser war damals in Venedig eine Rarität, ein Privileg der Wohlhabenden. Wegen ihrer Herkunft aus dem Friaul so genannte Forlani transportierten es in Kupfereimern auf dem Kopf und verkauften es an der Haustür. Das Volk holte sich sein Wasser aus den Kanälen. Eines Tages fiel einer Forlana das goldene Kreuz, das sie um den Hals trug, in einen Brunnen, und Wilhelm versprach einem Fischer eine Belohnung, falls er bereit wäre, in den Brunnen hinabzutauchen, indem er sich mit einer Hand an ihm festklammerte. Tatsächlich gelangte die Forlana wieder in den Besitz ihres Schmuckstücks. Schlagartig wurde Wilhelm im Viertel populär, außerdem hatte er jetzt ein Modell, denn die junge Frau war gerne bereit, sich zeichnen zu lassen.[15] Die Episode belegt ein weiteres Mal, daß Wilhelm weder Standesdünkel noch Schüchternheit kannte. Der Umgang mit einem preußischen Offizier machte ihn ebensowenig verlegen wie der mit einer italienischen Bäuerin.

Abends gingen die Hensels in ein Café und konsultierten die Zeitungen. Den Nachrichten aus Deutschland entnahmen sie, daß politisch alles beim alten war. »Die Verschwörungen der Fürsten gegen die Völker gehn immer weiter, und es möchte sich wohl keiner getrauen zu sagen, wohin das führen wird? Und gerade die Kleinsten sind die Allerschlimmsten«, schreibt Fanny.[16] Der Zollverein war bereits am 1. Januar 1834 in Kraft getreten. Geschickt hatte Preußen es verstanden, die von Sachsen und Bayern angeführten regionalen Zollvereine zum Anschluß zu bewegen. 1848 sollten nur noch Hannover und Mecklenburg abseits stehen. Metternich hatte Preußen die Hegemonie in einer deutschen Konföderation zugestanden, als Gegenleistung verpflichtete Berlin sich zur Allianz gegen jegliche revolutionäre Bewegung. Vor diesem Hintergrund müssen wir Fannys Reaktion sehen. Die freisinnige Deutsche war angewidert von der Art, wie über das Schicksal ihres Landes (und womöglich über seine Einheit) bestimmt wurde. Das Volk hatte dazu gefälligst den Mund zu halten. Der Traum von einem Bundesstaat mit liberaler Verfassung wurde immer wesenloser angesichts der autokratischen Fürstenmacht.

Die kleine Reisegesellschaft verließ Venedig am 4. November bei strömendem Regen, wodurch prompt der Po zum Hindernis wurde. Der Wasserstand war keineswegs besonders hoch, aber der Legat des Kardinals von Ferrara hatte das Übersetzen verboten. Erst nach zwei Tagen wurde

Hensels die Genehmigung erteilt. Dabei war der Fluß inzwischen noch gestiegen, nur vielleicht nicht so stark wie das Fährgeld. Man zahlte statt drei *paoli* deren sechsundzwanzig, wovon der Kardinallegat zwei Drittel abschöpfte: Reisewidrigkeiten in einem Land der großen und kleinen Korruption.[17]

Die Reisenden machten selbstverständlich in Florenz Station und besichtigten ausführlich den Palazzo Pitti. Fanny wäre am liebsten hingegangen und hätte die Bilder umgehängt: Die Tizians und andere Meisterwerke schienen ihr ausgesprochen ungünstig plaziert. Grenzenlos verblüfft bemerkte sie, wie nachlässig man mit dem kostbaren Mobiliar umging. Da ließen kopierende Maler ihre Paletten auf Mosaiktischen liegen, und ihre schlammverspritzten, regennassen Umhänge trockneten auf Samtsofas ohne jeglichen Schonbezug. Welche Schlamperei, aber auch welche Vergeudung in den Augen einer tüchtigen, zu Sparsamkeit und Achtsamkeit erzogenen preußischen Hausfrau![18] Auf dem Weg nach Rom bewunderten die Hensels noch Orvieto, verbrachten aber eine grauenhafte Nacht in Ricorsi, wo die Herberge so sehr nach einer Räuberspelunke aussah, daß Fanny meinte, man solle lieber aufbleiben. Trotzdem erreichten sie ohne weitere Zwischenfälle am 26. November um zehn Uhr abends ihr großes Ziel: Rom. Nahe dem Monte Pincio mieteten sie eine Vierzimmerwohnung; die geforderte Summe von dreißig *scudi* pro Monat erschien Fanny als moderat. Die im zweiten Stock gelegene Wohnung bot keinen Ausblick, aber die Familie Hensel fühlte sich, nachdem sie alle Koffer ausgepackt hatte, sehr schnell zu Hause.

Wilhelm war ganz närrisch vor Freude, als er seinen Freunden und Bekannten wieder begegnete; Fanny freute sich mit ihm, hörte seinen Jugenderinnerungen zu und ließ sich ebenso von Felix erzählen:[19] »Sein und Felixens Name sind mir hier ein paar weiche Ruhekissen. Ich habe es aber um so schwerer und muß verflucht liebenswürdig sein, um den Meinigen Ehre zu machen.« Zunächst herrschte schlechtes Wetter, Rom zeigte sich entsprechend ungastlich, und auch das Gesellschaftsleben versprach mehr Langeweile als Anregung. Sie wirkte bei einem Liebhaberkonzert in der Wohnung von Ludwig Landsberg (1807–1858) mit, einem ehemaligen Geiger des Königlichen Theaters, der jetzt in Rom lebte, musikalische Abende veranstaltete und für zehn *scudi* im Monat Klaviere vermietete. Fanny bot er eines zum Freundschaftspreis von neun *scudi* an, aber es war so verstimmt, daß sie dankend ablehnte. Die Hausmusikabende erreichten bei weitem nicht das Niveau der »Sonntagsmusiken«, und Fanny unterhielt sich dort nur mäßig. Als Stadt ohne Leben kam ihr Rom vor, in den Gesandtschaften wurden in jenem Winter nicht einmal Bälle gegeben, wo man doch in der Familie Mendelssohn leidenschaftlich gerne tanzte. Auch wunderte sie sich, daß sie lauter Junggesellen begegnete. Warum nur, fragte sie, waren Sankt Ursulas elftausend

Jungfrauen nicht in Rom gelandet? Kinder gehörten nach ihrem Eindruck zu den Seltenheiten, man treffe »wesentlich mehr Antiquitäten« an. Immerhin trieb sie für Sebastian einen kleinen Spielgefährten auf und hoffte, daß ihr Sohn bei dem Achtjährigen möglichst viel Französisch und Italienisch lernen würde. Später berichtete Sebastian in seinen Erinnerungen, auch mit dem Enkel des Bildhauers Thorwaldsen[20] habe er seine Zeit verbracht. Dessen Hauslehrer, ein italienischer Kaplan, betrieb eifrig seine Bekehrung zum katholischen Glauben, bis der Knabe buchstäblich die Flucht ergriff. Bei der Köchin Jette, zu der er sich des öfteren flüchtete, konnte er die Sprache der Einheimischen natürlich nicht lernen, aber ein anderer italienischer Hauslehrer wurde engagiert, der für Erklärungen nur ins Englische ausweichen konnte. Voller Bewunderung stellte Fanny fest, daß Sebastian zwischen den beiden Fremdsprachen hin und her wechselte, eine Fertigkeit, die ihr selbst nicht gegeben war![21]

Das Interesse für alte Musik führte sie auf Felix' Spuren auch zur Sixtinischen Kapelle, aber als Frau durfte sie der Zeremonie nur von weitem und noch dazu hinter einem Gitter beiwohnen. Da sie kurzsichtig war, blieb ihr nicht viel übrig, als angestrengt dem »sehr unreinen und sehr mittelmäßigen Gesang der päpstlichen Kapelle«[22] zu lauschen. Dennoch beschloß sie wiederzukommen, sie wollte sich in diese ihr ungewohnte Stilrichtung der Musik wenigstens einhören.

Felix hatte während seiner Italienreise 1830, als er die altitalienische Musik zu verstehen versuchte, mehr Glück gehabt. Der preußische Diplomat und Historiker Christian Josias von Bunsen (1791–1860), der von 1823 bis 1838 in Rom lebte und ein enger Freund der Mendelssohns war (er hatte Wilhelm herzlich aufgenommen und seine ganze Italienzeit hindurch gefördert), war ein begeisterter Anhänger von Palestrina, veranstaltete Hauskonzerte mit Sängern der Sixtinischen Kapelle und plante eine Neuausgabe des Komponisten. Felix hatte er die Bekanntschaft der »schwarzröckigen Abbaten« des päpstlichen Chors verschafft. Denen hatte die Improvisationskunst des Deutschen imponiert, so daß sie ihm den Zugang zu ihrer musikalischen Welt bereitwillig erleichtert hatten.[23]

1839 aber weilte Bunsen nicht mehr in Rom, und Fanny stand hinter dem Gitter der Sixtina, um sich hörend eine erste Meinung zu bilden. Danach schrieb sie ihrem Bruder, wie sehr sie sich als deutsche Musikerin gewundert habe, aus so weiter Entfernung einen so dünnen Chor zu vernehmen. Kein Vergleich mit der Singakademie. Die päpstliche Musik erschien ihr als pure Abfolge schlecht gesungener Quintparallelen (»Wenn das nicht Quintissime sind, dann weiß ichs nicht«).[24] Und wenn sie sie tatsächlich kennengelernt hätte, wären die Sänger bereit gewesen, eine Frau in ihre Kunst einzuweihen? Eine noch dazu vorwitzige Frau, die mit boshafter Vorliebe Orte heimsuchte, die ihr eigentlich untersagt waren und wo sie lachend in Kauf nahm, vor die Tür gewiesen zu werden.[25]

Am 7. Dezember setzte Fanny dank einer Einladung zum Diner erstmals den Fuß in die Villa Medici.[26]

> Gestern haben wir zum erstenmal bei Ingres[27] (dem Direktor der französischen Akademie) gegessen, der uns außerordentlich freundlich aufgenommen und sich Pauls mit vieler Liebe erinnert; er nennt ihn zum Unterschied von Felix immer: Votre frère qui joue si bien de la basse. Ihr wißt, daß er ein großer Geiger vor dem Herrn ist; nach Tisch wurden Trios gespielt, was jeden Sonntag geschieht, und dabei versammelt sich die ganze französische Akademie, lauter jeune France mit Bärten und gestutztem Haar à la Raffael, fast lauter hübsche Leute, denen ich es nicht verdenken kann, daß sie sich nach den Fleischtöpfen Ägyptens, nach den Bällen Horace Vernets zurücksehnen, denn nach Ingres' Pfeife wird gar nicht getanzt, sondern nur höchst klassische Musik gespielt, Ihr könnt uns also zuweilen sonntags abends mit den Gedanken bei ihm suchen. Ob ich an Felix in diesem Hause dachte, mögt Ihr Euch vorstellen. Welch ein höchst grandioses Institut ist aber diese französische Akademie, und wie glücklich sind überhaupt die französischen Künstler! Für Ingres arbeitet unausgesetzt einer der talentvollsten Kupferstecher, Calamatta, und sticht selbst seine Porträts, das heißt doch es gut haben in der Welt. Und wie schön ist diese Villa Medicis und wie beneidenswert der Posten dieses Direktors, an dem ersten Kunstorte auf Erden, ausgestattet mit allen Mitteln, auf die Elite der Jugend seines Landes einzuwirken; es kann wohl nichts Schöneres für einen Künstler geben, aber sie sind leider auch darüber blasiert, sie wissen nicht, wie gut sie es haben, und müßten wahrhaftig wieder einmal ein bißchen geschüttelt werden, um den Übermut loszuwerden.

Wie sehr hätte sich Fanny für Wilhelm eine vergleichbare Position gewünscht! »Es kann wohl nichts Schöneres für einen Künstler geben«: Die Kunst, ob nun die bildende oder die musikalische, lebt von ihrem sittlichen Auftrag, eine geistige Gemeinschaft zu stiften. Wilhelm ist ein guter Lehrer, seine Schüler (Kaselowsky, Moser ...) mögen ihn sehr. Fanny denkt wie ihre Zeitgenossen, für sie ist die Qualität seiner Bilder von ihrem Inhalt nicht zu trennen, und genausowenig ist Wilhelms Wert als Künstler von seiner Lebensführung unabhängig zu sehen. Mit anderen Worten, ein Künstler ist verpflichtet, ein guter Mensch und ein Vorbild zu sein. Mag Ingres seiner Kunst absoluten Vorrang geben, mag die Direktionsstelle ihm eine Last sein, Fanny wie Felix Mendelssohn sind anders erzogen, für sie ist Kunst nichts ohne ihr sittlich-religiöses Fundament, für sie ist es erste Pflicht, andere zur Teilhabe an ihrer Kunst zu

bringen. Soll man in der Kunst eine Aufgabe sehen oder ein freies geistiges Spiel? Die Frage liegt nicht weit, sobald man den Standpunkt eines Ingres mit dem der Mendelssohns vergleicht.
Natürlich besuchte Fanny den Vatikan und erwies den Raffael-Zimmern den schuldigen Respekt. Weihnachten kam näher, und ihr wurde klar, daß sie das Fest zum erstenmal nicht zu Hause verbringen würde. Immerhin brachte sie für Sebastian mit Hilfe von Zypressen-, Myrten- und Orangenzweigen einen Weihnachtsbaum zustande und behing ihn mit Früchten. Die Trauben, so befand sie, schmeckten köstlich, aber weder die Äpfel noch Birnen noch das Gebäck konnten es mit dem in Venedig Gebotenen aufnehmen.[28] Dafür hatte die Berliner Köchin Jette gelernt, wie man in der italienischsten Stadt Italiens deutschen Kuchen backt. Die Hensels verbrachten demnach ein glückliches Weihnachtsfest, Wilhelm schenkte Fanny ein mit Elfenbein eingelegtes Kästchen, und Fanny schenkte ihm eine Skizze von Veronese.[29]
Wilhelm führte sie auch in die Casa Bartholdy, wo jetzt zwischen englischen Möbeln Engländer wohnten, und Fanny versuchte sich vorzustellen, wie es einmal gewesen war. Die milden Temperaturen des Wetters genoß sie jeden Tag neu, konnte aber nicht begreifen, daß ein reicher Boden so wenig hervorbrachte. Zu Hause in der Mark Brandenburg rang man dem kargen Boden mit nordischer Zähigkeit Wunder ab: Spargel trotz 20 Grad Kälte! »Ach wenn Napoleon statt Frankreich sich Italien unterworfen, sich dann darauf beschränkt und es von Grund auf organisiert hätte! Ich glaube, Frankreich hätte sich selbst geholfen, und Italien wäre jetzt, was es früher war, das Paradies auf der Erde.«[30] Ein Höhenflug politischer Spekulation!
Dann wurde Wilhelm krank, und sechs Wochen lang verließen die Hensels ihr Haus nicht mehr. Als er sich erholte, erreichte der Karneval seinen Höhepunkt, und zu ihrem Erstaunen ließ sich Fanny widerstandslos von dem Treiben mitreißen. Nie hätte sie geglaubt, daß sie sich inmitten der lärmenden Ausgelassenheit so sehr amüsieren würde. Die Menge bewarf sich in nicht eben zarter Manier mit Gipspulver, Bonbons und Mehl, aber auch mit Blumen. Fanny hielt sich nicht etwa vornehm abseits, sie stürzte sich jauchzend ins Getümmel. Die Kostüme, die als Frauen verkleideten Kutscher, die phantasievollen Streiche und Späße, alles faszinierte und erheiterte sie. An ihre Mutter schrieb sie:[31]

> Du hast gar keinen Begriff, was man alles zu thun hat während so einer Corsofahrt. Sich umsehn, und alles dumme Zeug bemerken, aufpassen, von woher geworfen wird, um sich womöglich zu dekken, den Wurf auf angemessene Weise erwidern, die Munition sammeln und sondern, die in den Wagen geworfen wird, sich mit den Stutzermasken unterhalten, die auf den Tritt steigen, sich als

> Bekannte benehmen und den Augenblick abpassen, einem etwas ins Gesicht zu werfen, alle diese wichtigen Geschäfte nehmen den Geist und die Hände so in Anspruch, dass man nicht weiss, was man zuerst thun soll, ja es ist unglaublich, aber man macht so rapide Fortschritte in der Tollheit, dass man es ordentlich übelnimmt, wenn ein Wagen vorüberfährt, ohne zu werfen, denn es ist eine Vernachlässigung. Kennst Du mich wieder, liebe Mutter, dass ich mich stundenlang amüsire in einem Geschwirr und Lärm, den man weder mit dem Brausen des Meeres, noch mit dem Gebrüll wilder Thiere, sondern nur mit dem des römischen Corso vergleichen kann?

Felix Mendelssohn hatte man des öfteren das Kompliment gemacht, er sei nicht der typisch ernsthafte Deutsche, doch auch Fanny zeigte inmitten einer italienischen Volksmenge, daß sie aus sich herausgehen konnte!
Die Kontakte mit dem Volk fand sie entschieden anregender als die römische Gesellschaft. Felix bekam die Klage zu lesen, daß sich in diesem Winter keine einzige bedeutende Persönlichkeit sehen ließe. Im Vorjahr hatte Liszt vier Monate in Rom verbracht, wie schade, daß sie ihn verpaßt hat![32] Immerhin machte sie in Begleitung Wilhelms und seiner Malerfreunde viele Spaziergänge durch die Stadt und in der umliegenden Campagna, und viel mehr als die durchsichtig-sanfte Luft war nicht nötig, um sie in Hochstimmung zu versetzen. Nach wie vor fand sie es einen Jammer, wie die Neuzeit mit den antiken und mittelalterlichen Bauten umging. Ach, wie schön müßte Rom im 15. und 16. Jahrhundert gewesen sein!
Ein unerwartetes Ereignis verdiente es, nach Hause in die Leipziger Straße Nr. 3 gemeldet zu werden:[33] Nach einem sonnigen Winter, der jeden Mantel überflüssig gemacht hatte, schneite es in Rom am 25. März. Als die Sonne wieder hervorkam, stapften Fanny und Wilhelm durch den Schlamm hinauf nach Trinità del Monte, um den seltenen Blick auf das verschneite Rom zu genießen.
Italien war bis jetzt schon ein großartiges Erlebnis gewesen, aber Rom sollte für Fanny noch schönere Erinnerungen bedeuten.

Ein Fest fürs Leben. Rom und die Academie de France

Am Sonntag, den 5. April, sind Herr und Frau Hensel bei Ingres zu Gast. Sie machen die Bekanntschaft des Malers Horace Vernet, aus dessen ganzer Aufmachung die Vorliebe für exotische Fernen spricht. »Mit seinem orientalischen Kostüm, langem Bart, markierten Zügen, blitzenden Augen und gebräunter Haut (sah) er aus wie ein wahrer Araber«, berichtet Fanny.[1] Vernet hat allerdings mehr zu bieten als bloße Aufmachung oder Attitüde, und hingerissen lauscht das Ehepaar seinen Reiseerzählungen aus Nordafrika (das damals zum »Orient« zählte):

> Was er erzählt, rührte wieder aufs heftigste ein schon oft durchgesprochenes Thema auf, so daß wir nachher die halbe Nacht in ernster Verhandlung blieben, deren Resultat ein echt deutsches war, »seine nächste Pflicht tun und warten«. Ein Franzose begreift so etwas nicht. Als Wilhelm ihm sagte, daß seine äußerste Sehnsucht nach jenem Land gerichtet sei, machte er ein ganz verblüfftes Gesicht und sagte, er könne ja in vierzehn Tagen dasein, und diese glückliche Leichtigkeit, mit der ein Franzose alle äußeren Verhältnisse ergreift und das Leben zu behandeln weiß, hat etwas so Ansteckendes, daß ich wirklich in dem Augenblick kein Hindernis und keine Schwierigkeiten sah und meinem Wilhelm wahrlich aufrichtig und aus wahrstem Herzen dringend vorschlug, uns bis Triest zu bringen und sich einzuschiffen. Ich mußte aber seinen ernsten und würdigen Gegengründen weichen. Was ist es aber für ein Gefühl für mich, ihm durch mein Dasein solche Opfer aufzuerlegen. Denn was wir lange unter uns besprochen, geahnt, gefühlt, gewußt, das bringt nun Vernet mit frischer Tat und klarem Wort ins Leben, und in kurzem wird es Gemeingut sein. Dort liegt die Zukunft der Kunst. Diese Tat hätte Wilhelm vollbringen können, hätte er sie gleich der Idee folgen lassen. Daß wir Deutsche immer warten! Immer den Moment verpassen! Immer zu spät kommen! Daß man doch aus seiner Zeit, seiner Familie, seinem eigenen Selbst so schwer sich erhebt. Die Sache bewegt und ergreift mich aufs tiefste …

Wilhelms Bilder werden das afrikanische Licht nicht einfangen. Er hat Fanny zur Königin über Heim und Herd gemacht, er hat sich mit ihr dort eingeschlossen. Jetzt verschanzt er sich hinter dem Argument, daß ein Ehemann für seine Frau Verantwortung trägt und sie nicht allein lassen darf. Gewiß, die Heimreise von Triest nach Berlin hätte eine Frau und ihr Kind, auch wenn man eine Bedienstete hinzurechnet, vor Probleme gestellt, aber die wären alles andere als unlösbar gewesen. Fannys Willenskraft hätte hundertmal gereicht, um etwaige Hindernisse beiseite zu räumen. Aber die künstlerische Expedition, deren Reiz Vernet seinem Malerkollegen vor Augen stellt, droht dessen ganze Persönlichkeit aus dem Gleichgewicht zu bringen: Gefährdet sind seine Solidität, seine ebenso preußische wie gutmütige Bürgerlichkeit und nicht zuletzt sein Familiensinn – den er denn auch vorschiebt, um die Realität nicht sehen zu müssen. Lauter Gründe, mit denen Fanny nicht glücklich ist. Auch sie findet ja Schutz in der Ehe, nur daß sie gar keine andere Wahl gehabt hat.
Das Ehepaar ließ den Gast auf eine Weise Modell sitzen, die er als kurzweilig empfinden mußte: Wilhelm zeichnete und Fanny spielte Klavier. Der Franzose hatte für seinen Besuch nur eine Stunde Zeit, aber er kam sozusagen in vollem exotischem Ornat. Man frühstückte, Vernet erzählte von seinen Plänen, Fanny spielte, wenn er nicht gerade redete, und Wilhelm widmete sich seiner Porträtzeichnung. Eine sehr zivilisierte Art und Weise, die Künste unter einen Hut zu bringen und einen angenehmen Vormittag zu verbringen.[2] Wilhelm lehnte es ab, den großen Schritt aus der Selbstbeschränkung hinaus in die Ferne zu tun, er war nicht neugierig genug auf fremde Welten, er blieb lieber in seiner trauten, poetisch verklärten Welt und zeichnete die idealisierenden Porträts seiner zahlreichen Freunde.
Der Karfreitag bot Fanny endlich die Möglichkeit, die Musik der Sixtinischen Kapelle genauer kennenzulernen:[3]

> Ich fand ganz vorne Platz, und da später der Schweizer einigen Damen erlaubte, dicht ans Gitter zu treten, so sah ich diesmal alle Zeremonien vortrefflich, und die Kreuzanbetung ist gewiß eine der schönsten. Zuerst ward die Passion gesungen, und da gelang es mir diesmal, den Faden zu behalten und bis zu Ende genau zu folgen. Die Einteilung ist im wesentlichen die, welche Bach beibehalten, Jesus ward von einer schönen Baßstimme gesungen, der Evangelist von einem ziemlich schreienden Bariton. Die Volkschöre sind von Vittoria. In ganz kurzen vierstimmigen Sätzen wurden die Worte ohne alle Durchführung einmal gesungen, und doch sind diese kurzen musikalischen Sätze sehr wichtig zur Erholung nach dem unglaublich monotonen Ableiern der Passion … Natürlich ist

dabei von Ausdruck nicht die Rede. In einem gewissen Pathos, aber doch zugleich mit merklicher Eile werden die Worte abgesungen. Es interessierte mich im höchsten Grade, und meine Aufmerksamkeit ließ nicht einen Augenblick nach. Ich dachte dabei beständig an Seb. Bach. Jene starren Formen des Gesangs erinnerten mich aufs lebhafteste an die uralten Mosaiken, nur finde ich jene noch steifer und todähnlicher. Ihre Ähnlichkeit aber ist sehr denkbar, denn sie sind Kinder einer verwandten Zeit. Auch glaube ich, in einer byzantinischen Kirche würde mich jener Gesang als nicht unpassend angemutet haben, hier aber, in der Sixtina, wo sich die bildende Kunst im höchsten Moment der Vollendung, ja fast der Überreife zeigt, tritt er in einen grellen Widerspruch der Versteinerung und Armseligkeit, wo hingegen die eigentlichen Gesänge der Sixtinischen Kapelle (ein ausgebildetes Musikstück in dem Sinn unserer großen Meister habe ich überall nicht drin gehört) wieder einen viel späteren Charakter haben, den der Süßigkeit und eines fast Rokokostils. Ich drücke mich mit Absicht stark aus, um mir selbst für die Folge klar zu bleiben. Der eigentliche Gipfel der Kunst ist für die Musik nicht repräsentiert, es würde mehr sein, wenn sie den einfachen Gesang einfacher vortrügen, doch davon nachher.
Nach der Passion erschien der Papst, und es ward eine lateinische Rede mit großem Pathos und unermeßlichem Geschrei gehalten, hierauf kamen die Gebete, es wird nämlich rubrikenweise für, wirklich, Gott und die Welt gebetet, und bei jeder Rubrik beugten der Papst und die Kardinäle das Knie. Auch diese so uralte, einfache und schöne Handlung der Kreuzanbetung hat die katholische Kirche wie so manches andere zur possenhaften Äußerlichkeit heruntergesetzt und knickst wie die Weiber beim Kaffeebesuch. Nur das Gebet für die Juden wird stehend abgemacht. »Tout dégénère entre les mains des hommes.«[4]

Fanny vermied, wo es ging, Verweise auf Jüdisches, wie sie überhaupt umstrittene Themen mied, und außerdem ist denkbar, daß ihr Sohn Sebastian, wäre er auf einschlägige Passagen gestoßen, diese 1879 nicht mit veröffentlicht hätte. Vermutlich hätte er sie mit gutem Gewissen unterschlagen. Daß Fanny das stehend gesprochene Gebet für die Juden erwähnte, ist als bedeutsames Zeugnis zu werten. Am nächsten Tag, dem Karsamstag, schrieb sie, die zeremonielle Taufe eines Kindes, welches Juden und Heiden symbolisch zu vertreten hatte, würde ohne ihre und ihres Gatten Anwesenheit vonstatten gehen, sie würden sich lieber zu Hause ausruhen und auf die Osterglocken warten. In das Geläute mußten, nach Sankt Peter, Roms sämtliche Kirchen einfallen, bis sich das Volk auf seine Weise anschloß und zu Kanonendonner auf Kochtöpfe hämmerte.[5] Vielleicht fühlte sie sich als Jüdin durch das würdelose Gebaren des römischen Klerus beleidigt; mit noch mehr Wahrscheinlichkeit darf man annehmen, daß sie sich als Anhängerin einer Religion der Toleranz und Humanität von einem als obskurantistisch empfundenen Spektakel abwandte.

Am 3. Mai folgte der Besuch bei dem Maler Overbeck. Danach war sie von den Vorzügen einer römisch-katholischen Kunst eher noch weniger überzeugt als vorher:[6] »Wir gingen zu Overbeck, dessen heilig langweilig, stumpf poetisch, schlicht anmaßendes Bild zu sehen. Es ließe sich sehr viel darüber sagen, aber ich habe keine Geduld dazu. Nur des ungeheuren Hochmuts muß ich erwähnen, mit dem der heilige Mann sich selbst, Veit und Cornelius in eine Ecke des Bildes als einzige Erwählte der jetzigen Zeit gesetzt hat. Je trouve cela colossal.« Jahre vorher hatte Lea gesagt, der Katholizismus führe zu Frömmelei und Fanatismus. Eine absolute Wahrheit hatte sie damit zwar nicht verkündet, für die Nazarener aber traf die Feststellung zu. Deren Gesinnung und Programm mußten Fanny suspekt sein: Die Überzeugung, eine absolute und unverrückbare religiöse Wahrheit zu besitzen, war dem Mendelssohnschen Denken diametral entgegengesetzt.

Dennoch ergriff sie an jenem Freitag nicht die Flucht, und sie hörte mit gleicher Aufmerksamkeit die Fortsetzung der Passionsliturgie, würdigte die Palestrina-Stücke und fand, der unter einem Baldachin schreitende Papst sehe aus wie ein Mandarin unter seinem Sonnenschirm. Unterdessen hatte Wilhelm ein halbes Dutzend Kardinäle auf dem Zeichenblock festgehalten. Am Nachmittag kehrten sie in die Kapelle zurück, denn Fanny hatte »beschlossen, diese Musiken so genau als möglich zu hören«.

Allegris *Lamentazioni* kamen ihr schön, aber erstaunlich monoton vor. Und sie dauerten drei Stunden, in denen es immer dunkler wurde; Licht um Licht erlosch, und während die Zuhörer vor Erschöpfung beinahe umsanken, stimmte das Sängerquartett wunderbar leise das *Miserere* von Allegri an, »ein faustdicker Effekt, der denn auch seit 200 Jahren seine Wirkung alljährlich auf sein Publikum zu machen nie verfehlt, und man kann aus diesem Beispiel wieder sehen, wie klug und treffend hier alles zur Wirkung auf die Sinne berechnet ist. Wie man aber seinen Geist durch dergleichen kluge Berechnung kann gefangen geben, das ist und bleibt mir ein Rätsel.[7]« Allegris *Miserere* war, so fügte sie hinzu, ein ganz einfaches Stück, worin dasselbe Versett zehnmal wiederholt wurde. Der Chor umfaßte nur neunzehn Mitwirkende, die ihre schematische Melodie »traditionell und etwas rokoko verzierten«. Im übrigen hielten die Sänger die Höhe nicht, sondern »zogen bei jedem Versett um einen Drittelton herunter, so daß sie ganz tief schlossen« – was hier in der Sixtina angehen

mochte, während es in der Singakademie Entrüstung hervorgerufen hätte.
Anders als Fanny spürte der Komponist Charles Gounod (1818–1897) keinerlei Diskrepanz zwischen einer der Dekadenz schon nahen Malerei und einer Musik, die musikgeschichtlich als früh und harmonisch unentwickelt zu gelten hatte. In seinen *Memoiren*[8] sagt er im Gegenteil: »Palestrinas Musik scheint die gesungene Übertragung von Michelangelos gewaltiger Freskendichtung, und ich möchte glauben, daß die beiden Meister einander wechselseitig erhellen und so dem Verständnis erschließen: der Betrachter bringt den Hörer in sich voran und umgekehrt, so daß man nach einiger Zeit versucht ist sich zu fragen, ob die Sixtinische Kapelle nicht aus ein und derselben Inspiration heraus entstanden ist.«
Gounod erlebt das Doppelkunstwerk radikal anders als Fanny, er hat viel weniger Abstand. Seine Bewunderung ist die des Romantikers, ihm fließen zwei wesensverschiedene Werke zur komplementären Einheit zusammen, während die deutsche Musikerin erneut ihre historische Bildung und ihr analytisches Verständnis beweist. Sie sieht, welch dominierende Rolle die malerische Technik spielt, im Vergleich zu der ihr die musikalische Technik dürftig vorkommt. Sie spürt, daß dieser Kontrast nicht eine Frage der Person, der Begabung oder der »Inspiration« ist, sondern daß innerhalb einer jeden historischen Epoche bestimmte Künste eine Vorrangstellung haben. Fanny hatte von Hegel gehört, Gounod wohl eher nicht.
Der Karfreitag endete für sie bei einer gewissen Gräfin Kaiseroff, die sich einfallen ließ, Pergolesis *Stabat Mater* in kammermusikalischer Version aufzuführen: ein Tenor, ein Baß, dazu ein Instrumentalquartett. Fanny mußte den Klavierpart übernehmen und langweilte sich so sehr, daß sie beinahe über den Tasten eingenickt wäre:[9] »Aber Kreuzdonnerwetter, wir hatten schlabbrige Musik genug im Leibe!«
Der Romaufenthalt des Ehepaars Hensel näherte sich seinem Ende: Normalerweise warteten die Pilger und Besucher das Ende des Osterfestes ab, dann verließen sie die Stadt. Fanny und Wilhelm hatten im Prinzip auch alles gesehen und alles gehört, was Rom zu bieten hatte. Dabei lagen ihre schönsten Tage in dieser Stadt noch vor ihnen. Ein kleiner Kreis von Künstlerfreunden hatte sich um sie gebildet. Zu ihm gehörten drei Schüler der Villa Medici: zwei Musiker, Bousquet und Gounod, sowie ein Landschaftsmaler namens Dugasseau, von dem Sebastian sagt, er sei »eher liebenswürdig als talentvoll«[10] gewesen. Dazu kam Charlotte Thygeson, eine Verwandte des Bildhauers Thorwaldsen, die das Klavier ausgezeichnet beherrschte, es aber ebensowenig wie Fanny zu ihrem Beruf gemacht hatte. Schließlich zählten drei preußische Maler dazu, August Kaselowsky (1810–1891), Eduard Magnus (1799–1872) und Friedrich August Elsasser (1810–1845). Fanny und Wilhelm richteten

sich bei ihrer Tagesplanung nach diesen Freunden. Wilhelm malte vormittags, um ein Uhr wurde gegessen, nachmittags brach die ganze Gesellschaft zu Spazierfahrten auf, und abends gingen Hensels aus, oder sie empfingen Gäste, und es wurde musiziert. »Wir sind den ganzen Winter über, glaube ich, kaum drei Abende allein gewesen«, schrieb Fanny an Beckchen.[11]

Sie war über alle Maßen glücklich. Die jungen Franzosen brachten ihr grenzenlose Bewunderung entgegen, was sie nie erlebt hatte und was sie ein ebenso neues Selbstvertrauen fassen ließ. Im April schrieb sie:[12]

> Bousquet und Dugasseau machen es mir in so fern schwer, als sie nie eine Sache vergessen, die ich ihnen, auch vor Monaten, nur einmal gespielt; ein besseres Publikum kann man wirklich nicht haben. Ich schreibe auch jetzt viel; nichts spornt mich so als Anerkennung wogegen mich der Tadel muthlos macht und niederdrückt. Gounod ist auf eine Weise leidenschaftlich über Musik entzückt, wie ich es nicht leicht gesehn. Mein kleines venezianisches Stück gefällt ihm ausserordentlich, ferner das aus *h moll*, was ich hier gemacht habe, Felixens Duett, sein *Capriccio* aus *a moll* und vor Allem das Concert von Bach,[13] das ich wenigstens schon zehnmal habe spielen müssen.

In diesem Stadium ihrer großen Reise hätten die Hensels gerne einen zweiten Winter in Rom verbracht, aber die Vernunft gebot ihnen, den Aufenthalt nicht über Ende Mai hinaus zu verlängern.

> Es kostet uns Beide einen schweren Kampf von Rom fortzugehen; ich hätte nie gedacht, dass es mir einen so tiefen Eindruck machen würde. Ich will mir garnicht verhehlen, dass die Athmosphäre von Bewunderung und Verehrung, von der ich mich hier umgeben sehe, wohl etwas dazu beitragen mag, ich bin in meiner frühen Jugend lange nicht so angeraspelt worden wie jetzt, und wer kann läugnen, dass das sehr angenehm und erfreulich ist? Es kommt eben Alles hier zusammen, um mich an Rom zu fesseln; und wie gut wäre es für meinen Wilhelm, für seine Arbeiten; aber es geht nicht, es ist fest beschlossen.

Berlioz wie Massenet rühmten den munteren, geselligen Umgang, der unter den Stipendiaten der Villa Medici herrschte. Das gestrenge Studium in Paris lag erst einmal hinter ihnen. Jetzt gebärdeten sie sich wie entlaufene Fohlen (gebildete Fohlen, muß man dazusagen). Fröhliches Gelächter begleitete die Landpartien, und Fanny erlebte eine Sorglosigkeit und Heiterkeit, die sie nie gekannt hatte. Als sie jung gewesen war,

mußten unter Leas aufmerksamem Blick auch die Kinderspiele im Hause Mendelssohn ein gewisses, Wunderkindern angemessenes pädagogisches »Niveau« aufweisen. In Rom, in Gesellschaft der Franzosen, wurde ihr bewußt, was das Wort Freiheit eigentlich bedeutete.
Am 2. Mai wohnte sie der Messe in der Griechischen Kirche bei – die Musik und deren Ausführung gefielen ihr sehr und kamen ihr modern vor –, und am Abend folgte ein Hauskonzert in der eigenen Wohnung:[14]

> … Abends spielte ich mehreres und zuletzt das Bachsche Konzert wieder, worüber die Leute dermaßen außer sich waren, obgleich sie es schon so oft gehört, daß sie mir die Hände küßten und drückten und sich gar nicht fassen konnten; namentlich Gounod, der überhaupt entsetzlich lebhaft ist und immer keine Worte finden kann, mir auszudrücken, welchen Einfluss ich auf ihn ausübe, und wie glücklich er bei uns sei. Die Beiden sind sehr verschieden, Bousquet ruhiger und zur französischen Klassicität hinneigend, Gounod hyperromantisch und leidenschaftlich; dem fällt nun die Bekanntschaft mit deutscher Musik wie eine Bombe in's Haus, möglich, dass sie grossen Schaden anrichtet.

Am 8. Mai erneute Versammlung:[15]

> Abends Magnus und unsere Franzosen, oder wie sie jetzt heissen, die drei Capricen, indem Bousquet sich *Caprice en là*, Gounod *Caprice en mi*, und Dugasseau *Caprice en si bemolle* nennt. Es ward wie gewöhnlich viel Musik gemacht, viel geplaudert und gelacht und spät beisammen geblieben. Bousquet zeigte mir seine angefangene Cantate, worin sehr schöne Sachen sind. Ihm, glaube ich, wird die Kenntniss deutscher Musik nur förderlich sein können, während Gounod dadurch verwirrt und halb toll gemacht wird. Der scheint mir viel unreifer, doch kenne ich noch nichts von seiner Musik, denn ein Scherzo, das er mir neulich vorspielte und fragte, ob ers mir geben dürfte, will ich nicht rechnen, das war gar zu schlecht, und mir däucht, da spukte schon deutsche Musik drin.

Und das Fest geht weiter. Sie vergißt jedoch nicht ihr Reisetagebuch, so daß wir mitgenießen dürfen:[16]

> Den 13ten Mai ging ich mit Sebastian nach Santa Maria sopra Minerva, wo die Christusstatue von Michel Angelo und viele Grabmäler, auch von Päpsten, sind. Daneben ein Kreuzgang mit Fresken, aus dem ich mich, nach meiner Liebhaberei, von Mönchen vertreiben liess, Abends die Franzosen, deren Portraits Wilhelm

anfing. Dabei gab's natürlich viel Spass. Jeder, der sass, durfte sich bei mir bestellen, was ich dazu spielen soll-
te, und so spielte ich fast den ganzen *Fidelio* durch und noch vieles Andre und zuletzt die C-dur-Sonate von Beethoven. Gounod war wie betrunken und sprach lauter dummes Zeug, und als er zuletzt in grosser Begeisterung ausrief: »*Beethoven est un polisson*«, meinten die Andern, nun wäre es Zeit, dass er zu Bett ginge und brachten ihn fort. Da war es wieder einmal halb eins geworden.

Auch Gounod selbst wird später von den Abenden bei den Hensels berichten, allerdings ohne seine eigene Hochstimmung zu erwähnen:[17]

> Im selben Winter hatte ich das Glück, die Schwester Mendelssohns, Fanny Henzel, kennenzulernen. Sie verbrachte zusammen mit ihrem Mann, dem preußischen Hofmaler, und ihrem noch im Kindesalter stehenden Sohn den Winter in Rom. Madame Henzel war eine unvergleichliche Musikerin, eine ausgezeichnete Pianistin, eine geistig überlegene Frau; sie war klein, fast schmächtig, aber der feurige Blick aus tiefen Augen verriet ungewöhnliche Energie. Als Komponistin war sie von seltener Begabung ... Madame Henzel setzte sich mit der unbefangenen Anmut ans Klavier, welche Menschen eigen ist, die aus Freude musizieren, und dank ihrem schönen Talent und ihrem stupenden Gedächtnis hörte ich eine Menge von Meisterwerken der deutschen Musik, die mir damals vollkommen unbekannt gewesen waren, unter anderem sehr viele Stücke von Sebastian Bach, Sonaten, Fugen und Präludien, Konzerte, und zahlreiche Kompositionen von Mendelssohn – lauter Offenbarungen aus einer ungeahnten Welt.

Die ausgelassenen römischen Nächte, in denen man ihn zu Bett bringen mußte, kommen wie gesagt nicht vor ... Charles Gounod zeigte zeitlebens eine extrem labile Gemütsverfassung. Wie er an seiner Mutter hing, die er in Rom so sehr vermißte und die er insgesamt drei Jahre entbehren mußte, war problematisch, und vielleicht suchte er in der dreizehn Jahre älteren Fanny auch ein Abbild dieser Mutter. Etwas von einer Mutterbeziehung hatte auch das sonderbare und skandalöse Verhältnis mit Mrs. Weldon,[18] die ihn für mehrere Jahre nach England lockte. Fest steht, daß er Fanny etliche Male durch stürmisch bekundeten Enthusiasmus überraschte, den sie als Unreife wertete. Nur daß es gelegentlich sehr angenehm ist, sich in Gesellschaft unvernünftiger Menschen zu befinden.
Gerührt erwähnt Fanny gegenüber Felix, sie solle bei Landsberg in Bachs Konzert für drei Klaviere mitwirken, worin Felix erst im März in Leipzig

zusammen mit Franz Liszt und Ferdinand Hiller aufgetreten ist. Mit ihr werden ihre Freundin Charlotte Thygeson und noch eine weitere hervorragende »Dilettantin« konzertieren. Fast verlegen fügt sie hinzu:[19] »Es wird aber doch einiger Unterschied stattfinden. Ich sage Dir, die Franzosen bewundern jetzt nichts als *Bacque*, es ist zu komisch. Das Konzert aus d-moll habe ich wenigstens schon ein dutzendmal spielen müssen, und Sie möchten sich auf die Köpfe stellen vor Entzücken.« Die Familie in Berlin erfährt von ihrer »innerlichen Freude, das in Rom zu spielen und unserm Alten vom Berge hier neue Freunde und Jünger zu erwerben«.[20] Hausmusikveranstaltungen, seien es nun die Berliner Sonntagsmusiken oder Landsbergs römische Konzerte, haben das Musikleben des 19. Jahrhunderts zweifellos mitgeprägt.

Was Johann Sebastian Bach betrifft, so machte Fanny da weiter, wo Felix 1830 begonnen hatte. Felix hatte einen alten Musiker und Autographensammler kennengelernt, den Abt Fortunato Santini (1778–1862), der ihm großzügig seine prachtvolle Bibliothek öffnete. Felix wiederum machte ihn mit Partituren von Bach und Händel bekannt und sandte ihm später weiteres Material.[21] 1840 war Santini häufiger Gast bei Fanny, und zwischen den beiden Musikbesessenen kam es zu einem regen Austausch von Notenblättern.

Aus all den Spazierfahrten und all den Abenden, die Fanny in ihren Briefen und im Tagebuch schildert, heben sich zwei Daten, zwei Ausnahmetage, heraus, die sie als vollkommen erlebte und nie mehr vergessen wollte: der 20. und der 31. Mai. Schon am Morgen des 20. Mai versammelte sich die bis auf Gounod vollzählige Freundesgesellschaft. Dann brach man zu einer eher ungewöhnlichen Landpartie auf.[22] In der Villa Wolchonsky angekommen, verstreute man sich in deren paradiesischen Gärten, und jeder mußte nun in seiner Disziplin etwas erbringen. Zur Mittagessenszeit zeigte Elsasser ein Aquarell vor, Wilhelm eine Ölskizze, Kaselowsky und Dugasseau Zeichnungen. Die Musiker hatten sich gegenseitig Aufgaben gestellt: Fanny hatte Bousquet ein italienisches Gedicht gebracht, woraus er ein hübsches Duett machte, und er hatte ein Bändchen Lamartine-Gedichte dabei, woraus sie mehrere Strophen vertonte. Nach einer heiteren Mahlzeit gingen die Künstler wieder an ihre Arbeit zurück oder ergaben sich der Muße, und die Musiker studierten zwei-, drei- und vierstimmige Lieder von Felix und Fanny ein. »Nun werdet Ihr aber lachen, wenn ich Euch erzähle, wie diese Lieder besetzt waren, aber ein Schelm macht's besser, als er kann«, schrieb Fanny nach Hause. »Den Sopran sang ich! und den Bass Bousquet, der eigentlich so wenig eine Stimme hat, als ich, wenn er aber eine hat, so ist's eine Tenorstimme, und Deutsch weiss er garnicht.« Die Probe verlief dennoch bestens. Gegen vier Uhr brach ein grandioses Gewitter aus, gefolgt von einem nicht weniger spektakulären Regenbogen. Letzteren bewunderten sie von den Fenstern der Villa Wolchonsky aus, wo sie Jettes Kochkunst genossen. Im Garten ging es dann weiter, bis die ersten Glühwürmchen erschienen. Daraufhin sangen vor einer beleuchteten Rosenhecke die Sänger ihr neues Repertoire. Der Abend ging mit einer Tombola zu Ende, deren Gewinne in einem Stich nach Raffael, einer von Fanny gehäkelten Börse und nicht zuletzt in ihren beliebtesten Kompositionen bestanden. Natürlich fielen sie den Unmusikalischsten zu, worauf Fanny versprechen mußte, sie nochmals abzuschreiben. Gegen Mitternacht war man zurück. Es war für Fanny ein wahrhaft idealer Tag gewesen. Von allen geschätzt und bewundert, war sie fähig, alle glücklich zu machen. Die Künste harmonierten mit der Schönheit der Landschaft: o wunderbare Welt.

Wilhelm brachte die Meinung aller so zum Ausdruck: »Zum Schluss sage ich, dass der Tag froh beschlossen, wie er angefangen; Fanny, die als Königin des Festes von ihrem geistigen Throne Alles überschaut, mag beschreiben und hat die Ergebnisse unseres Fleisses als Tribut in Empfang genommen. So mag sie auch noch diese Lust zu andern Freuden tragen!«

Einst, als ganz junges Mädchen, hatte Fanny darauf verzichtet, sich und ihr Talent wirklich zu fordern, sie hatte ihrem Bruder die Bahn frei machen wollen. In Berlin, also in der Provinz, hatte sie in seinem Schatten gelebt. Jetzt fand sie in der Kunstmetropole Rom eine Bestätigung, die sie Opfer und Verlust vergessen ließ. In ein paar Monaten lebte sie tausend Leben:[23] »Was habe ich nicht hier in Rom schon durchgelebt und durchempfunden! Bei diesen lustig durchwanderten, hellen, südlichen Mondnächten fiel mir hundertmal die erste Nacht von Wilhelm's Krankheit ein, wo ich in tödtlichen Sorgen an seinem Bett sass! Bei all diesem Wechsel und dem vielen Erlebten fühle ich mich hier nicht älter, sondern jünger geworden. An solcher Reise erwirbt man einen ewigen Schatz.«

In den letzten Tagen ihres Romaufenthaltes wollten die Hensels nicht einmal mehr schlafen. Tief in der Nacht gingen sie noch spazieren. Fanny ertrug keine Zimmerdecke mehr über sich, ging nicht mehr in den Vatikan, weil sie sich dort eingesperrt fühlte, und setzte sich vor ihre Haustür, um die sanfte Luft zu genießen. Sie konnte sich auch den Blumenstrauß im Zimmer nicht mehr versagen, was doch ungesund sein sollte, aber das verdrängte sie jetzt, und ihr Befinden war ausgezeichnet.[24]

Diese letzten Tage waren zugleich traurig und herrlich. Allen war bewußt, daß ein Lebensabschnitt zu Ende ging, daß ein langer und vermutlich einmaliger Augenblick des Glücks vorüber war. Am 30. Mai abends vergewisserte sich das Ehepaar Fanny und Wilhelm, daß die Glühwürmchen noch da waren, dann gingen sie nach Hause, um weitere Abschiedsbesuche zu empfangen, darunter den von Santini.[25]

Da kam Dugasseau, bald darauf Bousquet und Gounod und Charlotte. Ich war sehr müde und verstimmt, und um nicht wieder ins Weinen zu geraten, ging ich ans Klavier und spielte die beiden Allegri der f-Moll-Sonate von Beethoven. Unterdes fing Wilhelm an, Lichter auf die Porträts der drei zu setzen, und ich versprach Bousquet, wenn er artig säße, nachher noch einmal das Allegro der B-Dur-Sonate. Dazwischen spielte Charlotte ein paar Stücke. Hierauf hielt ich mein Wort und spielte das Allegro aus B-Dur und zwei Lieder von Felix, und eben fiel Gounod mir zu Füßen, mich um das Adagio zu bitten, als Bellays und Brunis kamen. Elsasser und Kaselowsky waren auch da. Elsasser hatte die allerliebste Idee, eine kleine Landschaft unter sein Porträt zu zeichnen, und saß mit dieser Arbeit am Klavier. Wilhelm zeichnete die Bruni. Ich spielte die Sonate aus cis-Moll und zwei Stücke von Felix, hierauf bat Elsasser um die Sonate aus As-Dur, mit den Variationen, und ich hatte eben die ersten beiden Sätze gespielt, als unten auf der Straße Gesang ertönte, und uns ein allerliebstes Ständchen gebracht ward. Landsberg, Magnus, Baron Bach, Quatrocci, Schanzky und Bruni standen mit Lichtern im Torweg gegenüber und sangen sehr hübsch und rein drei vierstimmige Lieder. Wilhelm ging hinunter und holte sie herauf; ich sollte ihnen nicht das letzte Wort lassen, und spielte das E-Dur-Liedchen ohne Worte, dann sang Madame Bellay zweimal meine italienische Kavatine, Wilhelm zeichnete Bruni als Maske auf das Porträt seiner Frau, et pour finir spielte ich das Konzert von Bach, und nach halb zwei Uhr ging die Gesellschaft dankbar, gerührt, erfreut, aufgeregt auseinander. Ich schrieb noch mein Tagebuch und ging gegen drei zu Bett.

Fanny muß all dieses Glück festhalten, sie denkt an den Winter in Berlin, wenn sie die Erinnerungen nötig haben wird. Ihre Zuhörer hatten wohl kaum unter den Stücken, die sie spielte, ihre eigenen Kompositionen heraushören und von denen ihres Bruders unterscheiden können. Wahrscheinlich tat sie wenig, um die Unklarheit zu beseitigen, und ließ damit Felix wieder den Vortritt. Sich nicht in den Vordergrund spielen, immer noch hielt sie sich an das Gebot, aber die römischen Freunde waren nicht durchwegs einverstanden und weigerten sich, sie in ihrer Bescheidenheitsrolle auch noch zu bestärken.
Die beiden im Tagebuchausschnitt erwähnten Dreifachporträts gehören zu Wilhelms interessantesten Zeichnungen. Nach der Porträtsitzung pflegten seine Modelle ein Gedicht oder eine Widmung neben die Zeichnung zu schreiben. Elsassers Einfall verlieh den Dreifachporträts, worauf die Maler in Profil, Dreiviertelprofil und von vorne zu sehen sind,

so etwas wie eine tiefere Dimension. Die Verschmelzung der Künste konnte nicht vollständiger sein.
In dieser Nacht des 30. Mai schliefen die Hensels nur ein paar Stunden, dann gingen sie zur Villa Medici,[26] um dort den Tag zu verbringen. Seit langem schon war an diesem einmaligen Ort ein Fest geplant, aber Ingres hatte dafür seine Idee und Fanny eine andere, was die Sache hinauszögerte.

> Sonntag, 31. Mai, waren wir eingeladen, den ganzen Tag, vom Kaffee des Morgens an, auf der französischen Akademie zuzubringen, um meinem Wunsch gemäß in der wunderschönen Gartenhalle zu musizieren. Das Wetter, welches zwei Tage lange trübe und schwül gewesen war, hatte die Güte, uns unbeschreiblich zu begünstigen, und der Tag gehörte entschieden zu den unvergeßlich angenehmen. Der Garten der Akademie, der gewöhnlich offen ist, war für das Publikum geschlossen, und Ingres hatte nur die Hausgenossen und Habitués und einige unserer Freunde eingeladen, z. B. Elsasser und Kaselowsky, und als ich mein Bedauern zeigte, daß Charlotte Thygeson nicht dabei wäre, wurde sie auch herbeigeholt und blieb den Rest des Tages mit uns. Ich versichere Euch, es ist ganz nett bei Springbrunnenrauschen zu musizieren, ich bin nicht leicht so vergnügt gewesen, als an dem Tage, Papa Ingres war im siebten Himmel, so viel Musik zu hören, und einigen Beethoven zu begleiten, obgleich es dabei zwischen uns immer einen kleinen stillen Krieg gesetzt hat, denn ich rannte davon und er zoppte zurück, und wir bissen uns gewissermaßen musikalisch. Bis zum zweiten Frühstück ward fast unausgesetzt gespielt, die bärtigen Schlingel lagen dabei auf den Treppen und Säulenpostamenten und wunderten sich den ganzen Tag, daß man sich den ganzen Tag so amüsieren könnte, dazu mußten wir erst aus Berlin kommen, um sie das zu lehren, wie man sich im göttlichsten Lokal der Welt die Zeit angenehm vertreibt. Dann ward eine Weile angenehm gedämmert und sehr reichlich gefrühstückt. Nach dem Frühstück ward nur abwechselnd Musik gemacht, dazwischen im Garten spazieren gegangen, in meinem Lieblingswäldchen gesessen und vierstimmige Lieder probiert. Ingres führte uns in sein Atelier, das vielbesprochene Bild zu sehn, das schon, als wir ankamen, in vierzehn Tagen fertig sein sollte.[27] Es ist schön komponiert, edel gedacht, aber ungemein schwach in Farbe wie in Zeichnung, und noch lange nicht fertig. Wir besahen Vernets türkisch eingerichtetes Zimmer, bestiegen den Turm der Villa, wo ich noch nie gewesen war, und wo ich die ganze Herrlichkeit bei Sonnenuntergang zum letztenmal ansah, nicht ohne viele Tränen. Darauf

stiegen wir hinunter, das Instrument war in den großen Saal gerückt worden, es war tiefe Dämmerung, und es bemächtigte sich eine wunderliche Stimmung der ganzen Gesellschaft. Ich präludierte lange Zeit gedämpft, ich wäre nicht imstande gewesen, stark zu spielen, alles sprach leise, und jeder fühlte sich durch jedes Geräusch verletzt. Ich spielte das Adagio aus dem G-Dur-Konzert, das aus der cis-Moll-Sonate und den Anfang der großen aus fis-Moll. Charlotte, Bousquet und Gounod saßen dicht um mich her. Es war eine Stunde, die ich nicht vergessen werde. Hierauf gingen wir zu Tisch, dann auf den Balkon, wo es himmlisch war. Unglaubliche Sterne und Lichter in der Stadt, und Glühwürmer, und eine lange Sternschnuppe, eine ferne, auf einem Berge liegende erleuchtete Kirche, und laue Luft, und tiefe, innere Bewegung in uns allen. – Wir stellten uns an ein Ende des Saals und sangen die Lieder, die außerordentlich gefielen. Zu guter Letzt mußte ich auf Begehren vielfacher Art noch die Phantasie von Mozart und die Kapricen eins und zwei wiederholen, hierauf wurden noch einmal die Lieder gesungen – es war Mitternacht und unsere Zeit zu Ende: ›Sie weinen, und wissen selbst nicht warum?‹ Das war unsere letzte Musik in Rom.

Ein zärtliches Embrassement von Ingres hätte ich mir noch eher gefallen lassen, wenn nicht die jungen Leute alle dabei gestanden hätten, für die das wohl ein wahres Gaudium gewesen sein wird. Ich kann wohl sagen, daß wir ihnen den besten Tag gemacht haben, den sie unter Ingres' ganzer Leitung gehabt.

Endlich war Fanny bewundert, war sie in ihrem Rang gewürdigt worden. Von jetzt an wußte sie, sie brauchte den Blick fremder Menschen nicht zu fürchten, ganz im Gegenteil. Die Angst, die sie vor jeder Reise empfand, läßt Rückschlüsse darauf zu, wie sehnlich sie sich Anerkennung wünschte, wie beklommen sie mit Geringschätzung rechnete. Das Glückserlebnis Rom wies ihr einen Weg: Dauerhaft würde sie sich nur verwirklichen, wenn sie vor ein neues, breiteres Publikum zu treten wagen und ihm ihre Werke schenken würde, im vollen Vertrauen auf deren verführerische Kraft.

Das Ende der Reise

Der 1. Juni 1840 war ihr letzter Tag, zum letztenmal genossen sie den römischen Sonnenuntergang. »Kein Schmerz als der, daß die Zeit verging« hatte ihren Aufenthalt getrübt. Die Familie Hensel verließ die Stadt am nächsten Morgen. Obwohl der Wunsch, nach Hause und damit in ruhigere Gefilde zurückzukehren, sie von jetzt an begleitete, siegte zunächst noch die Neugier auf Neapel. Rom war der Höhepunkt ihrer Reise, war die glücklichste, erfüllteste Zeit im Leben Fannys. Was jetzt folgte, verdiente wohl den Namen Bildungsreise, von lebensprägender Bedeutung war es nicht mehr.

Anfangs, bis Genzano, gab ihnen Bousquet das Geleit. Was er über Gounod berichtete, mußte die beiden lebhaft interessieren und Wilhelm daran erinnern, daß auch er sich für eine gewisse Mystik anfällig gezeigt hatte.[1] Die Deutschen unterlagen nicht als einzige dem Einfluß Roms, die Ewige Stadt brachte auch eine Art französischen Nazarener hervor, nur daß diese gesellschaftsorientiert und vergleichsweise radikal dachten.

> Wir hatten schon mehrere Male von Gounod gesprochen, und Bousquet konnte ihn nicht genug schelten und bedauern, sein Teil an diesen schönen Tagen versäumt zu haben.[2] Da nun erzählte er uns, wie jener sich in religiöse Verbindungen habe hineinreißen lassen und wie er bei seinem schwachen Charakter davon alles für ihn fürchte. Der Pater Lacordaire, den ich schon früher von den Franzosen viel hatte nennen hören, der diesen Winter in Viterbo sein Noviziat gemacht und die Priesterweihe empfangen und nun einige Zeit in Rom leben will, um die Vorbereitungen zur Gründung eines neuen Hauses in Frankreich zu treffen, dieser soll une tête chaude und sehr viel Phantasie haben und besonders der Künstler zu seinen Plänen bedürfen, durch die er mehr als durch die Geistlichkeit auf das Volk zu wirken hoffe. Lacordaire hatte sich im Laufe des Winters auch um Bousquet und Gounod beworben, und der letztere, der sehr exaltiert und jedem Einfluß offen ist, soll ganz in seine Ideen eingegangen sein, so daß Bousquet meint, er sehe kommen, wie jener die Musik mit der Kutte tausche. Bousquet

selbst hat seine Besuche beim Pater Lacordaire eingestellt, als er seine Absichten erkannt, denn er sagte, er traute sich nicht Festigkeit genug zu, die Beredsamkeit jenes Mannes sei ganz ungeheuer. Die Verbindung Johannes des Evangelisten in Paris besteht aus lauter jungen Künstlern, die sich zu dem Zweck vereinigt haben, christliche Kunst zur Bekehrung der weltlich Gesinnten zu üben, ohne jedoch weitere Gelübde zu leisten. Sie haben den Pater Lacordaire um Regeln gebeten, und Gounod soll auch zu dieser Verbrüderung gehören. In Rom ist diesen Winter eine ganze Anzahl junger Leute aus großen Familien gewesen, welche, zum Teil früher anderen Berufen folgend, sich nun dem Priesterstande widmen, zum Zweck der Emanzipation der Welt auf religiösem Wege. Das ist alles sehr merkwürdig, besonders gegenüber dem gräßlichen Materialismus und der unersättlichen Geldgier, welche einen großen Teil der Franzosen jetzt beherrscht. Es ist die Reaktion gegen solche Tendenzen in ihrer größten Stärke.[3]

Pater Henri Lacordaire (1802–1861) war nicht in jenem Winter, sondern 1824 zum Priester geweiht worden. Der Pariser Advokat bewahrte sich aus diesem seinem ersten Beruf die flammende Rhetorik. Er wurde einer der führenden Köpfe in der liberalkatholischen Bewegung und gründete gemeinsam mit dem Priester Félicité de La Mennais (1782–1854) die Zeitschrift *L'Avenir*, deren Wahlspruch lautete: »Gott und Freiheit«. Die liberalen Katholiken wurden 1832 von Papst Gregor XVI. verdammt, La Mennais verließ die Kirche, aber Lacordaire unterwarf sich und leistete von 1839 bis 1841 bei den Dominikanern von Viterbo sein Noviziat ab. Nach Frankreich zurückgekehrt, begründete er dort den 1792 aufgehobenen Orden neu (das Konkordat von 1801 ließ die Ordensgeistlichkeit unerwähnt). 1848 wurde er in die Verfassunggebende Versammlung gewählt. Charles Gounod ließ sich von ihm sehr stark beeinflussen: Er kehrte 1846 nach Frankreich zurück und wurde Organist an der Missionskirche in der Rue du Bac, wo er zahlreiche Werke von Bach und Palestrina aufführte. 1846 faßte er den Entschluß, Priester zu werden.[4] Der Abbé Charles Gounod wohnte ab diesem Zeitpunkt im Karmeliterkloster und studierte am Priesterseminar Saint-Sulpice. 1848 aber warf ihn die Revolution aus dieser Bahn, er verließ Missionskirche, Karmeliterkloster, Saint-Sulpice und zog die Soutane aus, um sich dem Theater zuzuwenden. Europas von der Romantik beflügelte Katholiken erhoben sich gegen die immer mächtigere Bourgeoisie und ihren unverhüllten Materialismus, aber jeder probte seine eigene Form des Aufstands. Der Vergangenheit zugewandt oder auf die Zukunft eingeschworen, suchten sie nach einer Gegenmacht, um den immer hemmungsloseren Wirtschaftsliberalismus, dem der Staat das Feld überließ, zu bekämpfen. Fanny und Wilhelm kannten den deutschen romantischen Katholizismus mitsamt seiner antijüdischen Schlagseite gut, sie hatten miterlebt, wie ein mystischer Irrationalismus dessen politische Ideen in den Kult der Königsfamilie umgewandelt hatte. Dagegen war der französische romantische Katholizismus sozial und politisch gefärbt und schloß eine bedeutsame Wertvorstellung ein: die Freiheit. Der Unterwerfungsakt gegenüber Rom, der für sich genommen mittelalterlich oder reaktionär erscheinen mag, ist historisch nicht zu trennen von der Oppositionshaltung gegen die staatstragende Louis-Philippe-Bourgeoisie, er erscheint wie ein Protest gegen deren »unersättliche Geldgier«. Fanny hat die unüberbrückbare Kluft zwischen dem hochherzigen Idealismus der jungen Generation und dem Materialismus der herrschenden Klasse sehr wohl gesehen, auch wenn sie von der daraus entstehenden Revolution von 1848 noch nichts wissen konnte.

Fanny hatte nicht viel von der Reise, noch rauchte ihr der Kopf von den Diskussionen, und der Schlafmangel wirkte nach. Sebastian aber ließ es nicht zu, daß sie einnickte.[5] In Neapel logierte die Familie in einer fürstlichen Behausung, wie sie sie noch nirgends vorgefunden hatte. Das Haus war nicht nur groß und komfortabel, vom ausladenden Balkon bot sich ein einzigartiger Blick auf den Golf von Neapel, auf Capri, den Vesuv und die Küste bei Sorrent. Einen besonderen Akzent in all der südlichen Schönheit setzte ein britisches Geschwader, bestehend aus »drei großen Dreideckern, ruhig und majestätisch, als wären sie bloß darum hergekommen, unsre Aussicht noch zu verschönern. Sie sind aber gekommen, um in der sizilianischen Schwefelfrage einen gelinden Druck auf die neapolitanische Regierung auszuüben.« Das Königreich beider Sizilien befand sich in der Tat in permanentem Aufruhr gegen die absolute Monarchie und forderte eine Verfassung. Für Hensels zählte aber jetzt etwas anderes, nämlich das Meer zu ihren Füßen mitsamt einem Fischhändler, der ihnen frische Sardinen lieferte. Der Lärm der Stadt drang nur gedämpft zu ihnen herauf. Nachts umrahmten die Lichter der Sterne, des britischen Geschwaders, der Stadt, der Dörfer und der Fischerboote die »Feuersäule«, die der Mond auf das Wasser legte. Es waren letzte Ferientage, und sie waren sehr angenehm. Allerdings las Fanny mit Stirnrunzeln in den französischen Zeitungen, daß man möglicherweise Napoleons Asche von Sankt Helena heimholen würde,[6] was sie dann doch nicht hinderte, auf ihrem Balkon die kühlere Luft und den prächtigen Ausblick zu genießen.

Eines Tages wollte sie gerade das Stadtmuseum betreten, da traf sie die Sängerin Pauline Viardot.[7] »Ich erkannte sie auf der Stelle, und wir feierten ein zärtliches Wiedersehn. Leider bleibt sie nur einige Tage, und noch leiderer waren wir die letzten Tage in Rom zusammen, ohne es zu wissen.« Sehr schade, daß die brillante französische Mezzosopranistin, die

auch komponierte, beim großen Abschiedstag in der Villa Medici nicht dabeigewesen war.[8]
Hensels wußten um ihre Touristenpflicht und erfüllten sie gewissenhaft. Am Pfingstmontag faszinierte sie das ausgelassene Volkstreiben.[9] »In der Nähe der Kirche erreicht der betäubende Lärm und das Gedränge eine kolossale Höhe; da sitzen sie in den Buden und trinken, doch sah ich keinen Excess. Sehr viel ganz afrikanische Physiognomien und negerschwarze Haut bemerkte ich; ein Mädchen schlug Tamburin und lachte dazu mit ganz afrikanischer Wildheit. In der Kirche rutschte ein Mann auf den Knien umher und leckte dabei den ganzen Fussboden ab, ein schönes Gelübde! Wir liessen den Wagen in den Schatten fahren, während Wilhelm herumging, zeichnen. Wir kamen überein, dass dies Fest vortrefflich sich zu einer Friescomposition eignete, denn es ist wirklich ein romantisch bachantischer Zug!«
Nun, sie gehen ins Museum, sehen die archäologischen Sammlungen von Pompeji, besuchen Ischia und den Vesuv. Bequem waren diese Ausflüge nicht.[10] Der Vesuv, als Geschenk zu Sebastians zehntem Geburtstag (am 16. Juni) gedacht, erwies sich als so schwierig zu erklimmen, daß Fanny für den letzten Abschnitt Träger in Anspruch nahm. Nachdem sie oben »Satans Hauptquartier« besichtigt und einen gehörigen Schrecken davongetragen hatte, bewältigte sie den Abstieg lieber zu Fuß.
Der Tod König Friedrich Wilhelms IV. machte sie nicht weiter besorgt, planmäßig bestiegen sie das Schiff für einen sechstägigen Ausflug nach Pompeji und seinen Ruinen. Nach der Rückkehr wurde die Hitze so schlimm, daß Fanny darauf verzichtete, Wilhelm nach Sizilien zu begleiten, und lieber mit Sebastian einen Raum ihrer prachtvollen Unterkunft aufsuchte, wo es wunderbarerweise kühl blieb. Wilhelm trat die Überfahrt am 2. Juli an, und Fanny empfing allein den Besuch von Gounod, Bousquet und einem weiteren Franzosen namens Normand. Gewissenskonflikte ersparte ihr durch ihre Anwesenheit eine gewisse Madame D.![11] Die kleine Gesellschaft vergnügte sich bei Ausfahrten auf dem Meer, worüber die puritanische Ehefrau ihrem Wilhelm Rechenschaft ablegte:[12] »Ich hoffe, Du mißbilligst diese Wasserfahrten nicht, ich kann es wirklich nicht gut abschlagen, ohne mich einer Prüderie verdächtig zu machen, die den jüngeren Leuten lächerlich vorkommen muß.« Man kann die jungen Männer gar nicht genug dafür loben, daß sie Fanny einen ersten Geschmack der Freiheit vermittelt haben. Die neapolitanischen Nächte wurden immer heller, von ihrem Balkon aus konnte sie sogar die Küste von Ischia sehen. Und sie badete im Meer:[13] »Heut früh habe ich zum ersten Mal die intimste Bekanntschaft der Frau mittelländischen See gemacht, und meine Zunge hat sich überzeugt, daß sie zehnmal mehr Salzteile enthält, als die Ostsee; es war göttlich!«
Am 21. Juli kam Wilhelm hochzufrieden von Palermo zurück, wo ihm der

Luxus noch provozierender vorgekommen war als in London. Die Verspätung seines Schiffs hatte Fanny in Panik versetzt, vergeblich hatte Sebastian ihr zugeredet, jegliche Lust am Reisen, jede muntere Neugier waren ihr vergangen. Der südlichen Schönheit Neapels zum Trotz wollten die Hensels jetzt nur noch nach Hause:[14] »Und wenn die Maus satt ist, schmeckt das Mehl bitter. Plackereien und Prellereien, die freilich hier oft ärger sind als irgendwo anders, sind mir noch nie so lästig und abscheulich vorgekommen, und ich sehne mich nach meinem ehrlichen Vaterlande.« Auch hatte Fanny – das Übel fing in Venedig bereits an – solche Probleme mit den Augen, daß sie sie kaum mehr aufbrachte. Sebastian hatte Gelbsucht und sah aus wie eine Quitte.
Am 11. August bestieg die Familie das Schiff nach Genua.[15] Auf ihrem traumhaften Balkon stehend, hatte Fanny sich noch gewundert, daß sie keine Träne vergoß, sie, die doch in Rom vier Wochen vor der Abreise schon geweint hatte. Sie absolvierten eine viertägige Überfahrt, auf der Fanny krank war und Wilhelm gutgelaunt, hatte er doch Leute zum Plaudern und Zeit zum Zeichnen. Das Meer war lange Zeit aufgewühlt, und Fanny hatte Angst. Am 14. waren sie in Genua und zogen los, um sich an Rubens, Tizian und Van Dyck satt zu sehen. Sie vernahmen den Bericht von Louis Napoleon Bonapartes Landung in Boulogne, von seinem Versuch, den Aufstand zu organisieren, und von seiner Verhaftung. »Ein verrückter und abscheulicher Mensch!«[16] rief die alles andere als bonapartistisch gesinnte Fanny aus.
In Mailand, wo sie am 18. anlangten, stellte Fanny in der Gemäldegalerie mit Freude fest, daß ihr Verständnis für Malerei in diesem Jahr sehr gewachsen war. Nach den zahllosen italienischen Kirchen sprach sie vom Mailänder Dom mit »der innigen Überzeugung«, dies sei »der wahre Kirchenstil, die schönste Kirche Italiens«. Der Nachsatz lautet: »... und die hat ein Deutscher gebaut! Es ist doch ein herrlich Ding um den Menschengeist, und Gott hat nichts Schöneres geschaffen.«[17] Was sie in der Religion suchte, fand sie letztlich doch nur im Protestantismus, der ihr ästhetisches genauso wie ihr moralisches Gefühl geprägt hatte.
Ihr letzter südlich der Alpen geschriebener Brief ist vom 24. August aus Airolo datiert.[18] In Como machten sie sich auf die Suche nach ihrem Freund Ferdinand Hiller, unternahmen mit ihm eine Fahrt auf dem See und besichtigten die Villa d'Este. Am nächsten Tag in Bellinzona schlossen sie Bekanntschaft mit einem Grafen Gonfalonieri und verbrachten mit ihm einen der interessantesten Abende ihrer Reise. Dieser Mann hatte fünfzehn Jahre in dem von Stendhals Fabrizio del Dongo ausführlichst erwähnten Gefängnis Spielberg verbracht, wo keine Nachricht aus der Außenwelt zu ihm vordringen durfte, außer, zehn Jahre nach seiner Einkerkerung, die vom Tode seiner Frau. Nach Exiljahren in den Vereinigten Staaten von Amerika, in Frankreich und in Belgien hatte er

soeben die Genehmigung erhalten, seinen zweiundachtzigjährigen Vater in Mailand zu besuchen, und bei dieser Gelegenheit hatte der Kaiser bemerkt, daß Gonfalonieri wohl nur aus Versehen noch nicht amnestiert worden war. Jetzt erkundigte er sich nach Jacob Bartholdy, den er gut gekannt hatte, und nach Eduard Gans, der 1839,
am Mittagstisch saß, gestorben war.[19] Mit seiner Bildung, seiner Aufgeschlossenheit und seiner Sanftmut beeindruckte der Graf Fanny sehr, sie empörte sich über die Behandlung, die er von Österreich erfahren hatte: »Keine Bücher in der ganzen Zeit! Man hat von solcher Grausamkeit, solcher moralischen Tortur keinen Begriff.«

Der Alpenübergang von Airolo nach Zürich vollzog sich mit demselben Kutscher und in derselben Kutsche. Man wählte jene Straße über den Gotthard, die 1822 noch nicht fertiggestellt gewesen war. Die Paßhöhe erreichten sie bei Sonnenuntergang, so mußten sie die Strecke bis Hospental in der Dunkelheit zurücklegen. Der Bremsbacken ging entzwei, so daß sie den restlichen Abstieg vom Gotthard vorsichtshalber zu Fuß hinter sich brachten. Zum Glück herrschte gutes Wetter. Fanny vermerkt, daß sie in jener Nacht vom Herbergswirt betrogen wurden wie niemals in Italien.[20]

Am nächsten Tag sah Fanny die Szenerie wieder, die sie in ihrer Jugend so tief beeindruckt hatte: Andermatt und sein Kirchlein, die Teufelsbrücke – unglücklicherweise bei strömendem Regen. Trotz des Wetterumschlags eilten sie zum Flüelapaß, und das Gewitter hielt sie auch nicht davon ab, auf dem Luzerner See bis Brunnen zu fahren. Von hier aus ging es nach Arth am Zuger See, wo sie im Hagelsturm ankamen. Kein Vergleich mehr mit der Reise von 1822, Fanny dachte nur noch an Heimreise. Das wiederum enttäuschte Wilhelm, so daß er, kaum war das Gewitter vorbei, beschloß, um ein Uhr morgens zum Rigi aufzusteigen. Um acht Uhr stand er »triefend vor Schweiß« und ziemlich entnervt wieder vor der Tür, er hatte nichts gesehen, da kein einziger Weg gangbar war. Der Mißerfolg des hochgemuten Unternehmens wurde im Hause Mendelssohn noch jahrelang bespöttelt.[21]

Schlimmeres als katastrophale Wege hatten sie nun nicht mehr zu bestehen, und am 28. August überquerten sie die deutsche Grenze. In Offenburg beschlossen sie einen kleinen Abstecher nach Straßburg, wo sie das Münster bestaunten, bevor sie in Richtung Frankfurt weiterfuhren. Erschöpft kamen sie dort am 30. an. Seit Mailand waren sie ohne Unterbrechung gefahren, so sehr zog es sie nach Hause. Sie blieben drei Tage in Frankfurt, um sich auszuruhen und ihre Kleidung zu reinigen, und brachen am 3. September nach Leipzig auf. Sie verbrachten acht Tage bei Felix, der schon die Koffer für seinen sechsten Englandaufenthalt packte. Das Treffen war eher Zufall, denn Felix hatte wegen Erkrankung die Abreise verschieben müssen.[22] Auch er träumte davon, einen Winter in Italien zu verbringen und sich zu erholen, was gewiß zur Schicksalswende für ihn geworden wäre, aber er arbeitete, arbeitete für zwei, wenn nicht für drei! Für Lea, für Fanny, für Rebecka ... Die Last auf seinen Schultern war enorm, derartige Eskapaden konnte er sich nicht erlauben. Er hatte inzwischen zwei Kinder, Carl und die im Vorjahr geborene Marie, die Hensels nun in Augenschein nahmen.

Am 11. September abends, nach mehr als einjähriger Abwesenheit, trafen sie in Berlin ein. Fanny wartete ein paar Tage, bevor sie die letzten Zeilen ihres Reisetagebuchs schrieb:[23]

> Heut ist Mittwoch, sechs Tage sind wir nun hier. Die politischen Ereignisse drohen schwer; der König hat den Ständen auf ihren Antrag, eine Verfassung zu geben, eine entschieden abschlägige Antwort erteilt; die Franzosen rüsten offen, Alles sieht trübe, düster und unerfreulich aus, dazu stürmt, regnet und weht es draussen und ist eine Kälte, dass mir die Finger erstarren. In künstlerischer Hinsicht scheint durchaus nichts vom Könige zu erwarten zu sein. Ueber den Eindruck, den dies Alles und überhaupt unsere ganze Rückkehr auf mich gemacht hat, später ausführlich, wenn die Gegenwart Vergangenheit geworden ist, das Ungewitter sich verzogen hat oder niedergegangen ist. Die Erfahrung hat mich belehrt, dass man dergleichen nicht unter dem Einfluss einer augenblicklichen Stimmung schreiben muss.

Die Reise war vorüber und damit die glücklichsten Monate in Fannys Leben. Was konnte sie von nun an tun, um Roms beflügelnde Atmosphäre herbeizubeschwören?

Felix und die Verlockung Berlin

Die Preußen hatten sich mit Friedrich Wilhelm IV. (1795–1861) ein kurioses Exemplar von König eingehandelt. Der »Romantiker auf dem Thron«, wie er genannt wurde, hatte in seiner Jugend, als er noch Kronprinz war, die größten Hoffnungen geweckt. Gebildet, mit guten Absichten mehr als gesegnet, wollte Friedrich Wilhelm von allen geliebt werden, träumte hoffnungslos mittelalterliche Ritterträume und bestand auf dem »persönlichen Regiment« – mit dem er dann nichts anzufangen wußte.

Prompt nahm ihn Heinrich Heine mit dem satirischen Gedicht *Der neue Alexander*, dessen Anfang Goethes *König in Thule* parodiert,[1] aufs Korn. »Es war ein König in Thule« wird bei Heine zu »Es ist ein König in Thule, der trinkt Champagner …«

Um sich auf bequemere Art Champagner und andere einladende Weine zu verschaffen, fällt dem »König von Thule« nichts Besseres ein, als Elsaß-Lothringen zu erobern, und warum eigentlich nicht auch Paris? Wenn er nur eine Spur konsequent wäre in seinem Wollen, wenn er den Worten Taten folgen ließe! Aber, so fährt der »neue Alexander« fort:

Ich bin nicht schlecht, ich bin nicht gut
Nicht dumm und nicht gescheute,
Und wenn ich gestern vorwärts ging
So geh' ich rückwärts heute;

Ein aufgeklärter Obskurantist,
Und weder Hengst noch Stute,
Ja, ich begeistre mich zugleich
Für Sophokles und die Knute.

Herr Jesus ist meine Zuversicht,
Doch auch den Bacchus nehme
Ich mir zum Tröster, vermittelnd stets
Die beiden Götter-Extreme.

Dieser Mann, der auch noch gefährlicher hätte sein können, forderte nicht zuletzt mit seiner beleibten Gestalt die Karikaturisten heraus. Sein Ideal war ein aufgeklärter Absolutismus, entsprechend wünschte er Künstler und Gelehrte nach Berlin zu ziehen und zeigte sich bereit zu jeder Geldausgabe, die diesem Ziel dienlich war. Am liebsten hätte er sich einen Hof à la Ludwig XIV. zusammengekauft. Er holte den Philosophen Friedrich Schelling (1775–1854) nach Berlin auf den Lehrstuhl, den Hegel innegehabt hatte. Es schien ihm wünschenswert, daß Schelling mit seiner Glauben und Wissenschaft versöhnenden »Philosophie der Offenbarung« den »Drachen des hegelianischen Pantheismus« verjage. Schelling scheiterte und verließ Universität und Stadt 1841.[2] Große Namen waren das, was sich Friedrich Wilhelm IV. für seine Hauptstadt wünschte, so den Dichter und Orientalisten Friedrich Rückert (1788–1866). Der aber mochte den Stadtlärm nicht und war froh, als er sich von Berlin 1848 wieder verabschieden durfte.[3] Dafür gelang es dem König, sich den Dichter Ludwig Tieck (1773–1854) zu verpflichten, dazu die Brüder Grimm, den Maler Cornelius. Mit ihnen wollte er der literarischen Bewegung des *Jungen Deutschland* Paroli bieten, während das Publikum des Jahres 1840 ganz andere Zielsetzungen von einem Herrscher erwartete.[4] Die so reiche Generation der Romantiker vom Jahrhundertanfang war nicht mehr, ihre Vertreter waren tot, oder das Publikum hatte sie seit langem vergessen. Der Geschmack hatte sich gewandelt, und man sah es nicht mehr gern, daß ein Schriftsteller sich eng an seinen Monarchen anschloß. Eichendorff, der sich als schriftstellernder Kultusbeamter unbehaglich fühlte, zog sich 1844 aus dem Staatsdienst zurück. Bettina von Arnim allerdings schrieb weiter Briefe an den König und versuchte, ihn auf das Volkselend aufmerksam zu machen. Es konnte nicht gutgehen, wenn im selben Staat ein spätfeudalistischer Adelskult gepflegt wurde und das Bürgertum gleichzeitig zu immer mehr wirtschaftlicher Macht gelangte. Friedrich Wilhelm IV. war sich über dieses gefährliche gesellschaftliche Mißverhältnis überhaupt nicht im klaren und wollte naiv die »Stände« miteinander aussöhnen, während doch das alte aristokratische System nur noch von Bildern und Erinnerungen zehrte.
Fanny scheint die politische und kulturelle Schieflage unter Friedrich Wilhelm IV. von Anfang an erkannt zu haben. Ihre Zweifel erwiesen sich als sehr begründet. Schon am 5. Dezember 1840 schrieb sie an Felix:[5]

> Ob sich hier in der Kunst etwas regen wird, muß man erst sehen; wenn es wahr ist, was man allgemein sagt, daß Cornelius herkommt, so möchte das ein Beweis sein, daß man wenigstens Pläne hat. Denn wenn es, wie man bis jetzt glaubte, mit der Ausführung der Schinkelschen Freskenentwürfe allein getan sein sollte, so möchte Cornelius nicht der rechte Mann sein, an den man sich

gewandt hat. Schinkel ist fortwährend in dem traurigsten Zustande, seine geistige Tätigkeit ist ganz dahin. Mein Mann ist vielleicht der einzige hiesige Künstler, der sich aufrichtig über Cornelius' Herkommen freuen würde. Die Grimms kommen in diesen Tagen, auch mit Rückert soll man in Unterhandlung stehen. Bei dem allen aber bleiben unsere Zeitungen so elend, wie sie waren, die Pietisten haben Oberwasser, und die persönliche Regierung scheint in hohem Maße gehandhabt zu werden. Was sagst Du denn zu der französischen Politik? Und wie gefallen Dir die Debatten in der Kammer? Ist das nicht höchst traurig! Auch für uns traurig, denn wie breit macht sich nun das Philistertum und sagt: Da seht ihr nun konstitutionelle Staaten!

Die politischen Ereignisse »drohen schwer«, und im Reich der Ideen »regt sich etwas« ... Dem »Philistertum« stellt sich künftig eine Art realistische Romantik entgegen, die die Gewährung einer Verfassung als ein Recht einfordert. Friedrich Wilhelm IV. macht eine sehr schlechte Figur, er ist einfältig und prätentiös zugleich.
»Hofmusiker« mußten her: Unter dem Einfluß des Diplomaten Bunsen und Alexander von Humboldts lud er folglich Felix Mendelssohn Bartholdy ein, nach Berlin zu kommen. Felix und die preußische Krone: Die Geschichte dieser Beziehung erstreckte sich über gut vier Jahre, sie scheint für den Komponisten vor allem eine Qual gewesen zu sein. Der König wollte mit einem großen Musikernamen den künstlerischen Ruf seines Hofes aufpolieren, er war bereit, dafür zu zahlen, nur eine wirkliche Aufgabe wollte er nicht vergeben. Eine hohle Repräsentationsstellung und damit ein Begräbnis erster Klasse für das schöpferische Talent, das war es, was der Preußenkönig einem großen Künstler anzutragen beliebte.
Im Laufe der Jahre wurden Mendelssohn, der dem Gedanken, in die Nähe seiner Familie zurückzukehren, nicht so leicht widerstehen konnte, mehrere Möglichkeiten angeboten. Zuerst sollte er eine Musikschule gründen, und er machte sich die Mühe eines Entwurfs. Umsonst: Das Projekt verschwand in irgendwelchen Schubladen, wurde aber 1867 wieder aufgegriffen, als die Berliner Hochschule für Musik gegründet wurde. Dafür eröffnete Felix am 3. April 1843 das berühmte Leipziger Konservatorium, das er auch leitete und zum Vorbild für zahlreiche Institute machte. Ganz hatten ihn die Leipziger niemals ziehen lassen, er teilte in jenen Jahren seine Zeit zwischen Berlin und Leipzig, ohne dabei England (1842 und 1843), Düsseldorf, Zweibrücken und Dresden zu vergessen. Er führte ein strapaziöses, damals für einen Dirigenten noch sehr ungewöhnliches Leben und ruinierte dabei seine Gesundheit. Das Berliner Anstellungsverhältnis mußte ihm zuweilen vorkommen wie eine

bittere Pille, vieles erlebte er als Zumutung. Während er in England wie ein Gott gefeiert und in Leipzig geschätzt, gewürdigt sowie mit allen nötigen Arbeitsmitteln ausgestattet wurde, stießen seine Ideen und Entwürfe in Berlin auf kleinliches Unverständnis.

An guten Absichten, wie gesagt, fehlte es nicht. Der König bewunderte Sophokles – das hob auch Heine ironisch hervor – und beauftragte Mendelssohn mit der Bühnenmusik zu *Antigone*, die von August Boeckh[6] neu übersetzt worden war. Die Erstaufführung fand am 28. Oktober 1841 im Königlichen Theater Potsdam statt, das Werk offenbarte seine Schönheit, aber das sehr akademische Unterfangen, die griechische Tragödie wiedererwecken zu wollen, kam wohl nur dank Mendelssohns Talent zu einem glimpflichen Erfolg beim Publikum. Der folgende Theaterversuch war dafür um so erfolgreicher. Auf Initiative von Tieck, der an der Übersetzung beteiligt gewesen war, wurde am 14. Oktober 1843 in Potsdam *Ein Sommernachtstraum* mit der berühmten Musik von Mendelssohn aufgeführt. Teil dieser Bühnenmusik war die 1826 komponierte Ouvertüre. Das Stück wurde anschließend am Königlichen Schauspielhaus Berlin gespielt. Noch zweimal schrieb Felix Bühnenmusiken, zuerst zu Racines *Athalie*, dann zu *Ödipus auf Kolonos* von Sophokles. Er lehnte es aber ab, die Chöre der *Orestie* des Aischylos zu vertonen.

Im September 1842 endlich wurde ein letzter Plan erörtert. Zu diesem Zeitpunkt schien Felix bereits am Ende seiner Geduld zu sein und bat seinerseits den König um eine Audienz. Er wollte seinen Abschied einreichen.[7] In Berlin fand er einfach keine Arbeitsbedingungen, er hatte nicht das Orchester, nicht die disziplinierten Musiker, die er brauchte. Am Vorabend der Audienz teilte Felix seine Entscheidung Lea mit. Die gewöhnlich so Sanftmütige machte ihm eine Szene wie sonst nur bei den Heiratsprojekten ihrer Kinder. Felix wollte Berlin verlassen, wo sie sich doch gerade an den Gedanken gewöhnt hatte, ihn wieder bei sich zu haben – war das nicht beispiellose Untreue? Eilends kamen Fanny und Wilhelm herüber, um Lea zu beschwichtigen. Am nächsten Tag empfing der König Felix nicht etwa, um ihm alsbald zornig die Tür zu weisen, sondern im Gegenteil mit vollendeter Liebenswürdigkeit. Felix brauchte also ein Orchester? Das war nur natürlich, und er, der König, würde persönlich dafür sorgen, daß ihm ein ausgesuchtes Orchester zur Verfügung gestellt würde, dazu ein Chor von dreißig fähigen Sängern, den der Komponist zu allen Kirchenfesten dirigieren könnte, genauso wie er für alle möglichen Anlässe nach Belieben komponieren könnte oder sollte, Oratorien zum Beispiel oder was auch immer.

Felix, der an seine Mutter dachte, konnte das Angebot nicht ausschlagen. Das Orchester wurde aber nicht aus dem Boden gestampft, und Felix stritt sich weiter mit der Verwaltung herum und büßte für die Unentschlossenheit des Königs. Varnhagen von Ense notierte in seinem Tagebuch:[8] »Der

König sagte zu Graf von Redern: ›Bunsen hat mir von einem alten Organisten Nicolai hier gesprochen, den müssen Sie mir schaffen, den müssen wir beim Dom anstellen.‹ – ›Dann aber nimmt Mendelssohn auf der Stelle seinen Abschied.‹ – ›O nein, darum doch nicht.‹ – Ein andermal: ›Ich möchte doch die Chöre zu *Athalia* durch Meyerbeer komponieren lassen.‹ – ›Aber auf Ew. Majestät Befehl hat schon Mendelssohn sie komponiert; das gäbe den schrecklichsten Krieg.‹ – ›Ja, ja, Meyerbeer soll sie auch komponieren.‹«

Der König hatte es sich nicht nehmen lassen, noch ein echtes Problem zu schaffen: Er hatte zugleich Meyerbeer und Mendelssohn geholt, den einen ans Theater, den anderen für seine Kirche. Es ist schwierig, die Beziehungen zwischen den beiden Familien objektiv einzuschätzen, aber Giacomo Meyerbeer konnte, wie wir bereits gesehen haben, sehr beleidigend werden.

Es wäre alles halb so schlimm gewesen, hätte unter der Unentschlossenheit Friedrich Wilhelms IV. nur Felix gelitten, der auf die Gunst des Monarchen letztlich nicht angewiesen war. Unglücklicherweise bezieht sich der Ausspruch »Es ginge wohl, aber es geht nicht« nicht etwa auf die Domchöre, sondern auf die Kaiserkrone, die ihm das Frankfurter Parlament 1849 anbot, um die deutsche Einheit herbeizuführen, und die er ablehnte, wäre diese Krone doch vom Volk gekommen. Eine derart phänomenale und beinahe verbrecherische Dummheit hatte es verdient, in die Geschichte einzugehen.

1840 – 1844

Währenddessen lebte sich Fanny im heimatlichen Berlin wieder ein. Auch wollten die in Rom empfangenen Anregungen erst einmal verarbeitet sein.

Sie las aber auch die von Raupach[1] dramatisierte Nibelungensage und dachte sogleich an eine Opernbearbeitung. Felix war begeistert, Bruder wie Schwester gingen eine Weile mit dem Vorhaben um, aber dabei blieb es. Beide spürten sie, daß ihre Phantasie sich an einem möglicherweise allzu sperrigen Stoff entzündet hatte.[2]

Im Herbst schrieb Fanny einen Klavierzyklus, *Das Jahr*, dessen zwölf Teile nach den Monaten benannt waren. Ein hübscher Einfall, denn sie konnte sehr verschiedenartige Stücke aneinanderreihen, ohne daß die Einheit des Ganzen gefährdet war. Am 28. August komponierte sie in Erinnerung an den römischen Karneval als erstes Stück *Februar*, und kurz vor Weihnachten stand Nummer zwölf, *Dezember*, auf dem Papier. Den eigentlichen Schluß bildete ein *Nachspiel*, dem sie den Choral *Das alte Jahr vergangen ist* zugrunde legte. Daneben schrieb sie eine *Einleitung zu lebenden Bildern* für Sprecher und Chöre, wobei sie sicherlich ihre Hauskonzerte im Auge hatte.[3]

Mitte Dezember dann nahm sie die Tradition ihrer Sonntagsmatineen wieder auf. Am 28. September hatte sie Felix geschrieben, sie probe sein Trio in d-Moll, op. 49, und finde es sehr schwierig, rechne aber damit, es aufs Programm ihrer nächsten *Sonntagsmusik* setzen zu können.[4] Auch von den ungeahnten Schwierigkeiten, ein wirklich befriedigendes Klavier zu finden, war die Rede. Auf Veranlassung von Felix hatte sie einen Wiener Flügel erworben, den sie aber in der Mittellage für zu schwach befand. Ihr Ideal war der Erard, den Felix in England für ihre Freundin Pauline Decker erworben hatte. Der jedoch hatte 1000 Gulden gekostet![5]

Daß Felix häufig in Berlin weilte, verhalf den Matineen zu zusätzlichem Glanz. Fanny allerdings rückte dadurch automatisch in den Schatten, was zumindest aus der Sicht des 20. Jahrhunderts als Nachteil zu bewerten ist. In ihrer Epoche wurde sie als eine der großen Damen des Berliner Musiklebens respektiert. Der Schriftsteller Paul Heyse (1830–1914), der Sohn des ehemaligen Hauslehrers der Mendelssohns und künftige Literaturnobelpreisträger, vermerkt in seinen Erinnerungen stolz, daß er bereits als Kind zu den Gästen von Fannys Konzerten gehörte, die keiner besonderen Einladung mehr bedurften.[6]

> Eine illustre Gesellschaft füllte den weiten Raum, doch war kaum einer darunter, der nicht durch ein intimes Verhältnis zur Musik ein Anrecht auf seinen Platz beweisen konnte, und es galt durchreisenden musikalischen Zelebritäten immer für eine hohe Auszeichnung, der Ehre einer Einladung zu diesen Morgenkonzerten gewürdigt zu werden. Zu den Stammgästen gehörte neben Böckh der alte Steffens[7], dessen ehrwürdiges Gesicht die reinste Verklärung zeigte, während er dem geistvollen Spiel der Hausfrau oder dem Gesang ihrer Freundinnen lauschte, die Felix' liebliche Quartette vortrugen. Die breiten Glastüren nach dem Garten zu standen offen; zuweilen schmetterte der Vogelgesang mit hinein. Hier wurde die *Letzte Walpurgisnacht*, von dem Komponisten soeben vollendet, zuerst aufgeführt und wie manche der schönen Klavierstücke und Lieder noch im Manuskript frisch vom Blatt gespielt und gesungen. Zuweilen kam auch der geliebte Bruder und Meister in Person von Leipzig herüber und verherrlichte eine dieser Matineen durch sein wundervolles Spiel. Dann war der Saal wie in einen Tempel verwandelt, in welchem eine enthusiastische Gemeinde jeden Ton wie eine himmlische Offenbarung einsog.
> Ich selbst stand neben Freund Sebastian zuhinterst auf der Schwelle des Nebenzimmers und reckte meine lange Figur auf den Zehen, um keinen Ton zu verlieren und die Gesichter zu betrachten, die sich um den Flügel reihten. Hier sah ich auch die blonde Löwenmähne des jungen Franz Liszt, der seinen ersten Triumphzug durch Berlin hielt, in der vordersten Reihe der Zuhörerschaft eine schöne, blonde Gräfin, die hernach am Arm des glücklichen jungen Eroberers den Saal verließ.

Mit *Die letzte Walpurgisnacht* meint Heyse wahrscheinlich die abgeschlossene Fassung der *Ersten Walpurgisnacht*, das Werk also, an dem Felix 1831 zur Zeit der allerersten Sonntagsmusiken zu arbeiten begonnen hatte und das er erst 1844 vollendete.
Liszt hatte wie überall, wo er gastierte, in Berlin einen gewaltigen Eindruck hinterlassen. Geblendet und fast erschrocken schrieb Varnhagen in einem Konzertbericht[8]: »... er hatte meine Pulse in seiner Gewalt, und sein Spiel beschleunigte sie so, daß ich schwindlig wurde.« Die Ausstrahlung dieses Mannes war so unvergleichlich, sein Spiel so faszinierend, daß er auf eine Instrumentalbegleitung verzichten konnte. Auch so füllte und verzauberte er den Saal der Singakademie. Franz Liszt – aber er allein –

rechtfertigte die neue Mode, nach der ein einzelner Pianist den ganzen Abend bestritt. Natürlich mußte er auch bei Madame Hensel erscheinen. Schwer zu sagen, wer sich mehr geehrt fühlen durfte, der Gast oder die Gastgeberin der Sonntagsmusik, die Exklusivität von Fannys musikalischem Salon wird aber dadurch allemal belegt. Sollte die schöne blonde Gräfin Marie d'Agoult gewesen sein? Sebastian Hensel bezeugt das überragende Niveau der Matineeveranstaltungen:[9]

> Die Sonntage meiner Mutter waren in grossem Flor und wurden durch ein höchst brillantes Publikum besucht, das theilweise ebenso viel zu dem Interesse beitrug, als die Musik. Einmal war es der eben angekommene Cornelius, der die allgemeine Aufmerksamkeit auf sich zog, ein anderes mal Bunsen und Felix, ein drittes Mal Thorwaldsen; und um diese Mittelpunkte gruppirte sich eine zahlreiche Versammlung, Alles, was Berlin an Notabilitäten, an Schönheit und an Vornehmheit hatte, in sich schliessend. Der 17te Band der Portraitsammlung meines Vaters giebt Zeugniss von der ausgezeichneten Gesellschaft, die sich in diesem Jahr bei uns einfand: in diesem einen Bande sind die Portraits von Thorwaldsen, der Sängerin Pasta, des Violinspielers Ernst, der häufig bei uns war, der Unger-Sabatier und ihres Mannes. Ausserdem Liszt, der in Berlin bei diesem ersten Aufenthalt einen rasenden Enthusiasmus erregte. Demnächst Lepsius, der berühmte Aegyptologe, Böckh, der grosse Philologe, der in dieser Zeit unser Hausgenosse wurde, ferner Mrs. Austin, die bekannte englische Schriftstellerin; der geistreich aufgefasste Kopf des Fürsten Radziwill, des Sohnes des Faust-Komponisten, beschliesst diesen Band, einen der interessantesten der ganzen Sammlung.

Fanny hörte im Juli 1841 die große Sängerin Giuditta Pasta (1797–1865), die in zahlreichen Uraufführungen von Rossini und Bellini gesungen hatte und die jetzt ein Gastspiel in Berlin gab. Fanny war sehr beeindruckt von dem Auftreten der Tragödin und von ihrer dezenten Verzierungskunst, vor allem in *Norma*,[10] ihre Intonation jedoch erfüllte sie mit Schaudern. Madame Pasta sang zwischen einem Achtel- und einem Vierteltton zu tief! Darunter hatte schon Felix bei seinem Parisaufenthalt gelitten, und die Sache war mit fortschreitendem Alter nicht besser geworden.[11]

Die vielbeschäftigte Fanny konnte Sebastian nicht so erziehen, wie sie selbst erzogen worden war. Das galt im übrigen mehr oder weniger für Leas sämtliche Enkelkinder. Sebastian verbrachte seine Kindheit in der Welt der Erwachsenen, in der »idealen Kunstatmosphäre«[12] des Elternhauses, aber diszipliniertes Lernen wurde ihm nicht abverlangt. Er wußte

vielerlei, aber in der elementaren Musiklehre war er auffallend unsicher. Meistens spielte er mit den Kindern des Gärtners Clement, »zu sämtlichen Dummheiten aufgelegten« Straßenjungen, oder auch mit dem drei Jahre jüngeren Walter Dirichlet. Fanny erteilte ihm, wie berichtet, den »ersten Unterricht«, womit er wohl das Lesenlernen meint.[13] Anschließend wurde er auf die Liebesche Schule geschickt, deren Niveau die Familie so wenig überzeugte, daß sie nur von der »Libyschen Wüste« sprach. Der Junge jedoch war heilfroh, endlich mit Gleichaltrigen zusammenzukommen! Im Oktober 1840, nach der Italienreise, kamen Sebastian und Walter in die nur ein paar Schritte weit, in der Leipziger Straße 9, gelegene Schmidtsche Schule. Fanny verabscheute die dort praktizierte körperliche Züchtigung, aber Sebastian gehörte nicht zur Kategorie der Betroffenen: Reiche und arme Schüler wurden nämlich verschieden behandelt, was ihn abstieß. Zum erstenmal erlebte er die soziale Ungerechtigkeit. Als ihm später Dickens' Roman *Nicholas Nickleby* in die Hände fiel, erinnerte er sich lebhaft an diese Schule. Bis dahin hatte er die Gärtnerskinder als seinesgleichen betrachtet, und ihre Souterrainwohnung im elterlichen Haus war für ihn ein anziehender Ort gewesen.[14] Er hatte nur Hausangestellte gesehen, die sehr gut behandelt wurden, und natürlich war die Köchin Jette auf der langen Italienreise seine Vertraute und große Freundin geworden. Er war nach humanistischen Idealen erzogen worden, und entsprechend überrascht begegnete er der Ungleichheit und der Macht des Geldes. Im Klassenzimmer führte das dazu, daß er die weniger begünstigten Kameraden zu verteidigen versuchte.[15]
Fanny folgte, wie gesagt, nicht der Methode Leas, sie hielt sich eher an Henriettes pädagogische Ratschläge: Sie ermunterte Sebastian da, wo er begabt war, aber sie drängte ihn nicht. Und der Knabe scheint in allen Richtungen äußerst begabt gewesen zu sein, dazu geistig sehr aufgeweckt; später aber sollte er sich beklagen, er habe vor allem Kenntnisse besessen, aber keine rechte Methode gelernt. In der Tat fiel ihm alles mögliche so leicht, daß niemand, am wenigsten seine Lehrer, die Lücken bemerkte! Sebastian Hensel neigte niemals zu dem pompösen Stil, den Paul Heyse pflegte, seine Feder verriet Talent und Bescheidenheit zugleich. Für seine Eltern war es bald selbstverständlich, daß er sich einem künstlerischen Beruf zuwenden würde.
Die Sippe bekam Zuwachs: Rebecka hatte 1840 einen weiteren Jungen zur Welt gebracht, der Abrahams christlichen Vornamen Ernst erhielt, Cécile wurde 1841 von ihrem dritten Kind, Paul, entbunden. Eine hübsche kleine Rasselbande war da im Garten zu beaufsichtigen, und die Tiere des benachbarten Bauernhofs erfuhren neue Wertschätzung, zogen sie doch die Kleinen magisch an.
Umgeben von diesem bunten und niemals langweiligen Familientreiben, glücklich beim Gedanken, daß ihr Lieblingssohn zu Weihnachten wieder-

kommen würde und daß seine Probleme mit dem König von Preußen eine Lösung gefunden hatten, wurde Lea eines Sonntags im Dezember 1842, während sie mit ihren Angehörigen und den ihr eng verbundenen Woringens in heiterem Gespräch zu Tisch saß, von plötzlichem Unwohlsein befallen. Man schrieb den 11. Dezember. Am Abend schlief sie, wie Sebastian sagt, »mit warmen Händen«, aber sonst in ihrer gewöhnlichen Verfassung ein. Am nächsten Morgen um halb zehn Uhr, nach einem »kurzen und leichten Kampf«, war sie tot.[16] War der letzte leidenschaftliche Auftritt mit Felix, als es um seinen Rücktritt ging, mit schuld an diesem so schnellen Ableben? Abwegig ist die Frage sicher nicht. Natürlich trauerte die Familie, aber in dem friedlichen, von Schmerzen nahezu freien Abschied lag doch auch ein Trost. Fanny schrieb in ihr Tagebuch: »Man hätte sich für sie kein glücklicheres Ende ausdenken können. Es war wörtlich, wie sie im vorigen Sommer einmal zu Albertine sagte, daß sie es wünsche: ohne Bewußtsein und ohne Arznei aus der Mitte des Lebens hinweg, das sie liebte, in voller geistiger Lebendigkeit, die immer ihr Erbteil war.« Weihnachten wurde in diesem Jahr nicht gefeiert. Eine gewisse Führungslosigkeit machte sich in der Familie bemerkbar, so gründlich erschüttert wie nach Abrahams Tod war man jedoch nicht.

Man starb plötzlich in der Familie Mendelssohn und inmitten rastloser Aktivität, doch aus heiterem Himmel kam der Tod nicht, denn von blühender Gesundheit konnte bei keinem der Mitglieder die Rede sein. Unpäßlichkeiten und schlimmere Störungen aller Art gehören zum festen Repertoire von Fannys so lebendigen Briefen. Am 5. Dezember schrieb sie ihrem Bruder von »Husten, Halsweh, Zahnweh, Nasenbluten«, welche die ganze Familie plagten. Rebeckas seelischer wie körperlicher Zustand war bedenklich und wollte nicht besser werden. Mit Optimismus und Humor vermerkt Fanny noch:[17] »Doch hat mich das Nasenbluten diesmal lange nicht so heruntergebracht wie voriges Jahr, eine tüchtige Erkältung hilft jetzt nach.« Herz- und Kreislaufprobleme machten der Familie insgesamt zu schaffen, und wenn von der Mendelssohnschen Vitalität gesprochen wird, dann hatte sie weit mehr mit ihrer nervösen Energie als mit einer robusten Konstitution zu tun.

Dirichlet fuhr nach Leipzig, und sein kleiner Sohn Walter bezauberte den kinderlieben Felix und lenkte ihn von seinem Kummer ab. Hensels beschlossen ihrerseits, den »Feliziern« einen Besuch abzustatten, brachen am 21. Februar auf und verbrachten acht Tage in Leipzig, das seit September 1841 durch die Eisenbahn mit Berlin verbunden war. Für die zweihundert Kilometer brauchte man sieben Stunden.

> Es wurde viel Musik gemacht: wir hörten die *c-moll*-Symphonie von Gade, sein Erstlingswerk, das zu grossen Erwartungen berechtigt.

> Felix war auch ganz entzückt von diesem Werk und studirte es mit der grössten Liebe ein. Zu gleicher Zeit mit uns war Berlioz in Leipzig, der mit seiner bizarren Art viel Anstoss bei den Leipzigern erregte; Felix hatte viel zu begütigen und zu vertuschen. Zum Schluss bot Berlioz ihm einen Tausch ihrer Taktstöcke an, wie die alten Krieger ihre Rüstungen tauschten, – und als Letzterer ihm sein nettes leichtes mit weissem Leder überzogenes Fischbeinstöckchen schickte, sandte er ihm einen unbehauenen, mit der Rinde versehenen, ungeheuren Lindenknüppel, mit einem offenen Schreiben, das anfing: *Le mien est grossier, le tien est simple.* Ein Freund, dem Berlioz dies zur Besorgung übergeben und der es übersetzt hatte: Ich bin grob und Du bist simpel, war in tödtlicher Verlegenheit, wie er diese vermeintliche Beleidigung Felix verheimlichen solle. – Auch die Schumann hörten wir viel, sie spielt entzückend schön.[18]

Felix hatte soeben den jungen dänischen Komponisten Niels Gade (1817–1890) entdeckt und war von dessen Musik äußerst angetan. Berlioz war für ihn ein alter Bekannter, er hatte ihn bei seiner ersten Romreise 1830 getroffen. Die beiden Männer waren sich sympathisch, obwohl Felix die Mentalität des Franzosen nicht recht erfaßte. Berlioz schöpfte seine Ideen aus einer literarisch-philosophischen Welt und interessierte sich nicht im geringsten für die Musik des Barock; seinerseits verstand er nicht, daß Mendelssohn sich einer festgefügten musikalischen Tradition verpflichtet fühlte, und fand, der Deutsche liebe »zu sehr die Toten«. Auch Fanny ist Berlioz gegenüber ein wenig ratlos. Eine diesbezügliche Briefstelle vom 4. März 1845 ist vom Gebrüll ihrer neuen Nichte Flora angeregt worden:[19] »Wenn Berlioz die 50 Flügel plaziert haben wird, die ihm nötig scheinen, würde ich ihm raten, an jeden eine Amme mit einem Wochenkinde zu setzen, die alle ein paar Stunden vorher gehungert haben müßten, ich bin überzeugt, das Publikum, namentlich die Mütter der Kinder, würden sehr gerührt sein.«
Clara Wieck (1819–1896) hatte Robert Schumann 1840 geheiratet. Sie war damals eine sehr junge Frau, die bereits auf die Laufbahn eines Wunderkindes zurückblicken konnte. Fanny machte auch die Bekanntschaft Robert Schumanns, der so beeindruckt war, daß er ein halbes Jahr später in seinem Tagebuch notierte:[20] »Madame Hensel, Mendelssohn's Schwester, der Geist und Tiefe aus den Augen spricht.«
Cécile war mit ihrem vierten Kind schwanger; am 1. Mai kam ein Junge zur Welt und wurde auf den Namen Felix getauft. Was Sebastian anging, so war er einer aufwendigen Leidenschaft verfallen: er sammelte Insekten.
Nach zwei Jahren Rom leistete sich Gounod einen einjährigen »Abste-

cher« über deutschsprachiges Gebiet, bevor er nach Paris zurückkehrte. Er machte Station in Florenz und danach in Wien, wo er dem Komponisten Nicolai[21] begegnete. Nach Prag und Dresden kam Ende April Berlin an die Reihe. Hier suchte er bis zu seiner Abreise am 15. Mai ununterbrochen die Nähe Fannys, die denn auch schrieb:[22]

> Er war diese Zeit über immer hier und ist von der ganzen Familie sehr freundlich aufgenommen worden, hat aber auch richtig von ganz Berlin nichts gesehn, als unser Haus, unsern Garten und unsere Familie, und nichts gehört, als was ich ihm vorgespielt habe, so sehr wir ihn auch aufgefordert haben, sich umzusehn. Die Tage vergingen wirklich sehr angenehm mit ihm; wir haben ihn seit Rom sehr entwickelt gefunden, er ist überaus begabt, von einer musikalischen Auffassung, einer Schärfe und Richtigkeit des Urtheils, die kaum weiter gehen können, dabei von dem feinsten und weichsten Gefühl. Diese lebhafte Auffassung ist ihm auch über die Musik hinaus eigen, so dass ich ihn z.B. nicht ohne wahres Vergnügen konnte deutsch lesen hören, und mich wundern musste über das Talent, womit er das Wesen der Sprache sich zu eigen zu machen wusste. So hat er einige Scenen aus *Antigone* gelesen und zu meiner grossen Verwunderung verstanden. Was mich nun auch eben nicht gegen ihn einnimmt, ist die wahre Liebe und Verehrung, die er für uns hat und durch seine Reise nach Berlin wirklich thätig bewiesen, da er sie einzig und allein unternommen, um uns zu besuchen. Seine Anwesenheit war mir eine sehr lebhafte musikalische Anregung, da ich erstlich sehr viel gespielt und sehr viel über Musik mit ihm gesprochen habe während der manchen Nachmittagsstunden, die ich mit ihm allein zubrachte, da er gewöhnlich von Mittag ab bei uns blieb. Wir haben auch über seine Zukunft Manches gesprochen, und ich glaube nicht geirrt zu haben, indem ich ihm das *Oratorium* als die nächste musikalische Zukunft Frankreichs dargestellt habe; er ist auch so wohl darauf eingegangen, dass er sich hier schon sehr ernstlich mit dem Texte beschäftigt hat; er will *Judith* wählen. Kurz, er hat uns in jeder Hinsicht vollkommenes Vertrauen bewiesen, und so war die überaus freundliche Aufnahme, die er bei uns und, wie ich mit Dank anerkenne, auch bei den Geschwistern gefunden, eine durchaus verdiente. Er hat auch allgemein gefallen.

Was meint Fanny mit »uns«? Hatte sich Gounod etwa auf den Weg gemacht, um Wilhelm und Sebastian zu sehen? Es ist schwer, hier nicht zwischen – und sogar in – den Zeilen zu lesen, daß Gounod ihr mit zärtlicher Aufmerksamkeit zugetan war und daß sie sich dadurch sehr gerührt fühlte. Bevor er nach Paris weiterreiste, verbrachte Gounod noch vier Tage in Leipzig, wo Felix ihn freundschaftlich aufnahm und ermutigte. Gounod kam nach Frankreich mit einem musikalischen Gepäck zurück, das bislang in diesem Lande unbekannt war: Er hatte Palestrina und Bach wirklich verstanden, und diese ganz außergewöhnliche Ausbildung wurde zur Grundlage der sogenannten »Neuen französischen Schule«. Fannys Einfluß dabei wurde völlig unterschätzt: Lieber sprach die Musikgeschichte vom Einfluß Mendelssohns, mit dem er knappe vier Tage zusammen war. Allerdings findet Fanny in den *Memoiren* des französischen Komponisten nur die gewissermaßen unvermeidliche Erwähnung. Eine Textstelle wurde im Romkapitel zitiert, ansonsten unterließ Gounod es, sich an seinen Besuch in Neapel und an die Bootsfahrten zu erinnern und zeigte sich wortkarg, was den Berlinaufenthalt betrifft. Er sei krankheitshalber dort zwei Wochen festgehalten gewesen, erfahren wir, und Fanny habe ihm ihren Arzt geschickt. Das kann man auch als Beweis dafür lesen, daß »Madame Henzel« mehr Platz einnahm, als er zu sagen wagte. Die Zeit, die sie erst in Rom, dann in Berlin zusammen verbrachten, beweist jedenfalls, daß Gounod nicht Felix, sondern Fanny seine Kenntnis der deutschen Musik verdankte. Der Stil von Fannys Liedern und von ihren *Liedern ohne Worte*, hinter deren pianistischer Textur Bachs Präludien aufscheinen, hat Gounod höchstwahrscheinlich zu seinem berühmten *Ave Maria* inspiriert. Bach und Fanny hätten Besseres verdient gehabt, aber der Zeitgeschmack bevorzugte die seichte Innerlichkeit, und Gounod wurde zum bekannten Komponisten.

Indem sie Frankreichs musikalische Zukunft im Oratorium sah, vergaß Fanny eine Kleinigkeit: Die Welt, der sie bald nicht mehr angehören würde, verfiel immer mehr einem platten Gewinnstreben. Nun, was bringt mehr ein, eine Oper oder ein Oratorium? Es gilt das zahlende Publikum zu verführen, und wo wird es auf seine Kosten kommen, im Parkett des Theaters oder auf den Bänken einer Kirche? Gewiß wurde auch im 19. Jahrhundert noch Kirchenmusik geschrieben, unter anderem von Gounod, aber hier die musikalische Zukunft zu sehen, egal für welches Land, war wohl doch ein wenig gewagt ...

Die Zeit war nahe, da es nicht mehr angehen würde, Konzertreihen ohne jede Finanzierung zu veranstalten, vor geladenen Gästen und mit Ausführenden, die nicht an Gage dachten oder auf diese verzichteten. Auch die Liebhabergesellschaften würden gezwungen sein, auf so etwas wie Kostendeckung zu achten. Für die Frauen bedeutete das, daß man sie in eine fensterlose Privatsphäre verbannte, fernab jedweder Öffentlichkeit.

Wenn Gounod von Fanny einiges lernte, so vergalt er ihr dies mit seiner Bewunderung, durch die sie sich angespornt und zum Komponieren gedrängt fühlte. In jenem Herbst wagte sie sich sogar an eine Klaviersonate in g-Moll, eines ihrer interessantesten Werke. Die vier Sätze gehen

nach Art der romantischen Fantasie unmittelbar ineinander über.[23] Ferner schrieb sie ein von Goethes *Faust* inspiriertes Werk, das mehrere Chöre aus dem Zweiten Teil einschloß. Leider ist es verschollen oder liegt vergraben in irgendeiner Privatbibliothek.[24] Erörterte sie die Komposition mit Gounod? Sie sahen Goethes Dichtung jedenfalls mit verschiedenen Augen, da der Franzose sich mehr für Faust I und hier vor allem für die Gretchentragödie interessierte.
Hat Gounod auch den Anstoß dazu gegeben, daß Fanny an den gemeinsamen Freund Franz Hauser, den ehemaligen Bariton und jetzigen Gesangspädagogen, nach Wien schrieb, um ihm eines dieser Werke vorzulegen? Wie Hauser auf die Zusendung reagierte, ist nicht bekannt, der Schritt beweist jedoch, daß Fanny sich aus der Berliner Routine zu lösen versuchte:[25]

> Hochgeehrter Herr und Freund!
>
> Hierbei erfolgt das Musikstück, durch welches ich, Ihrem freundlichen Verlangen zufolge, den kühnen Versuch machen will, mich zu der Würde eines Mitglieds Ihres Vereins aufzuschwingen. Verzeihen und rügen Sie alle darin vorkommenden weiblichen und dilettantischen Pferdefüße, ein Dilettant ist schon ein schreckliches Geschöpf, ein weiblicher Autor ein noch schrecklicheres, wenn aber beides sich in einer Person vereinigt, wird natürlich das allerschrecklichste Wesen entstehn.

Besser kann man sich über die Herren der Schöpfung nicht lustig machen. Bei aller Bescheidenheit weiß Fanny sehr wohl, daß sie es mit den meisten lebenden Komponisten aufnehmen kann und daß das Vorurteil gegen die Frauen durch nichts begründet ist. Daher dieser ironisch-gespreizte Brief, worin Komponistinnen ins Dämonische stilisiert werden.
Sie blieb in jenem Sommer brav zu Hause und erlebte mit, wie um sie herum die Reiselust ausbrach. Dirichlets machten sich im Juli ihrerseits nach Italien auf, und Wilhelm unternahm eine zweite Englandreise.
Im Anschluß an ihren Italienaufenthalt machten Hensels sich einige Sorgen um ihre finanzielle Lage, zumal die in England verbliebenen Gemälde *Miriam* und *Jesus in der Wüste* noch immer keinen Käufer gefunden hatten. Immerhin hatte Wilhelm noch den Auftrag Lord Egertons für ein Bild, das den Herzog von Braunschweig vor der Schlacht bei Quatrebas darstellen sollte. Er arbeitete im Winter 1840–1841 daran, vollendete es 1842 und errang damit bei der Ausstellung in der Akademie der Künste einen großen Erfolg. Auf Ersuchen Herzog Wilhelm Augusts wurde es auch in Braunschweig ausgestellt, worauf der Fürst ein weiteres

Bild über das Leben seines Vaters bestellte. Der Preußenkönig hatte sich inzwischen entschlossen, das Gemälde *Jesus in der Wüste* aus England zurückholen zu lassen, was einem Kaufversprechen gleichkam.[26] Wilhelm arbeitete hart! Nach England wünschte er zurückzukehren, um sich und seine Werke weiter bekannt zu machen, wozu Friedrich Wilhelms IV. Auftrag, den kleinen Prinzen von Wales (und späteren König Edward VII., 1841–1910) zu malen, sehr gut paßte. Mit einem Empfehlungsbrief seines Herrschers an Königin Victoria in der Tasche bestieg er die Eisenbahn Potsdam–Hamburg, die den Weg nach London inzwischen verkürzte. Er arbeitete am Porträt des gerade ein Jahr alten Prince of Wales und sandte später eine Kopie für die Sammlungen des Buckingham-Palastes. Auch Königin Victoria und Prinzgemahl Albert porträtierte er. Die Königin erwarb *Miriam* gegen einen Ring, den Wilhelm an Fanny weitergab, was diese zu der Bemerkung veranlaßte, es sei mehr oder weniger Wahnwitz, »700 bis 800 Reichstaler an einem Finger« herumzutragen.[27] Wilhelm brauchte für seine Rückreise viel länger als vorgesehen, und wie damals in Neapel, als sie ihn von Sizilien zurückerwartete, geriet Fanny in regelrechte Panik. Am 1. September war Wilhelm aufgebrochen, am 18. traf er, beladen mit Geschenken, endlich ein.
Fanny hätte besser daran getan, sich um sich selbst Sorgen zu machen. Am 27. Juli schrieb sie an Rebecka:[28] »Gott bewahre mich, so krank zu werden, wie ich es sein müßte, um Schönlein zu konsultieren. Meiner Hände wegen tu' ich es nicht, von denen hast Du doch eine zu schlechte Meinung, wenn Du glaubst, ich könne nicht mehr damit schreiben. Das Absterben hat sich fast ganz gegeben, mit der Schwäche ist es abwechselnd. Das Galvanisieren konnt ich nicht gut vertragen, nun soll ich's mit Branntweinstrankbädern versuchen, und da ergibt sich die wunderschöne Tatsache, daß in Berlin, wo jeder dritte Laden ein Schnapsausschank ist, gar nicht gebrannt wird und ich nun erst zusehen muß, wo ich das Zeug herkriege.« Das Ganze war nur Vorzeichen und Warnung. Solche unklaren Störungen waren so häufig, daß auch diesmal die Symptome nicht ernst genug genommen wurden, und was hätte man im übrigen auch tun sollen?
Pauline Viardot gastierte erneut in Berlin, und Rebecka, die sich noch in Freiburg aufhielt, beneidete das Publikum der preußischen Hauptstadt:[29] »Habt Ihr denn die Viardot-Consuelo gehört? Die verdammte Sand, ich muß bei jedem Krautgarten an sie denken.« Worauf Fanny antwortete:[30] »Wohl glaube ich, dass Du Consuelo in jedem Krautgarten siehst; dass Du aber ihr Urbild nicht auf der Bühne siehst und hörst, ist wirklich sehr schade. Das ist eine einzige Person! Und viele Züge von ihr sind wirklich sehr getroffen, wenn ich sie so reden höre, finde ich sie ganz wieder.« Der Roman von George Sand erschien zwischen 1842 und 1845 in Fortsetzungen, begeisterte das idealistische und vorrevolutionäre Eu-

ropa und steigerte nur die Berühmtheit der Sängerin, die der Romanheldin ihre Züge lieh.
In der Nacht des 19. August brannte die Oper.[31] Der schöne, von Knobelsdorff nach den Plänen Friedrichs II. 1742 realisierte Theaterbau wurde zum großen Teil zerstört. Fanny blieb die halbe Nacht auf, weil sie befürchtete, der Brand könnte auf das Viertel und damit auf Paul Mendelssohns Kontor übergreifen. Wie traurig, dieser Brand ihres Lieblingstheaters! 1844 erfolgte der Wiederaufbau durch Langhans, aber Fanny fühlte sich in der überladenen Dekoration und angesichts des Mischstils, der nun das reine Rokoko ersetzte, nicht mehr zu Hause. Auch wenn das Rokoko ihr nicht eigentlich zusagte, auf Stilreinheit legte sie Wert.
Im Herbst kam Felix und dirigierte im Königlichen Theater Potsdam die Premiere von *Ein Sommernachtstraum.* Diese historische Aufführung fand am 18. Oktober statt. Natürlich war Fanny zugegen, aber auch die Leipziger Freunde ihres Bruders: Hiller, der Geiger David, Gade und ein blutjunger, gerade zwölfjähriger ungarischer Geiger namens Joachim, der so begabt war, daß »David ihm nichts mehr beibringen konnte«.[32] In den Tagen vor dem Ereignis wurde intensiv musiziert. Am Abend der Generalprobe, dem 17. Oktober, saß Fanny neben Madame Tieck, der sie ihre Gedanken zu den Kostümen, welche sie fürchterlich störten, nicht gut mitteilen konnte. Hatte ihr Mann Ludwig Tieck, der die Inszenierung besorgte, doch speziell auf diesen Kostümen im Stil des 17. Jahrhunderts bestanden. Aber von der Musik ließ sie sich verzaubern:[33] »Nie habe ich ein Orchester so pianissimo spielen hören«, rief sie aus. Als nach dem berühmten Marsch Puck und die Elfen (dreißig Elevinnen der Ballettschule) auf die leere Bühne zurückkamen, fand sie es »zum Heulen schön«, wie sie ihrer fernen Schwester schrieb. Mit Sebastian zusammen erlebte sie am nächsten Abend die Premiere. Die alte Sara Levy war im Saal anwesend, »auf dem Balkon zwei imposante Reihen Mendelssohns und Zubehör. Paul behauptet, als Mendelssohn gerufen worden wäre, hätte er sich mit der größten Freundlichkeit vorn auf dem Balkon gezeigt, aber die Leute hätten gar nicht darauf geachtet.«
Ende Oktober nahm Fanny ihre Sonntagsmusiken wieder auf, die sie eineinhalb Jahre nicht mehr veranstaltet hatte. War es Sparsamkeit, die mit Hensels unverkauften Gemälden zu tun hatte, oder nahm Felix durch seine häufige Anwesenheit der Schwester das Selbstvertrauen? Auf jeden Fall verlangte Wilhelm gleich nach seiner Rückkehr aus England von seiner Frau, daß sie mit ihren Matineen weitermache.[34] »Nach anderthalb Jahren habe ich auch vorgestern zum ersten Male wieder eine musikalische Morgensoiree gehabt, mit Felixens neuer Cellosonate, in der Ganz einen großen Bock zu schießen nicht unterließ, meinem Stück aus Faust, Felixens Altsolo mit Chor usw. Es hat mir eine große Überwindung gekostet, dieses Hallo wieder anzufangen, und zwar nur für ein

paarmal, denn vor dem Dezember will ich wieder schließen, aber Hensel wünschte es.«
Gesellig wie er war, freute sich Wilhelm auf Menschen und neue Begegnungen, und außerdem ertrug er es nicht, wenn Fanny untätig blieb. Also gab Fanny am 3. Dezember eine neue Matinee.[35] »Gestern letzte Sonntagsmusik in diesem Jahr, die sehr gut ausfiel; die Decker sang zum erstenmal wieder und sehr schön, ich spielte das Es-Dur-Trio von Beethoven und mit Felix die Polonaise von Beethoven und die Zwischenakte zum Sommernachtstraum zum großen Jubel der Leute.« Felix arbeitete unaufhörlich, für das Neujahrsfest hatte er den *Psalm 98* komponiert, er sollte im Dom aufgeführt werden.
Die Matineen fangen im Februar wieder an, diesmal auf Betreiben von Felix, »dem auch die Klatschereien zu Ohren gekommen sind, als wolle er es nicht, daß hier Musik gemacht würde«.[36] Gewiß war Felix allem möglichen unangenehmen Klatsch ausgesetzt, aber mußten sich die Berliner nicht tatsächlich fragen, warum seine Schwester ihre musikalischen Empfänge eingestellt hatte?
So öffnete Fanny denn Anfang Februar, vom schönen Wetter inspiriert, dem Publikum ihren Gartensaal. »Felix hatte mir in zwei Tagen sehr hübsche und brillante vierhändige Variationen gemacht, die ich mir Sonnabend bogenweis, wie sie fertig wurden, herüberholte und ein wenig übte und die sehr gut gingen.« Für ihre kleine Schwester fügte sie die persönlichere Abschweifung hinzu:[37] »Ich sehe recht, wie jung Du noch bist, dass Du meinst, in ein Paar Jahren würden wir zu alt sein, die Reise noch einmal zu machen; werde nur erst so alt wie ich, dann wirst Du garnicht mehr fürchten, noch ein bischen älter zu werden; jetzt, wo mir die Vierzig schon recht nahe rücken, denke ich ernstlich daran, wie frisch und munter ich noch in den Fünfzig zu sein Lust habe, so wird es Dir auch gehn und ich bin weit entfernt, eine gemeinschaftliche Reise dahin aufzugeben.«
Anfang März probte Fannys Chor die *Erste Walpurgisnacht*, eines der Werke ihres Bruders, die sie besonders mochte. Die prominenten Solisten sangen bereitwillig mit dem Chor: »Es ging prächtig, die Decker, Auguste Löwe[38], Bader und unser neuer Bassist Beer thaten Wunder im Chor.«[39] Die Vorarbeit lohnte sich, denn die folgende Sonntagsmusik wurde später fast zur Legende. Am 18. März mußte Fanny ihrer Schwester gegenüber bekennen, daß sie Außergewöhnliches zustande gebracht hatte:[40]

> Vorigen Sonntag war auch bei uns die brillanteste Sonntagsmusik, die, glaube ich, noch jemals stattgefunden hat, sowohl was Ausführung als Publikum betraf. Wenn ich Dir sage, dass zwei und zwanzig Equipagen auf dem Hof, und Liszt und acht Prinzessinnen im Saal waren, wirst Du mir die nähere Beschreibung des Glanzes meiner

Hütte wohl erlassen. Dagegen will ich Dir mein Repertoir mittheilen: Quintett von Hummel, mit der Finger leicht Getummel, Duett aus *Fidelio*, Variationen von David, von dem prächtigen kleinen Joachim gespielt, der kein Wunderkind, sondern ein bewundernswürdiges Kind ist, nebenbei Sebastian's dicker Freund. Zwei Lieder, von denen das schöne ›Lass die Schmerzen dieser Erde‹, von Eckert, von Felix und der Decker auswendig vorgetragen, wie immer grossen Beifall fand. Ich erlaube Dir, Eckert kein Geheimnis daraus zu machen. Hierauf kam die *Walpurgisnacht*, auf die mein Publikum schon seit vier Wochen gespannt war und die vortrefflich ging. Wir hatten drei Proben gemacht, bei denen sich die Sänger so amüsirten, dass sie gern noch einmal so viel gehabt hätten. Bei der letzten war Felix zugegen und sehr zufrieden. Ich hätte gern gesehn, dass er begleitet hätte, das wollte er nun aber ein für allemal nicht, sondern spielte nur die Ouvertüre mit mir, und griff bei den schwierigsten Stellen bald im Bass, bald im Diskant mit zu, so dass eine Art von improvisirtem vierhändigen Arrangement daraus ward, das sehr gut klang.

Fanny Lewald war wahrscheinlich an diesem Tag zugegen:[41]

In einer solchen Matinee war es, daß ich Felix Mendelssohn zum ersten Male sah und hörte. Es befanden sich unter den Zuhörern noch Henrik Steffens, Friedrich von Raumer, die Künstler Wach und Tieck, eine Fürstin von Dessau, die Fürsten Radziwill mit ihren Familien, der englische Gesandte Graf Westmoreland, zwei von Bettina's Töchtern, eine Tochter des Prinzen Karl von Preußen mit ihrer Erzieherin, Schönlein, und noch eine Menge von Personen, deren Namen Bedeutung hatten, oder diese später bekamen, wie der Name des Musikers Joseph Joachim, welcher damals noch ein Knabe war und, von Felix Mendelssohn begleitet, sehr brillante Variationen von David vortrug.
Während man schon musicirte, richteten sich plötzlich alle Blicke nach der Thüre und ein freudiges Lächeln zog durch alle Mienen, als ein noch junger Mann in der Thüre des Saales erschien. Es war eine schlanke, bewegliche Gestalt. Sie trat geräuschlos ein, den Kopf hoch gehoben, mit leuchtenden Augen, die etwas ungemein Ueberraschendes, ja etwas Ueberwältigendes hatten. Es war Franz Liszt.

Fanny Lewald verwechselt allerdings diese Matinee mit der vom Februar und bringt die Programme durcheinander. Deren Niveau und Glanz kann uns Heutige nur mit Staunen erfüllen.

Man begann an jenem Morgen die Musik mit einem Quartett von Weber, das Frau Hensel spielte, und welches die Gebrüder Gans und Felix Mendelssohn begleiteten, dann trugen Frau Hensel und der Bruder Variationen à quatre mains von dem Letztern vor; Pauline von Schätzel, damals schon die Frau des Hofbuchdruckers Decker, sang eine Arie mit Chor aus der Schöpfung, und später mit einem ausgezeichneten Sänger, mich dünkt, er hieß Bär, einige große Scenen aus dem *Templer und der Jüdin**. Felix Mendelssohn begleitete den Gesang auf dem Flügel, und endlich spielte Mendelssohn mit dem jungen Joachim noch die vorhin erwähnten Variationen.

Danach trat eine Unterbrechung ein, denn Felix forderte Zeit und Mitwirkende, wie Fanny sagte, um am Palmsonntag *Israel in Ägypten* aufführen zu können. Der vielbeschäftigte Felix edierte auch noch Händel und führte ihn auf. Jetzt brauchte er einen Chor von vierhundertfünfzig Personen und dazu, neben der Orgel, ein großes Orchester. Demnächst sollte Beethovens Neunte mit Chor folgen, außerdem komponierte er und korrigierte seine neuen Werke. Bei so viel Aktivität mußte ihm der Gedanke unbehaglich sein, daß seine Schwester eine unabhängige Karriere verfolgen könnte.[42] Sie hingegen wohnte seinen sämtlichen Proben bei und kannte die Werke, die er dirigierte, auswendig.[43]
Felix brach Anfang April mit Frau und Kindern nach Frankfurt auf, wo Céciles Eltern warteten. Fanny kümmerte sich gewissenhaft um ihren Garten, sie pflanzte Obstbäume, gab Walter Dirichlet über die neuen Zicklein Auskunft und veranstaltete am 23. Juni die letzte Sonntagsmusik der Saison. Zu beenden gedachte sie sie »mit Felixens Männerchor ›Wer hat dich, du schöner Wald‹ mit Hörnern und Posaunen«.[44] Niemand verlangt von ihr etwas anderes, als daß sie existiert und den Sommer genießt. »Die Nachtigall ist bei Stimme«,[45] verkündete sie entzückt, und falls sie die Kleinkinder vermißte, so konnte sie schon bald hingehen und Paul und Albertines erstes Töchterlein hätscheln, das Ende Mai zur Welt gekommen war.

* Oper von Heinrich Marschner (1795–1861), die 1829 in Leipzig uraufgeführt worden war.

Rebecka und Arnold: Zwei Mendelssohns im Vormärz

Länger als geplant blieb das Ehepaar Dirichlet in Italien. Fanny erwartete sie für spätestens Ende August zurück, denn auf Bitten Rebekkas hatte sie bereits am Leipziger Platz Nr. 18 eine Wohnung für sie angemietet. Deren Räume gingen alle auf einen Flur hinaus, worüber Fanny sich bewundernd äußerte, denn bei ihr zu Hause gab es lauter Durchgangszimmer.[1] Aber der Sommer verging, und Dirichlets kamen nicht nach Berlin zurück. Die kranke Rebecka hatte sich von Neapel nach Rom begeben, wo sie erfuhr, daß sie an einer Gelbsucht litt. Von da an wurde der Aufenthalt Woche um Woche verlängert, während die Ärzte nicht aufhörten, ihr baldige Genesung zu verheißen.

Im Herbst war Felix nach Berlin zurückgekommen, diesmal um beim König seinen endgültigen Abschied einzugeben, wobei der Vorbehalt gelten sollte, daß er im Falle eines konkreten Auftrags dem Monarchen zur Verfügung stehen würde. Felix blieb Musiker des Königs, durfte aber seinen Wohnsitz nach Belieben wählen, während er beim Gehalt eine Kürzung von 3000 auf 1000 Taler hinzunehmen hatte. Nach einer letzten Aufführung seines *Paulus* verließ er Berlin am 30. November 1844. Fanny war sehr traurig und vom Ergebnis der langwierigen Verhandlungen sehr enttäuscht. Sie hatte sich daran gewöhnt, daß Cécile und die Kinder um sie waren, und der Hoffnung Ausdruck gegeben, daß man in trauter Gemeinsamkeit älter werde.[2] Beinahe war es so, daß sie weniger Felix vermißte, der ja doch ein Zugvogel war, als seinen liebenswerten Anhang. Im Tagebuch findet ihr Kummer seinen Niederschlag:[3]

> Ihn selbst werden wir am Ende kaum weniger sehn, denn wenn er, wie er denkt, ein paarmal im Jahre auf einige Zeit herkommt und dann unser Gast ist, wie jetzt, so geniessen wir ihn allerdings mehr, als wenn er, hier wohnend, doch die meiste Zeit abwesend ist, und den übrigen Theil verdriesslich. Aber Cécile und die Kinder sind nun ganz für uns verloren, und ich habe sie doch gar zu lieb. – Felix ist jetzt wieder überaus liebenswürdig und sein Spiel, glaube ich, herrlicher als je. Der ganze Dilletantenplunder wird Einem wirklich ekelhaft verächtlich, wenn man wieder einmal sieht, was

> Kunst ist. Wenn ich nicht Alles liegen lasse, so kommt das einestheils daher, dass ich mir, wenn Felix nicht da ist, doch gar nicht so plunderig vorkomme, sondern mich schon mehr achte, dann aber kann ich es meinem Mann nicht zu Leide thun, der ausser sich sein würde.

Alles in allem hat Felix seiner Schwester trotz all der Liebe, die zu empfinden er vorgab, weit weniger geholfen als etwa Gounod. Warum konnte er nicht jetzt, da jegliche Jugendrivalität hinter ihnen lag und er der längst etablierte Musiker war, warum konnte er nicht endlich die richtigen Worte finden? Warum machte er ihr nicht endlich Mut zu ihrer Begabung, wo ihm doch klar sein mußte, daß die Vierzigjährige in einen unaufholbaren Rückstand geraten war. Mußte er seine Schwester an die Wand drücken, um sich als Künstler zu verwirklichen? Fast scheint es, als hätte Fanny keine besondere Lust mehr auf seine Gesellschaft. Sie »schätzt sich höher« und fühlt sich besser, wenn er nicht da ist. An Wilhelms Rolle hat sich nichts geändert, er ist der stabilisierende »Anti-Felix«.

Nach der Abreise des Bruders hatte sie keine Gelegenheit, lange über ihr Schicksal zu grübeln. Rebeckas jüngster Brief enthielt das Eingeständnis, daß es ihr schlechtging, daß ihre Gelbsucht eine Infektionskrankheit war, die Genesung in der Ferne lag und daß sie außerdem schwanger war. Nachdem sich auch noch Dirichlet das sogenannte »Römische Fieber« geholt hatte, waren sie beide nach Florenz transportiert worden. Diese Reise verlief für Rebecka derart qualvoll, daß sie zeitlebens nur ungern davon berichtete; sie sagte nur, sie sei dem Wahnsinn nahe gewesen.[4]

Für Frauen gab es das Wort »Laufbahn« nicht. Dazu muß man wissen, wie oft und wie zwingend ihnen die häusliche Krankenpflege oblag, wie tückisch die Infektionskrankheiten den Alltag der Familie überschatteten, wie diese allzeit drohenden Übel den Frauen Nerven, Zeit und Kraft raubten. Auch Fanny wird ein gut Teil ihres Lebens mit Krankenschwesterdiensten hingebracht haben. Die Frau arbeitete ohne Einkommen, und die Gesellschaft war dies lange zufrieden. Als die schlechte Nachricht aus Florenz bei den Mendelssohns eintraf, schwebte gerade das Töchterchen von Paul und Albertine in Lebensgefahr. Die Stimmung war beklemmend, bis Hensels beschlossen, den unglücklichen Dirichlets zu Hilfe zu eilen. Der Mathematiker Carl Gustav Jacoby (1804–1851) übernahm Dirichlets Vorlesungen an der Universität und an der Kriegsschule. Er verlangte keinerlei Entschädigung, sondern war ausschließlich darauf bedacht, dem Freund die beiden Professuren zu erhalten.[5]

Zwischen Weihnachten und Neujahr wollte man aufbrechen, aber Fanny wurde von einem Nasenbluten befallen, das Tag und Nacht über sechsunddreißig Stunden hin anhielt. Erst am 2. Januar 1845 konnte die

Abreise erfolgen. Sebastian war mit von der Partie, er hatte versprochen, unterwegs ausdauernd zu arbeiten, damit das Schuljahr auf keinen Fall gefährdet wäre. Die Familie nahm den Zug bis Leipzig, wo sie in die mit Postpferden bespannte eigene Kutsche umstieg. Über München und den Brenner ging es nach Italien. Am 19. Januar trafen sie in Florenz ein und erschraken tief, als sie die von der Krankheit gezeichnete Rebecka erblickten. Auch Dirichlets Gesicht war vom Fieber wie entstellt. Eine Wohnung wurde gemietet, die der von Dirichlets genau gegenüberlag, und bald stellte sich eine provisorische Alltagsroutine ein. Rebecka erholte sich nun rasch. Wilhelm, der mit Malaufträgen eingedeckt war, sah sich zur Weiterreise nach Rom gezwungen, denn in Florenz fand er weder Modelle noch Kostüme nach seinen Vorstellungen. Fanny mietete einen Flügel, Rebecka begnügte sich mit einem bescheidenen Klavier, und die beiden Schwestern taten das, was für sie lebensnotwendig war: sie musizierten. Sebastian übte mit Dirichlet Mathematik, was nach eigenem Eingeständnis zu seinen »schlimmsten Erinnerungen gehören« sollte. Auch bei Latein und Griechisch kam er nicht recht weiter. Der von der Krankheit erschöpfte Dirichlet hatte kein pädagogisches Talent, und im übrigen war er, wie sein Sohn Walter später formulierte, in der Mathematik so weit vorgedrungen, daß er die ersten Schritte längst vergessen hatte.[6]

Rebecka erwartete ihre Niederkunft für Anfang April; das kleine Mädchen aber schien ungeduldig und kam schon am 13. Februar zur Welt. Die Geburt ging so rasch und leicht vonstatten, daß alle nur staunten. Heil und gesund meldete sich das Kind, fast gleichzeitig mit dem Arzt, nach dem Fanny in höchster Angst ausspähte. Niemand hatte erwartet, es lebend zu Gesicht zu bekommen, sowenig wie man das Martyrium von Rebeckas früheren Geburten vergessen hatte. Fanny, die allein mit der Situation fertig werden mußte, rechnete mit dem Schlimmsten, und ein kleines Wunder trat ein. Wunderbar schnell auch erhob sich Rebecka aus dem Wochenbett, und auf einmal lagen alle Übel hinter ihr. Die vorzeitige Ankunft des Säuglings brachte seiner Tante reichlich Beschäftigung, sie mußte für Bekleidung sorgen, die Geburtsanzeigen schreiben, Küche und Herd bestellen, an alles denken! Nur der Name für die Kleine war der Umstände wegen schnell gefunden: Florentina. Welche Enttäuschung, wenn es ein Junge geworden wäre! Davon gab es schließlich genügend in der Sippe Mendelssohn.[7]

»Fanny und Beckchen gehören einander«, sagte Cécile eines Tages zu ihrem Gatten.[8] Die Mendelssohn-Forschung pflegt auf die jeweilige Beziehung zum Bruder einzugehen, in Wirklichkeit aber war die Schwesterbeziehung die tiefere, dauerhaftere, und der wechselseitige Beistand war viel sichtbarer. Schon 1829 zeichnete Wilhelm Felixens zwei »Fischottern« engumschlungen, und das Leben hatte dieses Jugendbild nur immer wieder bestätigt. Rebecka hatte viel weniger Glück als Fanny: Da, wo die Ältere dank ihrer Musik sich in der privaten Welt der Frauen bis hinein in die halböffentliche Sphäre einen Weg zu bahnen vermochte, erstickte Rebecka im häuslichen Dunst. Ihre Begabung drängte nach außen, sie war offen republikanisch gesinnt und hätte nur zu gern eine politische Rolle gespielt, wie folgende Begebenheit von 1850 beweist: Der Revolutionär Gottfried Kinkel war verhaftet worden, nachdem er einen Marsch auf das Siegburger Zeughaus organisiert hatte. Er wurde zum Tode verurteilt, dann aber dank der Fürbitte von Bettina von Arnim (Johanna Kinkel, die Frau des Häftlings, gab Bettinas Kindern Musikunterricht) zu einer Zuchthausstrafe begnadigt.[9] Aus der Spandauer Anstalt entkam er mit Hilfe von Karl Schurz. Aller Wahrscheinlichkeit nach nahm Rebecka das Risiko auf sich, das für diese Flucht notwendige Geld zu verwahren und bereitzuhalten. Karl Schurz berichtete, er habe die Summe »von einer Verwandten des berühmten Felix Mendelssohn Bartholdy« erhalten. Im Dämmerlicht sei ihm eine schwarzgekleidete Dame entgegengetreten, die »nicht mehr jung und auch nicht gerade schön«, aber doch eine sehr »anmutige Erscheinung« gewesen sei. Alles spricht dafür, daß diese Gestalt Rebecka gewesen ist, der Beweis des Gegenteils jedenfalls ist bislang allzu fadenscheinig ausgefallen.[10]

Es gibt keinen Grund anzunehmen, ihre Ehe sei nicht glücklich gewesen. Dirichlet war ein guter und bescheidener Mensch, auch wenn seine Mathematik ihn manchmal zu hartnäckigem Schweigen veranlaßte. Über ihn hatte Rebecka Umgang mit einem Kreis von Universitätslehrern, der ihr genauso gemäß war wie Fanny die Welt der Künste. Dennoch war Rebecka der persönliche Ausdruck noch rigoroser verwehrt als ihrer Schwester, und ihre zahlreichen Erkrankungen und nervlichen Störungen legen den Schluß sehr nahe, daß sie auch mehr darunter litt und keinerlei Ventil dafür fand. Grundsätzlich aber teilten Fanny und Rebecka das Schicksal der Frauen, die sich Bildung aneignen durften, um dann ins Haus verbannt zu werden. Sie gehörten einander, statt ihrer Begabung zu gehören.

Florentina wurde am 12. März getauft, und die Probleme waren so weit geschwunden, daß Fanny ihrem Mann nach Rom nachreiste, nicht zuletzt um ihre Lieblingsstadt zu genießen und ihre Freundin Charlotte Thygeson wiederzusehen. Als sie eintraf, war Wilhelm krank. Das schlechte Essen und die Kälte wurden als schuldig ausgemacht. Ein weiteres Mal durfte sie für eine der Gesundheit zuträgliche Haushaltsführung sorgen, und bald beklagte sie sich, daß es in Italien kein Gemüse gebe. Nur Blumenkohl war zu kaufen, mit dem ihr italienischer Koch absolut nichts anzufangen wußte.[11] Wilhelm genas und trat wieder an die Staffelei, und Fanny mietete nach ihrer Gewohnheit ein Klavier. Über Perugia kehrten sie am 20. Mai nach Florenz zurück, und am 15. Juni machten sich die

Familien Hensel und Dirichlet gemeinsam auf den Weg nach Norden. Hinter Pisa fuhren sie die ligurische Küste bis Genua entlang, durchquerten Apennin und Poebene, wählten den Splügenpaß und eilten weiter nach Freiburg im Breisgau, wo liebe Freunde, die Woringens, sie erwarteten. Felix und Paul stießen hinzu, und das große Familienwiedersehensfest dauerte sechs Tage. Bis Mainz fuhr man den Rhein hinunter, und in Soden bot Felix' Familie gastliche Unterkunft. Cécile war zum fünftenmal schwanger, die kleine Lili wurde wenig später in Leipzig geboren, wo Felix wieder das Gewandhausorchester leitete.[12]

Es war Fannys letzte große Reise. Am 2. August war sie zurück in Berlin. Während das Leben ihres Bruders, der von der Komposition seines Meisterwerks *Elias* restlos in Anspruch genommen war, sich immer hektischer zu beschleunigen schien, sah es aus, als käme das ihre nun doch in eine Art schöpferisches Gleichgewicht.

Aber die Mendelssohns konnten nicht ignorieren, was um sie herum vor sich ging. Die Politik beherrschte mittlerweile fast jedes Gespräch. »Vormärz«, das ist die Zeit vor den dramatischen Märztagen 1848, und das nachträglich gefundene Wort gibt die Verfassung der Gemüter in jenen Jahren wieder, in denen die Revolution schon in der Luft lag. Die Menschen gleicher Gesinnung schlossen sich enger zusammen. Varnhagen von Ense, der am 17. Juli 1845 Felix und Fanny in einem Restaurant des Kurstädtchens Homburg begegnete, schrieb danach in sein Tagebuch:[13] »Ich freute mich sehr des Wiedersehens, die Fremde brachte an den Tag, was die Heimat so leicht verdeckt, die alte treue Zuneigung, auf langes Kennen und innere Achtung gegründet.« Varnhagen von Ense stand vor allem den Dirichlets nahe, die in dem ganzen Freundeskreis am ehesten für Aktion und Kampf eintraten. Fanny hatte in das republikanische Ideal nicht das gleiche Vertrauen wie ihre Schwester. Das Fehlen der Freiheit hingegen wurde vom gesamten aufgeklärten Bürgertum mit der gleichen Ungeduld und Enttäuschung empfunden. Auch Fanny wettert:[14] »Überhaupt gibt's im öffentlichen Leben wenig Erfreuliches. Ungeheure Aktienschwindelwut für Eisenbahnen, namenlose Not der schlesischen Weber, der jetzt auf alle Weise zu steuern versucht wird ...«, und inmitten all der Mißstände werden »die Versuche zu einem lebendigeren, gemeinsamen Verkehr auf allen deutschen Universitäten mit Karzer und Konsilium bestraft; täglich Verbote, Kräkeleien der Regierung und Polizei nach allen Seiten hin, nur nicht nach denen der öffentlichen Sicherheit und Reinlichkeit«. Einige Monate später entrüstet sie sich erneut:[15] »Gott, was muß der preußische Staat für ein erbärmliches Gebilde sein, wenn er wirklich Gefahr läuft zu wackeln, sobald drei Studenten einen Verein bilden oder drei Professoren eine Zeitschrift herausgeben.«

Fanny und ihre Gesinnungsfreunde protestieren gegen einen autoritären

Staat, der die individuellen Freiheiten mit Verboten negiert und sich schützend vor die stellt, die sich auf Kosten der Ärmsten bereichern.
Der preußische Staat des 19. Jahrhunderts hatte aufgehört, Löhne und Mieten zu kontrollieren, und für das Elend, das aus dem zügellosen Kapitalismus erwuchs, fühlte er sich weder verantwortlich noch zuständig.
Es gibt einen Mendelssohn, dessen Existenz zu erwähnen Sebastian Hensel unterließ, ebenso wie die Biographen des Musikers Felix in den hundert Jahren nach seinem Tod sich jeder Anspielung enthielten. Es handelt sich um den am 19. November 1817 in Neiße geborenen Arnold Mendelssohn. Seine Eltern waren Nathan Mendelssohn und Henriette Itzig, von deren zehn Kindern nur drei am Leben blieben. Damit war Arnold auf doppelte Weise Cousin der Mendelssohn Bartholdys: Nathan Mendelssohn war der jüngste Bruder von Abraham, und Henriette Itzig, Enkelin von Daniel Itzig sowie Tochter von Elias Daniel Itzig und dessen Frau Marianne, geborene Leffmann, war mithin eine Cousine von Lea Salomon.
Nathan und Henriette traten beträchtliche Zeit vor ihrer Ehe zum Protestantismus über. Die Kinder von Elias Daniel Itzig waren die ersten aus jener Familie, die ihre Konfession selbst wählten: Sein älterer Sohn Julius Eduard wurde 1799[16] protestantisch getauft, die Töchter in den Jahren nach 1800.[17] Nathan war zwar ein begabter Ingenieur, aber am wenigsten in der Familie begütert, daher erklärte sich Onkel Joseph, der reiche Bankier, bereit, seinem Neffen Arnold, der Medizin studieren wollte, unter die Arme zu greifen. Der erwies sich als fähiger Forscher, er publizierte 1845 ein wichtiges Werk über den Zusammenhang zwischen Atemsystem einerseits und Blutkreislauf und Verdauung andererseits. Als Arzt war er in einem Armenhospital des Berliner Weberviertels Voigtland tätig. In ständiger Berührung mit dem Elend, entwickelte er natürlich soziale und sozialistische Ideen. Gleichzeitig vertiefte er sich in die Philosophie und trat bald in Kontakt zu Ferdinand Lassalle.[18]
Den wiederum hatte Professor Boeckh, der Mieter und Freund der Mendelssohns, in die Berliner Gesellschaft eingeführt. Paul Heyse bemerkte ihn eines Tages bei einer *Sonntagsmusik*.[19] »An einem anderen Tage fiel mir ein scharfgeschnittener Männerkopf von entschieden jüdischem Typus auf, in dessen Zügen ein Ausdruck gebieterischer Willenskraft und kalten Hohnes lag. Ich fragte Sebastian nach dem merkwürdigen Gesicht. Er nannte mir den Namen Ferdinand Lassalle, vom alten Böckh hier eingeführt, der ihm wegen seiner Abhandlung über Herakleitos den Dunkeln eine glänzende Philologenzukunft weissagte.«
Lassalle gewann erheblichen Einfluß auf Arnold Mendelssohn. Bereitwillig erlag der Mediziner der hegelianischen Rhetorik des blutjungen Mannes, der auf alles eine Antwort wußte. Hegels Phänomenologie

prägte die Forschung der Zeit, und Arnold Mendelssohn gelangte über kurz oder lang zu der Auffassung, die Krankheit schmarotze nicht am Körper, sondern sei ein körperliches »Phänomen«.[20] Die Beziehung der beiden jungen Männer hätte das Stadium leidenschaftlicher Diskussionen über die Hegelsche Dialektik und ihre Auswirkung auf die Wissenschaften nicht überschreiten müssen, aber Ende 1845 zog Lassalle ihn und seinen Freund Alexander Oppenheim in die Verteidigung der Gräfin Hatzfeld hinein. Diese betrieb die Scheidung von ihrem Gatten, der sie offensichtlich um ihr Vermögen bringen wollte. Oppenheim und Mendelssohn reisten der Geliebten des Grafen Hatzfeld nach, einer Baronin Meyendorf, und stahlen ihr in einem Gasthof eine Kassette mit belastenden Papieren, eine Wahnsinnstat, nach der ihnen nur noch die Flucht übrigblieb. Oppenheim stellte sich wenige Tage später der Polizei, während Arnold Mendelssohn über England und Belgien nach Paris floh und dort Heinrich Heine um Hilfe bat. Er blieb bis Juni 1847, wurde Schüler Proudhons und dessen bedingungsloser Anhänger. In dieser Zeit schrieb er Beiträge für die von Gottfried und Johanna Kinkel herausgegebene Zeitschrift *Spartakus*.
Am 11. September 1846 war der Vorgang für Varnhagen im Salon Fannys noch Anlaß zu munterer Plauderei:[21]

> Abends bei Hensels große Gesellschaft, Musik. Ich sprach lange mit Boeckh, nachher ausführlich mit Paul Mendelssohn über die hiesige neue Bank. – Hensel und Dirichlet traten herzu und brachten die Hatzfeldsche Geschichte zur Sprache, ich verteidigte mit Scherz und zum Teil im Ernste die drei jungen Leute, verglich ihre Tat mit der von Wilson, Hutchinson und Bruce, als sie Lavalette befreiten, erörterte den Begriff des Ritterlichen, zog das Verbrechen des Zweikampfs hinein, und es gab eine ganz lustige Unterhaltung, die auch die ursprünglich harten Urteile sehr milderte. Boeckh erzählte, Lassalle, der sich bei ihm gemeldet wegen Habilitierung bei der Universität, habe von neuen Fragmenten des Herakleitos gesprochen, die er gefunden, mit denen es aber verdächtig ausgesehen haben möge, auch sei er nicht wiedergekommen.

Bei Professor Boeckh war Lassalle nicht mehr gut angeschrieben, soviel war klar.
Alexander Oppenheim, der in Köln vor das Schwurgericht treten mußte, wurde vom Verdacht des Diebstahls aus Eigennutz freigesprochen – dem Sohn eines reichen Bankiers wollte man dieses Motiv nicht unterstellen. Am 2. Juli 1847 stellte sich dann auch Arnold Mendelssohn der preußischen Polizei, kam vors Schwurgericht und wurde zu fünf Jahren Zwangs-

arbeit verurteilt. Im Traum hätte niemand gedacht, daß er eine so strenge Bestrafung erleiden würde, vor allem nachdem Oppenheim freigelassen worden war. Nicht einmal die Katastrophe, einen Mendelssohn vor dem Schwurgericht zu erleben, hatte man erwartet.

Das Familiengespräch dürfte von der Affäre nachhaltig belastet worden sein, aber die Hinterbliebenen von Felix und Fanny erwähnten sie mit keinem Wort. Dabei weiß man, daß Felix bei der Rückkehr von seiner letzten Englandreise am 11. Mai 1847 in Belgien verhaftet wurde und seine Identität nachweisen mußte, denn man hielt ihn für seinen Cousin.[22] Die allgemeine Atmosphäre war spannungsgeladen, Revolte und sozialer Protest regten sich unüberhörbar. Als Idealisten und Erben der Aufklärung, als überzeugte Anhänger des menschheitsbeglückenden Fortschritts der Wissenschaften konnten die Mendelssohns nur mit Bestürzung mit ansehen, wie die Nutzung dieses Fortschritts das Elend hervorbrachte und wie die Reichen es skrupellos verstanden, sich zugleich auf die obrigkeitliche Macht und auf die Errungenschaften besagter Wissenschaft zu stützen.

Arnold Mendelssohn erzählte, wie sein Cousin Paul Mendelssohn-Bartholdy ihm eines Tages ein Buch von Lorenz Stein über Sozialismus und Kommunismus in Frankreich in die Hand drückte und dazu, sich in seinem luxuriös ausgestatteten Zimmer umschauend, bemerkte: »Ich frage mich, was mir das Recht auf all das hier verleiht?« Arnold hatte geantwortet: »Die andern fangen auch schon an, danach zu fragen.«[23] Paul, so Arnold, will ein guter Mensch sein, und besonders gern läßt er spüren, wie sehr er es ist. In Berlin konnte Arnold, der das soziale Elend gewissermaßen von einem Logenplatz aus verfolgte, auf die Mildtätigkeit seiner gesamten Verwandtschaft zählen, aber er empörte sich gegen ihre Heuchelei. Onkel Joseph war immer noch bereit, ihm Geld und gute Ratschläge zu stiften, als aber Arnold 1844 vorschlug, er möge ihm bei der Gründung einer Kreditbank helfen, damit die Arbeiter ihre Produktionsmittel erwerben könnten – eine Idee, deren Entwicklung Arnold später bei Proudhon studieren sollte –, versetzte Joseph Mendelssohn trocken, er und seine Arbeiter würden auf ihren produzierten Waren vermutlich sitzenbleiben. Nichtsdestoweniger war die Ungerechtigkeit des Systems an allen Ecken und Enden spürbar, und es wurde zunehmend schwierig, wegzusehen und ein gutes Gewissen zu behalten.

Die gegen Arnold verhängten fünf Jahre Zwangsarbeit fanden sich dank der Fürsprache Alexander von Humboldts erheblich abgemildert. Schon 1848 kam er aus dem Gefängnis frei und ging ins Exil. Er verließ Wien, wo man ihn verdächtigte, am Ungarn-Aufstand beteiligt zu sein, und schloß sich ungarischen Flüchtlingen an, die Konstantinopel erreichen wollten. Er wirkte als Arzt in Alexandrette, Aleppo und Gazir und unterstellte sich, da die preußischen Behörden ihn in kleinlicher Rachsucht auch hier noch zu belangen suchten, dem Schutz des französischen Konsuls Lequeux, ja, er gedachte die französische Staatsbürgerschaft zu beantragen. Mit Unterstützung Lequeux' und eines italienischen Priesters gründete er im Oktober 1851 in Jerusalem ein Krankenhaus mit zweiundzwanzig Betten, das aber aus Geldmangel wieder geschlossen werden mußte. Wir finden ihn in Rom, dann ab 1853 in Tripoli. Im Mai 1854 starb er in Burjazid nahe der persischen Grenze an Typhus.[24]

So endete das Dasein eines Mendelssohn, der so untypisch war, daß ihn seine Familie sorgfältig »vergaß«. Seine Geschichte war es dennoch wert, erzählt zu werden. Die Briefe, die er an seinen Bruder Wilhelm schrieb, sind heute eine wertvolle Quelle über den Vorderen Orient im 19. Jahrhundert.

Als er im Juli 1847 verhaftet wurde, war Fanny gerade gestorben. So hatte sie nur das Stadium seiner tragikomischen Abenteuer miterlebt, die natürlich in Berlin sensationelles Aufsehen erregten. Auch wenn die Mendelssohns die Charakterschwäche des allzu beeinflußbaren jungen Mannes beklagten, so waren sie doch auch gerührt von seinem Idealismus und seiner Großherzigkeit. Sein Unglück, oder soll man sagen Pech, war Fanny mit Sicherheit nicht gleichgültig. In den Skandal jedoch sah sich eine ganze Sippe hineingezogen, die sich doch als »makelloses Vorbild sittlicher Würde« zu sehen wünschte – um den Ausdruck zu zitieren, den Wilhelm auf seine verstorbene Frau anwenden sollte.[25] Konnte man, das war die eigentliche Frage, auf lange Sicht den Anspruch erheben, sich selbst treu zu bleiben, wenn man verachtenswerte Regeln des gesellschaftlichen Spiels respektierte? Die Ideale des 18. Jahrhunderts gerieten mehr und mehr in Vergessenheit. Die Wissenschaft würde der Menschheit Frieden und Glück bringen – Fanny sollte zu einem Zeitpunkt sterben, da diese Idee schon brüchig geworden war.

Die ersten Veröffentlichungen

In diesem Klima des latenten Aufruhrs und der sozialen Erschütterungen rang Fanny sich dazu durch, mit ihren Kompositionen an die Öffentlichkeit zu treten.

Der Garten war 1846 nach einem zeitigen Frühling schöner denn je. Fanny genoß ihn sehr bewußt, denn die Vertreibung aus dem Paradies war abzusehen:[1] Es gab ernsthafte Verkaufserwägungen, als neuer Besitzer kam vor allem der Zeremonienmeister der preußischen Könige, Graf Pourtalès (1779–1861), in Betracht, der seit 1843 mit neunzehnköpfigem Anhang einschließlich Gesinde im Hause wohnte.[2] (Das Mietverhältnis sollte bis 1859 dauern.) Auch drohte die rasch wachsende Stadt quer durch den Garten neue Straßen anzulegen – ohne Rücksicht auf den alten Baumbestand.

Für Fanny persönlich jedoch standen die Dinge gut, sie erlebte eine glückliche Zeit. Komponieren war wieder zur vorrangigen Beschäftigung geworden. Seit kurzem kannte sie den jungen Rechtsreferendar Robert von Keudell, über dessen Rolle sie Ende Juli 1846 sagte: »Keudell erhält mich, was das Musikmachen anbetrifft, sehr in Athem und in beständiger Thätigkeit, wie früher Gounod. Er sieht mit äusserstem Interesse, was ich irgend Neues schreibe und macht mich aufmerksam, wenn irgendwo etwas fehlt und in der Regel hat er Recht!«[3]

Der aus begüterter Familie stammende Robert von Keudell (1824–1903) schlug die diplomatische Laufbahn ein, für die er äußerst nützliche Talente und Kenntnisse, vor allem auch musikalischer Art, mitbrachte.[4] Er verfügte über eine solide pianistische Technik, war aber nach eigenen Worten »kein Virtuose«;[5] außerdem besaß er ein hervorragendes Gedächtnis. Der Musik hatte er »ein ganzes Berliner Wintersemester« (1841/1842) gewidmet und sich dabei auf den Kontrapunkt und auf Beethovens Sonaten konzentriert. Die beiden Jahre, in denen er fast täglich mit Fanny Hensel zusammen war, steigerten und vertieften ein bereits gediegenes Können und Wissen, welches ihm später den vertrauten Umgang mit Bismarck und seiner Familie einbrachte. Bismarck hatte nämlich nichts lieber, als wenn man für ihn musizierte. Musik, so sagte er, rege ihn oft »nach einer von zwei entgegengesetzten Richtungen an:

zu Vorgefühlen des Krieges oder der Idylle«.[6] Seine liberalen Ideen mußte Keudell vor dem großen Staatsmann mehr oder weniger verbergen, aber nach seiner Ernennung zum Botschafter in Rom 1873 spielte er eine eher künstlerische als politische Rolle. In Berlin hatte man keine Verwendung mehr für ihn, und 1887 quittierte er den Auswärtigen Dienst.
Unter seinem Einfluß faßte Fanny den großen Entschluß, setzte sich über die Verbote von Vater und Bruder hinweg und publizierte ihre Kompositionen. Ihr Mann war nach wie vor einverstanden, ihr Freund Keudell drängte sie dazu, und zwei Verlage, Bote & Bock und Schlesinger, machten ihr glänzende Angebote: Fanny gehörte zur Berliner Prominenz und war die Schwester eines berühmten Musikers, damit war sie ein gutes Geschäft. Was die ewig mißmutige, trotz ihrer drei gesunden Kinder unbefriedigte Rebecka[7] anging, so war sie der lebende Beweis dafür, daß eine begabte Frau in der Mutterrolle allein ihre Erfüllung nicht finden kann. Fannys mütterliche Pflichten gegenüber ihrem sechzehnjährigen Sohn können damals nicht mehr allzu belastend gewesen sein. Als einziges Hindernis verblieb, wie zu erwarten, der sich sperrende Felix. Einst hatte sie ihr Vertrauen in ihn gesetzt, damals, als sie als ganz junges Mädchen ihm ihren Platz abgetreten hatte – hatte er dieses Vertrauen jemals honoriert? Am 9. Juli 1846 schreibt sie ihm im Zusammenhang mit dem *Elias*:[8]

> Nun geht wieder ein ganzes Oratorium von Dir in die Welt, u. ich kenne keine Note davon. Wann wird das mal an uns kommen? Eigentlich sollte ich Dir jetzt gar nicht zumuthen, diesen Quark zu lesen, beschäftigt wie Du bist, wenn ich Dir nicht hätte schreiben müssen, um Dir etwas mitzutheilen. Da ich aber von Anfang an weiß, daß es Dir nicht recht ist, so werde ich mich etwas ungeschickt dazu anstellen, denn lache mich aus, oder nicht, ich habe zu 40 Jahren eine Furcht vor meinen Brüdern, wie ich sie zu 14 vor meinem Vater gehabt habe, oder vielmehr Furcht ist nicht das rechte Wort, sondern der Wunsch, Euch u. Allen die ich liebe, es in meinem ganzen Leben recht zu machen, u. wenn ich nun vorher weiß, daß es nicht der Fall seyn wird, so fühle ich mich rather unbehaglich dabei. Mit einem Wort, ich fange an herauszugeben, ich habe Herrn Bocks treuer Liebesbewerbung um meine Lieder, u. seinen vortheilhaften Bedingungen endlich ein geneigtes Ohr geliehen, u. wenn ich mich aus freier Bewegung dazu entschlossen habe, u. Niemanden von den Meinigen verklagen kann, wenn mir Verdruß daraus entsteht, (Freunde u. Bekannte haben mir allerdings lange zugeredet) so kann ich mich anderseits mit dem Bewußtseyn trösten, die Art von musikal. Ruf, die mir zu solchen

Anerbietungen verholfen haben mag, auf keinerlei Weise gesucht oder herbeigeführt zu haben. Schande hoffe ich Euch nicht damit zu machen, da ich keine femme libre u. leider gar kein *junges* Deutschland bin. Verdruß wirst *Du* hoffentlich auch auf keine Weise dabei haben, da ich, um Dir jeden etwa unangenehmen Moment zu ersparen, wie Du siehst, durchaus selbständig verfahren bin, u. so hoffe ich, wirst Du es mir nicht übel nehmen. Gelingt es, d. h. daß die Sachen gefallen, u. ich mehr Anerbietungen bekomme, so weiß ich, daß es mir eine große Anregung seyn wird, deren ich immer bedarf, um etwas hervorzubringen, im andern Falle, bin ich so weit, wie ich immer gewesen bin, werde mich nicht grämen, u. wenn ich dann weniger oder nichts mehr arbeite, so ist ja dann auch nichts dabei verloren.

Felix brauchte mehr als einen Monat, um diesen Brief zu verdauen. Fanny hatte die Frage ausgeleuchtet, sie wußte, was sie wollte und immer gewollt hatte. Wenn das Felix mißfiel und wenn er bedauerte, immer unfähig gewesen zu sein, ihr zu helfen, dann war das von nun an sein Problem. Wenn sie die Angst erwähnt, die sie als Vierzehnjährige vor ihrem Vater empfand, dann wird ganz klar, wie schwer Abrahams damals geschriebene Briefe auf ihr lasteten, die Briefe, in denen er sie bat, dem Bruder den Vortritt zu lassen. Ebenso klar wird die Absicht, sich hinfort von ihren Ängsten nicht mehr bestimmen zu lassen.
Nach reiflicher Überlegung brachte Felix am 12. August folgende windelweiche Antwort zu Papier:[9]

Mein liebster Fenchel, erst heut, kurz vor meiner Abreise, komme ich Rabenbruder dazu, Dir für Deinen lieben Brief zu danken und Dir meinen Handwerkssegen zu geben zu Deinem Entschluß, Dich auch unter unsere Zunft zu begeben. Hiermit erteile ich ihn Dir, Fenchel, und mögst Du Vergnügen und Freude daran haben, daß Du den andern soviel Freude und Genuß bereitest, und mögest Du nur Autorpläsiers und gar keine Autormisere kennenlernen, und möge das Publikum Dich nur mit Rosen und niemals mit Sand bewerfen, und möge die Druckerschwärze Dir niemals drückend und schwarz erscheinen – eigentlich glaube ich, an alledem ist gar kein Zweifel denkbar. Warum wünsche ich Dir's also erst? Es ist nur so von Zunft wegen, und damit ich auch meinen Segen dazugegeben haben möge, wie hierdurch geschieht.

Der Tafelschneidergeselle
Felix Mendelssohn Bartholdy

Etwas Besseres hatte Fanny nicht erwartet. Am 14. August schrieb sie in ihr Tagebuch:[10] »Endlich hat mir Felix geschrieben und mir auf sehr liebenswürdige Weise seinen Handwerkssegen ertheilt; weiss ich auch, dass es ihm eigentlich im Herzen nicht recht ist, so freut mich doch, dass er endlich ein freundliches Wort mir darüber gegönnt!«
Empfänger ihres *Opus* 1 war Cécile, die mit folgendem Brief reagierte:[11] »Herzlichen Dank für die schönen Lieder, die mir große Freude gemacht haben, besonders als sie uns Felix mit seiner wunderlichen Stimme sehr angenehm vorsang. Die blassen Rosen habe ich mir zwar nicht nehmen lassen, obgleich ich über ein Jahr nicht gesungen hatte, so betrachte ich das als *mein* Lied, aber die anderen sang Felix und schwor immer dazwischen er wollte sich rächen. Auch Mutter läßt Dir sagen, sie sei ganz entzückt, und gar nicht so egoistisch wie Felix, der der Welt so etwas schönes nicht gönnen wollte.«
Die Familie wußte also Bescheid ... Fanny hatte Cécile im August 1838 eine Abschrift von »Warum sind denn die Rosen so blaß?« geschenkt.[12] Nun ging es erst richtig los! Sie konfrontierte ihren Bruder mit einer weiteren Verlautbarung in eigener Sache:[13]

> Warum ich meine Lieder nicht an Dich adressiert habe? Zum Teil weiß ichs, zum Teil nicht, ich wollte Cécile als Vermittlerin in Anspruch nehmen, weil ich doch so eine Sorte von bösem Gewissen Dir gegenüber hatte, denn allerdings, wenn ich bedenke, daß ich vor zehn Jahren fand, es wäre zu spät, und jetzt, es wäre gerade die äußerste Zeit, so ist das rather lächerlich, so wie ich mich auch lange bei dem Gedanken empört habe, auf meine alten Tage mit op. 1 anzufangen. Da Du nun aber so überaus liebenswürdig dabei bist, will ich Dir auch bekennen, wie entsetzlich mausig ich mich gemacht habe und daß nächstens sechs 4stimmige Lieder kommen, von denen Du kaum eins kennst. Ich hätte sie Dir gern erst mitgeteilt, aber Du kamst doch nicht, und schriftlich geht das nicht. Meine Freitagssänger haben sie gern gesungen, und unterstützt von dem guten Rat, der mir hier zu Gebote steht, habe ich mir Mühe gegeben, es so gut zu machen, als ich kann. Ich werde so frei sein, dem Dr. Mendelssohn ein Exemplar zu schicken.

Sie macht sich lustig über ihren Bruder ... Vor zehn Jahren, da hatte sie mangels Ermunterung von seiner Seite vom Publizieren Abstand genommen. Noch 1841, als sie sich für Josephine Langs[14] Liedkompositionen begeisterte, war sie froh gewesen, daß sie diese Lieder kennen- und liebengelernt hatte, bevor sie erfuhr, daß auch Felix sehr angetan war – sonst hätte sie nämlich nicht gewußt, ob sie sie wirklich schätzte oder ob sie nur einem gewissen Felix alles nachplapperte.[15] Fünf Jahre später macht sie ihre Scherze darüber. Robert von Keudell ist ihr wichtiger geworden als der berühmte Fremdling Felix Mendelssohn Bartholdy. Das schöne Wetter, für das Fanny sehr empfänglich war und das in jenem Sommer ungewöhnlich lang anhielt, trug sicherlich zu ihrer positiven Grundstimmung bei und steigerte ihre Arbeitsenergie. Auch Rebecka fühlte sich viel besser. Am 14. August schreibt Fanny in ihr Tagebuch:[16]

> Die unendliche Behaglichkeit, die mich diesen Sommer durchweht, dauert fort, sowie der wunderschöne Sommer selbst, dessen gleichen Keiner von uns erlebt hat. Diese Stimmung droht mich egoistisch zu machen, weil ich durchaus nicht Lust habe, mich durch fremdes Leid in meinem innern Behagen stören zu lassen, und darüber mit Wilhelm streite, der leider von seinem Uebelbefinden im Frühjahr eine nervöse Reizbarkeit übrig behalten hat, die ihn krank macht bei jedem Verdruss, bei jedem Mitleiden, wozu sich denn verschiedener Anlass gefunden. Doch thut ihm auch der warme Sommer sehr gut, indessen es hat, was er selbst auch mit Bedauern fühlt, seine Elastizität im Arbeiten sehr nachgelassen. Ich bin übrigens fortwährend fleissig und fühle, dass mir Manches gelingt, und das, verbunden mit dem wunderbar herrlichsten Sommer, macht mich so innerlich und äusserlich zufrieden und beglückt, wie ich vielleicht nie, ausser kurze Zeit während unsers ersten Aufenthalts in Rom, gewesen.

Das Ehepaar Schumann war in jenem Winter in Berlin und stand rasch in einem herzlichen Verhältnis zur Familie seines alten Freundes Felix Mendelssohn. Die beiden wurden von den Dirichlets mit größter Zuvorkommenheit aufgenommen, aber Clara freundete sich vor allem mit Fanny an und äußerte nicht zuletzt deswegen den Wunsch, sich dauerhaft in der Stadt niederzulassen. »Madame Hensel habe ich recht liebgewonnen«, schrieb die berühmte Pianistin am 15. März 1847, »und fühle mich besonders in musikalischer Hinsicht zu ihr hingezogen, wir harmonieren fast immer miteinander, und ihre Unterhaltung ist immer interessant, man muß sich nur erst an ihr etwas schroffes Wesen gewöhnt haben.«[17] Clara bewunderte Fannys Klavierspiel sehr, als Komponistin aber akzeptierte sie sie genausowenig wie sich selbst: »Frauen als Komponisten können sich doch nicht verleugnen, dies laß ich von mir wie von andern gelten.« Die Ehefrau Clara hatte ihr kompositorisches Licht unter den Scheffel gestellt, sie schrieb zu Lebzeiten Roberts nur wenige, aber sehr schöne Werke – unter anderem das Trio op. 17 für Klavier, Violine und Violoncello – und nach seinem Tode überhaupt nichts mehr. Ihre Kindheit war ganz anders verlaufen als die Fannys, ihr Vater hatte sie für das Komponieren und für die Bühne bestimmt, dabei aber in ihr eine Art gelehriges Hündchen gesehen, dem man Kunststücke beibringt. Ihre Weigerung, den vorgezeichneten Weg zu gehen, kann man als Selbstbefreiung aus patriarchalischer Gewalt interpretieren. Fanny legte den umgekehrten Weg zurück, für sie waren Komponieren und Publizieren eine Straße zur Freiheit. Dafür tat Fanny sich schwer mit Robert Schumanns Musik. Sie hörte eine total mißglückte Aufführung von *Das Paradies und die Peri* und schrieb danach am 11. April 1846 an Felix:[18] »Aber Peri – impossible. Ich kann diesem Schumann keinen Geschmack abgewinnen.« Ihre Musikauffassung war unverändert streng und bar jeder Sentimentalität. Das trivial-romantische Gefühl in der Musik ihrer Zeit blieb ihr hoffnungslos fremd. Auch Chopin vermochte sie nicht wirklich zu überzeugen:[19] »Ich kann nicht leugnen, daß ich finde, es fehlt ihm zu sehr eine ganze, wichtige Seite, nämlich die Kraft, um für einen vollendeten Künstler gelten zu können. Sein Spiel ist nicht grau in grau, sondern rosenrot in rosenrot gefärbt, wenn er nur je ein bißchen bisse! Aber er ist ein allerliebster Mensch, und wenn Du glaubst, daß seine Idyllen mir kein Vergnügen gemacht haben, so irrst Du Dich entweder, oder ich habe mich falsch ausgedrückt.« Wenige Zeilen weiter erfährt Felix, was sie wirklich denkt: »Hat denn Chopin wirklich Sinn für Händelsche oder Paulische* Partituren? Hä, hä, glaubs nicht.« Für sie war damit alles gesagt.

Sebastian erinnerte sich an ein Hauskonzert, bei dem Fanny und Clara sich das Programm teilten. Die zugleich brillante und erheiternde Soiree wurde von den Radziwills[20] mit ihrer Anwesenheit geehrt. Die große Sängerin Henriette Sonntag, inzwischen verehelichte Gräfin Rossi, wollte unbedingt Pauline Decker singen hören, aber diese war erkältet sowie mißgelaunt und hatte beschlossen, ihren Mund nicht aufzutun. Wütend verstummte auch die Gräfin Rossi, und Fanny und Clara Schumann bestritten den gesamten Abend. Nur eine ganz junge Sängerin, Melitta Berendt, stand ihnen bei, sie war sehr erstaunt, daß ihr trotz Anwesenheit zweier Königinnen des Gesangs die Starrolle zufiel.

Auch Johanna Kinkel gehörte zu den begeisterten Zuhörern der Sonntagsmusiken. Sie hinterließ ein Zeugnis, dem um so mehr Gewicht zukommt, als sie selbst eine beachtliche Musikerin war.[21] »Mehr als die größten Stimmen, die ich dort hörte, galt mir der Vortrag Fanny Hensels, und ganz besonders die Art, wie sie dirigierte. Es war ein Aufnehmen des Geistes der Komposition bis zur innersten Faser und das gewaltigste Ausströmen desselben in die Seelen der Sänger und Zuhörer. Ein Sforzando ihres kleinen Fingers fuhr uns wie ein elektrischer Schlag durch die Seele und riß uns ganz anders fort, als das hölzerne Klopfen eines Taktstocks auf ein Notenpult es tun kann.«

* Gemeint ist das Oratorium *Paulus*.

Fanny stand auf der Höhe ihrer Kunst. Innerlich ausgeglichen nach einem wunderschönen Sommer, ging sie das Werk an, das ihr Meisterwerk werden sollte, ein großes romantisches Trio in d-Moll für Klavier, Violine und Violoncello. In der viersätzigen Anlage ist es nicht besonders originell. Aber sie legte ihre ganze Leidenschaft hinein, und in der lyrisch ausgreifenden Linienführung vibrierten manche der hochherzigen Ideen der Zeit. Im ersten, der Sonatenform verpflichteten Satz zeigt sie ihre Strenge ebenso wie inspirierten Elan. Im zweiten Satz kehrt die Zelter-Schülerin und Nachfahrin des großen Bach zur kontrapunktischen Arbeit zurück. Der dritte Satz ist kein Scherzo, zu gut wußte sie, daß Felix hier der Zauberer war. Nein, sie schreibt ein Lied, so einfach und so direkt, wie sie ihre Lieder immer geschrieben hatte. Der vierte Satz in Form einer Fantasie hört sich ein wenig an, als wäre eine Bachsche Toccata in Harnisch geraten, und schließt nach einem großen rezitativischen Auftritt der Geige damit, daß in gelehrter Manier das zweite Thema des ersten Satzes wieder aufgegriffen wird. Der heroische Zug des Werks erinnert daran, daß auch Fanny als Komponistin am Oratorium gelernt hatte und daß bei den Mendelssohns die religiöse Inspiration sich in dionysischen Schwung verwandeln konnte.
Sie hatte ihr Klaviertrio für Rebeckas Geburtstag, den 11. April, geschrieben. Mit diesem Datum sollte auch die Saison der Sonntagsmusiken im Gartensaal[22] eröffnet werden. Das Trio erntete großen Beifall.
Am selben Tag trat endlich ein Preußischer Landtag zusammen. Ganz auf seiten der Opposition, schrieb Fanny in ihr Tagebuch:[23] »Nun ist die Politik für die nächste Zeit Alleinherrscherin, alles andere wird unmöglich sein.« Und sie ist fast am Ende ihres Tagebuchs angelangt, wenn sie mit diesen Worten schließt: »Gestern war der erste Frühlingshauch in der Luft. Es war ein anhaltender Winter, viel Schnee und Kälte, allgemeine Teuerung und Not, eigentlich ein leidvoller Winter. Wie kann man nur verdienen, zu den so wenigen Glücklichen in der Welt zu gehören! Wenigstens fühle ich es lebhaft und dankbar, und wenn ich des Morgens mit Wilhelm gefrühstückt habe und dann jeder an seine Arbeit geht, da empfinde ich mich mit wahrer Rührung glücklich, wenn ich an den kommenden Tag denke und an den vergangenen.«
Ihre Kompositionen erschienen: Bei Bote & Bock kamen 1846 *Sechs Lieder op. 1* heraus, ebenfalls 1846 *Vier Lieder für das Pianoforte op.* 2, 1847 dann *Gartenlieder, Sechs Gesänge für Sopran, Alt, Tenor und Baß op. 3*. Anschließend, ebenfalls noch 1847, druckte Schlesinger *Six Mélodies pour le piano op. 4* (1 bis 3) und *op. 5* (4 bis 6). Sie kehrte zu Bote & Bock zurück, um *Vier Lieder für das Pianoforte op. 6* und *Sechs Lieder für eine Stimme mit Begleitung des Pianoforte op.* 7, die ihrer Schwester gewidmet waren, herauszubringen. Opus 6 und Opus 7 erschienen nach ihrem Tod.
Besprechungen erschienen ab Januar 1847 in der Leipziger *Neuen Zeit-*

schrift für Musik, die Schumann 1835 gegründet, aber 1844 verlassen hatte. In dem schulmeisterlichen Tonfall, der sämtlichen Artikeln der *Neuen Zeitschrift* eigen ist, erwähnt der Rezensent zuallererst, daß es sich um eine Frau handelt. Zunächst erscheint am 11. Januar 1847 die Kritik von Opus 2:[24]

> Von den vorliegenden 4 Liedern, welche der äußern Fassung nach durchaus eine weibliche Hand nicht verrathen, sondern vielmehr ein männlich-ernstes Kunst-Studium voraussetzen lassen, erscheint uns das letzte als das freieste und innigste, während die übrigen theils den selbständigen Ideengang, theils die übersichtliche Abrundung zuweilen vermissen lassen. – Ein ausführlicheres und allgemeines Urtheil müssen wir uns vorbehalten, bis wir mehrere Werke der Verfasserin kennen gelernt haben.

Der Kritiker ist sichtlich erstaunt, daß die Lieder nicht grundsätzlich schlecht sind, er wird aber niemals so weit gehen, einer Frau einen Hauch von Originalität zuzugestehen. Das bleibt auch brav so im Artikel über Opus 1 vom 1. Februar 1847:[25]

> Diese Liedersammlung gleicht fast durchaus der so eben angezeigten. Wie dort, so erfreut uns auch hier die gute Arbeit, die Sauberkeit des Harmonischen, die Eleganz in den begleitenden Figuren, kurz, die ganze äußere Darstellung, und doch sind wir nicht im Innersten ergriffen, denn wir vermissen die Empfindung, welche aus der Tiefe der Seele quillt, und die, weil sie wahrhaftig ist, auch in den Geist des Andern eindringt und dort zur Ueberzeugung wird. Dieser Tadel ist der einzige, den wir mit Recht über dieses Werk aussprechen dürfen. Wem eine äußerlich richtige musikalische Darstellung genügt, der wird hier die vollste Befriedigung finden.

Der Rezensent hat keine Lust zufrieden zu sein, er scheint entschlossen, sich von einer weiblichen Komposition nicht anrühren zu lassen, so untadelig diese auch »äußerlich« sein mag. Von der Begeisterung eines Robert Schumann, der 1837 *Die Schiffende* hörte, ist er Meilen entfernt. Aber nach allem, was Felix ihr zur »Misere des Autorendaseins« vorausgesagt hat, und wenn sie liest, was an Dummheiten in den benachbarten Rezensionen gedruckt steht, dann klingt der Text eher noch ermutigend. Fanny braucht nur Zeit, dann wird sie sich durchsetzen.

Im folgenden Monat, am 15. März, erscheint – sicher aus einer anderen Feder – die Kritik zu Opus 4:[26] »Der Erfindung nach nicht hervorragend und neu, aber geschmackvoll, ansprechend und frei von jener Gefühls-

überschwenglichkeit, die, wie es scheint, nur die Eigenschaft unserer modernen Componisten und nicht der Componistinnen bleiben soll.«
Eine Frau, die komponiert und publiziert, ist eine gelehrte Äffin. Nie wird man ihr individuelle schöpferische Kraft zuerkennen. Wäre ihre Musik gefühlvoll, käme sie in die Schublade »weiblich-empfindsam-sentimental«, und ist sie streng, dann lautet die Anklage »Mangel an Innerlichkeit«.
Am 14. Mai 1847 erscheint die diesmal nicht anonyme Rezension der *Gartenlieder op.* 3, worin der Redakteur, Dr. Emanuel Klitzsch, Vergleiche zu anderen, gleichzeitig erscheinenden vierstimmigen Liedern zieht. Er lobt zunächst diejenigen von M. Hauptmann, bevor er auf Fannys Heft zu sprechen kommt:[27]

> Auch die Gartenlieder von Fanny Hensel, geb. Mendelssohn-Bartholdy, zeichnen sich vor vielen dieser Gattung in Bezug auf künstlerische Auffassung aus, wenn wir schon in ihnen weniger selbständig Individuelles finden, und mehr ein anmuthiges, freundliches Element als eine starke, aus der Tiefe der Brust geschöpfte Empfindung vorwalten sehen. Die harmonische Behandlung ist sehr gewählt und läßt die kunstsinnige Hand nicht verkennen. Ueber alle verbreitet sich ein zarter, poetischer Duft, was namentlich von Nr. 1, »Hörst du nicht die Bäume rauschen« von Eichendorff, und Nr. 3, »Im Herbste« von Uhland, gilt, in welchem letzteren wir den Mittelsatz »Ahnest du, o Seele, wieder« als vorzüglich gelungen hervorheben.

Anschließend verreißt Klitzsch die Lieder von Wilhelm Herzberg.
Das angebliche Fehlen des »selbständig Individuellen« bei Vorhandensein einer »kunstsinnigen Hand« legt die Frage nahe, ob die *Neue Zeitschrift für Musik* nicht uneingestandenermaßen Felix als Mentor am Werk sah. Aber das ist unwichtig: In sämtlichen Beiträgen dieser Zeitschrift kommen Vorbehalte bezüglich so gut wie sämtlicher besprochener Werke zum Ausdruck, und Fanny hat schon richtig vermutet, daß man ihr vorwerfen wird, eine Frau zu sein. Kritisieren ist bekanntlich leicht, und man wünschte sich die Werke von Klitzsch und Konsorten zu Gehör zu bekommen, um sich ein Bild von ihrer Brusttiefe machen zu können. Von jener »starken Empfindung«, die einer weiblichen Feder nicht entfließen kann, einmal abgesehen, erkennt man Fanny viele Qualitäten zu: Strenge, durchdachten Aufbau, Poesie, Eleganz, Sinn für Harmonik, Anmut. Also lohnt es sich doch, weiterzumachen!
Am Tag, an dem diese letzte Kritik erschien, am 14. Mai 1847, absolvierte Fanny, nachdem sie in der Vorwoche von heftigem Nasenbluten[28] heimgesucht worden war, mehrere Besuche, kam ermattet zurück, aß rasch zu Mittag und stürzte sich, statt ihren üblichen Nachmittagsschlaf einzuhal-

ten, in Probenvorbereitungen. Das Sonntagskonzert stand an, sie ließ ihren Flügel an die offene Saaltür rücken und begann die Chöre der *Walpurgisnacht* einzustudieren.[29] Es war heiß, sie legte ihren Schal ab, obwohl es im Saal unangenehm zog. Plötzlich versagten ihr die Hände den Dienst, sie vertraute ihr Instrument einem anderen Musiker an und ging ins Nebenzimmer, um ihre Hände in warmen Essig zu tauchen. »Wie schön«,[30] sagte sie nach drüben lauschend, wo die Probe weiterging. Sie nahm an, es sei vorbei, und einen Arzt zu dem Übel zu konsultieren, das sie gut zu kennen meinte, sei unnötig. Sie wollte wieder die Probenleitung übernehmen, aber die Lähmung kam zurück und breitete sich aus. Sie fand noch die Zeit, ihre Einsicht zu formulieren: »Es ist wohl ein Schlaganfall, wie bei Mutter.«[31] Dann fiel sie in Bewußtlosigkeit, aus der sie nicht mehr erwachte. Sie starb am selben Abend um elf Uhr.

Höchstwahrscheinlich litt sie an Bluthochdruck, und die anhaltend schwülwarme Gewitterlage muß sie geschwächt haben. Die vergangenen Monate waren ungewöhnlich aufregend gewesen: die erste Sitzung des Vereinigten Landtags, das Trio, die ersten Veröffentlichungen und ihre rastlose sonstige Tätigkeit. Auf ihrem Schreibtisch fand man ihr letztes, am Vorabend komponiertes Lied, *Bergeslust* nach einem Text von Eichendorff. Dieses Lied ist auch eines ihrer fröhlichsten Werke, das Tempo ausgesprochen beschwingt. Als hätte sie es mit freudigem Herzklopfen zu Papier gebracht! Zum letztenmal hatte Sebastian miterlebt, wie seine Mutter den Taschentuchzipfel in den Mund nahm, während sie sich konzentrierte.[32] Zu Wilhelm hatte sie an diesem Tag noch gesagt: »Ich bin so glücklich, wie ich's gar nicht verdiene«, worauf ihr Mann geantwortet hatte: »Wenn du es nicht verdienst, wer verdient es dann sonst?«[33]

Schmerz und Trauer der ganzen Familie waren groß, zumal sie so jäh hereinbrachen. Am Sonntag sah der Gartensaal kein Konzert, Fanny wurde hier aufgebahrt, die Blumen für den Sarg hatte das Ehepaar Decker geschickt.[34] Wilhelm zeichnete seine Frau auf dem Totenbett, aber danach war er nicht mehr fähig, in seinem Atelier weiterzuarbeiten. Sein letztes Gemälde, ein vom Herzog von Sutherland bestelltes Porträt Friedrich Wilhelms IV., blieb unvollendet.[35] Sebastian suchte Zuflucht bei seiner Tante Rebecka.

Felix war wie zerstört, dieser Tod erschütterte ihn noch schlimmer als der seiner Mutter. Er war unfähig, nach Berlin zur Beerdigung zu fahren. Der Schicksalsschlag traf einen schwer erschöpften Mann. Nachdem sein *Elias* in Birmingham am 26. August 1846 triumphiert hatte, war Mendelssohn nicht in der Lage und nicht fähig gewesen, sich von den außergewöhnlichen Strapazen des Komponierens erst einmal zu erholen. Robert Schumann, der ihn im Februar wiedersah, fand ihn sehr verändert. Die hektische Reiseaktivität und das jahrelang durchgehaltene Arbeitspensum, sie waren Raubbau an der eigenen Gesundheit gewesen. Der Acht-

unddreißigjährige schien gezeichnet. Litt auch er an Bluthochdruck? Daß seine Mutter, sein Vater und sein Großvater Moses eines plötzlichen Todes gestorben waren, brachte ihn auf den Verdacht, daß er selbst erblich belastet war. Fannys Tod nun schien ihm den eigenen anzukündigen.[36]
Er ging mit Frau und Kindern nach Baden-Baden, wo Paul zu ihm stieß, gemeinsam reiste man nach Interlaken, wo er sich von dem Schock zu erholen versuchte. Hier gesellte sich Hensel zu ihnen. Felix komponierte ein trauriges Streichquartett in f-Moll und dachte schon wieder an Großwerke: Er plante ein Oratorium *Christus* als Abschluß einer Trilogie und eine Oper *Loreley*, die er seiner Lieblingssängerin Jenny Lind versprochen hatte. Im September war er kurz in Berlin zu Besuch und kehrte dann nach Leipzig zurück, wo er am 9. Oktober am Klavier einen Ohnmachtsanfall erlitt, ganz ähnlich wie Fanny. Nach ein paar Tagen war er wieder so weit, daß er eine Wienreise vorbereiten konnte. Inzwischen hatte er dem illustren Leipziger Verlag Breitkopf & Härtel vier Opus-Nummern von Fanny übergeben: *Vier Lieder für das Pianoforte op. 8, Sechs Lieder mit Klavierbegleitung op. 9, Fünf Lieder mit Klavierbegleitung op. 10* und schließlich *Trio für Klavier, Violine und Violoncello op. 11*. Alle vier erschienen 1850. Am 28. Oktober erlitt er einen Schlaganfall mit Teillähmung,[37] ein zweiter folgte am 1. November. Mit dem herbeigeeilten Bruder Paul konnte er sich noch unterhalten. Am 3. November aber, nach schrecklichen Kopfschmerzen, richtete er sich plötzlich im Bett auf, tat einen Schrei und fiel auf das Kissen zurück. Von da an war er fast die ganze Zeit bewußtlos, antwortete nur einmal auf Céciles Fragen, er sei »müde, sehr müde«. Er schlief bis zum nächsten Morgen, und um 9 Uhr 24 erlosch sein Leben.[38] Hensel ergriff ein weiteres Mal am Totenbett den Stift und zeichnete ihn: es war der 4. November.
Sein Leichnam wurde nach Berlin überführt und auf dem Friedhof der Dreifaltigkeitskirche bestattet, neben Fanny. Seit ihrem Tod war kein halbes Jahr vergangen.

Schluss: Der zerstörte Kreis

Ihres Mittelpunkts beraubt, brach die Familie Mendelssohn auseinander, die schöne Poesie des Zusammenhalts verflog, man zerstreute sich. Sebastians Weg führte nicht zur Kunst. Beim Tod seines Onkels wurde er sehr krank, und als er wiederhergestellt war, zog er zu seiner Tante Rebecka. Als er am 18. März des folgenden Jahres zu der Barrikade eilen wollte, die vor seinem Gymnasium errichtet worden war, fackelten Dirichlets nicht lange und sperrten ihn in sein Zimmer ein. Als der junge Mann am nächsten Morgen wieder durch die Stadt gehen durfte, sah er überall Verwüstung, waren die meisten Leichen schon auf Bahren abtransportiert, aber auf seiner zerstörten Schulbarrikade lagen noch die Toten. Dirichlets hatten ihm das Leben gerettet. Kaum vorstellbar Rebeckas Verzweiflung, wäre der Sohn ihrer Schwester von Gewehrsalven durchlöchert worden, nur weil sie ihn auf die Straße hinaus hatte stürmen lassen. Statt dessen durchlebte Sebastian die chaotische Zeit, die auf jede Revolution folgt, bestand sein Abitur und beschloß, Gutsbesitzer zu werden. Er kaufte ein landwirtschaftliches Anwesen im ostpreußischen Großbarthen und heiratete Julie von Adelson (1836–1901), die wie Fanny Hensel als Kind schon zum Christentum übergetreten war. Sie schenkte ihm fünf Kinder. Da das Klima Julie Hensel, die sich die Malaria[1] geholt hatte, nicht bekam, kehrte die Familie nach Berlin zurück. Sebastian wurde zunächst Direktor der Markthallen. Dann betraute der Vorstand der Deutschen Baugesellschaft ihn mit der Aufgabe, das Grandhotel Kaiserhof zu errichten; die Leitung des 1875 eröffneten Hauses behielt er bis 1880. Inzwischen war er auch Direktor der Deutschen Baugesellschaft. 1889 wurde er durch einen Börsencoup von seinem Posten verdrängt, worauf er sich in den Familienkreis zurückzog und eine Art musisches Privatgelehrtentum pflegte. 1879 hatte er *Die Familie Mendelssohn* veröffentlicht. Das Buch erlebte einen enormen Erfolg, der bis zum Ersten Weltkrieg unvermindert anhielt. Daneben schrieb er eine Biographie seines Lehrers Carl Witt und Geschichten für seine Kinder, die er selbst illustrierte. Nach seinem Tod erschienen, herausgegeben von seinem ältesten Sohn Paul Hensel, seine Erinnerungen unter dem Titel *Sebastian Hensel. Ein Lebensbild aus Deutschlands Lehrjahren.*[2] Das Wort

»Lehrjahre« sagt einiges aus: Warum hätte ein Mann von so ausgeprägt künstlerischer Begabung sich der Landwirtschaft und der Unternehmensverwaltung verschreiben sollen, wenn er nicht den Wunsch gespürt hätte, ein neues Deutschland mitzuschaffen und diesem seinem Land zu dienen, indem er bewies, daß die Deutschen keineswegs nur Träumer, sondern auch Realisten waren? Auch sein Cousin Walter Dirichlet zeigte bewundernswertes Talent für die Malerei, und auch er entschied sich aus freien Stücken für die Landwirtschaft.

Die Märztage 1848 rissen Wilhelm aus seinem Schmerz, in unveränderter Loyalität eilte er zu den Fahnen der königlichen Familie, diente ihr halb als Leibwächter, halb als Faktotum. Er trat an die Spitze der vierhundert Künstler, die sich zu einem Bataillon der Nationalgarde zusammenschlossen. Die Waffe in der Hand, fühlte er sich wieder in seinem Element. Sein Interesse für die Politik überdauerte die Revolution von 1848. Auch wenn er nicht ganz und gar ernst genommen wurde, so blieb er aufgrund seiner Gutmütigkeit und seiner guten Laune doch sehr beliebt. Dem Andenken seiner Frau blieb er bedingungslos ergeben. Im November 1861 versuchte er, einen Menschen vor einem Verkehrsunfall zu retten, und erlitt selbst tödliche Verletzungen. Seine Schwester Luise eilte an sein Sterbebett und versuchte vergeblich, ihn noch zum katholischen Glauben zu bekehren. Wilhelm blieb der Konfession seiner Frau und seines Herrschers treu und starb am 26. November 1861 als Protestant. Er wurde neben Fanny bestattet, die nun zwischen ihrem Bruder und ihrem Gatten ruhte. Wilhelm hatte zu den Menschen gehört, die sich von nichts trennen können, so brauchte Sebastian drei Wochen, um seine in unbeschreiblicher Unordnung hinterlassenen Papiere zu sortieren. Anschließend verbrachte er Jahre damit, eine Sammlung von mehr als tausend Porträts zu ordnen, dazu jene unendlich vielen Briefe, auf die er sich später für sein Buch *Die Familie Mendelssohn* stützen konnte.

Paul Mendelssohn-Bartholdy verkaufte 1851 für 100 000 Taler das Haus Leipziger Straße 3 an die Regierung, die es zum Sitz der zweiten, dem Adel vorbehaltenen Kammer, des Preußischen Herrenhauses, machte. Der Platz reichte nicht, so fielen das Gartenhaus und vor allem der Musiksaal der Spitzhacke zum Opfer. Die Eiben des Gartens genossen noch eine Weile Schutz, sie waren letztes Überbleibsel einer Legende, warfen die letzten Schatten eines Berliner Sommernachtstraums. Das Haus wurde 1898 vollständig abgerissen und zwischen 1899 und 1903 neu errichtet. Die Bomben des Zweiten Weltkriegs verschonten es, so daß die Akademie der Wissenschaften der Deutschen Demokratischen Republik sich darin einrichten konnte.[3]

Nachdem der Mathematiker Gauss (1777–1855) gestorben war, übernahm Dirichlet seinen Lehrstuhl und übersiedelte mit seiner Familie nach Göttingen. Rebecka war zunächst verzweifelt, daß sie Berlin verlassen sollte, schuf sich aber dann in der Universitätsstadt einen sehr angenehmen Kreis von Freunden und Musikliebhabern. Nach eigenem Bekunden fütterte sie ihn mit den »Brosamen unserer alten Herrlichkeit«.[4] Im Jahre 1858 kam ihr Mann von einem Sommeraufenthalt in der Schweiz herzkrank zurück, und während er dabei war, sich zu erholen, starb Rebecka siebenundvierzigjährig am 1. Dezember 1858 genauso plötzlich wie ihre Geschwister. Schon wenige Monate später, am 5. Mai 1859, folgte Peter Lejeune Dirichlet ihr nach.

Wenigstens Paul sollte das Dahinsterben einer Familie überleben. Nach Felix' Tod nahm er dessen Söhne zu sich, während die Töchter zusammen mit ihrer Mutter von da an bei der Großmutter in Frankfurt lebten. Cécile starb, sechs Jahre nach Felix, am 25. September 1853. Paul kümmerte sich auch um Rebeckas Tochter Flora, nachdem beide Eltern gestorben waren. Merkwürdige Aufteilung der doch noch kleinen Kinder, bei der die Söhne nun nicht nur den Vater verloren hatten, sondern auch von Mutter und Schwestern getrennt waren. Die Spannungen blieben nicht aus, vor allem da der Älteste, Carl, den konservativen Erziehungsstil seines Onkels Paul nicht ertrug. Carl (1838–1897) wurde Historiker, lehrte als Professor zuerst in Heidelberg, dann in Freiburg und war ein bedeutender Spezialist für das griechische Altertum. Gemeinsam mit seinem ehemaligen Vormund gab er einen der ersten Bände mit Felix' Briefen heraus, aber diese Arbeit führte zu Reibereien innerhalb der Familie, 1874 machten sich Anzeichen einer Geisteskrankheit bemerkbar, und er verbrachte seine letzten Jahre in einer Irrenanstalt.

Felix' zweiter Sohn Paul (1841–1880), den sein Onkel zum Kaufmann bestimmt hatte, wehrte sich, denn er wollte Chemiker werden, und tatsächlich wurde er, nachdem er in den Kriegen von 1866 und 1870/1871 als Offizier gedient hatte, Direktor einer Anilinfabrik. Auch er starb sehr jung. Der jüngste Bruder Felix hatte seinen Vater ohnehin nur um ein paar Jahre überlebt.

Felix' Töchter heirateten, Marie (1839–1897) schloß die Ehe mit Viktor Benecke, und Lili (1845–1910) hatte mit Adolf Wach drei Söhne und drei Töchter. Rebeckas zweiter Sohn Ernst starb achtundzwanzigjährig 1868, und Flora (1845–1912), ihre Tochter, heiratete Wilhelm Baum, dem sie zwei Söhne und vier Töchter schenkte.

Nach Joseph Mendelssohns Tod 1848 wurde die Bank von seinem Sohn Alexander und seinem Neffen Paul Mendelssohn-Bartholdy geleitet. Die Geschäfte gingen weiterhin sehr gut; die Söhne übernahmen die Nachfolge und wurden geadelt: Franz von Mendelssohn (1829–1889) im Jahre 1888 und Ernst von Mendelssohn-Bartholdy (1846–1909) im Jahre 1896. Der Name Mendelssohn hatte einiges an Veränderungen erlebt: Inzwischen gab es Mendelssohns und von Mendelssohns, Felix' Söhne hießen Mendelssohn Bartholdy ohne Bindestrich, Pauls Kinder behielten den

Bindestrich bei, und Ernsts Nachkommenschaft nannte sich von Mendelssohn-Bartholdy.[5]

Anders als seine Geschwister starb Paul Mendelssohn-Bartholdy nach langer, uns nicht näher bekannter Krankheit einen langsamen, schmerzreichen Tod.

Als Familiensaga geht die Geschichte weiter, man lebt ausgesprochen großbürgerlich, hat sich aber den Respekt vor Kunst und Wissenschaft bewahrt. Die Vorfahren haben ausschließlich in rosigem Licht zu erscheinen, dafür sorgt die Pietät, aber auch die Sorge um die endgültige Integration: Immer noch und immer neu muß der Name gesellschaftsfähig werden. Mit keinem Wort erwähnt Sebastian Hensel den latenten Antisemitismus, der seine Eltern und Großeltern umgab, und er schönt systematisch die innerfamiliären Beziehungen. In dem Jahr, in dem *Die Familie Mendelssohn* erschien, ließ der Historiker Treitschke diesen Satz drucken: »Die Juden sind unser Unglück.« Universitätslehrer wie Mommsen, Virchow oder der alte Freund der Mendelssohns, Droysen, erhoben sich gegen die Hetzparole,[6] aber der Antisemitismus breitete sich in allen Gesellschaftsschichten unaufhaltsam aus. Sebastian blieb kaum eine andere Wahl, er mußte Juden, und vor allem getaufte Juden, als Engel erscheinen lassen.

Der Komponist Arnold Mendelssohn (1855–1933), der Neffe des Arztes und Sohn von dessen Bruder Wilhelm (1821–1866), hat einmal geäußert: »Echt jüdisch ist die Einstellung der Familie Mendelssohn zu Onkel Arnold und Tante Dorothea. Nicht gedacht soll ihrer werden!«[7] Jüdisch? Oder doch eher bürgerlich? Selbst wenn Tante Dorothea zu ihrer Zeit Skandal erregte, so wurde sie doch weder in ihrer Familie noch in ihrem Land wirklich geächtet. Man sprach durchaus von ihr, und man dachte an sie. Erst in der zweiten Hälfte des 19. Jahrhunderts suchte man alles »Unschickliche« zu beschönigen oder wegzuretuschieren. Die zum Krater des Vesuv hinaufgeschleppte Fanny hatte geschrieben, ihr sei das Herz ein- oder zweimal in die Hosen gefallen.[8] Sie hatte hinzugefügt »wenn ich welche gehabt hätte«. Sebastian strich den Nachsatz, er war zu gewagt in Viktorianischen Zeiten.

Sebastian Hensels Familienchronik bricht im Jahr 1847 mit dem Tod seiner Mutter und seines Onkels ab, ganz als ginge es um einen Mythos, den man da und dort gefällig ausschmückt und durch Auslassungslügen ebenso gefällig glättet, auf daß er zu zeitlos-erbaulicher Lektüre gereiche. Bewiesen mußte werden, daß eine Familie aus dem Ghetto heraustreten und sich dank der untadeligen, ja vollkommenen Lebensbahn ihrer Mitglieder in die deutsche Gesellschaft eingliedern konnte. Ganz wesentlich zu dieser unangreifbaren Perfektion trug für Sebastian seine Mutter Fanny bei, indem sie sich trotz ihrer allseits anerkannten Begabung in ihr Frauenschicksal fügte.

Wer weiß, diese aus patriarchalisch-idealistischem Blickwinkel präsentierte Familienlegende kann sich unversehens in einen Kampf der Männer gegen mütterliche Allmacht verwandeln. Dann hat Fanny ihrem Talent entsagt, um in eine weniger zeitverhaftete Machtstellung aufzurücken. Dann wollte und nahm sie sich den Platz ihrer Mutter. Leas Tod erschütterte die Familie nicht so stark wie der Tod ihrer Tochter. Daß Wilhelm danach wie vernichtet war, müßte einleuchten, hatte sie doch das gemeinsame Leben hemmungslos dominiert. »Alle Geschäfte, die ganze Leitung des Hauses, die Vermögensverwaltung, meine Erziehung, alles hatte sie besorgt«,[9] heißt es bei Sebastian. Alfred de Reumont, der um 1845 bei den Hensels zu Gast war, fällte ein strengeres Urteil:[10] »Fanny Hensel war nicht angenehm, und ihr Dominieren über ihren gutmütigen, als Künstler und Dichter nicht talentlosen, aber stets Calembourgs schmiedenden Mann ... konnte selbst etwas Verletzendes haben. Aber sie war voll Geist und Talent.«

Vorstellbar ist auch, daß Fanny ganz insgeheim wünschte, Felix möge stellvertretend für sie leben, gelenkt von ihren Gedanken. Die Allmachtsphantasie wäre in diesem Falle der Besitz des anderen. Und natürlich floh Felix, kaum hatte Fanny ihm ihr Erstgeburtsrecht abgetreten. Aber den »Vertrag« erfüllte er nicht, nach dem er dafür zu sorgen hatte, daß die Schwester von seinem Leben zehren konnte. Daher vielleicht seine Schuldgefühle bei Fannys Tod, von der er, der sich so vehement dagegengestemmt hatte, noch rasch ein paar Werke veröffentlichte, bevor er sich mit dem eigenen Tod bestrafte.

Der Tod holte Fanny in dem Moment ein, da sie sich entschlossen der Außenwelt zuwandte, da sie heraustrat aus dem Bezirk der Mutterschaft und ihrer verborgen-indirekten Macht. Im gleichen Augenblick wünschte Felix den Reisen, den Konzerten, seiner öffentlichen Existenz zu entsagen, um nach Hause zurückzukehren und dort zu komponieren. Fanny war noch nicht zweiundvierzig Jahre alt, Felix achtunddreißig. Beklemmend wie ein Fluch wirkt dieses frühe Sterben. Man könnte es sich einfach machen und behaupten, Fanny sei gestorben, weil sie endlich glücklich war oder weil sie dieses Glück nicht leben wollte, oder meinetwegen, weil sie sich für die Übertretung eines Verbots bestrafen mußte. Felix wäre dann an seinem Schuldgefühl oder aus Verzweiflung darüber, daß er seinen Schatten, seine Doppelgängerin verloren hatte, gestorben. In der Tat ein weites Feld für pseudopsychoanalytische Spekulationen. Aber die Mendelssohns wollten Vernunftmenschen sein, sie liebten leidenschaftlich das Leben und die Musik. Nicht Schatten und selbstquälerisches Grübeln suchten sie, sondern Taten- und Lebensfreude, und immer wollten sie die positive Seite der Dinge sehen.

So hielt es auch Fanny. Das ungerechte Vergessen, das so lange über ihre Arbeit verhängt blieb, darf nicht beschönigt werden, aber ihr Schicksal

wäre ein viel schlimmeres gewesen, hätte sie sich in den Dämmerschlaf der Resignation hineingleiten lassen. So hat sie es verstanden, sich ein schönes Leben zu gestalten, und sie verdankte es einzig sich selbst, ihrem Temperament, ihrer Energie. Die Freude am Tun und am künstlerischen Schaffen, sie hat sie gekannt. Sie wußte zu schenken, sie wußte die ihr nahestehenden Menschen glücklich zu machen. Am Ende ihres Lebens war sie im Gleichgewicht, war sie der Selbstverwirklichung in beneidenswertem Grade nah, und beides gilt nicht unbedingt auch für den Bruder. Gewiß, die öffentliche Wirkung blieb ihr versagt: Dies wird nun endlich nachgeholt. Ihre Werke treten aus dem Schatten hervor. Immer mehr Musikern und vor allem deutschen und amerikanischen Musikerinnen ist es eine Freude, ihr Publikum mit einer Künstlerin bekannt zu machen, die Erstaunen und Beglückung hervorruft und deren Werk sehr bald berühmt werden wird. Dieses Buch ist ihre erste Biographie. Tausend Dinge bleiben über sie und über ihre Musik zu sagen, aber das müssen andere tun. Andere müssen ihre Musik aufführen, damit sie im Facettenspiel der Interpretationen zu neuem Leben erwacht.
Fanny hat hier noch viel aufzuholen, aber wir sind stolz darauf, daß wir ihr einen ersten Weg gebahnt haben, und wir hoffen, daß es uns gelungen ist, ihr die Sympathie der Leserinnen und Leser zu sichern. Nun ist es an den Hörerinnen und Hörern, auf ihre Musik zuzugehen und sie endlich aus der Anonymität ihres privaten Lebens zu erlösen.

Anmerkungen

Einleitung

1. Virginia Woolf: *Ein eigenes Zimmer. Essay,* Leipzig 1992, S. 49 ff. (*A Room of One's Own,* zuerst erschienen 1929).
2. Elisabeth Badinter: *Ich bin du,* München 1991 (*L'un est l'autre,* Paris 1986).
3. Ein Verzeichnis schöpferisch begabter Musikerinnen soll hier nicht erstellt werden. Informieren kann man sich bei Patricia Adkins Chiti: *Donne in Musica,* Rom 1982.
4. Cécile Lowenthal-Hensel: *F in Dur und F in Moll,* in: *Berlin in Dur und Moll,* Berlin 1970.
5. Rudolf Elvers: *Felix Mendelssohn Bartholdy, Briefe,* Frankfurt a.M. 1984, S. 11.
6. Die Gemälde sind leider fast alle verschollen. Man kennt sie heute nur durch Skizzen oder Photos.

Moses Mendelssohn

1. Sebastian Hensel: *Die Familie Mendelssohn 1729–1847, nach Briefen und Tagebüchern,* 3 Bde., 1. Aufl., Berlin 1879, S. 1 ff.
2. *Juden in Preußen,* Dortmund 1981, S. 136.
3. Mirabeau: *Sur Moses Mendelssohn, sur la réforme politique des Juifs,* S. 2, in: *La Révolution française et les Juifs,* Bd. I, Paris 1968.
4. Robert Badinter: *Libres et égaux ... L'émancipation des Juifs sous la Révolution française (1789–1791),* Paris 1989, S. 65–74.
5. *Juden in Preußen,* a.a.O., S. 86.
6. Gotthold Ephraim Lessing: *Nathan der Weise,* Stuttgart 1982, S. 71 ff.; Erstausgabe 1778, Uraufführung Weimar 1801 (in Schillers Bearbeitung).
7. Sebastian Hensel, a.a.O., Bd. I, S. 37.
8. Heinrich Heine: *Atta Troll,* in: Sämtliche Werke, hrsg. von Ernst Elster, Bd. II, Leipzig und Wien 1890, S. 373.

Fanny Mendelssohns Verwandtschaft

1. Carola Stern: *Ich möchte mir Flügel wünschen – das Leben der Dorothea Schlegel,* Reinbeck 1990, S. 100.
2. Ebda., S. 327: Dorothea hat angeblich Germaine de Staëls Roman *Corinne ou l'Italie* übersetzt, der jedoch mit dem Vermerk erschien: »übersetzt und herausgegeben von Friedrich Schlegel.«

3. Friedrich Schlegel war in seinem Lebensstil mehr Künstler und Bohemien als sein Bruder August Wilhelm Schlegel (1767–1845). Beide gehörten 1801 mit Tieck, Novalis, Fichte und Schelling zum ersten deutschen Romantikerkreis. Wilhelm war ab 1803 Hauslehrer bei Madame de Staël. Ihr Buch *De l'Allemagne* ist von ihm beeinflußt. Wilhelm war eine stabilere Persönlichkeit als sein Bruder, er wurde 1818 Professor an der Universität Bonn. Ähnlich wie bei den Gebrüdern Humboldt sah die Nachwelt in den »Gebrüdern Schlegel« ein Zweigespann. Sie galten als Begründer eines bestimmten Zweigs der Romantik.

4. Sebastian Hensel, a.a.O., Bd. I, S. 55.

5. Jean-Jacques Anstett: *Henriette Mendelssohn*, in: *Aspects de la civilisation germanique*, Travaux XII, Saint-Etienne (Centre interdisciplinaire d'étude et de recherche sur l'expression contemporaine), 1975, S. 73

6. Henriette verbrachte sicherlich einen Großteil ihrer Zeit im Hause von Fanny von Arnstein, aber es ist in keiner Weise bewiesen, daß sie die Erzieherin von Henrietta Pereira-Arnstein (1780–1859) war. In deren Korrespondenz mit ihrer Berliner Cousine Lea Mendelssohn Bartholdy, der Schwägerin von Henriette Mendelssohn, wäre das Faktum zweifellos häufig erwähnt worden.

7. Karl August Varnhagen von Ense: *Denkwürdigkeiten und Vermischte Schriften*, Leipzig 1840, Bd. VII, S. 127.

8. Christian Lambour, in: *Mendelssohn-Studien, Beiträge zur neueren deutschen Kultur- und Wirtschaftsgeschichte*, Bd. VI, Berlin 1986, S. 50.

9. *Juden in Preußen*, a.a.O., S. 108.

10. Cecil Roth: *A Short History of the Jewish People*, verb. Ausg., Oxford 1943, S. 326.

11. Der Empfang für die nach Aufhebung des Edikts von Nantes 1685 aus Frankreich vertriebenen Hugenotten war ein ganz anderer: Der Große Kurfürst verkaufte angeblich sein Tafelsilber, um ihnen Unterstützung bieten zu können!

12. *Juden in Preußen*, a.a.O., S. 80 ff.

13. Ebda., S. 130.

14. Ebda., S. 83.

15. Wilhelm Treue: *Das Bankhaus Mendelssohn als Beispiel einer Privatbank im 19. und 20. Jahrhundert*, in: *Mendelssohn-Studien*, a.a.O., Bd. I, 1972, S. 34.

16. Sebastian Hensel, a.a.O., Bd. I, S. 78.

17. Der jüngste und am wenigsten berühmte der Brüder Mendelssohn, Nathan (1782–1852), war technisch begabt, wurde Fabrikant, später Finanzbeamter und danch Verwaltungsrevisor in Berlin.

18. 1778 gründeten David Friedländer (1750–1834) und Isaak Daniel Itzig (1750–1806), Fannys Großonkel mütterlicherseits, die *Jüdische Freischule*, an der den Kindern das abendländische Bildungsgut auf deutsch und auf hebräisch vermittelt wurde. Vgl. *Juden in Preußen*, a.a.O., S. 146.

19. Wilhelm Treue, a.a.O., S. 32.

20. Ebda., S. 34.

21. Jacques Attali: *Sir Sigmund Warburg (1902–1982) – un homme d'influence*, Paris 1985, S. 38–39.

22. Sebastian Hensel, a.a.O., Bd. I, S. 79. Der blumige, preziöse Stil ist typisch für die zwischen Lea und Henriette gewechselten Briefe. Die frankophile Einstellung spricht aus jeder Zeile.
23. Ebda., S. 80.
24. Ebda., S. 42–43.
25. Alexander Boyd, in: *Mendelssohn-Studien*, a.a.O., Bd. III, 1979, S. 10.

Berlin

1. Stendhal: *Correspondance*, 1800–1821, hrsg. u. mit Anm. versehen von Henri Martineau und Vittorio del Litto, Paris 1962, S. 330.
2. Klaus Lindner: *Berlin im Kartenbild. Zur Entwicklung der Stadt 1650–1950*, Staatsbibliothek Preußischer Kulturbesitz, Ausstellungskatalog 15, Berlin 1981, S. 22.
3. Das Großherzogtum Preußen liegt viel weiter östlich. Seine Hauptstadt Königsberg trägt jetzt den russischen Namen Kaliningrad. Die Stadt Memel, jetzt Klaipeda, liegt in Litauen.
4. Klaus Lindner, a.a.O., S. 25.
5. Ebda., S. 29.
6. Heinrich Friedrich Karl Reichsfreiherr von und zu Stein (1757–1831): Als preußischer Minister hob er 1807 die Erbuntertänigkeit (Leibeigenschaft) auf. Von Napoleon aus dem Amt entfernt, wurde er Berater des Zaren Alexander I. Beim Wiener Kongreß trat er gegen Metternich als Vorkämpfer eines deutschen Bundesstaates auf.
   Karl August von Hardenberg (1750–1822), seit 1814 Fürst. Preußischer Staatsmann, Nachfolger Steins, 1810 zum Kanzler ernannt. Wie Stein darauf bedacht, den Staat zu modernisieren, führte er die Gewerbefreiheit ein, verfügte die Säkularisierung des geistlichen Besitzes und gewährte 1812 den Juden die vollen Staatsbürgerrechte. Zusammen mit Wilhelm von Humboldt vertrat er Preußen auf dem Wiener Kongreß. Er verlor seinen politischen Einfluß nach den Karlsbader Beschlüssen von 1819.
7. Zu den 102 Vierteln kam später Neu-Voigtland hinzu.
8. *Juden in Preußen*, a.a.O., S. 157.
9. Zitiert von Hannah Arendt, in: *Rahel Varnhagen. Lebensgeschichte einer deutschen Jüdin aus der Romantik*, 9. Aufl., München 1992, S. 120.
10. Die Juden verdankten zwar ihre Befreiung der Französischen Revolution, diese aber entlehnte ihre Ideen über Mirabeau und Christian Wilhelm Dohm bei Moses Mendelssohn. Der Rassismus ist nicht logisch.
11. *Juden in Preußen*, a.a.O., S. 176.
12. Hannah Arendt, a.a.O., S. 126.
13. Vgl. Anm. 18 von Kap. 2.
14. Seine Ideen wurden später aufgegriffen (1854: Breslau, Jüdisch-Theologisches Seminar; 1872: Berlin, Hochschule für die Wissenschaft des Judentums). Vgl. *Juden in Preußen*, a.a.O., S. 163.
15. Henriette Mendelssohn (1776–1862), geb. Meyer, Schwester von Rechas Mann.
16. Felix Gilbert: *Bankiers, Künstler und Gelehrte, unveröffentlichte Briefe der Familie*

Mendelssohn aus dem 19. Jahrhundert, Schriftenreihe wissenschaftlicher Abhandlungen des Leo-Baeck-Instituts 31, Tübingen 1975, S. 79.
17. Carola Stern, a.a.O., S. 265.
18. Wilhelm Treue, a.a.O., S. 33.
19. Manfred Kliem: *Die Berliner Mendelssohn-Adresse Neue Promenade 7*, in: *Mendelssohn-Studien*, a.a.O., Bd. VII, 1990, S. 127.
20. Sebastian Hensel, a.a.O., 15. Auflage, Bd. I, S. 95.
21. Ilse Rabien: *Die Mendelssohn in Bad Reinerz – Zur Familie Nathan Mendelssohns*, in: *Mendelssohn-Studien*, a.a.O., Bd. VII, S. 158–159.
22. Christian Lambour, a.a.O., S. 77.
23. Cécile Lowenthal-Hensel: *Preußische Bildnisse des 19. Jahrhunderts, Zeichnungen von Wilhelm Hensel*, Berlin 1981, S. 77.
24. Sebastian Hensel, a.a.O., 1. Aufl., Bd. I, S. 82–83.
25. Eva Weissweiler: *Fanny Mendelssohn. Ein Porträt in Briefen*, Frankfurt am Main 1985, S. 15.
26. Sebastian Hensel, a.a.O., Bd. I, S. 85 ff.
27. Varnhagen von Ense: *Denkwürdigkeiten und Vermischte Schriften*, hrsg. von seiner Nichte Ludmilla Assing, Leipzig 1859, Bd. IX.

Die Erziehung

1. Hugh Macdonald: *Marie Bigot*, in: *The New Grove Dictionary of Music and Musicians*, hrsg. von Stanley Sadie, London 1988, Bd. 2, S. 701.
2. Alexander Boyd, a.a.O., S. 25.
3. Christian Lambour, a.a.O., S. 55.
4. Felix Gilbert, a.a.O., S. 33–34.
5. Carola Stern, a.a.O., S. 305.
6. Willi Kahl: *Ludwig Berger*, in: *Die Musik in Geschichte und Gegenwart*, hrsg. von F. Blume, Kassel und Basel 1949–1967, Bd. I, Sp. 1691–1693.
7. Sebastian Hensel, a.a.O., Bd. I, S. 90–91.
8. Ebda., S. 97. Die Zuweisung ergibt sich aus Sebastians Angabe: »24 Bach'sche Präludien«.
9. Sebastian Hensel, a.a.O., Bd. I, S. 98.
10. Christian Lambour, a.a.O., S. 67.
11. Felix Gilbert, a.a.O., S. 38.
12. Christian Lambour, ebda., S. 67.
13. Eduard Devrient: *Meine Erinnerungen an Felix Mendelssohn Bartholdy und seine Briefe an mich*, Leipzig 1869, S. 14–15.
14. Felix Mendelssohn Bartholdy: *Paphleis, Ein Spott-Heldengedicht*, Basel 1961, S. 31 ff.; Jahresgabe der Internationalen Felix-Mendelssohn-Gesellschaft.
15. Victoria Sirota: *The Life and Works of Fanny Mendelssohn-Hensel*, Diss. (ungedruckt), Boston University 1981, S. 20.
16. Alexander Boyd, in: *Mendelssohn-Studien*, a.a.O., Bd. III, Brief vom 14. Oktober 1833 an Mary Alexander, S. 44.
17. Christian Lambour, a.a.O., S. 56, Brief vom 15. August 1820. Das erwähnte Lied *L'Amitié* soll sich zur Zeit in einer Privatsammlung befinden.

Zelter. Die Singakademie

1. Martin Geck: *Zelter*, in: *Die Musik in Geschichte und Gegenwart*, a.a.O., Bd. XIV, Sp. 1208.
2. Marc Vignal: *Les nouveaux courants musicaux de 1750 à 1780*, in: *Histoire de la Musique occidentale*, hrsg. von Brigitte und Jean Massin, Paris 1985, S. 567.
3. Klaus Siebenhaar: *Biographien*, in: *Berlin zwischen 1789 und 1848 – Facetten einer Epoche.* Ausstellungskatalog der Akademie der Künste 132, Berlin 1981, S. 446.
4. Georg Schünemann: *Die Bachpflege der Berliner Singakademie*, in: *Bach-Jahrbuch* XXV, 1928, S. 138.
5. Nele Hertling: *Die Singakademie im musikalischen Leben Berlins 1791–1851*, in: *Berlin zwischen 1789 und 1848 – Facetten einer Epoche*, a.a.O., S. 249.
6. Philippe Beaussant: *Les inventions italiennes du génie baroque*, in: *Histoire de la Musique occidentale*, a.a.O., S. 383. Orazio Benevoli hatte den barocken Wahnwitz des polychoralen Stils bis zur Komposition einer zweiundfünfzigstimmigen Messe getrieben!
7. Nele Hertling, a.a.O., S. 250 ff.
8. Ebda.
9. Martin Geck, a.a.O., S. 140.
10. Nele Hertling, ebda.
11. Martin Geck, a.a.O., S. 146 ff.
12. Georg Schünemann, a.a.O., S. 148.
13. Gotthold Frotscher: *Die Ästhetik des Berliner Liedes in ihren Hauptproblemen*, in: *Zeitschrift für Musikwissenschaft*, Bd. VI, 1923–24, S. 431–448.
14. Peter Nitzsche: *Die Liedertafel im System der Zelterschen Gründungen*, in: *Studien zur Musikgeschichte Berlins im frühen 19. Jahrhundert*, hrsg. von Carl Dahlhaus, Forschungsunternehmen der Fritz Thyssen Stiftung, Bd. 56, Regensburg 1980, S. 16–17.

Gebrochene Schwingen

1. Carl Mendelssohn Bartholdy: *Goethe und Mendelssohn*, 2. Aufl., London 1974, S. 190–191. Das englische Original des Briefes lautet: »I wish I could send you the wished-for composition of the set of words you sent me; but it is altogether impossible for me to do anything in the way of prize competition; I cannot do it, if I would force myself to it; and when I was compelled to do so, when a boy, in competition with my sister and fellow-scholars, my works were always wonders of stupidity – not the tenth part of what I could produce otherwise.«
2. Depos. Berlin Ms 3, Mendelssohn Archiv, Berlin, Staatsbibliothek Preußischer Kulturbesitz.
3. Sebastian Hensel, a.a.O., Bd. I, S. 89 ff.
4. *Calendrier musical universel*, tome IX, année 1788, Genève 1972, p. 2428.
5. Nele Hertling, a.a.O., S. 261.
6. Eduard Devrient, a.a.O., S. 20.
7. Jacob verwendet den Begriff *Musikus*, der abwertend klingt.

8. Sebastian Hensel, a.a.O., Bd. I, S. 93.
9. Vgl. Leas Brief, Kapitel »Berlin«, S 41.
10. Felix Gilbert, a.a.O., S. XVI.
11. Eric Werner, a.a.O., S. 28 und Felix Gilbert, a.a.O., S. XXXV.
12. Eduard Devrient, a.a.O., S. 11.
13. Jane Austen: *Pride und Prejudice*, London 1981, S. 216 (Erstausgabe 1813).
14. Vgl. die häßlichen Bemerkungen Karoline von Dacherodens, der Gattin Wilhelm von Humboldts. Um einen Besuch bei Henriette (Hinni) Mendelssohn in Paris zu begründen, schrieb Wilhelm von Humboldt an seine Frau: »Ich habe sie in Paris besucht, wie ich die Jugendbekannten und die Juden nie verlasse.« (Hinni war beides.) Karoline von Humboldt antwortete: »Du rühmst Dich, die Juden nie zu verlassen, es ist der einzige Fehler, den ich an Dir kenne ... Die Juden in ihrer Gesunkenheit, ihrem Schachergeist, ihrem angeborenen Mangel an Mut, der von diesem Schachergeist herrührt, sind ein Flecken der Menschheit.« Henriette Herz und Henriette (Jette) Mendelssohn betrachteten Karoline von Humboldt als ihre Freundin und Gönnerin. Die Gebrüder Humboldt taten stets ihr Bestes, um Karolines antisemitische Gesinnung zu kaschieren. Vor allem Alexander von Humboldt machte wiederholt seinen Einfluß bei der Regierung geltend, um diskriminierende Maßnahmen gegenüber Juden zu verhindern. Vgl. Felix Gilbert, a.a.O., S. XXXVI: *Wilhelm und Karoline von Humboldt in ihren Briefen*, hrsg. von Anna von Sidow, Bd. V, S. 209, 219–220.

Wilhelm Hensel

1. Karl Friedrich Schinkel (1781–1841), Maler und Baumeister, eine der zentralen Gestalten der deutschen Kunst in der ersten Hälfte des 19. Jahrhunderts. Wilhelm von Humboldt und dem Kanzler Hardenberg verbunden, wurde er 1815 zum Geheimen Oberingenieur der Preußischen Regierung ernannt. Man verdankt ihm Bauwerke, in denen preußischer Klassizismus und praktischer Zweck eine glückliche Verbindung eingehen (Schauspielhaus, 1818: Altes Museum, 1822–1830; Bauakademie, 1832–1836). Er schuf zahllose Bühnenbilder und Kostüme sowohl für das Schauspiel als auch für die Oper und bevorzugte dabei eindeutig den romantisch-neogotischen Stil. (Klaus Siebenhaar, a.a.O., S. 455.)
2. Sebastian Hensel, a.a.O., Bd. I, S. 106; Cécile Lowenthal-Hensel: *Theodor Fontane über Wilhelm Hensel*, in: *Mendelssohn-Studien*, a.a.O., Bd. III, 1979, S. 181 ff.
3. Sebastian Hensels, a.a.O., Bd. I, S. 107.
4. Cécile Lowenthal-Hensel: *Wilhelm Hensels ›Lebenslauf‹ von 1829*, in: *Mendelssohn-Studien*, a.a.O., Bd. III, 1979, S. 176.
5. 1821 errichtete Schinkel auf einem Hügel ein Denkmal der Befreiungskriege, das von einem eisernen Kreuz gekrönt war. Der Hügel hieß bald nach dem Denkmal Kreuzberg, ebenso das umliegende Viertel.
6. Carola Stern, a.a.O., S. 275.
7. Clemens Brentano (1772–1842), romantischer Schriftsteller, zur Mystik neigender Katholik, Autor von Gedichten, Romanen und Novellen. Seit 1801

Freundschaft mit Achim von Arnim (1781–1831), mit dem er zur Heidelberger Romantik (1805) gehörte und der seine Schwester Bettina (1785–1859) heiratete. (Diese trat nach 1830 als sehr stark sozial engagierte Schriftstellerin hervor.) Clemens Brentano legte 1818 ein öffentliches Bekenntnis zum Katholizismus ab.

Joseph von Eichendorff (1788–1857), romantischer Dichter und Jurist, studierte in Heidelberg, wo er mit den Vorgenannten 1805 zusammentraf. Von 1816 bis 1844 war er preußischer Ministerialbeamter, danach widmete er sich der Literatur.

8. Sebastian Hensel, a.a.O., Bd. I, S. 110.
Adalbert von Chamisso (1781–1836), emigrierter französischer Adliger, lebte ab 1796 in Berlin, stand als deutscher romantischer Dichter E.T.A. Hoffmann nahe; daneben war er Forscher und Forschungsreisender.
Johann Ludwig Tieck (1773–1853) gehörte als Schriftsteller zusammen mit Novalis, den Brüdern Schlegel, Schelling und Fichte zur Jenaer Romantik (1799–1801). Kritiker, Bühnenautor und Verfasser von Romanen und Novellen. Zusammen mit August Wilhelm von Schlegel Übersetzer Shakespeares.
9. Felix Gilbert, a.a.O., S. 57 ff.
10. »Gelobt sei Jesus Christus.«
11. Luise Hensel war seit 1821 Erzieherin der Kinder des Grafen Stolberg in Sondermühlen. Vgl. Felix Gilbert, a.a.O., S. 60.
12. Vgl. Goethes *Mignon*: »Im dunkeln Laub die Goldorangen glühn.«
13. Eva Weissweiler: *Fanny Mendelssohn. Italienisches Tagebuch*, Darmstadt 1985, S. 20.
14. Cécile Lowenthal-Hensel: *Theodor Fontane über Wilhelm Hensel*, a.a.O., Bd. III, 1979, S. 189. Theodor Fontane (1819–1898), Romanautor und Journalist, nahm an den Barrikadenkämpfen von 1848 teil; er ist berühmt durch sein *Kriegstagebuch* und durch die *Wanderungen durch die Mark Brandenburg*.
15. *Mendelssohn-Studien*, a.a.O., Bd. III, Vorsatzblatt. Cécile Lowenthal-Hensel: *Preußische Bildnisse des 19. Jahrhunderts*, Berlin 1981, S. 26.
16. Cécile Lowenthal-Hensel: *Theodor Fontane über Wilhelm Hensel*, a.a.O., S. 188.
17. Alter Fritz: volkstümlicher Name Friedrichs II.
18. Felix Gilbert, a.a.O., S. 51.
19. Cécile Lowenthal-Hensel: *Preußische Bildnisse des 19. Jahrhunderts*, a.a.O., S. 106.
20. Sebastian Hensel, a.a.O., Bd. I, S. 116. Vgl. Anm. 22.
21. Cécile Lowenthal-Hensel: *Preußische Bildnisse des 19. Jahrhunderts*, a.a.O., S. 14 ff.
22. Sebastian Hensel, a.a.O., Bd. I, S. 115 ff.
23. Ganz anders verlief das Schicksal von Fanny Lewald (1811–1889), einer Pionierin der Frauenbewegung. Auch sie stand unter der Fuchtel eines despotischen preußischen Vaters und ging mit dreizehn Jahren von der Höheren Töchterschule ab, um sich weiblicheren Beschäftigungen zu widmen: dem Nähen und dem Klavierspiel. Für letzteres brachte sie allerdings nicht die Neigung einer Fanny Mendelssohn mit. Nachdem sie Witwe geworden und damit aus der Ehe befreit war, erreichte sie dank ihrem Onkel, dem

Verleger August Lewald, der ohne ihr Wissen ihre Briefe als Reiseerzählungen gedruckt hatte, die Erlaubnis ihres Vaters, Bücher zu schreiben. Ihre Hauptwerke kamen vor 1848 heraus, sie handeln von der Mädchenerziehung, der Judenemanzipation, der Demokratisierung der Kunst und des politischen Lebens. 1854 schloß sie eine zweite Ehe mit dem Kunst- und Literarhistoriker Adolf Stahr, mit dem sie sehr glücklich wurde. Sie führte in Berlin einen Salon, in dem Gutzkow, Varnhagen von Ense, Berthold Auerbach und Theodor Fontane verkehrten. Sie wandte sich nach 1848 von der Politik ab, veröffentlichte aber noch Bücher, in denen sie energisch für die Gleichberechtigung der Frauen in Erziehung und Arbeitsleben Partei ergriff (1863: *Osterbriefe für die Frauen*; 1870: *Für und wider die Frauen*). Vgl. Renate Möhrmann: *Fanny Lewald*, in: Neue Deutsche Biographie, Berlin 1985, Bd. XIV, S. 409–410. Es lag nicht in Fanny Mendelssohns Interesse, von zu Hause zu fliehen: Die Situation der anderen Frauen ihrer Gesellschaftsschicht war schlimmer.

Goethe

1. Vgl. Kapitel 5.
2. Marcia Citron: *The Letters of Fanny Hensel to Felix Mendelssohn*, New York 1987, S. XLIX.
3. Rudolf Elvers (a.a.O., S. 17) betont, daß Lea den Stil ihres Sohnes Felix überwacht haben muß, sobald der Adressat außerhalb der Familie angesiedelt war. Ergebnis waren ein wenig gedrechselte, »altkluge« Briefe, wie sie eines Wunderkindes würdig sind …
4. Eva Weissweiler, a.a.O., S. 25 ff.
5. Karl Begas (1794–1854), deutscher Maler, schuf vor allem Gemälde mit biblischen und historischen Themen.
6. Wortspiel mit *hoffen, Hofmeister* und *Hausmeisterin*. Es handelt sich natürlich um Fanny. Das Wortspiel war damals schon fester Bestandteil der deutschen Sprachkultur und Bildung. Sicher spielte dabei die Bewunderung der Romantiker für Shakespeare eine Rolle, aber man darf auch hinzufügen, daß das Spiel mit der Alliteration der deutschen romantischen Literatur ihr ganz besonderes Gepräge gibt. Brentanos Werke zum Beispiel sind eine einzige Abfolge von Alliterationen (*Gockel, Hinkel und Gackeleia* z.B.), genauso wie Wageners Libretti. Das Spiel mit dem Wortklang bietet einem Volk, das auf der Suche nach seiner Identität ist, auch noch den Vorteil der Unübersetzbarkeit.
7. Fanny Casper, geb. Levin: vielleicht die Frau des Arztes Johann Ludwig Casper (1796–1864), der das Libretto zu Felix' Jugendwerk *Die beiden Neffen* schrieb.
8. Rudolf Elvers, a.a.O., S. 19 (Brief an Abraham Mendelssohn Bartholdy).
9. Susanna Grossmann-Vendrey: *Felix Mendelssohn Bartholdy und die Musik der Vergangenheit*, Regensburg 1969, S. 16 ff.
10. Eva Weissweiler, a.a.O., S. 30 ff.
11. »Der Mensch denkt, und Gott lenkt.«
12. Vgl. einen Brief Abrahams an Fanny, worin er sich mit ähnlichen Worten äußert. Kap. »Gebrochene Schwingen«, S. 65.

13. *gutissimo*: italienischer Superlativ.
14. Wilhelm Pfannkuch: *Spontini*, in: *Die Musik in Geschichte und Gegenwart*, a.a.O., Sp. 1078–1090.
15. Dirk Scheper: *Schauspielhaus*, in: *Berlin zwischen 1789 und 1848 – Facetten einer Epoche*, a.a.O., S. 286 ff.
16. Rudolf Elvers, a.a.O., S. 21. Der »Elefant« ist der älteste Gasthof von Weimar.
17. Undatiertes Manuskript von der Hand eines Kopisten, im Goethemuseum Düsseldorf.
18. Manuskript in Berlin, Staatsbibliothek Preußischer Kulturbesitz. Sebastian Hensel veröffentlichte es mit Abänderungen (a.a.O., S. 102).
19. Autograph, Mendelssohn-Archiv, MAMs 34, S. 17–18.
20. Sebastian Hensel, a.a.O., Bd. I, S. 102 ff.
21. Susanna Grossmann-Vendrey, a.a.O., S. 17.
22. Sebastian Hensel, a.a.O., Bd. I, S. 129.
23. Karl Mendelssohn Bartholdy: *Goethe und Felix Mendelssohn Bartholdy*, Leipzig 1871, S. 21.
24. Cécile Lowenthal-Hensel, a.a.O., S. 43–44. Brief vom 30. Juli 1823.
25. Ebda., S. 21, Anm. 13.
26. Cécile Lowenthal-Hensel: *Preußische Bildnisse*, a.a.O., S. 43.

Die Reise in die Schweiz

1. Christian Lambour, a.a.O., Bd. VI, S. 86, Brief vom 4. August 1821.
2. Hinni: Familiärer Kurzname für Henriette Meyer, Gattin von Joseph Mendelssohn.
3. Christian Lambour: *Ein Schweizer Reisebrief aus dem Jahr 1822 von Lea und Fanny Mendelssohn Bartholdy an Henriette Mendelssohn, geb. Meyer*, in: Mendelssohn-Studien, a.a.O., Bd. VII, 1990, S. 176.
4. Tante Jette diesmal, die Schwester Abrahams.
5. Sebastian Hensel, a.a.O., Bd. I, S. 132.
6. Susanna Grossmann-Vendrey, a.a.O., S. 18.
7. Sebastian Hensel, a.a.O., Bd. I, S. 122 ff.
8. Goethe-Zitat (Mignon im *Wilhelm Meister*).
9. Rudolf Elvers, a.a.O., S. 251.
10. Ferdinand Hiller: *Felix Mendelssohn Bartholdy, Briefe und Erinnerungen*, Köln 1874, S. 3.
11. Susanna Grossman-Vendrey, a.a.O., S. 10 ff.
12. Rudolf Elvers, a.a.O., S. 26.
13. Marianne Mendelssohn (1799–1880), geb. Seeligmann, Nichte von Lea, hatte Alexander, Joesph Mendelssohns zweiten Sohn, geheiratet.
14. Sebastian Hensel, a.a.O., Bd. I, S. 124 ff.
15. Jane Austen, a.a.O., S. 82.
16. Christian Lambour, in: *Mendelssohn-Studien*, a.a.O., Bd. VII, S. 177. Benny Mendelssohn, der älteste Sohn von Joseph und Hinni Mendelssohn, unternahm nach 1820 mehrere Studienreisen durch die Schweiz und Italien.
17. Cécile Lowenthal-Hensel: *Preußische Bildnisse des 19. Jahrhunderts*, a.a.O., S. 78–79.

18. Sebastian Hensel, a.a.O., Bd. I, S. 123.
19. Der Begriff Biedermeier bezeichnet den bürgerlichen Lebensstil und die bürgerliche Kunst in Deutschland, Skandinavien und anderen mitteleuropäischen Ländern zwischen 1815 und 1848. Oft wird damit etwas Kleinbürgerlich-Spießiges bzw. »Philisterhaftes« assoziiert. (Günter Pulvermacher: Artikel *Biedermeier*, in: *The New Grove Dictionary of Music and Musicians*, a.a.O., Bd. II, S. 695.)
20. Sebastian Hensel, a.a.O., Bd. I, S. 133.
21. Sebastian Hensel, a.a.O., Bd. I, S. 128.
22. Mendelssohn-Archiv, Berlin MAMs 32, S. 44–45.

Felix und Fanny

1. Sebastian Hensel, a.a.O., Bd. I, S. 135.
2. Ebda, S. 136.
3. Diese Sonate wird in einem Brief an Felix vom 29. Oktober 1821 erwähnt; zitiert bei Marcia Citron, a.a.O., S. 371.
   Laut R. Elvers befindet sich die Sonate in Privatbesitz (Rudolf Elvers: *Weitere Quellen zu den Werken von Fanny Hensel*, in: *Mendelssohn-Studien*, a.a.O., Bd. II, 1975, S. 215–220).
4. Cécile Lowenthal-Hensel: *Preußische Bildnisse des 19. Jahrhunderts*, a.a.O., S. 128.
5. Eduard Devrient, a.a.O., S. 19.
6. Ebda., S. 10 ff.
7. Sebastian Hensel, a.a.O., Bd. I, S. 137.
8. Ebda., S. 140.
9. *Briefe von Felix Mendelssohn Bartholdy an Ignaz und Charlotte Moscheles*, hrsg. von F. Moscheles, Leipzig 1888, S. 1–2.
10. *Aus Moscheles' Leben*, hrsg. von C. Moscheles, Leipzig 1972, S. 93–95.
11. *Briefe von Felix Mendelssohn Bartholdy an I. und C. Moscheles*, a.a.O., S. 3.
12. Malla Montgomery-Silfverstolpe: *Das romantische Deutschland, Reisejournal einer Schwedin (1825–1826)*, Leipzig 1912, S. 275–276.
13. Susanne Grossmann-Vendrey, a.a.O., S. 15 ff.
14. Ebda., S. 21, Brief vom 6. April 1825.
15. Eva Weissweiler: *Fanny Mendelssohn, Ein Porträt in Briefen*, a.a.O., S. 36.
    André Georges Louis Onslow (1784–1852), französischer Komponist englischer Herkunft, schrieb Kammermusik.
    Antonin Reicha (1770–1836), aus Böhmen stammender französischer Komponist und Musiktheoretiker.
    »Schuhu« war bei den Mendelssohns das Wort für »unnachsichtig kritisch«.
    Die »33 Variationen«: die *Diabelli-Variationen*, C-Dur, op.120.
16. Sebastian Hensel, a.a.O., Bd. I, S. 148–149.
17. Von Johann Sebastian Bach natürlich.
18. Pierre-Alexandre Monsigny (Sebastian Hensel zitiert ihn ursprünglich als Montigny), 1729–1817, schrieb Werke der Gattung Opéra comique.
19. Eva Weissweiler: *Fanny Mendelssohn, Ein Porträt ...*, a.a.O., S. 39.
20. *Jessonda*: Oper von Louis Spohr (1784–1859); *Alceste*: Oper von Christoph

Willibald Gluck (1714–1789); *Samson*: Oratorium von Georg Friedrich Händel (1685–1759); »Sapupi« ist der Mendelssohnsche Spitzname für Spontini.

21. Adolf Bernhard Marx (1795–1866), Komponist und Musiktheoretiker.
22. Pierre Rode (1774–1830), französischer Geiger, Bekannter der Mendelssohn Bartholdys.
23. Eva Weissweiler: *Fanny Mendelssohn, Ein Porträt* ..., a.a.O., S. 43.
24. Sebastian Hensel, a.a.O., Bd. I, S. 150–151.
    »Robin des Bois«: unter diesem Titel wurde damals Webers *Freischütz* ins Französische übersetzt bzw. für Paris bearbeitet. (»Robin des Bois« = Robin Hood; Anm. d. Ü.)
25. Cécile Lowenthal-Hensel: *Neues zur Leipziger Straße 3*, in: *Mendelssohn-Studien*, a.a.O., Bd. VII, 1990, S. 141 ff.
26. Eric Werner: *Mendelssohn, Leben und Werk in neuer Sicht*, Zürich/Freiburg im Br. 1980, S. 63.
27. Sebastian Hensel, a.a.O., Bd. I, S. 141.
28. Cécile Lowenthal-Hensel, ebda., S. 143.
29. Michael Cullen: *Leipziger Straße Nr. 3*, in: *Mendelssohn-Studien*, a.a.O., Bd. V, 1982, S. 48 ff.
30. Sebastian Hensel, a.a.O., Bd. I, S. 155 ff.
31. Ebda., S. 152.
32. Gartenzeitung, 21. August 1826, S. 6, Mendelssohn-Archiv, Berlin.
33. Herbert Kupferberg: *Die Mendelssohns*, 2. Aufl., Tübingen 1977, S. 154.
34. Sebastian Hensel, a.a.O., Bd. I, S. 154.
35. Zitat aus *Faust I*: »Und alles ist zerstoben.« (Walpurgisnachtstraum)
36. Eric Werner, a.a.O., S. 128.
37. Sebastian Hensel, a.a.O., Bd. II, S. 262.
38. Die genaue Zahl zu ermitteln ist schwierig, da drei von Fannys Manuskriptheften sich in Privatbesitz befinden. Vgl. Rudolf Elvers: *Weitere Quellen zu den Werken von Fanny Hensel*, in: *Mendelssohn-Studien*, a.a.O., S. 215–220.
39. *Die Hochzeit des Camacho*, op. 10.
40. Sebastian Hensel, a.a.O., Bd. I, S. 159.
41. Ebda.

Die Mendelssohns und ihr Freundeskreis

1. Karl-Heinz Köhler: Artikel *»Felix Mendelssohn Bartholdy«*, in: *The New Grove Dictionary of Music and Musicians*, a.a.O., Bd. XII, S. 137.
2. Obwohl Alexander von Humboldt in einem seiner Briefe selbst diese Angabe macht, äußert die Mendelssohn-Forschung Zweifel. Vgl. Peter Honigmann: *Der Einfluß von Moses Mendelssohn auf die Erziehung der Brüder Humboldt*, in: *Mendelssohn-Studien*, a.a.O., Bd. VII, S. 39–76.
3. Später Dorothea Schlegel und Rahel Varnhagen.
4. Zur Treue in der Freundschaft siehe Kap. 6, Anm. 14.
5. Sebastian Hensel, a.a.O., Bd. I, S. 43; Cécile Lowenthal-Hensel: *Preußische Bildnisse* ..., a.a.O., S. 130.
6. Sebastian Hensel, a.a.O., Bd. I, S. 181–182.
7. Sebastian Hensel, a.a.O., Bd. I, S. 213.

8. Theodor Schieder: *Johann Gustav Droysen*, in: *Neue deutsche Biographie*, a.a.O., Bd. IV, S. 135.
9. Cécile Lowenthal-Hensel, ebda., S. 91.
10. Therese Devrient: *Jugenderinnerungen*, hrsg. von H. Devrient, Stuttgart 1905, S. 251–252.
11. *Juden in Preußen*, a.a.O., S. 206.
12. Ebda., S. 27.
13. Cécile Lowenthal-Hensel, ebda., S. 86.
14. Lea, Gattin des Stadtrats Bartholdy.
15. Sebastian Hensel, a.a.O., Bd. I, S. 210.
16. Ebda., S. 213.
17. Johanna Kinkel (1810–1858), geb. Moeckl, Komponistin, heiratete 1843 Gottfried Kinkel und beteiligte sich in erheblichem Grade an seinen revolutionären Aktivitäten.
18. Cécile Lowenthal-Hensel, ebda., S. 75.
19. Sebastian Hensel, a.a.O., Bd. I, S. 91–92.
20. Ebda., S. 202.
21. Fanny Hensel: *Tagebuch* (1829–1834), Mendelssohn-Archiv, Berlin, Foto 8833, S. 16.
22. Eduard Devrient, a.a.O., S. 99.
23. Fanny Hensel, *Tagebuch*, a.a.O., S. 21.
24. Sebastian Hensel, a.a.O., Bd. I, S. 210–211.

Die Matthäuspassion

1. Herbert Kupferberg: *Die Mendelssohns*, 2. Aufl., Tübingen 1977, S. 158.
2. Michael Cullen: *Leipziger Straße Drei – Eine Baubiographie*, in: *Mendelssohn-Studien*, a.a.O., Bd. V, S. 45–46.
3. Sebastian Hensel, a.a.O., Bd. I, S. 212.
4. Giacomo Meyerbeer: *Briefwechsel und Tagebücher*, Berlin 1960 ff., S. 468.
5. Man dirigierte damals nicht mit dem Rücken zum Publikum, außer in der Oper. Felix ließ sein Pianoforte (keinesfalls ein Cembalo!) schräg zwischen den beiden Chören aufstellen. Der erste Chor befand sich demnach in seinem Rücken, aber er hatte den zweiten und das Orchester im Blickfeld. Vgl. Georg Schünemann, a.a.O., S. 161.
6. Sebastian Hensel, a.a.O., Bd. I, S. 207 ff.
7. Georg Schünemann, a.a.O., S. 162 ff.
8. Seit dem 2. Januar 1827 war die Singakademie in einem großen Saalbau untergebracht, der ihren Namen trug. Schon lange hatte der Raumbedarf sich bemerkbar gemacht, denn der Chor war gewaltig angewachsen. König Friedrich Wilhelm III. erklärte sich schon 1821 mit den Plänen Schinkels (dessen Frau im Chor der Singakademie mitsang) einverstanden, aber die Baukosten und die diversen Schwierigkeiten, auf die Zelter stieß, führten dazu, daß erst am 30. Juni 1825 mit den eigentlichen Bauarbeiten begonnen wurde. Die Singakademie hatte sich stark verschuldet, verfügte aber über Berlins einzigen Konzertsaal, der diesen Namen verdiente, und sie vermietete ihn regelmäßig für die verschiedensten Anlässe (z. B. für Alexander von

Humboldts Vorlesungen, die auch Fanny hörte). Vgl. Nele Hertling, a.a.O., S. 256.

9. Eduard Devrient, a.a.O., S. 61–62.
10. Vierzig Jahre zuvor, in den Anfängen der Nationalversammlung, am 22. Dezember 1789 und an den folgenden Tagen, vertraten unter anderen die Redner Clermont-Tonnerre, Maury, Baumetz den Anspruch der Juden, Protestanten, Schauspieler und Henker auf den Bürgerstatus. Vgl. Robert Badinter, a.a.O., S. 139 ff.; Jacques Hérissay: *Le Monde des théâtres pendant la Révolution, 1789–1800. D'après des documents inédits*, Paris 1922, S. 40 ff.
11. Martin Geck: *Die Wiederentdeckung der Matthäuspassion im 19. Jahrhundert*, Regensburg 1967, S. 36–39.
12. Georg Schünemann, a.a.O., S. 162. Der Chor bestand aus 47 Sopranstimmen, 36 Altstimmen, 34 Tenorstimmen, 41 Baßstimmen, Solisten eingerechnet.
13. Eduard Rietz (1802–1832), Geiger und Orchesterleiter, war einer der engsten Freunde von Felix Mendelssohn. Er war tuberkulosekrank, und sein früher Tod traf Felix schwer. Rietzens Bruder Julius (1812–1877), Cellist und ebenfalls Dirigent, war Mitarbeiter von Felix zuerst in Düsseldorf, dann in Leipzig, und gab zwischen 1874 und 1877 die Werke des Komponisten heraus.
14. Marcia Citron, a.a.O., S. 385 ff.
15. Statt C-Dur.
16. Ferdinand David (1810–1873), Geiger. Mit Felix befreundet, war er ab 1836 Konzertmeister des Leipziger Gewandhausorchesters und leitete ab dem Gründungsjahr 1843 die Violinklasse des Leipziger Konservatoriums.
17. Brief von Felix an seine Familie, datiert vom 14. April aus Hamburg, mit Anweisungen betreffend die Passion: Er wollte versuchen, die C-Klarinetten während des ersten Chorals *O Lamm Gottes* eine Oktave höher spielen zu lassen. Vgl. Rudolf Elvers: *Felix Mendelssohn Bartholdy, Briefe*, a.a.O., S. 60.
18. Ebda. Das »mich« von »der mich verriet« sollte Devrient als Cisis statt Cis singen.
19. Ebda. Im selben Brief äußert Felix die Bitte, Rietz möge seine Partitur »von Dinte, Klebereien und Rötel, kurz de ore leonis befreien«. Anscheinend war es Devrient, der für die Ausführung dieses Auftrags sorgte.
20. Georg Schünemann, a.a.O., S. 165 ff.

Felix in England. Die erste Trennung

1. Georg Schünemann, a.a.O., S. 166.
2. Fanny Hensel: *Tagebuch (1829–1834)*, Mendelssohn-Archiv, Berlin, Fot. 8835, S. 28.
3. Ebda., S. 32–34.
4. Ebda., S. 35.
5. Ebda., S. 36; Montag, 13. April 1829.
6. Sebastian Hensel, a.a.O., Bd. I, S. 264.
7. Disques Cassiopée.
8. Die c-Moll-Sonate ist vor kurzem im Verlag Furore (fue 147) herausgekommen, gleichzeitig mit einem von 1822 datierten Sonatensatz »Allegro assai

moderato«. Autograph im Mendelssohn-Archiv Berlin, MAMs 34, S. 66–76 und MAMs 32, a.a.O., S. 31–34.

9. Eva Weissweiler: *Fanny Mendelssohn. Ein Porträt in Briefen*, Frankfurt a.M. 1985, S. 228–229.
10. Cécile Lowenthal-Hensel: *Preußische Bildnisse...*, a.a.O., S. 27.
11. Felix Gilbert, a.a.O., S. 76–77.
12. Eva Weissweiler, a.a.O., S. 76–77.
13. Ebda., S. 80–83.
14. Ebda., S. 54.
15. Fanny Hensel: *Tagebuch*, a.a.O., S. 25.
16. Ebda., S. 27.
17. Ebda., S. 30.
18. Eva Weissweiler, a.a.O., S. 60–61.
19. Marcia Citron, a.a.O., S. 396.
20. Sebastian Hensel, a.a.O., Bd. I, S. 207. Brief an Klingemann vom 22. März 1829.
21. Eva Weissweiler, a.a.O., S. 84–85.
22. Zur Identität der einzelnen Personen siehe die Bildunterschrift zu *Das Rad* im Illustrationsteil.
23. Herbert Kupferberg, a.a.O., S. 161.
24. Sebastian Hensel, a.a.O., Bd. I, S. 302–303; Brief vom 10. September 1829.
25. Vgl. Schillers *An die Freude*:
    »Deine Zauber binden wieder
    Was die Mode streng geteilt.«
26. Eva Weissweiler, a.a.O., S. 63.
27. Bodleian Library, Oxford, MDM c.22.
28. Mendelssohn-Archiv Berlin, Depos. Berlin 3.
29. Susanne Grossmann-Vendrey, a.a.O., S. 32 ff.
30. Cécile Lowenthal-Hensel: *19th Century Society Portraits. Drawings by Wilhelm Hensel*, Katalog, Berlin, Goethe-Institut London 1986, S. 12.
31. Rudolf Elvers, a.a.O., S. 58.
32. Sebastian Hensel, a.a.O., Bd. I, S. 271–272; Brief vom 26. August 1829; Sebastian oder Felix schreibt irrtümlicherweise *Hören möcht' ich* statt *Stören möcht' ich*.
33. Sebastian Hensel, a.a.O., Bd. I, S. 243.
34. John Thomson: in: *Harmonicon*, S. 99; Victoria Sirota: *The Life and Works of Fanny Mendelssohn Hensel*, unveröffl. Diss., Boston University 1981, S. 46.
35. Beethoven, Trio B-Dur, op.97, »Erzherzogtrio«.
36. Felix Mendelssohn Bartholdy, Brief vom 11. August 1929, Mendelssohn-Archiv, Depos. Berlin 3; Fanny Hensel, *Tagebuch*, a.a.O., S. 49.

Die Hochzeit

1. Eva Weissweiler: *Ein Porträt in Briefen*, a.a.O., S. 91.
2. Sebastian Hensel, a.a.O., Bd. I, S. 281–282.
3. Ebda., S. 298. Brief aus Glasgow vom 10. August 1829.
4. Fanny Hensel, *Tagebuch*, a.a.O., S. 51.

5. Sebastian Hensel, a.a.O., Bd. I, S. 295–296.
6. Mendelssohn-Archiv Berlin.
7. Michael Cullen, a.a.O., S. 50.
8. Autograph in der Library of Congress, Washinton D.C.; hrsg. im Furore Verlag, fue 124.
9. Fanny Hensel, *Tagebuch*, a.a.O., S. 50.
10. Eva Weissweiler, a.a.O., S. 95 ff.; Marcia Citron, a.a.O., S. 429 ff.
11. Unleserliche Briefstelle; vielleicht »in den Armen Deiner Schwestern«.
12. Eduard August Grell (1800–1886), Organist; Direktor der Singakademie von 1853 bis 1876.
13. Es handelt sich hier um Wilhelms andere Schwester Minna (1802–1893), die weniger schwärmerisch veranlagt war als Luise.
14. Fanny Hensel, *Tagebuch*, a.a.O., S. 51–52.
15. Friedrich Philipp Wilmsen (1770–1831), der Pastor, der auch bei Pauls Konfirmation den Gottesdienst gehalten hatte.
16. Recha Meyer, die ständig kranke Schwester Abrahams.
17. Therese Devrient, a.a.O., S. 351.
18. Michael Cullen, a.a.O., S. 49.
19. Sebastian Hensel, a.a.O., Bd. I, S. 307.
20. Sebastian Hensel, a.a.O., Bd. III, S. 248.
21. *bêtes noires*: Menschen, die sie nicht leiden konnte, denen sie nicht objektiv gegenüberstand (Anm. d. Ü.).

Die Silberhochzeit der Eltern

1. Sebastian Hensel, a.a.O., Bd. I, S. 301.
2. Jugendwerk, Singspiel, komponiert 1821.
3. Op.89. Sein letztes vollendetes Bühnenwerk. Seine Oper *Loreley*, op.98, blieb Fragment.
4. Felix Mendelssohn Bartholdy: *Briefwechsel mit Legationsrat Karl Klingemann*, hrsg. von K. Klingemann, Essen 1909, S. 67.
5. Ebda., S. 72.
6. Therese Devrient, a.a.O., S. 313 ff.
7. Felix Mendelssohn Bartholdy, *Briefwechsel* ..., a.a.O., S. 70.
8. Die Oper *Les deux Journées* von Luigi Cherubini (1760–1842) wurde 1800 uraufgeführt. Der in Florenz geborene Cherubini lebte von der Zeit vor der Revolution bis in die Restaurationsepoche als Komponist in Paris. Ab 1822 amtierte er als hochangesehener Direktor des Konservatoriums.
9. Moritz Levy, laut Rebecka. Vgl. Felix Mendelssohn Bartholdy, *Briefwechsel* ..., a.a.O., S. 67. Er könnte ein Freund Abrahams und möglicherweise Bankier gewesen sein, oder auch ein Verwandter Leas. Vgl. Marcia Citron, a.a.O., S. 656.
10. Felix Mendelssohn Bartholdy, ebda., S. 72.
11. Von Felix' erstem Singspiel *Die Soldatenliebschaft* war nicht mehr die Rede.
12. Friedrich Ludwig Schroeder (1744–1816), einer der bedeutendsten deutschen Schauspieler des 18. Jahrhunderts (Berlin, Mannheim, Wien), der als Theaterdirektor (Hamburg) und Regisseur eine große Rolle bei der Ent-

deckung Shakespeares für Deutschland spielte. Vgl. Klaus Siebenhaar, a.a.O., S. 457.

13. Moritz Ganz (1806–1868) und Leopold Ganz (1810–1869), Mitglieder des Berliner Königlichen Orchesters, beteiligten sich regelmäßig an Fannys Hausmusikkonzerten. Vgl. Marcia Citron, a.a.O., S. 646. Nicht zu verwechseln mit Professor Eduard Gans (1798–1839), dem Hegel-Schüler, der als Jurist an der Berliner Universität lehrte und 1825 zum katholischen Glauben übertrat.
14. Felix Mendelssohn Bartholdy, *Briefwechsel* ..., a.a.O., S. 68.
15. Rebecka gestattete sich die Wiederholung eines Wortspiels ihrer Schwester: »Es war ... Not an Mann-tius, darum gaben wir Herrmann Herr-Manntius.« Vgl. Felix Mendelssohn Bartholdy, ebda., S. 68.
16. Therese Devrient, a.a.O., S. 312–313.

Junge Ehe

1. Giacomo Meyerbeer, a.a.O., S. 469.
2. Heinrich Heine, a.a.O., Bd. V, S. 3.
3. Fanny Hensel, *Tagebuch*, a.a.O., S. 15; 4. Januar 1829.
4. Der russisch-türkische Krieg dauerte von März 1828 bis September 1829.
5. Das Dubliner Parlament war 1800 abgeschafft worden. Die irische Frage war ebensosehr religiös bestimmt wie agrarischer Natur.
6. Die *Bill*, welche den Katholiken die Religionsfreiheit brachte, wurde vom englischen Parlament im April 1829 – Felix traf zu diesem Zeitpunkt in London ein – verabschiedet.
7. Manfred Hecker: *Die Luisenstadt, ein Beispiel der liberalistischen Stadtplanung und baulichen Entwicklung Berlins zu Beginn des 19. Jahrhunderts*, in: *Berlin zwischen 1789 und 1848 – Facetten einer Epoche*, a.a.O., S. 123 ff.
8. Sebastian Hensel: *Ein Lebensbild aus Deutschlands Lehrjahren*, hrsg. von Paul Hensel, Berlin 1911, S. 3 ff.
9. Als Caroline von Braunschweig in England 1820 dadurch einen Skandal verursachte, daß sie gleichzeitig mit ihrem Gatten William IV., von dem sie getrennt lebte, gekrönt werden wollte, war die öffentliche Meinung auf Seiten der Königin. Damit wurde klar, welches Bild des Monarchen erwünscht war: das des Familienvaters. »Freizügige Sitten waren nicht mehr zeitgemäß. In Mode waren dagegen Ehe und Familie.« Daher die Popularität der Königin Victoria und das Image des Bürgerkönigs Louis-Philippe. Vgl. Catharine Hall: *Sweet Home*, in: *Histoire de la Vie privée*, eingel. von Michèle Perrot, hrsg. von G. Duby und P. Ariès, Paris 1985, Bd. IV, S. 54–55.
10. Marcia Citron, a.a.O., S. 425.
11. Sebastian Hensel, *Die Familie Mendelssohn*, a.a.O., Bd. I, S. 142.
12. Eduard Devrient, a.a.O., S. 101.
13. Sebastian Hensel, *Ein Lebensbild aus Deutschlands Lehrjahren*, a.a.O., S. 29.
14. Cécile Lowenthal-Hensel, *Preußische Bildnisse* ..., a.a.O., S. 36–37.
15. Sebastian Hensel, *Ein Lebensbild* ..., a.a.O., S. 13 ff.
16. Eduard Devrient, a.a.O., S. 99–100.
17. Felix Gilbert, a.a.O., S. 79. Brief Hinnis vom 7. Oktober 1830.
18. Ebda., S. 144. Brief vom 21. Mai 1847.

19. Schon 1824 hatte sich Jacob Bartholdy begeistert über das jugendliche Aussehen seiner Schwester Lea geäußert. Das Porträt, das Wilhelm ihm überbrachte, wirkte ein bißchen sehr verjüngend ... Vgl. Felix Gilbert, a.a.O., S. 62, Brief vom 31. Januar 1824.
20. Sebastian Hensel, *Die Familie Mendelssohn*, a.a.O., Bd. I, S. 307 ff.
21. Felix Mendelssohn Bartholdy, *Briefwechsel* ..., a.a.O., S. 78. Der Orientalist Friedrich Rosen (1805–1837) war ein Freund von Felix. Klingemann heiratete 1845 dessen junge Schwester. Ebda., S. 36.
22. Fanny Hensel, *Tagebuch*, a.a.O., S. 62–63, 4. März 1831.
23. Ebda., S. 63.
24. Sebastian Hensel, *Die Familie Mendelssohn*, a.a.O., Bd. I, S. 198, Brief vom 8. Dezember 1828. Dirichlet war als verschlossen bekannt, fügte sich aber problemlos in den Mendelssohn-Kreis.
25. Therese Devrient, a.a.O., S. 350.
26. Sebastian Hensel, *Die Familie Mendelssohn*, a.a.O., Bd. I, S. 388.
27. Gottlob Kirschner: Artikel »Dirichlet«, in: *Neue Deutsche Biographie*, a.a.O., Bd. III, S. 749–750.
28. Sebastian Hensel, *Ein Lebensbild* ..., a.a.O., S. 186. Carl Friedrich Gauss (1777–1855) war Astronom, Mathematiker und Physiker.
29. Fanny Hensel, *Tagebuch*, a.a.O., S. 59, 4. März 1831.
30. Cécile Lowenthal-Hensel: *Preußische Bildnisse* ..., a.a.O., S. 76.
31. Marcia Citron, a.a.O., S. 441.
32. Peter Sutermeister: *Felix Mendelssohn Bartholdy. Eine Reise durch Deutschland, Italien und die Schweiz*, 2. Aufl., Tübingen 1979, S. 67–68.
33. Psalm CXV für Soli, Chor und Orchester, op.31.
34. Delphine von Schauroth (1813–1887), Pianistin, später Delphine Handley. Felix widmete ihr sein Klavierkonzert g-Moll, op.25. Fanny sollte ihr im September 1839 begegnen.
35. Sebastian Hensel, *Die Familie Mendelssohn*, a.a.O., Bd. I, S. 318–319, Brief aus München vom 11. Juni 1830.
36. Marcia Citron, a.a.O., S. 434; Brief vom November 1829.
37. Phyllis Benjamin: *A Diary-Album for Fanny Mendelssohn*, in: *Mendelssohn-Studien*, a.a.O., Bd. VII, 1990, S. 179 ff.
38. Fanny Hensel, *Tagebuch*, a.a.O., S. 78, 26. Mai 1833.
39. Ebda.

Die »Sonntagsmusiken«

1. Zelter spielte dabei eine herausragende Rolle.
2. Petra Wilhelmy: *Der Berliner Salon im 19. Jahrhundert (1780–1914)*, Berlin und New York 1989, S. 144 ff. Amalie Beer (1767–1854), geb. Wulff, war die Mutter von Meyer Beer (1791–1864), der sich Giacomo Meyerbeer nannte, und von Michael Beer (1800–1833), dessen Hauptwerk, *Der Paria*, gegen die Intoleranz aufbegehrte.
3. Christoph Helmut Mahling: *Zum »Musikbetrieb« Berlins und zu seinen Institutionen in der ersten Hälfte des 19. Jahrhunderts*, in: *Studien zur Musikgeschichte des 19. Jahrhunderts*, Bd. 56, hrsg. von Carl Dahlhaus, Regensburg 1980, S. 28 ff.

4. Fanny Hensel, *Tagebuch*, a.a.O., S. 3–8.
5. Carl Möser (1774–1851), Künstlerischer Direktor (wie sein heutiger Titel lauten würde) der Hofkapelle und Lehrer der Instrumentalklasse der Königlichen Oper, der Vorstufe des Berliner Konservatoriums. Er organisierte Konzerte mit dem Orchester der Oper und war kammermusikalisch tätig. Er hatte im Streichquartett zusammen mit dem Cello spielenden Friedrich Wilhelm II. musiziert. Vgl. Rudolf Elvers: *Über das »Berlinische Zwitterwesen«*, in: *Die Mendelssohns in Berlin – eine Familie und ihre Stadt*, Ausstellungskatalog Nr. 20, Berlin, Staatsbibliothek Preußischer Kulturbesitz, 1983, S. 33–34.
6. Laut Berlioz »unterstanden dem Generalinspizienten der Militärkapellen von Berlin und Potsdam ... nicht weniger als sechshundert Musiker.« Diese zog Berlioz 1841 für seine Konzerte heran und war hochzufrieden mit dem Ergebnis. Allerdings sprach er in erster Linie von den Blechbläsern. Vgl. Berlioz: *Mémoires* (1870), Paris 1969, S. 141 ff.
7. Adolf Weissmann: *Berlin als Musikstadt. Geschichte der Oper und des Konzerts von 1740 bis 1911*, Berlin und Leipzig 1911, S. 180 ff.
8. Felix Mendelssohn Bartholdy: *Reisebriefe aus den Jahren 1830 bis 1832*, hrsg. von P. Mendelssohn-Bartholdy, 9. Aufl., Leipzig 1882, S. 121; Brief vom 22. Februar 1831.
9. *Das Neue Testament*, Johannes 16:21
10. Felix Mendelssohn Bartholdy, *Reisebriefe ...*, a.a.O., S. 297 ff.
11. Ebda., S. 300; Friedrich Kalkbrenner (1789–1849), deutscher Pianist und Komponist, verbrachte sein gesamtes Künstlerleben in Paris und komponierte Mengen von Salonstücken.
12. Eva Weissweiler, *Ein Porträt in Briefen*, a.a.O., S. 221.
13. Fanny Hensel, Tagebuch, a.a.O., S. 69; 1. Januar 1832.

Felix und die Singakademie: Das Ende des Traums

1. Rudolf Elvers, *Felix Mendelssohn Bartholdy, Briefe*, a.a.O., S. 160; Brief vom 15. Juni 1832: »... denn ich habe lieb, was ich lieb hatte, nur noch mehr, und hasse vielleicht stärker, was ich nicht leiden konnte, und freue mich meines Lebens.«
2. François Habeneck (1781–1849), französischer Geiger und Dirigent. Als Leiter des *Orchestre de la Société du Conservatoire* erschloß er dem Pariser Publikum die Symphonien Beethovens. Berlioz spricht in seinen Memoiren viel von ihm.
3. Ferdinand Hiller, a.a.O., S. 18.
4. Eric Werner, a.a.O., S. 217 ff.
5. Wie der Kritiker Fétis, der seit seinem Londonaufenthalt 1829 schlecht auf ihn zu sprechen war. Vgl. Susanna Grossmann-Vendrey, a.a.O., S. 35 ff.
6. Damals hieß es in Berlin: »Nur der alte Zelter, der weint nicht, der stirbt ihm lieber nach.« Und Zelter verneigte sich in seinem Haus vor der Büste Goethes mit den Worten: »Exzellenz haben natürlich den Vortritt, aber ich komme bald nach.«
7. Selbst Meyerbeer kann sich nur mit einer gekürzten Fassung seiner (am

20. Juni 1832 aufgeführten) Oper *Robert le Diable* (*Robert der Teufel*) durchsetzen. Vgl. Adolf Weissmann, a.a.O., S. 192.

8. Klaus Siebenhaar, a.a.O., S. 454.
9. Adolf Weissmann, a.a.O., S. 187. Eric Werner, a.a.O., S. 256.
10. Brief an Klingemann vom 4.–6. Februar 1833, in: Rudolf Elvers, *Über das »Berlinische Zwitterwesen«*, a.a.O., S. 34.
11. Marcia Citron, a.a.O., S. 493; Brief vom 8. März 1835.
12. Hannah Arendt, *Rahel Varnhagen*, a.a.O., S. 210.
13. Sebastian Hensel, *Lebensbild* ..., a.a.O., S. 185; Brief vom 4. April 1855.
14. Herbert Kupferberg, a.a.O., S. 154.
15. Fanny Lewald: *Meine Lebensgeschichte*, 3 Bände, Berlin, 2. Aufl., 1871, Bd. III (Wanderjahre), S. 150–152.
16. Und was war mit Paul?
17. Eric Werner, a.a.O., S. 255–256.
18. Der Briefwechsel zwischen Goethe und Zelter aus den Jahren 1796 bis 1832 wurde von Friedrich Riemer herausgegeben (6 Bände). Die beiden ersten Bände erschienen 1833, die restlichen 1834.
19. Jane Austen: *Persuasion*, London 1985, (Erstausgabe 1818), S. 210.
20. Anspielung auf die Befreiungskriege, in denen Abraham und Joseph Mendelssohn sich bereichert, aber auch Beiträge zu den Kriegsanstrengungen geleistet hatten.
21. Es existieren zwei Lesearten dieses Satzes, die der Riemerschen Ausgabe: *nicht beschneiden lassen* und die der späteren Ausgabe von Geiger: *etwas lernen lassen* (Briefwechsel, 3 Bände, Leipzig o.J.). Letztere ergibt nicht allzuviel Sinn. Vgl. Eva Weissweiler, a.a.O., S. 124.
22. *Eppes Rores*, jiddisch für »etwas Rares«. Zelter verwendet den jiddischen Ausdruck in ironischer Absicht und erweist sich damit kaum als witzig, eher als vulgär.
23. Eva Weissweiler, Ein Porträt ..., a.a.O., S. 120 ff.; Brief vom 1. Dezember 1833.
24. Fannys Feder verweilt ungern bei Zeugnissen intoleranter Grobheit.
25. Felix Gilbert, a.a.O., S. 93–94; Brief vom 9. November 1833.
26. Johann Wolfgang von Goethe und Karl Friedrich Zelter: Briefwechsel, hrsg. von Riemer, Berlin 1833–34, Bd. II, S. 473: »August Schlegel macht heut Hochzeit in Heidelheidelheidelberg (sic) mit der höchstcharmanten Tochter der Kirchenrätin Paulus, die ich ihm kaum gönne, da er sich auf der alten Französin abgelebt hat.« (Gemeint ist Madame de Staël.) August Wilhelm Schlegel, Dorotheas Schwager, war jahrelang Hauslehrer der Kinder von Madame de Staël. Er hatte einen nicht zu unterschätzenden Anteil an der Abfassung des berühmten Essais *De l'Allemagne*.
27. Über Goethes Materialismus vgl. Thomas Mann: *Goethe und Tolstoi (1921)*, in: *Essays*, hrsg. v. H. Kurzke, Bd. II, Frankfurt 1993, S. 48.
28. Eva Weissweiler, a.a.O., S. 140; Brief vom 24. November 1834.
29. Fanny denkt wahrscheinlich an den Satz: »... les sottises imprimées n'ont d'importance qu'aux lieux où l'on en gêne le cours; ...) sans la liberté de blâmer, il n'est pas d'éloge flatteur; ... il n'y a que les petits hommes qui redoutent les petits écrits.« (Beaumarchais: *Le Mariage de Figaro*, 5. Aufzug,

3. Szene). In deutscher Übersetzung: »Ich würde ihm sagen ..., daß gedruckte Torheiten nur dort Bedeutung haben, wo man ihre Verbreitung hindert; daß es, ohne die Freiheit zu tadeln, kein schmeichelhaftes Lob gibt, und daß nur die kleinen Geister die kleinen Schriften fürchten.« Beaumarchais: *Die Hochzeit des Figaro*, Frankfurt 1981, S. 225.

30. Marcia Citron, a.a.O., S. 458; Brief vom 27. Februar 1834. Duncker ist der Verleger des Briefwechsels Goethe-Zelter.
31. Zur Veröffentlichung von *Goethes Briefwechsel mit einem Kinde* (1835) vgl. Milan Kundera: *Die Unsterblichkeit*, dt. Ausgabe, München 1990, und seine sämtlichen infamen Bosheiten gegen die arme Bettina.

Fanny Hensels Musik

1. Fanny Hensel, *Tagebuch*, a.a.O., S. 89.
2. Rudolf Elvers, *Weitere Quellen* ..., a.a.O., S. 216–217.
3. Marcia Citron, a.a.O., S. 448; Brief vom 23. November 1833.
4. Vielleicht die Tochter von Auguste Türrschmiedt, die in der *Matthäuspassion* sang.
5. Fanny Hensel, *Tagebuch*, a.a.O., S. 91; 10. Januar 1834. Kubelius war ein Musiker mit ausgezeichnetem Gehör.
6. *Semele*: Oper von Händel, die Felix aus London mitgebracht hatte. Opferfest: *Das unterbrochene Opferfest*, seinerzeit berühmte Oper von Peter Winter (1754 bis 1825), uraufgeführt 1796 in Wien. Fanny hatte sie auf das Programm ihrer »Sonntagsmusik« gesetzt, aber keine Zeit gehabt, sich die Partitur zu erarbeiten. So spielte sie sie vor einem bewundernden Publikum vom Blatt. Ähnlich bestaunten die Zuhörer ihre Leistung, als sie die *Zauberflöte* aus der Orchesterpartitur spielte. Vgl. Marcia Cirtron, a.a.O., S. 450; Brief vom 1. Dezember 1833.
7. Marcia Citron, a.a.O., S. 451–452; Brief vom 25. Januar 1834.
8. Marcia Citron, a.a.O., S. 468–469; Brief vom 11. Juni 1834.
9. Das Königstädter Theater wurde auf Wunsch von Friedrich Wilhelm III. gegründet, der das Schauspielhaus durch ein Volkstheater ergänzen wollte. Es wurde am 4. August 1824 eröffnet, das Programm bestand aus Wiener Singspielen von Nestroy und Raimund, aber auch aus Berliner Dialektstücken. Das Orchester, welches die »Couplets« begleitete, stellte Instrumentalisten für das städtische Konzertleben. Vgl. Dirk Scheper, a.a.O., S. 291 ff.
10. Julius Amadeus Lecerf (1789–1868), Komponist und Lehrer an verschiedenen Berliner Privatschulen zwischen 1829 und 1843. Vgl. Marcia Citron, a.a.O., S. 656.
11. *Ouvertüre in C-Dur*, Fannys einziges Orchesterwerk. Nur in diesem Brief haben wir eine Datierung: um 1832. Mendelssohn-Archiv Berlin, MAMs 38, 39 Seiten.
12. In ihr *Tagebuch* (S. 103) schrieb sie am 3. Juli 1834: »Es war wirklich etwas so Vollkommenes, wie man es nicht leicht wieder hören wird; besonders Bader war hinreißend, aber alle drei trieben einander (voran) – die drei schönen Stimmen bildeten einen Strom und Klang, der mir unvergeßlich bleiben wird.«

13. *maussade*: mürrisch, verdrossen (Anm. d. Ü.).
14. Die Tenöre Bader und Mantius und der Baß Busolt gehörten der Königlichen Oper an. Türrschmiedt (die bei der *Matthäuspassion* mitwirkte) und Blano sangen in Fannys Chor die Altpartien.
15. Marcia Citron, a.a.O., S. 493.
16. Sebastian Hensel, *Die Familie Mendelssohn*, a.a.O., Bd. I, S. 423.
17. Marcia Citron, a.a.O., S. 470; Brief vom 11. Juni 1834.
18. Marcia Citron, a.a.O., S. 467; Brief vom 4. Juni 1834.
19. Felix zitiert den frz. Originalbegriff. Die Mendelssohn-Geschwister waren polyglott (Anm. d. Ü.).
20. Eva Weissweiler, *Ein Porträt* ..., a.a.O., S. 145–146; Brief vom 27. Dezember 1834.
21. *Je demande la parole* = Ich bitte ums Wort (Anm. d. Ü.).
22. Marcia Citron, a.a.O., S. 167; Brief vom 2. Januar 1835.
23. Eva Weissweiler, *Ein Porträt* ..., a.a.O., S. 148 ff.; Brief vom 17. Februar 1835.
24. Es handelt sich um fünf unveröffentlichte Kantaten für Soli, Chor und Orchester.
25. *Rondo brillant* für Klavier und Orchester in Es-Dur, op.29.
26. Wir wissen nicht, welche Arie gemeint ist; entweder ist sie verschollen, oder sie befindet sich in Privatbesitz.
27. Virginia Woolf, a.a.O.

Fanny Hensels Familie

1. Sebastian Hensel, *Lebensbild* ..., a.a.O., S. 14.
2. Fanny Hensel, *Tagebuch*, a.a.O., S. 67; 4. Oktober 1831.
3. Marcia Citron, a.a.O., S. 447, Brief vom 2. November 1833. Paul Heyse (1830–1914), Dichter, Sohn des ehemaligen Hauslehrers Karl Heyse und seiner Frau Julie Saaling.
4. Marcia Citron, a.a.O., S. 450; Brief vom 1. Dezember 1833.
5. Sebastian Hensel, *Lebensbild* ..., a.a.O., S. 15. Fanny hinterließ ihren Schwägerinnen eine Summe, die ihre Unabhängigkeit sicherte: je 300 Taler jährliche Rente, verbunden mit dem Wunsch, sie möchten zusammenleben. Dies war jedoch nicht Bedingung. Nach dem Tod der einen sollte die andere 400 Taler jährlich erhalten. Vgl. Felix Gilbert, a.a.O., S. 146; Brief Wilhelms an Luise vom 28. Mai 1847.
6. Sebastian Hensel, *Lebensbild* ..., a.a.O., S. 15.
7. Marcia Citron, a.a.O., S. 452–453; Brief vom 28. Januar 1834.
8. Ebda., S. 471.
9. Sebastian Hensel, *Lebensbild* ..., a.a.O., S. 17.
10. Sebastian Hensel, *Die Familie Mendelssohn*, a.a.O., Bd. I, S. 385–386.
11. Vgl. den Beginn von Kapitel 19.
12. Cécile Lowenthal-Hensel, *Preußische Bildnisse* ..., a.a.O., S. 17.
13. Adolf Bernhard Marx: Erinnerungen aus meinem Leben, Bd. II, Berlin 1859, S. 120.
14. Alexander Boyd, a.a.O., S. 48.
15. Marcia Citron, a.a.O., S. 484. Die Homöopathie war inzwischen nichts Be-

fremdliches mehr. Der Gedanke, daß eine Krankheit mit einer unendlich kleinen Dosis eines Mittels behandelt werden kann, das beim Menschen Symptome hervorruft, die denen der Krankheit ähnlich sind, war von Hippokrates für statthaft befunden worden. Er wurde Ende des 18. Jahrhunderts von Christian Friedrich Samuel Hahnemann (1755–1843) aufgegriffen und systematisch entwickelt.

16. Felix Gilbert, a.a.O., S. 90 ff.
17. Heinz Knobloch: *Berliner Grabsteine*, Berlin 1987, S. 132; Varnhagen machte seinen Heiratsantrag im April 1834.
18. Marcia Citron, a.a.O., S. 463.
19. Ebda., S. 467; Brief vom 4. Juni 1834.
20. Heinz Knobloch, a.a.O., S. 133.
21. Marcia Citron, a.a.O., S. 471; Brief vom 18. Juni 1834.
22. *on ne peut pas plus mal* = äußerst schlecht (Anm. d. Ü.).
23. Felix Gilbert, a.a.O., S. 102–103.
24. Alexander Boyd, a.a.O., S. 46; Brief vom 7. April 1834.
25. Victoria Sirota, a.a.O., S. 83. Brief vom 21. Juli 1834, in: Fanny and Sophie Horsley: *Mendelssohn and his Friends in Kensington*, London 1934, S. 97.
26. Marcia Citron, a.a.O., S. 492; Brief vom 8. März 1835.
27. Ebda., S. 496; Brief vom 8. April 1835.
28. Ebda., S. 495; Brief vom 8. April 1835.
29. Sebastian Hensel, *Die Familie Mendelssohn*, a.a.O., Bd. I, S. 398.
30. Victoria Sirota, a.a.O., S. 85; Brief vom 1. Juni 1835, Library of Congress, Washington D.C.
31. Zu der Rolle, die Schwestern für die Kreativität ihrer berühmten Brüder (Goethe, Thomas Mann, Musil, Nietzsche, Claudel, Chateaubriand ...) spielten, vgl. Eugénie Lemoine-Luccioni: *Partage des femmes*, Paris 1976, S. 114 bis 124.
32. Sebastian Hensel, *Die Familie Mendelssohn*, a.a.O., Bd. I, S. 401–402; Brief vom 10. Juli 1835.
33. *Annales de la »Société libre des Beaux-Arts«*, Bd. IV, 1836, S. 49–66.
34. Sebastian Hensel, *Die Familie Mendelssohn*, a.a.O., Bd. I, S. 402–403.
35. Giacomo Meyerbeer: *Briefwechsel und Tagebücher*, hrsg. von Heinz und Gudrun Becker, Berlin 1960 ff., S. 468; Brief vom 7. Juli 1835.
36. Sebastian Hensel, *Die Familie Mendelssohn*, a.a.O., Bd. I, S. 403.
37. Ebda.
38. Ebda., S. 406. Sarah Austin (1793–1867), Schriftstellerin und vor allem ausgezeichnete Übersetzerin aus dem Deutschen und dem Französischen (in erster Linie von wissenschaftlichen Abhandlungen), war eines der Taylor-Fräuleins, mit denen Felix während seiner ersten Englandreise 1829 häufig zusammen war.
    Vgl. Cécile Lowenthal-Hensel: *19th Century Society Portraits. Drawings by Wilhelm Hensel*, a.a.O., S. 61.
39. Sebastian Hensel, *Lebensbild* ..., a.a.O., S. 1.
40. Marcia Citron, a.a.O., S. 497; Brief vom 8. Oktober 1835.
41. Cécile Lowenthal-Hensel, *Preußische Bildnisse* ..., a.a.O., S. 27. Nach Fannys Tod zog Minna zu ihrer Schwester nach Köln. Von 1851 bis 1876 kümmerte

sie sich um ein Waisenhaus, was ihr 1874 den Luisenorden und 1876 eine königliche Pension einbrachte.

42. Sebastian Hensel, *Die Familie Mendelssohn*, a.a.O., Bd. I, S. 422.

43. Franz Hauser (1794–1870), tschechischer Bariton, sang unter anderem 1832–1835 an der Leipziger Oper und während der anschließenden Saison 1835–36 an der Berliner Oper. Er zog sich 1837 von der Bühne zurück, wurde Gesangspädagoge in Wien und übernahm 1846 die Leitung des gerade eröffneten Konservatoriums in München; 1864 trat er in den Ruhestand. Vgl. Marcia Citron, a.a.O., S. 648–649.

44. Marcia Citron, a.a.O., S. 502; Brief vom 18. November 1835. Die aufgeführten Werke: *Liebster Gott, wann werd' ich sterben*, BWV 8 und *Herr, gehe nicht ins Gericht*, BWV 105.

45. Sebastian Hensel, *Die Familie Mendelssohn*, a.a.O., Bd. I, S. 423.

46. Ebda., S. 424.

Die Abfuhr

1. Marcia Citron, a.a.O., S. 505.
2. Felix Mendelssohn Bartholdy: *Briefe aus den Jahren 1833 bis 1847*, hrsg. von Paul Mendelssohn-Bartholdy und Carl Mendelssohn Bartholdy, 6. Aufl., Leipzig 1875, S. 114.
3. Rudolf Elvers, *Felix Mendelssohn Bartholdy, Briefe*, a.a.O., S. 170; Brief vom 15. Juli 1834. Ebda., S. 191; Brief vom 30. Juni 1836.
4. Marcia Citron, a.a.O., S. 196 ff.; Brief vom 1. Januar 1836.
5. Ebda., S. 509; Brief vom 5. Februar 1836.
6. Vgl. Kapitel 16.
7. *Das Neue Testament, Paulus, Erster Korinther-Brief*, 14:34.
8. Rudolf Elvers, a.a.O., S. 190; Brief vom 28. März 1836.
9. Sebastian Hensel, *Die Familie Mendelssohn*, a.a.O., Bd. II, S. 8.
10. Ebda., S. 10.
11. Elise Polko: *Reminiscences of Felix Mendelssohn Bartholdy*, übersetzt von Lady Wallace, New York 1869, S. 68–69.
12. Sebastian Hensel, *Die Familie Mendelssohn*, a.a.O., Bd. II, S. 10 ff.
13. Ebda., S. 11.
14. Ebda., S. 45–46; Brief vom 15. Juni 1836.
15. Marcia Citron, a.a.O., S. 513–514; Brief vom 30. Juni 1836.
16. Ebda., S. 517; Brief vom 28. Okt. 1836.
17. Ebda., S. 521.
18. Sebastian Hensel, *Die Familie Mendelssohn*, a.a.O., Bd. II, S. 45.
19. Marcia Citron, a.a.O., S. 526.
20. Brief vom 7. März 1837; Mendelssohn-Archiv Berlin, Depos. Berlin 3.
21. Felix Mendelssohn Bartholdy: *Briefwechsel mit Legationsrat Karl Klingemann*, a.a.O., S. 214; Brief vom 30. April 1837.
22. Marcia Citron, a.a.O., S. 527; Brief vom 13. April. Fanny sagt: »der abermalige Unfall ...«, was wohl bedeutet, daß es etliche gegeben hat.
23. Ebda., S. 529; Brief vom 2. Juni 1837.

24. Diese Lieder finden sich in einem von 1844 datierten Album Céciles, das heute in der Bodleian Library, Oxford (MDM b. 2) aufbewahrt wird.
25. Marcia Citron, a.a.O., S. 529 ff.; Brief vom 2. Juni 1837.
26. Sebastian Hensel, *Die Familie Mendelssohn*, a.a.O., Bd. II, S. 54; Brief vom 5. Oktober 1837.
27. Ebda., S. 48; Brief vom 2. Juni 1837.
28. Ebda., S. 55.
29. Marcia Citron, a.a.O., S. XLIX.

Berliner Leben

1. Sebastian Hensel, *Die Familie Mendelssohn*, a.a.O., Bd. II, S. 53.
2. Ebda. S. 4; Marcia Citron, a.a.O., S. 509; Brief vom 4. Februar 1836.
3. Marcia Citron, a.a.O., S. 246–247; Brief vom 13. Januar 1838.
4. Ebda., S. 539; Brief vom 15. Januar 1838.
5. Pieter Hubert Ries (1802–1886), Berliner Geiger und Komponist; 1824 Mitglied des Königstädter Orchesters und seit 1825 des Hoforchesters. Vgl. Marcia Citron, a.a.O., S. 668.
6. Marcia Citron, a.a.O., S. 539; Brief vom 15. Januar 1838.
7. Sebastian Hensel, *Lebensbild* ..., a.a.O., S. 7.
8. Marcia Citron, a.a.O., S. 549; Brief vom 6. Januar 1839.
9. Ebda., S. 538; Brief vom 15. Januar 1838.
10. Ebda., S. 539.
11. Ebda., S. 524; Brief vom 2. Februar 1838.
12. Ebda.
13. Sebastian Hensel, *Die Familie Mendelssohn*, a.a.O., Bd. II, S. 56.
14. Marcia Citron, a.a.O., S. 545; Brief vom 21. Februar 1838.
15. Brief vom 12. Februar 1838, Mendelssohn-Archiv Berlin, Depos. Berlin 3.
16. Brief vom 13. November 1835, Mendelssohn-Archiv Berlin, Depos. Berlin 3.
17. *Pourquoi?* = Warum?
18. Victoria Sirota, a.a.O., S. 91–92.
19. Marcia Citron, a.a.O., S. 503; Brief vom 18. November 1835. Camille Marie Pleyel (1811–1875), französische Pianistin. Professorin am Konservatorium Brüssel von 1848–1872.
20. Sigismond Thalberg (1812–1871), Schweizer, besonders akrobatischer Klaviervirtuose, der ab 1830 auf Tourneen Europa und die Vereinigten Staaten bereiste. Wurde als Rivale von Liszt angesehen.
21. Sebastian Hensel, *Die Familie Mendelssohn*, a.a.O., Bd. II, S. 46.
22. Ebda., S. 47.
23. Ebda.
24. Marcia Citron, a.a.O., S. 549 ff.; Brief vom 6. Januar 1839.
25. Christoph Helmut Mahling, a.a.O., S. 74 ff.
26. Ebda., S. 72.
27. Zimmermann, Geiger, der Mosers Streichquartett-Konzerte wiederaufgenommen hatte. Vgl. Christoph Helmut Mahling, a.a.O., S. 46.
28. Charles de Béroit (1802–1870), belgischer Geiger und Komponist, Mann der Sängerin Maria Malibran, der Schwester von Pauline Viardot-Garcia.

29. Sebastian Hensel, *Die Familie Mendelssohn*, a.a.O., Bd. II, S. 57.
30. Ebda., S. 57 ff.
31. Cécile Lowenthal-Hensel: *Wilhelm Hensel in England*, in: *Mendelssohn-Studien*, a.a.O., Bd. II, 1975, S. 206.
32. Cécile Lowenthal-Hensel, *19th Century Portraits*, a.a.O., S. 15.
33. Sebastian Hensel, *Die Familie Mendelssohn*, a.a.O., Bd. II, S. 65; Brief vom 18. September 1838.
34. Felix Gilbert, a.a.O., S. 122 ff.; Brief von Wilhelm und Fanny an Luise Hensel vom 22. September 1838.
35. Sebastian Hensel, *Die Familie Mendelssohn*, a.a.O., Bd. II, S. 65; Brief vom 9. Oktober 1838.
36. Ebda., S. 70–71.
37. Cécile Lowenthal-Hensel, *19th Century Portraits*, a.a.O., S. 68.
38. Marcia Citron, a.a.O., S. 555; Brief vom 26. Februar 1839.
39. Ebda., S. 548; Brief vom 14. Dezember 1838.
40. Sebastian Hensel, *Lebensbild* ..., a.a.O., S. 18.
41. Heute das polnische Swinovjscie, Vorhafen von Szczecin (Stettin)
42. Sebastian Hensel, *Die Familie Mendelssohn*, a.a.O., Bd. II, S. 75.
43. Ebda., S. 74; Brief vom 1. Juli 1839.
44. Yvonne Knibiehler: *Corps et Coeurs*, in: *Histoire des Femmes en Occident, Le XIXe siècle*, Vol IV, hrsg. von Geneviève Fraisse und Michèle Perrot, Paris 1991, S. 362.
45. Sebastian Hensel, *Die Familie Mendelssohn*, a.a.O., Bd. II, S. 78–79.
46. le Napoléon de la paix: der Napoleon des Friedens (Anm. d. Ü.).
47. Sebastian Hensel, *Die Familie Mendelssohn*, a.a.O., Bd. II, S. 87.

Glückliches Zwischenspiel: Das Jahr in Italien Auf Goethes Spuren

1. Sebastian Hensel, *Lebensbild* ..., a.a.O., S. 20.
2. Ebda., S. 21.
3. Sebastian Hensel, *Die Familie Mendelssohn*, a.a.O., Bd. II, S. 88, Übernahme aus Fannys Tagebuch. Mit dem Bau der Walhalla war der Architekt Leo von Klenze (1784–1864) betraut worden.
4. Marcia Citron, a.a.O., S. 561; Brief vom 23. September 1839.
5. Sebastian Hensel, *Die Familie Mendelssohn*, a.a.O., Bd. II, S. 91, Brief vom 27. September 1839. Schloß Hohenschwangau wurde von dem Architekten Joseph Daniel Ohlmüller (1791–1836) erbaut.
6. Sebastian Hensel, *Lebensbild* ..., a.a.O., S. 47–48.
7. Sebastian Hensel, *Die Familie Mendelssohn*, a.a.O., Bd. II, S. 92; Brief vom 27. September 1839.
8. Sebastian Hensel, *Lebensbild* ..., a.a.O., S. 21.
9. Sebastian Hensel, *Die Familie Mendelssohn*, a.a.O., Bd. II, S. 96; Brief vom 27. September 1839.
10. Ebda., S. 97. Sollte das französische Zitat bedeuten, daß Fanny Diderot gelesen hatte?
11. Ebda., S. 99.

12. Ebda.
13. Ebda., S. 100 ff.; Brief vom 13. Oktober 1839.
14. Sebastian Hensel, *Lebensbild* ..., a.a.O., S. 24.
15. Sebastian Hensel, *Die Familie Mendelssohn*, a.a.O., Bd. II, S. 109; Brief vom 13. Oktober 1839.
16. Ebda., S. 107.
17. Ebda., S. 111, aus Fannys Tagebuch.
18. Ebda., S. 114, aus Fannys Tagebuch.
19. Ebda., S. 116 ff.; Brief vom 28. November 1839
20. Der Bildhauer Bertel Thorwaldsen (1768 oder 1770–1844) verbrachte einen Teil seines Lebens in Rom (1797–1819, dann 1821–1838) und wurde unter dem Einfluß des deutschen Archäologen Johann Joachim Winckelmann (1717–1768) zu einem der führenden Klassizisten.
21. Sebastian Hensel, *Lebensbild* ..., a.a.O., S. 22.
22. Sebastian Hensel, *Die Familie Mendelssohn*, a.a.O., Bd. II, S. 117; Brief vom 28. November 1839.
23. Susanna Grossmann-Vendrey, a.a.O., S. 44.
24. Marcia Citron, a.a.O., S. 562 ff.; Brief vom 1. Januar 1840.
25. Sebastian Hensel, *Lebensbild* ..., a.a.O., S. 47.
26. Sebastian Hensel, *Die Familie Mendelssohn*, a.a.O., Bd. II, S. 118 ff.; Brief vom 8. Dezember 1839.
27. Der Maler Jean Auguste Dominique Ingres (1780–1867) verbrachte viele Jahre in Italien. Als Schüler von David erhielt er 1801 den Großen Rompreis und lebte von 1806 bis 1810 in der Villa Medici. Er blieb bis 1821 in Rom, wohnte danach bis 1824 in Florenz und kehrte als Direktor der Académie de France für die Jahre 1835 bis 1842 nach Rom zurück.
28. Sebastian Hensel, *Die Familie Mendelssohn*, a.a.O., Bd. II, S. 120 ff.; Brief vom 8. Dezember 1839.
29. Ebda., S. 126; Brief vom 30. Dezember 1839.
30. Ebda., S. 128; Brief vom 4. Februar 1840.
31. Ebda., S. 131; Brief vom 25. Februar 1840.
32. Marcia Citron, a.a.O., S. 567; Brief vom 4. März 1840.
33. Sebastian Hensel, *Die Familie Mendelssohn*, a.a.O., Bd. II, S. 138–139; Brief vom 25. März 1840.

Ein Fest fürs Leben. Rom und die Académie de France

1. Sebastian Hensel, *Die Familie Mendelssohn*, a.a.O., Bd. II, S. 139–140; Reisetagebuch, 5. April 1840.
   Horace Vernet (1789–1861) malte Schlachtenszenen und orientalisch-nordafrikanische Genreszenen, war von 1829 bis 1835 Direktor der Villa Medici (Académie de France).
2. Sebastian Hensel, *Die Familie Mendelssohn*, a.a.O., Bd. II, S. 139–140.
3. Ebda., S. 142–143; Reisetagebuch.
4. *Tout dégénère entre les mains des hommes* = Unter den Händen der Männer entartet doch alles (Anm. d. Ü.).

5. Ebda., S. 146–147; Reisetagebuch.
6. Ebda., S. 156; Reisetagebuch, 3. Mai. *Je trouve cela colossal* = ironisch: »kolossal, kolossal!« (Anm. d. Ü.)
7. Ebda., S. 145; Reisetagebuch.
8. Charles Gounod: *Mémoires d'un artiste*, 3. Aufl., Paris 1886, S. 101–102. Charles Gounod (1818–1893) wurde als der Komponist betrachtet, der die »Renaissance« der französischen Musik eingeleitet hatte.
9. Sebastian Hensel, *Die Familie Mendelssohn*, a.a.O., Bd. II, S. 146; Reisetagebuch.
10. Ebda.; Reisetagebuch.
Georges (Ange) Bousquet (1818–1854), Komponist, Musikkritiker und Dirigent, erhielt 1838 den Großen Rompreis. (Vgl. I.B.N., einerseits, *Le Ménestrel*, 1875 [XLI], S. 324, andererseits. Charles Dugasseau (1812–1885), Schüler von Ingres, Landschafts- und Genremaler sowie Kunstsammler, wurde Konservator der Museen von Le Mans; zwischen 1835 und 1878 stellte er regelmäßig in Paris aus. Vgl. Michèle Bordier-Nikitine: *Charles Dugasseau*, in: *Revue historique et archéologique du Maine*, Bd. V, 1985, S. 300–329. Die Hensels hatten Mühe, die Ingres-Schule zu verstehen.
11. Sebastian Hensel, *Die Familie Mendelssohn*, a.a.O., Bd. II, S. 153; Brief an Rebecka.
12. Ebda., S. 149–150; Reisetagebuch, 23.–26. April.
13. Das Konzert d-Moll.
14. Sebastian Hensel, *Die Familie Mendelssohn*, a.a.O., Bd. II, S. 155; Reisetagebuch, 2. Mai.
15. Ebda., S. 158; Reisetagebuch, 8. Mai.
16. Ebda., S. 160; Reisetagebuch, 13. Mai. *»Beethoven est un polisson«* = Beethoven ist ein Lausejunge (Anm. d. Ü.).
17. Charles Gounod, a.a.O., S. 109–110.
18. Martin Cooper: *Charles Gounod*, in: *The New Grove Dictionary of Music and Musicians*, a.a.O., Bd. VII, S. 580–591.
19. Marcia Citron, a.a.O., S. 570; Brief vom 10. Mai.
20. Sebastian Hensel, *Die Familie Mendelssohn*, a.a.O., Bd. II, S. 161.
21. Susanna Grossman-Vendrey, a.a.O., S. 45–46.
22. Sebastian Hensel, *Die Familie Mendelssohn*, a.a.O., Bd. II, S. 166 ff.; Brief vom 20. Mai.
23. Ebda., S. 165–166; Reisetagebuch, 17. Mai.
24. Ebda., S. 162.
25. Ebda., S. 173–174; Reisetagebuch, 30. Mai. *»et pour finir ...«* = und zum Schluß ... (Anm. d. Ü.).
26. Ebda., S. 174 ff.; Reisetagebuch und Brief vom 31.
27. Nach Hans Naef muß das Bild, das Ingres Fanny zeigte, *La Stratonice* gewesen sein, das er in seiner Direktorenzeit malte. Vgl. Hans Naef: *Ingres, Fanny Hensel und eine unbekannte Zeichnung*, in: *Bulletin du Musée Ingres*, Nr. 36, Dezember 1974, S. 19–23. Ingres schenkte Fanny eine Zeichnung, auf der Santa Francesca Romana, eine Heilige vom Anfang des 15. Jahrhunderts, zu sehen ist. Diese ist inzwischen zur Schutzpatronin der Autofahrer aufgestiegen. (Die Zeichnung befindet sich heute im Mendelssohn-Archiv Berlin.)

Das Ende der Reise

1. Sebastian Hensel, *Die Familie Mendelssohn*, a.a.O., Bd. II, S. 183; Brief vom 9. Juni 1840.
2. 20. Mai.
3. Sebastian Hensel, *Die Familie Mendelssohn*, a.a.O., Bd. II, S. 180–181; Reisetagebuch.
4. Saint-Alban: *L'illustre Musicien Charles Gounod*, Paris o.J., S. 30.
5. Sebastian Hensel, *Die Familie Mendelssohn*, a.a.O., Bd. II, S. 184 ff.; Brief vom 9. Juni 1840.
6. Ebda., S. 191; Brief vom 9. Juni 1840.
7. Ebda., S. 188.
8. Pauline Viardot-Garcia (1821–1910), eine der größten Sängerinnen des 19. Jahrhunderts, Schwester von Maria Malibran; sie war die Freundin von Turgenjew und das Vorbild für George Sands *Consuelo*. Sie war eine ausgezeichnete Gesangslehrerin, außerdem komponierte sie. Eine der begabtesten Frauen ihrer Zeit.
9. Sebastian Hensel, *Die Familie Mendelssohn*, a.a.O., Bd. II, S. 189–190; Tagebuch, 8. Juni 1840.
10. Ebda., S. 195 ff.; Brief und Tagebuch.
11. Ebda., S. 212; Brief vom 11. Juni 1840.
12. Ebda., S. 213.
13. Ebda., S. 212.
14. Sebastian Hensel, *Lebensbild* ..., a.a.O., S. 26.
15. Sebastian Hensel, *Die Familie Mendelssohn*, a.a.O., Bd. II, S. 218 ff.; Briefe vom 10. und 14. August 1840.
16. Ebda., S. 222; Reisetagebuch, 16. August 1840.
17. Ebda., S. 224; Reisetagebuch, 20. August 1840.
18. Ebda., S. 224 f.; Brief und Tagebuch, 24. August 1840.
19. Karl August Varnhagen von Ense, *Tagebücher*, hrsg. von Ludmilla Assing, Bd. I, Leipzig 1861, S. 125; 2. Mai 1839.
20. Sebastian Hensel, *Die Familie Mendelssohn*, a.a.O., Bd. II, S. 228 ff.; Reisetagebuch.
21. Ebda., S. 230; Reisetagebuch, 25. August 1840.
22. Ebda., S. 232.
23. Ebda., S. 232; Reisetagebuch, Ende.

Felix und die Verlockung Berlin

1. Heinrich Heine: *Der neue Alexander*, in: *Sämtliche Werke*, a.a.O., Bd. II, S. 173 bis 175.
2. Karin Kiwus: Universität, in: Berlin zwischen 1789 und 1848 – Facetten einer Epoche, a.a.O., S. 374 ff.
3. Gert Mattenklott: *Junges Deutschland und Vormärz in Berlin*, in: *Berlin zwischen 1789 und 1848* ..., a.a.O., S. 141.
4. Johann Ludwig Tieck, vgl. Anm. 8, Kap. 7.

   Jacob Ludwig Carl Grimm (1785–1863) und sein Bruder Wilhelm Carl

Grimm (1786–1859), Begründer der modernen Germanistik, Herausgeber von Märchen und Sagen. Joseph von Eichendorff, vgl. Anm. 7, Kap. 7. Bettina von Arnim, geb. Brentano, vgl. Anm. 7, Kap. 7. Nachdem sie zwischen 1815 und 1831 ihre acht Kinder großgezogen hatte, begann Bettina von Arnim zu publizieren. Ihr Buch *Goethes Briefwechsel mit einem Kinde* (1835) war eine Sensation, genauso wie das mehr politisch engagierte Werk *Dies Buch gehört dem König* (1843). Bettina besaß vielfältige Talente, sie zeichnete gut, war musikalisch, und sie nutzte ihr Ansehen bei Hof, um sich schützend vor die Revolutionäre zu stellen.

5. Sebastian Hensel, *Die Familie Mendelssohn*, a.a.O., Bd. II, S. 237. Peter Cornelius (1783–1867), Historienmaler, ehem. Nazarener. Von 1825–18 41 Direktor der Münchner Kunstakademie, kam auf Bitten Friedrich Wilhelms IV. nach Berlin, um die Ausführung der Fresken in der Eingangshalle des Alten Museums zu leiten. Danach arbeitete er lange an den Projekten des Königs: Fresken für einen Dom und ein Grabmal, Werke, die nie zur Ausführung kamen ... Vgl. Cécile Lowenthal-Hensel, *Preußische Bildnisse* ..., a.a.O., S. 34.
6. Philipp August Boeckh (1785–1867), seit Jahren Vertrauter der Mendelssohns, Altphilologe, von der Gründung an Professor an der Berliner Universität.
7. Sebastian Hensel, *Die Familie Mendelssohn*, a.a.O., Bd. II, S. 267.
8. Karl August Varnhagen von Ense, *Tagebücher*, a.a.O., Bd. II, 1861, S. 355; Sonntag, den 31. August 1844.

1840–1844

1. Ernst Raupach (1784–1852) lebte von 1804 bis 1822 in Rußland und war ab 1816 Professor für Deutsche Literatur und für Geschichte in Sankt Petersburg. Seit 1824 in Berlin, wurde er zu einem der meistgelesenen Schriftsteller seiner Zeit.
2. Sebastian Hensel, *Die Familie Mendelssohn*, a.a.O., Bd. II, S. 297; Brief vom 5. Dezember 1840.
3. Mendelssohn-Archiv Berlin, MAMs 47: »Das Jahr. 12 Charakterstücke für das Forte-Piano«. Erstmals herausgegeben vom Verlag Furore (Fue 138).
4. Marcia Citron, a.a.O., S. 574; Brief vom 28. September 1840.
5. Ebda., S. 578 und 303.
6. Paul Heyse: *Jugenderinnerungen und Bekenntnisse*, 5. Aufl., Stuttgart und Berlin 1912, S. 42–43.
7. Henrik Steffens (1773–1845), norwegischer Naturforscher, Philosoph und Dichter, lebte seit 1832 in Berlin.
8. Varnhagen von Ense, *Tagebücher*, a.a.O., Bd. I, S. 386.
9. Sebastian Hensel, *Die Familie Mendelssohn*, a.a.O., Bd. II, S. 257.
10. Bellinis Hauptwerk
11. Marcia Citron, a.a.O., S. 583; Brief vom 13. Juli 1841.
12. Sebastian Hensel, *Lebensbild* ..., a.a.O., S. 14 ff.
13. Ebda., S. 15.
14. Ebda., S. 17.
15. Ebda., S. 27.

16. Sebastian Hensel, *Die Familie Mendelssohn*, a.a.O., Bd. II, S. 275.
17. Marcia Citron, a.a.O., S. 584; Brief vom 5. Dezember 1842.
18. Sebastian Hensel, *Die Familie Mendelssohn*, a.a.O., Bd. III, S. 1 und 2. »Le mien est grossier, le tien est simple«: »Der meinige ist grob, der deine einfach« (Anm. d. Ü.)
19. Marcia Citron, a.a.O., S. 599; Brief vom 4. März 1845.
20. Robert Schumann: *Tagebücher*, hrsg. von Gerd Nauhaus, Leipzig 1987, Bd. II, 1836–1854, S. 266, Juni 1843.
21. Otto Nicolai (1810–1849), Dirigent und Komponist. Seine bekannteste Oper: *Die lustigen Weiber von Windsor*. Er begründete die Konzerte der Wiener Philharmoniker.
22. Sebastian Hensel, *Die Familie Mendelssohn*, a.a.O., Bd. III, S. 3.
23. Mendelssohn-Archiv Berlin, MAMs 48, 16 Seiten; hrsg. im Furore Verlag, fue 146.
24. Victoria Sirota, a.a.O., S. 114; zitiert bei Michaelis: *Frauen als schaffende Tonkünstler*, o.O., 1888, S. 16.
25. Eva Weissweiler, *Ein Porträt* ..., a.a.O., S. 154; Brief vom 24. November 1843.
26. Cécile Lowenthal-Hensel, *Wilhelm Hensel in England*, a.a.O., S. 208.
27. Ebda., S. 212.
28. Sebastian Hensel, *Die Familie Mendelssohn*, a.a.O., Bd. III, S. 12.
    Johann Lukas Schönlein (1793–1864), seit 1840 Professor für Klinische Medizin in Berlin und Leibarzt Friedrich Wilhelms IV. Begründer der sogenannten Naturhistorischen Schule. Vgl. Ilse Rabien: *Arnold und Wilhelm Mendelssohn*, in: *Mendelssohn-Studien*, a.a.O., Bd. VII, 1990, S. 299.
29. Sebastian Hensel, Die Familie Mendelssohn, a.a.O., Bd. III, S. 8; Brief vom 15. Juli 1843.
30. Ebda., S. 12, Brief vom 27. Juli 1843. Die beiden Schwestern könnten sich durchaus auf jene Passage aus *Consuelo* beziehen, wo Porporina, nachdem sie nachts den »schönen Gemüsegarten« des Kanonikus bewundert hat, am Morgen seine Beete mit seltenen Blumen betrachtet und »nach der Beziehung zwischen Musik und Blumen sucht ... Schon lange schien die Harmonie der Töne ihr in bestimmter Weise der Harmonie der Farben zu entsprechen ...« Vgl. George Sand: *Consuelo,* hrsg. von S. Vierne und R. Bourgeois, Grenoble 1991, Bd. II, S. 115 und S. 132. Ein Verweis auf einen wesentlich weniger anziehenden Gemüsegarten, als der des musiknärrischen Kanonikus es ist, findet sich im III. Band von Consuelo in einem Plaudermonolog des Matteus. (Ebda., Bd. III, S. 247).
31. Sebastian Hensel, *Die Familie Mendelssohn*, a.a.O., Bd. III, S. 21; Brief vom 19. August 1843.
32. Ebda., S. 49; Brief an Rebecka vom 18. Oktober 1843. Joseph Joachim (1831–1907), einer der berühmtesten Geiger des 19. Jahrhunderts, gründete 1869 ein Streichquartett und besorgte die Uraufführung der Sonaten von Brahms, mit dem er viel musizierte.
33. Ebda., S. 50 ff.
34. Ebda., S. 72; Brief an Rebecka vom 31. Oktober 1843.
35. Ebda., S. 87; Brief an Rebecka vom 5. Dezember 1843.
36. Ebda., S. 114; Brief an Rebecka vom 30. Januar 1844.

37. Ebda., S. 123.
38. Oder vielleicht Sophie Löwe (1815 bis nach 1860), Sopran an der Berliner Oper seit 1836; sang auch Oratorien.
39. Sebastian Hensel, *Die Familie Mendelssohn*, a.a.O., Bd. III, S. 122.
40. Ebda., S. 128.
41. Fanny Lewald, a.a.O., S. 147 ff. Christian Friedrich Tieck (1776–1851), Bildhauer, Bruder des Schriftstellers; beeinflußt von der Jenaer Romantik (1801). Im Jahre 1839 war er Stellvertretender Direktor der Akademie der Künste. Karl Wilhelm Wach (1790–1845), Maler, hatte sein Atelier in der Klosterstraße neben dem des Bildhauers Christian Daniel Rauch (1777 bis 1857) und dem von Friedrich Tieck. War seit 1840 ebenfalls Stellvertretender Direktor der Kunstakademie.
Friedrich von Raumer (1781–1873), Historiker, von 1819 bis 1869 in Berlin Professer für Politische Wissenschaften und Geschichte. Radziwill – die Geschichte dieser großen litauischen Fürstenfamilie ist eng mit der Kulturgeschichte Berlins verflochten. Fürst Anton Heinrich von Radziwill (1775 bis 1833), ein hervorragender Musiker, komponierte eine Musik zu Faust, die 1835 mit sensationellem Erfolg in Berlin aufgeführt wurde. Wie seine Tochter Elisa (1803–1834) wirkte er bei Lalla Rookh mit, den »Lebenden Bildern«, die Wilhelm Hensels Karriere förderten. 1837 bildeten seine Schwiegertöchter Mathilde (verheiratet mit Prinz Wilhelm) und Leontine zusammen mit Marianne Saaling und Luise Hensel einen Verein der Frauen von St. Hedwig zur Betreuung der katholischen Waisenkinder, der sich vor allem deswegen als notwendig erwies, weil viele Menschen durch die Choleraepidemie umgekommen waren, darunter auch die Eltern jener Kinder. Fürstin Leontine und ihr Mann, Fürst Boguslaw, pflegten die traditionelle Gastfreundschaft der Radziwills in besonderem Maße. Vgl. Cécile Lowenthal-Hensel, *Preußische Bildnisse* ..., a.a.O., S. 59 ff. und S. 155.
42. Sebastian Hensel, *Die Familie Mendelssohn*, a.a.O., Bd. III, S. 129.
43. Ebda., S. 131.
44. Ebda., S. 168; Brief vom 19. Juni.
45. Ebda., S. 139; Brief vom 30. April.
46. Ebda., S. 163; Brief vom 5. Juni.

Rebecka und Arnold: zwei Mendelssohns im Vormärz

1. Sebastian Hensel, Die Familie Mendelssohn, a.a.O., Bd. III, S. 121; Brief vom 2. März 1844.
2. Ebda., S. 194; Brief an Cécile vom 19. November.
3. Ebda., S. 192; Tagebuch.
4. Ebda., S. 197;
5. Ebda., S. 198;
6. Sebastian Hensel, *Lebensbild* ..., a.a.O., S. 46 und S. 134.
7. Sebastian Hensel, *Die Familie Mendelssohn*, a.a.O., Bd. III, S. 214.
8. Ebda., S. 213.
9. Ingeborg Drewitz: *Berliner Salons*, Berlin 1979, S. 97.

10. Laut Rebeckas Urgroßnichte Dr. Cécile Lowenthal-Hensel, der Bewahrerin der Familiengeheimnisse. Vgl. *Preußische Bildnisse* ..., a.a.O., S. 75.
11. Sebastian Hensel, *Die Familie Mendelssohn*, a.a.O., Bd. III, S. 215–216.
12. Ebda., S. 227 ff.
13. Karl August Varnhagen von Ense, *Tagebücher*, a.a.O., Bd. III, S. 127; 18. Juli 1845.
14. Sebastian Hensel, *Die Familie Mendelssohn*, a.a.O., Bd. III, S. 150; Brief an Rebecka vom 18. Mai 1844.
15. Ebda., S. 190; Brief an Rebecka vom 4. September 1844.
16. Vgl. in Kap. 3 dieses Buchs den Brief von Lea aus jenem Jahr.
17. Ilse Rabien: *Die Mendelssohns in Bad Reinerz – Zur Familie Nathan Mendelssohn*, in: *Mendelssohn-Studien*, a.a.O., Bd. VII, 1990, S. 153.
18. Ferdinand Lassalle (1825–1864), stark von Hegel beeinflußter deutscher Sozialist. Als Rechtsanwalt kümmerte er sich zwischen 1846 und 1851 um die Verteidigung der Gräfin Hatzfeld. Trat in Verbindung zu Proudhon und Marx, war 1848 und 1849 im Gefängnis. Verfechter der deutschen Einheit und sozialistischer Ideen, die ihm weitere Gefängnisjahre einbrachten. Knüpfte an Ricardos Gesetz des notwendigen Lohns an, um seine Theorie des »ehernen Lohngesetzes« zu formulieren, derzufolge die Produktionskosten den Lohn des Arbeiters auf das Existenzminimum für ihn und seine Familie herunterdrücken.
19. Paul Heyse, a.a.O., S. 45.
20. Arnold Mendelssohn war Schüler von Johannes Peter Müller (1801–1858). Dieser widersetzte sich dem historischen Naturalismus Schönleins und gilt seither als Begründer der modernen Physiologie.
21. Karl August Varnhagen von Ense, *Tagebücher*, a.a.O., Bd. III, S. 438; 11. September 1846.
22. Robert Schumann: *Erinnerungen an Felix Mendelssohn Bartholdy, Nachgelassene Aufzeichnungen*, Zwickau 1948, S. 55.
23. Felix Gilbert, a.a.O., S. 156–157; Brief Arnold Mendelssohns aus dem Gefängnis an seinen Vater Nathan vom 22. April 1849.
24. Ilse Rabien: *Arnold und Wilhelm Mendelssohn – Zur Biographie zweier bemerkenswerter Brüder*, in: *Mendelssohn-Studien*, a.a.O., Bd. VII, 1990, S. 296–321.
25. Felix Gilbert, a.a.O., S. 145; Brief von Wilhelm Hensel an seine Schwester Luise Hensel vom 28. Mai 1847.

Die ersten Veröffentlichungen

1. Marcia Citron, a.a.O., S. 612; Brief vom 9. Juli 1846.
2. Michael Cullen, a.a.O., S. 53–54.
3. Sebastian Hensel, *Die Familie Mendelssohn*, a.a.O., Bd. III, S. 233.
4. Günter Richter: Artikel »Keudell«, in: *Neue Deutsche Biographie*, a.a.O., Bd. XI, S. 560–561.
5. Robert von Keudell: *Fürst und Fürstin Bismarck, Erinnerungen aus den Jahren 1846 bis 1872*, Berlin und Stuttgart 1901, S. 63.
6. Ebda.
7. Marcia Citron, a.a.O., S. 610; Brief vom 22. Juni 1846.

8. Ebda., S. 611; Brief vom 9. Juli 1846. *femme libre* = emanzipierte Frau, die sich über vieles hinwegsetzt (Anm. d. Ü.)
9. Sebastian Hensel, *Die Familie Mendelssohn*, a.a.O., Bd. III, S. 234–235.
10. Ebda., S. 234.
11. Marcia Citron, a.a.O., S. 356, undatiert.
12. Eigenhändige Abschrift Fannys, heute in der Bodleian Library Oxford, MS Margaret Denecke Mendelssohn c.21, fol. 133, datiert vom 18. August 1838.
13. Marcia Citron, a.a.O., S. 613; nicht datierter Brief, wahrscheinlich von Ende August 1846.
14. Josephine Lang (1815–1880), Sopran, komponierte Lieder.
15. Ebda., S. 583; Brief vom 13. Juli 1841.
16. Sebastian Hensel, *Die Familie Mendelssohn*, a.a.O., Bd. III, S. 244–245.
17. Berthold Litzmann: *Clara Schumann, ein Künstlerleben, nach Tagebüchern und Briefen*, 3 Bände, 7. Aufl., Leipzig 1920, Bd. II, S. 161. Clara Wieck (1819 bis 1896) war ebenfalls ein Wunderkind. Ihr Vater, der ihr Klavierlehrer war, sperrte sich so hartnäckig gegen ihre Heirat mit Robert Schumann, daß Clara und Robert die Gerichte anrufen mußten. Nach der Heirat 1840 bekam Clara sechs Kinder. Ihr Mann starb 1856, worauf ihre eigentliche Karriere als gefeierte Pianistin und Pädagogin begann.
18. Marcia Citron, a.a.O., S. 608; 11. April 1846.
19. Marcia Citron, a.a.O., S. 498; Brief vom 8. April 1835.
20. Sebastian Hensel, *Lebensbild* ..., a.a.O., S. 57–58.
    Henriette Sonntag (1806–1854) sang ab 1825 in Webers Opern *Freischütz* und *Euryanthe*. Von Friedrich Wilhelm III. 1830 geadelt, zog sie sich als Gräfin Rossi von der Bühne zurück, gab aber bis 1849 Konzerte. Vgl. Klaus Siebenhaar, a.a.O., S. 458.
21. Eva Weissweiler, *Fanny Mendelssohn, Italienisches Tagebuch*, a.a.O., S. 11.
22. Sebastian Hensel, *Die Familie Mendelssohn*, a.a.O., Bd. III, S. 245.
23. Ebda., S. 246.
24. *Neue Zeitschrift für Musik*, Leipzig 1847, XXVI/4, S. 14.
25. *Neue Zeitschrift für Musik*, Leipzig 1847, XXVI/10, S. 38.
26. *Neue Zeitschrift für Musik*, Leipzig 1847, XXVI/22, S. 89.
27. Dr. Emmanuel Klitzsch, *Neue Zeitschrift für Musik*, Leipzig 1847, XXVI/40, S. 169.
28. Sebastian Hensel, *Die Familie Mendelssohn*, a.a.O., Bd. III, S. 246.
29. Felix Mendelssohn Bartholdy, Briefwechsel mit Legationsrat Karl Klingemann, a.a.O., S. 329; Brief vom 3. Juni 1847.
30. Eduard Devrient, a.a.O., S. 281.
31. Felix Gilbert, a.a.O., S. 144; Brief von Hinni Mendelssohn vom 21. Mai 1847.
32. Sebastian Hensel, *Lebensbild* ..., a.a.O., S. 104.
33. Felix Gilbert, a.a.O., S. 144.
34. Sebastian Hensel, *Die Familie Mendelssohn*, a.a.O., Bd. III, S. 247.
35. Cécile Lowenthal-Hensel, *Preußische Bildnisse* ..., a.a.O., S. 20.
36. Eduard Devrient, a.a.O., S. 282.
37. Ebda., S. 284 ff.
38. Ebda., S. 286.

Schluss: Der zerstörte Kreis

1. Cécile Lowenthal-Hensel, *Preußische Bildnisse* ..., a.a.O., S. 30–31.
2. Ebda., S. 19–20.
3. Michael Cullen, a.a.O., S. 70 ff.
4. Sebastian Hensel, *Lebensbild* ..., a.a.O., S. 198.
5. Gisela Gantzel-Kress, in: *Mendelssohn-Studien,* a.a.O., Bd. VI, 1986, S. 175.
6. *Juden in Preußen,* a.a.O., S. 276.
7. Ilse Rabien, *Arnold und Wilhelm Mendelssohn,* a.a.O., S. 295–296.
8. Sebastian Hensel, *Die Familie Mendelssohn,* a.a.O., Bd. II, S. 198.
9. Ebda., a.a.O., Bd. III, S. 247.
10. Cécile Lowenthal-Hensel, *Preußische Bildnisse* ..., a.a.O., S. 18.

Literaturhinweise

Altmann, Alexander: *Moses Mendelssohn, Bibliographical Study,* London 1973.

Anstett, Jean-Jacques: *Henriette Mendelssohn,* in: *Aspects de la civilisation germanique,* Travaux XII, Saint-Etienne, (Centre interdisciplinaire d'étude et de recherche sur l'expression contemporaine), 1975.

Arendt, Hannah: *Rahel Varnhagen. Lebensgeschichte einer deutschen Jüdin aus der Romantik,* München 1959, 9. Aufl.; 1992.

Attali, Jacques: *Sir Sigmund Warburg (1902–1982) – un homme d'influence,* Paris 1985.

Austen, Jane: *Pride and Prejudice* (1813), London 1981.

Austen, Jane: *Persuasion* (1818), London 1985.

Badinter, Elisabeth: *L'un est l'autre,* Paris 1986 (dt.: *Ich bin du,* München 1991).

Badinter, Robert: *Libres et égaux ... L'émancipation des Juifs sous la Révolution française (1789–1791),* Paris 1989.

Beaumarchais, Pierre Augustin Caron: *Le Mariage de Figaro,* Paris 1966 (zitierte dt. Ausg.: Beaumarchais: *Die Hochzeit des Figaro,* übers. von Gerda Scheffel, Frankfurt a.M. 1981).

Beaussant, Philippe: *Les inventions italiennes du génie baroque,* in: *Histoire de la musique occidentale,* hrsg. von Brigitte und Jean Massin, Paris 1985, S. 395–421.

Benjamin, Phyllis: *Quellen zur Biographie von Fanny Hensel: IV. A Diary-Album for Fanny Mendelssohn Bartholdy,* in: *Mendelssohn-Studien. Beiträge zur neueren deutschen Kultur- und Wirtschaftsgeschichte,* Berlin Bd. VII, 1990, S. 179–217.

Berlioz, Hector: *Mémoires* (Bd. I, 1870), Paris 1969.

Bordier-Nikitine, Michèle: *Charles Dugasseau,* in: *Revue historique et archéologique du Maine,* Bd. V, 1985, S. 300–329.

Boyd, Alexander: *Some unpublished letters of Abraham Mendelssohn and Fanny Hensel,* in: *Mendelssohn-Studien,* Bd. III, 1979, S. 9–50.

Chiti, Patricia Adkins: *Donne in Musica,* Rom 1982.

Citron, Marcia: *The Letters of Fanny Hensel to Felix Mendelssohn,* New York 1987.

Cooper, Martin: *Charles Gounod,* in: *The New Grove Dictionary of Music and Musicians,* hrsg. von Stanley Sadie, London 1980, Bd. VII, S. 580–591.

Cullen, Michael: *Leipziger Straße* 3 – Eine Baubiographie, in: *Mendelssohn-Studien,* Bd. V, 1982, S. 9–77.

Devrient, Eduard: *Meine Erinnerungen an Felix Mendelssohn Bartholdy und seine Briefe an mich,* Leipzig 1869.

DEVRIENT, Therese: *Jugenderinnerungen*, herausgegeben von H. Devrient, Stuttgart 1905.
DREWITZ, Ingeborg: *Berliner Salons*, Berlin 1979.

ELVERS, Rudolf: *Verzeichnis der Musikautographen von Fanny Hensel im Mendelssohn-Archiv zu Berlin*, in: *Mendelssohn-Studien*, Bd. I, 1972, S. 169–174.
ELVERS, Rudolf: *Felix Mendelssohn Bartholdy, Briefe*, Frankfurt A. M. 1979.
ELVERS, Rudolf: *Über das »Berlinische Zwitterwesen«*, in: *Die Mendelssohns in Berlin. Eine Familie und ihre Stadt*, Ausstellungskatalog Nr. 20, Berlin, Staatsbibliothek Preußischer Kulturbesitz, 1983.

FROTCHER, Gotthold: *Die Ästhetik des Berliner Liedes in ihren Hauptproblemen*, in: *Zeitschrift für Musikwissenschaft*, Bd. VI, 1923–1924, S. 431–448.

GANTZEL-KRESS, Gisela: *Noblesse oblige – Ein Beitrag zur Nobilitierung der Mendelssohns*, in: *Mendelssohn-Studien*, Bd. VI, 1986, S. 163–181.
GECK, Martin: *Die Wiederentdeckung der Matthäuspassion im 19. Jahrhundert. Die zeitgenössischen Dokumente und ihre ideengeschichtliche Deutung*, Studien zur Musikgeschichte des 19. Jahrhunderts, Band IX, Regensburg 1967.
GECK, Martin: *Zelter*, in: *Die Musik in Geschichte und Gegenwart*, hrsg. von F. Blume, Kassel und Basel 1949–1967, Bd. XIV, Sp. 1208–1215.
GILBERT, Felix: *Bankiers, Künstler und Gelehrte. Unveröffentlichte Briefe der Familie Mendelssohn aus dem 19. Jahrhundert*, Schriftenreihe wissenschaftlicher Abhandlungen des Leo-Baeck-Instituts 31, Tübingen 1975.
GOETHE, Johann Wolfgang von: *Briefwechsel zwischen Goethe und Zelter in den Jahren* 1796 *bis* 1832, hrsg. von Friedrich Riemer, 6 Bände, Berlin 1833–1834.
GOUNOD, Charles: *Mémoires d'un artiste*, 3. Aufl., Paris 1886.
GROSSMANN-VENDREY, Susanna: *Felix Mendelssohn Bartholdy und die Musik der Vergangenheit, Studien zur Musikgeschichte des 19. Jahrhunderts*, Bd. XVII, Regensburg 1969.

HALL, Catherine: *Sweet Home*, in: *Histoire de la Vie privée*, eingel. von Michèle Perrot, hrsg. von G. Duby und P. Ariès, Paris 1985, Bd. IV, S. 52–87.
HECKER, Manfred: *Die Luisenstadt – ein Beispiel der liberalistischen Stadtplanung und baulichen Entwicklung Berlins zu Beginn des 19. Jahrhunderts*, in: *Berlin zwischen 1789 und 1848 – Facetten einer Epoche*, Ausstellungskatalog der Akademie der Künste 132, Berlin 1981, S. 123 ff.
HEINE, Heinrich: *Atta Troll*, hrsg. von Ernst Elster, Leipzig und Wien, Bibliographisches Institut, Bd. II.
HENSEL, Sebastian: *Die Familie Mendelssohn 1729–1847, nach Briefen und Tagebüchern*, 1. Aufl., Berlin 1879.
HENSEL, Sebastian: *Ein Lebensbild aus Deutschlands Lehrjahren*, Vorw. Prof. Paul Hensel, Berlin 1911.
HERISSAY, Jacques. *Le Monde des théâtres pendant la Révolution, 1789–1800. D'après des documents inédits*, Paris 1922.
HERTLING, Nele: *Die Singakademie im musikalischen Leben Berlins 1791–1851*, in: *Berlin zwischen 1789 und 1848 – Facetten einer Epoche*, Berlin 1981, S. 243–265.

HEYSE, Paul: *Jugenderinnerungen und Bekenntnisse*, 5. Aufl., Stuttgart und Berlin 1912.

HILLER, Ferdinand: *Felix Mendelssohn Bartholdy, Briefe und Erinnerungen*, Köln 1874.

HONIGMANN, Peter: *Der Einfluß von Moses Mendelssohn auf die Erziehung der Brüder Humboldt*, in: *Mendelssohn-Studien*, Bd. VII, 1990, S. 39–76.

HOOCK-DEMARLE, Marie-Claire: *La Rage d'écrire. Femmes-écrivains en Allemagne de 1790 à 1815*, Aix-en-Provence 1990.

HORSLEY, Fanny and Sophie: *Mendelssohn and his friends in Kensington*, London 1934.

KAHL, Willi: *Ludwig Berger*, in: *Die Musik in Geschichte und Gegenwart*, Bd. I, Sp. 1692.

KEUDELL, Robert von: *Fürst und Fürstin Bismarck – Erinnerungen aus den Jahren 1846 bis 1872*, Berlin und Stuttgart 1901.

KIRSCHNER, Gottlob: *Dirichlet*, in: *Neue Deutsche Biographie*, Bd. III, S. 749–750.

KIWUS, Karin: *Universität*, in: *Berlin zwischen 1789 und 1848 – Facetten einer Epoche*, Berlin 1981, S. 353–376.

KNIBIEHLER, Yvonne: *Corps et cœurs*, in: *Histoire des Femmes en Occident, Le XIXe siècle*, Bd. IV, hrsg. von Geneviève Fraisse und Michèle Perrot, Paris, Plon, 1991, S. 351–387.

KNOBLOCH, Heinz: *Berliner Grabsteine*, Berlin 1987.

KÖHLER, Karl-Heinz: *Felix Mendelssohn Bartholdy*, in: *The New Grove Dictionary of Music and Musicians*, Bd. XII.

KUNDERA, Milan: *L'Immortalité*, Paris 1990 (dt.: *Die Unsterblichkeit*, München 1990).

KUPFERBERG, Herbert: *Die Mendelssohns*, Tübingen 1977.

LAMBOUR, Christian: *Quellen zur Biographie von Fanny Hensel, geb. Mendelssohn Bartholdy*, in: *Mendelssohn-Studien*, Bd. VI, 1986, S. 49–105.

LAMBOUR, Christian: *Ein Schweizer Reisebrief aus dem Jahr 1822 von Lea und Fanny Mendelssohn Bartholdy an Henriette Mendelssohn, geb. Meyer*, in: *Mendelssohn-Studien*, Bd. VII, 1990, S. 171–178.

LEMOINE-LUCCIONI, Eugénie: *Partage des femmes*, Paris 1976.

LESSING, Gotthold Ephraim: *Nathan der Weise* (1778, Erstaufführung Weimar 1801, Bearbeitung von Schiller), Stuttgart 1982, S. 71 ff.

LEWALD, Fanny: *Meine Lebensgeschichte*, 3 Bände, 2. Aufl., Berlin 1871.

LITZMANN, Berthold: *Clara Schumann, ein Künstlerleben. Nach Tagebüchern und Briefen*, 3 Bde., 7. Aufl., Leipzig 1920.

LOWENTHAL-HENSEL, Cécile: *F in Dur und F in Moll*, in: *Berlin in Dur und Moll*, Berlin 1970.

LOWENTHAL-HENSEL, Cécile: *Wilhelm Hensel in England*, in: *Mendelssohn-Studien*, Bd. II, 1975, S. 203–213.

LOWENTHAL-HENSEL, Cécile: *Wilhelm Hensels »Lebenslauf« von 1829*, in: *Mendelssohn-Studien*, Bd. III, 1979, S. 175–179; *Theodor Fontane über Wilhelm Hensel*, ebda., S. 181–199.

LOWENTHAL-HENSEL, Cécile: *Preußische Bildnisse des 19. Jahrhunderts, Zeichnungen von Wilhelm Hensel*, Ausstellungskatalog, Staatliche Museen Preußischer Kulturbesitz, Berlin 1981.

LOWENTHAL-HENSEL, Cécile: *19th Century Society Portraits. Drawings by Wilhelm Hensel*, Katalog, Berlin, Goethe-Institut London, 1986.
LOWENTHAL-HENSEL, Cécile: *Neues zur Leipziger Straße* 3, in: *Mendelssohn-Studien*, Bd. VII, 1990, S. 141–151.

MACDONALD, Hugh: *Marie Bigot*, in: *The New Grove Dictionary of Music and Musicians*, Bd. II, S. 701.
MAHLING, Christoph Helmut: *Zum »Musikbetrieb« Berlins und zu seinen Institutionen in der ersten Hälfte des 19. Jahrhunderts, Studien zur Musikgeschichte Berlins im frühen 19. Jahrhundert*, hrsg. von Carl Dahlhaus, Bd. 56, Regensburg 1980.
MANN, Thomas: *Goethe und Tolstoi*, Essay (1921), in: *Th. Mann: Essays*, hrsg. von H. Kurzke, Bd. II, Frankfurt 1993.
MARX, Adolf Bernhard: *Erinnerungen aus meinem Leben*, 2 Bde., Berlin 1859.
MATTENKLOTT, Gert: *Junges Deutschland und Vormärz in Berlin*, in: *Berlin zwischen 1789 und 1848 – Facetten einer Epoche*, Berlin 1981, S. 139–146.
MEIER, Jean-Paul: *L'Esthétique de Moses Mendelssohn, 1729–1789*, Paris-Lille 1978.
MENDELSSOHN, Felix: *Paphleis – Ein Spott-Heldengedicht*, Jahresgabe der Internationalen Felix-Mendelssohn-Gesellschaft, Basel 1961.
MENDELSSOHN BARTHOLDY, Felix: *Briefe aus den Jahren 1833 bis 1847*, hrsg. von Paul Mendelssohn-Bartholdy und Carl Mendelssohn Bartholdy, 6. Aufl., Leipzig 1875.
MENDELSSOHN BARTHOLDY, Felix: *Reisebriefe aus den Jahren 1830 bis 1832*, hrsg. von P. Mendelssohn-Bartholdy, 9. Aufl., Leipzig 1882.
MENDELSSOHN BARTHOLDY, Felix: *Briefwechsel mit Legationsrat Karl Klingemann*, hrsg. von K. Klingemann, Essen 1909.
MENDELSSOHN BARTHOLDY, Karl: *Goethe and Mendelssohn*, 2. Aufl., übers. v. M. E. von Glehn, London 1974.
MEYERBEER, Giacomo: *Briefwechsel und Tagebücher*, hrsg. von Heinz und Gudrun Becker, Berlin 1960.
MÖHRMANN, Renate: *Fanny Lewald*, in: *Neue Deutsche Biographie*, Bd. XIX, S. 409 bis 410.
MONTGOMERY-SILFVERSTOLPE, Malla: *Das romantische Deutschland – Reisejournal einer Schwedin (*1825–1826), Leipzig 1912.

NAEF, Hans: *Ingres, Fanny Hensel et un dessin inédit*, in: *Bulletin du Musée Ingres*, Nr. 36, 1974, S. 19–24.
NITSCHE, Peter: *Die Liedertafel im System der Zelterschen Gründungen, Studien zur Musikgeschichte Berlins im frühen 19. Jahrhundert*, Bd. 56, Regensburg 1980.

PFANNKUCH, Wilhelm: *Spontini*, in: *Die Musik in Geschichte und Gegenwart*, Sp. 1078–1090.
POLKO, Elise: *Reminiscences of Felix Mendelssohn-Bartholdy*, übers. von Lady Wallace, New York 1869.
PULVERMACHER, Gunter: *Biedermeier*, in: *The New Grove Dictionary of Music and Musicians*, Bd. II, S. 695–697.
RABIEN, Ilse: *Arnold und Wilhelm Mendelssohn – Zur Biographie zweier bemerkenswerter Brüder*, in: *Mendelssohn-Studien*, Bd. VII, 1990, S. 295–328.

RABIEN, Ilse: *Die Mendelssohns in Bad Reinerz – Zur Familie Nathan Mendelssohns*, in: *Mendelssohn-Studien*, Bd. VII, 1990.
RICHTER, Günter: *Keudell*, in: *Neue Deutsche Biographie*, S 560–561.
ROTH, Cecil: *A Short History of the Jewish People*, verb. Ausg., Oxford 1943.

SAINT-ALBAN: *L'illustre Musicien Charles Gounod*, Paris o. J.
SAND, George: *Consuelo*, hrsg. von Simone Vierne und René Bourgeois, 3 Bände, Grenoble 1991.
SCHEPER, Dirk: *Schauspielhaus*, in: *Berlin zwischen 1789 und 1848 – Facetten einer Epoche*, Berlin 1981, S. 273–300.
SCHNEIDER, Theodor: *Johann Gustav Droysen*, in: *Neue Deutsche Biographie*, Bd. IV, S. 135–137.
SCHÜNEMANN, Georg: *Die Bachpflege der Berliner Singakademie*, in: *Bachjahrbuch*, Bd. XXV (1928), S. 138–171.
SCHUMANN, Robert: *Erinnerungen an Felix Mendelssohn Bartholdy. Nachgelassene Aufzeichnungen*, Zwickau 1948.
SCHUMANN, Robert: *Tagebücher*, hrsg. von Gerd Nauhaus, Leipzig 1987.
SIROTA, Victoria: *The Life and Works of Fanny Mendelssohn-Hensel*, Diss. (unveröffentlicht), Boston University 1981.
SIEBENHAAR, Klaus: *Biographien*, in: *Berlin zwischen 1789 und 1848 – Facetten einer Epoche*, Berlin 1981, S. 431–462.
STERN, Carola: *Ich möchte mir Flügel wünschen – das Leben der Dorothea Schlegel*, Reinbek 1990.
SUTERMEISTER, Peter: *Felix Mendelssohn Bartholdy. Eine Reise durch Deutschland, Italien und die Schweiz*, 2. Aufl., Tübingen 1979.

TREUE, Wilhelm: *Das Bankhaus Mendelssohn als Beispiel einer Privatbank im 19. und 20. Jahrhundert*, in: *Mendelssohn-Studien*, Bd. I, 1972, S. 29–80.

VARNHAGEN VON ENSE, Karl August: *Denkwürdigkeiten und Vermischte Schriften*, Leipzig 1840, Bd. VII; Bd. IX, hrsg. von seiner Nichte Ludmilla Assing, 1859.
VARNHAGEN VON ENSE, Karl August: *Tagebücher*, hrsg. von seiner Nichte Ludmilla Assing, 7 Bde., Leipzig 1861–1862.
VIGNAL, Marc: *Les nouveaux courants musicaux de 1750 à 1780*, in: *Histoire de la Musique occidentale*, 1985, S. 564–584.

WEISSMANN, Adolf: *Berlin als Musikstadt. Geschichte der Oper und des Konzerts von 1740 bis 1911*, Berlin und Leipzig 1911.
WEISSWEILER, Eva: *Fanny Mendelssohn, Italienisches Tagebuch*, Darmstadt 1985.
WEISSWEILER, Eva: *Fanny Mendelssohn – Ein Porträt in Briefen*, Frankfurt, Berlin und Wien 1985.
WERNER, Eric: *Mendelssohn – Leben und Werk in neuer Sicht*, Zürich und Freiburg i. Br. 1980.
WILHELMY, Petra: *Der Berliner Salon im 19. Jahrhundert (1780–1914)*, Berlin und New York 1989.
WOOLF, Virginia: *A Room of One's Own*. Essay 1929 (dt.: *Ein eigenes Zimmer*, Leipzig 1992).

Verzeichnis der gedruckten Werke von Fanny Mendelssohn Bartholdy

Nicht alle der angeführten Titel sind noch lieferbar. Die vergriffenen, nicht mehr aufgelegten Werke können jedoch in Bibliotheken ausgeliehen werden, weshalb sie hier ebenfalls genannt werden. Wir danken der Internationalen Komponistinnen-Bibliothek in Unna, aus deren Katalog die meisten Titel dieses Verzeichnisses und der Diskographie entnommen wurden (*Komponistinnen. Eine Bestandsaufnahme*, hrsg. von A. Olivier, 2. Aufl., Wuppertal 1994). Die Notendrucke erschienen unter Fannys späterem Familiennamen Hensel.

A. Instrumentalmusik

Kammermusikwerke

Adagio für Violine und Klavier, hrsg. von Rosario Marciano
Furore, Kassel 1989

Klavierquartett As-Dur, hrsg. von Renate Eggebrecht-Kupsa
Furore, Kassel 1990

Klaviertrio d-moll op. 11
Wollenweber, Gräfelfing 1984

Streichquartett Es-Dur, hrsg. von Renate Eggebrecht-Kupsa
Furore, Kassel 1988

Streichquartett Es-Dur, hrsg. von Günter Marx
Breitkopf & Härtel, Wiesbaden 1989

Klaviermusik

»Abschied von Rom«; »Il Saltarello romano« op. 6 Nr. 4; »Notturno«; »O Traum der Jugend, o goldener Stern«; Studie, in: At the Piano with Felix and Fanny Mendelssohn, hrsg. von Maurice Hinson
Alfred Publishing, Sherman Oaks, California 1990

Zwei Bagatellen für Klavier, hrsg. von Barbara Heller
Furore, Kassel 1988

»Das Jahr«, zwölf Charakterstücke für das Forte-Piano, Band I und Band II, hrsg. von Barbara Heller und Liana Gavrila Serbescu
Furore, Kassel 1989

Lieder für das Pianoforte op. 2 / op. 6; Pastorella
Bote & Bock, Berlin 1983

Vier Lieder ohne Worte op. 8 für Klavier, hrsg. von Eva Rieger
Furore, Kassel 1989

Six mélodies pour le piano op. 4 / op. 5
Lienau, Berlin 1982

Mélodie op. 4 Nr. 2 und 4, in: Frauen komponieren. 22 Klavierstücke des 18. – 20. Jahrhunderts, hrsg. von Eva Rieger
Schott, Mainz 1985

Mélodie für Klavier op. 4 Nr. 2/Mélodie für Klavier op. 5 Nr. 4, in: At the Piano with Women Composers , hrsg. von Maurice Hinson
Alfred Publishing, Sherman Oaks, California 1990

Prélude für Klavier, hrsg. von Rosario Marciano
Furore, Kassel 1989

Sonate g-moll für Klavier, hrsg. von Barbara Heller und Liana Gavrila Serbescu
Furore, Kassel 1990

Sonate c-Moll; Sonatensatz E-Dur, hrsg. von Barbara Heller und Liana Gavrila Serbescu
Furore, Kassel 1991

Sonate c-Moll; Sonate g-Moll, in: Two piano sonatas, hrsg. von Judith Radell
Hildegard Publishing, Bryn Mawr, Pasadena 1992

3 Stücke für Klavier zu vier Händen, hrsg. von Barbara Gabler
Furore, Kassel 1990

Zwei Übungsstücke; zwei Klavierstücke ohne Titel; »Notturno«; »Abschied von Rom«; Allegro molto; Andante cantabile; »O Traum der Jugend, o goldener Stern«; Allegrotto; Allegro vivace, in: Ausgewählte Klavierwerke, hrsg. von Fanny Kistner-Hensel
Henle, München 1986

Orgelmusik

Prélude für Orgel, hrsg. von Elke Mascha Blankenburg
Furore, Kassel 1988

B. Vokalmusik

Lieder für Singstimme und Klavier

Ausgewählte Lieder für Singstimme und Klavier: »Sehnsucht nach Italien«, »Mignon«, »In die Ferne«, »Sehnsucht«, »Anklänge 1«, »Anklänge 2«,»Anklänge 3«, »Traurige Wege«, »Auf dem See«, «Liebe in der Fremde«
Edition Donna, Düsseldorf 1991

Ausgewählte Lieder für Singstimme und Klavier (Bd. I): »Wanderlied« op. 1 Nr. 2, »Warum sind denn die Rosen so blaß« op. 1 Nr. 3, »Morgenständchen« op. 1 Nr. 5, »Nachtwanderer« op. 7 Nr. 1, »Frühling« op. 7 Nr. 3, »Die frühen Gräber« op. 9 Nr. 4, »Die Mainacht« op. 9 Nr. 6, »Nach Süden« op. 10 Nr. 1, »Vorwurf« op. 10 Nr. 2, »Abendbild« op. 10 Nr. 3, »Im Herbste« op. 10 Nr. 4, »Bergeslust« op. 10 Nr. 5, »Die Schiffende«, »Kein Blick der Hoffnung«, »Der Eichwald brauset«
Breitkopf & Härtel, Wiesbaden 1994

Ausgewählte Lieder für Singstimme und Klavier (Bd. II): »Traurige Wege«, »Harfners Lied«, »Dämmerung senkte sich von oben«, »Über allen Gipfeln ist Ruh«, »Wandrers Nachtlied«, »An Suleika«, »Suleika«, »Ach, die Augen sind es wieder«, »Fichtenbaum und Palme«, »Nacht ist wie ein stilles Meer«, »Ich kann wohl manchmal singen«, »Im Herbst«, »Anklänge 1–3«
Breitkopf & Härtel, Wiesbaden 1993

Lieder für eine Singstimme und Klavier op. 1 und op. 7
Bote & Bock, Berlin 1985

Lieder für Singstimme und Klavier op. 9 und op. 10
Breitkopf & Härtel, Leipzig 1850

Lieder für Singstimme und Klavier, in: Felix Mendelssohn – sämtliche Lieder: »Das Heimweh« op. 8 Nr. 2, »Italien« op. 8 Nr. 3, »Sehnsucht« op. 9 Nr. 7, »Verlust« op. 9 Nr. 10, »Die Nonne« op. 9 Nr. 12
Edition Peters, Frankfurt am Main

Werke für Chor a capella

Chorsatz für vierstimmigen Chor a capella: »Morgengruß«, op. 3 Nr. 4
Breitkopf & Härtel, Wiesbaden

Chorsätze für vierstimmigen Chor a cappella: »Abendlich schon rauscht der Wald« op. 3 Nr. 5, »Drüben geht die Sonne scheiden«, »Hörst du nicht die Bäume rauschen« op. 3 Nr. 1, »Oh Herbst, in linden Tagen«, »Schweigt der Menschen laute Lust«, in: Chorbuch Romantik
Möseler, Wolfenbüttel 1988

Chorsätze für vierstimmigen Chor a cappella: »Frühzeitiger Frühling«, »Unter des Laubdachs Hut«, hrsg. von Joachim Draheim
Breitkopf & Härtel, Wiesbaden 1989

Chorsätze für vierstimmigen gemischten Chor a cappella: »Schöne Fremde«, »Es rauschen die Wipfel«, hrsg. von Joachim Draheim
Breitkopf & Härtel, Wiesbaden 1990

»Gartenlieder« für gemischten Chor a capella op. 3; siehe auch: Weltliche a-capella-Chöre von 1846
Furore, Kassel 1988

Werke für Solisten, Chor und Orchester

Weltliche a-capella-Chöre von 1846 (Bd.I-V): »Im Wald« op. 3 Nr. 6, »Lockung« op. 3 Nr. 1, »Abendlich« op. 3 Nr. 5, »Waldeinsam«, »Morgendämmerung«, »Seid gegrüßt« op. 3 Nr. 3, »Komm«, »Ariel«, »Schweigt der Menschen laute Lust«, »Morgengruß« op. 3 Nr. 4, »Schöne Fremde« op. 3 Nr. 2, »Schweigend sinkt die Nacht hernieder«, »Lust'ge Vögel«, »O Herbst«, »Schilflied«, »Schon kehren die Vögel wieder ein«, »Wer will mir wehren zu singen«
Furore, Kassel 1988

Hiob, Kantate für Soli, Chor und Orchester, hrsg. von Conrad Misch
Furore, Kassel 1992

Io d'amor, oh Dio, mio moro, Konzert-Arie für Sopran und Orchester
Bote & Bock, Berlin 1992

Lobgesang, Kantate für Soli, Chor und Orchester, hrsg. von Conrad Misch
Furore, Kassel 1992

Diskographie

A. Instrumentalmusik

Kammermusik

Klavierquartett As-Dur, Streichquartett Es-Dur, Klaviertrio d-Moll op. 11. Céline Dutilly, Klavier; Renate Eggebrecht-Kupsa, Violine; Friedemann Kupsa, Cello; Fanny-Mendelssohn-Quartett München
Disco Center, Kassel

Klavierquartett As-Dur (mit V. Dinescu: »Terra lonhdana« und G. Coates: Streichquartett Nr. 3)
Céline Dutilly; Fanny-Mendelssohn-Quartett München
Frauenmusikvertrieb, Düsseldorf

Klaviertrio op. 11 d-Moll und Lieder für Singstimme und Klavier (»Italien«; »Im Herbste«; »Sehnsucht«; »Bergeslust«; »Harfners Lied«; etc)
Donna Brown, Sopran; Françoise Tillard, Klavier; Trio Brentano
Helikon opus 111, Heidelberg

Klaviertrio in d-Moll op. 11
Clementi-Trio Köln.
Largo Records, Köln

Klaviertrio op. 11 d-Moll (mit Clara Schumann, Klaviertrio)
The Dartington Klaviertrio
Hyperion Records, London

Klaviertrio d-Moll op. 11 (mit Clara Schumann: Klaviertrio g-Moll op. 17)
Clara-Wieck-Trio
Bayer Records, Bietigheim

Streichquartett Es-Dur. (Mit Elisabeth Lutyens: Streichquartett Nr. 6) Fanny-Mendelssohn-Quartett München
Frauenmusikvertrieb, Düsseldorf

Klaviermusik

»Das Jahr«, 12 Charakterstücke für das Piano-Forte
Klavierstücke Beatrice Rauchs, Klavier
Aarton-Verlag, Bretzfeld-Schwabbach

»Das Jahr«, 12 Charakterstücke für das Piano-Forte

Liana Gavrila Serbescu
cpo classic, Osnabrück

»Das Jahr«, 12 Charakterstücke für das Piano-Forte
Ayago Suga, Klavier
Marszalek Schallplatten, Berlin

Lyrische Stücke für Klavier: Andante con espressione; »Notturno«; Lieder für Klavier op. 2, op. 6 und op. 8
Elzbieta Sternlicht, Klavier
Thorofon, Wedemark

Six mélodies pour le piano op. 4 Nr. 4, Lieder für das Pianoforte op. 6, Sonatensatz E-Dur, aus dem Zyklus »Das Jahr«
Sontraud Speidel, Klavier
sound star-ton, Steyerberg

Sonate c-Moll; Sonate g-Moll; Sonatensatz E-Dur; Lieder op. 6, Nr. 3 und 4.
Liana Gavrila Serbescu, Klavier.
cpo classic, Osnabrück

Orgelmusik

Prélude für Orgel (mit Werken von J. Brahms u.a.)
Reinhard Menger, Orgel
Fono Schallplatten, Laer

Orchesterwerke

Ouvertüre C-Dur (zusammen mit Werken von L. Boulanger, G. Tailleferre; C. Schumann-Wieck)
Jo Ann Falletta, Orchestra Philharmonic
Koch International, München

B. Vokalmusik

Lieder für eine Singstimme und Klavier

Lieder für Singstimme und Klavier op. 1, op. 7, op. 9, op. 10, Lieder unter Felix Mendelssohns Namen.
Lauralyn Kolb, Sopran; Arlene Shrut, Klavier
Centaur Records, New York

Lieder für Sopran und Klavier op. 1, 7, 9 und 10.
Isabel Lippitz, Sopran; Barbara Heller, Klavier
cpo classic, Osnabrück

Fünf Lieder: »Die stille Stadt«, »In meines Vaters Garten«, »Laue Sommernacht«, »Bei dir ist es traut«, »Ich wandle unter Blumen«.
Vier Lieder: »Licht in der Nacht«, »Waldeinsamkeit«, »Ansturm«, »Erntelied«.

Fünf Gesänge: »Hymne«, »Ekstase«...
Isabel Lippitz, Sopran; Barbara Heller, Klavier.
cpo classic, Osnabrück

Vier Lieder für Gesang und Klavier (mit Bach, Viardot-Garcia, Gail, Tailleferre, Chaminade)
Renate Lettenbauer, Sopran; Elisabeth Prossel, Klavier
Musica femina, München

Werke für Chor a capella

Gartenlieder für gemischen Chor a cappella, op. 3; »Nachtreigen« für 8-stimmigen Chor a cappella (mit Lili Boulanger und Clara Schumann)
Heidelberger Madrigalchor, Ltg. Gerald Kegelmann
Bayer Records, Bietigheim

Gartenlieder für Chor a cappella.
Leonarda Ensemble Köln, Ltg. Elke Mascha Blankenburg
cpo classic, Osnabrück

Werke für Solisten, Chor und Orchester

»Io d'amour, oh Dio, mio moro«, Konzert-Arie für Sopran und Orchester (mit Felix Mendelssohn Bartholdy, Symphonie Nr. 4)
Hellen Kwon, Sopran; Ltg. Gerd Albrecht; Philharmonisches Staatsorchester Hamburg
Cappricio, Frechen

Oratorium nach biblischen Bildern (1831).
I. Lippitz, Sopran; A. Fischer-Kunz, Alt; Hitoshi Hatano, Tenor; T. Thomaschke, Baß; Chor und Orchester der Kölner Kurrende, Ltg. Elke Mascha Blankenburg.
Live-Mitschnitt UA 1984 Köln
cpo classic, Osnabrück

Register

H

M

Stammbaum der Familie Itzig

(mütterliche Linie der Vorfahren
Fanny Mendelssohn Bartholdys)

Dani
1723
ꝏ Miri
1725

Sara
1761-1854
ꝏ Samuel Levy

Fanny
1758-1818
ꝏ Nathan Adam,
Freiherr von Arnstein

Blümchen
1752-1814
ꝏ David Friedländer

Henrietta
1780-1859
ꝏ Heinrich Pereira

etc.

1
M

Lea
1777-1842
ꝏ Abraham
Mendelssohn

1

Paul

Rebecka

Felix

Fanny